사단법인 현대한옥학회 기획·제공

현대한옥 개론

김준봉 외

어문학사

목차

1부 한옥 인문학

2부 한옥의 생태 · 문화 · 환경

3부 한옥의 구조와 재료

4부 현대한옥

5부 흙건축과 온돌(구들)

부록

추천사

한옥을 통하여 우리 문화의 가치를 재발견하고, 우리의 고유문화를 현대적으로 재창조하며, 전통 한옥과 현대 한옥, 한옥의 인문학을 망라하는『현대한옥 개론』발간을 축하드립니다. 한옥학회에서 발간하는『현대한옥 개론』은 우리 한옥의 뿌리부터 최신의 신한옥까지 각 분야의 내로라하는 전문가가 함께 모여 편찬한 책입니다. 발간을 위해 힘써주신 한옥 전문가 및 한옥학회 김준봉 회장님, 그리고 많은 분들의 노고에 깊이 감사드립니다.

한옥학회는 2010년 창립되어 오늘까지 10여 년간 한옥의 현대화와 국제화를 모색하였습니다. 지난 10여 년간 대한민국은 경제성장과 함께 문화적으로도 다양한 분야에서 괄목할만한 성장을 해오며 세계적 흐름을 주도하는 중요한 역할을 다하고 있습니다. 우리 건축도 이러한 흐름에 부응하여 한옥을 국제적인 주거문화로 발전시키고, 더 나아가 대한민국의 건축도 변화와 혁신을 통해 세계적 흐름을 주도하는 K-Architecture를 만들어 내길 기대합니다.

『현대한옥 개론』에서 다루어지고 있는 한옥의 변화에 대한 기록은 현대인의 가치 변화과정과 닮아있습니다. 물질, 효율, 바쁜 삶으로 대변되는 현대인의 가치가 친환경, 참살이, 여유 있는 삶으로 옮겨가는 변화과정에서 우리 한옥의 가치가 세계적 보편성을 획득하여 문화적 코드로 자리매김하는데 좋은 밑거름이 되리라 생각합니다.

한국건축가협회도 오천여 회원들과 함께 한옥을 포함한 우리 건축문화가 이 땅에 온전히 뿌리내리고, 건축문화 선진국들과 국제적으로 어깨를 나란히 하여 교류할 수 있도록 함께 노력하고 있습니다. 문화체육관광부의 문화기본법과 예술진흥법을 근간으로 하여 건축예술진흥법 제정에 힘쓰고 있으며, 이러한 법적, 제도적 기반 위에 정부와 국민, 전문가들이 함께 노력한다면 분명 좋은 결실을 맺을 수 있을 것입니다.

『현대한옥 개론』의 발간을 통해 한옥에 대한 다양한 담론을 형성하고, 공감대를 확산시켜 우리 고유문화가 세계적인 문화상품으로 육성되고 국가 브랜드 가치를 올릴 수 있기를 희망합니다. 또한 이를 통해 한옥이 전통으로 머물러 있지 않고 오늘의 한옥이 되는 현대 한옥의 진화에 적극 앞장서기를 기대합니다. 다시 한 번 오랜 시간 동안 『현대한옥 개론』 발간을 위해 힘써주신 여러분의 노고에 감사드리며 『현대한옥 개론』 발간을 축하드립니다. 감사합니다.

2022. 05.

한국건축가협회 회장 천의영

서문

한민족의 한옥전통을 살리고 한옥의 대중화와 현대화를 위해 2010년에 설립된 (사)한옥학회는 이번에 현대 한옥 개론의 발간을 통하여 모든 한민족이 잃어버린 한옥이 다시 돌아오기를 바란다. 원래부터 한옥은 가장 품격 있으며 자연과 어우러지는 좋은 집이기에 누구나 살고 싶어하며 한민족이 과거 살았던 집이기 때문이다.

이제 한민족 전통의 핵심인 한옥을 살리는 일을 시작한다.
간절한 마음으로 이 소망의 불을 지핀다.

'코로나19 감염병'에 직면한 지금 불확실한 미래에 건강을 위한 가장 좋은 대책은 결국 자연친화적인 깨끗한 집에서 면역기능을 향상 시키는 것이다. 천지가 개벽하는 불확실성의 4차 산업혁명 AI 인공지능을 기반한 메타버스와 디지털트윈의 시대를 맞아 가장 확실한 과학은 살아온 역사가 증명한다. 한옥전통에 기반한 청결한 생활과 면역을 끌어올리는 좌식 탈화 생활의 역사를 가진 한민족의 온돌문화가 우리 앞에 펼쳐진다.

이 우리 전통문화에는 힘이 있다. 김구 선생이 “오직 한없이 가지고 싶은 것은 높은 문화의 힘이다.”라고 말씀하신 것처럼 문화의 힘이란 “한옥과 온돌문화”라 생각된다.

우리는 한민족 정신으로 지은 집, 한옥에서 사는 온돌민족이다.

2022. 05.

(사)한옥학회 회장, (사)국제온돌학회 상임회장

대표저자 김준봉

1부

한옥 인문학

1장 인문학 한옥
- 우리는 한옥에 살고 싶다

김준봉

1. 한옥과 온돌 - 우리의 빛나는 문화유산

우리의 빛나는 문화유산은 수없이 많다. 그중에 가장 세계에 내어놓을 만한 것은 무엇인가? 바로 한글과 금속활자 그리고 구들이다. 한식, 한복, 한옥은 우리의 유산이지만 각 나라마다 독특한 자기의 것이 있기 때문에 냉정히 말하자면 세계성에 있어서 뚜렷한 경쟁력을 가지기가 힘들 수밖에 없다. 일본인은 일본집이 좋고 미국인은 미국집이 좋다. 중국인은 중국의 집이 편하고 좋은 것이 우리가 한옥을 좋아하는 것만큼이나 당연하다. 그러나 구들과 마루가 있는 한옥은 그 성격이 다르다. 단순히 한국적이지 않고 세계적으로도 통용될 수 있는 사항이기 때문이다. 한식과 한복은 전통을 고수하면서도 현대화가 되었다. 그런데 왜 한옥만 이렇듯 아직도 서민들에게 푸대접을 받고 있을까? 이러한 의문을 이제 우리가 가질 때가 되었다. 그것은 너무 과거의 전통에 집착한 나머지 현대인들의 욕구를 만족시키지 못하기 때문이 아닌가?

2. 전통은 편하고 익숙한 것

사실 전통은 편하고 익숙한 것이다. 그러기에 전통으로 지금까지 이어 온 것이 아닌가. 전통이란 불편하지만 우리 것이기에 참고 견뎌 내야 하는 것이 아니다. 지금 이 시대에 편하고 익숙한 한옥이 요구되는 당연한 이유이다.

편하고 익숙한 것이 전통이다. 불편하고 추운 한옥은 과거 시절의 한옥이지 지금의 한옥은 아니다. 생활 패턴이 바뀌어 옛날과는 다르게 좀 더 높은 실내 온도를 요구하고 있다. 위생적이고 기능적인 화장실과 주방을 원하고 있다. 편리하고 따뜻한 현대한옥의 출현은 시대의 요구이다.

3. 전통의 발굴과 보전 - 현대화와 대중화

전통한옥은 발굴되고 보존되어야 한다. 아울러 전통한옥은 현대화되고 널리 퍼져야 한다. 전통을 발굴하고 보존하는 일이 중요한 만큼 지금을 사는 우리들에게 적합하도록 현대화되고 널리 이용되어야 그 한옥의 명맥을 이어갈 수 있다.

편리하고 아름다운 한옥에 살고 싶지 않은 한국 사람이 있을까? 그런데 왜 많은 사람들이 아직도 한옥이 아닌 양옥에 살고 있는가? 낡고 춥고 불편한 옛날의 한옥이 싫어서이다. 아무리 품격 있는 한옥이라도 한겨울에 두꺼운 솜옷(파카)을 입고 — 한 방송의 연예인의 집처럼 — 살 수는 없지 않은가? 현대화의 길목에서 한옥은 천덕꾸러기였다. "새벽종이 울렸네. 새 아침이 밝았네. 초가집도 없애고 마을 길도 넓혀서……" 하면서, 아주 적은 수의 전통한옥들만이 문화재로 지정되어 국가의 보조를 받아

근근이 그 명맥을 유지할 수 있었지만 그 나머지 농촌의 한옥들은 박정희 대통령의 새마을 운동으로 거의 사라져 갔다. 또한 도시의 한옥들도 개발 논리와 부동산 투기 붐으로 개발상과 소위 집장사들의 역할에 의해 거의 사라졌다.

그러나 최근 다행히 전라남도를 중심으로 한옥 붐이 일고 있다. 전주의 한옥마을이 다시 각광을 받고 새롭게 단장되었으며 서울 북촌도 천정부지로 집값이 뛰고 있다. 나라에서도 수백억을 쏟아부으면서 한옥의 현대화에 박차를 가하고 있다. 왜 이런 일이 일어나고 있는가?

그것은 바로 삶의 질의 향상과 우리의 정체성을 찾는 것에서 확인할 수 있다. 좀 더 품격있는 집에서 살고 싶은 것이다. 또한 아토피 걱정이 없는 친환경적인 집에서 자연과 호흡하며 자연과 조화롭게 살고 싶은 것이다. 물론 이명박 정부의 친환경 저탄소 녹색성장의 캐치프레이즈와 일맥상통하고 있다. 한옥의 장점은 그야말로 친환경성이다. 그러면서도 품격있는 공간과 우리 한민족에게 익숙한 형태이기 때문이다. 하나는 우리의 전통문화(Traditional Culture)에 대한 회귀이고 두 번째는 친환경(ECO-Environment)성이다.

4. 신한옥과 현대한옥 - 한옥은 그냥 한옥이다

한옥 붐에 힘입어 한옥을 짓고자 하는 사람이 늘고 있다. 그래서 학계와 정치권에서까지 한옥의 현대화에 박차를 가하고 있다. 현대화로 새로이 나온 단어가 신한옥(新韓屋)이다. 그러나 신한옥은 어딘가 모르게 전통을 단절하고 새로이 창조한다는 뉘앙스가 있다.

한옥은 그냥 한옥이다. 시대와 지역, 용도와 규모, 재료와 구조로 나뉠 뿐 음악이 그냥 음악이고 미술이 그냥 미술인 것처럼 창덕궁도 한옥이고 경복궁도 한옥, 남대문도 한옥이다. 단지 19세기 한옥과 21세기 한옥은 시대에 따라 용도가 다를 뿐이다. 퓨전이니 컨템퍼러리니 하는 것은 너무 특정 시대의 특정 한옥을 규정해놓기 때문이다. 현대한옥은 21세기 지금 만들어진 현대인의 생활을 위한 새로 태어난 한옥일 뿐이다. 그래서 신한옥이라는 용어보다는 현대의 한옥 즉 현대한옥이라는 용어가 더 전통을 이어가는 미래의 한옥에 더 가깝지 않은가 생각한다. 그래서 이번에 출범한 학회 이름도 현대한옥학회가 되었다. 한옥에 살고 싶은 사람들이 모여서 현대한옥을 만드는 것이다.

지금 이 시대가 요구하는 한옥은 전통한옥의 장점들을 최대한 살리고 춥지 않고 편리하며 우리 눈에 익숙한 집이다. 이것이 바로 현대한옥이다. 그리고 세월이 흐르면 이 현대한옥도 그냥 한옥이 될 수밖에 없을 것이다. 과거의 수많은 시대에 존재 했던 한옥들이 그랬던 것처럼 말이다.

필자는 충북 진천에서 한옥을 지어 살고 있다. 물론 현대식 화장실과 단열처리가 잘 되어 있고 따끈한 온돌이 보일러 장치로 겸용되어 설치되어 있다. 이러한 한옥에서 생활을 해 보면 다른 어떤 것보다 심리적으로 편안하다는 것이다. 이것은 익숙한 것에 편안한 우리의 기본 생체리듬에 꼭 맡기 때문이다. 그리고 중량목구조가 갖는 포근함과 정서적인 안정감이다. 살아있는 나무를 그대로 사용한다는 것은 웰빙생활에 있어서는 어느 것과도 바꿀 수 없는 큰 장점이다. 이미 이웃나라 일본에서는 목조주택이 콘크리트 구조의 집에 비해 평균수명을 9년이나 연장한다는 연구를 내어놓고 있다. 그리고 어린 학생들이 주로 사용하는 학교의 경우 주구조와 마감을 목조로 만들자는 운동이 활발하게 전개되고 있다. 우리의 조상들도 여러 가지 재료 특히 석재의 가공이나 축조기술이 탁월하였고 많은 탑과 성벽 그리고 고구려의 고분과 석굴암 등의 고건축들이 이를 증명하고 있다. 또한 전 국토가 산으로 되어 있어 돌은 아주 흔한 재료이다. 그러나 유독 사람이 사는 집은 큰 궁궐이든 작은 초가든 목조로 짓는 것이 일반화되어 있었다. 이것은 우리의 선조들이 이미 나무의 친환경성과 웰빙성을 간파한 것에 기초하고 있음을 알 수 있다. 인간적인 한옥의 구조와 재료가 갖는 친환경성이 우리의 신체 스케일과 닮아 있고, 정신세계와도 연계되어 있기 때문에 심신을 편안하게 해주기 때문이다.

5. 건강한 주택 - 참살이

서양의 통나무집과 경량목조주택이 우리나라에 들어오면서 태어 놓은 광고의 카피는 아이러니하게도 친환경 건강주택이었다. 이 무슨 아이러니인가? 사실 경량목조주택은 살아 있는 나무의 가공이 지나쳐서 거의 죽은 나무처럼 되었고 각종 해충을 막기 위해 처리한 포름알데히드로 약품 처리한 방부목들은 인체가 직접 닿는 것에 사용하면 가히 치명적이다. 온돌이 없는 그들은 그리해야만 땅에서부터 올라오는 개미 등의 해충으로부터 나무를 보호할 수 있었기 때문이다. 그러나 우리의 한옥은 온돌이 해충을 막고 있으며 마루는 땅에서부터 번쩍 들려 있어 습기와 해충으로부터 안전하다. 또한 그들의 목조 주택의 공간구성은 우리네 마당이 중심이 되는 공간구성과는 전혀 정서가 다르다는 것이 증명되었기에 새로이 우리 한옥에 대한 그리움이 더해 가는 것이다. 이미 수천 년 전부터 친환경성과 참살이(웰빙)를 주목적으로 하는 우리의 찬란한 문화유산인 구들과 한옥이 이제 비로소 빛을 보게 된 것 같다. 그래서 위로부터가 아닌 아래로부터 발전하고 퍼지는 것이 전통문화이고 한옥이다.

6. 현대적인 생활환경

현대인의 생활은 농경생활에서 도시생활로 바뀌었다. 농촌에 살아도 농부로 살아도 집은 현대적이며 TV, 냉장고, 세탁기, 자동차는 거의 필수품이다. 그리고 농촌에 살아도 직접적으로 농사가 아닌 생활을 하는 이도 많다. 다시 말하자면 농경생활이 아닌 향촌생활로 농업과 관련이 조금 있거나 아예 농업과 관련이 없는 일로 살아가고 있다.

그래서 한옥을 짓는 것도 과거의 품앗이 방식에서 전문기술자 시대로 바뀌었고 대목, 소목 등 장인방식에서 기업 기술자 방식으로 바뀌었다. 모든 건자재는 흙벽돌이나 황토모르타르 등 친환경 자연소재라도 소량생산에서 대량생산되고 있다.

과거 신분 계급으로 나뉘는 민가와 반가가 경제적 차별성을 갖는 서민과 부자의 부동산으로 바뀐 것이다. 최근에 이르러서는 단순한 주거와 부의 축척의 수단에서 지속가능한 자연 친화적 웰빙 주택으로 자리를 잡아가고 있다.

7. 한옥의 자연환경성

한옥은 우리나라에서 쉽게 구할 수 있는 자연의 재료로 구성되어 있다. 흙이나 목재로 주 구조체를 만들고 기와나 초가를 얹어 돌과 흙 등으로 마감을 한다. 주로 자연적인 소재를 가능하면 원형 그대로 최소한의 가공을 하여 집을 짓는 재료로 사용한다. 이러한 재료들은 그 집의 수명이 다하면 다시금 자연으로 돌아간다. 현대에 개발된 석유화학제품들이나 콘크리트 혼합재 합성수지계 자재로 지어진 건축물들과는 다르게 독성을 품지 않고 그 안에서 생활하는 사람들과 함께 살아가는 재료이다.

건강한 삶은 바로 친환경적인 재료가 기본이다. 한옥의 구조도 역시 우리의 삶의 환경과 밀접한 관계가 있는데 북반구에 위치한 한반도는 사계절이 뚜렷하고 기후변화가 일정하다. 겨울은 춥고 여름은 습하고 덥다. 그래서 긴 처마는 겨울의 따스한 햇빛을 깊게 집 안으로 끌어들이고 여름의 따가운 햇빛은 처마가 그늘로 덮어주도록 고안되어 있다. 한옥의 문과 창도 습하고 더운 여름의 환기와 채광에 적합하게 높이와 위치 크기가 결정되어진다.

8. 마당과 온돌

마당은 배수가 잘되는 마사토를 깔아 놓아 실내외의 중간 역할과 공간적 기능을 하며 비워진 마당의 바닥은 햇빛의 반사를 도와 자연채광을 통하여 방 안의 밝기를 조절해주는 역할을 한다. 처마 속 깊이 눈이 부시지 않는 은은한 빛을 통하여 조도를 확보해준다. 또 한낮에 뜨거운 태양빛에 의하여 마당이 뜨거워지면 자연스럽게 더워진 공기는 상승하면서 기압을 낮추어 열린 문을 통하여 뒤곁의 서늘한 공기가 창문과 마루를 통하여 집을 관통하게 된다. 이와 같이 에어컨이 없는 곳에서 집안의 온도와 습도를 자연스럽게 조절하고 전등을 켜지 않아도 집 안 깊은 곳의 조도를 확보하여 에너지를 최소로 소모하는 구조로 되어 있다. 미적인 부분에서도 부드러운 처마 선과 더불어 기하학적 문양의 창문과 인방과 설주는 가히 추상화의 대가인 몬드리안의 그림을 보는 착각에 빠지게 할 정도이다.

제로에너지 건축은 자연형 태양열 주택(Passive Solar House)으로 현대 유럽에서 적극적으로 사용되는 기법이나 우리의 조상들은 이미 천년의 세월을 뛰어넘어 사용해 오고 있었다. 지붕에 올려진 육중한 흙더미는 바람 등의 횡력에 취약한 한옥의 단점을 구조적으로 보완해주고 날렵한 가분수의 미를 선사해준다. 또한 여름의 뜨거운 햇빛을 내부로 들어가지 못하게 차단했다가 밤새 차가워진 흙을 통하여 찬바람을 내부에 공급해준다. 일부러 옥상에 자갈을 채우거나 물을 채워 축열을 하는 서양의 강제적인 패시브시스템보다 한 수 위라 할 수 있다.

보일러와 전기가 없이 철과 유리, 콘크리트가 귀하던 시절의 전통한옥은 이제 변해야 한다. 전통을 보존한다는 미명하에 정말로 전통을 계승하지 못하고 우리의 빛나는 문화유산인 한옥의 발전을 막고 있는 현실이 안타까울 뿐이다. 보존할 것은 보존하고 개선할 것은 개선하고 새로운 한옥의 모델을 만들어야 한다. 우리는 이런 한옥을 계승하고 발전시켜야 할 의무와 권리가 있다.

주택뿐만 아니라 관공서와 호텔 사무소까지도 우리의 전통이 살아 숨쉬는 한옥을 이제 소비자인 우리가 비주거 건축물에도 한옥을 요구하고 우리가 우리의 집들이 그렇게 지어지도록 이끌어야 한다.

9. 한옥특별법의 제정을 서두르자

한옥을 현재의 건축법으로 지으려면 불합리한 점이 너무 많다. 예를 들자면 처마에 대한 건축선의 지정과 건축면적 연면적의 산정이 전통한옥에 대한 고려가 없다. 다락방에 관한 사항이나 담장과 대문 등의 규정도 전통한옥을 적용하기 어렵다. 너무 서양식 건물을 기준으로 한 법규는 마땅히 현대한옥에서는 배제되거나 수정되어야 한다.

또한 현대한옥기술의 개발이다. 스틸하우스는 기술을 개발하면 기술을 개발한 회사, 즉 스틸하우스 재료를 제작하는 곳에 직접 이익이 돌아가는 구조이다. 그러나 현대한옥기술을 천신만고 끝에 많은 비용을 들여 개인이 개발해도 그 이득은 그에게 돌아가지 못하게 되어 있다. 그래서 그 개발과 보급은 개인이 아닌 국가가 담당해야 한다.

현대한옥을 짓는 목수도 대량으로 양성하고 그 기술도 편이하게 습득할 수 있도록 도와야 한다. 대기업은 대규모의 건물에 집착할 수밖에 없다. 소규모의 영세한 기업이 현대한옥을 지을려면 전통 목수가 아닌 일반 목수로도 현대한옥을 지을 수 있도록 해야 한다.

지금의 전통한옥은 대부분 문화재이고 건축법의 적용을 받지 않는다. 그리고 그 수효가 한정되어 있기 때문에 고급의 기술자가 필요한 것은 당연하며, 보수나 유지도 까다로워서 비싼 목수 인력이 어쩔 수 없이 필요하다. 또한 일반 서민들이 한옥에 살고 싶어도 법적 제도적으로 충분한 여건이 되어 있지 않다.

그래서 다른 나라에서도 우리의 한옥기술을 쓸 수 있도록 표준화하고 또한 국제적인 기준을 만들어야 한다. 미국 L.A. 한인타운 노르망디(Normandie)거리에 한옥정자가 있는데 이 정자를 지은 건축회사 사장의 말로는 짓는 과정이 무척 힘들었다고 한다. 왜냐하면 미국은 건축 관련 기준(코드)을 근거해서 집을 짓게 되는데 한옥은 건축코드가 없어서 허가기관과의 의사소통이 힘이 들었다고 한다. 그래서 하는 수 없이 주춧돌에 그랭이질을 하는 대신에 기둥 밑에 철심앵커볼트를 박는 등 미국정부에서 요구하는 대로 억지로 맞추어 지을 수밖에 없었다고 한다. 한옥의 육중한 기와지붕과 덮여있는 흙을 그들은 모르기에 횡하중을 받으려면 그리해야 하기 때문이다. 캐나다와 미국, 유럽 등의 현대건축 방식이 우리나라에 들어와 경량목조주택(일명 2'×4'주택)과 로그하우스(통나무집) 등이 다량으로 밀려오듯이 우리의 문화유산인 전통건축인 한옥과 온돌도 우리 교민들이 사는 모든 곳에, 더 나아가 세계인들이 사랑하는 건축문화로 자리 잡는 날이 오기를 바란다.

10. 현대적인 재료

과거에는 흙과 나무가 주재료일 수밖에 없었다. 유리와 철은 고가였고 콘크리트는 개발되지 않았기 때문이다. 그러나 지금은 다르다. 철, 유리는 보편적으로 생산되어 나무에 비하여 크게 비싸지 않다. 콘크리트 역시 기초 부분이나 인체가 직접 접촉하는 부분이 아닌 곳에는 충분이 사용할 수 있다.

또한 과거 인력에 의존하여 하던 일들은 장비(굴삭기, 크레인)를 사용하면 된다. 친환경 농산물을 생산한다고 기계화 농기계를 쓰지 않는 것은 억지이고 고집일 뿐이다. 현대 장비(3D설계, 입체가공)를 이용하여 설계하고 가공하여 운반, 조립하면 획기적으로 건축비를 절감할 수 있다. 현대 생활에서 필수적인 전기, 보일러 이용 또한 당연하다. 컴퓨터와 전자기기의 사용이 편리하도록 해야 하며 야간에도 충분한 조도를 확보하도록 욕실과 부엌 또한 당연히 현대적으로 마감을 해야 하는 것과 마찬가지이다.

이를 정리하면 현대한옥은 중량목구조의 전통을 이어가되 기초 등 땅에 묻히거나 접하는 부분은 콘크리트로 하고 많은 비용이 들어가는 지붕의 육중한 흙을 친환경 단열재와 개량된 재질의 기와나 철판한식기와 등으로 바꿀 수 있다. 벽체 역시 단열이 확보된 친환경 시스템 벽체로 공간을 넓게 활용하기 위하여 핑크트러스와 같은 형태의 조립 트러스를 사용한 장스팬 구조를 도입할 필요가 있다.

결론적으로 전통의 장점은 지키고 — 중량목구조, 열린평면 - 마루와 온돌, 마당과 담장 — 현대화된 재료 - 철, 유리, 콘크리트, 보일러, 전기 — 는 적절히 사용하여 한옥을 계승하면 된다. 이것이 현대의 한옥, 즉 현대한옥이다.

11. 정체성(Identity)과 계속성(Continuity)

한옥의 정체성(Identity)과 계속성(Continuity)을 온전히 유지하는 것이 중요하다. 한옥의 정체성과 전통성을 고수하는 수직성과 민가로서 널리 전파되어 사용되는 수평성이 함께 고려되어야 한다.

한옥을 건축함에 있어서 전통을 고려해야 한다는 말은, 삼국시대와 발해, 고려, 조선 전·후기의 한옥유형이 알아야 하고, 나아가서는 근대 건축으로서의 한옥이 어떻게 발전해 왔는지 물어야 한다. 전통의 발굴과 보존에 집착한 나머지 현대인의 수요에 부응하는 한옥을 개발하지 못하는 것은 현재의 양옥의 편리성과 기능성을 무분별하게 받아들인 나머지 전통한옥의 깊은 맛과 멋을 도외시하고 피상적인 형태의 한옥을 주장하는 것만큼이나 위험하다. 지나치게 한옥을 이상화하면 결국은 본의 아니게 전통한옥의 계속성을 단절하는 결과가 된다. 한옥의 전통성을 단지 형태와 기능 등 일반적으로 통용되는 고정관념에서만 이해할 것이 아니라, 그러한 한옥이 형성된 시대적·역사적 배경이 있는지, 다시 말하면 어떠한 상황에서 한옥이 생겨났으며 그 본래의 정신이 무엇인지를 먼저 이해해야 한다.

한옥의 가장 큰 특징 중의 하나는 길과 유려한 처마 선이다. 직선의 부재인 목조를 사용하여 부드러운 곡선을 창조하여 음과 양, 직선과 곡선의 조화를 훌륭하게 이뤄낸 점이다. 주인과 손님이 구별되었으나 나누어지지 않은 것처럼 자연과 인간이 둘이 아니고 하나로 인식되도록 공간이 앞뒤 마당을 통하여 배치되어 있다. 이러한 한옥의 마당이 영어로 번역될 수 없는 것은 당연하다. 그냥 온돌이 Ondol인 것처럼 마당도 그냥 Madang으로 표현될 수밖에 없는 것이다.

추운 북쪽의 낮게 배치된 온돌문화와 더운 남쪽의 높은 마루 문화가 자연스럽고도 교묘하게 조합되어 우리의 한옥 안에서 하나가 되었다.

낮은 온돌은 높아지고 높은 마루는 낮아져서 마당을 앞뒤에 두는 전이 공간을 통하여 자연스럽게 하나의 평면으로 구성된 것은 정말로 기묘할 뿐이다.

그래서 현대한옥을 기술하는 데는 한옥의 역사적 전통을 찾아야 하고 존중해야 한다는 말, 즉 현대한옥에 대한 이야기를 하려면 당연히 전통을 계승해야 하는데, 단순히 조선시대 특정 시대의 건축을 규범으로 삼아야 한다는 뜻은 아니라, 한옥이 각 시대별로 지역별로 계층에 따라 각기 조금씩 다른 양상으로 발전한 것 같이, 한국인의 역사와 문화를 배경으로 한국 건축의 독자성을 의식하는 가운데 더 발전적인 한옥을 세계의 경계를 넘어 발전하는 한옥으로 인식하는 것을 말한다.

12. 한옥의 보편성(Ecumenicity of the Hanok)

한국 건축에서 전통성과 한옥의 보편성(Ecumenicity of the Hanok)을 고려할 때 최근에 전라도를 중심으로 일어나고 있는 한옥 짓기 열풍은 한국인의 편협한 국수주의나 저급한 전통추구 등의 이해가 아니고 꾸준하게 한옥의 전통을 이어 온 맥락에서 이해할 수 있다.

어떤 구체적인 역사적인 상황에서 나온 하나의 건축사조는 그 사조를 배태한 역사적인 상황을 고려하여 이해하고 평가해야 한다. 그러할 때 건축사는 민족의 건축 이념으로서의 역할을 충분히 다 하는 것이다.

우리네 한옥들은 어느 지방을 가든지 그 지역의 독특한 자연환경을 품은 품격과 그 집의 가풍이 깃들어 있는 역사를 느낄 수 있다. 우리가 흔히 알고 있듯이 배산임수는 뒤뜰이 가까이 이어지는 먼 산자락을 끌어안고 있어 야트막한 계곡의 물줄기도 담장 밑을 지나 마당 옆으로 가는 등 자연을 품고 자연의 한 부분인 양 되어 있다. 막힌 듯 뚫려 있는 민가의 골목길이 강한 들판의 바람에 부서지고 안온한 돌담에 속삭이는 햇살들을 느낄 수 있다. 자연에서 시작된 우리의 한옥은 손님을 맞이하는 품격 있는 대문과 포근한 담장이 있어 우리 한옥이 긴 시간 우리에게 익숙하도록 만들어 준 조상들의 지혜가 구석구석 깃들어 있는 아름다운 주거 양식임을 알 수 있다. 이러한 온돌과 마루, 마당의 주거문화유산은 단순히 우리 것만이 아닌 세계인이 누려야 할 문화유산이라 해도 과언이 아니다. 백남준의 비디오 아트가 우리 것을 넘어 세계인의 예술이 된 것처럼. 이러한 유산을 우리가 어찌 그냥 어깨너머로만 보고 있을 것인가?

그렇다. 온돌은 우리의 것이지만 세계인이 향유해야 할 주거문화유산이다. 방바닥에 열을 넣어 연기와 불을 나눈 그 독특성은 아무리 설명해도 남다른 발명이다. 난방 현장에서 열을 내면서도 연기와 냄새를 구분한 위생성과 효율성, 그리고 바닥난방으로 탈화(脫靴)를 유도하여 청결함을 유지해주어 보건의학적으로도 인간의 건강에 미치는 영향이 지대하다. 이와 같이 온돌의 우수성이 세계적으로 입증이 되기 때문에 다다미 생활을 하는 일본에서도 습기와 추위를 막는 효율적인 방법이 온돌임을 알아서 오사카 주택박물관에서는 우리 한국의 여러 가지 온돌을 현대의 방식으로 개발하여 전시해 놓고 있다. 우리가 우리의 온돌을 무심히 보는 사이 일본, 중국은 물론 독일 등 서구 유럽과 미국 등지에서 새로운 현대적 기술을 접목시킨 여러 온돌들을 앞다투어 선보이고 있고 국민 위생과 보건을 위해 융자 등의 지원을 해주면서 널리 보급되어 쓰여지도록 각종 제도적 장치를 마련하고 있다. 우리는 100% 온돌에 살기에 보급할 필요가 없지만 막대한 외국의 시장을 종주국인 우리가 놓치는 것은 안타까운 현실이다. 더욱이 아쉬운 것은 우리 전통온돌의 훌륭함을 미국의 건축가 프랭크 로이드 라이트(Frank Lloyd Wright)가 일본의 제국호텔을 설계할 당시 먼저 발견하고 미국에서 온수순환 온돌로 현대화시킨 점이다. 바닥 배관에 온풍을 집어넣는 것이 미국의 특허가 되어 있고 온돌마루 전기온돌 등 온돌에 대한 핵심적인 기술들이 독일이나 일본에서 수많은 특허를 내어 가지고 있다. 우리 민족이 수천 년을 사용하던 온돌의 특허를 그들이 가지고 있다는 것은 웃지 못한 현실이고 우리의 조상에게 부끄러운 일이 아닐 수 없다.

13. 전통을 계승하는 한옥의 기술

합천 해인사의 팔만대장경을 보관하는 곳인 장판고의 경우 전통한옥의 문과 창의 위치와 크기를 적절하게 조합하여 순수하게 목재로 구성된 대장경을 천년의 세월이 지나도록 훼손되지 않고 보관되도록 했다. 팔만대장경이 유네스코 세계문화유산으로 지정이 된 것은 우연한 일이 아니다. 그만큼 한옥은 과학적이고 보편적인 가치를 지녔다는 것을 입증하고 있다. 수천 년을 이어 온 한옥의 기술은 최고의 과학이고 예술이다. 세계 어느 곳에 내어놓아도 자랑할 만한 한옥과 구들처럼 말이다.

따라서 현대한옥을 전통건축의 역사에 비추어 고찰하며 현대화하기 위한 역사적 연구는 아주 시급한 과제다. 전통의 고수를 신봉하는 전통건축가들이 가진 수직적인 전통한옥의 이해만으로는 한옥의 현대화와 세계화를 이룩할 수는 없다. 이제 한옥은 현대한옥으로 거듭나야 한다. 한반도에서 한국 사람이 현대를 사는 한옥이 만들어야 하고 한옥의 전통을 세우고 발전시켜야 한다는 의미가 함축되어 있다.

또한 미래에 전통을 계승한 현대한옥을 말하면서 전통한옥을 무시하는 것은 모순이다. 과거와 현재가 없는 미래는 없고, 과거와 현재를 고려하지 않는 미래한옥이 있을 수 없다.

현대한옥의 정립은 한국 건축사의 필연적인 과제다. 그런데 현대한옥은 단순히 한국적임을 앞세우는 한옥(A Typical Korean Hanok)이 아니라 한국인의 정서를 간직한 한민족의 집을 의미하는 것(The Hanok in Korea)이어야 한다. 그러므로 현대한옥의 시급한 과제는 다른 모든 분야의 학문과 마찬가지로 전통한옥을 규범으로 삼되 한민족의 생활과 문화의 이해를 포함하는 한옥의 특성을 그 전통에 비추어 평가하며, 또한 그것을 한국의 역사적, 문화적, 사회적인 상황에 비추어 고찰함으로써 현대한옥이 지향할 방향을 제시하는 것이다.

14. 중국인들이 바라본 우리의 전통문화 서민들의 한옥

우리의 생활터전이었던 만주벌판, 그리고 그곳을 오랫동안 지배했던 고구려와 발해를 이어 온 중국 동북지역에 중국인(漢族)들이 그곳에 정착한 우리 민족인 한민족(朝鮮族)을 일컬어 하는 말이 있다.

> 너들 고려인들은 우리와는 다른 네 가지 큰 특징이있다.
> (你们高丽人有四大特点)
> 집은 작아도 방은 넓다. (一是屋小炕大)
> 솥은 작지만 부뚜막은 넓다. (二是锅小锅台大)
> 우마차는 작지만 바퀴는 크다. (三是车小轱辘大)
> 바지는 작지만 바짓가랑이가 넓다. (四是裤小裤裆大)

이것은 물론 중국 사람들이 우리 동포들을 놀려주자고 하는 말이지만 가만히 생각해보면 중국인들의 이러한 말 속에는 우리 조상들의 생활 습성이 아주 정확하게 묘사되어 있다. 왜냐하면 우리 한옥들은 통구들로 방이 넓다 보니 골고루 따뜻하게 하자면 열을 넓게 바닥으로 분산시켜야 좋고, 또한 솥이 작고 수가 많으니 골고루 열을 주자면 부엌에서 나아가는 불목이 분산되어 두 개, 세 개 혹은 네 개까지 필요하게 되므로 부뚜막이 넓을 수밖에 없다. 이리하여 방과 부엌으로 구성된 우리 전통온돌방의 구조는 우리 조상들이 발명하고 대대손손 발전시켜 다른 어느 민족 어느 나라에서도 볼 수 없는 독특한 구조로 발달되었다.

따라서 이 전통온돌인 구들의 구조는 중국 동북의 한족(漢族)이나 만족(滿族)의 캉(炕)과 비할 수 없다. 그리고 집 안 단위면적의 축열량과 그 이용 효과가 아주 높다. 우마차는 작고 바퀴가 큰 것은 그때까지도 우리 동포들이 쓰는 소(牛)도 종자가 좋은 조선소이기에 키가 크고 덩치도 커서 차에 붙은 멍에를 소의 목에 얹자면 바퀴가 커야 우마차의 윗면의 수평을 보장할 수 있기 때문이기도 하다. 역시 바지는 작지만 바짓가랑이가 넓다는 것도 정확히 묘사한 사실로 이것은 우리 조상들이 대대로 온돌방에서 생활하였기 때문에 만들어진 독창적인 의복문화의 발명이라 할 수 있다. 요즈음 잠잘 때 입는 현대 잠옷의 선배라 해도 과분하지 않다. 만약 바짓가랑이가 좁을 때 온돌방에서 앉고 서고 한다면 얼마나 불편하겠는가?

15. 현대한옥의 범주

첫째가 전통한옥을 그대로 지은 집 — 이조 중·후기의 집이라 할 수 있다. 둘째는 전통한옥의 일부를 개량한 집으로 화장실, 부엌, 보일러, 전기설비, 마루, 유리, 덧문 설치 — 전주 한옥마을, 인사동 북촌마을, 전주 한옥마을 등이 되겠다. 셋째는 전통한옥의 골조에 철, 유리, 콘크리트, 보일러, 각종 전기설비를 가미한 집 — 전라도 행복마을, 농촌의 한옥펜션과 전원마을이다. 넷째가 서양식의 구조와 재료를 이용하여 한옥의 장식을 가미한 집 — 세종문화회관, 구 전주시청사, 독립기념관 등으로 일부 디자인을 차용한 형태이다. 또한 전통한옥의 형태를 현대적 재료인 철, 유리, 콘크리트를 사용하여 짓는 집 — 인민대학습당, 현대의 성당건축이나 주택공사에서 추진 중인 한옥아파트가 있다.

그리고 마지막으로 형태와 구조와 재료는 현대적으로 하고 공간의 구성만을 한옥 형태로 한 경우 — 마당의 배치나 사랑방 안방의 배치 등 공간구성을 차용하여 전통을 이어 온 경우가 있겠다. 이와 같이 한옥을 현대한옥의 개념으로 확장하면 그 의미가 아주 넓어지게 된다. 자세한 구별은 차차 연구할 과제라고 할 수 있다.

어쨌든 한옥은 한민족의 집이다. 한옥은 전통한옥과 현대한옥으로 나뉠 수 있다. 그러면 과연 전통이란 무엇인가? 시대적으로 오랜 기간 이어 온 우리의 집이다. 장소적으로 한반도에서 지어진 집이다. 전통은 불편하지만 참고 계승해야만 하는 것이 아니고 편하고 익숙한 것이다. 그래야 계승이 되고 이어 올 것이 아닌가! 한옥의 장점을 우리 정서에 맞는 품격있는 공간과 우리의 주변 환경과 잘 어울리며 건강에 이롭다고 정의할 수 있다.

16. 동사무소, 치과, 호텔
- 비주택 공공건축에서의 한옥의 현대화

변하지 말아야 할 것과 변해야 할 것의 기준을 잡는 것이 우선이다. 먼저 우리에게 익숙한 모양이 되자 — 처마 선과 지붕 모양 — 정서적으로 친숙한 모양과 형태의 공간이다. 그리고 웰빙에 적합하게 하자 — 황토방 건축, 친환경 재료와 인간적인 스케일과 공간구성, 조상들이 그래왔던 것처럼 살아있는 나무를 곱게 썰어

자연상태와 비슷한 조건으로 최소한의 가공으로 적절히 배치하여 사용하는 지혜가 필요하다.

17. 현대한옥의 주안점

온돌바닥, 중량목구조/창호지 - 유리

목재창 - 새시(Sash)창/오지기와 - 철판기와

주춧돌 - 콘크리트 기초/보일러 전기 공사

중장비사용/3D 컷팅기 사용

조립 트러스 사용/내화성능확보

한옥의 맛과 멋을 살리면서 현대적 기능을 담아내는 방법 - 건축설계 과정에서 현대적인 한옥 공법을 위한 설계방법을 제안하고 시공과정에서도 3D시공도면을 기반으로 다양한 기계제작과 사용으로 수작업에 의존하던 한옥 건축을 기계화, 현대화하면서 건축, 구조, 조경, 설비, 전기, 소방의 현대한옥화가 필요하다.

재료에서도 창호, 기와, 구들장, 온돌들의 표준화, 규격화를 이끌어야 하며 시공방법의 현대화로 30일 공장에서 준비해서 3일 만에 조립함으로써 한옥의 특성을 최대한 활용하였으며, 가공정보가 담긴 모델링을 인터넷으로 공유함으로써 각 부재 생산자 상호 간의 커뮤니케이션을 원활히 한다.

경주에 한옥호텔 라궁(羅宮)이 지어짐으로 해서 인천, 김해, 군산들 항만에 접한 기존의 목재가공업체들이 한옥에서 현대한옥으로서의 새로운 가능성을 발견하고 또한 건축 기술과 건설산업의 새로운 실마리를 발견하여 현대적 한옥을 위한 기초 설비를 투자하고 전통의 방법과 형태를 이어 현대적 장비와 재료를 이용한 기술을 각종 개발하는 계기가 되었다.

기계화 시공사례

18. 한옥의 세계화를 위하여

우리는 한옥에 살고 싶다. 그리고 품격있고 우아하게 살고 싶다. 또한 우리의 자녀들에게 아토피 걱정이 없는 집에서 살게 해주고 싶다. 그러면 과연 누구에게 이러한 집을 지어 달라고 할 것인가? 집은 살 집이지 박제된 문화재가 아니다. 문화재 장인들에게 현대의 내가 사는 집을 지어달라고 할 수는 없지 않은가. 더욱이 부동산 투자가치로만 여기던 집을 짓던 집장사에게 맡길 수는 더욱 없질 않은가. 우리가 우리 것을 하찮게 여기고 외국의 것을 맹목적으로 따라가며 발버둥치던 사이에 우리의 소중한 보물인 주거문화가 송두리째 남의 손에 넘어가 버렸기 때문이다. 김치를 '기므치'로 일본에게 빼앗길 뻔한 기억이 아직도 생생하다.

중국인은 중국지붕이 가장 좋고 일본인은 일본지붕이 가장 친근하다. 물론 서양인들은 서양식의 지붕을 더 좋아한다. 그러나 온돌의 경우는 독특한 우리의 전통이고 유산이다. 비록 과거 로마에 그리고 한때 알래스카에 그 흔적이 남아 있지만 지금은 우리나라에 가장 오래도록 그리고 널리 사용되고 있다. 최근까지 양옥이라는 이름으로 우리나라에서 지어지고 있는 건축형태가 세계 여러 곳에서 전통적인 혹은 현대적 기술의 토대에서 시작하여 지금의 형태로 발전해온 것들이다. 아마도 계속 미래에도 발전하고 더 변화할 것이다. 어떤 것은 고딕양식에서 어떤 것은 그리스 로마양식에서 바로크, 로코코 양식의 기둥오더나 여러 형태의 지붕을 만들고, 붉은 벽돌로 벽을 치장하여 포인티드 아치(Pointed Arch)나 첨탑형식을 만드는 것은 다 지구상 어떤 지방의 전통적인 건축 방식이다. 우리 한옥도 역시 여러 가지 우수한 특성들을 적용하면 세계적인 건축 방식으로 많은 사람들이 누릴 수 있을 것이다. 그러기 위해서는 첫째는 우리 스스로가 우리 것에 대하여 정확히 알고 발전시킴으로써 그러한 가치를 만들어내는 것이다. 온돌과 마루의 만남은 분명히 세계적인 것으로 승산이 있다. 다행히 전라남도를 비롯한 일부 지방에서 현실적인 대안과 실험적인 현대한옥과 마을을 만들고 있으며 근년에 국토해양부에서도 한옥기술개발 R&D를 진행하고 있고, 토지주택공사에서는 아파트에 한옥의 특성을 가미한 디자인을 개발하여 적용단계에 있다. 또한 신도시에 한옥마을을 진행 중이다.

우리의 독특하고도 고유한 온돌의 기준이 유럽에서 만들어지고 있다. 다행히 바닥온수 방식은 우리의 기준이 일부 들어가고 있지만 아직도 우리들이 선호하는 37도 기준이 아니고 30도 기준인 것은 개탄할 일이다. 공기를 데우던 그들이 바닥을 데우는 온돌의 기준을 정하는 것은 말이 되질 않는다. 우리가 우리 것을 세계에 알리고 온돌의 종주국임을 선언해야 한다. 각종 박물관은 다 있는데 어찌 우리의 과학기술의 총화인 온돌 박물관은 왜 없는가? 수많은 기능장이 존재하는 이 마당에 우리 전통온돌 장인이 없는 것이 아이러니이다. 이제 새로이 한옥과 온돌의 전통을 발굴 보전하고 현대화, 세계화에 박차를 가하여 그 기준들의 표준을 선도해야한다.

'동내목수'라는 인터넷 필명으로 알려진 현대한옥 목수의 글이다. "우리는 집을 재산의 증식을 위한 도구로 여겨오면서 살 사람의 삶에 맞추어 집을 짓기보다는 잘 팔리는 집, 보기 좋은 집을 지어왔다. 자본의 대량생산 체계 안에서 이윤을 극대화하려는 움직임에 인간의 삶은 점점 소외되어 온 것이다. 그에 대한 반성으로 세계적인 추세가 지속가능한 개발과 그 안에서 건강한 삶(웰빙)을 지향하게 되면서 양적인 팽창보다는 삶의 질적인 향상이라는 방향으로 바뀌고 있다. 한옥에 대한 관심은 이러한 경향과 무관하지 않다고 생각한다."

19. 세계의 한옥 - 자연과 사람 사이의 집

한옥의 전통은 두말할 나위 없이 지키고 지켜져야 한다. 그러나 그것은 과거를 박제된 상태로 만들어 보존하는 것만을 의미하지는 않는다. 단순히 형태와 재료 만드는 방법까지를 보전하는 것을 의미하지는 않는다. 필자가 책임을 느끼는 것은 전통 형태와 더불어 현대 생활에 맞는 구조와 기능까지를 갖춘 한옥에 대한 책임이다. 차라리 지키고 싶은 것은 전통의 테크닉보다는 그 정신이어야 할 것이다. 한옥을 사랑하는 사람들에게, 정말 좋아하는 친구에게 맛있는 음식점을 소개해 주듯이 살기에 편하고 우아하고 품격있는 집을 지어주고 싶다고나 할까. 어쩌다가 21세기 한국에서 태어나 한옥과 건축을 전공한 대한민국 국적의 사람이라면 당연히 자신에게 던지는 물음이기도 하다. 조상이 물려준 빛나는 문화유산인 온돌과 한옥을 적극적으로 활용하면서 그 안의 장단점을 애정을 가지고 분별해 내고 현대적 기술과 재료로 그 단점을 보완하고 친환경적이고 인간적인 장점을 발전시켜서 훌륭한 세계의 유산으로 만드는 것이 우리의 책임이자 권리이다.

2장 인간이 만든 자연, 한옥
- 민가와 반가, 한옥과 전원주택

한옥학회

1. 한옥 개론

1) 한옥의 구조

(1) 개요

· 일제시대와 박정희 정권을 통한 한옥의 수난시대, 절집을 위주로 명맥을 유지

· 제도적 뒷받침 필요

· 한옥에 관련된 오해 불식

· 한옥은 세계 최고의 목조 건축물

· 한옥은 친환경적이며 나무와 흙의 조화

(2) 지붕의 형태에 따라

· **모임집** 주로 정자(삼모정, 사모정, 육모정, 팔모정 등)

강원도 평창군 봉평면의 황토 펜션 - 팔모형태의 15평짜리 살림집으로 기둥, 서까래를 비롯한 목재가 전부 낙엽송이며 황토벽돌로 벽체

그림 1. 모임지붕

그림 2. 팔작지붕

를 했다. 흔히 볼 수 있는 정방형의 원두막을 비롯하여 4모정, 6모정, 8모정 등이 전부 이 모임집에 해당한다. 이 집의 용도는 주거용으로 쓰기에는 불편하고 주로 경관 좋은 곳에 지어진 각종의 정자들에서 볼 수 있다. 해남 대흥사의 일지암은 이런 형태의 모임지붕을 하고 추운 겨울을 지낼 수 있도록 가운데 방을 넣기도 했다.

· **맞배집** 과거에는 주로 절집의 부속 건물이나 창고 또는 사대부 집안의 사당으로 많이 지어졌는데 요즘에 들어서는 비교적 그 구조가 간단하며 목재도 덜 들어가는 편이며, 또한 공사기간이 짧고 인건비가 덜 들어가는 장점이 있어 민가의 살림집에서도 많이 짓는 편이다. 대표적인 건물로는 강릉의 객사문, 봉정사 극락전과 영암 무위사의 극락전 등이 있다.

· **우진각집** 우리나라 전역에 걸쳐서 제일 많이 볼 수 있었던 모양의 지붕이다. 한옥의 근간을 이루고 있다고 해도 과언이 아닐 만큼 보편적인 구조인데 과거 서민들이 주로 지었던 초가집, 너와집 등은 거의가 다 이런 형태의 구조이다. 측면에서 보는 목구조도 맞배집과 같이 간단하여 3량의 구조를 하고 있는 것이 대부분이다. 물론 5량으로 하여 집의 규모를 키울 수도 있다.

· **팔작집** 합각집이라고도 하는데 이 집은 한옥 중에서 제일 복잡하고 또 최고로 멋을 낼 수 있는 형태로써 주로 사대부 이상의 기와집을 지

그림 3. 우진각 지붕

을 때 많이 채용하는 형태이다. 궁궐이나 사찰의 대웅전, 사원이나 사대부의 사랑채 등 최고급 건축물이 모두 이 모양이라고 해도 과언이 아니고 익공이나 공포 등 각종의 치장재를 덧붙여 한옥의 멋을 더하여 줄 수 있다. 최근에 와서는 한옥을 지을라치면 너도나도 이런 형태의 집을 짓는 바람에 '한옥은 비싸다'라는 말을 듣기도 한다.

이외에도 위의 네 가지 유형을 근간으로 여러 가지 모습으로 변화하고 또 서로 조합한 형태의 지붕 구조를 많이 볼 수가 있는데 이것은 건물의 실용성이나 미학적인 구조를 염두에 두고 다양한 형태로 변형시켜 적용할 수 있는 기법이다. 이처럼 조금만 관심을 기울이면 누구나 쉽게 이해하고 손쉽게 배울 수 있는 것이 우리 전통건축물인 것이다.

(3) 측면의 형태에 따라

· 3량집

· 5량집

· 7량집, 9량집

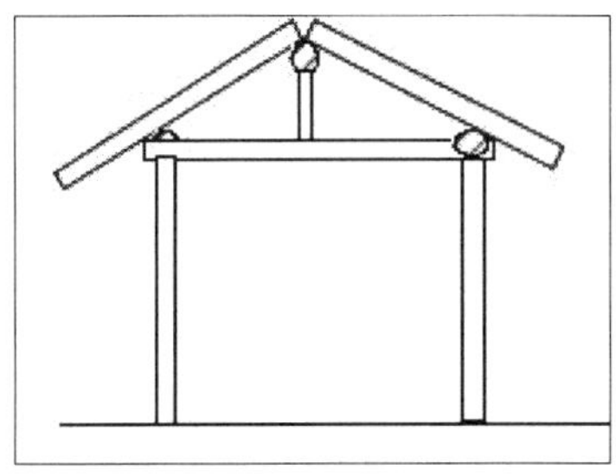

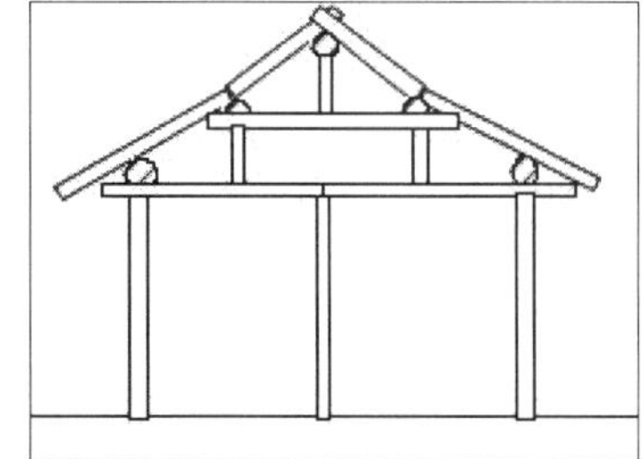

⑷ 기타 지붕재료나 부재의 종류 또는 용도에 따라 분류하기도 함

· 기와집, 초가집, 너와집 등

· 소로수장집, 장여수장집, 민도리집 등

· 궁궐, 절집, 양반집, 등

· **앙곡(조로), 안허리곡(후림)** 조로와 후림이란 말로 표현되기도 하며 조로란 입면상에서 수직면 위쪽으로 네 귀를 쳐들리게 하는 것을 말하고 후림이란 평면상에서 지붕의 수평면의 네 귀를 뻗게 하고 안으로 후리는 것을 말한다 이것은 처마 선을 안쪽으로 굽게하여 날렵하게 보이도록 한다.

⑸ 각종 부재의 명칭

내진주, 외진주, 평주, 우주

⑹ 한옥의 칸(間)

정면(도리칸), 퇴칸, 협칸, 어칸, 협칸, 퇴간, 측면(보칸), 외진칸, 내진칸

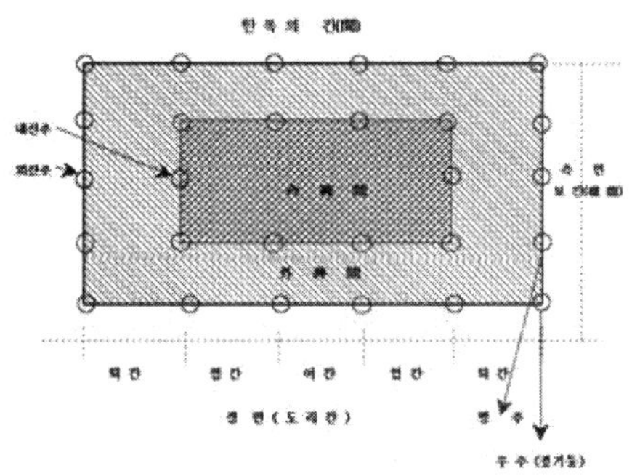

2. 채와 방 - 집과 공간

1) 살림채와 그 공간

공간과 건물이 기능에 따라 분화하는 가운데, 각 공간이나 건물은 그 기능이나 상징성에 따라 의미가 부여되고, 그 의미에 따라 위치나 규모, 형태 등이 결정되었다. 민간신앙에 등장하는 여러 가택신들은 특정한 공간이나 건물을 주관하고 있어 아마도 공간이 분화되기 시작한 이후에 신앙화.

(1) 살림채

· 모든 주거 공간들이 탄생하였던 모체

· 가족을 대표하는 주인부부가 사용하는 건물로서의 주격, 또는 중심격

· 큰채, 위채, 원채 또는 본채라는 용어로 불리기도 하는데 규모나 위치를 의미하는 것이 아니라 주거 내의 여러 건물 중에서 살림채가 가지고있는 위계를 반영한다.

· 가족생활의 중심영역

· '좌향보기'에서와 같이 살림채는 택지 내에서 가장 신성한 혈의 위치를 차지하며 여타의 건물이나 시설물들은 주인을 보호하는 종과 같이 혈과 명당을 둘러싸는 사(砂)의 역할을 가지게 된다. 따라서, 주택에서는 살림채의 중심을 정중으로 삼는다. 살림채는 건물배치의 기준이며 중심으로, 이로부터 부수적인 건물이나 공간의 위치가 결정되었다.

· 상류주택에서의 살림채는 주로 '안채'라고 불린다.

안채와 사랑채를 분리하여 주거생활 속에서 내외를 지키려 하며 또한 안주인은 가사운영을 통괄하는 생활의 중심이었으며, 외부로부터 격리, 보호되어야 할 존재로 인식되었다.

(2) 큰방, 안방

- 방 : 사람이 자는 곳
- 간 : 짐승이나 물건을 수용하는 공간
- 살림채 안에 포함되는 여러 공간 중 가장 대표적인 공간
- 큰방 : 사랑방이나 사랑채가 분리되어 있지 않은 방
- 안방 : 안주인의 거처 - 기능적 이유로만 설정되는 것이 아니라 가족 내에서 '중심'과 '안'의 위치를 갖는 어머니와 주부의 격과도 밀접한 관계가 있다.
- 복합기능의 공간. 의례공간(대청 ×)
- 부속공간들의 상대적 위치와 주부의 상징으로서 '안방'의 격을 반영하고 있다.
- 삼신의 거처

(3) 부엌(정지)

- 살림채 안에서의 취사작업이나 난방과 관련되는 공간
- 취사단위의 분리, 즉 생활단위의 분리를 의미
- 하나의 부엌은 하나의 생활단위
- 여성의 공간으로 인식
- 방위의 개념에서도 보여짐(서쪽)
- 조왕신의 거처
- 부엌의 위치는 좌향으로 결정하지 않더라도 복을 의미하는 쌀이나 물을 푸는 방향으로 대부분 서쪽과 집안의 안쪽에 위치

(4) 마루

- 대청 : 마당과 방을 연결하는 전이공간, 제사를 비롯한 의례가 치러지는 의례공간

- 안청, 마래 : 곡물을 수장하는 도장
- 안마루 : 집중형 수거에서 나타나는데, 봉당과 각 방을 연결하는 전이 공간. 여름철에 취침과 식사가 이루어지는 공간
- 하절기에 유용한 생활장소 - 땅에서 떨어져 설치되는 곳으로, 땅에서 올라오는 습기를 막아 주고 통풍에 유리한 구조
- 상류계층의 권위나 격식을 표현하는 의례공간 → 주거생활이 침상형 마루로부터 온돌방으로 옮김
- 생활장소와는 달리 곡물의 수장공간으로 출발한 것일 수도 있음 → 방습, 방충, 통풍 → 방어적인 위치와 형태로 나타남
- '대청(마루)'은 성주의 혼이 머무는 신성한 영역이었기에, 주 건물의 실질적인 중심에 위치하였으며, 집 전체를 대상으로 하는 의례와 격식의 공간으로 사용됨
- 성주신의 거처

2) 부속채와 그 공간

(1) 부속채

- 주생활을 보조하는 기능 → 가축 사육, 곡식 보관, 도구 수장, 작업공간
- 상류계층의 주거에는 주로 볼 수 있음(서민층의 경제력이 없기 이전)
- 본래 살림채 안에 포함되었던 것들로써 환기나 채광, 통풍, 소음 등의 이유로 사람이 거주하는 공간으로부터 분리, 살림채의 좌향을 중심으로 배치
- 헛간, 마구간, 방앗간, 잿간, 도장, 뒷간 등 단일공간을 지칭하는 용어로도 쓰임

(2) 마구

· 소나 말을 사육하는 공간

· 마구의 분리 여부는 주거유형의 지역성·시대성을 보여 주는 중요한 요소 → 도난 방지나 겨울철에는 난방이 필요한 공간이어서 살림채 안에 마구를 두는 방법이 오랫동안 지속됨

· 마대장군의 거처

(3) 도장과 고방

· 도장 : 알곡을 저장하는 공간

· 고방 : 겉곡을 저장하는 공간

· 뒤지, 장석이라 불리기도 함(마당 가운데 설치 - 화재 예방)

· 재산을 담는 장소인 창고는 많은 재산이 축적되고 유지되기를 기원하는 것에서 볼 수 있듯이 중요한 공간으로 인식됨

· 도장지신의 거처

(4) 방앗간

· 겉곡을 탈곡하는 방아시설이 있는 공간 - 정착형 농업사회의 형성과 더불어 사용

· 주로 디딜방아가 위치(서민계층에서는 주로 절구가 사용됨)

· 방아지신의 거처

· 식량을 공급하는 중요한 공간으로 방앗간이나 방아머리를 두는 방향을 중요시함

(5) 측간

· 뒷간, 정랑 등으로 불림

· 생리공간으로서 필수적이기는 하나 주거 내의 공간 중에서 가장 더

러운 곳으로 인식

· 신체가 노출되는 개인적 공간이며, 엄격한 내외관계가 생활화되었던 유교사회에서는 안채에 '내측'이 건립되고 바깥채에 '외측'이 별도로 건립, 분리되도록 함

· 측간지신의 거처

3) 마당과 부속시설

(1) 마당

· 주거 내의 외부공간으로 일반적으론 살림채 앞의 외부공간을 지칭함

· 위치나 형태에 따라 앞마당, 뒷마당, 뒤안, 안마당, 뜰, 사랑마당, 행랑마당 등으로 불려짐

· 위치

안마당 : 분산형 주거에서 살림채 앞

바깥마당 : 집중형 주거에서의 살림채 앞

봉당 : 집중형 주거의 살림채 안에서 안마루 앞에 있는 흙바닥

· 기능

뜰, 안마당 집중형 : 햇빛을 받고 바람이 통하도록 만들어진 것 먼지가 나는 작업은 하지 않는 곳

분산형 : 주로 곡식을 널어 말리고 쌓아 놓는 장소

· 양기풍수에 있어서 주건물 앞의 마당은 명당이라고 해석되었다. → 혈자리의 살림채를 경배하는 주종관계의 격으로 인식

· 건물이나 마당이 각기 땅과 하늘의 기운을 받는 필수적인 장소로 인식

· 농사규모가 커지면서 농경지에서 수확된 농산물은 중요한 재산으로서 감시가 용이한 장소에 보관되어야 했고, 규모가 크기 때문에 내부공

간에 수용되기는 어려움. 곡물을 수장하는 장소로서 마당의 중요성이 있음

(2) 담장

- 주거의 건물과 공간을 둘러싸 그 영역을 한정하는 차례물
- '울'을 두르는 방법 : 생울타리(나무), 바자울(죽은 나무가지, 이엉), 담(돌담, 흙담, 흙돌담)
- '울'을 두르는 이유 : 집의 경계를 표시, 프라이버시 보호, 생명과 재산을 지키기 위한 시설
- '울'은 대문과 더불어 혈과 명당을 둘러싸는 사(砂)의 의미를 갖게 됨
- 신분을 상징하는 수단
- 성주신을 보호하는 사신(四神)
- 생기를 흩트리는 상징적 의미의 바람을 막음

(3) 대문, 대문간

- 주거영역으로 출입하는 입구, 주거영역의 경계표시
- 출입을 제한할 수 있는 입구는 화의 진입을 막고 복만을 들어오게 하기 위해 입구를 지키는 상 징적인 존재의 필요
- 양택의 문은 혈과 명당을 보호하는 사신의 의미로 해석
- 신분을 상징하는 수단
- 솟을대문, 평대문, 사립문(삼짝), 정지문(집중형 주거), 정살문(제주도)
- 성주신을 지키는 수문신
- 부엌과 안방과 더불어서 주택의 삼요로 취급, 방향에 많은 관심

* 집의 입면과 형태

상분 : 天 (원형은 하늘을 상징)

중분 : 人 (직립성)

하분 : 地 (땅의 상징성)

3. 내부공간의 용도

1) 구들 - 구들의 발생

· 기원전 20세기 경 두만강하구 서포항 집터 원시구들(하향식구들 - 고래가 없는 구들)이 존재함

· 기원전 10세기 경 알래스카 아막낙섬 굴뚝이 없는 고래 구들발견

· 기원전 4, 5세기 경 철기시대 : 압록강 중상류 지역에서 발달된 용철원리를 응용하여 화덕을 개량한 구들을 만듦

· 5, 6세기 경 : 수경주의 기록에 전면적인 온통구들의 기록이 등장. 상당히 발전된 구들 - 외줄고래방식

· 16, 17세기 경 : 조선 후기 농사법의 개량으로 생산력이 급격하게 상승하던 시기에 온돌이 보편화됨

· 제주도의 구들 : 가장 고전적인 구조, 육지의 것과 구조, 땔감이 다름

· 따뜻한 남쪽 구들의 구조 · 방을 3등분하여 아궁이 쪽 1/3은 보통 허튼고래 방식의 온돌 구조 나머지 2/3는 사이에 구멍이 나도록 둥근 돌을 마구 쌓은 구조 개자리와 굴뚝 구조는 설치되지 않음

· 구들에 사용되는 연료, 땔감 · 말똥을 공 모양으로 동그랗게 말았다가 아궁이에 넣고 불을 붙여 판석으로 어귀를 막고 진흙으로 공기가 통하지 않게 메움

· 취사와 난방용 아궁이가 분리

2) 마루 - 높은 곳

(1) 높은 고상주거 마루의 발생

- 2천 년 이상이 넘도록 좌식 생활을 해옴
- 제주도에의 부엌생활은 반의자식 생활
- 마루가 붙박이로 시설되고 요즘 같은 대청으로 발전한 것은 생산력이 훨씬 발전한 통일신라기 이후
- 하층민들은 온돌은커녕 마루도 변변히 이용치 못함 : 제주도 주택, 삼남지방에서 마루를 흙바닥에서 생활하다가 여력이 생기면 마루를 시설함

(2) 마루의 발달

- 마루 형태의 고식형태는 남해안 지대를 중심으로 남도지방에 많이 남아 있음 → 이 지방의 갓마루는 기둥에 고정되지 않고 따로 독립되어 시설되는 것이 특징

(3) 마루의 구조

- 마루의 고상식 구조는 제주도 민가에서 발견
- 상방과 난간의 바닥은 마루로서 모두 우물마루
- 고상식은 장마루였으므로 가끔 난간에 장마루가 남아 있음

(4) 마루의 높이와 치수 계획

- 문간에 들어온 손님에게 밥상 바닥이 보이지 않도록 계획
- 밥상 면이 외부인에게 들여다 보이면 추하다고 생각되기 때문에 우리 식생활에 쏟기 쉬운 탕 종류가 많은 데도 연유됨

3) 부엌 · 취사 조리 저장공간

(1) 부엌과 정지의 개념

· '정지'라는 말은 부엌과 봉당이란 뜻의 결합체로서 부엌은 불을 지피는 공간이란 말이고 봉당이란 실내 작업공간이란 의미이다. 함경도에서 '바당'이라고 함

(2) 부엌의 기능

· 보건위생적 공간
· 주부의 외부 주출입은 부엌 앞문으로 하고 부엌 뒷문은 서비스용 출입구
· 제주도의 부엌 특색 : 정지 앞문의 외측벽 쪽에 화덕을 설치하여 조리공간으로 이용, 뒷벽 부분에는 살레(찬장), 항아리 등을 배치하여 수장공간으로 쓰임
· 기타의 조리, 배선, 개수와 식기수장은 같은 높이, 같은 공간에서 이루어짐으로써 가사노동이 육지에 비해 절약됨

(3) 부엌의 동선

· 제주도 : 육지의 부엌 동선에 비해 짧음
· 아궁이가 온돌의 난방과 독립하여 설치 : 좌식 생활을 좋아했음

4) 안채의 각 방 이용

(1) 안방

· 집의 중심이 되는 공간
· 사적 생활기능을 만족

· 남도지방에서는 중부지방에서의 안방을 큰방이라 부르며 가족실로서의 이용이 보다 강조됨

(2) 웃방, 고방

· 안방의 보조공간으로서 잠자리, 학습, 손님의 접대, 수장의 용도로 이용

· 겨울 : 잠자리보다 수장공간으로 이용

(3) 끝방(머리방)

· 규모가 약간 큰 집에 시설

· 대부분 수장공간으로 이용

· 여름 : 가끔 잠자리 공간으로 이용

(4) 상방, 한웃방

· 양통집이 분포하는 영동지방과 안동지역에서 사랑방 혹은 아랫방의 기능으로도 쓰임

· 중간휴양, 가족과의 단란, 손님의 접대, 오락유희와 가사노동 등 주택의 사회적 기능을 충족

· 각 실에 동선을 연결하는 매개

(5) 대청 (대청마루)

· 중부지방의 곱은자집과 남도지방의 한일자 4칸 집에서 나타나는 공간

· 주거생활의 중심이 되는 곳

· 양쪽의 동선을 상호 또는 외부에 연결해주는 완충공간 내지는 준비공간으로 이용

(6) 건넌방

· 중부지방의 곱은자집에서나 남도지방의 4칸 한일자집에 있는 방으로써 학습공간, 동장의 기능

(7) 골방

· 수장과 갱의의 공간으로 이용, 부잣집에만 나타나는 공간

(8) 챗방(제주도 주택을 높이 평가케 하는 요소)

· 제주도 민가에서만 마련되는 특이한 공간

· 식사를 하는 공간으로 사회적 생활공간과 보건위생적 공간의 완충공간

(9) 정짓방 · 정지

· 남도지방(특히 남해안 지대)의 겹집에서 나타나는 공간

· 음식의 장만, 식기의 수납, 곡식 말리기 등에 이용. 연탄의 저장

(10) 모방

· 남해안 지대에서 부엌의 모퉁이에 마련되는 공간

· 겨울옷이나 이불, 보리, 쌀 등을 저장하는 공간

· 영동지방의 도장과 유사한 기능

5) 사랑채 행랑채 공간의 이용

(1) 사랑방

· 안방과 상대되는 공간

· 사회적 생활공간의 용도로 쓰임

(2) 아랫방

· 중남부지역의 민가에서 소농경영의 한 형태로서 아래채가 이어지며 이곳에 아랫방 마련

· 완충기법(거리 띄우기)으로 만들어짐

(3) 행랑방

· 아래채는 자기 식구가 살기 위해 지은 집, 행랑채는 고용인이 기거하도록 지은 집

(4) 문간방

· 대문간이 설치되어 있을 경우 : 대문간 옆에 배치된 건넌방

6) 수장공간의 이용

(1) 마룻방

· 안 쓰는 식기류, 곡식의 저장, 쌀독, 고구마류, 김의 저장, 기타 식품류, 재봉틀, 김제조 기구 등을 수장

(2) 고방

· 영남의 부잣집과 제주도 민가에서 나타남

· 제주도 : 곡식류를 저장하는 공간

· 고방이 기능상 밀접한 관계를 가진 부엌과 상방을 사이에 두고 위치한 이유

· 구들과 함께 붙이는 것이 가장 합리적

· 도둑 맞는 것을 예방하기 위함

(3) 도장 (도장방)

- 영동지방을 중심으로 남부 내륙에까지 분포하는 공간 : 곡식의 저장, 마늘, 김치독의 저장창고보다는 좀 더 귀한 물건을 넣어둠

(4) 헛간

- 작은 농기구를 보관, 농산품을 장기간 저장
- 주용도 : 외양간에 대한 작업공간
- 남도지방 : 아래채 부엌과 겸용하여 씀

(5) 뒤주

- 중부지역 : 쌀을 보관
- 기타 내륙지역 : 독립된 형태의 건물, 나락을 수장하는 조영물
- 서남해안 지대 : 집의 일부로 만들어지는 토광도 뒤주로 부름

(6) 토광(둑집)

- 나락의 수장공간, 부엌 근처에 위치
- 중남부 지역 : 둑집

(7) 굴묵

- 구들에 불을 지피기 위한 공간으로 보건위생적 공간

7) 내부공간 이용의 특징

- 소농 경영의 한 외형적 형태 : ㄱ 자를 이루도록 구성
- 경영시설로서의 헛간채나 또는 남정네들이 기거하는 사회적 공간인 사랑채
- 곱은자집(ㄱ자)이나 입구자집(ㅁ자)이 대부분이며, 한일자집(一자)에

비해서 부속 및 수장공간이 많아짐

· 가장 큰 특징은 공간을 남녀로 구분 남자들만의 생활공간을, 안살림과 구분

· 16세기 이전에 지어진 몇 개의 사대부집은 남녀의 공간구분보다는 세대별로 공간을 구획

· 혈연집단을 통한 사회조직의 재구성 형태, 종중(장남)으로 대표되는 권력의 결집현상

· 제주도에서는 공간을 세대별로 구분

· 사적공간인 구들, 사회적 공간인 마루, 가사노동 공간으로 흙바닥

· 마루가 높은 것은 기거 공간의 청결성을 유지하기 위함

4. 내부공간의 이용

1) 민가의 구성

· 일반적으로 소농 경영의 한 외형적 형태로서 한일자(一)집인 살림채와 헛간 등을 마당중심으로 ㄱ자를 이루도록 구성 → 아들이 장가를 들어 새살림을 내게 되면,

- 장남인 경우 : 부모님과 함께 사는 게 보통
- 차남 또는 그 아래인 경우 : 3칸 살림채, 헛간채(경영시설)나 사랑채(남정네들이 기거하는 사회적 공간)는 자신 스스로의 경제적 여력으로 지음. 그러므로 민가는 작은 규모의 집들이 마당을 중심으로 모여서 이루어짐
- 양반 또는 자영농으로 부를 축적한 부자인 경우 : 집을 한꺼번에 지음(곱은자집, 입구자집)

***곱은자집 :** 모든 집채가 한꺼번에 연결되어 한일자집(一자)에 비해서

자재가 많이 들지만, 공간과의 거리가 짧아서 기능이 편리. 같은 칸수의 한일자집에 비해서 부속 및 수장공간이 많음

2) 민가의 특징 : 공간을 남녀로 구분

성립배경 : (임진란 후) 기존 질서 파괴. 민중의 정부에 대한 불신. 정부에 행정조직에 버금가는 새로운 조직이 생존을 위해 요구. 혈연집단을 통한 사회조직의 재구성(외형적 표현 : 족보의 작성. 장남으로 대표되는 권력결집 현상. 가부장의 권리 확대)

- 제주도 : 세대별로 공간구분
- 밖거리 : 아들세대 - 각각의 부엌을 가지며 농작업이나 밥까지 따로 해서 먹는다.
- 안거리 : 부모세대

3) 민가의 바닥

(1) 이용에 따라

구들(사적공간) - 마루(사회적 공간) - 흙바닥(가사노동 공간)

(2) 공간의 높이

- 흙바닥

부엌, 봉당, 굴방 등으로 불리는 공간

외부와의 동선을 편리하게 하기 위해서 바닥이 높지 않음

- 구들, 마루

흙바닥보다 상당히 높음

흙바닥에서 구들에 불을 지피기 위한 높이에 의해 자연히 발생

청결선호(일을 위한 보통 높이의 흙바닥과 쉬기 위한 마루 높이의 차이를 둠. 기거 공

간의 청결성 유지)

마루는 구들 높이에 의해 맞추어 시설하는 것이지만, 연료나 그 밖의 - 구들의 방식 의해서 구들 높이가 달라지므로서 마루는 걸터앉기 편리한 높이로 만들고 구들은 오히려 아궁이 바닥을 낮춤으로서 서로 간의 높이를 조정

4) 잠자리 공간의 이용

(1) 잠자리 공간

아궁이가 있는 아랫목

(2) 방이름에 따라 엄격하게 구분

· 안방 : 집주인 내외 어린 아들, 딸의 기거 공간

· 건넌방 : 새댁. 장성한 아들. 딸의 공간

· 웃방 : 예비 공간의 성격, 가난한 집의 경우 건넌방 대신 이용

· 사랑방 : 바깥어른이 기거. 대외적인 접객공간

· 문간방, 행랑방 : 남자하인들의 방

· 뒷방, 상방 : 몸종, 침모 혹은 식모가 기거

· 골방 : 옷과 가구를 두며 옷 갈아입는 공간

5. 외부공간의 이용

1) 외부공간 구성 요소

공간한정 요소

· 수직적 요소 - 건물, 담장, 옹벽, 축대, 석계

· 수평적 요소 - 수면, 석교, 바닥

· 공간수직 요소 - 수복, 정원시설물(굴뚝, 석등, 정사, 탑), 가로시설물

건물 : 내부공간을 위한 것이지만 외부공간과 유기적 연계성을 가짐

대청마루를 통하여 부공간으로서 중정과 후정을 연결

담장 : 경계 표시, 외부로부터 방어 기능. 공간감을 형성하기 위한 경우 - 공간유도

석계(石階): 상하 두 공간을 유동적으로 연결. 건물과의 조화(건물이 클 경우 계단 폭도 크게 해서 시각적 안정감을 줌)

수면 : 반사에 의한 공간의 활력소 - 투영 효과, 물소리의 다양한 효과

석교 : 물체를 에워싸 닫힌 공간을 형성함

수목 : 공간분리, 동선유도, 프라이버시 유지하는 벽적 기능

2) 외부공간 위계에 따른 분류

· 주요 공간

핵심되는 건물 앞, 연속된 공간체계에 있어서 적정을 이룬 곳(거의 모든 민가건축에 나타남)

· 부수공간

과정적 공간(전위공간) - 연속된 공간에서 주요한 공간에 이르기까지 전위적이고 과정적 역할. 이동 중 시점의 이동과 시계(視界)의 체험

· 절충 공간

공간과 공간을 유기적으로 결합시켜 연결

· 복공간

주요 공간 주변에 있으면서 주요 공간과 대조되는 본질적이며 핵심적인 공간(극락전, 영산전, 조사당)

· 승화공간

자연 속으로 스며들어가는 곳

3) 공간구성에 있어서 사상적인 역할

풍수지리설 - 자연지형에 의해 형성되는 공간감을 파악하여 전체 계획의 이미지 설정

사용 가능한 용지 및 사용불가능한 용지를 구분

공간축의 설정가능

부지 내의 일조, 방향, 향, View, 공간의 한정

불교사상 - 속세 → 보살 → 佛

일상생활 → 개울 → 일주문 → 천왕문 → 불이문 → 부속공간 → 탑이 있는 마당 → 대웅전

| 속세공간 | ← 보살공간 → | ← 부처공간 → |

유교사상 - 엄격한 계층성(계급, 신분, 연령)에 의한 장소성(공간)을 부여 배치(대문 - 행랑 - 사랑 - 안채 - 사당) 영향

궁궐건축. 교육공간(사당, 향교, 서원)

삼신오제사상 - 일상제의 도형. 삼신(天一, 地一, 太一)도형 → 품(品)자형으로 도형화되어 공간배치에 나타남

노자사상 - 공간구성 개념원리 이해의 근본적인 바탕체계를 이룸

건축공간구성 - 구체적인 사건, 구체적인 원인, 인간의 본성 → 균형, 평형, 효용성

* 전통건축 특성 - 비정형 배치 특성 : 비정형균형. 공간의 연속성과 위계성 변화와 통일. 영역성

개방성, 폐쇄성, 장소성, 방향성 → 인간중심의 공간개념

* 대칭적 비대칭 - 물체에 나타나는 것은 불균형처럼 보이지만 Void(감추어진 형태)로 균형을 이루고 있으며 균형은 연속적인 과정을 통해 평형으로 연결

→ 보이드 - 빈 공간의 보정적인 공간으로서 꽉 차여있는 공간 - 균형 - 평형 - 효용성

4) 균형

· 평형성 - 가장 큰 것은 경계가 없음

인간의 질서를 부여 - 방향성을 부여 - 축을 암시 - 평형성

· 효용성 - 있어야 할 것은 있고 필요 없는 것은 두지 않음

인간의 감성과 생활에 맞게 공간구성 - 기대감 - 긴장감 - 이완감의 이해

6. 외부공간 - 마당

1) 주거를 이루는 공간요소의 분류

· 방(안방, 건넌방, 사랑방)

· 마당(바깥마당, 안마당, 뒷마당)

· 광(저장고)

· 대문간(대문, 문간부엌)

2) 한국전통 민가의 '마당'

· 마당의 발생 원인 : 건축된 주거 공간 내에서 모든 생활기능을 수납할 수 없게 되어 자연발생적으로 외부공간을 필요로 하고 그 외부공간을 '마당'이란 용어로 함축

· 마당의 기능

- 마당에는 우물, 뒷간, 장독이 필요하고 아니고 관혼상제 때나 여름에는 식사나 환담을 하고, 빨래, 곡식을 건조시키거나 타작을 하고 또 이들 각 공간을 연결하는 기능도 했다.

- '마당'은 밖이란 개념이 아닌 내부공간과 일체화된 생활공간이다.

· 마당의 분류

바깥마당 → 대문간 → 안마당 → 건축물 → 뒷마당

바깥마당

바깥마당은 마을의 공적인 공간에서 주거의 사적인 공간에 진입해 들어오는 경계영역으로서의 면적분할을 보여주는 반공, 반사적공간이라 볼 수 있다. 이 공간은 주거에서 농경에서 필요한 나무의 수장 및 채소밭, 뒷간, 외양간 등 가족의 생계에 관계된 것들로 형성되어지나 마을사람이나 행인들이 주인의 허락없이 드나들 수 있는 곳이기도 하다. 동시에 이곳은 어린이들에게는 주거 밖 세계에 대한 교육의 장이기도 하며 놀이터이기도 하다.

앞마당

앞마당은 주거의 상징공간으로서 제사 및 혼례의 장이며 가사작업의 땅이다. 또 이것은 대문간과 안채를 연결시켜주는 매체의 기능을 가진다. 마당은 내부공간에서 못다 이룬 주거기능의 일부를 외부공간에서 이루게 함으로써 내부공간과 같은 개념이다.

뒷마당

유실수, 채소밭, 장독대 등으로 구성되어 안주인의 가사작업이 부엌에서 뒷마당으로 확장된다.

7. 외부공간(담)

1) 한국 담의 기능

(1) 폐쇄기능

담은 가족이 사는 집과 사회와의 차단물

- 담은 그 안과 밖을 둔 사회학적 성향의 원형을 나타내는 구조물

· 세계의 세 가지 집의 구조적 유형 : 영국형(유럽, 미국), 인도형(동서의 중간 지역), 한국형

- 영국형 : 경계 표시에 불과(두껍지도 높지도 않다)

폐쇄기능이나 은폐기능이 전혀 없다.

집과 집 사이는 미리 화단처럼 하얀 나무토막으로 막아 놓을 뿐이어서 공간적으로 접해 있다.

영국형의 주거생활에서는 공동의 장(거실, 식당 등)보다 개실의 생활이 주가 되고 또 중요하다. 곧 개실과 사회가 직결되어 있으며 그 중간에 있는 공동의 장이나 담이나 문 같은 것은 그다지 중요하지가 않다.

- 인도형 : 공동의 장과 외부와는 넓게 공개돼 있으며, 집 벽이 바로 외부와의 경계요, 벽과 외부와의 공간차단 구조물로서의 담이 대체로 없다.

인도형의 집은 각기 개개인의 방이 있지만 가족 전원의 공동의 장이 대단히 중요한 기능이다.

- 한국형 : 無個室 - 위치표시, 크기로 표시. 외부공간과 내부공간을 담으로 엄하게 차단돼 있다는 특색을 들 수 있으며 외부와 내부의 통로도 엄하게 폐쇄하여 영국형이나 인도형에 비해 현저하게 좁다. 곧, 한국 담의 기능에 폐쇄성을 강화시키고 있다.

한국 가옥의 담은 곧 영국형 가옥에 있어 개실의 역할이다.

한국인의 가족의식을 나타내는 구조적 테두리이며 밖으로부터 가족을 보장하는 물리적 구획이기도 한 것이다.

(2) 은폐기능

- 은밀한 본능행위(의, 식, 주)일수록 비례해서 한국인은 보다 은폐를 하려한다.
- 한국 가옥에 있어서 은폐기능을 하고 있는 구조물이나 가구이다.

(3) 방어기능

- 담의 가장 원시적 기능(세계가 공통)
- 호환우마(虎患牛馬)를 방어하기 위해 담을 높이 쌓는다든지 도적을 막기 위해 담을 높이 쌓았던 것이나.
- 홍만선『산림경제』: 담을 쌓을 때 하수구를 내는데 닭이나 개가 드나들 수 없도록 좁혀야 한다고 적었다.(물리적 기능 - 짐승이나 도둑의 외침을 막는다.)

(4) 경계기능

- 내 집과 이웃집의 영역 경계표시(세계공통 - 경계의식이 가장 강한국민은 미국사람)
- 한국의 농로는 논의 경우 아무리 좁은 면적이라도 농로로서 이 되어있다. 한국의 농로에 있어 서는 길 이외에 남의 논과 내 논을 구분하는 담의 의미도 복합되어 있는 것이다.
- 한국에의 집 담에 대한 강한 집념은 이 같은 담의 경계기능도 복합된다.

→ 밭의 경우도 도난을 막고 짐승의 침입을 막기 위한 방어기능까지 복합해서 거의 울타리나 돌담 또는 나무를 심음으로써 담을 만들기 마련이다.

(5) 상징기능

- 한국인은 자기의 마을, 자기의 직장, 자기의 고유권, 자기의 사회활동권, 자기의 경제활동권에 보이지 않는 담을 쌓고 그 외부에서 내부를 폐쇄한다.

→ 마을 입구에 성황당을 쌓고 천하대장군, 지하여장군 등 짐승을 세워 불행 병마 같은 불행한 요소를 방어하는 습속도 이 터에 대한 상징

적 담으로 이해한다.

· 한국의 가옥구조의 상징적 담의 기능

→ 외부인이 유숙하는 사랑채의 분리구조가 그것 안사람과 밖사람은 한 터에 공존할 수 없기에 분리시켰으며, 사랑채에 드나드는 방문은 외부와 통하게 되어 있다. 사랑채 방문 밖에는 담이 없다. 외부공간의 연장이기에 굳이 물리적 담을 쌓을 필요가 없기 때문이다.

→ 집 구조상 사랑채의 방문을 담 안에 내지 않을 수 없을 때는 반드시 사랑채와 안채의 공간 중간에 중문을 새워 차단하거나 나무를 심거나 가리개를 세워 차단을 시킨다.

→ 한국 집에는 부엌신을 비롯하여 수십 위(位)의 가택신(家宅神)이 있다. 이 가택신이 외부에 나가게 되면 그 가택신이 주재하는 그 집의 화복(禍福)에 영향을 주어 불행을 초래하는 것으로 알았다.

(6) 풍수기능

·담의 구조와 풍속

- 담이 구불구불하고 낮으면 질병이 항상 따른다.
- 등이나 담쟁이 같은 풀이 담에 서로 엉키면 재화(災禍)가 떠나지 않는다.
- 담높이가 집 모습을 가리지 못하면 그 집은 퇴망한다.
- 관재(棺材)처럼 널찍하고 엷으면 객사를 한다.
- 만약 그 담이 문보다 높으면 사람들의 말썽을 잘 사고, 시어머니가 며느리에게 눌려 살며, 천민이 얕본다.
- 만약 담이나 문이 기울면 재물이 비로 쓸듯 나간다.
- 갑자기 담이 무너지거나 꺼지거나 하면 관송(官訟)이 잦아 진다.
- 담이 길을 좁게 하거나 또 길쪽으로 튀어나오면 도배(徒配)를 당한다.
- 담을 덮은 짚이 썩어 버섯이나 풀이 돋아나면 사람이나 짐승이 호랑이에게 물린다.

- 집 지을 때 담을 쌓아놓고 자면 가운이 기운다. → 이상의 담을 둔 풍수와 금기도 거의가 담을 크고 높고 단단하게 해야 한다는 원칙의 위배에 대한 것으로 일관돼 있음을 알 수 있다.

8. 마을의 공간

1) 공간 연출기법

· 시간 건축으로서 미적 인식의 승화 → 축의 개념이 아님

· 기승전결에 의한 대비 → 어둡고 밝은 공간. 작고 큰 공간. 좁고 긴 공간. 둥글고 네모난 공간

구성 - 소규모의 민가구성 방법 - 기승전결

보통 민가마을은 4소절로 구성되며 1소절은 개별적인 기승전결로 구성

1소절(起)

기 - 동구 등 마을 어귀 암시(강당, 서원, 향교, 성낭당, 정자)

승 - 인도하는 구부러진 오솔길(전) (조그마한 둔석, 소나무숲 등)

결 - 마을 공공 공간 도달(당산나무)

2소절(承)--꼬부랑길(샛길)을 지나(승) 또 다른 정자를 향해(결) 도달

3소절(轉)--골목길을 가다가(승) 대문(전)--마당도착(결)

4수절(結)--토방(기)--툇미루(승)--대칭문(선)--안방(결)

***홍만선 [살림경제]**

"똑바로 오는 길은 좋지 않으므로 굴리고 돌리도록 권유"

- 시선의 표적과 시각의 변화유도(공간예술 - 시간예술로 승화) 길, 다리, 계단, 대문

대문(소대문)--주어진 공간이 적었을 경우 극적 효과 유도

2) 길

공동공간과 개별공간 연결(개방성과 폐쇄성의 엇물림)

큰길--어귀길--어귀--안길--샛길--골목길

· 큰길 : 마을과 떨어진 외부교통. 마을 영역성 보호

· 어귀길 : 마을과 마을 어귀까지 이른 길

많은 구부림과 다양한 진입과정

외부인에게 점진적인 진입과 관찰기회제공

방향성. 마을영역

가장 적극적인 길

은폐와 감시 기능(폐쇄성)

· 어귀 : 마을 바깥과 안의 경계(공간의 전환점)

반드시 구부러지는 형태

나무를 심어 징표를 나타내기도 함

· 안길 : 공동체의 중심 공간

공공 공간--사적공간 : 자연스런 연결로

3) 공동작업 마당

샛길 : 안길 다음으로 공공 공간 〈 사적공간과 자연스레 연결(공동 우물, 빨래터 등)

골목길 : 가장 작은 단위의 이웃으로 연결

보통 1-3채로 연결

완충공간--타작마당

9. 자리와 공간

1) 한국 건축의 자리와 공간의 변화과정

원시(원형단실) - 방형다실(분리용이, 지붕과 벽체의 분리가능. 농경정착생활 - 구성원 증가, 경제 규모확대)

2) 온돌(한국 건축의 가장 큰 특징중 하나)

온돌로 인한 공간 분화

· 방 규모가 비교적 작아진다.(친밀감)

· 좌식 생활(손발이 따뜻하고 머리가 시원--건강생활)

· 도리 방향으로 길어지고 보 방향으로 짧은 직사각형.

· 각 방마다 외부와 직접 연결. 내부 동선에는 다소 문제

- 마당의 중요성 대두 → 거실, 통로, 작업공간 …… 다수의 기능을 수요

즉, 외부공간이라기보다는 내부공간과 일체화된 생활공간

3) 의식적 생활공간

· 평민 : 다분히 편의적 분할

· 양반 : 정신적 주관에 의한 생활(편리성보다는 이념이나 법에 의한 분할)

일반적으로 문화의 구조는 시공(時空)을 기본개념으로 발전·전개한다. 외부공간이란 이러한 문화구조와 유사한 성향이다. 자연에 인위적 성향을 가함으로 형성되는 내부공간과 대치되는 개념의 공간이다. 한국 건축의 특성(자연지향적)상 건축자의 또는 거주자의 욕구가 이 외부공간을 통해 구체적으로 실현된다. 또한 한국 건축은 주류가 목구조였던 까닭에 평면적 발전은 거의 정체적이었으나 농본주의적 생활근거로 인해 외부공간을 최대한 넓게 의욕적으로 만들었다. 여기에서 마당의 중요성을 다시 한번 볼 수 있으며 마당의 용도별 분류를 통해서도 당시의 지배적 사

상을 느낄 수 있다. 물론 앞에서도 언급한 바 있으나 상류계층의 경우는 농본주의적 사회체제와도 무관하게 권위와 향응에 목적을 둔 공간도 많이 있다.

4) 한옥으로서의 전원주택
- 자연과 함께하는 집, 인간이 만든 자연

맑은 공기의 아침, 새소리에 눈을 뜨고 바람 소리, 물소리를 들으며 하루를 시작하는 생활. 많은 이들이 꿈꾸는 이러한 자연 속에서의 생활을 가능케 하는 것이 바로 전원주택이다.

자연에서 태어나 자연을 그리워하는 인간의 본성이 고스란히 자리 잡은 공간, 전원주택은 도시를 벗어나 자연으로 돌아가고자 하는 꿈의 표현이라 하겠다. 도시는 확장하면서 다른 건물들로 계속 포위되면서 성장한다. 그래서 도시와 자연과의 교집합 영역은 점점 줄어들고, 맑은 공기와 흙 내음은 더더욱 그리워지면서 도시에 식상한 이들은 며칠의 휴가가 아닌 일상생활을 전원에서 하고자 도시를 떠나고 있다.

도시에서 만큼의 편리한 생활은 누릴 수 없을지언정 자연과 더불어 산다는 편안함 자체가 이들에겐 큰 매력이 되는 것이다. 그렇다면 도시의 이미지가 아닌 자연에서 쉴 수 있는 공간으로의 전원주택은 어떤 형태로 지어질 수 있을까.

어디인지도 잘 모르던 중국 고비사막이란 곳에서 불어 닥친 황사(黃砂)로 인해 많은 사람들이 어찌할 바를 모르고 암울해하는 서로의 얼굴들을 보아야 했다. 또 지난겨울에는 50년 만에 내린 폭설로 인해 연길 시내 도시 교통이 완전히 마비되기도 하였고, 여름에는 폭우로 인하여 시내가 온통 물바다가 되어 버렸다. 계속되는 가뭄과 폭우는 우리가 도대체 어느 장단에 춤을 추어야 할지를 모르게 만들고 있다.

우리 스스로도 말하고 있었다. '과거의 인간은 자연의 피해자였다. 그러나 현재 인간은 자연에 대한 가해자이다.' 그 벌을 혹독하게 받고 있다. 아니, 극히 작은 시작일지도 모른다. 과학자들은 주저 없이 인간은 자연에 기생하는 것들 중 하나일 뿐이라고 말하고 있다. 그러나 이제껏 인간들은 자신들이 자연을 지배하고 군림할 수 있는 절대자인 양 착각하며 득의양양해 있었다.

오늘 나는 한 그루의 나무를 보며 그 침묵의 함성을 목도한다. 이 세상은 사실, 나무들의 모태요, 터전이요, 무덤이다. 그들은 바로 이 흙에서 태어나, 이 흙에서 살다, 이 흙에 묻힌다. 우리가 그 언저리를 떠도는 이방인이었다. 나무는 우리에게 모든 것을 아낌없이 주는 친구였지만, 우리는 그에게 아무것도 주지 않았다. 누군가 이렇게 말했다. "친구란 이런 것입니다. 모든 사람이 나를 버릴 그때에 내게 가까이 있는 자, 아무 말도 없는 나의 침묵도 넉넉히 이해하는 자, 그리고 나의 기쁨은 곱해주고 나의 슬픔은 나눠 가질 수 있는 자. 친구란 이런 것이랍니다." 나무는 나의 친구였지만, 나는 나무의 친구가 아니었음을 고백하지 아니할 수 없다. 일면 사계절 나무가 내게 보여주는 것들을 보지 못했고 들려주는 것을 난 들으려고 하지 않았다. 나무가 아는 것들을, 난 하나도 몰랐다.

지속가능한 지구환경의 키워드는 나무이다. 나무는 무한한 태양에너지를 지구가 가용할 수 있는 에너지로 바꾸는 가장 효과적인 도구이자 생명체이다. 인간이 아무리 과학기술을 앞세워 미래 에너지를 개발한다 하더라도 아직도 태양열을 광합성하는 장치인 나뭇잎 하나 제대로 만들지 못한다. 태양열 집열판은 나무가 없는 곳에서 나뭇잎을 대신하게 만든 것이다. 그러나 나무에 비하면 너무 고에너지가 소요된다.

나무는 자기에게 주어진 한 자리를 감사하며 평생을 살아간다. 나무는 항상 뿌리가 먼저 자라고 난 후에야 땅 위로 제 모습을 드러낸다. 나무는 그 뿌리가 비록 절벽에 박혔더라도 하늘만을 향해 자란다. 나무는 먼저 생긴 둥지는 굵고 나중에 생긴 가지는 가늘어야 함을 지킨다. 나무는 사계절을 두고 항상 그 모습을 달리 하지만 봄에는 다시 돌아온다. 나무는 눈, 비, 바람, 모든 것을 있는 그대로 묵묵히 받아들인다. 나무는 작은 벌레집으로부터 새 둥지까지 누구든 받아들일 줄 안다. 아낌없이 주는 나무란 책에서는 이렇게 말한다. 나무는 잎사귀건, 열매이건 그 무엇도 소유하려 하지 않고 다 나누어준다. 나무는 한 해에 한 개 이상의 나이테를 가지려 하지 않는다. 나무는 혼자일 줄도 알고 숲 속에서 함께 뒤섞일 줄도 안다. 나무는 크게 자랄수록 고개를 내려 숙여 겸손해 한다. 나무는 제가 떨군 낙엽을 밑거름으로 하여 다시 자라난다. 나무는 그 명을 다하면 자기가 가진 모든 것을 남김없이 주고 간다.

우리는 나무의 겉모습만 보아왔다. 할 말이 없다. 그 어느 인간이 인간을 만물의 영장이라 했던가. 이제 그리 많이 남지도 않았다. 나머지 삶이라도 저 나무를 본받아 살아보자. 그가 보여주었듯이 나를 위해서라도 남을 위해 살아가자. 나 하나에 연연하는 하찮은 하루하루를 더 이상 보내지 말고 모두를 위하는 새날을 찾자.

건축 디자이너의 가장 어려운 훈련은 남을 알고 남을 위하여 행하는 훈련 과정이다. 앞에 보이지 않는 그 공간의 사용자를 진정으로 사랑하는 마음이 완전한 디자인을 낳는다. 다 버리자. 가진 것들을 다 버려 버리자. 진정한 건축도 버림으로부터 시작됨을 알 것이다. 오늘, 내가 가진 얄팍한 지식, 이제 나 자신도 지겨우리만치 찌들어버린 감각, 한 조각 거울에 비추기도 초라한 내 이름 석자, 모두 다 던져 버리자. 그 누구보다 나무 같이 살았던 인생의 선배들이 그리워진다.

전원주택의 종류를 살펴보면, 우선 전원에 가장 잘 어울리는 나무로 짓는 집, 즉 목조주택을 들 수 있다. 일반적으로 목조주택하면 통나무 주택을 연상하지만, 실은 목조주택의 범주 안에 통나무 주택이 속하는 것으로, 목조주택은 구조재로 사용된 목재의 규격, 크기, 시공방법에 따라 통나무 주택(Log House), 기둥 보 구조주택(Posr & Beam House), 경량 목구조 주택(Light Weight Wood Frame House) 등으로 구분된다. 이 중에서 경량 목구조 주택이 우리가 흔히 말하는 목조주택이며, 북미 등 일본에서는 이것을 자신들의 전통주택과 구분하기 위하여 2*4 주택이라 부른다. 여기서 2*4 공법이라는 것은 주로 사용되는 구조용 목재가 두께 2인치, 넓이 4인치의 각재를 사용하여 구조체를 만들고 그 위에 합판재 등 기밀도가 높은 소재들을 계속 덧붙이는 방식이다. 목조주택은 외장재 등 치장 마감을 원하는 대로 다양하게 처리할 수 있어 가장 과학적으로 발전된 건축양식이다. 주로 기둥과 대들보가 중요 부분에 사용되는 주택인 기둥 보 구조 방식은 중후하고 견실한 것이 특징이다. 이름만으로도 내추럴한 분위기를 풍기는 로그 하우스는 통나무를 주자재로 하여 짓는 주택이다.

적합한 수종을 선택하여, 철저히 건조시키는 것이 필수인 통나무집은 주거성이 우수하지만 가격이 높고, 경량 목구조 주택에 비해 설계가 다양하지 않다. 하지만 경량 목구조 주택이건, 기둥 보 구조 주택, 통나무 주택이건 간에 전체적으로 나무로 지은 집은 부드러운 이미지를 지녀 외관도 아름답고, 단열성도 우수하다. 또한 나무가 습도를 자동으로 조절하여 항상 쾌적한 생활을 할 수 있다. 무엇보다 나무라는 자연적인 소재로 지어진 집이기에 전원주택으로서 더욱 큰 의미가 있을 것이다.

다음으로는 조적조 주택(벽돌 주택)을 들 수 있다. 이 방식은 가장 널리 쓰이고 있는 단독 주택 공법으로, 벽돌이 쌓여 있는 모습에서 중후한 느낌이 드는 주택이다. 조적조 주택은 공사 기간이 짧고 시공비가 저렴할 뿐만 아니라 다양한 형대의 연출이 가능하고, 돼지 삼 형제 중 막내의 벽돌집처럼 단단하다는 장점을 지닌다. 하지만 단열성이나 흡음성이 목재나 흙에 비하여 크게 뒤지고, 습도를 스스로 조절할 수 없다는 단점이 있다. 또한 목구조 주택 등에 비해 벽체가 두꺼운 관계로 실 면적이 다소 줄어들기도 한다. 마지막으로 스틸하우스(Steel House)는 말 그대로 스틸(강철)로 지어진 집이다. 화재, 지진, 태풍에 강하고 내구성이 뛰어나며,

내부 평면의 변경이 타 구조보다 쉽고 두께가 얇아 내부공간을 보다 넓게 활용할 수 있다.

즉 목조주택과 벽돌 주택보다는 공간 활용성이 뛰어난 것이다. 또한 스틸하우스의 폐자재는 100% 재활용이 가능하며, 스틸의 자성을 이용하면 재활용을 위한 분리수거도 간단하여, 재활용 후에도 경제적인 이익도 얻을 수 있고 폐기물로 인한 환경오염까지 막을 수 있다. 이렇듯 미래형 환경주택으로까지 불리는 스틸하우스는 시공 기간이 짧고 단열성이 우수하나, 신공법으로 검증이 부족하며 방음 및 진동에 정밀 시공을 요한다. 이렇게 갖가지 건축 방식과 재료는 각각 장점과 단점을 지니고 있으며, 그에 따라 집의 이미지가 다르므로 소유주의 취향과 부지를 잘 고려하여 적절한 방식을 선택하여 지어야 할 것이다.

나무는 무한한 에너지 원이다. 태양열 집열판 한 개보다, 나무 한 그루가 훨씬 더 미래 지향적이다. 나무를 심자. 우리는 지금이라도 자연과 함께 하는 지혜를 터득해야 한다. 조물주도 이 천하만물을 만들고 우리 인간에게 다스리라 말씀하셨다. 그러나 그동안 우리가 자행한 행태는 진정 다스림이 아니었다. 바르게 다스리는 자는 결코 나를 위해 남을 해하려 하지 않는다. 섬기는 자만이 다스릴 수 있음을 우리는 안다. 진정한 카리스마는 존경으로부터 나온다. 섬기는 자만이 진정한 존경을 받을 수 있음을 모르는가? 그러나 우리 인간은 당장 눈앞의 욕정을 위하여 정말 무모한 작태를 행하여 왔다. 인간 세상에 있다는 말을 하나 빌리자니, 자업자득(自業自得)이라고 하였던가.

우리 같은 범인(凡人)들은 자연을 인간의 물적 양적 욕망만을 충족시켜주기 위한 하위 요소로만 여겼었다. 그러나 그들이 우매한 우리에게 주는 보이지 않는 정신적 영혼의 메시지는 실로 크다. 저 자연은 지금 우리에게 간곡한 꾸짖음과 애절한 외침을 마지막으로 전하고 있다. 내게 돌아와 함께 하자며 울부짖고 있다.

3장 한옥과 민가의 역사, 분류 및 특성

한옥학회

1. 민가의 시대별 분류

1) 원시시대의 주거

(1) 구석기 시대의 주거

건축적인 구조로 볼 수 있는 주거는 아직 영위되지 못했다.

(2) 신석기 시대의 주거

- 지표면 아래를 약 1m 판 반지하 수혈주거
- 원뿔형 움집
- 수직벽체의 출현 가능성
- 남녀 또는 기능에 의한 공간 분화의식이 싹틈

전기 주거 평면이 원형 또는 원형적인 정방형으로 규모는 직경 4~6m, 깊이는 0.5~0.6m인 것이 대부분, 내부에는 화덕이 있고 기둥은 벽 가까이 둥글게 배치된다. 바닥에는 항아리로 저장고를 만들었다. 이 시기 유적으로는 웅기 서포항과 봉산 지탑리 및 서울 암사동 유적 등이 대표적이다.

후기 주거 평면은 뚜렷한 정방형 또는 장방형으로 변했다. 화덕도 중앙에서 한쪽으로 치우치고 기둥은 수혈장벽에 평행하여 세 줄 또는 네 줄로 배치된다. 한편 큰 돌로 된 작업대가 나타나기 시작한다.

(3) 청동기 시대의 주거

· 수혈 깊이는 50~100cm 정도

· 농경생활로 별도의 저장장소 필요에 따라 공간 분화의 어떤 것이 있었을 가능성

· 주거지의 대형화

· 구멍 속에 납작한 돌을 깐 경우 → 초석의 원시적 단계

· 화덕은 더 한쪽으로 치우치고 화덕을 두 곳에 만든 경우도 나타난다.

(4) 원삼국 시대의 주거(철기로 접어드는 시기 - 부족국가 형태)

수혈주거 지하를 깊게 파고 기둥을 세워 도리를 보낸 후 여기에 서까래를 지면으로부터 걸쳐 지붕틀을 짜고 잔 나뭇가지, 풀, 흙 등으로 덮은 주거형태 - 평면형(원형, 방형, 타원형, 장방형 등) 기둥을 세우는 방법에 따라 모양은 조금씩 달라진다.

귀틀집 통나무를 우물 정자형으로 쌓고 통나무와 통나무 사이의 틈에는 흙과 돌로 막아 벽체를 이룬 집

고상주거

·집의 바닥이 높게 된 누나 원두막과 같은 주거형태

·삼국시대와 통일신라시대의 주택

·목조가구식 구조를 기반으로 발달

2) 삼국시대와 통일신라시대의 주택

(1) 고구려의 주택

· 일반 주택 - 초가(한겨울 - 장갱 - 온돌의 시원적 구조 - 좌식 생활)

· 왕궁, 관아, 사찰 - 기와지붕 사용(목조가구식 구조)

- 고깃간, 차고, 부엌간을 갖춤(모두 한 채씩 기능에 따라 독립건축 → 기능에 의한 공간 분화) → 조선시대 중·상류주택에서 채로 분화의 시원

(2) 백제의 주택

· 고구려와 큰 차이가 없었다.

· 백제 말기 - 고구려의 가난한 사람들이 사용하던 온돌바닥이 점차 전파되어 말기에 오면서 상류 주택에서는 물론 백제에까지 전파되었을 가능성을 보여줌

(3) 신라 및 통일신라시대의 주택

· 신라시대와 통일신라시대를 명확히 구분할 수 있는 자료가 불분명

· 가사규제 - 계급별로 금지사항을 둠(성골, 진골, 두품…)

· 사가에서는 단청을 금함

· 경주의 민가 - 기와지붕, 숯의 사용

· 마루 구조 사용 가능성 - 더운 기후

3) 고려시대의 주택

· 초기 - 고구려의 온돌 구조와 신라의 마루 구조 전승

· 목조가구식 구조

· 기능별로 채를 따로 건축

· 서민 - 온돌바닥, 이들 주택건물은 모두 단층 건물로 이층 건물은 금기 됨

· 온로, 화로사용

· 온돌 구조의 전국적 사용(온돌과 마루 구조의 병행사용)

· 풍수지리, 도참사상의 영향(태조 왕건)

· 호족세력 강대 - 가사가 사치스러움

· 청자와 사용, 특별한 장식적인 담장설치

· 고려 말 : 가묘건축 출현 - 정몽주가 향교를 신설하고 주자가례에 따라 가묘신설 → 조선시대 중인, 상류주택에서 가묘가 건축됨

4) 조선시대의 주택

(1) 인문환경과 주택

· 관직과 신분에 따라 가사크기 결정 - 후대에 가면서 문란

· 숭유배불 정책과 그 영향

· 대가족제도 - 큰사랑, 작은사랑, 대방마님, 별당아씨 등의 용어 출현 - 건축공간의 사용인에 따른 공간적, 인간적 언어 출현

· 가묘제의 일반화 - 중인계급 이상 - 별동으로 중류층 이상에서는 가묘건축

· 음양오행, 풍수지리의 영향

(2) 배치와 평면

· 조선시대의 배치, 평면구성의 두 가지 원인

· 기후와 기타 풍속적인 요인 - 각 지방마다 다른 평면구성을 한다.(부엌, 방, 대청의 3요소의 상호 결합성)

2. 민가의 지역별 분류

민가의 지역적 특성에 영향을 받는다는 것은 재론의 여지가 없다. 우리나라 각 지방의 민가를 지역분화와 지역의 자연적 특성 및 지리적 위치에 따라서 다양한 형태가 나오겠지만 지방문화권이라는 차원에서 북부형인 함경도·평안도형, 중부형인 서울·경기·충청·강원도형, 남부형인 경상도·전라도·제주도형으로 나눌 수 있겠다.

대체로 볼 때 지리적으로 위도가 높은 북부형과 태백산맥을 위주로 한 산지에 분포된 민가는 기후적 영향에 따라 부엌, 정주간, 방으로 된 형식으로 방이 겹집형 분화를 이루는 경향이 있고, 호남, 영남을 위주로 남부지방 및 평야에 위치된 민가는 부엌과 안방, 마루, 건넌방의 형식의 선형분화를 이루는 경향이 있다. 각 지방별 공간적 특성과 유형은 다음과 같다.

1) 북부형

지리적으로 볼 때 평안남북도, 함경남북도, 강원도 산간지방에 분포된 주로 한반도 북부에 있는 가옥들을 말하며 '부엌 - 정주간 - 방 - 방'의 공간구성을 갖고 겹집형을 이루고 있는 경향이다.

(1) 함경도

북부형인 '부엌 - 방 - 방'으로 구성되어 있고 다른 지방과 구별되는 정주간이라는 독특한 구조로 되어 있다. 정주간의 부엌은 흙바닥이고, 고저차를 달리한 칸막이가 없는 온돌로 되어 있다. 이것은 기후적인 영향으로 가사의 일부를 내부공간으로 도입시킨 것으로 안마당의 외부공간과 연계성을 가진다. 또한 겹집구조를 이루어 외기에 면하는 부위를 줄임으로써 혹독한 추위에 적응하도록 되어 있으며, 수혈주거에서 그 원형을 찾아볼 수 있으나, 각 개실마다 훌륭한 일조, 일사를 이루지 못하는 결점이 있다. 대부분의 활동이 내부에서 이루어짐으로 색채성을 띠며 사생활이 침해되기 쉽다. 남부지방의 개방공간인 대청의 형태는 나타나지 않고 있다.

(2) 평안도

역시 '부엌 - 방 - 방'의 구조지만 일자형인 평면을 이루고 있어 남부지방형과 유사한 면을 보이고 있다. 그러나 대청이 없는 남부지방형과는 구분된다. 겹집형에서 홑집형으로 발달되며, 원시시대의 수혈주거의 1인실 주거에서 2인 1주거로 식사와 취침의 공간이 분화된 것을 볼 수 있다. 채의 분화였으나 하나의 볼륨으로 구성되어 있으며 부속 건물이 생긴 것도 기능분화의 주요한 일면을 보여준다.

2) 중부지방형

개성을 중심으로 한 황해도, 경기도, 충청도 일대의 가옥을 말하는 것으로 평안도 지방형에 대청과 방이 ㄱ자로 붙은 형태를 보여주고 형성되며 일자형에서는 볼 수 없다. 일자형이 안마당을 중심으로 1채, 2채, 3채가 형성되고 ㄱ자형과 一자형의 조합, ㄱ자형이 2개가 합쳐 ㅁ자형을 이루고, ㅁ자형의 뜰집을 이루는 경우 등이다.

(1) 충청도

일자쌍채형은 일자집인 안채와 이자집인 부속 건물로 구성되어, 마당을 중심으로 二자 모양이나 상, 하채의 모양으로 배치된 집을 말한다. 보통 안채와 헛간은 3간으로 구성되어 있고, 안채는 부엌, 안방, 웃방으로 구성되어 있어, 사랑방이 채로서 독립되어 있지 못하다. 담은 서민주택에서 토담이나 돌담과 물생울 등 3가지 양식이 있는데 이곳은 싸리울로 쳐져있다. 이 집의 독특한 점은 안방이 전면 벽체선에서 후퇴하여 앞쪽에 토방이 형성된 것이다. 퇴가 없어 실과 실이 내부에서 동선이 연결되도록 구성되어 있다.

곱패쌍채형은 대칭을 가진 안채와 부속 건물로 이루어진 집을 말한다. 안채는 광을 가진 부엌과 안방, 웃방, 대청, 사랑방으로 구성되어 있고 부속채는 헛간, 외양간으로 되어 있으며 대문은 건물의 측면에서 진입하도록 되어 있다. 부엌은 방과의 높이 차이에 의해 계단을 이루며 대청과 툇마루에 의해 실과 실을 연결한다. 특히 사랑방에는 사랑 툇마루가 설치되어 사랑방에서만 출입이 가능하고, 사랑웃방에서는 툇마루로 실내에서 반침이 생기고, 대청으로만 출입할 수 있는 것으로 보아 건넌방의 기능을 하는 것으로 볼 수 있다. 헛간채는 안채의 왼쪽 모서리에 마당을 향해서 'ㅁ'자모양으로 배치되어 있고, 뒤꼍에는 장독대가 있으며 집 주위를 돌아가면서 싸리울로 쳐있다.

(2) 경기도

경기도 지방 민가 중 곱패쌍채형은 안채와 일자형 부속채가 ㄱ자 모양으로 앉혀져 ㄱ자 모양을 이루고 있다. 안채의 평면은 ㄱ자 모양으로 중부내륙지방에서 보는 가장 정형된 모양이다. 안채는 부엌, 안방, 대청, 건넌방으로 이루어졌고, 부속사는 헛간, 외양간으로 볼 수 있다. 안방과 부엌은 남쪽에 면해 일조, 일사에 유리하다.

(3) 서울

부엌이 동서로 면하여 남북으로 면하는 다른 중부지방형과 구별된다. 곱은자의 안채와 일자형의 부속사로 이루어져 있으며, 안채는 꺾인 부분에 부엌이 오고 대청과 건넌방이 앞쪽으로 나오게 된다. 조선시대를 거치면서 하나의 도시형이라 할 만큼 주로 도시로 전파되었다.
백씨가의 평면은 튼 다자형으로 중부지방의 다른 민가와 유사하다. 안채는 가자로서 부엌 아래쪽에 아랫방이 있고 건넌방 앞쪽에는 툇마루가 달려있다. 대청과 건넌방은 남향으로 일조, 일사에 유리하다.

3) 남부지방형

경상남북도와 전라남북도 지방에 분포되어 있는 가옥형태로 부엌, 방, 대청, 방이 일자형으로 배치되어 있다. 평안도 지방형처럼 일자형이나 대청이 첨가되어 개방공간이 생긴 것이 특징이다.

남부지방 민가의 안채와 부속사의 배치형식은 민가의 규모에 따라 가옥이 한 채이거나 혹은 몇 채로 나누어 별동이 세워진다. 때로는 부속사가 없는 민가도 있으나, 가장 기본적인 배치형식은 부속사가 직각으로 배치된 일자형과 안채와 부속사가 병렬된 二자형이 주류를 이루고 있다.

송씨가의 평면은 전형적인 남부지방의 형태인데 정지, 큰방, 대청, 작은방으로 구성되어 있다. 부엌을 내쌓아 마루와 연결시킴으로써 방과의 연결을 꾀하였다. 이 집의 독특한 구조는 대청에 있다. 마루는 수장공간의 기능과 생활공간의 기능을 갖는데, 수장공간의 기능을 가질 경우 가족의 생존에 필요한 곡물을 저장하게 되어 이때 마루는 폐쇄성이라는 공간적 성격을 띤다.

(1) 제주도

제주도는 지역적인 특색이 가장 강하며, 주택의 중앙부에 위치한 상방은 주거생활의 중심공간이 됨과 동시에 중간, 휴양, 가족과의 단란, 손님의 접대, 오락유희 등 주택의 사회적 기능을 충족시키는 곳이다.

각 실의 동선을 연결하는 매개 공간이 되며 대청과는 의미가 다르고, 실내생활 위주로 토상식 바닥이 진화된 것이므로 한국민가의 마루 중 생활공간의 성격이 가장 강하다.

정지는 조리, 상보기, 설거지의 공간으로 주택의 보건, 위생적 공간이 된다. 외부 출입문은 정지 앞문이 되고 정지 뒷문은 서비스용 출입구가 된다.

난간은 마당에서 상방으로 들어가기 위한 준비공간으로써 외부공간과 내부공간의 완충공간이다. 이곳은 바닥이 마당보다 높고 상방과 같아서 마당과는 구분이 된다. 밖으로는 개방되어 있으면서 내부로는 연속되어 있다. 따라서 외부공간의 연장이며 내부공간의 시작이다.

구들은 수면, 화장, 탈의, 학습, 육아, 병조리의 공간이 되며, 주택의 사적 생활을 만족시키는 곳이다. 이곳은 외부에 잘 공개되지 않는 휴식공간이다. 큰 구들은 부부의 방이 되며 작은 구들은 아이들 방이 된다.

고방은 곡식류를 저장하는 공간이며 주택의 수장기능을 만족시킨다. 장류를 제외한 모든 주·부식을 저장하고 음식만드는 기구까지 보관한다.

굴묵(굴뚝)은 구들에 불을 때기 위한 공간으로 주택의 보건위생적 공간이며, 출입은 난간으로 하도록 문이 없다.

3. 한옥 민가의 특성

우리나라의 전통적인 집을 한옥이라고 한다. 또한 우리 민족이 전통적으로 입어오던 바지저고리나 치마저고리를 한복이라 하고, 김치나 된장찌개 등을 곁들여 밥상에 차린 음식을 한식이라 하듯이 한옥은 이 땅에 세워지던 독특한 우리네의 집을 일컫는 말이다.

한옥의 가장 큰 특징은 구들과 마루의 공존 형태라고 할 수가 있다. 같은 목조건물이지만 일본에서는 마루와 다다미를 놓은 방의 구조는 볼 수 있으나 구들을 넣은 온돌방은 찾아볼 수가 없다. 중국 중원지방의 전형적인 살림집에서도 구들과 마루의 형태는 나타나지 않는다.

물론 부분적으로 마루를 설치한 사례는 있으나 한옥과 같은 대청이 있는 구조와는 차이가 있다. 이렇게 구들과 마루를 동시에 지니는 건물

구조는 세계 어느 나라에서도 찾아보기 힘든 한옥의 개성적인 모습이다.

또한 난방의 효율을 높여서 동기에 추위를 견디고자 하는 고민들이 만들어낸 구조가 구들을 이용한 온돌방인 것이다. 따라서 북방계의 건축은 가능한 한 폐쇄적이며 닫힌 공간구성을 지향하고 있는 특성이 있다.

건물 외부의 차가운 기운을 집 안 깊이 들어오지 못하도록 하고 내부에서 발생한 따뜻한 기운은 오랫동안 집 안에 머물게 하려는 자연발생적인 형태라고 하겠다. 이에 반해서 마루는 지극히 개방적인 남방 계통의 산물이라고 할 수 있으며, 고온 다습한 풍토에서 열을 잘 방출하고 무난한 통풍을 가능하게 함으로써 쾌적한 환경을 조성하려는 의도와 부합하는 개방 지향성의 구조라고 할 수가 있다.

이처럼 아주 이질적인 구들과 마루가 공존하는 한옥의 형태는 삼국시대로부터 상호 이동을 하면서 북부지방 사람들은 온돌을, 남방지역의 사람들은 마루를 선호함으로써 자연발생적으로 온돌과 마루의 절충적인 구조가 완성되었음을 볼 수 있다.

4. 한옥 민가의 공간구성

한옥의 내부공간은 방의 쓰임새에 따라서 세 가지로 구분된다. 주택의 사적기능을 갖는 잠자리 공간은 구들로, 사회적 기능을 갖는 대청, 마루 등은 판자로, 부대기능을 갖는 부엌과 수장공간 등은 흙바닥으로 마감된다. 말하자면 활동공간이 아닌 휴식공간은 신발을 벗고 한 단계 높게 올라앉아서 생활하는 것이 습관화되어 있는 것이다.

그리고 방과 부엌은 구들에 불을 지펴 줄 아궁이와의 연관성 때문에 항상 붙어서 위치하고 가족의 사회적 공간인 대청은 안방과 건넌방 또는 방과 방 사이에 주로 위치해 가족 상호 간의 기밀성과 유대감을 형성해

주는 기능을 하기도 한다.

한옥의 공간은 이렇게 마루와 구들이 조합된 후에 단순 기능적인 필요에 의한 구획단계를 거쳐 중국에서 유래된 천문사상, 음양오행사상 등과 조선시대 통치 규범이었던 유교사상 등에 영향을 받으면서 미세한 부분까지 의미를 두며 세분화되었다.

한편 한옥에서의 실내외 구분은 상당히 애매한 경우가 많은데 담장을 통해서 얻어지는 '안'과 '밖'의 개념은 두드러지지만 일단 대문 안으로 들어서서 보는 공간은 상호 연장선상에 놓여지는 구성이므로 무를 자르듯이 나누어지지는 않는다. 방과 마루를 구획하는 창과 문은 얇은 한지로 마감된 구성재로서 언제든지 떼었다 붙일 수 있는 형식을 갖춘 것이 대부분이기 때문에 마루가 '밖', 즉 실외가 되는 것은 아니다.

건물 벽체를 기준으로 하였을 때도 마당이 실외가 되어야 하지만 처마밑에 온갖 가재 도구들을 비치하는 설치물을 둔 것처럼 안마당에도 살림살이 도구들을 둠으로써 부엌 공간의 연장선상에 놓이게 된다. 한옥에서 나타나는 불분명한 실내외 구분 의식은 바로 '우리'라는 말로 표현되는 고유한 집단의식을 형성하게하는 요인이 되기도 한다. 또한 한옥의 담장, 대문, 문, 창호, 기단, 기둥, 가구구조, 공포, 처마, 지붕 등의 모양과 문양 등의 기본 요소들에서도 그 공간이 지니는 기능과 상징성을 간접적으로 시사하려는 의도를 읽어낼 수 있다.

5. 한옥 민가의 구성 요소와 상징성

전통 집의 건립에 있어서 옛부터 우리 선조들은 자연과의 조화를 최우선으로 생각하였다. 중국 대저택의 경우 집의 규모나 꾸밈에 있어 자연을 압도하려는 경향을 보이며, 일본은 인위적인 자연을 만들어 즐기려는 경향이 있다.

우리의 경우는 있는 그대로 자연에 동화되는 모습으로 나타난다. 산 얼굴과 집 얼굴이 닮은 모습, 구태여 지형을 깎거나 덧붙이지 않고 여유롭게 따라가며 배치된 모습에서 한옥의 아름다움을 느낄수 있다. 여기에 여러 구성 요소의 상징성이 가미되어 한옥의 아기자기한 맛은 한층 살아나게 된다.

집을 지을 때는 신분이나 계급에 따른 규모의 제한을 두었는데 이른바 가사 제한령의 내용을 보면 집의 규모나 세부 구성 요소의 형태 등으로도 그 주인의 면면을 짐작할 수 있음을 알 수가 있었다.

조선조의 세종 13년에 공포된 가옥 건축의 제한 규정에는 다음과 같은 내용을 담고 있다.

> 나라에 가사제도가 없어서 일반 백성들의 집이 귀족들의 집을 지니치고 귀족의 집이 궁궐을 능가하는 정도로 치장하려고 다투어대니 상하가 넘나들어 참으로 외람되다. 이제부터는 임금의 친형제나 왕자 공주의 집은 50칸, 대군의 집은 거기에 10칸을 더하고 2품 이상은 40칸, 3품 이하는 30칸, 백성의 집은 10칸을 넘지 않게 하라. 주춧돌 말고는 다듬은 돌(숙석)을 쓰지도 말고, 화공(공포)을 구성하지 말며, 진채로 단청하지도 못하게 하여 검약을 무종하게 하여라.

6. 조선시대 주택의 공간 특성

조선시대 주택의 외부공간구성은 선적 구성을 이루고 있다. 기둥, 도리, 안방 등 구조재의 선적인 구성뿐 아니라 처마의 서까래들이 갖고 있는 가공되지 않는 선들의 아름다움과 반복에 의한 리듬, 허공을 향해 줄달음치는 처마의 선과 지붕골의 조화 그리고 입면의 대부분을 차지하는 창호의 살짜임 등은 주택 입면의 선적 구성을 잘 대변하고 있다. 그러나 이러한 외부적인 성격이 내부공간에서는 면적 구성을 보여주고 있는데 기둥, 도리, 보 등의 대부분은 벽지나 천장지로 가려지고 설사 노출된다 하여도 그 부재들은 벽체와 하나의 면을 구성한다. 뿐만 아니라 벽면에 설치된 창호 또한 안으로 창호지를 바르기 때문에 창살과 역광이 비치기는 하지만 전체적으로 면적인 구성을 하고 있다.

또한 조선시대의 주택은 담장과 행랑으로 둘러싸여져 외적으로는 강한 폐쇄성을 가지나 각 채들은 대부분 벽체가 창호로 구성되어 담장 안에서는 극히 개방적이라 할 수 있다. 이는 주택의 기밀성과도 직결되는 문제인데 개인의 사적영역 유지를 위한 몇몇 장치들로 해결해 놓고 있다.

필요에 따라 덧문 속에 쌍창, 쌍창 속에 맹장지, 그리고 문염자(門簾子)나 방장(房帳)에 병풍까지 둘러침으로써 외부와 차단시켜 사적영역을 확보하는가 하면 이러한 물리적인 영역 외에 도덕적 영역을 확보하고 있다. 예를 들어 남의 집을 방문할 때에는 방문 앞에 두 사람의 신발이 놓여 있으면 들어오라 하기 전에 들어가지 말고, 말이 없으면 절대 들어가서는 안 된다.

문으로 들어갈 때에는 본시 문이 열렸거든 들어가서도 문을 닫지 말고 닫혔거든 들어가서도 문을 닫는다고 하여 물리적 차폐물이 없다 하여도 이미 도덕적인 사적공간을 확보하고 있음을 엿볼 수 있는 대목이다.

이러한 개방적인 내부공간은 자연과 융합하고자 하는 한국인의 옛 정서의 한 표현으로 창호에 스민 달빛과 은은한 음영, 처마끝 낙수 소리와 창 앞을 스치는 바람의 속삼임 등 자연을 내부로 끌어들여 함께 하고 싶어 하는 한국인의 자연관이 자연스레 담겨진 것이라 할 수 있다.

2부

한옥의 생태 · 문화 · 환경

1장 한옥의 생태환경적 특성

남해경

오늘날 산업화와 공업화가 급속도로 진행되면서 지구의 환경이 훼손되고 생태계가 파괴된다는 소식이 자주 전해지고 있다. 이로 인하여 이상 기후 현상이 벌어져 유럽의 여름 온도가 40도를 넘고 지구 각지에서 홍수와 폭우 등이 빈번해 지고 있다. 지구가 몸살을 앓고 있는 것은 사실인 것 같다. 이는 우리 인간이 그동안 지구의 보존에 소홀히 한 탓이라고 할 수 있을 것이다.

건축에서도 현대산업사회가 발달하면서 대형 도시가 출현하고 건축 역시 고층화, 대형화되면서 많은 환경오염을 초래하고 있고 사회에 좋지 않은 영향을 미치고 있다. 이로 인하여 사람들의 건강에 나쁜 영향을 미쳐 각종 질병이 발생하고 있다. 그리하여 최근에 건강한 생활을 하고자 웰빙(Well being)생활과 LOHAS(Lifestyle of Health and Sustainability)생활을 추구하는 경향이 늘어나고 있다.

이에 건축계에서도 지구를 지키고 환경을 보호하는 건축운동이 일어나게 된다. 자연환경과 조화를 이루면서 자원과 에너지를 생태학적 관점에서 최대한 효율적으로 이용하여 건강한 주(住)생활 또는 업무가 가능한

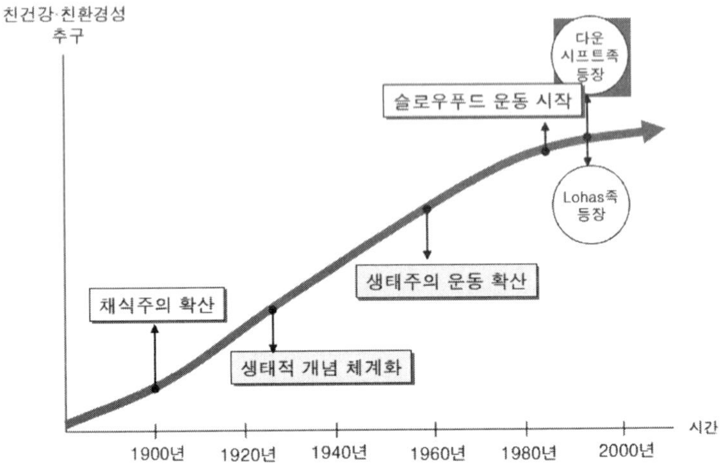

그림 1. 웰빙과 관련한 서구의 사회대안 전개
(출처 : 전영옥, 웰빙문화의 등장과 향후 전망, 삼성경제연구소, 2005)

건축을 추구하고자 하는 생태건축이 시작되었다. 이는 지속가능한 건축(Sustainable Architecture)과 더불어 오늘날 세계적 건축계의 경향이 되고 있다.

우리나라의 고유한 주거문화재인 한옥은 이러한 생태건축의 대표가 될 것이다. 한옥은 천연재료인 흙, 나무, 돌, 한지 등을 이용, 건축하고 건물이 수명을 다하여 없어지면 이들 재료는 모두 다시 자연으로 회귀하게 된다. 여기에 자연의 원리인 풍수지리를 담고, 사람을 중시하는 인간적 척도를 적용하고, 자연과 조화를 이루도록 채나눔도 하고, 자연과 하나가 되는 조경을 하게 된다. 이로 인하여 한옥에 사는 사람들이 건강한 생활을 누리면서 건강한 마음으로 건강한 생활을 하고 있으니 최고의 생태건축인 셈이다. 이에 우리의 한옥을 보존하고 훌륭한 기술을 발전시키는 것은 우리의 임무일 것이다. 이에 한옥의 생태학에 관해 미약한 글을 만들어 보고자 한다.

1. 건축과 한옥

'건축은 인간의 생활을 담는 그릇'이라고 정의하고 있다.[1] 그도 그럴 것이 건축의 내·외부에서 인간의 생활이 이루어지고 건축의 3요소인 구조, 기능, 미 중에서 인간의 생활을 담당하는 기능이 건축물의 공간을 형성하는 주 내용이기 때문이다. 이는 한옥에서도 똑같이 적용되고 오히려 좋은 사례가 된다.

우리가 알고 있는 것처럼 전통한옥을 주로 사용하던 조선 시대에는 단순한 주생활에 간단한 가구들이 많았다. 당시 사용하던 가구로 방에서는 이불이나 옷 등을 수납하던 장롱, 공부하는 경상 등을 사용했고 부엌에서는 그릇 등을 수납하고 밥상을 보관하는 찬장, 불에 땔 나무 등을 저장하는 헛간이 있었고 방 한쪽에는 수납하는 물건에 따라서 내외부에 보관하는 곡식 창고가 있었다. 그리고 외부 마당은 농작물을 수확하고 작업하는 공간으로 사용되었다.

그러나 현대인들은 생활이 복잡해졌고 외부 활동이 많아졌다. 방에는 책상, 침대 등의 대형 가구가 들어왔고 부엌에는 냉장고, 주방기구, 식탁 등의 현대식 생활 도구인 대형의 가구가 들어왔다. 그리고 농사와 작업이 이루어지던 마당은 기능이 사라지거나 줄어들었고 곡식을 보관하는 장소는 시장이 발달한 관계로 집에 보관할 필요가 없어졌다. 이렇게 이전의 주생활이 변하면서 건축물에도 영향을 미쳐 집의 내부가 대형화되

1 박한규, 건축학개론, 기문당, 1998

고 외부공간은 공적인 영역으로 변하였다. 이렇게 주생활의 변화가 건축 내용의 변화를 불러오는 것이다.

가구나 건축 재료의 변화도 있다. 이전에 사용하던 한옥이나 가구는 나무, 흙, 한지, 돌 등으로 주변에서 나는 재료를 사용하여 만들었으며 건물이나 제품이 수명을 다하여 없어지게 되면 이들 재료도 자연으로 돌아갔다. 그러나 오늘날의 건물이나 가구를 만드는 재료는 철제, 플라스틱, 비닐 등 온갖 재료로 만든 가구이며 사용 후에는 주변의 자연이 아닌 인공적으로 만든 쓰레기장으로 가서 최소한 몇 백 년 뒤에 사라지고 그 과정에서 온갖 환경 공해를 유발하고 있다.

또한, 방이나 부엌 등의 크기도 같은 경우이다. 조선시대 당시 우리나라 사람들의 평균 신장이 남자는 161.1㎝, 여자는 148.9㎝였으나 현대에 들어와서 우리나라 사람들의 평균 신장은 남자가 173㎝, 여자가 160.5㎝로 전보다 12~13㎝ 커졌다.[2] 이로 인하여 우리가 답사하는 전통한옥의 방을 보면 지금의 한옥보다 방도 작고 천장 높이도 낮은 것을 느끼게 되는 것이다. 이는 스케일(Scale)의 문제인데 조선시대 당시 사람들과 비교하여 현대인이 크기 때문에 그렇게 느낄 수밖에 없을 것이다.

이처럼 조선시대 사람들의 생활방식과 가구를 담았던 전통한옥과 오늘날 우리들의 삶의 방식과 현대식의 가구를 담은 현대건축과 현대한옥이 같은 양식의 건물일지라도 거기에 사는 사람들의 생활양식에 의해서 다르게 나타나는 것이다. 이로 인하여 건축은 인간의 생활을 담은 그릇이라고 정의할 수 있는 것이다.

한옥은 우리나라 고유 양식의 주거 양식으로 천연재료인 흙과 나무, 돌, 기와 등으로 만들어진다. 그리고 그 재료는 그 지방에서 생산되거나 쉽게 얻을 수 있는 것을 사용하였다. 이렇게 한옥은 그 지방의 인문적,

2 지식경제부, 기술표준원, 2010

자연적 환경조건을 반영하고 여러 번 시행착오를 거치면서 그 지방과 사람들에게 가장 적합한 방식으로 만들어지는 것이다.[3] 그래서 한옥이 우리나라 사람들의 생활을 담는 그릇이 되는 것이고 가장 대표적인 생태건축이라고 할 수 있는 것이다.

한옥에 관한 정의는 일반적으로 "우리 고유의 형식으로 지은 집을 양식 건물에 상대하여 이르는 말"[4]로 정의하고 있으며 이외에 "한국 고유의 건축양식으로 지은 집, 온돌 난방을 채용한 집, 좌식생활에 알맞은 구조로 지은 집, 기와 또는 초가지붕으로 지은 집, 안방·건넌방·대청마루·사랑방·부엌으로 구성된 집" 등으로 정의하고 있다. 영어사전에서는 "(Traditional) Korean-style house"[5]로 정의하고 있다. 이처럼 이들 사전은 한옥의 정의에 있어서 한옥의 공간구성, 건축구조, 양식에 관하여 정의하고 있다.

법률적인 측면에서는 건축법 시행령과 건축기본법 시행령, 한옥 등 건축자산의 진흥에 관한 법률에서 "한옥이란 주요 구조가 기둥·보 및 한식 지붕틀로 된 목구조로서 우리나라 전통양식이 반영된 건축물 및 그 부속 건축물을 말한다.", "한옥건축양식이란 한옥의 형태와 구조를 갖추거나 이를 현대적인 재료와 기술을 사용하여 건축한 것을 말한다."라고 정의하여 한옥의 구조, 한옥의 양식 등을 정의하고 있다.[6] 법률적인 측면에서 한옥은 한옥의 구조, 양식 등을 종합하여 정의하고 있다.

이처럼 한옥에 관한 정의를 보면 우리나라 사람들의 생활양식, 공간구성, 건축구조, 건축양식 등에 정의하고 있음을 알 수 있는데 생태적인

3 Amos Rapoport, House form & culture, Prentice hall, 필자 종합

4 국립국어원, 표준국어대사전, https://stdict.korean.go.kr/search/searchResult.do

5 ET-house 능률 한영사전, https://en.dict.naver.com/#/search?query=%ED%95%9C%EC%98%A5&range=all

6 한옥 등 건축자산의 진흥에 관한 법률 제2조(정의)

측면이나 생활양식 등에 관한 의미는 포함되지 않았다. 단지 한옥을 구성하는 온돌을 언급한 점은 있는데 이는 온돌이 한옥을 구성하는 기술적인 주요 항목이어서 이를 나타내는 것으로 파악된다. 즉, 온돌은 한옥이 가지고 있는 여러 기술적인 요소 중에서 한옥의 생태적인 측면을 가장 잘 나타내고 있는 내용이기 때문일 것이다.

2. 생태건축

1) 친환경건축

오늘날 인류에게 있어서 환경의 중요성은 인류의 현재와 미래에 있어서 반드시 해결해야 할 가장 중요한 문제로 대두되고 있다. 산업혁명 이후 물질문명의 발달과 지구의 포화로 인한 자연자원의 소멸, 숲의 소멸로 인한 생태계 파괴, 오존층 파괴, 대기·물·토양의 오염, 황사, 사막화, 산성비 등으로 인하여 자연생태계가 제어기능을 상실하였다. 건축환경 측면에서는 오존층 파괴, 기후 상승, 과도한 개발로 인하여 지구온난화, 온실효과, 열섬현상 등을 초래하고 있다.

이에 세계 각국에서는 환경의 중요성을 인지하고 자연환경의 회복을 위하여 1972년 스톡홀름 UN 인간환경회의에서 국제적인 환경정책과 관리시대를 선언하였다. 이후 지구의 환경을 지키고 회복하기 위하여 기후비상선언(Climate Emergency), 파리 기후협약, 탄소중립선언 등을 제안하였으며 2020년에는 영국에서 '기후 행동의 해'로 선언하여 환경회복의 실천을 추진하고 있다. 우리나라를 비롯하여 세계 각국은 탄소배출을 제한하는 탄소중립선언을 하고 탄소의 사용을 줄이는 한편 환경의 회복을 위하여 신재생에너지를 사용하는 한편 친환경건축을 추구하고 있다. 이는 오늘날 세계건축계의 대세가 되었다.

친환경건축은 자연환경의 중요성에 대한 생태학적 인식으로부터 출발하여 합리화와 경제성의 가치상승으로 빚어진 획일화, 비인간화, 생태환경의 파괴의 모순을 초래한 근대 이후의 건축양상에 대한 반성으로 새로운 건축적 대안을 모색한 건축이다.[7] 친환경건축의 배경에는 인간과 자연환경, 인간과 공간, 자연과 공간, 생태주의 건축공간의 이해를 전제로 에너지순환, 건축재료의 순환, 녹지순환, 물순환대기순환 등을 추진하여 지구의 환경보전과 회복을 추구하고 있다.

표 1. 친환경건축의 분야별 활용

항목	내용
에너지	건물 지중화 단열 에너지 절약형 건축계획
자연에너지	자연 에너지 활용 설계 지열, 태양열, 풍력 사용 하천수, 우수, 해수, 지하수 활용 자연환경(흙, 수목, 물) 활용
건축자재의 내구성 자원 활용	내구성을 지닌 재료 사용 내구성을 고려한 구조계획 수립 장수명 건축자재 사용
환경부하 절감 폐기물 감소	에너지 절약형 자재 사용 재이용, 재사용 부재 활용 폐기물 재활용 자재 사용
지역성	미기후를 적용한 설계 지역의 자원이나 재료 사용 지역의 문화, 커뮤니티 적용
생태와 순환성	주변 자연환경 및 다양성 활용 주변 녹화 자연재료 사용
내외부 연계	옥외공간의 연속성 와부와의 연계를 고려한 설계

7 이윤하, 친환경건축이란, 발언, 2009, p.23

친환경건축은 건물을 지어서 살고 철거할 때까지 모든 과정에서 환경에 피해를 주는 일을 최소화하도록 계획된 건축물을 지칭하는데 자원을 절약하고, 자연환경을 지키면서 주거 환경 역시 쾌적하게 하기 위한 목적으로 지은 건축물이다.[8] 즉, 건축의 규모를 조정하거나 자원을 낭비하지 않고 자연과 함께하는 건축을 추구하는 것이다. 그러한 과정에서 자원을 재사용(Reuse)하고, 재활용하고(Recycle) 재생가능한(Renewable) 자원을 적극적으로 활용하는 건축행위라고 할 수 있다. 친환경 건축은 건물의 배치, 건물의 형태, 설비시스템, 친환경적인 건축재료 등을 적절하게 활용하여 유해물질 배출을 최소화하고 환경을 보전하는 건축행위라고 할 수 있다.

최근에 인류는 가급적이면 건강한 주거생활을 추구하고자 노력하면서 주거부문에서 친환경건축의 중요성이 대두되고 있다. 친환경건축에서 중요한 것은 웰빙건축, LOHAS건축을 추구하는 내용으로 쾌적하고 건강한 실내환경을 조성하는 것이다. 이들 환경을 조정하는 것은 건축적인 내용이 모두 망라되어야 하겠지만 특히 설비시스템과 건축재료에 큰 영향을 미치게 된다.

친환경건축의 설비시스템으로는 패시브(Passive) 시스템을 주로 적용하는데 이는 건물의 에너지 시스템에서 수동적이라는 의미로 액티브 시스템이 기계 등의 적극적인 방식으로 냉난방을 하는 반면 패시브 시스템은 주로 자연환경을 이용하여 건물의 냉난방을 지원하는 방식이다.

패시브 시스템은 경제적인 측면에서 자연을 주로 이용하는 관계로 난방비, 냉방비 등 연료비용이 적게 들고 단열효과가 좋으며 이로 인하여 이산화탄소 배출을 적게 해 주는 장점이 있다. 단점이라면 초기 투자비

8 naver, 친환경건축, https://terms.naver.com/entry.naver?docId=3582757&cid=58598&categoryId=58675

용이 많이 소요되는데 일반적으로 약 20~30%의 추가 비용이 발생한다.

액티브 시스템(Active System)은 제어 시스템 내에 에너지원을 갖고 적극적으로 운동을 제어하는 시스템이다. 액티브 시스템은 자체적으로 에너지를 생산하여 외부에서 별도의 에너지를 공급받을 필요가 없는 에너지 자립형 주거 양식이다. 환경에 대한 부담이 적으면서 지속 가능한 신·재생에너지를 주로 활용하는데, 태양광, 태양열, 지열, 풍력, 바이오매스 등이 대표적이다. 특히 태양열을 활용하는 경우가 많아 액티브 솔라 하우스(Active Solar House)라고도 불리며, 주택의 지붕에 태양열 집열판과 태양전지를 설치하여 태양열을 전기 에너지로 전환하여 온수나 난방 시스템에 활용하고 있다.

액티브 하우스는 친환경 건축으로 화석 연료를 사용하지 않기 때문에 에너지를 절약하고 온실가스를 배출하지 않아 환경에 미치는 영향이 적다는 점에서 의미가 있다. 또한, 태양열 등 자연 에너지를 활용하여 자체적으로 에너지를 생산 및 활용하므로 일반 건물에 비해 에너지 비용이 절감되며 에너지 자립도가 높다. 그러나 건축 과정에서 일반 건축물에 비해 부가적인 건축 자재가 소요되며 에너지 발전 설비의 설치 비용도 추가되면서, 초기 투자비용이 많이 필요하고 발전 설비를 유지, 관리하는 데에도 적지 않은 비용이 든다는 단점이 있다.[9]

친환경건축 재료로는 아파트나 주택 등에서 사람에게 안전한 건축물과 재료를 공급하기 위해서 주로 사용하고 있다. 이들 재료는 무기물과 같이 재생이 불가능한 자원과 유기물과 같이 재생이 가능한 자원으로 만들어진 재료로 구분한다. 무기물은 그 양이 많아 고갈의 위기가 적은 반면 유기물은 재생속도가 느려 소멸이 빨라지는 특성이 있다. 그러나 천

9 액티브하우스, https://terms.naver.com/entry.naver?docId=6182543&cid=40942&categoryId=32149 재구성

연자원의 개발은 이 두 가지를 모두 충족시키는 장점이 있다.

천연재료는 화학적 처리가 없는 천연의 소재를 그대로 사용한다. 이 재료의 가장 큰 장점은 자연으로 언제든지 회귀할 수 있다는 점이다. 예로는 흙, 벽돌, 목재와 같은 자연 친화적 재료로 만든 건축자재이다. 천연재료와 재사용이 가능한 재료는 다음과 같은 특징을 지니고 있다.

- 화학물질의 함유량과 방출량이 적어 실내에 유해한 공기로 오염시키지 않는 재료
- 항균 및 방충처리가 된 건축재료
- 단열을 하면서 온열환경을 쾌적하게 할 수 있는 건축재료
- 습도환경을 조절하는 건축재료

재활용이 가능한 재료는 재사용 또는 재활용하는 가능한 대표적인 환경친화적 재료이다. 재활용은 건축물의 물리적 성능 기준인 안전성, 노후도, 기능성, 잔존가치에 대한 경제적 가치 분석 및 친환경성 평가 등을 거쳐 일부 혹은 전체보수, 수선, 개수 또는 증축, 개축 등으로 재활용하는 방법과 구성물로 사용되었던 재료의 재활용으로 해체 과정에서 발생하는 폐기물을 다시 건물에 재활용하는 2가지 방식으로 이루어진다.

친환경건축의 대표적인 재료로는

ㅇ 재생 콘크리트(Recycled Aggregate Concrete)

재생 콘크리트는 재생 골재를 사용해서 만든 콘크리트인데 건설현장의 폐기물을 재활용한다는 자원순환과 경제적인 측면에서 장점이 있다. 천연골재에 비하여 입자가 크고 거친 형상이다. 흡수율은 좋지만 마모율은 20~35% 정도 높은 편이다. 단위 중량과 비중은 천연골재에 비하여 15~20% 낮은 편이다. 재생 콘크리트는 경량성, 단열성, 보수성이 양호한 편이어서 주로 성토, 매립, 노반재, 채움재 등으로 활용된다.

ㅇ 친환경 단열재

친환경 단열재는 주로 섬유질 단열재인데 원료를 폐지에서 얻기 때문에 폐자재의 활용이라는 측면에서 매우 환경친화적이며, 동시에 건물의 해체 시에도 쉽게 폐기하여 소멸되므로 환경에 미치는 영향을 최소화할 수 있다. 그리고 기존의 단열재와 거의 동일한 단열 성능을 확보할 수 있고, 제조 과정에서 상대적으로 에너지 사용이 적은 대표적인 친환경 제품이다.

섬유질 단열재를 만드는데 소요되는 에너지는 일반 단열재와 비교하여 59배가 적게 소요되며 열 저항을 얻기 위해서는 15~20배의 생산 에너지가 절감된다. 또한, 실내공기 오염이 방지되고 내화재를 첨가하면 내화, 내연성도 증진된다.

ㅇ 친환경 마감재

친환경마감재로 대표적인 바닥재는 항균 타일이 있다. 항균 타일은 위생이나 청결이 요구되는 공간에 세균이나 박테리아의 생성과 번식을 방지하고 억제시키는 기능성 타일이다. 이 타일은 표면을 특수 코팅하여 세균에 강하고 인체에 무해한 타일이다. 사용처는 주방, 욕실, 의료시설, 실험실 등이다.

이외에 광촉매를 이용한 항균 타일이 있는데 타일에 광촉매를 코팅한 제품이다. 이는 광촉매 표면에서 발생하는 자유전자와 정공은 산화, 환원력이 매우 강하여 박테리아, 세균 등을 즉시 분해할 수 있다. 이 제품은 화장실 바닥, 벽면, 병원 수술실, 사무실 벽면 등에 사용한다.

벽지는 쑥, 향나무, 잣나무 목분, 설록차, 원두커피, 옥, 전통 한지, 왕겨 등 다양한 천연재료를 사용한 제품이 있다. 이외에 천연 무기화합물인 규조를 주성분으로 한 규조토 벽지가 있는데 온도, 습도 조절, 탈취, 공기정화 및 흡음의 기능이 있다. 그리고 일반 종이에 소나무, 잣나무, 쑥, 녹차, 향나무 등의 칩, 황토, 코르크, 질석 등의 각종 천연물질을 가공

일본 나하 시청사(옥상 녹화)

독일국회의사당(신재생에너지 사용)

그림 2. 친환경건축의 사례

하여 천연 접착제를 사용하여 도포한 벽지, 참나무 껍질을 이용한 코르크 벽지, 칡넝쿨을 다져서 건조한 것을 이용한 갈포벽지, 황토를 가공해 만든 황토 벽지 등이 있다. 참숯 초배지는 전통 한지에 숯 성분을 첨가한 무공해 소재이다. 이 제품은 원적외선, 음이온 방출 효과 및 탈취 효과 등이 있다. 천연 직물 도배지는 대나무 같은 천연 소재를 가공하여 도배지로 만든 제품이다.

이외에 최근에 개발된 천연재료로 에어로젤(Aerogel)과 비투블록(Bitublock)이 있다. 에어로젤은 공기를 뜻하는 에어(Aero)와 고체화된 액체를 의미하는 젤(Gel)의 합성어에서 출발하였다. 에어로젤은 '공기 같은 고체', '미래 세계를 바꿀 신소재'로 불린다. 98%가 기체로 채워졌기 때문에 지구상에 존재하는 고체 중 가장 가볍다. 기존의 건축 자재들과 비교할 수 없을 만큼 가볍고, 3㎜ 두께 유리의 태양광 투과율이 90% 정도인데 반하여 두께 1㎝의 에어로젤은 94%의 투과율을 보일 정도로 빛 투과성이 좋다. 또한, 섭씨 1000℃ 이상에서도 온도가 잘 전달되지 않을 정도로 단열성도 뛰어나고, 방음성도 좋은 재료이다. 주로 차음재, 단열재로 사용된다.

비투블록(Bitublock)은 향후 콘크리트 벽돌을 대체할 수 있는 친환경 건축재료로 재활용 유리, 금속 폐기물, 하수 찌꺼기, 소각장의 재 등

100% 폐기물과 쓰레기를 이용해 만든 것이다. 장점은 콘크리트 벽돌에 비해 강도는 6배나 강하고, 대량 생산이 가능하며 비용과 에너지도 훨씬 적게 소요된다.

2) 생태건축

생태학은 생물체의 분포와 수, 생산성, 그리고 생물체와 환경과의 관계를 다루는 과학이다. 즉, 생물체가 환경과 관련하여 지리적으로 어느 범위까지 얼마나 많이 분포하며, 시간에 따라 생물체의 수는 어떻게 변화하는가를 연구하는 것으로, 핵심은 생물체와 환경과의 관련성이다. 여기에서 '환경'은 단지 물리적·화학적 상태만을 의미하는 것이 아니고 생물체에 영향을 주는 생물적 요소와 비생물적 요소를 모두 포함하는 것이다. 그리고 '관계'는 생물체와 물리적인 주변 환경과의 상호작용은 물론, 생물체와 같은 종이나 다른 종과의 상호작용도 포함한다.

생물체와 환경의 관계는 '생태계' 라는 기본개념에서 시작된다. 생태계라는 용어는 1935년 아서 탄슬리(Arthur Tansley)가 처음 사용하였는데, 생물적 요소와 비생물적 요소가 하나의 단위가 되어 상호작용의 기능을 하는 계를 가리킨다.[10]

생태학[(生態學 ; Ecology, ökologie(oikos, 집 + logos, 학문))]이라는 용어는 1869년 독일의 생물학자 헤켈(Ernst Haeckel)에 의하여 형태학·생리학·분류학과는 구별된 학문으로 최초로 사용되기 시작하였고, 1890년대에 이르러 비로소 독립된 학문영역으로 발전하게 되었다.[11]

생태건축은 1960년대에 획일화되고 비인간화되어 가는 근대건축을

10 NAVER 지식백과, https://terms.naver.com/entry.naver?docId=5646747&cid=62861&categoryId=62861

11 김자경, 자연과 함께하는 건축, space time, 2004, p.64

지양하고 그 대안으로 주택이나 주거단지, 도시를 하나의 인위적인 생태계로 구성하고자 하여 시작되었다. 이후 자연생태계를 고려한 다양한 건축적 시도와 개념을 종합하고 자연자원과 에너지를 효율적으로 연결하여 건축하고자 하였다.

생태건축에 관한 정의는 아직도 명확하지 않지만 “인간의 건축환경을 자연순환체계의 한 고리로 정의하려는 건축사조”로 정의하기도 하고[12] 사전적 의미로는 일반적으로 건설 환경에 무리를 주지 않으면서 흙이나 나무, 돌 따위의 자연 자원을 효과적으로 활용하는 건축으로 정의하고 있다. 생채건축은 자연이 만든 환경과 인간이 만든 환경을 융합하여 거대한 생태계가 된다는 개념을 가지고 있다.[13] 가장 일반적인 정의는 “자연환경과 조화되면 자연과 에너지를 생태학적 관점에서 최대한 효율적으로 이용하여 건강한 주생활 또는 업무가 가능한 건축”으로 정의하고 있다.[14] 이는 건축이 자연생태계의 일부가 되는 시스템을 지니고 있어 환경에 대한 부하가 거의 없이 자연자원을 효과적으로 활용하는 건축을 의미한다. 그러므로 생태건축은 종합과학기술로 기존 건축기술에서 발전된 첨단 기술이며 자연의 순환체계와 통합되는 건축계획으로 환경문제와 결부하여 인간과 환경이 공존하는 유기체로서의 개념이라고 할 수 있다. 이러한 개념은 재활용(Recycle), 재사용(Reuse), 재생가능(Renewable)으로 말할 수 있다.

12 임석재, 생태건축, 인물과 사상사, 2011, p.21

13 naver, https://ko.dict.naver.com/#/entry/koko/b91f9603281e437f979b445e9b64c1c3

14 김자경, 앞의 책, p.184

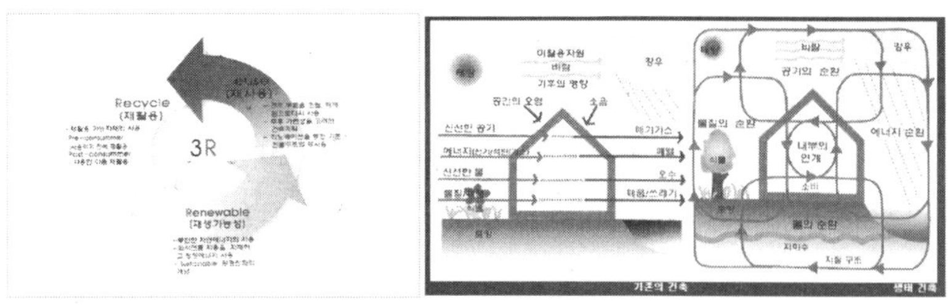

그림 3. 생태건축의 기본 개념

후쿠오카시청사

오키나와 공민관

그림 4. 생태건축의 사례

3. 한옥의 생태환경적 특성

1) 자연과의 조화

우리나라 전통한옥의 집터는 마을과 같이 형성된다. 평지보다는 약간 경사가 진 집터를 선호하였는데 뒤에는 배산이 있고 앞에는 물이 흐르며 평야가 펼쳐져 있고 좌측과 우측은 산의 능선이 감싸고 있다. 풍수지리에서 말하는 전형적인 배산임수의 조건이다. 이는 환경적인 측면에서 자연생태와는 가장 적합한 방식으로 조화를 이루게 된다. 이렇게 하면 남향으로 햇빛을 자연스럽게 많이 받을 수 있고 흐르는 바람을 맞을 수 있어 여름에는 시원하고 겨울에는 마을 뒤편 북쪽에서 불어오는 추운 바람을 막아 따뜻한 자연조건을 가지게 된다.

집은 문간채를 들어가면 행랑채가 있고 행랑마당이 형성되어 있으며 그 뒤에는 사랑채가 있고 사랑마당이 형성된다. 그리고 안행랑채를 지나면 안채와 안마당이 형성된다. 그리고 그 뒤에는 사당이 있고 그 뒤에는 뒷산이 있어 자연스럽게 지형이 형성되면서 집과 자연이 하나가 된다. 풍수지리를 적용하여 집을 만들었다는 어려운 이론이 아니더라도 자연스럽게 좋은 터라는 것을 알 수 있는 내용이다. 이는 사람이 살다가 죽은 후에 자연과 하나가 되는 과정과 동일한 내용이다. 이렇게 한옥은 사람이 사는 집과 자연이 하나가 되는 자연생태계인 것이다.

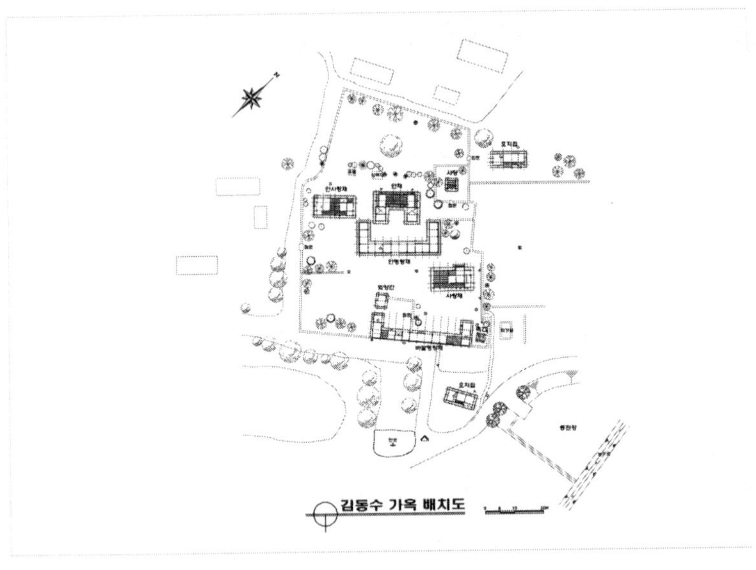

그림 5. 김명관 고택

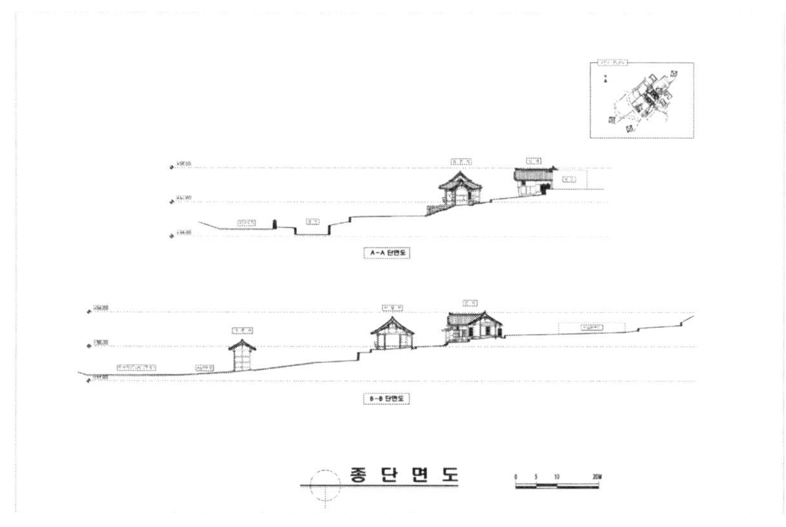

그림 6. 남원 몽심재 단면도

전통건축에서 마을과 집의 배치 및 건축의 주요 내용을 결정하는데 근간이 되는 풍수지리설은 풍수지리 사상에 따른 명당은 좌청룡, 우백호로 개념 지워진 산줄기로 둘러싸여 있으며, 그 사이로 하천이 흐르는 배산임수의 여건을 갖춘 곳이다. 좌청룡은 나무산, 우백호는 바위산을 뜻하며 분지 좌우에 나무와 돌을 쉽게 구할 수 있는 곳을 말한다. 배산임수는 뒤의 산은 차가운 바람을 막아주고 앞의 물은 사람의 생존에 꼭 필요하다는 것을 의미한다.[15]

삼국시대부터 민간에 뿌리내렸던 토속신앙에서 비롯하여 현재의 풍수지리가 되어 이어져 내려왔다는 설이 대세이며, 이후 조선시대에 완전히 정착해 활용되었다고 한다.

15 나무위키, 풍수지리 재구성, https://namu.wiki/w/%ED%92%8D%EC%88%98%EC%A7%80%EB%A6%AC

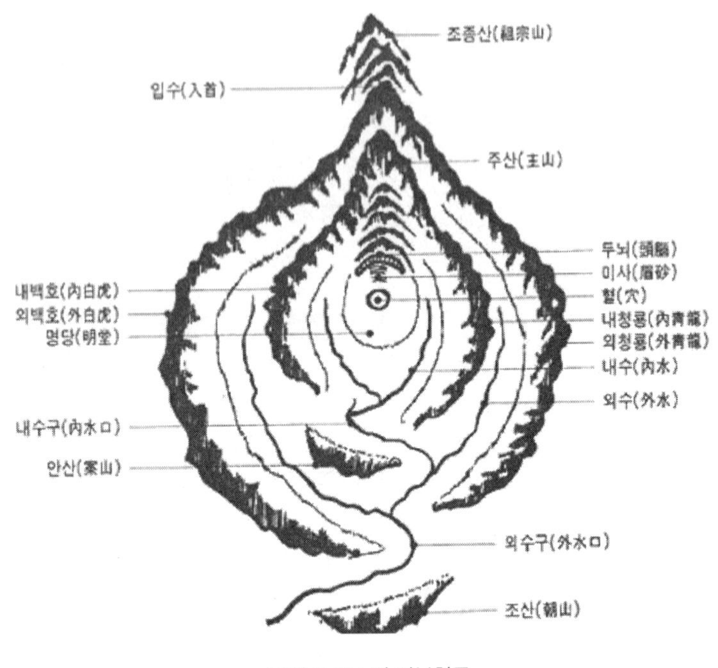

그림 7. 풍수의 기본형국

풍수와 마을의 생태적인 특성을 파악하기 위하여 실험을 한 내용이 있다. 전북 정읍의 김명관고택(국가민속문화재)과 오공마을을 대상으로 풍수를 과학적으로 증명하기 위한 일환으로 CFD(Computational Fluid Dynamics) 실험을 하였다.

CFD는 전산유체역학(Computational Fluid Dynamics)의 약어로 유체 현상을 기술한 비선형 편미분방정식인 나비에-스토크 방정식(Navier-Stokes Equations)을 FDM(Finite Difference Method), FEM(Finite Element Method), FVM(Finite Volume Method) 등의 방법들을 사용하여 이산화하여 대수 방정식으로 변환하고, 이를 수치 기법(Numerical Methods)의 알고리즘을 사

용하여 유체 유동 문제를 풀고 해석하는 방법이다.[16] 이를 집이나 마을을 대상으로 측정하면 대상지의 공기 순환이나 통기 상황을 알 수 있어서 이를 적용하였다.

대상지인 오공마을은 우리나라의 대표적인 명당으로 지네형국의 명당으로 알려져 있다. 배산으로 오공산이 있고 좌우로 좌청룡, 우백호가 펼쳐져 있으며 전면에는 안산으로 독계봉이 있고 마을 앞에는 임수인 동진강이 흐르고 있다. 그 가운데 혈의 자리에 김명관고택이 있는데 집을 지은 김명관이 임종할 때 이 집은 길지여서 절대로 팔지 말라고 유언을 할 정도인 집이다.

실험은 마을 주요 부위에 측정기를 설치하여 1년간을 측정한 다음 이를 CFD로 해석하였다. 해석한 결과 최근에 지은 가설창고 건물 부분을 제외하고는 바람의 순환이 원활하게 이루어져 명당을 현대적으로 해석한 경우이다. 이러한 연구는 완주 화암사를 대상으로 한 연구가 있으며 해인사 장경판전[17]을 대상으로 측정하여 통기가 원활한 한옥의 집터를 증명한 바 있다. 따라서 생태적인 측면에서 한옥은 자연지형을 그대로 이용하고 자연과의 조화를 꾀하고 있으며 이를 인간과 자연의 조화를 통하여 집에 생명력을 불어넣고 있다.

16 홍건호, 대한건축학회, 건축용어사전

17 허남건외, 해인사 장경판전 황기창 형태에 따른 환기 성능에 대한 수치해석 연구, 대한설비공학회, 2007. 11

그림 8. 오공마을 전경

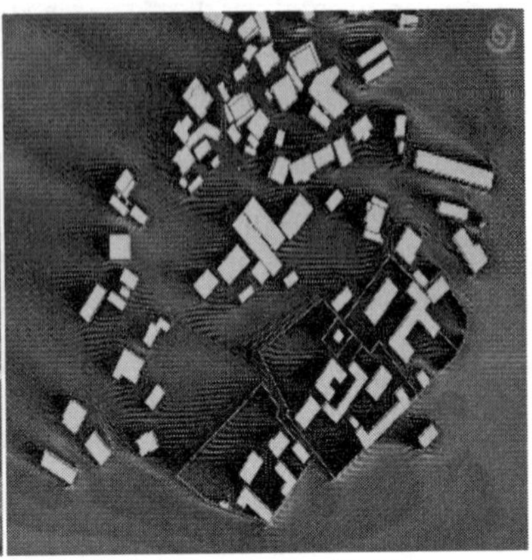

그림 9. 오공마을 CFD 측정

2) 건축

○ 한옥의 유형

우리나라의 한옥은 다른 국가의 주택과 마찬가지로 기후의 영향을 절대적으로 받고 있다. 한옥의 유형은 학자에 따라서 여러 가지로 분류하고 있는데 일반적으로 지역에 따라서 북부지방의 田자형 겹집, 중부지방의 ㄱ자, ㄷ자 집, 남부지방의 一자형 홑집으로 구분하고 있다.

남부지방의 경우는 겨울에 북쪽지방보다는 춥지 않고 여름에는 무더운 편이다. 이에 여름에 더위를 피하고 겨울에는 그렇게 춥지 않기 때문에 一자형의 평면을 유지하고 있다. 또한, 더위를 피하기 위하여 마루가 발달해 있고 공간구성에 있어서 대청을 두고 있다. 대청은 바닥이 마루로 되어 있다. 따라서 남부지방의 한옥은 겨울보다는 여름을 대비하고 있다.

반면에 북쪽 지방은 더운 여름보다 추운 겨울에 대비하고 있다. 그래서 공간구성을 田자형으로 구성하고 겹집의 형태로 되어 있다. 그러나 대청이나 마루는 발달하지 않았다. 이렇게 자연현상에 대비하여 한옥의 공간구성을 이루고 있다.

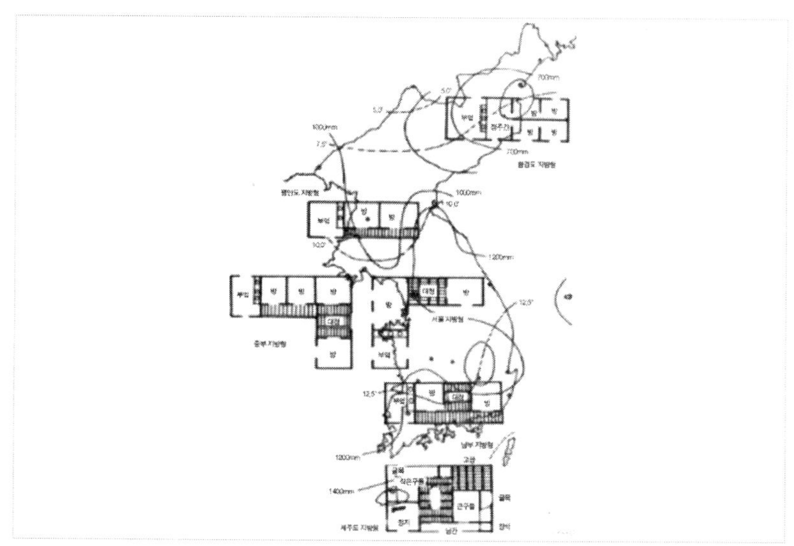

그림 10. 한국민가 유형
(출처 : 주남철, 한국의 전통민가, 2000)

실례로 전라북도 지방의 경우 지형이 서부의 평야지방과 동부의 산간지방으로 되어 있는데 서부의 평야지방은 일반적인 남부지방의 평면인 一자형으로 이루어지고 대청과 마루가 발달한 반면 동부지방은 전반적으로 전라북도 지방이 남부지방임에도 불구하고 반겹집이 발달하고 대청과 마루보다는 도장이 발달하는 형태를 보여주고 있다. 이를 보아서도 한옥의 주거건축 공간구성은 기후의 영향을 반영하였다는 것을 알 수 있다.[18]

○ 채나눔

한옥를 건축하는데 지켜지는 원리는 건물을 자연에 대항하여 크게 짓

18 남해경, 전라북도 평야지방의 민가건축에 관한 연구, 전라북도 산간지방의 민가건축에 관한 연구, 종합

지 않는다는 점이다. 서양건축의 특징이 자연에 대항하는 건축이라면 한국의 건축은 자연에 순응하는 건축이다. 즉, 서양의 고전건축인 파르테논신전이 아크로폴리스 언덕위에 건축되고 중세의 고딕건축 성당이 하늘을 찌를 듯이 높이 솟은 건축인 반면 우리의 한옥은 골짜기 속에 파묻혀 있고 뒤에 배경으로 있는 산을 넘지 않으며 자연스럽게 흐르는 경사면을 따라서 집이 서 있어 자연과의 조화를 추구하였던 것이다.

이와 같은 원리로 건물을 대형으로 하지 않고 건물을 기능에 따라서 여러 동으로 나누어 건물과 건물이 공간을 만들고 건물 사이에 마당을 만들었다. 이렇게 하나의 대형 건물을 만들지 않고 채나눔을 하였던 것이다. 그리하여 한옥에 있어서 기능에 따라 행랑채를 지나면 남성들이 주로 사용하는 사랑채가 있고 사랑채를 지나면 여성들이 주로 기거하는 안채가 있고 그 뒤에는 조상님을 모시는 사당이 있다. 이렇게 채나눔을 통하여 기능과 공간을 구분하면서 자연과 조화되는 건축을 추구하였다.

또한, 한옥을 건축하는데 집이 사람을 누르지도 않고 사람이 집을 누르지도 않는 사람과 집이 하나인 척도를 사용하였다. 바로 인간적 척도(Human Scale)인데 한옥에서 좌식생활을 주로 하였기 때문에 방의 크기, 방의 높이, 그리고 건축 부재인 기둥의 높이, 들보의 크기 등을 거기에 사는 사람들의 크기와 비례하여 크지도 않고 작지도 않은 공간을 만들었다.

ㅇ 좌향

한옥은 일반적으로 남향으로 배치된다. 이렇게 하는 이유는 빛이 부족한 겨울철에 빛을 많이 받고 통풍이 원활한 구조를 선호했기 때문이다. 특히 봄의 춘분과 추분에는 낮과 밤의 길이가 같아 일정한 일사량을 유지하지만 겨울에는 동지를 중심으로 빛이 깊숙이 들어오고 여름에는 하지를 중심으로 태양의 고도가 높아 처마가 이를 막아주는 역할을 하기

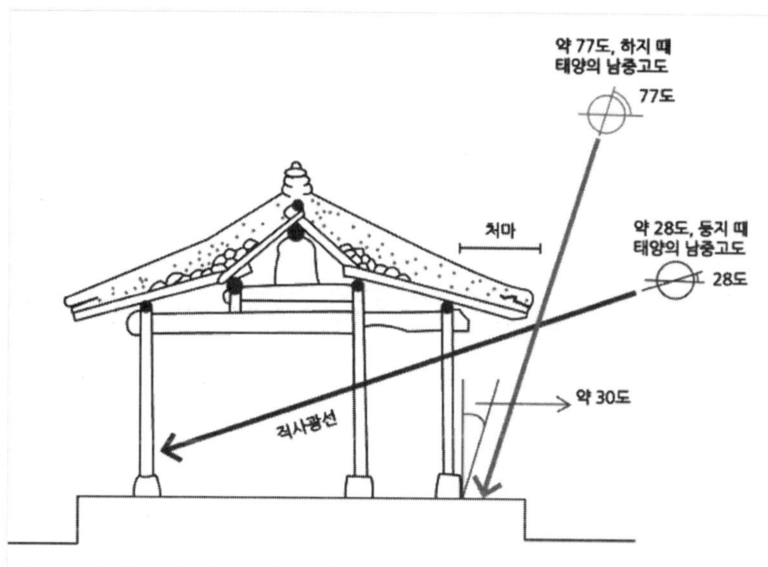

그림 11. 하지와 동지 때 태양고도와 처마 기능
(출처 : 한국과학창의재단, 빛을 과학으로 푼 지붕과 처마, 그리고 기와, 2012)

도 한다.

우리나라에서 일사량이 최고 많은 시간은 오후 2시경으로 알려져 있다. 이를 반영하여 한옥은 건축의 방향을 정남향이 아닌 서쪽으로 약 17.5도 기울어진 방향으로 배치된다.[19] 이와 더불어서 처마가 일사량을 시간별로, 계절별로 조정해 주고 있어 배치와 더불어 생태적인 환경을 조정해 준다.

ㅇ 평면

생태적인 측면에서 한옥의 평면은 자연을 과학적으로 활용하였다는

19 최형석, 친환경건축물 인증제도와 비교를 통한 전통한옥의 친환경 요소에 관한 연구, 한남대 석사논문, 2014

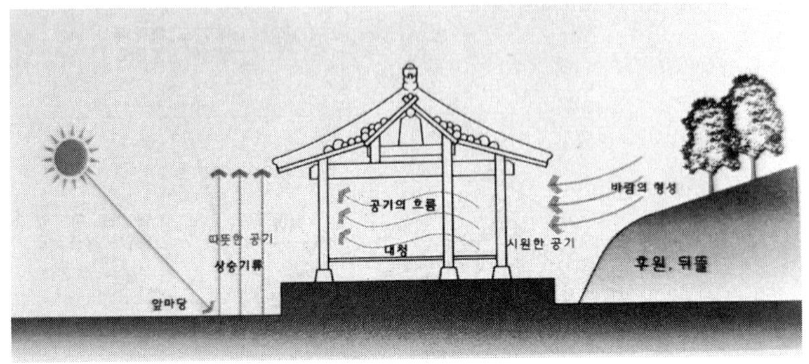

그림 12. 대청의 공기 이동
(출처: 김자경, 전통주거에서 배우는 웰빙생활, space time, 2015, p.290)

내용을 보여준다. 한옥은 전면에 마당이 있고 후면에 언덕이나 비탈진 산줄기로 되어 있다. 평면은 부엌과 방, 대청 등으로 구성되는데 대부분 대청은 집의 중앙에 위치한다. 대청은 남쪽지방에서 많이 볼 수 있는데 전면은 개방된 경우가 많으며 후면은 개방되었거나 판문 등으로 되어 있다. 대청은 기능적인 측면에서 집안의 대소사를 이곳에서 치르기도 하지만 자연생태 측면에서 중요한 역할을 한다. 즉, 더운 여름날 마당에는 더운 공기가 형성되고 뒷면의 산에는 찬 공기가 형성되는데 찬 공기가 마당으로 자연스럽게 이동하면서 대청을 시원하게 해 주는 통로 역할을 해 주고 있다. 그리하여 바람이 자연스럽게 마당에서 후면으로 이동하게 되고 이로 인하여 대청에서 시원한 주생활을 할 수 있다. 이렇게 대청은 기능적인 측면에서 집안의 일을 하는 장소이기도 하지만 생태적인 역할도 하는 것이다. 자연을 활용하는 적극적인 공간이라고 할 수 있다.

3) 건축재료

한옥의 재료 중 가장 많은 비율을 차지하는 것은 흙과 목재일 것이다. 그리고 창호지, 돌, 기타 천연재료이다. 이로 인하여 한옥은 주변에서 나는 재료를 가지고 건축하지만 집이 수명을 다하여 사라지게 되면 이 모든 재료는 자연으로 다시 돌아가게 된다. 이렇게 한옥의 재료는 100% 천연재료로 재활용이 가능하고 자연으로 돌아가는 재료이다.

한옥은 목재로 구조체를 만들고 흙으로 벽체를 형성하는 대표적인 생태건축으로 사람에게 가장 좋은 주거형식이라고 할 수 있다. 이들 재료의 특성을 알아보면 다음과 같다.

ㅇ 흙

한옥의 주재료인 흙은 인류에게 가장 오래된 재료이다. 그중에서 우리나라에서 건축재료로 가장 많이 사용하는 황토는 지구 표면에 있는 60여 종의 흙 가운데 가장 우수한 광물질로 알려져 있다. 특히 황토는 60℃ 이상으로 가열하면 혈류량을 증가시키고 신진대사를 촉진해 피로를 풀어주는 원적외선을 많이 방출한다고 한다.[20]

한옥의 주 건축재료인 흙은 공극이 있어 통풍에 유리하고 항균, 방충효과가 있다. 단지 물성이 소성이어서 점착력이 낮고 구조재로 활용하기가 어렵다는 단점이 있지만 이를 극복하기 위하여 흙벽돌로 만들어 건축재료로 사용하고 있으며 바닥, 벽, 천장, 지붕 등 다양한 곳에 활용하고 있다.

20 윤원태, 한옥은 생태건축의 결정체, 현대인의 욕구와도 부합, 2008. 11, 주간동아, p.58

○ 목재

목재는 나무를 잘라 사용하는 건축자재로 한옥을 구성하는 주재료이다. 목재는 대표적인 친환경 건축재료로 인간에게 색채, 질감 등에서 가장 쾌적한 느낌을 주는 가장 무해한 재료이다. 목재는 내부 표피가 미세 기공 체계를 갖추고 있어서(2000㎠/g) 통기성과 흡수력이 우수한다. 또한, 건축자재로 사용하는데 가공이 쉽고 활용 분야가 많아 설계의 가변성과 응용성이 뛰어난 재료이다. 단점이라면 부식이 빠르고 관리(벌레, 습기)가 어렵다는 점이다.

목재의 주성분은 셀룰로스가 41~43%, 헤미셀룰로스 20~30%, 리그닌 20~30%로 구성된다. 셀룰로스는 글루코스가 중합체를 이룬 다당류로서 식물 세포벽의 주성분이다. 헤미셀룰로스는 헤테로 폴리머의 일종인데, 셀룰로스처럼 식물 세포에는 많지만 물성은 다르다. 셀루로스는 결정질인데 비해 헤미셀룰로스는 비정질이고 셀룰로스는 가수분해에 강한데 반해 헤미셀룰로스는 가수분해에 약하다. 리그닌은 방향족 알코올의 중합체로서 식물의 세포벽에 많이 있는 물질이다. 리그닌은 산화하면 갈변되는 성질이 있다.[21]

목재는 연목재(Soft Wood)와 경목재(Hard Wood)로 구분된다. 연목재는 침엽수 종류로 강도에 따라 6등급으로 나누어진다. 연목재의 표면강도는 약하지만 무게에 비해 강도가 높고, 길이가 길고 곧은 형상의 수종이다. 목조 건물의 골격으로도(주로 경량목구조) 많이 사용되는 목재이다. 과거에는 그 특유의 무게 대비 강도 때문에 범선의 돛대로 주로 쓰이기도 했다.

연목재의 물성은 전반적으로 흰색의 목재이지만 약간의 노란색 혹은 붉은색 기운이 있다. 나무의 결이 아름답고 작은 옹이가 특징이고, 작업

21 나무위키, 목재, https://namu.wiki/w/%EB%AA%A9%EC%9E%AC

이 용이하며 표면에 윤기가 느껴질 정도로 유분이 있다. 소나무과 목재 중에서는 가장 가벼운 편이고 무게에 비하여 강도가 우수한 편이다. 단지 햇빛이나 기후에 의한 변형이 비교적 심한 편이다. 따라서 건조상태를 잘 유지하여야 한다.

경목재는 목질이 단단한 편이고 수명도 긴 편이다. 목재의 가격도 연목재에 비하여 고가이다. 목재의 강도에 따라 1등급에서 5등급까지 구분한다. 경목재 중에서 특히 강도가 높은 목재는 아이언우드라고 칭하기도 한다.

경목재로 가구를 만드는 경우 목재가 고가이고 오랜 기간 사용할 목적으로 만드는 경우가 많아서, 심미성과 목재 보호를 위해 쇠못을 쓰지 않고 장부맞춤(Mortise and Tenon Joint)과 같은 방식으로 다른 목재와의 연결부를 조각 수준으로 깎아서 짜맞춘다.

최근에 나무의 단점을 보강하고 장점을 살려 구조용 목재로 사용하고 있다. 집성목재는 쪽나무의 섬유 방향을 서로 평행하게 하고 접착제를 써서 길이, 폭, 두께의 각 방향으로 집성 접착한 재료이다.[22] 즉, 양질의 소형 각재(角材)를 접착하여 만든 목재인데 두께 1~5㎝의 얇은 판재(板材, Lamination)를 충분한 제조조건을 구비시켜 공장이나 작업장에서 우수한 접착제를 써서 각 판재들을 같은 섬유방향으로 집성 접착하여 가공한 목재이다. 이때 사용되는 접착제는 요소계 수지접착제, 멜라민(Melamine)계 수지접착제, 레조르시놀(Resorcinol)계 수지접착제, 페놀(Phenol)계 수지접착제, 비닐에멀션(Vinyle-emulsion)계 수지접착제, 카세인(Casein) 접착제 등 많은 종류가 있으며, 이 중 가장 많이 사용되는 것은 요소계·멜라민계 수지접착제이다.

22 대한건축학회, 건축구조용어사전

집성목재의 장점은

① 제재·목공 후의 잔재를 집성기공하여 목재로 재활용

② 마디·뒤틀림 ·갈라짐 등 목재 특유의 결점을 분산시킴으로써 결점이 적은 목재생산이 가능

③ 외관이 아름다운 목재생산이 가능

④ 모양·크기 등 용도에 따른 다량생산이 가능

집성목재는 용도·모양 등에 따라 내장형 집성재, 실외용 집성재, 만곡(彎曲)형 집성재, 통직(通直)형 집성재, 구조용 집성재, 화장용 집성재 등으로 구분한다.

○ 한지(韓紙)

한지는 닥나무로 만든 종이인데 닥종이라고 한다. 언제부터 한반도에서 사용되었는지에 대한 구체적인 증거는 없지만, 일반적으로 중국과의 지역적인 관계로 교류를 통해 중국의 제지 기술이 기원후 2~6세기 삼국시대 때 만주 및 한반도로 유입되었다고 전해진다. 신라지, 고려지 등에 기록된 내용을 보면 품질이 뛰어났다고 전해진다. 조선시대 말에서 일제강점기 때 서양식 종이가 들어오고 일본식 제지법이 퍼져 전통 한지 제조가 쇠퇴한 이후로 오늘날에 이르고 있다.

한지를 만드는 재료인 닥나무는 사계절이 뚜렷한 한국에서는 단단하게 자라는 데 비해, 중국이나 열대지방에서 자라는 닥나무는 섬유질이 약해 품질이 떨어지며, 일본 닥나무는 석회질에서 자라서 한지처럼 질기지 않고 오래가지도 않는 편이다. 또한, 한지는 통풍이 되어 습도를 어느 정도 조절하는 능력도 있어 한옥의 건축자재로도 사용된다.

한지를 사용한 창호는 실내에서는 빛의 조절을 해 준다. 창호지는 실내로 들어오는 빛이 직접적으로 들어오지 않도록 차단해 주면서 실루엣 효과와 같이 빛이 서서히 들어오면서 서서히 어두워지는 효과를 주고 있

다. 전통 한지는 투습과 통기가 가능하며 실내의 생태적 환경을 적절히 조절하도록 해 주고 있다.[23] 또한, 계절별로 일사량과 통기량을 조절할 수 있도록 미닫이문과 더불어 들어열개문을 달아 환경적 측면과 미학적 측면을 고려하였다.

4) 온돌

온돌은 우리 민족의 고유한 주거문화이자 기술의 결정체이다. 온돌이 언제부터 사용되었는지에 관한 정확한 기록은 없다. 그러나 B.C. 5000년 경의 신석기 유적에서도 볼 수 있고, 4세기경의 황해도 안악 3호분의 고구려 고분 벽화에서도 온돌 그림을 볼 수 있다. 고구려 고분 벽화를 보면 원래 온돌은 방 전체를 데우는 게 아니라 일부분만 데우는 '쪽구들식'이었다. 온돌이 방 전체를 데우는 방식은 고려 말부터 나타났는데 조선시대에 전국적으로 사용된 것으로 알려져 있다. 특히 우리나라 역사에서 유난히 추웠던 16, 17세기에 온돌 난방법이 빠르게 퍼졌다고 한다.

온돌은 아궁이에 불을 때면 열기가 방바닥 아래의 빈 공간을 지나면서 구들장을 덥히고, 따뜻해진 구들장의 열기가 방 전체에 전달되는 과정을 통해 난방을 한다. 난방방식에는 공기를 데워 방을 따뜻하게 하는 방식과 물을 데워 데운 물이 순환하면서 이루어지는 온수 난방방식, 그리고 구들을 데워서 구들의 열이 방을 따뜻하게 하는 복사 난방방식이 있는데 온돌은 복사 난방방식으로 이루어지는 가장 쾌적하고 과학적인 방식이다.

온돌은 온돌 재료가 돌과 흙으로 이루어지는데 이들 모두가 친환경

23 최안섭, 2008

재료이다. 다른 난방방식에 비하여 구조가 간단하고 주변에서 나는 연료를 사용할 수 있으며 산류 열기가 오랫동안 지속된다. 또한, 열이 몸에 직접 전달되지 않고 일단 돌을 데운 다음에 돌의 열이 사람에게 전달되어 간접적인 난방방식으로 사람에게 쾌적한 느낌을 준다. 그리고 바닥에 깐 황토에서 원적외선이 방출되어 건강에 좋다. 단점이라면 아랫목과 윗목의 온도 차이가 심하고 뜨거워지기까지 시간이 오래 걸린다. 아울러 부분적으로 온도 조절이 어렵다는 점도 있다.

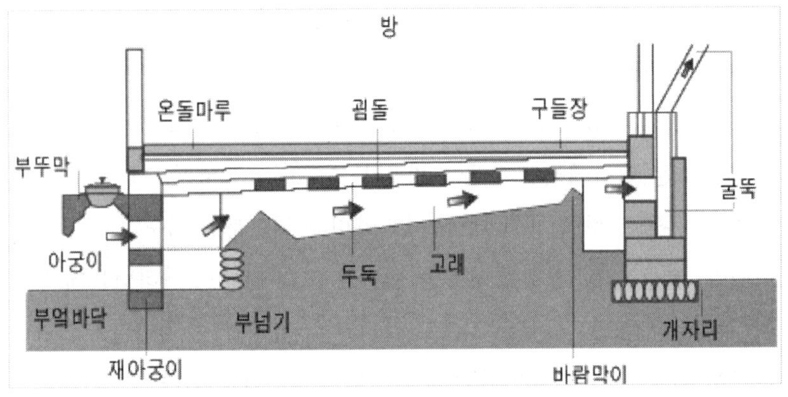

그림 13. 온돌의 구조

5) 조경

우리나라는 4계절이 뚜렷하여 봄에는 새싹이 돋아 꽃이 피고, 여름에는 덥지만 숲이 무성하며 가을에는 시원하면서 단풍이 아름답고 겨울은 춥지만 눈 오는 설경이 아름다운 곳이다. 이러한 자연환경과 지리적인 특성을 반영하여 우리 전통한옥에서도 조경이 발달하여 자연스럽게 자연에 순응하면서 자연계의 섭리를 반영하였다. 조경 역시 한옥과 마찬가지로 풍수지리, 유교, 불교, 신선사상을 배경으로 자연과의 조화를 최우선으로 하였다.

자연숭배사상은 선사시대부터 나타난 사상으로 해, 달, 별, 바위, 나무 등에 신령이 깃들어 있다고 믿었다. 이러한 생각은 아름다운 자연환경에 둘러싸인 풍토환경에서 자연스럽게 발생한 것으로 자연에 순응하면서 자연계의 섭리를 따라 하늘과 땅과 사람이 일체가 되어 질서 정연하게 공존하여 살아왔다. 이러한 내용은 정원을 조성하는데 영향을 미쳐 자연스러움을 강조하게 된다. 그리하여 소박하고 꾸밈없는 조경장식으로 이어져, 한국 특유의 자연순응적 조경양식을 추구하였다.

한옥의 조경은 후원을 중심으로 형성하여 비탈진 산자락을 이용하여 주위의 낮은 구릉지나 계류, 뒷산에 의해 자연스럽게 영역이 설정되고 정자와 연못, 샘과 경물이 적절히 배치되어 풍류공간을 조성한다. 이와 함께 계단식 경원이나 화계를 만들어 좁은 공간에서 공간의 수직적 변화를 느낄 수 있도록 하였다.

한옥에서 정원을 조성한다는 것은 조영물 전체를 포괄하는 터전을 마련하는 일이었다. 즉, 조영물의 건축에 있어서 자연의 순리를 근본으로 삼아 지세를 함부로 변형하지 않으려고 하였다. 토질이 습지이면 습지에 알맞은 나무를 심었으며 습지에 배수시설이나 객토(客土)를 해서 토질을 변경시켜 자연을 거역하는 일을 하지 않았다. 또 화목을 심어도 전지를 해서 인공적인 모양을 내는 관상수를 심지 않았다. 물이 위에서 아래로 흐르는 것이 순리이기에 정원을 조성할 때 물을 돌아 흐르게 하거나 폭포를 떨어지게 하거나 넘쳐나게 하였다. 이와 같은 맥락에서 정원 공간 속에 길을 만들어도 지세를 허물거나 직선적인 계단을 피하고 산세나 계곡을 따라 여유 있게 돌아 오르게 하여 사람들이 그 길을 걸으면 편안하게 자연 속에 동화되도록 하였다. 이렇게 한옥에서 조경은 자연과의 조화를 최우선으로 하면서 주변의 자연지형 조건이나 사상을 반영하였다. 즉, 자연의 순리를 존중하여 인간을 자연에 동화시키고자 하는 조화에 있다고 볼 수 있다.

서양의 정원이 인간 중심의 기하학 형태를 띠고 평면에 분수·조각 등을 중심으로 설계하고 같은 아시아 국가인 중국은 정원 내에 건물을 많이 짓고 규모도 크게 하여 정원을 돌아다니면서 감상하도록 회화 형태의 경관을 만들었으며 일본은 엄격한 법칙을 기본으로 자연, 인공물, 수목 등을 배열하여 아름다움을 즐겼다. 반면에 우리나라 한옥의 조경은 자연스럽게 구부러진 나무와 길, 연못 등 곡선을 이용한 형태로 자연 중심의 있는 그대로의 모습을 표현하였다.

참고문헌

김원외, 친환경 건축설계 가이드북, 발언, 2009

김자경, 자연과 함께하는 건축, spacetime, 2004

김자경, 전통주거에서 배우는 웰빙 주생활, spacetime, 2011

연세대학교 밀레니엄연구소, 친환경 공간디자인, 연세대학교 출판부, 2005

이도원, 전통마을 경관요소들의 생태적 의미, 서울대학교 출판부, 2004

임석재, 생태건축, 인물과 사상사, 2011

임석재, 한국의 돌·담·길, 이화여대출판부, 2005

한국조경학회 생태조경연구회, 생태조경계획 및 설계, 기문당, 2008

김경호, 생태건축에 관한 개념적 고찰과 접근방안, 한국주거학회, 2004. 4, pp.35-42

김병선, 생태건축 관점에서 바라본 한옥의 특징, 한국설비기술협회지, 2002. 2, pp.112-126

김학래, 전통한옥의 친환경성 평가에 관한 연구, 한국농촌건축학회논문집, 2018. 11, pp.77-83

안의종, 한옥의 친환경 특성이 인간에게 미치는 영향요소 분석, 한국생태건축학회 논문집, 2014. 10, pp.97-102

윤원태, 한옥은 생태건축의 결정체, 현대인의 욕구와도 부합, 2022

이동흡, 친환경 목조건축의 현황 및 발전방향, 한국그린빌딩협의회, pp.25-47

전인호, 생태학과 생태건축, 건축, 대한건축학회, 2008. 5, pp.27-32

조선정외, 거주자 생활사례를 통해 본 도시한옥의 생태성에 관한 연구, 한국생태환경건축학회 논문집, 2004. 9, pp.143-152

천득염, 한국 전통건축과 랜드스케이프 건축에 나타난 생태학적 특성, 건축역사연구, 2005. 12, pp.101-115

Guadalupe, 전통 한옥이 생태건축의 선두 주자인 이유, 2022

2장 조선시대 양반주택을 통해 본 전통한옥에서의 생활

김기주

1. 조선시대 양반주택의 의미

1) 조선시대의 유교

유교적 정치이념의 목적은 『예기(禮記)』에서 제시된 대동사회(大同社會 : 다스리지 않아도 스스로 다스려지는 무위이치(無爲而治)의 이상향)를 만드는 것에 있다. 그렇지만 이러한 대동사회는 현실에서 존재하기 힘들기 때문에 『예기』에서는 실현가능한 사회로서 정치주체의 인위적 노력, 즉 수기치인(修己治人)에 의한 덕치(德治), 예치(禮治)의 실천사회를 목표로 설정하고 실질적 유교적 이상사회로서 하(夏), 은(殷), 주(周)인 삼대(三代)를 지향하고 있다.

또한 이들 유교적 이상사회는 중앙집권적 사회가 아닌 분권적 사회였고, 그러한 사회를 존속 유지시키는 수단은 형벌제도와 같은 강제가 아니라 예(禮) 또는 신의(信義)와 같은 공동의 자율규제에 기초를 두는 것이었다. 이는 덕치(德治), 예치(禮治)에 의한 왕도정치의 전개로 이상향으로서의 대동사회에 접근하려고 했던 것이었다. 여기에서 분권적 사회와 예에 의한 자율규제가 적용되는 국가의 가장 기본적인 단위가 하나의 가족이고 이들 가족은 가문(家門)의 형태를 이루어 후대에 계승되었다. 그 형태가 비록 국가에는 충(忠)으로, 가족(家門)에는 효(孝)로 다르지만 국가와 가족의 존속 유지에는 상하의 위계에 따른 질서가 전제되어야 한다.

조선시대의 유교는 이상향으로서의 국가를 실현하기 위한 수단으로 예치(禮治)에 기반을 두고 있는 충효를 내세웠다. 국가와 가족의 운영을 동일한 관점에서 구현하고자 하였으며, 국가의 구성과 운영에 있어서 가족(가문)을 중요시 하였다. 또한 가족(가문)의 구성원인 한 개인은 상과 후손을 잇는 중간자였으며, 조상의 가르침과 사상을 후손에게 전해야 하는 전달자였다. 이러한 가문의 계승을 가장 잘 보여주고 있는 것이 조선시대 중기이후 각 성씨별로 편찬 간행되기 시작하였던 족보(族譜)이다. 같은 시조(始祖)로부터 비롯한 중시조(中始祖)와 다른 본관까지 그 계승과정을 모두 포함하는 대동보를 비롯하여 어느 한 파의 계승과정을 담고 있는 세보 혹은 파보와 같은 족보는 종(縱)으로는 혈통 관계를 밝히고 횡(橫)으로는 동족관계를 기록하고 있다. 특히, 『주자가례(朱子家禮)』의 보급과 가례의 실천이 보편화되기 시작하는 임진왜란 이후 각 가문 혹은 문중을 중심으로 족보편찬이 경쟁적으로 이루어졌고, 가문의 계승이 사회전반적 관심사가 되었다.

2) 주자가례와 사회제도 변화

17세기 이후 주자가례의 실천이 보편화되면서 나타나는 사회제도의 변화 중 가장 특징적인 것은 상속제도이다. 각 문중이나 가문에서 전해오는 분재기를 보면 조선중기 이전까지 대체로 모든 자녀들에 대한 재산상속이 동일하게 이루어졌다. 그렇지만 주자가례의 시행 이후 재산상속은 (적)장자를 우대하는 것으로 변하였다. 이는 자녀들이 돌아가면서 조상에 대한 제사를 지내던 윤회봉사(輪回奉祀)에서 적장자가 제사를 주관하는 것으로 변화하는 과정에서 바뀐 것이다. 지방(紙榜)을 써서 제사를 지내는 것이 아니라 적장자의 거처인 종가의 사당에 신위(神位)를 모시고 제사를 지내면서 제사 장소가 한 장소로 고정된 것이다. 또한 일년에 십여 차례 이상되는 제사에 상당한 경제적 부담이 뒤따르기 때문에 이를 주관하는 장자를 우대하는 상속제도가 정착하게 되었다.

주자가례의 실천과 관련된 제도변화에서 상속제도와 더불어 한 가지 더 주목할 것은 혼례제도의 변화이다. 지금까지의 조선시대 혼례에 관한 연구결과 17세기 이후에도 가례(家禮)의 핵심인 친영(親迎)이 시행되지 못하고 관습에 따르는 '반친영(半親迎)'이 행하여지기 시작하는 것으로 보고 있다. 여기서 '친영' 또는 '반친영'이 주요한 문제인 까닭은 단순히 결혼식을 어디에서 올리는가의 문제가 아니라 결혼 후 어느 곳에서 생활하게 되는가 하는 혼인거주규칙 및 가족형태와 밀접한 관계가 있기 때문이다. 즉, 조선 전기에는 결혼 후 신랑이 신부(처가)집에 머물고 자식이 성장하도록 그곳에 살게 되는 '서류부가(壻留婦家)' 혹은 '남귀여가(男歸女家)'가 관행이었던 까닭에 결혼 후 신부가 계속 시집에 머물러야 하는 친영의 시행이 불가능하였고 이에 따라 절충하여 혼례는 신부집에서 치르고 혼례 후 일정 기간이 지난 후 시집으로 들어오는 '반친영'을 행하였다. 이렇게 됨으로써 가문의 계승자인 적장자는 결혼한 후에도 집을 떠나지 않고 종가에 머물게 되었다. 적장자조차 결혼과 더불어 처가로 들어감으로써 나타났던 한 집안의 계승과 중심 이동이 비로소 한 장소에서 이루어지게 된 것이다.

3) 동족마을의 형성과 종가

17세기 주자가례에 의한 행례가 보편화됨에 따라 점차 이전의 모계중심적 친족구성이 부계중심의 친족구성으로 점차 전환되었다. 이는 앞에서 설명하였던 남귀여가 혼속에서 반친영 형식으로의 전환 및 윤회봉사에서 적장자 봉사로의 제례형식 변화, 자녀균분상속에서 적장자 우대상속 등에서 비롯되었던 변화로서 조선사회가 비로소 유교적 종법질서 체계를 따르게 되었음을 의미하는 것이다. 특히, 적장자의 혼례 후 거주 공간과 조상에 대한 제례공간이 종가라는 하나의 공간에 집중됨으로써 동성 중심의 마을이 형성되는 계기가 마련되었다. 이에 16~17세기를 전후한 시기에 본관지를 떠나 상경종사하던 양반들 중 일부가 처향 혹은 외향으로 낙향하여 마을의 입향조가 되었다. 이러한 입향을 계기로 점차 동성마을을 형성하게 되는데 동족마을의 형성이 대체로 적장자 중심의 가부장적 종법체계의 진전에 따른 것임을 보여주고 있다. 그리고 동족마을의 중심에는 입향조의 종가가 자리잡게 되었다. 현재 유네스코 문화유산으로 등재된 양동마을과 하회마을이 그러한 대표적인 예로써 양동마을의 입향조는 경주 손씨의 손소로서 서백당이 종가로 500년 이상 지키고 있으며, 하회마을의 경우는 풍산 류씨 류중영으로 종가인 양진당이 지금까지 전하고 있다.

4) 조선시대 양반주택과 종가의 의미

종가는 한 가문의 중심이 되고 한 가문을 대표하는 집으로 16~17세기 이후 입향조(入鄕祖)로부터 현재까지 적장자가 가계를 계승하여 온 곳이다. 여기에서 우리는 그 이전과는 달리 한 가문의 계승이 한 개인인 적장자뿐만 아니라 종가라는 장소에 의해서도 이루어졌음을 알 수 있다. 이는 조선이라는 나라의 계승이 선조의 위패를 모신 종묘를 통하여 이루어지는 것과 같은 것으로 유교적 이상향이 국가와 가문을 통하여 함께 진행되었음을 의미한다고 할 수 있다.

종가에서의 교육은 유아기에는 대체로 안채에서 할머니가 담당하여 자조기술과 일상생활에 적응하는 과정을 익혔다. 그리고 만 5~6세가 되면 할아버지와 사랑채에서 함께 생활하면서 천자문(千字文)과 같은 기초적 한문을 배우기 시작하며, 격몽요결(擊蒙要訣)이나 소학(小學)을 배우기도 하였다. 이어서 독선생이나 서당선생 밑에서 중용(中庸)과 대학(大學) 등 중국의 고전을 읽어 선비로서의 인생관과 가치관을 비롯한 기본윤리를 형성한다.

이와 같이 종가에서의 교육은 안채와 사랑채로 공간이 분리되는 전통가옥 구조와 일치하게 이루어졌는데, 어린 시기 조부모와 생활하면서 조부모의 행동을 보고 배우기 때문에 자기 통제력을 키우며 안정된 성격을 형성한다. 어린 아이가 노인과 한 방에서 생활하는 쉽지 않은 생활 속에서 성인행동의 규범을 배우게 되며, 이는 욕구의 절제와 사회적 순응이라는 강력한 효과를 발휘했다. 사회제도가 요구하는 바에 부응하고 스스로의 높은 기준에 부응하려고 노력하여 책임감이 강한 종손으로서의 인성을 형성하게 되는 것이다.

2. 건축적 구성과 의례생활

1) 사당(祠堂)

사당은 종가가 가문 계승의 장소적 의미를 갖고 있다는 측면에서 가장 중심적 공간이라 할 수 있다. 단순히 가문을 이어가는 것이 아니라 조상과의 정신적 교류가 사당을 통하여 이루어진다. 종가에서의 사당에는 4대 봉사하는 조상의 신위를 모시고 있고, 제사를 비롯한 의례의 구심적 공간은 사당이고 또 사당의 중심은 그 안에 모신 조상의 신위이다. 제례에는 사당 감실에서 조상의 신위를 꺼내어 안대청이나 제례청으로 모시고 후손들과 대면함으로써 선대와 후손의 직접적 교감과 교류가 이루어지고, 그 외에 종손의 일상생활에서도 수시로 사당에 이를 알린다. 이러한 모든 것은 종가의 사당이 단순한 물리적 요소로 존재하는 것이 아니

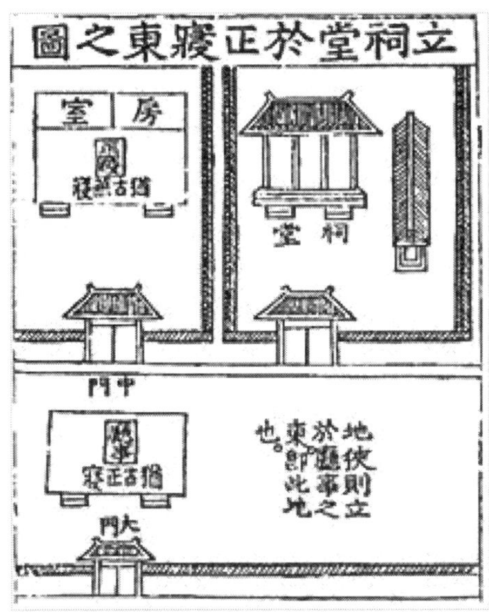

사당 정침 청사의 위치관계(출전 : 김장생, 가례집람 도설)

라 정신적 구심점으로 역할을 하고 있음을 말하여 준다.

실제로 사당은 관혼상제 의례의 모든 절차상 시작과 끝맺음이 이루어지는 상징적 공간이었다. 그렇기에 유교적 질서를 확립하려는 조선에서는 개국 초기부터 국가적 차원에서 사당의 건립을 독려하고 있었다.

17세기 이후 종가의 구성 요소로 건립되었던 사당은 그 규모와 형식을 주자가례의 첫머리에 규정하고 있다. 가례의 첫머리를 구성하는 통례(通禮) 사당조에는 그 형식을 다음과 같이 설명하고 있다.

> "사당은 3칸으로 건물 밖으로는 중문을 설치한다. 또한 중문 밖에는 중문 밖에 두 개의 계단을 두어 동쪽은 조계(胙階) 서쪽은 서계(西階)라 한다. 계단의 아래에는 문중 사람들이 설 수 있는 공간과 그 동쪽에 기물을 보관하는 주고(廚庫)를 두고, 외문 밖으로 별도의 담장을 두르고 빗장을 달아 항상 닫을 수 있도록 한다.

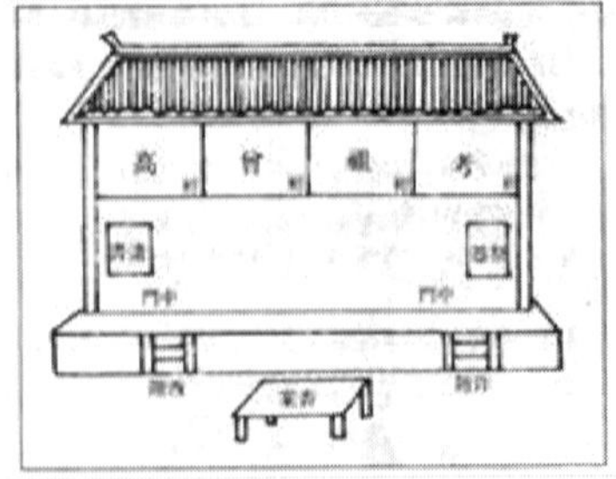
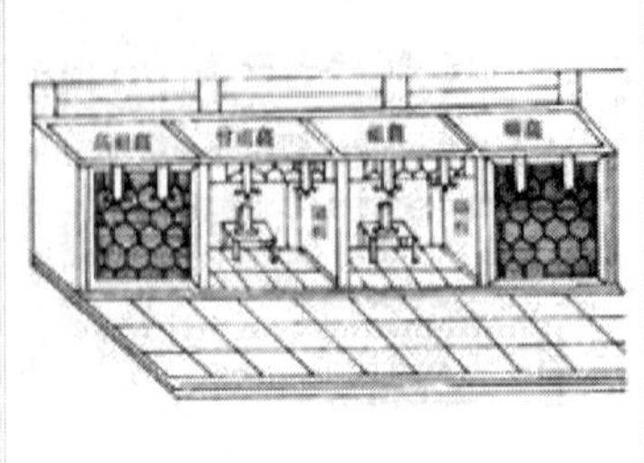

(가세가 빈한하고 땅이 협소하다면 1칸 사당 가능)"

祠堂之制三間外爲中門 中門外爲兩階皆三級 東曰阼階西曰西階,

階下隨地廣狹以屋覆之 令可容家衆敍立 又爲遺書衣物祭器庫 及

神廚於其東, 繚以周垣別爲外門 常加扃閉

(若家貧地狹則止立一間不立廚庫 而東西壁下置立兩櫃 西藏遺書衣物東藏祭器亦可)

또한 사당의 위치에 관해서는 일반적으로 정침의 동쪽에 세우는 것으로 규정하였는데, 이는 방위의 위계에서 동쪽이 서쪽보다 높은 이유에서이다. (물론 여기에서 말하는 방위는 상대적인 개념으로 사용된 것으로 절대적 기준은 아님) 그렇지만 사당 내부의 감실은 산자와는 다르게 서쪽을 높게 보았으므로 규정상 고조의 신위를 서쪽으로부터 놓는 것이 보통이다. 이때 봉제사를 3대로 할 것인지 4대로 할 것인지에 대한 논란이 조선 초에 있었지만 후대에 오면서 4대봉사로 정착되었다. 신분에 따른 봉사대수를 제한에 있어 주자가례의 원칙이 우선되었음을 반증하고 있기도 하다.

2) 사랑채 / 제청(廳事)

종가는 한 문중을 대표하는 집이다. 따라서 일반적인 반가(班家)와는 다른 면이 존재한다. 즉, 모든 문중 사람들이 모임이 이루어지기도 한다는 것이다. 이에 종가에 전하는 주요한 일이 '봉제사(奉祭祀) 접빈객(接賓

조선 전기 사랑(斜廊)의 원형적 모습
(양동마을 서백당)

조선 후기 사랑(舍廊) 혹은 제청(祭廳)
(하회마을 양진당)

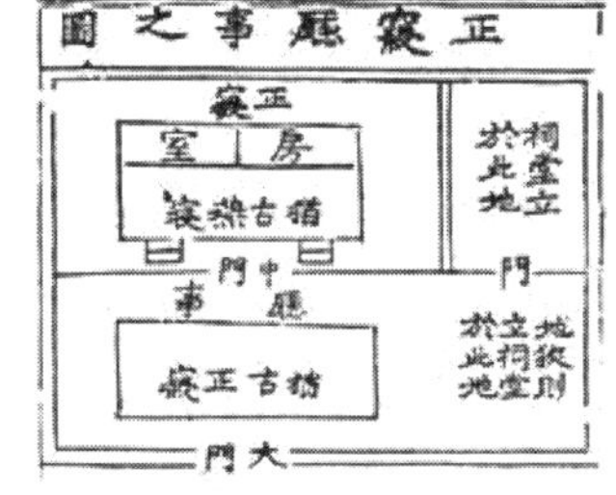

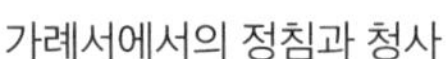

가례서에서의 정침과 청사

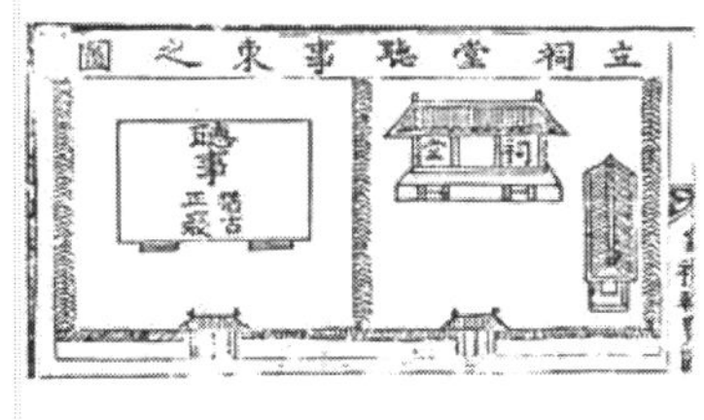

가례서에서의 사당과 청사

客)'이라 하였다. 여기서 봉제사는 앞서 보았던 조상에 대한 의례를 의미하는 것이고, 접빈객이라 함은 문중 사람들 외에 널리 보자면 타 문중 사람들의 방문 및 지나는 객들을 맞이하여 접대하는 것을 의미한다. 동족마을이 형성되고 종가가 마을의 중심에 자리잡게 되면서 많은 사람들이 각 문중의 종가를 왕래하였고, 이들을 맞이하는 건축적 공간이 필요하게 되었음을 의미한다. 유교의식이 발달함에 따라 내외사상도 자리잡게 되었고, 이러한 측면에서 외부인들에 대한 마중공간으로는 바깥에 있던 사랑이 가장 적합한 곳이 된다.

원래 사랑은 '斜廊'이라 표현되었었다. 이에 대한 의미는 용비어천가의 주(註)에 따르면 중문에 가로 놓인 행랑(廡)으로 손님을 접대하는 장소(御天歌註, 中門橫廡, 待客之所, 俗謂斜廊, 又韻書曰, 翼行屋也, 今左右翼廊, 亦曰行廊)라 하기도 하였고, 당(堂)의 측면에 가로 지은 행랑(橫廡)으로 바깥채인 청사(廳事)의 실(斜廊者 堂側之橫廡也 今以外舍廳事之室, 謂之斜廊)이라 하기도 하였다. 이러한 표현은 대체로 조선 초기에서 중기에 이르는 것으로 원래 사랑이 큰 공간이 아니라 바깥에 면하는 자그마한 공간이었음을 말하고 있다. 이러한 곳이 17세기 중기 이후 변하게 되었다. 남자들의 주된 생활공간으로 접빈객의 마중공간으로 확대되었다. 특히, 종가의 경우 불천위와 같은 큰 제사가 있는 경우 백여 명이 넘는 많은 인원이 제사에 참여하게 되는데, 이때 이들이 머물 수 있는 공간이 필요하였고, 가장 적합한 공간이 사랑이었다.

또한 가례서에 표현된 청사(廳事)가 필요하였다. 실제 가례서에서의 행례과정에서 청사는 다양한 용도로 사용되고 있으며, 이에 따라 현실적으로 그러한 역할을 담당하는 공간으로서 가장 적합한 것은 사랑이었다. 일부 가례서에서는 퇴계(退溪)의 말을 인용하여 청사가 대문 안쪽에 있는 소청(小廳), 사랑과 같은 것이다(.....廳事(退溪曰如今大門內小廳所謂斜廊者))라고 하기도 하였다. 이와 같이 작은 마루 정도였던 사랑은 가례가 보편화되었던 17세기 이후 일부 종가를 중심으로 큰 규모의 대청으로 증축되거나 별동의 제청으로 건축되기 시작하였다. 기존의 작은 사랑(斜廊)에서 독립된 대형의 사랑(舍廊)으로 변모하였고, 또 별동의 제청이 청사로 활용되었던 것이다.

3) 안채(正寢)

조선시대 종가를 포함한 반가의 안채는 대체로 생활공간의 중심이고 여성들의 공간이었다. 그렇지만 17세기 이후 가례의 보급에 따라 제례가 안채의 대청에서 행해지면서 안채는 생활공간임과 동시에 의례공간이 되었다. 그 이전에도 안채에서 제사를 지냈는지에 대해서는 확실치 않지만 가례에서는 정침에서의 제사(祭祀)를 하였다. 그리고 정침의 형식도 가례

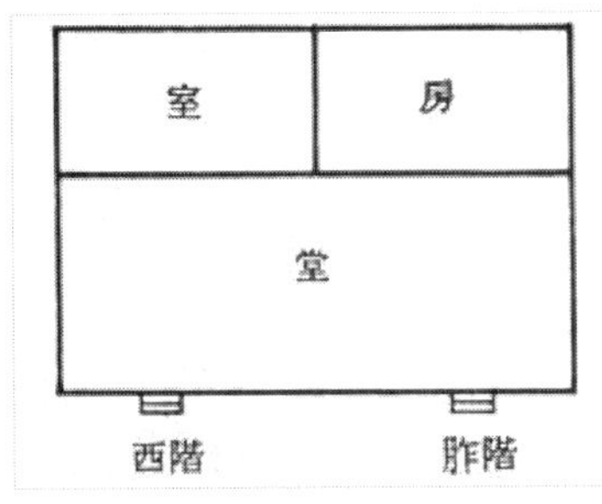

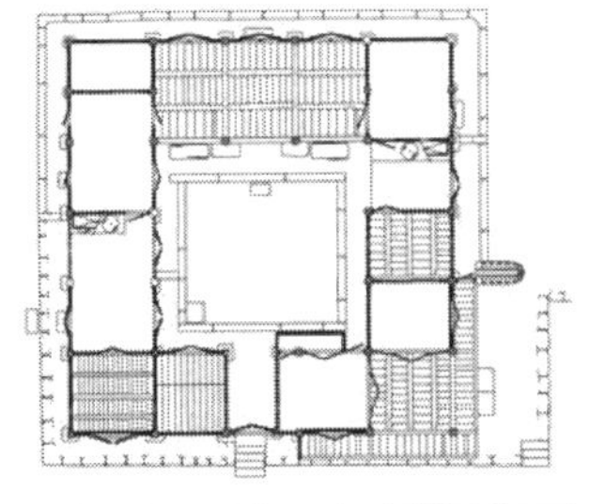

안채 대청을 중심으로
대칭적 공간구성

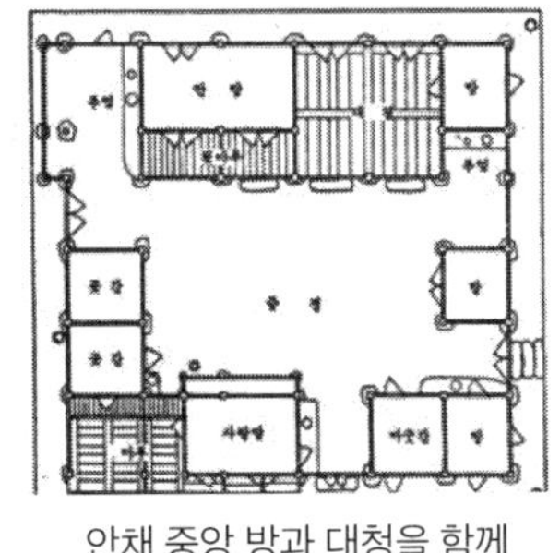

안채 중앙 방과 대청을 함께
비대칭적구성

도에 포함되어 있다. 전면에 당(堂)을 두고 후면 동쪽에 방(房)을, 서쪽에 실(室)을 두고 있는 비대칭적 구성을 하고 있다. 여러 문헌에서의 해석에 따르면 가례서에서의 정침은 전면에 가장 개방적인 성격의 '당(堂)'을 두고 그 후면으로 동쪽에는 반개방적인 성격의 '방(房)'과 서쪽에는 폐쇄적인 성격의 '실(室)'이 있는 구조로 볼 수 있다.

전체적으로 ㅁ자형 혹은 冂자형 평면이지만 2칸~3칸의 안채 대청을 중심으로 대칭적인 공간구성을 하고 있는 경우와 안방과 대청이 병렬로 배치되어 있는 비대칭적 공간구성을 하고 있는 경우로 구분된다. 이중 대칭적 평면은 궁궐 등의 침전에서 볼 수 있듯이 그 연원이 오래된 것임에 반하여, 비대칭적 평면은 가례가 보편화되는 17세기 이후에 점차적으로 증가하는 것으로 보아 가례서에서의 정침을 공간화한 것으로 여겨지기도 한다. 그렇지만 안대청에서의 제사에는 많은 인원을 수용하기 힘들고, 내외의식이 보편화되면서 외부인을 안채 내부에 들이는 것을 꺼리게 됨에 따라 불천위와 같은 큰제사는 별도의 공간을 마련할 필요가 있었다. 그럼에도 불구하고 일반 기제사의 경우는 현재까지도 안대청에서 지내는 것이 일반적이며, 이러한 까닭에 안채에는 사당에서 신위를 모셔오는 통래칸(通來間)이 건넌방 앞에 계획하는 경우가 많다.

한편, 조선시대 반가의 안채를 구성하는 공간구성 요소로는 안방과 건넌방(상방), 부엌, 찬방(고방) 등이 있는데, 이들 공간구성 요소들은 원래 기능별로 분화되어 있었던 것으로 추정된다. 이와 같이 안채라는 하나의 건물에 합쳐진 것은 고려시대 중기 이후로, 특히 온돌이 본격적으로 보급되어 부엌과 안방이 결합되는 과정으로 나타난 것으로 볼 수 있다. 또한, 조선 전기 비교적 소규모였던 안채는 17세기 이후 점차 그 규모가 커지게 된다. 이 역시 가례의 보급에 따른 결과로서 종법적 질서가 확립되고 종가의 종손을 중심으로 대가족제도가 정착되기 시작하면서부터이다. 한 집안에 3대 이상의 가족이 거처하면서 안채에는 안방과 건넌방 외에 안(중)사랑 등과 같은 실이 더 필요하게 되었고, 부엌과 찬(고)방 등의 규모 역시 커지게 되었다.

3장 조선시대 사대부 가옥과 유교문화

천득염

1. 조선시대(朝鮮時代)의 개관

태조 이성계는 1392년 국호를 조선이라 하고 고려의 도성인 개경의 수창궁에서 즉위하였다. 외세에 의한 고려의 국력쇠진과 내정의 혼란, 지나친 불교의존에서 오는 각종 부조리의 발생, 토지제도의 실패 등은 고려시대의 마감을 예고하고 새로운 왕조탄생의 배경이 되었다. 태조 이성계는 위화도 회군을 계기로 실권을 잡아 구세력을 몰아내고, 국도를 개경에서 한양으로 옮겨 신왕조의 면모를 새로이 하였으며 명(明)에 대한 사대(事大)를 내세워 정치적 권위를 견고히 하려 하였으며 신왕조의 지도이념으로 유교를 내세웠다.

조선을 개국하자 곧 도성을 옮기고자 한 이유는 고려의 유민들과 고려를 추종하는 수구세력들이 개경에 그대로 남아 있어 이곳으로부터 떠나야 하겠다는 의도와 새로운 왕조를 세울 새로운 도읍지에서 시작하고 싶은 의지가 작용하였기 때문이었다.

고려 말년에 많은 폐해를 가져온 불교를 억제하고 유교를 숭앙하여

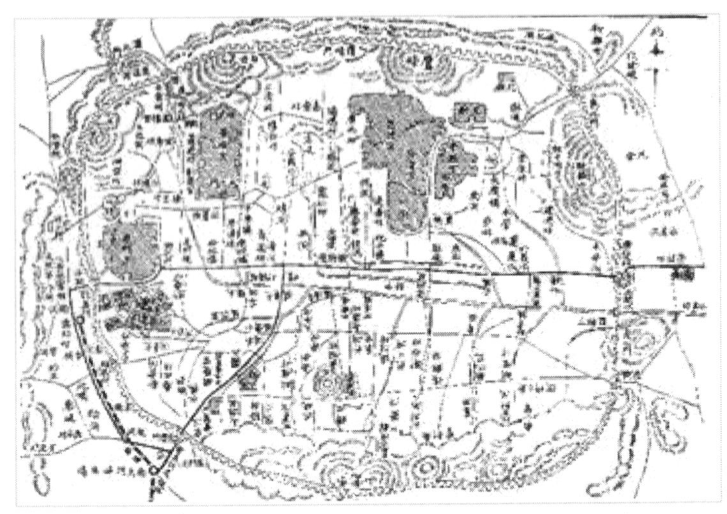

그림 1. 한성도

사찰의 승려, 노비, 토지 등을 제한하였으며 많은 불교 사찰이 헐리고 폐사되었으며 전왕조의 찬란했던 불교문화는 마침내 침체와 쇠락의 길을 가게 되었다.

왕조 초기의 정변이 있었으나 세종은 집현전을 만들어 한문연구를 진흥시켜 훈민정음을 창제하였으며 여러 가지 발명을 이루었다. 조선왕조의 초기 문화가 정비되고 융성하던 태평성대는 성종 때였다. 이러한 태평성대의 구가는 얼마 있지 않고 연산군의 폭정과 각종 사화는 끊일 사이 없이 지속되었다. 이런 사이에 일본의 도요도미 히데요시는 내란을 수습하는 데 성공한 다음 대륙침략의 야망을 품고 1592년 조선을 침범하였다. 임진란은 7년에 걸쳐 지속되었으며 몽고의 침입 못지않은 큰 피해를 가져 왔는데 특히 불국사와 경복궁 등 민족적 정체성을 보여주는 아름다운 건축의 손실이 더욱 막심하였다.

이때 중국에서는 청(淸, 여진)이 등장하여 명이 멸망하였으며, 일본에서도 도쿠가와 이에야스가 새로운 막부(幕府, 바구후)를 만들어서 조선왕조와 수호관계를 맺게 되었다. 그 후 왜란의 상흔이 아물기도 전인 인조14년(1637)에 청에 의한 병자호란이 일어나 또다시 나라가 전쟁에 의해 피폐해졌다.

이어 조선사회를 분열시켰던 동서분당이나 사색당쟁은 사회성이 결여된 관념적인 것이었으며 당쟁의 당사자인 양반들은 매우 편협하고 배타적이며 인습과 명분에 얽매이게 되어 사회적인 혁신과 문화의 발전을 기대할 수 없게 만들었다. 이때에 서양문화의 대세는 동양으로 영향을 미치어 세계관에 대한 변화와 자아에 대하여 성찰을 촉구하게 되었다. 이런 결과 영조와 정조대에 실학이 전성기를 이루었고 실사구시, 경세치용, 이용후생을 목표로 실증적인 것과 독창적인 것을 추구하였으며 동도서기(東道西器)를 지향하는 새로운 학문으로 발전하였다.

영조와 정조와 같은 영명한 군주의 시대를 지나 나약한 순조와 철종대에는 세도정치와 행정의 문란 등으로 농민에게 과도한 부담이 가해져 민란이 일어나 나라가 더욱 어려웠다. 그 후 대원군이 득세하자 왕실의 위엄을 높이기 위하여 경복궁의 재건에 착수하였고, 재정상태의 어려움에도 불구하고 이를 완공하였다.

조선 초기[1]에 건립된 건물은 다포식과 주심포건물로서 남대문, 무위사 극락보전, 개심사 대웅전 등을 들 수 있고, 중기에는 왜란과 호란을 겪은 시기로 전쟁 후에 초기의 건물을 다시 재건한 것으로 주로 다포건물이 많이 건립되었는데 대표적인 건물은 창경궁 명정전, 법주사 팔상전, 금산사 미륵전, 화엄사 각황전 등을 들 수 있다. 후기에 들어서는 건축의 장식이 번잡해지는 경향을 볼 수 있는데 대표적인 건물은 불국사 대웅

1 건축사에 있어서 시대구분은 여러 사람들이 시도하였으나 다소간의 차이가 있다. 윤장섭교수는 그의 한국 건축사에서 조선왕조초기를 태조부터 임진왜란까지 200년간으로 보고, 중기는 임란부터 경종말년까지 130년간, 후기는 영조 원년부터 순종 말까지 180년간으로 보았다.

전, 수원 성곽건축, 창덕궁 인정전, 경복궁 인정전 등을 들 수 있다.

2. 유교(儒教)와 조선시대 유교건축

1) 한국문화와 유교[2]

유교의 기본윤리인 삼강오륜은 전통사회의 일상적 실천원리로서 가장 중요한 역할을 했다. 삼국시대부터 『효경(孝經)』이 중요시되면서 효(孝)의 덕목이 일찍부터 확립되었으며, 충(忠)의 규범은 국가 성장기의 강한 시대적 요구에 부응했다. 화랑의 세속오계(世俗五戒 : 忠·孝·勇·信·仁)도 유교윤리가 중심을 이루고 있다. 삼강(三綱 : 忠·孝·烈)의 규범은 조선 초기 세종 때의 『삼강행실도(三綱行實圖)』를 통해 모범적 인물들이 포상되고 사회적으로 장려되었다. 3강[3]과 5륜[4]의 규범이 대중 속에 널리 확산되어 사회윤리로 정립되면서, 전통사회의 도덕규범과 가치관의 근거로서 강한 영향력을 발휘했다. 조선시대의 도학이념은 의리정신을 유교윤리의 표준으로 확인하여, 절의(節義)가 숭상되고 불의에 대한 강인한 저항정신을 실현했으며, 청백(淸白)의 풍속과 염치(廉恥)의 도덕성이 사회기강의 핵심을 이루었다. 다만 지나친 도덕적 순수성의 추구로 물질적 가치와 욕망의 현실성이 무시되는 문제점은 실학파의 실용적 관심을 통해 그의 보완

2 브리태니커 백과사전

3 삼강은 군위신강(君爲臣綱)·부위자강(父爲子綱)·부위부강(夫爲婦綱)을 말하는데, 각각 임금과 신하, 어버이와 자식, 남편과 아내 사이에 마땅히 지켜야 할 도리를 강조했다. 유가에서는 전통적으로 충과 효를 강조했으며, 남편에 대한 아내의 순종을 말하고 있다.

4 오륜은 부자유친(父子有親)·군신유의(君臣有義)·부부유별(夫婦有別)·장유유서(長幼有序)·붕우유신(朋友有信)을 말하는데 삼강과 더불어 기본적인 실천윤리로 강조되었다.

이 탐색되기도 한다.

유교사회에서 풍속의 교화에 중요한 역할을 하는 것으로 예법의 제도를 들 수 있다. 일상생활에서 사양(辭讓)의 예법을 비롯한 각종 유교예절이 삼국시대 이래 시행되어 풍속을 이루었으며, 이 때문에 '동방예의지국(東方禮義之國)'이라 불려왔다. 특히 『주자가례(朱子家禮)』가 들어온 뒤로, 조선시대에는 이에 따른 의례절차의 모든 법식이 대중 속에 확산되어 실천되었다. 유교의례가 대중생활 속에 확산되면서 전통사회는 미풍양속을 확립했으나, 반면 의례의 형식주의에 빠지는 폐단을 일으켰던 것도 사실이다. 유교의 사회제도는 신분 계급의식과 장자(長子) 중심의 종법(宗法)제도를 기초로 한다. 사대부(良班)·중인·양인·천인의 신분에 따른 차별이 엄격하여, 사회적 진출과 통혼(通婚)의 범위가 한정되며, 의복과 언어까지도 차이를 두는 상하의 수직적 계층질서를 형성한다. 조상에 대한 제사권은 장자만이 지닐 수 있고, 남녀 사이도 실질적으로 남자 중심의 차별을 바탕으로 한 수직적 질서를 확립한다. 유교사회는 가족제도에 기초하며, 군신관계의 모범을 부자관계에서 찾았다. 대가족 형태인 가문을 지키기 위해 친족 중심의 공동체의식을 강화함으로써, 전통사회에 안정의 기초를 확보해주었다.

국가도 가족의 확산으로 인식함으로써 사회의 유기적 공동체 의식을 확보하지만, 폐쇄적 문벌주의로 서로 대립하여 분파적 대립을 일으킬 위험도 있다. 유교의 정치이념은 권력에 의존하는 것이 아니라, 민심 속에서 천명을 발견하고, 덕으로 백성을 교화하는 민본(民本)사상과 덕치(德治)주의에 근거한다. 따라서 백성의 교화에 도덕을 앞세우며, 법률은 유교의 기본윤리를 확립하는 수단으로 제정된다. 지배층과 백성과의 원활한 의사소통을 위해 언로(言路)를 넓히고, 그 임무를 전담시키기 위해 언관(言官)의 비중을 높여 놓았다. 또한 임금도 경전을 비롯한 유교 교육을 받는 경연(經筵)제도를 통해 유교이념에 입각한 정치를 실현하고자 노력했다. 또한 유교 교육을 받은 사람만 과거(科擧)를 통하여 관직으로 나아갈 수 있게 했고, 관리의 업적이 유교적 통치목표에 따라 평가되게 함으로써 전통사회는 치밀하게 유교정신으로 다스려지도록 했다. 유교문화는 한자의 문자생활을 통해 중국문화의 신속한 수용으로 가능할 수 있었다. 그러나 한자는 대중의 문맹화를 초래했고, 더구나 우리 언어의 고유한 세계를 한자에 예속시킴으로써 문화적 예속성을 초래하게 했다. 한문의 시가(詩歌)는 우리의 고유 음률과 어긋남에 따라, 중국문화를 지향하는 사대부 문화와 우리의 고유문화를 보존하는 서민 문화 사이의 이질성을 보여주게 된다.

2) 유교의 의미[5]

유교는 중국 춘추시대(기원전 770~403) 말기에 공자가 체계화한 사상인 유학(儒學)을 종교적 관점에서 이르는 말이다. 시조 공자의 이름을 따서 공교(孔敎)라고도 한다. 유교는 지켜야 할 인륜의 명분(名分)에 대한 가르침이라고 하여 명교(名敎)라고도 한다.

유교의 특징 또는 핵심 사상은 수기치인(修己治人)으로, 유교는 수기치인의 학이라 할 수 있다. 즉, 유교는 자기 자신의 수양에 힘쓰고 천하를 이상적으로 다스리는 것을 목표로 하는 학문이며 또한 그것을 향한 실천이라고도 할 수 있다.

유교는 전국시대(기원전 403~221)에는 제자백가의 하나인 유가(儒家)로 등장했지만, 전한의 무제(재위 기원전 141~87) 때 국가 정통의 학문이 된 후로는 중국의 학문과 사상계를 대표하게 되어 현대의 중국에 이르기까지 중국의 정치와 국민생활에 영향을 주었다.

유교의 주류는 전국시대에는 맹자로 대표되는 내성파의 학문과 순자

5 위키백과를 참고하여 재편집함

로 대표되는 숭례파의 학문, 한나라와 당나라 시대의 훈고학과 경학, 송나라 시대의 성리학, 명나라 시대의 양명학, 청나라 시대의 고증학 등으로 발전 또는 변천되었다.

유교·유가(儒家) 또는 유학(儒學)은 본래 춘추시대 말부터 전국시대에 걸쳐서 배출된 제자백가(諸子百家) 중의 한 학파에 불과했으나 한나라(漢) 왕조의 권력 안정과 함께 그 통치를 정당화하는 이론으로서 중시되어 중국의 정치사상 중에서 정통적 지위를 차지하게 되었다. 그리하여 중국에 왕조 정치 체제가 존속한 2천 년 동안 유학은 국가의 질서를 뒷받침하는 교학(敎學, 즉 儒敎)으로서 정통사상의 지위를 계속 차지하였다. 그 오랜 기간 동안에 유학은 각 시대의 정치 상황이나 다른 사상과의 관계에 대응하여 그 내용을 변화시켜 전개하였다.

본래 공자의 유교라는 것은 인류 보편적 질서, 인간 내면의 심미적인 부분을 중점으로 두는 내용이었다. 또한 고대 사회의 야만스러운 풍속을 정리하기를 원했으므로 사회 보편적 질서, 계급 간의 상호 존중 등을 이론화하였다.

성리학은 유교를 바탕으로 하고 있으나, 본질적으로 다른 요소가 포함된다. 유교 추종자들은 공자의 이상을 교리화하고 강제해야 한다는 믿음을 가졌던 것으로 이해되며, 성리학으로 발전시킨다. 또한 명나라 시대에는 권력자에게 충성을 다하고, 지배 체제를 강화하기 위하여 성리학 이론을 이용하게 되었다.

명나라는 성리학을 이용하여 사회를 통제하기를 원했다. 이런 현상은 조선도 마찬가지였다. 성리학이 고려 후기 혼란스러운 상황을 정리하는 데 도움이 되었으나, 후기로 갈수록 지나치게 계급화되고 교리화되는 문제가 발생하였다. 또한 여성에게 가혹한 법칙들이 생겨났다. 성리학의 이와 같은 문제들은 비난의 대상이 되었고, 성리학이 유교 이론에서 파생되었다는 근거 때문에 유교도 비난하는 사람들이 생겨났다.

3) 유교건축

우리나라는 지리적으로 동부 아시아에 위치하고 문화적으로는 한자 문화권(漢字文化圈)에 속한다. 고대부터 삼국, 고려, 조선을 거쳐 현대에 이르는 동안 많은 정신적 사고(思考)와 문화를 이루어 왔으며 불교·유교·도교 등 여러 사상을 포용하면서 발전을 거듭해 왔다.

사상적으로는 삼국시대에 고구려가 불교를 수용한 이후 고려시대에 이르러서는 불교가 국교로 되는 과정을 거친다. 그러나 고려 말기에 이르러 불교의 폐단과 새로운 사상을 갈망해 온 사대부들의 영향으로 조선시대의 유교는 불교를 대신하여 민중의 생활을 이끌어 온 사상적 지주로서 종교적 권위를 행사하였다. 또한 조선사회에서 유교는 계급조직을 바탕으로 한 질서의 확보와 국가적인 통일성의 유지에 대단히 중요한 역할을 하였다.

흔히 유교건축은 조선시대 중앙의 성균관(成均館)과 4부학당(四學), 그리고 지방의 각 고을에 설치되었던 향교(鄕校)가 대표적인 예이고 사학교육기관인 서원(書院), 정사(精舍), 사우(祠宇), 서당(書堂) 등과 그리고 가묘(家廟), 정려(旌閭) 등도 유교적 산물이며 이를 통칭하여 유교건축이라고 부를 수 있다.

3. 주자가례(朱子家禮)와 조선시대 주거건축

1) 주자가례와 신분제도

중국 송나라의 성리학자 주희(朱熹 혹은 朱子)가 일상생활의 예절에 관해 모아 기록한 책이다. 즉 관(冠), 혼(婚), 상(喪), 제(祭)의 사례(四禮)에 관한 의례서이다. 가례는 전통사회에서 가정의 행위규범을 의미하기도 하지만 고려 말 중국으로부터 성리학을 수용하는 과정에서 유교적 의식의 보급을 위해 채택하였고 그 후 조선시대에는 유교를 국가지배 이념으로 하였기 때문에 성리학자들에게 큰 영향을 주었고 더욱이 국가와 국민께 널리 보급된 것이다. 특히 17세기 이후 사대부들의 의례로 정착되었으며, 여러 유학자들에 의해 주석서가 저술되기도 했다. 특히 조선시대에는 불교에 입각한 종래의 의례를 사대부로부터 서민에 이르기까지 모두『주자가례』를 본떠 행하도록 하였다. 이에 따라 부모상을 삼년상으로 치르도록 하였으며, 가묘(家廟)[6]를 세워 조상에 대한 제사를 모시도록 하였다.

이처럼 한 가족이나 그 구성원의 행위 규범을 제시하고 있는 가례[7], 혹은 주자가례는 가장 일상적이고 보편적인 행위 규범이라 할 수 있다. 물론 구체적인 내용은 유학적인 교양을 갖춘 사대부 계층의 행위 규범을 근거로 하고 있지만, 가례의 내용이 관례·혼례·상례·제례로 이루어져 있어 모든 사람들의 삶에 필요한 행위 규범을 담고 있다. 관혼상제의 가례는 절차와 과정을 지니는 것이지만, 그 근본적인 목적은 그 절차를 통해 명분을 높이고, 그들의 삶이 인간다운 삶이라는 자존의식을 갖게 하는 동시에 가족 상호 간의 애정과 공경을 돈독히 하는 데 근본적인 목적이 있다.[8]

조선은 고려 말년에 많은 폐해를 가져온 불교를 억제하고 유교를 숭상하였으며 이를 국민의 교육과 정치이념의 근본으로 삼았다. 조선은 통치체제의 확립과정에서 강력한 중앙집권적 관료체제를 구축하였고 유교

6 조상의 위패를 모신 사당

7 이 말은 본래「周禮」의 家宗人 조목에 보이는데, 조빙(朝聘)이나 회맹(會盟)과 같은 집단 사이의 행위규범이나, 조회(朝會)나 군례(軍禮)와 같은 집단의 공식적인 행위규범, 또는 향음주례(鄕飮酒禮)나 향사례(鄕射禮)와 같은 민간집단의 행위규범에 비해, 한 가족이나 그 구성원의 행위규범을 제시하고 있는 점에서 가장 일상적이고 보편적인 행위규범이라 할 수 있다.

8 고등 한국사, 고려와 조선의 성립과 발전, 고려의 대외 관계와 문화 발달

윤리의 보급을 통해 이를 뒷받침하고자 하였다.

조선은 엄격한 신분제를 이루었는데, 15세기에는 문신(文臣)의 동반(東班)과 무신(武臣)을 총칭하는 서반(西班)과 상민, 천인의 3계급으로 구분되었으나, 16세기에 이르러 중인 계급이 대두됨으로써 양반(兩班), 중인(中人), 이교(吏校), 양인(良人), 천인(賤人)의 5계급으로 나뉘게 되었다.

양반은 고려나 그 이전의 지배층에 비해 그 사회적 기반이 확대되었다. 신라시대의 진골귀족이나 고려시대의 소수 문벌귀족보다 훨씬 많은 가문들이 양반으로서 사회적인 진출을 하였던 것이다. 이 같은 양반의 수적인 증가는 관리의 등용에 있어서 과거(科擧)의 중요성을 크게 증대시켰다. 향리층에까지 널리 열려졌던 사회적 진출의 문은 점점 닫혀지게 되었고 결혼은 양반들 사이에서만 행해졌고 신분이 세습되었다. 그들은 양반이 아닌 자들과 섞여 살지를 않았다. 서울에서는 사회계층에 의한 거주 지역 문화현상이 뚜렷하여 북촌, 남촌은 양반들의 거주지요, 중부는 중인, 종로통은 상공업과 서비스업 종사하는 서민들의 거주지였다. 지방에 있어서는 성밖의 촌락이 그들의 거주 지역이었다. 조선조에는 성안에 사는 데 있어 신분의 구별을 하지는 않았으나 세전(世傳) 거주지 구별은 있었다.

중인과 이교는 양반 다음의 신분으로 의(醫), 역(譯), 주(籌), 산(算), 측후점험(測候占險), 율(律), 혜민(惠民), 구료(求療), 사자(寫子), 도화(圖畵) 등 기술과 사무의 실무를 담당하는 중앙관부에 세습하는 특수계급이다.

조선시대의 양인은 농업, 상업 등의 직접적인 생산활동으로 생활하였던 계층을 말하는데 사실은 대다수가 농민이라고 보아도 무리가 없다. 양반들의 토지를 경작하는 농민들은 자기가 수확하는 것의 절반 정도를 양반에게 바쳤다. 또 국가에 대해 조·용·조의 의무가 있었기 때문에 경제적으로 가난할 수밖에 없었으며 이들은 사회적 지위도 낮았다. 그러나 조선시대에 들어와 이앙법(모내기법)이나 저수지의 발달, 우리나라 기후에 알맞은 품종의 개량 등 농사기술의 발전으로 수확량이 늘어나게 되었고 이들은 점차 생산력을 늘려감으로써 자기 소유의 토지를 가질 수 있었으며 이것을 통해 재산을 늘려 갈 수도 있었다. 때문에 조선 후기에는 농민계층도 경제력에 따라 소농, 중농, 부농 등으로 나누기도 한다.

조선 사회의 가장 아래에는 노비가 있었다. 노비 중에는 국가에 속한 공노비와 개인에게 속한 사노비가 있었다. 사노비는 다시 솔거노비와 외거노비로 나뉘고 이 중에 솔거노비는 양반들의 집에서 잡일이나 농사일을 맡아 하였기 때문에 상전 집 행랑살이를 했다. 외거노비는 자기 집에서 잠을 자고 날이 새면 주인집에 들어가 일을 하다가 어두워진 뒤 집으로 돌아왔다. 경상도에는 외거노비들이 사는 집을 '가랍집', 전라도에서는 '호지집', 평안도에서는 '마가리집', 황해도에서는 '읏집'이라 하였다. 그러나 이들의 집은 열등한 서민의 주택과 같은 모습이었다.

이상으로 조선시대의 주거는 이들 5계급에 의해 분류될 수 있으나, 실제적으로는 양반주택, 중인과 이서, 군교를 포함한 중류주택, 그리고 양인의 서민주택으로 나눌 수 있다.

2) 예와 도를 지키는 선비의 삶

양반은 선비란 의미로 대용되기도 한다. 순수한 우리말로 학식이 있는데 벼슬하지 않은 사람, 학문을 닦은 사람을 예스럽게 일컫는 말이다. 선비란 한자로 선비 '사(士)'와 같은 뜻을 지니며 유교이념으로 인격체라는 뜻에서 선비 '유(儒)'로도 쓴다. 선비는 '수기치인(修己治人)'이어야 한다. 수기치인은 먼저 자신을 수양하고 세상 사람들을 다스린다는 것으로 공자가 말한 유학은 결국 이 수기(修己)와 치인(治人)이다.

선비는 선비정신이 투철해야 하는데 도학(道學) 즉 의리(義理)를 사회생활에서 몸소 실천하는 정신으로 정의를 위해서는 정당하게 생각하고 행동하며 유학자로서 학문과 예술을 기본 소양으로 삼아 수양을 생활화하여 도덕적 실천능력을 갖추고 의(義)를 위해서는 목숨까지도 초개같이 버리는 정신이다. 따라서 선비는 사랑을 행하는 사람이고 의로운 일을 실천하며 예의와 염치를 중히 여기는 사람이고 의리와 지조를 지키며 영예를 귀하게 여기는 사람이다.

선비의 삶은 지조를 지키는 것이다. 이를 적절히 표현한 다음과 같은 두 편의 글이 있다.

선비의 삶, 志操 !
시류에 편승하지 않고
신념을 지켜나가다.
예로부터 지조를 중히 여겨
한번 세운 원칙은 어떤 유혹이 와도 지키며
世風과 時流에 편승하지 아니하고
신념을 지켜나갔던 우리조상.
그 꿋꿋한 의지와 기개는
역사와 전통에 담겨
오늘날까지 전해지고 있다.
문화유산을 통하여 읽을 수 있는
우리민족의 지조는
과거에서 미래로 이어나가야 할
아름답고 고귀한 보물이다.
〈문화재사랑, 2015.10.〉

또한 〈최종찬〉의 글에도 선비의 규범을 말하고 있다.

군자(君子)는 국이나 찌개와 같이,

남들과 조화(調和)를 이룰 줄 알며
상대방의 말이나 행동이 그르면
냉정하게 비판할 줄 알면서도
상대방이 비판할 때 잘 받아드리며 마음속에 품지 않고
사심 없이 어울리는 사람을 말합니다.
소인은 남들에게 부화뇌동(附和雷同) 하지만,
조화를 이루지는 못합니다.
차가운 비판과 따뜻한 마음이 함께 있을 때에
인간관계는 조화로울 수 있습니다.
친구에서 한 사람은 귀하고 한 사람은 천할 때에,
정분(情分)을 볼 수 있고
친구 중 한 사람은 죽고 한 사람은 살았을 때에,
정의(情誼)를 알 수 있습니다.

그렇다면 우리 역사상 선비다운 선비로 누구를 말하는가?

- 신라의 박제상(363-419) : 차라리 신라의 개나 돼지가 될지언정 왜국의 신하는 되고 싶지 않다.
- 합천 화양리 소나무(천연기념물 제289호) : '겨울이 온 다음에라야 소나무와 잣나무가 시들지 않는 줄을 알겠다.' 공자의 말을 절개의 선언으로 삼음.
- 신라의 竹竹(-642) : 나의 아비가 나의 이름을 죽죽이라 함은 겨울이 되어도 잎이 시들지 말고 꺾어질지언정 굽히지 말라는 뜻.
- 정몽주(1338-1392) : 고려왕조를 지키겠다는 임 향한 일편단심의 절개는 나라에 충성한다는 의리. 정도전보다는 건국에 저항하다 목숨을 잃은 정몽주의 충성스런 절개.
- 춘향 : 두 지아비를 섬기지 않음.

- 김시습(1435-1493) : 수양의 왕위찬탈 소식을 듣고 공부하던 책을 모두 불살라 버리고 왕권교체의 충격을 감당해야 했던 불우한 선비의 전형.
- 조광조(1482-1519) : 중종 임금에게 권력을 잡은 공신들의 불의와 탐욕에 빠진 사회적 병폐를 강경하게 간언하다 유배되어 사사됨.
- 퇴계(1502-1571) : 단을 쌓아서 모진 서리에도 잘 견뎌내는 솔, 대(竹), 매화, 국화를 심고 절개를 함께 하는 벗으로 삼아 절우사(節友社)라 하였다.
- 윤선도(1587-1671) : 물, 바위, 솔, 국화, 달을 다섯 벗으로 삼아 오우가를 지었는데 그 가운데 솔에 대해 '솔아 너는 어찌 눈 서리를 모르는가'라고 하였다.
- 김정희(1786-1856) 세한도 : 사제 간의 의리와 절개를 소나무와 잣나무에 비유하며 그린 그림.

3) 유교와 주거형식

(1) 가사(家舍)와 가대(家垈)의 제한

조선시대는 신분사회였기 때문에 신분에 따라 주택의 크기나 형태를 규제하는 가사 및 가대제한이 있었다. 신라의 가사제도가 골품에 의해 차등을 두었다면 조선시대에는 관직의 품계에 따라 규제됨으로써 관직을 중요시하는 양반사회의 특징을 보여주고 있다.

조선시대의 가사규제가 신라의 그것과 가장 큰 차이를 보이는 것은 택지에 대한 규모의 제한이 있다는 점이다. 이 시대의 주택규제에는 주택의 규모 양식에 대한 규제 외에도 대지의 넓이에 대한 규제가 있어 왕조실록에도 주택에 관한 규제와 그 시비에 대한 기록이 많이 나타나 있다.

(2) 집터(家垈)의 제한

개국과 더불어 한양으로 천도하면서 한양의 땅이 한정되어 있었으나 나누어 줄 집터(家垈)는 많아 장지화 등이 나라에 상소하여 정일품부터 서인에 이르기까지 각 계급에 집터를 한정하여 다음과 같이 나주어 주었다. 집터의 분배는 『태조실록(太祖實錄)』에 명시되어 있고 후에 조정안이 『경국대전(經國大典)』에 명시되어 있다.

品階	負數	現行坪數	品階	負數	現行坪數
一品	35	1,365	六品	10	390
二品	30	1,170	七品	8	312
三品	25	975	八品	6	234
四品	20	780	九品	4	156
五品	15	585	庶人	2	78

표 1. 『太祖實錄』 4년 정월

<table>
<tr><th>品階</th><th>負數</th><th>現行坪數</th><th>品階</th><th>負數</th><th>現行坪數</th></tr>
<tr><td>大君·公主</td><td>30</td><td>1,170</td><td>五·六品</td><td>8</td><td>312</td></tr>
<tr><td>王子君·翁主</td><td>25</td><td>975</td><td rowspan="2">七品以下 有蔭子孫</td><td rowspan="2">4</td><td rowspan="2">156</td></tr>
<tr><td>一·二品</td><td>15</td><td>585</td></tr>
<tr><td>三·四品</td><td>10</td><td>390</td><td>庶人</td><td>2</td><td>78</td></tr>
</table>

표 2. 『經國大典』

위의 내용을 살펴본 결과 신분에 따라 대군, 공주집의 집터가 1,179평이나 되어 대단히 큰 저택을 짓고 생활하였음을 알 수 있는데 이러한 법이 제정된 이후에도 특수층에서는 법에서 정한 집터보다 더 큰 집터를 이룸으로써 논란이 되었던 사례들을 기록에서 살펴볼 수 있다.[9]

9 朱南哲(1980), 『韓國住宅建築』, 一志社, pp. 51~53

(3) 間數 **제한**

칸수의 제한은 세종 13년(1431) 정월, 주택의 실질적인 규모를 규제하는 칸수의 제한을 정하였고, 그 후 이 규제가 『경국대전』과 『대전회통』에 등재되어 조선왕조 500년간 이어져 왔다. 칸수를 계급별로 제정하였으나, 특수층의 위반하는 사례가 빈번하였다. 특히 기둥과 기둥 사이의 거리가 일정하게 정해지지 않아서 칸수제한만으로는 규제가 어려워 세종 22년(1440)에 보와 도리, 기둥 높이 등의 부재척수를 제정하게 되었다. 이처럼 간각척수(間閣尺數)의 제한을 하였음에도 계속적인 위반 사례가 생겨 결국 민간에서는 99칸까지 집을 지을 수 있고, 100칸 이상은 궁궐에 한한다는 비공식적인 규범이 생기게 되었다.[10]

세종 22년 (1440년)	세종실록	60間內 樓10間 正寢 翼廊 梁長 10尺 行長 11尺 退柱 13尺其 餘間閣 梁長 9尺 行長 10尺 柱高 12尺 樓高 18尺	50間內 樓 10간 尺數 大君과 同	40間內 樓 6間 正寢 翼廊 梁長 9척 行長 10尺 柱高 12尺 其餘間閣 梁長 8尺 行長 9尺 柱高 7尺5寸 樓高 13尺	30間內 樓 5間 尺數 二品以上 과 동	10間內 樓 5間 間閣 梁長 7尺 行長 8尺 柱高 7尺 樓高 12尺	使用尺 = 造營尺
세종 31년 (1449년)	세종실록	60間內 樓 10間 正寢, 翼廊 西廳, 內樓 內庫, 間長 11尺 間廣 18尺 退柱 11尺 斜廊 長 10尺 廣 9尺5寸 柱 9尺 行廊 長 9尺5寸 廣 10尺 柱 9尺	50間內 樓 8間 正寢, 翼廊 西廳, 內樓 內庫, 間長 10尺 間廣 17尺 退柱 10 尺 斜廊 長 9尺 廣 8尺5寸 柱 8尺 行廊 長 9尺 廣 8尺5寸 柱 8尺5寸	40間 正寢, 翼廊 西廳, 內樓 內庫, 間長 9尺 間廣 16尺 退柱 9 尺 斜廊 長 8尺5寸 廣 8尺 柱 8尺 行廊 長 8尺5寸 廣 8尺 柱 8尺	60間內 樓 5間 間閣 尺數 二品과 同	10間內 樓 3間 每間 長 8尺 廣 7尺5寸 柱10尺5寸	

10 朱南哲, 앞의 책, pp. 55~56

예종 원년 (1469년)	경국대전	60間	50間	40間	30間	10間	母得用熟 石花栱草
성종 9년 (1478년)	성종실록	60間 正寢, 翼廊 西廳, 寢樓 12間 柱長 13尺 過梁長20尺 脊梁長15尺 樓柱高15尺 其餘間閣 柱 長 9尺 梁長 10尺 脊梁長 10尺	50間 正房, 翼廊 別室 9間 柱長 12尺 過梁長 19尺 脊梁長14尺 樓柱高13尺 其餘間閣 柱 長 9尺 梁長 9尺 脊梁長 10尺	40間 正房, 翼廊 6間 柱長 11尺 過梁長 18尺 脊梁長10尺 樓柱高 13尺 其餘間閣 柱 長 8尺 梁長 8尺 脊梁長 9尺	30間 尺數 二品以上 과 同	10間 樞柱長 11尺 其他間閣 柱 長 8尺 脊梁長 9尺	使用尺 = 造營尺
고종 2년 (1865년)	대전회통	60間	50間	40間	30間	10間	

표 3. 조선시대의 간수제한(間數制限)

(4) 장식(裝飾) 제한

주택에 단청을 금한 것은 세종 11년(1429)에 실시되었다. 세종실록 11년 정월 "공조(工曹)에 전지(傳旨), 지금부터 궁궐 외의 공사옥우(公私屋宇)에는 주칠(朱漆)을 물용(勿用)케 하라."하여 궁궐 이외에는 단청을 금하였으나, 문종 원년(1451)에는 관아와 사찰에는 주칠을 허용하였다. 경국대전에 기재된 것처럼 일반 사가(私家)에서는 단청을 하지 못하여 이른바 "백골집"이라는 말이 생겨났다.[11] 또 세종 13년 정월 화공(花栱), 초공(草栱)과 숙석(熟石)의 사용을 금하였는데, 화공과 초공은 공포를 이름이고 숙석은 잘 다듬은 돌이다.

조선시대의 주택건축은 공포를 쓰지 않아 이른바 "민도리집"으로서 지어졌었으나, 한양을 벗어난 지방의 호족들은 자신의 주택을 익공집으로 건립하였다. 잘 다듬은 돌인 숙석은 초석 이외에도 쓰지 못하게 하였는데, 이도 또한 잘 지켜지지 않아 기단과 계단에도 장대석들을 사용하였다.

11 朱南哲, 앞의 책, pp.55~57

(5) 기와와 방위 제한

조선시대의 주택에 관한 법적 규제는 위에서 본 가사와 가대에 대한 규제 외에도 한성 내의 모든 집을 기와집으로 하려 했던 것과 건물의 향을 왕궁과 같지 않게 잡는 풍습 등이 있었다. 어떻든 한성 내 민가를 모두 기와집으로 하기 위한 노력이 10년이나 계속되었다.

이러한 노력은 어느 정도 효과를 보아 성종 19년(1488) 중국의 사신으로 왔던 동월(董越)의 조선부(朝鮮賦)에는 당시의 도성의 모습을 '트인 길과 통한 거리는 바르고 곧아서 구부러짐이 없어, 잘라낸 듯한 처마에 우뚝 빛나는 집이다. 모든 집은 높은 담이 있어서 바람과 불을 막고, 방마다 북쪽 창을 뚫어 더위를 피한다. 그 밖은 모두 관에서 나누어주므로 빈부 때문에 제도를 바꿀 수 없고, 그 안은 곧 자기들이 얻은 것이므로 오로지 그 하고자 하는 바에 따라 꾸민다. 그 거리 양쪽은 모두 관청인데, 기와를 덮었다. 그것을 그곳에 사는 백성에게 나누어주었으므로, 그 바깥 모습만 보아서는 누가 가난하고 부자인지 분별할 수 없고, 안으로 들어가 그 방과 집을 보아야 비로소 같지 않은 면이 있음을 알 수 있다.'[12]고 기록되어 있다.

주택의 방위에 대해서는 명종조 때 이조판서(吏曹判書)를 지낸 이기(李暨)의 문집인 『송와잡설(松窩雜說)』 가운데 민가와 관아의 방위에 관해 대략 다음과 같은 기록이 있다. 즉 '왕궁의 법전(法殿)이 남향함은 정치를 다스리는 정위(正位)이기 때문이다. 따라서 정부의 추부(樞部) 육조(六曹) 제성(諸省)은 모두 광화문 밖 동쪽에 있는 것은 서향(西向)하고 서쪽에 있는 것은 동향(東向)하는 것 등이 아무렇게나 된 것이 아니다. 이에 따라 사대부의 사저도 감히 남향하지 않았으나 중종대 이후 이들의 예절이 문란해졌다.'는 것이다. 또 이와 비슷한 기록은 영종 때의 사람인 이익의 『성호

12 동월, 『朝鮮賦』, pp. 76~77

사설(星湖僿說)』에도 '청불남향(廳不南向)'이란 제목으로 고증적으로 기록되어 있다. 이러한 주택의 복와(覆瓦)계획이나 불남향(不南向) 등은 『경국대전』 등의 법전에는 보이지 않으므로 제도로서 존재한 것이 아니라 관습 또는 희망적 사항으로 수행된 일인 것으로 짐작된다.

(6) 숭유배불정책(崇儒排佛政策)[13]

조선은 개국과 더불어 태조 이래 유교를 정교(政敎)의 최고 원리로 숭봉한 결과 국민정신의 이상이 되고 조선숭배(祖先崇拜)가 민간신앙의 핵심이 되었다. 그리하여 조선시대 사회의 기본 단위는 개인이 아니라 가족으로, 그것도 가부장적(家父長的)인 가족으로 대가족제를 이루는 것이었다.[14]

가부장적인 대가족제도는 하나의 주택 속에서 여러 대가 모여 살게 되었고, 특히 대가(大家)에서는 3대, 혹은 4대에 이르는 여러 식구들이 거주하게 되었다. 따라서 주택건축은 큰사랑, 작은사랑, 안채, 아래채, 별당 등 여러 채(棟)의 건물들이 지어져 하나의 커다란 주택을 이루게 되었다.

한편 전국 방방곡곡에는 가족제도를 지연(地緣)으로 하는, 즉 동족일문(同族一門)이 집단촌락을 형성한 이른바 동족촌(同族村)이 형성되었다. 경상북도 월성군의 양동마을이 월성손씨(月城孫氏)와 여강이씨(麗姜李氏)의 동족마을이고, 하회마을은 풍산유씨(豊山李氏)의 동족마을이다. 주택에 있어 가부장제도는 가계의 계승자인 장자와 차남의 구별을 뚜렷하게 하여, 주택 내에 가부장의 큰사랑방과 장남의 작은사랑방으로 공간을 분화하게 되었다.

13 주남철, 『한국 건축사』, 고려대학교출판부, p.407에서 전제

14 李相伯(1962), 「韓國史-近代前期篇」, 震檀學會, p.324

조상숭배와 가부장적인 대가족제도 등의 기반이 된 숭유사상은 이미 고려 말 정몽주(鄭夢周)가 주자가례에 따라 가묘제(家廟制)를 도입한 이래, 조선시대 주택에 가묘(家廟, 祠堂)를 짓게 하였고, 서민계급에서는 재실(齋室)이나 마루에 감모여재도(感慕如在圖)와 같은 족자에 지방(紙榜)을 붙이고 제사를 받들게 하였다.

숭유억불정책은 남존여비사상과 엄격한 남녀구별의식을 가져와, 내외법(內外法)에 의한 공간 분화가 이루어졌다. 즉 안채와 사랑채의 구별, 안방과 사랑방의 구별, 내측(內厠)과 외측(外厠)의 구별 등, 같은 주택 안에서도 남녀의 공간을 따로 마련하였다. 또 남존여비사상은 여성들이 드나드는 대문은 평대문이고, 남성들이 드나드는 대문은 솟을대문으로 하는 등 건축물의 격식을 달리하게 하였다.

4. 음양오행사상과 풍수도참사상(風水圖讖思想)에 의한 터잡이[15]

조선의 개국과 더불어 한양으로 천도(遷都)를 하게 한 음양오행사상과 풍수도참사상은 주택건축에도 커다란 영향을 끼치게 되어, 동족촌의 입지선정, 집터(家垈)의 선정과 배치, 좌향(坐向)을 결정하는 결정적인 역할을 하였다.

예컨대 하회마을은 연화부수형(蓮花浮水形)의 형국에 자리 잡고 있고, 또 이 마을의 형국이 배가 떠가는 부주형(浮舟形)이라, 마을에 깊은 우물을 가급적 파지 않게 된 것이다. 또한 이 마을의 충효당(忠孝堂) 뒤뜰에는 큰 나무를 심지 않은 것도 풍수도참에 의한 것이다.

음양오행과 풍수도참에 근거한 양택론(陽宅論)에 따라, 주택의 안방, 부

15 천득염(1990), 『전남지방의 전통건축』, 김향문화재단, p.43

엌, 대문, 측간의 4개를 사주(四柱)로 하여 좌향과 평면을 결정함으로써 주택, 특히 양반주택들은 이른바 동사택(東四宅)과 서사택(西四宅)으로 짓게 되었다.[16]

한편 양반주택에서는 주택의 평면을 길상문자인 '口', '日', '月', '用' 등의 모양으로 하고, '工'자와 같이 만들고 부수는 등 그 의미가 지속적이지 못한 글자와, '尸'자와 같이 좋지 못한 의미의 글자 모양은 채택하지 않았는데, 이들 '工'자나 '尸'자를 금기로 한 것은 18세기 이후의 일이라 판단된다.[17]

사람들은 옛날부터 보다 살기 좋은 곳을 찾기 위한 노력을 게을리하지 않았다. 우선 살기 편하면서 건강하고 복 많이 받을 자리를 찾기 위한 노력을 넘어 이상향인 지상천국, 파라다이스를 꿈꾸기도 하였다.

이중환의 『택리지』에서는 '무릇 살 터를 잡는 데는 첫째, 지리가 좋아야 되고, 다음 생리(生理)가 좋아야 하며, 다음으로 인심이 좋아야 하고, 또 다음은 아름다운 산과 물이 있어야 한다. 이 네 가지에서 하나라도 모자라면 살기 좋은 땅이 아니다. 그런데 지리는 비록 좋아도 생리가 모자라면 오래 살 수가 없고, 생리는 좋더라도 지리가 나쁘면 이 또한 오래 살 곳이 못 된다. 지리와 생리가 함께 좋으나 인심이 나쁘면 반드시 후회할 일이 있게 되고, 가까운 곳에 소풍할 만한 산수가 없으면 정서를 화창하게 하지 못 한다.'고 했다.

한국의 전통건축은 주변의 자연환경과 너무나 잘 조화를 이룬다. 자연의 품에 안기는 것 같은 배치, 인간적인 척도로 이루어지는 적절한 크기, 노년기 산허리와 어울리는 지붕의 곡선, 자연 친화적인 재료의 사용 등 여러 가지 모습에서 나타나고 있다.

16 주남철(1980), 『韓國住宅建築』, 일지사, pp. 71~73

17 주남철(1999), 『한국의 전통민가』, 아르케, pp. 79~84

특히 풍수지리설은 우리 전통건축의 집터잡기에 있어서 신앙이라고 할 정도로 정신적 기준이 되었다. 어느 건축이든지 길지에 자리하기 마련인데 특히 사찰은 아름다운 경치를 지닌 곳에 자리하며 자연에 감싸여 포근하기 그지없고, 풍수의 선조격인 도선국사가 거의 모든 사찰의 터를 점지한 곳으로 인용될 만큼 절대적 권위를 지닌다.

풍수지리란 땅을 살아 있는 생명으로 생각하는 전통적 지리학이다. 즉 만물이 기(氣)로 이루어졌다고 보아 만물 중의 하나인 땅도 지기(地氣)로 이루어진 것으로 보는 이론이다. 또한 풍수지리란 음양론과 오행설을 기반으로 주역의 체계를 주요한 논리구조로 삼는 중국과 우리나라의 전통적인 지리과학으로, 길함을 쫓고 흉함을 피하는 것을 목적으로 삼는 지리기술학이다. 이것이 후세 효의 관념이나 샤머니즘과 결합되어 이기적인 속신으로 진전되기도 하였으나, 기본적으로는 일종의 토지관(土地觀)의 표출이라 할 수 있다.[18]

풍수지리는 인간이 일찍부터 자연 속에서 삶을 영위하기 위해 터득된 지혜에 근본을 두고 있다. 특히 농경을 시작한 후부터 작물의 재배와 성장에 관계되는 땅의 성격과 분포의 차이를 기의 차이로 이해하면서 풍수지리는 이론적 토대를 이루게 되었다. 여기에 춘추전국시대 이후 기의 변화와 동정을 음양으로 파악하는 음양가의 성장이 인간의 개별 경험적 수준에 머물던 기에 대한 인식을 학문의 차원으로까지 끌어올렸으며, 이후부터 풍수지리서가 제작되기 시작했다. 이들은 비·눈·바람 등의 기후현상, 토양, 수분, 지형, 생태계 내의 물질 순환 등 모든 자연현상을 기의 작용으로 파악했다.[19]

특히 우리나라에 있어는 서양의 지리학이 학문적 영역을 차지하기 이

18 최창조(1984), 『한국의 풍수사상』, 민음사, p.32

19 『브리태니커 세계 대백과사전 23』, 한국브리태니커 회사, 1994, p.646

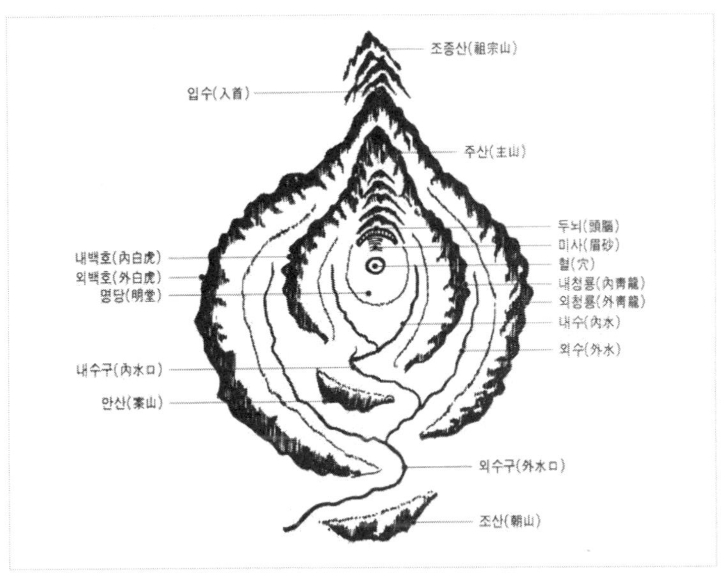

그림 2. 풍수지리의 이상적 국면(局面) 박기석(1999),
『한국의 문화유산』, (주)시공테크, p.40

전까지의 진정한 전통지리는 풍수지리였다. 19세기까지 실학자들의 지리관과 동학과 같은 개벽사상의 밑바탕이 되었으나, 일제에 의해 미신으로 격하되었고 외세에 의해 왜곡된 풍수지리가 제 모습을 찾기 전에 다시 서양의 지리에 의해 묻혔으며, 비과학적인 봉건시대의 속신으로 버려지게 되었다.

풍수에서 집을 양택이라 하고 묘를 음택이라고 한다. 집을 앉히는 방법은 자연환경으로서 좌위(坐位)와 향위(向位) 및 방위를 살펴보며, 인문환경으로서 다른 집과의 관계를 고려한다.

좌향은 건물이 등을 지고 앉은 배면의 좌(坐)와 바라보는 정면의 향(向)을 합해서 말하는 것으로 일반적으로는 일직선상에 놓이지만 반드시 그렇지는 않다. 왜냐하면 ㄱ자집인 경우 좌와 향을 따로 볼 수 있기 때문이다.

좌란 등 뒤에 기대는 것이므로 편안한 안정감을 요구한다. 뒷산은 위협을 주지 않는 나지막한 지형을 가장 좋은 것으로 여기며, 뒷산의 경사가 완만하면 집을 산자락에 바짝 붙이고, 급하면 산자락에서 떨어지게 한다.

앞으로 바라보는 향은 집안의 축이 무엇을 바라보고 있느냐 하는 것으로서, 마음의 중심선이며 보는 이의 심상을 좌우하는 중요한 조형적 요소라 할 것이다.[20] 방위는 단순히 해에 따라 결정되는 요소로서 햇볕이 잘 드는 곳에 자리 잡아야 되지만 그 반대로 해를 전혀 무시하고 등 뒤에 편안한 높이의 보호막이 형성되는 경우도 있다. 즉 일반적으로 지역을 나누어 방위를 살펴보면 내륙지방이나 해안지방에서는 좌향이 절대방향의 개념에서 동남, 동서향에 걸친, 즉 북향을 끼지 않는 방위를 볼 수 있으나 산간지방에서는 남향을 선호하는 일반적인 배치에 관계없이 심지어 북향 쪽에 가까운 방위도 발견된다.

이는 내륙지방이나 해안지방은 주택을 세울 마땅한 집터가 많음에 비하여, 산간지방은 취락의 입지조건상 많은 제약을 받고 있기 때문이다. 즉 전저후고(前低後高)의 지형을 찾아 등고선과 평행하는 지세에 일치하려는 의도였음을 볼 수 있고, 또한 전해 내려오는 배산임수(背山臨水)의 원칙에 입각하여 주택을 배치시켜 생활하기 편리한 좌향을 택한 것으로 보인다.[21]

대부분의 주거의 좌향은 자좌오향(子坐午向)으로 남북선상에 주축을 설정하고 남쪽을 향하여 배치되고 있다. 특히 풍수에서 말하는 좌청룡, 우백호, 남주작, 북현무라는 국(局)을 이루고 있다. 뒤편에는 높은 산이 맥을 이루며 좌우를 멀리 둘러싸고 좌측에 천(川)이 흐르고 우측에 길이 넓은 농토와 좁지 않은 수구(水口)가 있어야 좋은 위치로 하였다. 그러나 이

20 김홍식(1992), 『한국의 민가』, 한길사

21 천득염(1990), 『전남지방의 전통건축』, 김향문화재단. p.47

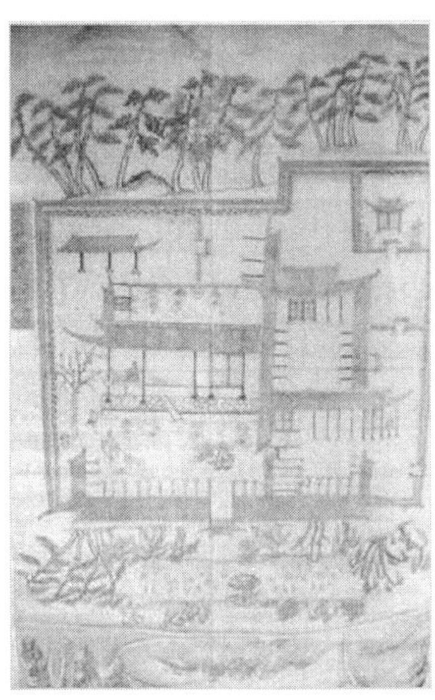

그림 3. 구례 운조루 오미동가도(雲鳥樓 五美洞家圖)

처럼 좋은 위치가 점지되지 않았을 때는 우선적으로 좌향에 관계없이 배산(背山)하고 임수(臨水)하도록 하여 산을 등지고 물이 있는 앞이 시원히 터진 곳을 골라 위치하였다.

전남지방의 반가(班家) 중에서 구례 운조루(雲鳥樓)는 그 집터가 금환락지(金環落地)라 하여 우리나라에서 유명한 명당자리로 불려져 오고 있다. 운조루는 토지면 오미리 명당에 자리잡고 있는 우리나라의 대표적인 양반가옥으로 1776년 무관 유이주(柳爾胄, 1726~1797)가 지은 가옥의 사랑채인데, 지금은 가옥 전체를 운조루라 부르고 있다. 운조루라는 택호는 '구름 속의 새처럼 숨어 사는 집'이라는 뜻과 '구름 위를 새가 사는 빼어난'이라는 뜻도 지니고 있다고 한다. 본래 중국의 도연명이 지은 귀거래사에서 따온 글귀로, '구름은 무심히 산골짜기에 피어 오르자 새들은 날개에 지쳐 동우리로 돌아오네'에서 첫머리인 '운'과 '조'를 따온 것이다.

한편 운조루 창건 과정에서는 운조루가 명당의 증거라는 증표가 나타나 사람들의 관심을 끌었다. 집터를 잡고 주춧돌을 세우기 위해 땅을 파는 도중 부엌 자리에서 어린아이의 머리 크기만한 돌거북이 출토됐다고 한다. 이는 운조루의 터가 비기에서 말하는 금구몰니(金龜沒泥)의 명당임을 입증하는 것이라 해석됐다.

명당 중의 명당에 터를 잡은 운조루에서는 아직까지 일반인들이 기대하고 생각하는 고관대작이나 입신양명한 걸출한 인물이 배출된 것은 아니지만 재산이 자손대에 이르면서 꾸준히 늘었고 자손들이 관직에 많이 진출한 점을 들어 명당의 효험이 발하고 있다는 주장도 있다.

운조루가 명탕터라 하여 손꼽히지만, 기실 눈여겨보아지는 것은 운조루의 건축구성이다. 운조루의 옛모습은 그 집안 대대로 전해오는 「전라구례오미동가도(全羅求禮五美洞家圖)」에서 살펴볼 수 있다. 이 그림은 조선시대 대표적인 가도로서 원근을 나타내는 투시도적인 방법을 쓰지 않는 평면도와 같은 2차원적인 그림으로 당시 건축의 모습을 여실히 볼 수 있다. 사랑채와 행랑채, 중문간채와 안채, 사당 등이 갖추어진 양반집임을 알 수 있다. 흔히 99칸집이라고 부르는 운조루의 가옥구조는 전라남도에서는 예외적으로 안채는 ㅁ자형이고 사랑채와 중문간채 등이 몸채에 연결되어 전체적인 모습은 마치 바람개비처럼 되어 있다.

또한 이곳에는 금환락지의 형국과 관련한 설화적인 얘기가 있다. 그 하나는 한반도를 절세의 미인으로 보고 이곳 구례 땅은 그 미녀가 무릎을 끓고 앉으려는 자세에서 왕음에 해당하는 곳으로 미녀가 성행위 하기 직전 금가락지를 풀어놓았는데 그 곳이 바로 운조루가 자리한 곳이라는 것이다. 금가락지를 뺄 때는 성행위를 할 때이거나, 출산할 때로 곧 생산행위를 상징하므로 이곳이 풍요와 부귀영화가 샘물처럼 마르지 않는 땅이라는 것이다. 현재 토지면은 원래 금가락지를 토했다고 토지면이었는데 모두 이 풍수에서 유래된 것이라고 한다. 또 다른 이야기는 지리산의 선녀가 노고단에서 섬진강에 엎드려 머리를 감으려다 금가락지 또는 비녀도 함께 떨어뜨렸다고 금환낙지라 표현하기도 한다. 금환낙지는 5가지가 아름답다 하여 붙여진 별칭인데 안산이 기묘하고, 사방의 산들이 5별자리가 되어 길하고, 물과 샘이 풍부하며, 풍토가 윤택하여 어떤 이는 쌍학지지라 하기도 한다.

이상의 예에서와 같이 풍수지리에서 말하는 최고의 집터는 집을 등지고 멀리 뒤로는 높은 산이 있고 그 아래에 구릉지가 있으면서 그 다음 아래에 집이 자리하여야 하고 집의 좌우로는 낮은 산과 물이 흐르고 앞은 트여 있는 곳이라 한다.

너무 기복적인 풀이이기도 하겠지만 좋은 집터는 천지자연의 기운을 많이 받는 곳이고 흉한 집터는 음습한 기운이 모이는 곳이다. 좋은 집터를 잘 고르고 건물을 적절히 배치한 집에 살면 건강하게 장수하며 부자가 될 수 있지만 흉한 집터에다 배치까지 잘못한 집에 살면 건강을 해치는 것은 물론 가난에서 헤어나기 어렵다고 한다.

일반적으로 터를 잡아 집을 지을 때 남향에 동쪽 대문이 가장 좋다고 한다. 그 이유는 해가 동쪽에서 뜨고 남쪽에서 높이 솟아오르므로 빛의 정기를 많이 받을 수 있기 때문이다. 또 동쪽에서 만물이 시생하여 남쪽에서 무성하게 자라나므로 항상 집안에 생기가 가득하게 된다. 그러나 집의 방위를 잡을 때 주의해야 할 점은 주변 환경에 따라서 방위가 달라지기 때문에 남향만을 고집할 필요가 없다. 비록 남향집이라 해도 집 앞에 큰 건물이나 산이 가로막고 있으면 오히려 생기를 잃게 되므로 주변 환경에 맞추어 다른 방위를 선택해야 한다. 남향보다 오히려 산을 등지고 물을 바라보는 집이 더 좋은 집이라 할 수 있는데 그 이유는 낮에 물에서 기운이 일어나 집 안으로 들어와서 산을 타고 오르며 밤에는 산의 정기가 아래로 흘러 집 안으로 들어와서 머무르다 강으로 내려가기 때문이다. 이렇게 산을 등지고 물을 바라보되 집을 남쪽으로 향하게 지을 수 있는 터라면 최상의 집터라 할 수 있다. 그러나 지형을 살펴서 남쪽은 지대가 높고 북쪽으로 비탈져 있으면 반드시 집은 남쪽을 등지고 북쪽으로 향하도록 지어야 한다. 다시 말해서 지대가 높은 곳을 등지고 낮은 곳을 향해야 한다는 것이다. 이러한 배치방식은 산이 없는 곳이라 해도 그대로 적용된다. 뿐만 아니라 집은 항상 지대가 높은 곳에 지어야지 낮은 곳에 지으면 음습한 기운이 모여들어서 건강에도 해롭고 나쁜 기운이 몸에 배어 들어 사업을 해도 되는 일이 없다.

이상의 내용은 산과 가까이 있을 때 적용시켜야 할 집터 잡기와 방위다. 그러면 평지에서는 어떤 곳이 좋은 터이고 방위는 어떻게 해야 할까? 평지에서 집터를 구할 때 첫째, 제일 먼저 눈여겨봐야 할 것은 도로이다. 도로는 사람들이 오고가고 자동차가 내달리는 곳으로 사람과 자동차가 움직이는 방향으로 기운이 작용한다. 그러므로 오고가는 사람과 자동차가 기운을 빼앗아 가기 때문에 가능한 한 사람과 차가 많이 다니는 대로변을 피해 한 블럭쯤 도로에서 떨어져 있는 곳을 택하는 것이 좋다. 그러나 여건이 허락하지 않아 대로변에 집을 지어야 할 경우에는 대로변 쪽으로 난 창문을 작게 하고 대문을 골목 안에 둠으로써 집안의 기운이 밖으로 새나가지 않도록 해야 한다. 만약 정원을 둘 수 있는 공간이 있다면 정원을 도로변 쪽으로 배치하고 그 안쪽으로 집을 지으면 기운을 빼앗기지 않는다.

둘째, 도로의 생김새를 유심히 살펴봐야 한다. 도로의 생김새가 타원형으로 구부러져 있을 경우 구부러진 도로의 안쪽에 집이 있어야지 바깥쪽으로 있으면 역시 집안의 기운을 빼앗기게 되므로 대단히 흉하다.

셋째, 도로가 집이나 건물의 삼면 혹은 사방으로 에워싸고 있으면 기운이 모두 흩어져 나가므로 대단히 흉하다.

넷째, 도로가 집을 가운데 두고 앞뒤로 나 있을 경우 반드시 대문을 한쪽으로만 내야 한다. 양쪽으로 대문을 내면 집안의 기운이 양 옆으로 흩어져서 재물이 모이지 않는다.

다섯째, 골목이 꺾여져 각이 진 곳은 안쪽으로는 기운이 모여들고 바깥쪽으로는 기운이 흩어지는 성질이 있어 안쪽은 길하고 바깥쪽은 불길하다.

여섯째, 도심에 위치한 집일 경우, 집 앞에 큰 건물이 가로막고 있거나 건물의 모서리에 집이 위치하고 있으면 흉하다. 집 앞을 큰 건물이 가로막고 있으면 빛을 받아들이기 어렵고 또 큰 것은 작은 것의 기운을 빼앗아 가므로 자연히 집안이 생기를 잃게 되는 것이다. 건물 모서리에 집이 있을 경우 모서리에서 칼날처럼 움직이는 기운이 집안으로 회오리쳐 들어오기 때문에 건강에도 해롭고 불의의 사고를 당할 수도 있다.

일곱째, 골목이 길고 막다른 곳에 집이 있으면 바람이 골목을 타고 집안으로 들어오고 바람이 회오리를 일으켜 집안의 기운을 허공으로 휩쓸고 가므로 대단히 흉하다. 그러나 골목의 길이가 10m 이내라면 오히려 좋은 기운이 집안으로 들어와서 길하다.

여덟째, 집 주변에 낡은 건물, 물웅덩이, 쓰레기더미 등 불결한 것들이 없어야 길하다. 주변에 이렇게 지저분한 것들이 있으면 삿된 기운이 집안으로 모여들어서 건강을 해치고 운명도 불길해진다. 즉 사기가 몸에 배어들기 때문에 하는 일마다 뜻을 이룰 수 없는 것이다.

아홉째, 집터는 앞쪽보다 뒤쪽이 지대가 높아야 한다. 경사가 완만한 경우에는 비가 왔을 때 빗물이 앞마당 쪽으로 흘러가야지 집 뒤로 흘러가면 안 된다.

『황제택경』이라는 작자 미상의 책이 있다. 이는 양택풍수에 대해 체계적인 저술을 시도한 최초의 풍수서적이다. 이 책에서는 인간과 주택과의 풍수적 관계를 다음과 같이 표현하고 있다.

'땅이 좋으면 싹이 무성하게 번창하고, 집이 길상이면 사람이 영화를 누린다.'

이는 풍수지리의 핵심 이론인 동기감응론을 그대로 표현한 것이라고 하는데, 즉 주변의 기와 나의 기가 서로 감응을 하는데 주변의 기가 좋으면 내가 좋게 되고, 우리의 기가 나쁘면 내가 나쁘게 된다는 논리이다.

이러한 풍수적 사고를 현대를 사는 우리는 어떻게 이해하고 받아들여야 할까? 미신이라고 보기에는 무언가 자연과학적인 논리가 내재되어 있는 것 같고, 집자리를 잘 써서 발복을 일방적으로 기원하는 기복적인 행태를 보면 너무 비과학적인 것 같다. 아무튼 땅 위에 건립되는 건축은 땅의 논리를 당연히 포괄적으로 이해하여야 할 것이며 그런 인식의 바탕 위에 건축적 명제인 집자리의 선택이 이루어질 것이다.

5. 유교문화와 상류주택의 공간구성 : 결어

상류주택은 사대부(양반계급)가 건립했던 주택을 말하며 지금은 당연히 그들의 후손이 거주하거나 혹은 그러한 주택을 구입 거주하고 있는 집들이다. 조선시대 왕족의 주택도 당연히 상류주택에 포함된다. 상류계층으로서 양반주택의 특성은 우선 강한 폐쇄성을 들 수 있다. 반상의 구별이 엄격한 사회에서 양반으로서의 권위를 지키기 위해서는 가족의 일상생활이 밖으로 노출되는 것을 꺼려했기 때문에 폐쇄적인 형태가 필요했을 것으로 생각된다. 따라서 주택 내의 건물과 공간들이 높은 담장이나 건물 자체로 철저하게 가려지는 경우가 많고 솟을대문이나 화려한 담장을 사용하여 그들의 권위를 표현하려 하였다.

상류주택에 영향을 끼친 요소들은 크게 정치적 요소, 가족구조 및 제도, 지리 그리고 사회신분제도로 대분되며 이는 구체적으로는 조상숭배정신, 대가족제도, 남녀유별, 충효사상, 풍수사상, 신분과 나이에 따른 상하 구분 등 다양한 형태로 나타난다. 상류주택은 특히 신분과 나이에 의한 상하구별, 남녀의 유별, 조상숭배정신과 같은 유교적 예제에 의해

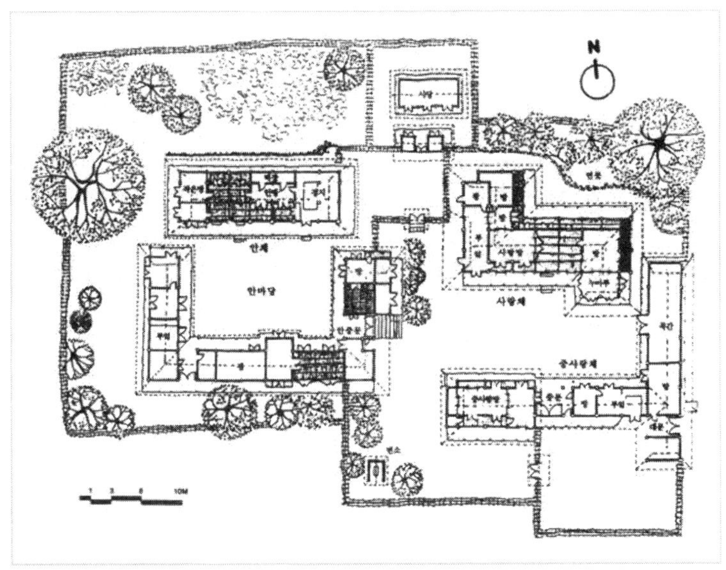

그림 4. 밀양 손씨 고가(상류주택)

서 공간이 사랑채를 중심으로 한 가장생활권과 안채를 중심으로 한 주부생활권, 행랑채를 중심으로 한 하인들의 생활권 그리고 사당을 중심으로 한 조상숭배공간으로 대분된다.

남녀유별의 유훈은 유교의 다른 어떤 덕목보다도 우리네 상류가옥 건물배치에 큰 영향을 미쳤다. 부부일지라도 남녀는 각기 다른 공간에서 생활하였으며 이를 위해서 한 집은 사랑채를 중심으로 한 남자의 공간과 안채를 중심으로 한 여성의 공간으로 분할되었다. 사랑채와 안채 사이에는 담을 치고 문을 달았으며 이 문이 닫히면 두 세계는 완전히 차단되었던 것이다. 사랑채는 가장이 기거하며 손님을 맞는 곳으로 가장 화려하고 권위 있게 표현되었다. 사랑채 앞에는 잘 가꾸어진 나무나 연못을 두어 인격을 닦는데 도움이 되게 하였고 사랑채 안에 다락집으로 만든 누마루를 두어 풍류를 즐기기도 하였다.

여자들의 생활공간으로 사용되는 안채는 대문에서 가장 먼 쪽으로 자

그림 5. 운조루 사당

그림 6. 윤고산댁 입구

리 잡아 외부사람이 쉽게 접근하지 못하도록 막았는데 일반적으로 ㄷ자 모양이나 ㅁ자 모양으로 하여 폐쇄적인 형태를 갖추게 된다.

또 서울의 상류주택 배치는 이러한 제약 없이 넓은 터에 자유롭게 배치를 선정할 수 있었기 때문에 대개의 경우 풍수지리설에서 말하는 길지에 건축하게 되며 나지막한 산을 뒤로 할 때가 많다. 서울의 상류주택은 사랑채와 안채가 독립된 별채로 건축되는 것이 보편적이고 지방의 상류주택은 대부분 사랑채와 안채가 부속채로서 서로 연속된 한 채로 건축된다. 이 이유는 서울은 중앙 행정의 중심지로서 양반계급의 정치의 중심이 되었고 또 궁궐의 외전과 내전의 성격을 가장 민감하게 체득할 수 있었기 때문으로 생각된다.

경제력이 있는 양반계층에서는 집안에 여러 명의 하인을 거느리고 살았는데 이들의 거처는 대부분 대문 근처에 두고 담장과 문으로 막아 주의 생활공간인 안채나 사랑채와 철저하게 격리하였다. 따라서 주거의 전면에는 대부분 담장 대신 대문채라는 건물로 둘러싸이게 되는데 중앙에 대문을 두고 하인들의 살림방이나 창고 등으로 구성하여 행랑채라고 부르기도 하였다. 행랑마당은 하인들의 작업공간이 될 수 있도록 넓게 만들어졌다.

상류주택과 중류주택의 차이는 일반적으로 주택의 대지가 더 넓어지고 건물의 규모가 크고 좋은 목재를 사용하며 가공수법도 더 정교하게 만들어지는 경향이 있다. 그러나 이러한 사실은 서민주택과 중류주택과의 차이에서도 볼 수 있는 것이며 결코 중류주택과 상류주택과의 사이에서 나타나는 결정적인 요소가 되지 못한다.

조선시대의 양반주거 특히 종가집에서는 반드시 사당인 가묘(家廟)를 만들었다. 양반주택에서 사당은 조상의 위패를 모시는 신성한 장소로서 외부인이 쉽게 접근하지 못하도록 입구에서 가장 먼 쪽으로 배치되었고 담장과 대문을 설치하였다. 가묘는 예제에 따라 안채보다 뒤쪽, 엄밀하게 말하면 동북쪽에 위치하고 있는 경우가 대부분이다.

상류주택에서는 조상을 받들기 위한 공간으로 사당 외에 가빈방(가빈방(家賓房)은 전라도지방, 경상도에서는 여막방(廬幕房))이라고 하는 공간을 따로 마련하였다. 이 방은 육친이 사망했을 때 시신이 담긴 관을 서너 달 동안 모셔두는 공간으로 후손들은 평시와 다름없이 조석상식을 차리며 부모의 죽음을 슬퍼하는 것이 관례였다.

이상과 같이 조선시대 양반의 주택은 유교의 가르침에 따른 엄격한 위계적이고 의례적인 생활로부터 계획된 것이다. 또한 경제력이 풍부했기 때문에 권위를 표현하기 위한 큰 규모와 장식성을 가질 수 있었으며 서민의 주거처럼 지역적 환경에 경제적으로 적응할 필요는 없었을 것이다.

4장 한국 건축미의 원천

이왕기

흙을 빚어 그릇을 만드는데 가운데 아무것도 아닌 것(비어있는 것) 때문에 그릇의 쓸모가 생겨나게 된다.

실(室)에 문과 창을 뚫어 방을 만들면 아무것도 아닌 것(비어 있는 것) 때문에 室이 쓸모 있게 된다.

그런고로 있다는 것(有)은 이로운 것이며, 없다는 것(無)은 쓸모가 있다는 것이다.

〈노자『도덕경』제11장〉

埏埴以爲 當其無有器之用
鑿戶牖以爲室 當其無有室之用
故有之以爲利 無之以爲用

〈老子 道德經 十一章〉

1. 우리에게 한옥은 무엇인가?

아득한 옛날부터 인간은 집을 짓고 살아왔다. 집의 역사는 인간의 역사와 함께 하고 있다. 인간의 역사는 선조의 역사이고, 바로 나의 역사다. 지나온 역사적 사실들은 알게 됨으로서 우리의 정신세계가 풍족해질 수 있는 것이다. '역사는 과거의 사실을 넣어두는 창고가 아니다.' 역사는 살아서 움직이는 생물체이다. 그런데 우리는 우리의 역사를 알아서 무엇 하는가? 집의 역사를 알아서 무엇 하는가? 역사적 사실을 안다는 것은 현재 나의 존재를 좀 더 명확히 알려는 것이다. 흔히 건축은 '시대의 거울'이라고 한다. 이 말은 건축이 그 시대상이 가장 잘 표현되어 있기 때문이다. 역으로 표현하자면 건축을 통하여 지난 시대의 기술문화를 비롯하여 생활문화, 사상, 기후에 대한 적응성, 나아가 자연을 이용하는 방법까지도 알 수 있다.

2. 한·중·일 건축 비교를 통해 본 한옥의 미

1) 인간척도(尺度)와 건축규모

건축에서 척도는 매우 중요하다. 건축의 척도는 그 어느 것이나 인간이 활용하는 것을 전제로 만들어진다. 그러므로 건축의 조영행위는 인간척도(Human Scale)를 기준으로 이루어지게 된다. 그 척도가 인간이 활용할 수 있는 척도를 지나치게 넘어서거나 축소되면 경이롭다고 한다. 인류 역사에서 인간이 만든 구조물 중에는 이처럼 경이로움을 자아내는 사례를 많이 보아왔다. 그중에는 오랜 시간을 잘 견디면서 현재도 존재하는 것이 있지만 기록만 남아 있고 존재하지 않은 사례도 있다. 뿐만 아니라 기록도 없고 존재하지도 않고 오직 구전만 남아있는 경우도 있다.

인류 역사 중 국가를 형성한 역사는 매우 짧다. 국가의 형태가 만들어지기 전에도 인류 집단은 가끔 경이로운 시설물을 만들기도 했다. 엄청나게 큰 고인돌이나 스톤헨지 같은 시설물의 사례에서 잘 볼 수 있다. 그 후 인류가 체계적인 조직사회를 갖추어 가면서 점차 기술이 발전하게 되고 그 기술은 지배계층의 상상과 꿈을 실현시켜가는 도구로 사용되었던 것이다. 특히 조직이 거대한 국가, 인구밀집도가 높은 국가, 지리적으로 교류(문화 또는 전쟁)가 빈번하게 이루어지는 지역에서는 기술의 발전 속도가 매우 빠르게 나타나고 있다. 이 중에서 특히 집단의 조직이 거대하고 교류가 빈번한 지역의 기술이 앞서가고 있는 것을 알 수 있다. 이러한 특징은 지구의 어느 곳이나 공통된 특징이라 할 수 있다.

건축물의 규모를 결정하는 것은 기본적으로 인간척도이지만 그렇다고 반드시 인간이 사용하기에 적당한 건축물이 되어야 한다는 원칙이 있는 것은 아니다. 어떤 경우에는 단순히 보여주기 위하여 거대한 시설물을 만들기도 하고, 어떤 경우에는 건축주 자신의 권력을 과시하려는 시설물로 만들기도 한다. 그것을 만드는 주체는 개인일 수도 있고 집단일 수도 있다. 그러한 시설물 중에는 지금까지 잘 남아서 영원히 보존하고 싶은 인류의 문화유산으로 인정받기도 한다.

오랫동안 한곳에서 집단생활을 해 온 종족들은 그곳의 풍토와 기후, 그들의 집단사고(思考)에 의존하여 살아갈 집을 만들고 자신의 집단을 보호하기 위해 다양한 구조물과 시설물을 만들었다. 그 집단이 만든 집과 구조물은 그들이 살아오면서 형성된 집단사고의 결과물이다. 같은 용도의 시설물이라도 그것의 형태가 지역마다 다른 것은 그 집단이 지니고 있는 기술수준과 사고 그리고 그들이 처해 있는 풍토가 만들어낸 것이다. 집단사고가 유사해도 지역이 다르면 건축형태가 다르다. 같은 지역이라도 집단사고가 다르면 건축형태 또한 다르게 나타난다.

역사적으로 동아시아 3국은 문화적으로 유교, 불교, 도교 등 동양적 사고를 바탕으로 문화교류를 해오면서 집단의 사고를 형성하게 되었다. 아마 이러한 이유로 목조를 기본으로 유사한 건축구조와 형태를 지니게 되었던 것이 가장 큰 이유일 것이다. 그러나 같은 문화권이라도 건축에 대한 생각은 지역마다 서로 달랐던 것은 분명하게 인지하게 된다. 특히 건축에서 인간 척도를 어떻게 적용하고 있고 건축규모와의 관계는 어떻게 설정하였는지 비교해 보자.

(1) 대륙적 풍토가 만든 초인간척도의 중국 건축

그림 1. 중국에서 가장 큰 목조건축물. 기단까지 높이가 37m이다.

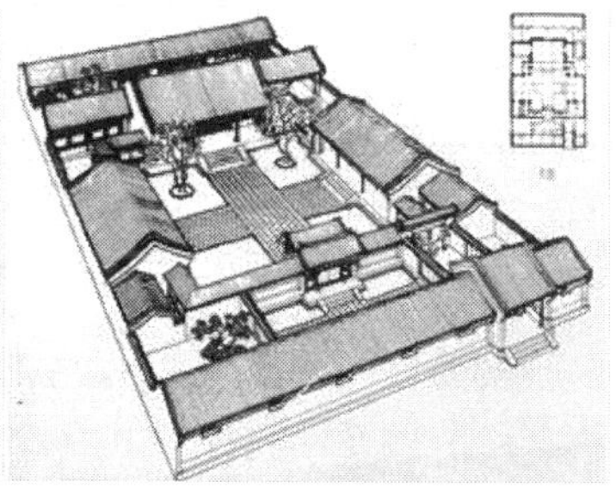

그림 2. 중국 주택의 기본 단위인 사합원

드넓은 평원에 살아왔던 중국은 큰 것을 좋아한다. 넓은 평원에 건물을 지으려면 커야 잘 보인다. 그래서 중국인들은 인간척도를 벗어나는 규모로 만드는 사례가 많다. 대륙적 기질이 작용하였을 것으로 보인다. 예를 들면 당나라 대명궁(大明宮) 함원전(含元殿)터를 발굴했는데 기단 높이만 10m이다. 지금 남아 있는 자금성 궁전의 정전인 태화전은 정면 60m, 측면 33m, 높이는 35m이다. 기단까지 합하면 높이가 무려 37m로 아파트 12층 높이가 된다.[그림 1] 곡부의 공자묘 대성전은 정면 54m, 측면 34m에 높이는 본체만 24.3m 기단까지 합치면 무려 32m나 된다. 이것도 아파트 11층 높이가 된다.

중국인들은 자존심이 강하다고 한다. 남과 비교해서 작으면 불쾌한 생각이 든다. 무엇이든 '천하제일'이어야 한다고 생각하는 사람들이다. 중국의 주택은 기본적으로 4동을 배치한다. 즉 가운데 마당을 두고 사방에 하나씩 건물을 세우는데 흔히 사합원(四合院)이라고 한다. 이 사합원이 주거의 기본 단위이다.[그림 2] 중국인들은 작은 것에 대한 불만족이 있는 것 같다. 그래서 큰 것이 좋고, 아름답다고 생각한 것이 아닐까?

(2) 거대지향과 축소지향적 척도가 혼재된 일본 건축

그림 3. 일본의 전통주택
(왼쪽의 작은 집이 다실이다.
두 사람이 앉으면 꽉 찬다.)

그림 4. 동대사 대불전.
세계 최대 목조건축물이기도 하다.
(건물 높이 47.5m)

일본은 두 가지 측면이 공존하고 있다. 즉 엄청나게 큰 것과 엄청나게 작은 것이 일본의 건축에 있다는 것이다. 대체적으로 일본인들은 작은 것을 좋아한다. 작은 전자제품을 만들어 한때 세계시장을 주름잡던 시기가 있었다. 일본 친구집을 가보면 정말로 작다. 살 만한데도 집은 작다. 일본의 국민성이라고 한다. 축소된 물건 안에 세상의 모든 것을 축약하여 담는다. 그렇게 작은 것이지만 인간이 세상을 느낄 수 있다고 생각하는 것이다. 인간이 생활할 수 있는 집 중에서 화장실 빼고 가장 작은 집은 이 세상에 아마 일본 다실일 것이다. 딱 두 사람이 앉고 가운데 아주 작은 찻상만 놓으면 꽉 찬다.[그림 3] 일본에는 아주 작은 집 중에서 뱃사공의 집도 있다. 이 집은 그저 문 두 폭 크기이다. 이곳에서 거주를 한다.

이런 습성을 지닌 일본인이다. 그러니까 다른 나라에 없는 캡슐호텔이 망하지 않고 영업을 할 수 있지 않을까?

이런 선입견으로 일본을 보면 오해다. 일본에는 세계 최대의 목조건축이 있다. 나라(奈良)의 동대사 대불전이다. 건물 높이만 47.5m나 된다. [그림 4] 화재로 다시 짓기 전에는 크기가 이보다 2배나 되었다고 하니 그야말로 엄청나다. 그런데 작은 것을 좋아 하는 일본사람들이 왜 이렇게 큰 건물을 지었을까? 작은 것을 좋아한다는 일본과는 거리가 멀다.

일본사람 개인은 '일본'이라는 커다란 기계의 부품과도 같은 존재다. 일본이라는 잘 사는 나라에 비해 일본사람은 잘 사는 것 같지 않다. 철저히 개인은 국가를 위해 희생을 해야 하는 것으로 생각하고 있다. 봉건사회에서 무사계급이 오랫동안 지배하면서 만들어진 국민성이 아닐까 생각된다. 동대사 대불전과 같은 거대한 건축물이 만들어질 수 있었던 것은 일본인이 만든 사회조직의 결정체이며, 아주 작은 다실과 공존하고 있는 나라가 또한 일본이다.

(3) 거대도 왜소도 없는 인본주의 한국 건축

그림 5. 경복궁 근정전

한국에는 거대한 건물도, 아주 작은 다실도 없다. 한국에서 가장 큰 건물이라야 경복궁 근정전이나 경회루 정도일 것이다. [그림 5] 이 건물을 보고 크다고 감탄을 하지는 않는다. 그렇다면 한국에는 왜 중국이나 일본처럼 거대한 건물이 없을까? 일본처럼 다실이나 뱃사공의 집 같은 작은 것이 없을까?

한국사람이 거주하는 가장 작은 집은 아마 초가삼간일 것이다. 최소한 안방, 사랑방, 부엌이 있어야 되기 때문에 아무리 작은 집이라도 3칸

정도는 되어야 한다고 생각했다. 한국 사람들은 지독히 현실적이다. 아무리 큰 살림집을 지어도 중국의 큰 살람집이나 일본의 큰 살림집에는 비할 바가 못된다. 집을 만들되 남에게 과시하려는 거대한 건축도, 살기 불편한 작은 집도 만들지 않는다. 그 근저에는 인간에 대한 애정이 있지 않았을까? 인간에 대한 애정을 건축적으로 표현하면 '인간척도'가 아닐까? 거대(巨大)건축도, 왜소(倭小)건축도 아닌, 인본주의(人本主義) 건축이다.

2) 배치 구조와 기법

같은 건축물을 어떻게 배치하느냐에 따라 느끼는 공간감과 의미가 달라진다. 건축물은 바닥, 벽, 지붕으로 한정된 공간을 에워싸 만들어진다. 건축물은 하나의 덩어리로 보이지만 그 내부가 비어있기 때문에 쓸모가 있는 것이다. 덩어리가 만들어 내는 모양에 따라 보기 좋거나 아니거나 평가된다. 고대 동아시아 건축물은 구조적 한계로 인해 여러 개의 작은 건축물로 커다란 군체(群體)를 형성함으로써 건축의 목적을 효율적으로 달성하게 된다.

주택에서부터 사원, 궁궐, 도시는 크고 작은 여러 개의 건축물로 조합되어 군체를 형성하는데, 군체를 조성하는 방법, 즉 배치방법은 건축의 용도에 따라, 시대에 따라, 지역에 따라 다르게 표현된다. 목조건축물이 주류를 이루고 있는 유교문화권의 동양 삼국 건축에서도 건축물의 배치 방법은 다르게 표현되고 있다.

(1) 가능한 한 대칭의 중국 건축

중국의 건축은 가능하면 중심축선을 두고 좌우대칭적으로 배치하는 것을 좋아한다. 한국이나 일본 건축과 비교해 보면 중국은 대칭적 배치를 선호하고 있다. 작게는 주택에서부터 도시에 이르기까지 그 안에 포

함된 대부분 건축배치가 이러한 특징을 지니고 있다.[그림 6]

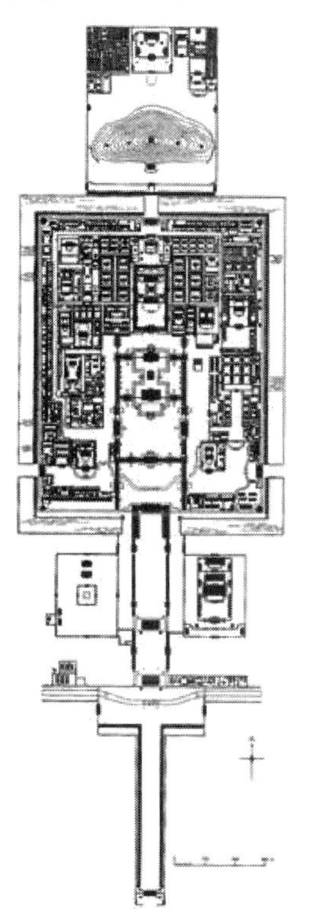

그림 6. 중국 북경성 중심부 자금성구역

건축물의 대칭적 배치가 인간에게 주는 감성은 엄격함, 단순함, 규칙성, 권위적, 남성적이다. 가장 중국적인 주택이라면 사합원주택을 들 수 있다. 사합원 주택은 가운데 마당을 두고 동서남북 사방으로 건물을 배치하는 형식인데 북경지방을 비롯하여 강남, 호남, 호북 등 한족들이 짓고 사는 전형적인 주택이다. 사합원 주택의 특징은 엄격하게 좌우대칭으로 배치하는 것이다. 가족이 늘어나서 집을 키워야 할 경우 분가시키지 않고 전후 또는 좌우로 똑같은 형태의 사합원을 반복적으로 늘려가는 방식으로 배치를 하기 때문에 주택이 커져도 대칭적 배치를 유지할 수가 있다. 사찰, 도관, 공자묘 역시 가능한 좌우대칭적인 배치로 만든다. 뿐만 아니라 궁궐, 도시까지도 이러한 대칭적 배치원칙을 유지하려고 한다.[그림 7]

그림 7. 중국 복건성
객가족의 공동 주택인 토루

중국인들의 심성 중에는 자기를 중심으로 생각하는 특징이 있다.

세상의 모든 이치는 중국을 가운데 두고 논리가 전개되어야 직성이 풀리는 사람들이다. 오죽하면 나라 이름이 '中國'이 아닌가. 드러내 놓고 표현은 않지만 마음속 깊은 곳에는 자신이 세상의 중심이라는 사고가 잠재되어 있다. 여기서 파생된 사고 중 하나가 중국문화에 대한 우월감이다. 이러한 잠재적인 사유체계가 주택을 만드는 일에서 도시에 이르기까지 대칭적 배치로 나타난 것이 아닌가 생각한다.

(2) 가능한 한 비대칭의 일본 건축

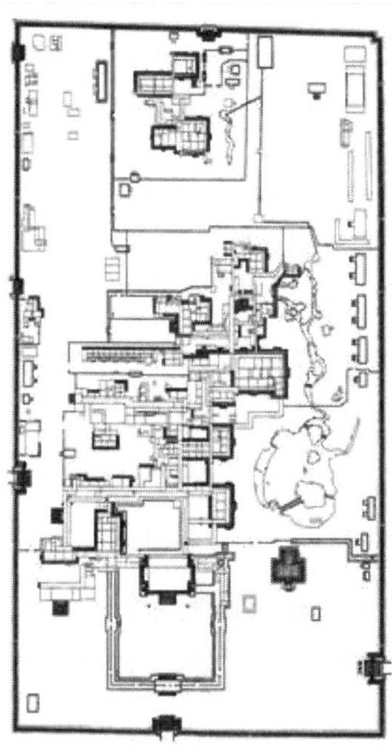

그림 8. 일본왕이 거처했던 권위의 상징인 궁전(京都御所)

일본이 한반도나 중국으로부터 선진문화를 받아들이면서 전과 다른 새로운 건축문화가 형성되던 시기에는 대칭적 배치가 주류를 이루고 있었다. 일본 고대 불교사찰의 배치를 보면 그 특징을 확연히 알 수 있다. 대륙문화가 영향을 끼치던 헤이안(平安)시대에 이르기까지 이러한 특징은 유지되었다. 그러나 가마쿠라(鎌倉)시대에 들어서면서 점차 일본 건축의 특징이 분명하게 드러나기 시작한다. 그것은 건축물 배치방법에서 분명하게 보인다. 전후좌우를 다르게 비대칭적 배치가 특히 많아지는 것이다. 13세기 가마쿠라시대 이전에 건립되었던 친텐츠쿠리(寢殿造)는 대칭적 요소가 남아 있으나 그 이후 가마쿠라, 무로마치(室町)시대에 들어와서는 완전히 비대칭적 배치형태인 쇼엔츠쿠리(書院造)로 변모하게 된다. 당시 건축은 마치

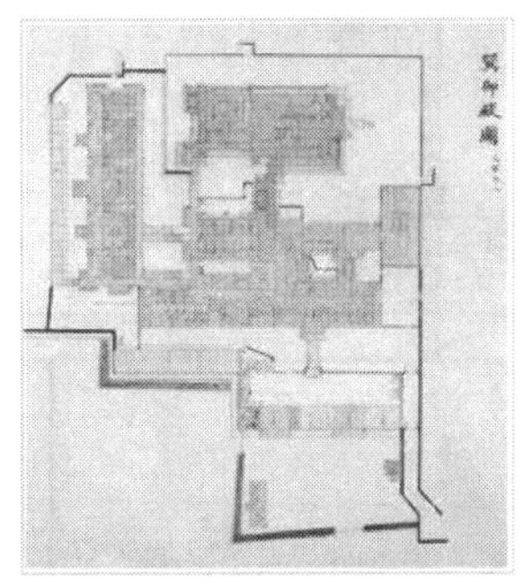

그림 9. 일본의 전형적인 에도시대 상류주택

비대칭을 규범화한 것처럼 보인다.

건축물의 비대칭 배치가 인간에게 주는 감성적 특징은 비규칙성, 친근함, 여유스러움, 부드러움, 여성적 등이다. 가장 일본적인 건축 중 하나인 무사주택은 완벽할 정도로 비대칭적 건물이다. 이러한 비대칭적 배치는 다른 유형의 건축에도 영향을 끼쳐 심지어 불교사찰, 일본왕의 거처였던 궁전(京都御所)까지도 비대칭으로 만들게 된다.[그림 8] 이처럼 비대칭배치가 일본 건축의 특징적인 요소가 된 것은 일본인의 건축공간에 대한 이해, 자연관도 있지만 '칼문화'도 많은 영향을 끼쳤을 것으로 보인다.[그림 9]

(3) 대칭과 비대칭의 균제적(均提的) 한국 건축

한국 건축은 대칭과 비대칭의 절충적인 구성이 특징이다. 중국처럼 엄격하게 대칭으로 만들지 않고 그렇다고 완전히 비대칭으로 만들지도 않는다. 대칭과 비대칭을 적절히 사용하여 균제를 이루게 만드는 특징이 있다. 즉 중요한 중심구역은 대칭으로 배치하여 엄숙함과 권위를 보이게 하면서 주변의 부속건축물은 대칭을 벗어나 자유스럽게 배치한 듯 만든다. 그러나 자세히 보면 좌측이나 우측으로 건축물이 한쪽으로 치우치지 않도록 서로 균제를 이루도록 만드는 것이다. 한국의 전형적인 양반주택에서도 이러한 특징을 볼 수 있고, 사찰이나 서원, 향교 등에서도 이러한 균제적인 배치를 볼 수 있다.

경복궁 배치를 보면 근정전 구역은 엄격하게 좌우대칭이지만 전체적인 배치를 보면 비대칭이다. 얼핏 보면 마치 건축물을 여기저기 자유스럽게 배치한 듯 보인다. 그러나 어느 한쪽을 건물이 지나치게 치우치지

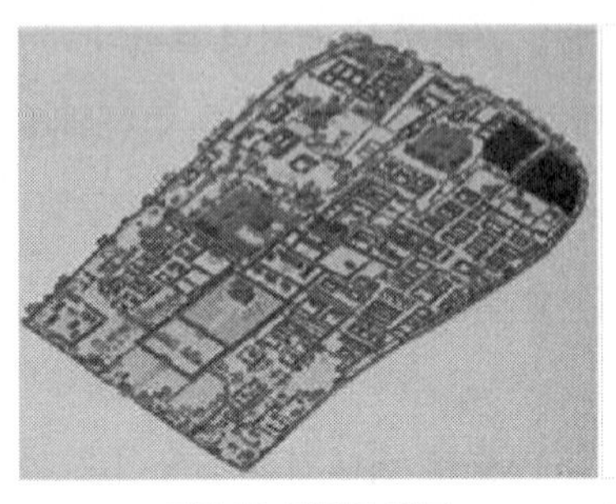

그림 10. 경복궁 배치

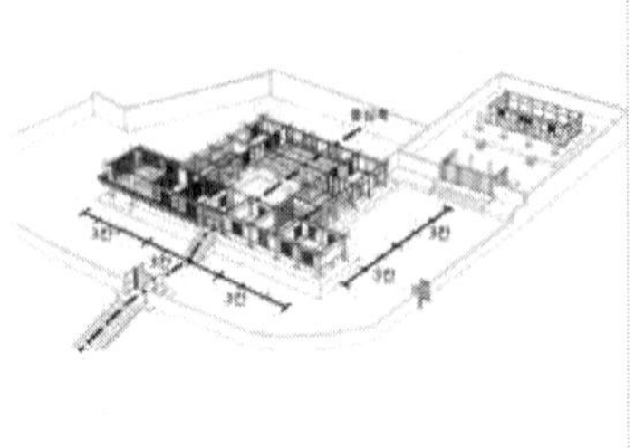

그림 11. 한국의 양반주택 양동마을 관가정

않게 좌우의 균형을 맞추고 있다. 건축물의 용도와 기능에 따라 엄격하게 배치의 원칙을 지키고 있는 것을 볼 수 있다.[그림 10]

이러한 건축물의 배치에서 한국인의 성격을 보는 것 같다. 한국인은 중국인에 비해 자기중심적 사고가 부족하고, 일본인에 비해 규칙을 따르지 않는 것 같이 보인다. 그러나 중국인에 비해 남을 더 많이 배려하고, 일본인에 비해 정해진 규칙 안에서는 행위의 폭이 크다. 대칭을 염두에 두고 균제라는 개념으로 비대칭 배치로 만드는 것은 어쩌면 한국인의 성격이 빚어낸 결과가 아닌가 생각한다.[그림 11]

〈건물 배치 구조〉

공간구성의 대칭적 비대칭성, 자연주의와 풍토주의

대칭 : 엄격, 엄숙, 직선적, 체계화, 권위, 남성적인 것

비대칭 : 여유, 곡선적, 감성적, 여성적인 것

중국 가능한 한 중심축선을 설정하고, 대칭적 배치를 선호, 평면구성도 가능한 한 대칭적인 구성이 되게 한다.

일본은 가능한 한 비대칭적 배치가 되게 하고, 평면구성도 이에 따르게 한다. 일본인의 역사적 배경과 민족성이 만들어 낸 결과이다. 한국은 대칭과 비대칭의 절충적인 배치와 평면구성이 특징이다. 대륙적 기질과

반도적 기질이 절충되어 나타난 결과이다.

3) 건축물 구성 요소의 상징적 표현

어느 시대 어느 건축을 막론하고 건축물에는 많은 문양이 들어간다. 문양을 만들어 사용한 한 흔적은 이미 선사시대 도구에서 발견할 수 있듯이 문양은 매우 오랜 역사를 지니고 있다. 문양은 차츰 사용 범위가 넓혀져 건축물에도 보편적으로 적용되는 요소가 되었다. 문양은 단순히 모양을 내기 위해 사용한 것이 아니라 인간이 무엇인가 희구하고, 갈구하는 욕망을 담아 표현함으로써 그 욕망의 목적을 달성하려는 염원이 담겨 있는 것이다.

이러한 문양은 한 무리의 인간 집단이 공유하고 있는 사고체계, 종교사상, 공동체의 목표에 따라 표현 방법을 달리하고 있다. 따라서 문양은 그 집단의 약속된 부호와 같은 것이다. 어느 시대 어느 집단이라도 희구하는 공통된 목표는 추길피흉, 장수, 부귀영화이다. 표현 방법은 다르지만 문양을 통하여 그 목표를 추구하려는 생각은 동서고금을 막론하고 건축물에 나타나는 보편적인 현상이다.

동양에서도 건축 문양은 오래전부터 다양한 방법으로 표현되어 왔다. 특히 중국을 중심으로 유교문화권 나라에서는 자연의 이치와 법칙을 근간으로 만들어진 문양이 건축물에 많이 사용되었다. 유교, 도교, 토속신앙과 관련된 문양을 비롯하여, 음양사상, 오행사상을 표현한 문양, 천문지리, 12간지 등 모든 문양은 지극히 자연의 이치에 근거를 두고 있다. 불교가 전래된 이후 불교 관련 문양이 건축에 표현되기도 했다. 시간의 누적에 따라 이러한 문양이 건축물에 중첩되면서 다양하게 응용되어 나타나기도 했다.

한국, 중국, 일본의 건축에 표현된 문양을 보면 같은 의미를 지닌 것이라도 지역에 따라 주제가 달라지기도 하고, 표현 방법이 달라지기도 한다. 민족성이라는 척도를 적용시켜 보면 확연하게 구분된다.

(1) 장식과 화려함을 지향한 중국 건축

그림 12. 중국 도교사원의 지붕 장식문양

그림 13. 중국 민가 지붕가구 장식문양

동양 3국 중에서 중국 건축에는 특히 문양을 많이 사용되고 있다. 대문에서부터 화장실에 이르기까지, 초석에서 서까래에 이르기까지 문양이 없는 곳이 없을 정도로 건축물에 문양을 많이 사용한다. 일반 민가에서부터 황제가 거처하는 황궁에 이르기까지 거의 모든 계층에서 건축문양을 표현하고 있다. [그림 12]

중국 건축에는 문양의 주제도 다양하다. 자연과 관련된 주제부터 고사(故事), 일상에서 보이는 현상까지 건축문양으로 사용하고 있다. 식물문양을 즐겨 표현하지만 동물문양, 인물문양도 많이 사용하고 있다. 용이나 기린, 봉황과 같은 상상의 동물도 흔히 표현하는 문양의 주제가 되고 있다. 건축 문양의 표현 방법은 은유적이거나 암시적인 것보다 사실적인 것이 특징이다.

건축물에만 문양을 사용하는 것이 아니라 창호, 가구에도 그 문양이 그대로 연결된다. 이와 같은 문양으로 인해 중국 건축은 동양 3국 중에서 가장 화려하게 보인다. 그 근저에는 중국 사람들의 은근한 자기 과시적인 사고가 깔려 있다고 하겠다. [그림 13]

(2) 단순화를 지향한 일본 건축

그림 14. 일본 건축 지붕 가구　　그림 15. 일본 건축에서 보이는 자귀흔적의 문양화

일본 건축의 문양은 화려함과 절제가 공존하고 있다. 시대에 따라 표현 방법이 다르지만 대체적으로 상류계층의 건축에는 다양한 문양을 사용하고 있다. 비록 한때이기는 하지만 1617년 닛코(日光)에 건립된 도쿠가와 이에야스(德川家康)의 사당인 도쇼큐(東照宮)는 화려함의 극치를 보여주고 있다. 상상의 동물과 식물, 인물에 이르기까지 화려한 색깔과 금박을 이용하여 생각할 수 있는 가장 화려한 문양을 표현하였다. 그러나 대체적인 일본 건축에 표현된 문양은 현상을 사실적인 표현보다는 단순화하고, 함축적인 표현 방법을 즐겼다. 건축 문양보다는 오히려 별도의 그림으로 문양의 의미를 표현하려고 했던 것으로 보인다. [그림 14]

이에 비해 민가에서는 지극히 문양을 억제하고 있다. 굳이 표현하자면 대체적으로 일반 민가에서 문양을 거의 사용하지 않는 것 같다는 표현이 적합하다. 불과 몇 개의 간단한 음각 선이나 양각 선을 주요 구조체에 표현하는 것으로 만족하기도 하고, 자귀흔적을 규칙적인 문양으로 만드는 방법으로 만족하기도 한다. 자연스럽게 생긴 재료를 다듬지 않고 그대로 노출시키는 방법을 문양처럼 사용하기도 한다. 자연스럽게 생긴 모습이기는 하지만 무엇인지 자연스럽지 않은 불편함을 느끼게 한다. [그림 15]

(3) 자연스러움을 추구한 한국 건축

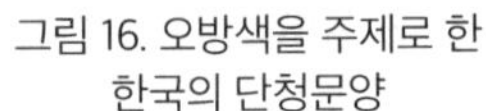

그림 16. 오방색을 주제로 한 한국의 단청문양

그림 17. 자연목을 그대로 살려 쓴 화엄사 구층암 기둥

한국 건축의 문양은 지극히 자연적이다. 자연의 이치를 법칙화한 방법을 이용하거나 자연의 현상을 은유적으로 표현하는 방법을 즐겼다. 오방색을 이용하여 그린 단청은 오행사상을 근거로 하고 있으며 중국이나 일본의 그것과 확연히 구별되는 특징이다.

한국 건축의 문양 역시 무병장수, 부귀영화와 관련되어 있지만 중국 건축과 같이 다양하고 화려한 것이 아니고, 그렇다고 일본과 같이 절제하는 것도 아니다. 상서로운 식물문양과 용이나 봉황과 같은 상상의 동물을 주로 많이 사용하고 있다. 문양의 표현 방법은 건축물에 직접 은유적으로 표현하는 방법을 즐겨하고 있다. 특히 자연의 현상을 자연스럽게 표현하는 방법도 많다. 흔히 말하는 덤벙주초가 중국이나 일본 건축에 없는 것은 아니지만 한국 건축에서 유독 많이 사용하는 것은 자연에 대한 한국 사람들의 심성을 대변하는 것이 아닌가 생각된다. 구갑(龜甲)이나, 벽사(辟邪)문양을 은유적으로 표현하여 화를 면하려는 의미도 한국인의 심성을 그대로 나타내 주고 있는 것이다.[그림 16] 민족성, 종교적 상징성, 유교, 도교, 불교, 샤머니즘적 상징성, 토속신앙 등이 조형적으로 표현되었다. 구체적으로 표현되는 상징성은 대부분 수길(受吉)·피흉(避凶)·피화(避禍)·복원(福願)·무병·장수·득남·벽사(辟邪)·번성·부귀 등 인간의 행복추구와 관련된다.

중국 - 상징적 의미를 강하게 부각하는 특징

일본 - 상징적 의미가 그리 크지 않고 단순화된 조형을 특징으로 한다.

한국 - 상징적 의미를 중국에 비해 과도하게 표현하지 않으며, 해학적 표현 방법, 자연스러움을 표현[그림 17]

4) 창호의 의미와 표현 방법

기능성 - 출입, 환기, 채광, 조형 등

시각성 - 공간을 구획, 영역을 설정

상징성 - 있으면서 없고(有以無) 없으면서 있다(無以有)

창호는 창(窓)과 호(戶)를 통칭하는 말이다. 창호는 기능적으로 출입을 하고 환기와 채광을 하는, 없어서는 안 되는 중요한 건축 구조요소이다. 창호는 조형적으로 건물의 얼굴을 만들어 내는 의장요소이기도 하다. 창호를 어디에, 어떻게 만드느냐에 따라 건물의 모습이 달라지게 된다.

창호는 기능적, 의장적 요소이기도 하지만 정서적, 상징적 의미도 매우 크다. 창호는 사람만 드나드는 것이 아니라 귀신도 다닌다. 귀신 중에는 사람에게 이로운 것도 있지만 해로운 귀신도 많다. 그래서 예부터 나쁜 귀신이 문을 통해 들어오지 못하도록 여러 가지 조치를 해 두었다. 귀신이 무서워하는 인물이나 물건, 부적 등을 문에 설치해 두면 해코지를 막을 수 있다고 생각했던 것이다.

창호는 또한 자연과 인간을 연결해 주는 통로이기도 하다. 창호를 통해 외부 경관을 관조함으로써 자연을 즐기는 것이다. 동양의 자연관에는 인간은 자연의 한 부분이고, 자연 속에서 인간은 '천인합일(天人合一)'을 이룬다고 생각했던 것이다. 어쩌면 이러한 생각이 한국, 중국, 일본 사람들이 공통적으로 이해하고 있는 자연관이다. 자연과 사람을 연결시켜 주는 것이 바로 창호인 것이다. 창호를 어떻게 만드는가에 따라 보여지는 자연경관이 달라진다. 그 표현 방법은 지역마다 다르게 나타나고 있다.

창호에는 그 민족의 정서와 세계관, 자연관, 미의식 등이 상징적으로 표현되어 있는 또 하나의 건축물이다. 창호를 통해 동양 3국의 민족성을 살펴본다.

(1) 기능과 경관틀의 중국창호

그림 18. 폐쇄적인 중국 건축의 외부 창호

그림 19. 경관을 고려한 중국 건축의 내부 창호

중국의 창호는 한마디로 다양하고 화려하다. 창호를 만드는 재료 또한 다양하다. 목재를 비롯하여 흙을 빗어 구워 만든 것에서 돌을 이용한 것까지 다양하다. 중국의 창호는 폐쇄성과 개방성이 분명하다. 위치에 따라 외부로 면한 창은 작고 폐쇄적으로 만들지만[그림 18] 내부의 창호는 대체적으로 크고 개방적이다.[그림 19] 중국인의 혈통주의, 가족주의는 내 것에 대한 철저한 보호의식으로 나타나 외부로 면해 있는 창호는 이처럼 폐쇄적인 형태로 만든다. 반면 내부에서는 문이 없는 창호를 만들기도 한다. 즉 공문(空門)과 공창(空窓)이 그것이다. 공문은 공간과 공간을 구분하는 경계의 의미와 결절점 역할 정도로 사용된다.

중국 창호는 장식적이면서 의미와 상징성이 담겨있다. 자연경관을 관조하기 위한 창호는 특히 장식성이 강하다. 자연경관을 창이라는 틀 속에 넣어 보려는 의도에서 창은 액자가 되고, 액자 속에 경관은 그림으로 표현되도록 하는 것이다. 창호의 장식에는 주로 길복과 집안의 평화를 기원하는 의미가 담겨있다. 이와 함께 인간이 상상할 수 있는 다양한 문양을 사용하고 있다.

(2) 단순하고 구조적인 일본창호

그림 20. 일본 건축의 창호와 정원

그림 21. 일본 건축의 내부 창호

일본의 창호는 단순함과 간결함으로 표현된다. 문살을 많이 사용하는 중국이나 한국과는 달리 문살을 많이 사용하지 않고 문이 휘어지지 않을 정도로만 살을 끼우고 종이를 발라 만든다. 어떻게 보면 '꾸미지 않은 멋'이라고 할까 아니면 너무 소박하여 애잔한 듯한 단순함, 동정심을 유발할 듯한 소박함이라고 할 수 있다.

일본의 창호에는 종이를 많이 바른 듯하다. 그것은 문의 크기도 있지만 살이 적기 때문에 상대적으로 종이가 커 보이는 것이다. 일본 창호는 종이를 바를 때 밖에서 바른다. 안에서 바르는 한국 창호와는 사뭇 다르다. 밖에서 보면 건물에 흰 벽이 매우 많아 보인다. 창호지를 밖에서 바르면 풍우에 견디기 쉽지 않아 보이는 데도 전통적으로 그렇게 한다. 아마 외부공간의 경관과 관련된 것으로 생각된다. 일본의 정원은 사람이 그 속에 어우러지기보다는 인위적으로 꾸미고 떨어져서 두고 보는 정원이라고 할 수 있다. 아마 이러한 정원문화가 만들어낸 전통이 아닐까. [그림 20]

일본 창호에서는 문살 문양의 상징성도 거의 찾아볼 수가 없다. 문살을 많이 쓰지 않고 살 문양도 단순하게 만들면 내부공간에 은근히 비치는 모습에서 억제된 감성을 느낀다. 혹시 나뭇가지가 달빛에 그림자라도 비추면 그보다 더 일본 건축을 표현한 방법은 없을 듯하다. 일본 건축에서 아름다움의 반은 창호에서 표현된다고 해도 과언은 아니다. [그림 21]

(3) 소박하고 상징적인 한국창호

그림 22. 한국 건축의 들어열개　　그림 23. 한국의 창호의 '亞'자살

한국의 창호는 화려하지도, 단순하지도 않다. 화려한 꽃살창이 있지만 사찰에서 부처님께 헌화하는 의미일 뿐이지 생활공간에서는 사용하지 않는다. 단순한 창호라고 하면 앞뒤로 종이를 바른 맹장지창호일 것이다. 한국에는 중국처럼 터져 있는 공문이나 공창을 사용하지 않는다. 창호의 문살 문양이 중국처럼 다양하지 않다. 몇 가지 종류의 살을 창호의 위치에 따라 사용하는데 대체적으로 외부의 창호는 문살이 조밀하고, 내부의 문살은 듬성듬성하다. 즉 외부 창호에는 세살문양이나 격자살문양을, 내부 창호에는 용자살문양이나 맹장지를 많이 사용한다. 마당으로 반사된 강한 햇빛을 문살로 조정하기 위함이다.

한국의 창호 문양에는 상징성이 담겨있다. '卍'자문, '亞'자문, '貴'자문, 구갑문 등의 문자를 주로 사용하는데 집안의 평화와 가족의 번성, 부귀

영화, 집안의 화평 등을 상징한다.[그림 22] 한국의 창호 중에는 들어열개가 많이 사용된다. 들어열개를 열면 건축과 자연이 하나가 된다. 자연과 소통함으로써 성리학적 '천인합일(天人合一)'의 도를 이룰 수 있다는 의미가 담겨 있다. 한국 창호의 멋이 그 속에 녹아 있다.[그림 23]

5) 건축과 가구(家具)와의 관계성

건축에서 가구는 없어서는 안 될 필수적인 도구이다. 건축과 가구는 항상 동반하는 생활도구이자 땔 수 없는 관계이다. 어떤 건축이라도 반드시 가구가 있어야 한다. 가구는 독단적으로 발전되어온 것이 아니라 건축과 함께 발전되어 왔다.

가구는 단순한 하나의 공예품이 아니라 건축과 마찬가지로 민족성을 표현해 주는 또 다른 건축물이라 할 수 있다. 정도의 차이는 있지만 건축물에 의해 가구가 영향을 받기도 하지만 반대로 가구로 인해 건축물이 영향을 받기도 한다. 가구는 오랜 시간 동안 하나의 집단이 지역의 풍토와 생산 재료, 사회적 배경 등의 영향으로 형성되어온 시대의 결과물인 것이다.

가구 만드는 기술은 건축과 유사한 점이 많다. 비례와 수치는 인간의 감성을 바탕으로 한다는 점에서 건축과 유사하다. 결구방법 또한 건축의 결구방법과 유사하다. 다른 공예품과 달리 가구는 구조적인 안전성과 기능, 그리고 아름다움을 동반해야 한다. 어쩌면 이렇게도 건축과 똑같을까? 가구가 건축과 가장 유사한 점은 무엇보다도 항상 사용한다는 점이고, 일반 공예품과 구분되는 점이기도 하다.

한국, 중국, 일본의 건축에서 가구와 건축은 어떻게 관계성을 지니고 있는지, 또한 가구가 건축에 어떻게 영향을 주고받았는지 그 특징을 살펴보도록 한다.

(1) 건축과 동반하는 중국가구

그림 24. 중국 건축의 공예적인 창호장식

그림 25. 반드시 있어야 하는 중국의 가구

중국 건축에서 가구는 '동반성'이다. 중국민족은 예부터 지금까지 입식생활을 해왔다. 주방은 물론이거니와 침실까지 신발을 신고 들어간다. 그러니 맨바닥에서 잠을 잘 수가 없다. 침대는 필수품일 수밖에 없다. 주방과 식당에서도 마찬가지다. 동양 3국을 비교해 볼 때 가구를 가장 많이 사용하는 곳이 중국이다. 침대, 식탁, 의자는 필수품이며 이 밖에 중국 건축에는 특히 가구가 많다. 중국 건축에서 가구는 건축의 일부분이다. 중국 건축에서 가구를 동반하지 않으면 주거생활이 불가능하다.

중국의 가구를 보면 구조, 장식, 조형이 건축과 함께 동반되는 특징을 지니고 있다. 가구의 조형과 건축 조형이 같은 개념으로 동반되지 않으면 어색하다. 가구와 건축이 서로 다른 형태나 조형으로 만들어지면 집과 가구 모두가 불편해진다. 집 안에 가구가 많기 때문에 조형적으로 함께 동반하지 않으면 이상한 가구가 되거나 이상한 집이 되기 때문이다. [그림 24]

중국 건축에서는 장식을 특별히 생각한다. 중국 건축에 표현되는 장식은 가구에서도 같은 유형으로 표현되어야 하며, 이러한 조각장식에 투자하는 것을 아깝게 여기지 않는다. 집을 짓거나 가구를 만드는 데 조각장식은 당연한 것으로 생각하고 있다. 중국의 가구에 조각이 화려하고

장식적인 것은 건축과 동반하기 위한 것이다. [그림 25]

(2) 건축과 일체화 된 일본가구

그림 26. 가구처럼 만든 일본 건축 그림 27. 건축처럼 만든 일본 가구

일본 건축에서 가구는 '일체성'이다. 일본민족은 오래전부터 좌식 생활을 해왔다. 전통적으로 일본의 주거생활에서 침대, 의자가 거의 사용되지 않는다. 가구가 한국이나 중국처럼 다양하지 않다. 건축에서 가구가 없어서는 안 된다. 좌식 생활이므로 식탁, 간단한 물건 보관함 등과 같이 몇 가지 이동식 가구가 있지만 대체적으로 건축물과 일체화된 가구를 즐겨 만든다. 즉 옷장이나 이불장, 찬장, 물건을 보관하는 것을 건축물에 반침과 같이 붙박이장을 설치하는 방법으로 가구를 만든다. 가구의 실용성을 가장 중요하게 생각했던 것 같다.

일본에서는 한국이나 중국과 같이 가구를 만드는 장인이 없다. 집을 만들 때 가구를 집에 일체화시키기 때문에 집짓는 목수가 가구를 만들 수밖에 없다. 집의 구조체와 가구를 일치시키기 위해서는 집짓는 목수가 처음부터 치밀한 계획에 따라 설치해야 하기 때문에 공정상 가구 만드는 목수가 따로 존재할 수가 없다. 일본의 가구가 다양하지 않고 공예품으로 발전되지 못한 이유이기도 하다. [그림 26]

가구는 특성상 정교해야 한다. 일본의 목수는 이처럼 가구를 직접 만들어야 하기 때문에 도구가 정교하지 않으면 안 된다. 정교한 도구와 가구 반드는 기법으로 집을 짓기 때문에 3국 중에서도 일본 건축은 매우 정교해지는 쪽으로 변천되어 왔다. 건축물이 정교해지는 반면 공예가구가 발달하지 못하는 결과를 가져오게 되었다. [그림 27] 이처럼 정교하게 건축물과 일체화시킨 일본 가구의 배경에는 빈번하게 일어나는 지진과도 깊은 관련이 있다.

(3) 실용성과 장식성을 겸비한 한국가구

그림 28. 가구처럼 볼 수 없는 한국 건축의 구조체

그림 29. 장식과 실용을 겸한 한국의 가구

한국 건축에서 가구는 '상대성'이다. 한국민족은 고려 말까지 입식생활을 하였다. 조선시대에 들어와 점차 좌식 생활로 변화되어 갔다. 온돌의 보급과 깊은 관련을 지니고 있다.

한국 건축에서 가구는 건축과는 별도로 발전해 오게 된다. 즉 집짓는 목수(대목)와 가구짜는 목수(소목)가 따로따로 활동을 해 왔던 것이다. 대목이 집짓는 것은 그리 정교하지 않아도 구조적으로 안전하고, 비례와 선만 잘 표현하면 된다. 따라서 대목이 쓰는 도구는 그리 정교하지 않아도 집짓는 일이 가능하므로 도구를 개량하는 일에 신경을 쓰지 않았다. 한국 건축의 수수덤덤한 맛은 이런 배경에서 그 원인을 찾을 수 있다. [그림 28]

반면 가구를 만드는 소목은 아주 정교하게 만든다. 정교하지 않으면 사용하기가 불편하고, 늘 옆에 두고 보기 때문에 아름답지 않으면 찾는 사람이 없다. 따라서 소목장은 끊임없이 도구를 정교하게 개량하고, 아름답게 만들기 위해 노력했던 것이다. 때문에 한국의 전통가구가 다른 민족의 가구에 비해 공예품으로 평가를 받는 것인지도 모른다. 이처럼 한국에서 건축과 가구는 마치 서로 관련 없는 것처럼 각각 별도로 발전해 왔지만 이 두 개가 함께 어울림으로 건축과 가구가 상대를 보완해 주는 상승작용을 해 주게 된다.[그림 29] 그런 의미에서 한국의 가구는 장식성을 지니고 있는 실용품인 것이다.

6) 자연과 동화하려는 공간적 심성

동양의 건축은 자연과 조화를 기본 개념으로 설정하고 있다. 자연의 이치와 원리를 건축에 응용하여 건축이 자연과 하나됨으로써 천인합일의 도(道)에 이른다고 생각한다. 이는 중국, 일본, 한국의 전통건축이 지니고 있는 공통된 개념이다. 그러나 커다란 원칙에는 같은 생각이지만 그것을 표현하는 방법에 있어서는 3국이 서로 다르다.

인간이 건축에 자연을 응용하는 방법에 있어서 동양 3국의 표현이 극단적으로 다르다. 정원은 자연과 건축의 어울림이고 자연과 동화하려는 공간적 심성을 표현한 것이다.

정원(庭園)은 뜰을 이용해 동산을 만든 것을 말한다. 정(庭)은 뜰을 뜻하지만 엄밀히 말하면 집 안에 있는 작은 마당을 의미한다. 원(園)은 울타리를 친 한정된 곳을 말하지만 장소에 따라 다양하게 사용된다. 이 두 용어가 조합되어 우리가 알고 있는 정원을 뜻하게 된 것이다. 정원은 인류가 스스로 집을 짓고 주변을 꾸미는 데서부터 나타나기 시작하였다. 초기에는 생존하기 위한 시설로 울타리를 만들고 식물을 심고, 물을 끌어들였으나 차츰 의미가 더해져 인간의 사유체계를 표현하게 되었다. 정원은 하나의 집단이 오랫동안 한 지역에 거주해 오면서 그 지역의 기후, 생식 조건, 종교, 관습, 생산재료가 만들어낸 결과물이다.

정원은 곧 자연의 또 다른 표현물이다. 서양에서 자연은 탐구의 대상으로 생각한 것에 비해 동양에서 자연은 인간과 공존해야 하는 대상으로 생각했다. 즉 자연의 이치는 초인간적인 가장 숭고한 현상이다. 자연과 공존하기 위해서 자연 속에 건축을 넣기도 하고, 건축 속에 자연경관을 만들어 두기도 하였다. 인간과 자연과 건축이 하나의 개념 속에 들어 있어야 완벽한 하나의 건축이 이루어진다고 보았다. 자연의 이치와 원리를 건축에 응용하여 건축이 자연과 하나됨으로써 천인합일(天人合一)의 도(道)에 이른다고 생각하였다. 이처럼 개념을 바탕으로 정원을 꾸몄으나 그것을 표현하는 방법에 있어서는 3국이 서로 다르다.

그림 30. 북경 이화원(頤和園)

그림 31. 상해 예원(豫園)의 명대 정원

(1) 자연의 현척(現尺)기법으로 만든 중국정원

중국의 정원은 다양하고 현란하다. 중국 정원은 자연 현상의 실물을 다양한 기법으로 조성한 것이 특징이다. 자연 현상은 그 수를 헤아릴 수 없을 정도로 장면이 다양하다. 특히 중국 강남지방에는 경이로운 절경이 많다. 자연은 물, 돌, 수목, 화초, 산, 계곡, 바람 등으로 경이로운 장면을 만들어 낸다. 중국의 정원은 이러한 장면을 사실 그대로 표현하고 있는 것이 특징이다. 경이로운 경관 속에 사람이 살기는 어렵기 때문에 건축에 이러한 경관을 만들어 둔다. 북경 이화원에 엄청나게 큰 호수를 만드는가 하면 호수를 파면서 나온 흙으로 산을 만들고 그 속에 건축물을 세워 둔다. [그림 30]

주택 정원에서는 폭포가 있는 큰 연못을 두고 다리를 걸고, 연못 속에는 크고 작은 3개의 섬을 둔다. 그 물은 계류을 따라 흘러가면서 석가산과 계곡을 지나 화랑과 정자를 만난다. 인간이 만든 것이 아니라 마치 자연이 만든 것과 같은 모습이다. 비록 작은 정원이라도 작은 나무를 심을지언정 일본처럼 수목을 억제하는 분재 같은 것은 하지 않는다. 인위적으로 정원을 꾸미되 자연과 같은 규모로 만들어 자연과 천인합일을 추구하였다. [그림 31]

그림 32. 일본 교토 이조성(二條城) 정원

그림 33. 일본 다자이후(大宰府) 고묘지(光明寺) 정원

(2) 추상적 형식미의 일본정원

일본의 정원은 함축적이고 추상적인 형식미를 추구하고 있다. 일본의 정원은 중국과 한국의 영향을 받아 연못과 섬을 만들고 흙으로 동산을 쌓아 수목을 심는 형식이었으나 차츰 일본 고유의 정원문화를 만들어가게 되었다. 일본의 정원에서는 연못을 만들 때 주변의 돌 하나도 그냥 두지 않고, 나무 하나도 그냥두지 않는다. 자연스러운 형태조차 인위적으로 만들어둔다. 일본의 정원은 꾸며진 자연 속에 들어가 즐기는 것이 아

니라 철저히 관조의 대상이며, 눈으로만 보고 마음속으로 느끼도록 만든 것이 특징이다. [그림 32]

일본 정원의 가장 큰 특징은 고산수(枯山水, 가레산스이) 정원이다. 이 정원은 무로마치시대(1338~1473) 선종이 유행하면서 확립된 것이다. 이른바 굵은 모래, 암석, 분재를 이용하여 축소된 자연을 정적인 형식으로 만들었다. 흐르는 물과 폭포는 굵은 모래로, 섬과 육지는 암석으로, 수목은 억제된 분재로 표현하고 있다. 너무나 함축적이어서 마치 추상화를 보는 것과 같다. 그 모습 속에 자연의 상징이 녹아들어가 있다. 자연과 인간의 천인합일보다는 마음속으로 보는 자연을 만들어 두었다. [그림 33]

그림 34. 경주 독락당 계정(溪亭)

그림 35. 담양 소쇄원

(3) 자연과 동화를 추구한 한국정원

한국의 정원은 자연현상을 그대로 꾸민 듯 자연인 듯한 형식미를 추구한다. 한국의 정원은 인간조차도 자연의 하나로 생각하고 그 자연 속에 인간을 동화시키려는 의도가 담겨 있다. 그래서 건축, 자연, 어느 것도 주제나 부제가 아닌 모두가 주제이자 부제가 된다. 중국처럼 자연경관을 꾸미지도 않고, 일본처럼 함축하여 보기만 하는 정원도 아니다. 마치 처음부터 그 자리에 있었던 것처럼 만들었다. 고려시대 정원에서 그러한 특징이 많이 표현되었다. 계곡을 이용하여 물길을 다듬고, 있던 바위와 암반을 이용하여 계곡을 만들고, 그 속에 건축물을 집어넣어 자연과 건축이 하나가 되도록 만들었다.[그림 34]

조선시대 대표적인 정원 중 하나인 소쇄원에는 물을 끌어 방지(方池)를 만들고, 축대를 쌓아 나무를 심고, 담장을 둘렀지만 어느 한 곳이라도 인위적으로 만든 느낌이 없다. 마치 자연스럽게 있을 곳에 그것이 있었던 것처럼 보인다. 경주 독락당 계정은 자계천 관어대(觀漁臺)를 마주보고 건립했다. 마치 자연이 계정을 위해 자계천 계곡을 만들어준 것 같다. 이처럼 한국의 정원은 꾸민 듯, 안 꾸민 듯 자연과 건축이 하나가 되고, 그 속에 인간과 자연이 천인합일 되도록 하였다.[그림 35]

〈동아시아 3국의 정원기법〉

- 중국 - 자연의 현척 기법 : 현실치수로 축조하여 자연과 어울림
- 일본 - 자연의 인위적 형식미 : 건축과 자연은 별개, 꾸며진 자연을 즐긴다.
- 한국 - 자연과 인간이 하나로 동화되려는 의도. 건축, 자연 어느것도 주제나 부제가 아닌 모두가 주제이자 부제.

7) 동양 3국의 건축조형

건축물은 지역의 풍토와 당시대의 기술, 그리고 그곳에 살고 있었던 사람들의 집단사고가 만들어낸 결과물이다. 그래서 건축은 '시대의 거울'이라고 말한다. 건축구조와 양식이 지역마다 다른 것은 이 때문이다. 하물며 개인의 생각에 따라 그 다름이 엄청나기도 한다. 유사한 문화권이라도 집단의 사고에 따라, 그들이 지니고 있는 기술 수준에 따라, 그곳에서 생산되는 건축재료에 따라 다르게 나타나는 것은 자명한 일이다. 동아시아 3국의 건축은 문화적 배경과 기후 조건이 유사하지만 이렇게 같은 듯 다르다.

(1) 중국 - 거대함 : 대륙적 기질, 북방민족의 대범함

화려함 : 자신에 대한 자긍심, 자연을 즐기는 남방민족의 낙천성

장식성 : 의미와 상징을 표현하기 위한 도구로서의 건축

중심성 : 이 세상 모든 것은 중국이 중심, 중국인이 중심이다

(2) 일본 - 치밀함 : 실용성, 실리주의

규격화 : 일본인은 일본이라는 거대한 기계의 부품

꾸며진 우연성 : 치밀한 계산을 바탕에 깔고 있는 우연성

의도적 비대칭 : 일본의 민족성, 사무라이 역사, 계산된 예측불허

(3) 한국 - 우연성 : 계획되지 않은, 생활하면서 만들어지는 것,

자연성 : 자연 또는 자연스러움 속에서 얻어지는 아름다움

곡선미 : 꾸며진 선 보다는 자연스러운 선

수수함 : 지극히 평범함 속에서 얻어지는 개성

조화로움(어울림) : 특별히 드러나지 않으면서 눈에 띄는 조형성

균제(均齊) : 비대칭적 균형

3. 맺음말

아름다움은 일정한 기준이나 표준이 정해져 있는 것이 아니다. 아름다움이란 보이는 것도 있지만 보이지 않는 것도 있다. 아름다움이란 시대와 지역에 따라 평가되어 왔다. 아름다움이란 무엇을 어떻게 보느냐에 따라 평가가 달라질 수가 있다. 그러므로 '아름다움'은 상대적 가치로 보는 것이지 절대적 가치로 보는 것이 아니다.

건축의 아름다움, 즉 건축미 역시 절대적인 가치로 보아서는 안된다.

시대와 지역에 따라, 만드는 사람에 따라, 보는 사람에 따라 그 평가가 달라지기 때문이다. 건축은 인간의 삶을 담는 도구이긴 하지만 결국 조형물이기에 건축미를 표현하려는 노력이 끊임없이 이루어지고 있는 것이다. 건축미를 표현하려는 근저에는 인간의 본성, 사유체계, 사상, 문화, 경제 등 다양한 요소들이 담겨있다. 건축미의 표현 방법 또한 끊임없이 답습과 새로운 시도를 반복하면서 만들고 다듬어 왔다. 한옥에 담겨있는 조형성은 한반도에 살아왔던 집단지성이 오랫동안 다듬어 만들어낸 결과물인 것이다. 한옥이 지니고 있는 건축미의 원천은 바로 이런 것이라 할 수 있다.

한옥이 동아시아 문화권역에서 정체성을 지닐 수 있는 것은 한옥만의 특별함 때문이라고 해야 할 것이다. 한옥은 중국처럼 온전한 대칭이거나 일본처럼 비대칭이 아니라 대칭적 비대칭이라 할 수 있는 균제(均齊)라는 기법을 적용하고 있다. 기가 막힌 균형감각을 건축에 적용하고 있는 것이다. 한옥에는 온돌과 마루가 공존하고 있다. 추운 겨울에 대비하여 온돌을, 무더운 여름을 대비하여 마루를 한 공간에 만들어 융통성을 극대화 하고 있는 것이다. 한옥의 공간에는 반드시 여백을 두고 있다. 마당이라는 비어있는 공간을 건축적으로 이용하는 방법이다. 비어있어 사용할 수 있으니 쓸모가 있는 것이다.

한옥의 조형미는 비례와 곡선에서 극적으로 표현되고 있다. 주변 경관을 고려하여 과도하거나 초라하지 않게 만드는 것은 인간척도라는 비례를 생각한 것이며, 지붕의 부드러운 곡선은 자연경관에 거스르지 않으려는 배려라고 할 수 있다.

한옥 속에 스며있는 다양한 조형에는 기교를 부리지 않고 자연의 이치를 은유적으로 표현하거나 자연을 닮은 소박함이 담겨 있다. 빼어난 기교보다는 즉흥적인 듯한, 또는 우연인 듯한 자연미를 더 선호한 것이 드러나 있다. 이러한 것들이 한옥이 지니고 있는 아름다움의 원천이라고 하겠다.

5장 환경친화적 한옥

한옥학회

우리나라의 전통가옥인 한옥은 우리 민족이 한반도에 거주한 이래 수천 년 동안 주변의 자연환경에 순응하면서 발전되어 왔다. 즉 우리나라의 지역적 기후 특성에 알맞도록 많은 시행착오와 변화과정을 거쳐 우리의 자연환경에 가장 적합한 형태와 성능을 가지게 되었다. 건물의 배치에서 공간구성, 세부 디테일 및 재료의 사용에 이르기까지 주변의 자연에너지를 적절하게 사용함으로써 쾌적한 실내 환경을 조성하기 위하여 변화하였다. 이와 같이 주거 공간으로서의 가옥이 오랜 기간 자연환경에 적응하며 변화하는 과정은 아마도 전 세계적으로 보편적 현상 중 하나일 것이다.

풍수지리 사상을 바탕으로 남향 배치를 선호하였고, 국지(미시) 기후의 특성에 적합한 겹집이나 홑집 등의 형태로 구성되었다. 특히, 사계절이 뚜렷한 기후에 적합하도록 겨울철 거주 공간의 난방을 위하여 주간 일사량을 최대한 수열할 수 있도록 하였고, 이중문을 사용하여 단열로 보온

성능을 확보하고 축열량이 큰 흙 등으로 벽체를 만들어 난방효율을 높일 수 있도록 하였다. 이 밖에 건물외피는 벽체 및 창호를 통한 실내 습기 조절 및 자연채광 조절기능을 수행하였다. 또한 여름철 자연냉방을 위해 생활공간인 대청마루 공간을 개방하여 자연통풍이 이루어지도록 하고 완전 개방이 가능한 분합문 등을 사용하였다.

이와 같은 전통가옥 한옥의 자연환경 조절기법은 환경친화적 건축을 실현하기 위한 직접적인 수단이 된다. 여기서 '환경친화적 건축'이란 최근 지구환경문제와 관련하여 건축을 바라보는 새로운 시각으로서 건물을 독립적으로 존재하는 시각적 대상물로 여기는 것이 아니고 자연 생태계의 일부로서 존재하며 '주변 환경에 순응하는 건축' 또는 '자연과 함께 하는 건축'을 의미한다. 본고에서는 우리 한옥의 재료와 자연조절 시스템이 어떠한 방식으로 이루어졌고, 또 주변의 자연환경에 순응함으로써 어떤 지역적 특성을 지니게 되었는지를 살펴본다. 또한 그 안에서의 생활이 어떻게 이루어졌는지 조선조 (양)반가에서의 생활을 중심으로 살펴보도록 한다.

1. 한옥의 재료

한옥의 주재료는 우리의 주변에서 손쉽게 구할 수 있는 나무, 흙, 돌 등이다. 나무는 한옥의 기본골조로 뼈대가 되는 가구(架構)의 주재료인데, 나무의 물성상 불에 타기 쉽고 물에 썩기 쉬운 까닭에 집을 짓는데 좋은 재료는 아니다. 그렇지만 우리 선조들은 이러한 재료를 사용하여 한옥을 만들었다. 또한 흙 역시 우리가 사는 어느 곳이든 구할 수 있는 재료다. 물성상 가공이 쉽고 습기 조절 등 거주환경에 매우 유익한 재료로 주로 벽체와 지붕 속 단열재 및 기와를 만드는 데 사용하였다.

1) 나무

우리나라 전통한옥의 구조형식은 가구식 구조이다. 수직재인 기둥과 가로재인 보나 도리가 집의 뼈대를 구성하는 형식이다. 목조 가구식 건축은 기둥을 세우고 그 위에 수평으로 나무를 건너질러 지붕을 받도록 한 구조를 지닌 집의 총칭이다. 이러한 구조의 집은 전 세계에 분포하며 그 종류도 매우 다양하다. 한옥도 그것에 속하는 한 유형으로 앞뒤 기둥 위에 보를 건너지르고 다시 그 위에 보와 직각방향으로 도리를 건너질러 지붕을 구성하는 서까래를 받도록 한 구조이다. 보와 도리, 특히 보가 다른 나라의 목조 가구식 건축에 비해 지붕을 받도록 하는데 중요한 기능을 하고 있다는 점에서 특징을 지닌다고 할 수 있다.

나무의 수종도 집의 특징을 좌우하는 데 중요한 역할을 한다. 한옥에는 언제부터인가 소나무가 주로 사용되었다. 소나무도 종류가 매우 많은데, 우리는 주로 육송을 사용한다. 잎이 두 개 달린 소나무이다. 적송(홍송)이라는 것도 있는데, 이는 육송과 같은 종류이나 태백산맥의 해발 500~700m 정도 되는 열악한 환경에서 자란 나무이다. 나무를 베어 낸 단면이 붉은색을 띄기 때문에 적송이라 부르는 것이다. 열악한 환경에서 자란 만큼 나이테 간격이 치밀하여 집을 지었을 때 변형이 적고, 색이 좋아 일반적으로 사용하는 육송에 비해 고급의 목재로 분류한다. 또한, 우리의 소나무는 우리 환경에는 가장 적합한 건축용 목재이다. 육송의 특징은 섬유질이 복잡하게 얽혀 있다는 점이다. 그만큼 질기다고 할 수 있다. 나무에는 특유의 갈라짐 현상이 벌어지는데 육송은 한쪽 끝에서 다른 쪽 끝까지 일직선으로 갈라지는 일이 없다. 여기저기 군데군데 터진다. 따라서 집을 지었을 때 좀 갈라진다고 해도 구조적으로는 문제가 없다. 그러나 요즘 미국과 캐나다에서 수입해 사용하는 소나무는 일직선으로 갈라지는 문제가 발생한다. 나무의 성질에서 오는 차이이다.

일본의 스기목

우리나라 소나무

소나무는 한민족과 뗄 수 없는 관계를 지니고 있다. 의식주의 모든 생활에서 소나무는 아주 중요하게 쓰였기 때문이다. 아이는 이 세상에 태어나는 순간부터 소나무와 인연을 맺는다. 소나무로 기둥을 만들고 대들보를 올린 집에서 태어나고, 태어난 아기를 위해 솔가지를 매단 금줄을 쳐서 나쁜 기운이 들어오는 걸 막는다. 산모는 소나무 장작불로 지은 밥과 미역국을 먹고 그 불로 따뜻해진 온돌방에서 조리를 했다. 송판(松板)으로는 가구를 만들었으며 솔가지는 불쏘시개로 썼다. 음식에도 소나무는 빠질 수 없을 정도로 중요한 식재료다. 한민족은 솔잎으로 만든 송편을 해 먹었으며 솔잎주를 담가 마시기도 했고 꽃가루로 송화주(松花酒)를 빚고, 새순을 넣고 빚은 술 송순주(松筍酒)를 즐겼다. 구황이 들 때는 소나무 속껍질인 송기(松肌)를 벗겨 떡도 만들고 죽을 쑤어 먹기도 했고 송홧가루로 다식을 만들어 먹었으며, 솔잎으로 차를 달여 마시기도 했다. 소나무 뿌리에 기생하는 복령(茯笭)은 약제로 쓰이고 송이버섯은 최고의 음식으로 친다.

소나무 껍질에 홈을 파서 송진을 모아썼고, 소나무 뿌리를 건류(乾溜)하여 송근유(松根油)라는 기름을 만들어 불을 밝혔으며, 소나무를 태운 그을음 송연(松烟)으로 먹(墨)을 만들어 글을 쓰고 그림을 그렸다. 여승들은 소나무 겨우살이로 만든 송낙(松蘿)을 쓰고 다녔으며, 양반들은 송진이 뭉친 호박으로 마고자 단추를 해 달았고, 산림처사들은 송도(松濤)와 송운(松韻), 즉 바람결에 흔들리는 소나무의 운치 있는 맑은 소리를 즐겼다. 소

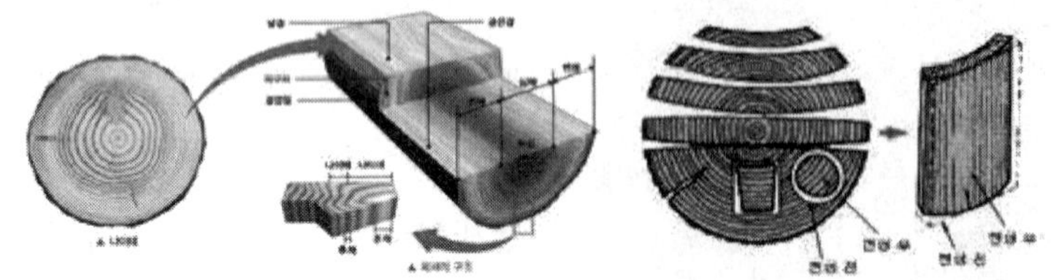

나무의 푸른 빛깔인 송취(松翠)와 소나무 그림 병풍을 펼쳐 두고 즐겼던 선비가 한둘이었을까. 생을 마친 뒤 소나무로 짠 관에 묻혀 자연으로 돌아갈 때까지, 한민족은 태어나서 죽는 마지막 순간까지도 소나무에게 신세를 졌던 것이다.

한민족과 깊은 인연을 지닌 소나무는 민족의 정서와 기질에 큰 영향을 주었으며 이는 건축 분야에도 잘 나타나고 있다. 소나무는, 오두막이든 초가삼간이든 솟을대문 세도가의 아흔아홉 칸 저택이든, 구중궁궐 크고 작은 권부의 대궐이든, 건축재로서의 국가 존립의 한 기틀을 형성했다. 특히, 궁궐을 지을 때는 오직 소나무를 사용했다. 이는 나무결이 곱고 나이테 사이 폭이 좁으며 강도가 크고 잘 뒤틀리지 않으면서도 벌레가 먹지 않으며 송진이 있어 습기에도 잘 견딜 뿐만 아니라, 진이 빠지더라도 나무가 견고해져 마른 후에도 갈라지지 않는, 목재 중의 목재가 바로 소나무이기 때문이다.

2) 흙

한옥은 흙을 이용해 벽을 친다. 벽뿐만 아니라 바닥과 지붕까지 흙을 이용한다. 흙은 습기를 조절하는 능력을 지닌다. 그래서 습도 변화가 큰 기후 조건에서는 매우 유용한 재료가 된다. 흙은 습도를 머금고 내뱉을 수 있는 능력을 지니고 있다. 습도가 높을 때에는 상대적으로 습도가 낮은 흙이 어느 정도 습기를 빨아들인다. 반대로 습도가 낮을 때에는 흙이 머금고 있던 습기를 내뱉는다. 그래서 방은 어느 정도 일정한 습도를 유지할 수 있게 된다. 흙은 단열성도 매우 뛰어나다. 사막에 지은 집을 보면 흙집이 대부분이다. 그 안에 들어가면 매우 시원함을 느낄 수 있다. 햇빛을 차단했기 때문이기도 하지만 그만큼 단열성이 뛰어나다는 것을 말해준다.

흙을 이용한 한옥의 마감재료 중 가장 대표적인 것은 기와다. 기와는 개와(蓋瓦)라고도 하는데, 중국의 문헌인 "고사고(古史考)"에 "하(夏)나라 때 곤오 씨가 기와를 만들었다(夏時昆吾氏作瓦)"라는 옛 기록이 있고, 약 3천 년 전 주나라 때 사용된 기와가 가장 오래된 것으로 알려지고 있다. 우리나라에서는 낙랑시대(樂浪時代)라 불리는 삼국시대 초기에 처음으로 건물에 사용되었다. 이때에는 평기와(平瓦) 처마에 아직 와당(瓦當, 기와 한쪽 끝에 둥글게 모양을 낸 부분)이 발달되지 못하였으나, 중국 육조시대(六朝時代)에는 연화(蓮華)무늬의 원와당이 발달하였다. 삼국시대의 기와는 주로 육조시대의 영향을 받은 것이다. 고구려는 전통성을 살려 소용돌이꼴 무늬에 특색이 있는 다양성을 보였으나 백제에서는 간소한 연화무늬가 주류를 이루어 남조(南朝)의 강한 영향을 보이고 있다. 특히 고구려와 백제의 유적에서 평기와의 처마끝에 지압(指壓)무늬(손끝으로 누른 무늬)가 발견된 것은 처마평기와(軒平瓦)가 와당으로 발전하는 원초적 형태다.

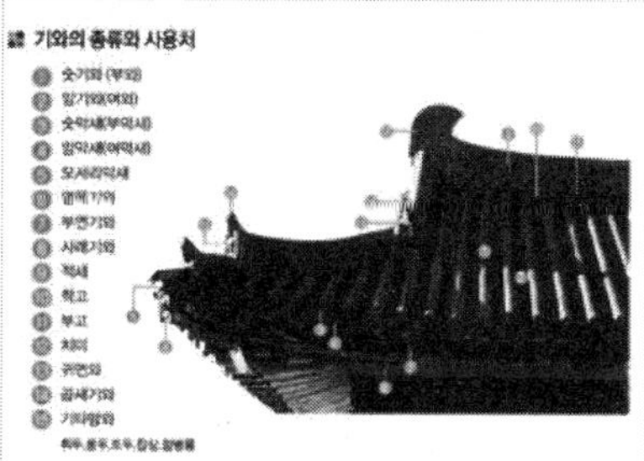

기와의 형태 중 가장 기본적인 것이 암키와(평기와)와 수키와(둥근기와)인데, 일반적으로 지붕은 산자 위에 진흙을 이겨 얇게 편 다음, 암키와를 걸치고 좌우의

전돌을 사용한 건축물 수원 화성(봉화대) 및 부여 무녕왕릉 내부

이음매에 수키와를 덮는다. 그리고 처마 위에 물끊기로 막새를 붙이는데 암키와 끝의 것을 암막새, 수키와 끝의 것을 수막새라고 한다. 지붕마루는 기왓골에 맞추어 수키와를 옆으로 세워 막고, 그 위에 수키와를 한 줄로 세워 댄다. 그리고 그 위에 마루장을 3~7겹 덮고 최상부에 수마루장을 덮는다. 마루의 양 끝에는 용두 기와를 세워 장식을 겸한다.

한편, 기와와 더불어 흙을 이용한 한옥의 마감재로서 대표적인 것으로는 전돌을 들 수 있다. 전돌은 주로 벽돌무덤, 궁궐 및 사원 건축에 이용되었는데 그 종류나 쓰임새, 모양이 다양하다. 전돌은 용도에 따라 무덤 전돌과 탑 전돌 등으로 구분된다. 형태에 따라서는 방형 전돌, 삼각 전돌, 능형 전돌(陵形塼), 이형 전돌로 구분되고 문양의 유무에 따라 민무늬 전돌과 무늬 전돌로 나뉘기도 하며, 글씨가 새겨진 명문 전돌도 있다. 무덤 전돌은 고구려나 백제에서 확인되며, 공주의 송산리 6호분과 무령왕릉의 것이 대표적인데, 부여 정동리 가마터유적에서 발견된 연꽃무늬와 글씨가 있는 전돌은 무령왕릉에 쓰인 전돌들과 비슷하여 주목된다.

무늬 전돌은 부여 외리 유적에서 출토된 8종의 무늬 전돌이 대표적인 예로써 산경(山景)무늬, 귀형(鬼形)무늬, 반용(蟠龍)무늬, 봉황무늬, 연화와운(蓮花渦雲)무늬 등이 출토되었다. 이 전돌들은 조각 수법이 매우 세련되었고, 화려한 의장(意匠)을 보여주고 있다. 이 밖에 군수리 절터에서 출토된 상자모양 전돌이 있다. 이러한 무늬 전돌은 6~7세기에 제작된 것이 많으며, 백제미술의 부드러움이나 세련됨을 가장 잘 나타내 주고 있다.

3) 돌

한옥을 지을 때 지면(마당)으로부터 일정한 높이의 단(壇)을 만들고 그 위에서부터 집을 짓기 시작하는데 이때 만들어진 단이 바로 기단이다. 단을 만드는 목적은 지면으로부터의 1차적으로 습기가 올라오는 것을 막는데 있는데 특히 비가 올 때 낙숫물이 기단 밖으로 떨어지게 되어 있어 집을 보호하는데 매우 좋다. 사대부가옥에서는 위엄을 내세우기 위해 일부러 기단 높이를 높게하기도 했다. 한옥에 사용된 기단의 종류에는 크게 토축기단과 석축기단이 있다. 토축기단은 서민들이 살던 민가에서 주로 사용되었다. 흙으로만 쌓기도 하고 일부 돌을 섞어 사용하기도 했다. 반면 석축기단은 자연석을 사용한 자연석기단(막돌기단)이 있고 돌을 가로로 길게 다듬어 사용한 장대석 기단이 있다. 장대석 기단은 주로 반가에서 많이 보이는데 대개 1단(외벌대) 내지 2단(두벌대)으로 되어 있다.

그 외에 돌이 사용된 곳은 초석에서다. 초석은 기둥 밑에 놓여지는 돌을 말하며, 흔히 주춧돌이라고도 한다. 초석의 역할은 상부의 모든 하중을 기둥과 함께 효율적으로 지면에 전달해 준다. 초석의 종류에는 자연석 초석과 가공석 초석이 있다. 자연석 초석은 막돌초석, 또는 덤벙주초라고도 하며 둥글고 넓적한 자연석을 말한다. 이 초석은 상부면이 고르지 않기 때문에 기둥 밑면을 돌에 맞추어 깎아낸다. 이러한 작업을 '그랭이질'이라고 한다. 가공초석은 형식에 따라 원형초석과 방형초석이 있다. 한편 근대화 이후에는 한옥에서 사다리형 초석도 보이며 사랑채의 누마루 아래 등에는 높이가 매우 높은 방형장초석(方形長礎石)도 사용하였다.

2. 한옥의 입지 및 배치 환경 - 풍수지리

광여도 개성부(중앙 명당 위치에 만월대)

조선시대 양반주택의 입지와 배치에 가장 큰 영향을 준 것은 풍수지리 사상이라 할 수 있다. 통일신라 말 우리나라에 전해진 풍수지리 사상은 고려 태조 왕건의 '훈요십조(訓要十條)' 및 왕도인 송도의 입지와 형국을 정하는 데 있어서 가장 큰 역할을 하였으며, 이후 유교적 중앙집권을 이상향으로 삼았던 조선시대에 들어서도 왕실과 일반에 널리 퍼졌다. 이러한 까닭에 조선 전기 도성과 지방 귀족들의 주택 조영에 앞서 입지를 정하는 가장 우선적으로 고려하였던 것은 풍수지리 사상이었다.

1) 고려 말 조선 초 풍수지리 사상

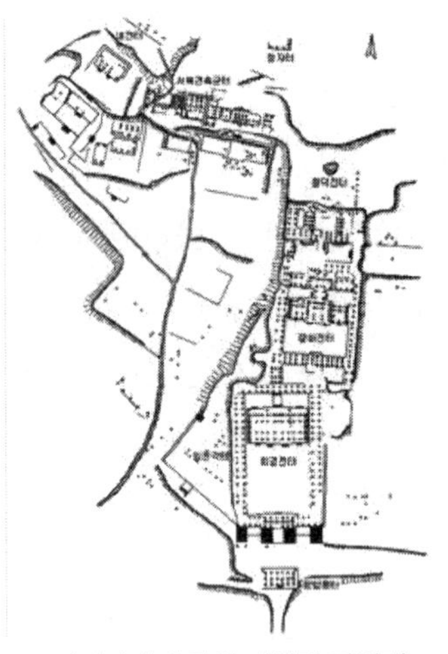
자연지세에 맞춰 배치된 만월대

우리나라에 풍수사상이 도입된 것은 8세기 말 통일신라 시기로 보는 것이 일반적이다. 도입 초기에는 왕도였던 경주지역의 왕실과 귀족들에게 전해져 사찰이나 분묘의 축조에 이용되었다. 통일신라 말기에 이르러 당시 승려였던 도선(道詵)에 의하여 풍수지리 사상이 지방의 호족으로 전파되었고, 이후 왕건에 의하여 고려가 개국하는 과정에 풍수사상은 도참적인 내용이 부가되어 불교와 더불어 고려사회를 유지하는 중요한 사상이 되었다.

고려의 왕도 개경은 풍수적으로 가장 길한 곳으로 손꼽히는 송악산을 주산으로 삼아 궁궐터를 정하고 석축을 높게 쌓고 만월대를 조성한 후 그 위에 정전인 회경전과 기타 부속 건물 등을 조영한 것이다. 그리고 기타 전각의 배치에 있어서도 남북 방향의 축을 중시하기보다는 산세와 지형을 따랐다. 조선시대 한양의 입지가 풍수지리를 바탕으로 하고 있음에도 궁궐터를 조성하고 궐내 전각을 배치하는 것은 남북 방향의 정연한 축을 기본으로 하고 있는 것과 차이가 있다.

조선조에 들어서 태조는 왕위에 즉위하자 곧 한양으로 천도할 계획을 세우고 이를 실행에 옮겼다. 고려의 남경(南京)이었던 한양은 풍수지리적으로 명당의 입지적 조건을 갖추고 있었고, 역성혁명으로 왕조를 세운 태조의 입장에서 고려의 권신들이 세력을 유지하고 있었던 개경보다는

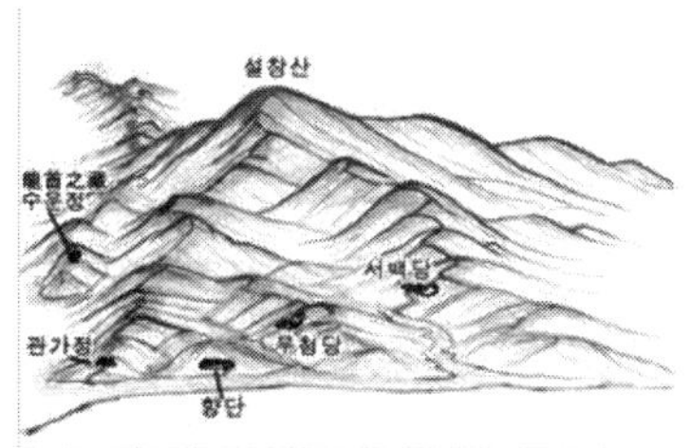

양동마을의 풍수적 입지

(출처 : 대한현공풍수지리학회 사이트)

하회마을 풍수적 입지

(출처 : 하회마을 홍보 비디오 캡처)

개경 만월대의 석축 및 계단

개경 만월대의 복원모형

국도를 옮김으로써 나라의 기틀을 새롭게 하고 인심을 개혁할 필요가 있었기 때문이었다. 그렇지만 부분적으로 명당의 조건에 부합하지 못하는 것은 비보(裨補)적으로 보완하였다. 동대문에 해당하는 흥인문(興仁門)에 '之'자를 넣은 것이나 남대문인 숭례문(崇禮門)의 현판을 세로로 놓은 것 등은 모두 이러한 비보풍수에 해당하는 것이다.

2) 한옥의 입지와 택지조성

풍수지리와 관련하여 주목할 점은 임진란 이전의 조선 전기에 조영된 사대부 주택 대부분이 경사가 급한 경사면에 위치하고 있다는 것이다. 풍수적 길지 혹은 명당은 양택과 음택 모두 산의 경사면에 위치하는 것이 보통이고, 좌향을 중시하였다. 안대(案對)로 표현되기도 하는 집의 좌향이 형국과 더불어 또 하나 중요한 요소가 되었던 것이다.

풍수적 입지와 택지 조성과정에서 중요한 또 하나는 대지를 절토하지 않고 성토하여 조성하는 것이었다. 이는 도구 및 기구 발달과정과도 맥이 통하는 것으로서 향이 좋은 곳을 선정한 후 석축을 쌓고 대지를 성토하여 다지는 과정이 보다 일반적이고 품이 덜 드는 작업이었기 때문이다. 경사지를 절개하여 대지를 조성하는 것은 현재와 같은 작업도구가 없이는 쉽지 않고 암반이 쉽게 노출되는 노년기 지형에는 부적합한 것이기도 하다. 따라서 풍수적 관점에서 명당(明堂) 혹은 길지(吉地)라 생각되는 곳을 선정하여 주택을 조영하기 위한 대지로 만드는 작업은 건물의 규모에 맞게 석축을 쌓고 그 안쪽을 돌과 흙 등으로 채우는 것으로부터 비롯하였다고 볼 수 있다.

현존하는 가장 오래된 주택인 맹씨행단을 비롯하여 조선 전기의 사대부 주택의 경우도 이러한 대지조성 방식을 따르고 있다. 특히, 맹씨행단의 경우는 설창산을 주산으로 삼고 그 좌향을 북향에 가깝게 맞추어 조선시대 사대부 주택의 좌향이 주로 남향을 선호하는 것과는 큰 차이를

맹씨행단의 입지와 배치

서백당의 입지와 배치

아산 맹씨행단의 석축 및 계단

안동 임청각의 석축 및 계단

보여주고 있는데, 이는 풍수지리 사상에 큰 영향을 받았던 이유로 해석된다.

3. 자연환경 조절

한반도는 북위 33~43도에 위치하며 온난기후지역에 속하며, 대륙성 기후와 해양성 기후의 점이성 지대에 속하여 두 개의 기후요소를 가진 중간적 성격에 해당한다. 이로 인하여 각 지방마다 다양한 주택이 형성되었다고 볼 수 있다. 또한, 한반도의 기온은 같은 위도상의 다른 나라보다 낮아 북부지역은 대체로 연평균 기온이 10도 이하인 반면, 중부지역은 10도 내외, 남부지역은 12도 내외로 그 차가 심한 편이다. 한편, 여름은 평균기온이 18도 이상인 달이 6월~9월까지로 긴 편이고 최근에는 그 기간이 점점 길어지는 온난화 현상을 보여주고 있다. 또한 지형적으로

처마내밀기와 계절에 따른 태양의 고도

보아 한반도는 전 국토의 75%가 산지로 이루어져 마천령산맥으로부터 낭림산맥, 묘향산맥, 태백산맥, 소백산맥, 차령산맥 등 산악지형을 보여주고 있다.

1) 일조 및 일사 계획

한국의 전통주거는 일조 및 일사를 최대한 받아들일 수 있는 배치 및 평면구성으로 발달하여 왔으며, 계절에 따른 실내의 과열을 막기 위한 조절 장치로 지붕과 차양을 사용하였다. 한반도에 분포하는 다양한 형태의 평면은 공통적으로 일조 및 일사의 충분한 유입을 위한 것이라 할 수 있다. 특히 지붕의 처마는 태양 고도가 높은 여름에 일사의 유입을 차단하고 태양고도가 낮은 겨울에는 일사를 실내 깊은 곳까지 유도하여 쾌적한 열 환경을 조성한다. 대체로 약 30도 정도의 처마내밀기로 되어 있으며, 건물의 격식이 높은 건물일수록 그 내밀기를 많이 하는 경향이 있다. 그렇지만 많이 내미는 것만이 좋은 것이 아니다. 처마밑이 어두워지는 단점이 있을 수 있기 때문이다. 따라서 한옥에서는 내미는 것과 동시에 지붕의 처마를 들어올리는 것을 함께 고려하였다. 지붕의 3차원적 곡선을 그렇게 형성된 것이라 할 수 있다.(안허리, 앙곡)

지붕의 안허리와 앙곡 및 처마에 덧달아 낸 차양 (운현궁)

2) 냉난방구조

우리나라의 한옥에서 가장 큰 특징은 마루와 온돌이 함께 있다는 것이다. 마루와 온돌은 그 성질상 상반된 기능을 가진 것으로 볼 수 있다. 마루는 개방적인 남방문화의 소산이요, 온돌은 폐쇄적인 북방문화의 소산임은 미루어 짐작할 수 있다. 이 정반대의 성격을 가진 두 개의 기능이 함께 존재하는 한옥의 특징은 우리 기후에 가장 적합한 기능의 완결성을 의미한다. 마루와 온돌은 오랜 기간을 통해 선택과 적응의 과정을 거쳐 전해 내려왔다. 그러나 온돌의 경우 제주도를 제외한 우리나라 전역에서 거의 절대적인 요소로 자리 잡은데 비해 마루는 민가에서 필수적인 요소는 아니고 그 유형도 지역이나 집의 규모에 따라 달리 나타나고 있다.

(1) 마루

마루는 바닥을 지면에서부터 멀리 떨어뜨려 높게 지은 집에서 시작한 시설로 바닥을 높게 만든 집을 고상주거라 부르기도 한다. 이렇게 함으로써 지열의 영향을 적게 받고 통풍이 잘되기 때문에 더위를 피하기에 적합하다. 또 통풍이 좋고 습기나 열기를 배제할 수 있다는 점에서 한반도에서는 일찍이 곡식을 저장하기 위한 창고건축(부경)에 활용되기도 하였다. 그렇지만 주택에 사용된 고상식 건축은 더위가 심한 남쪽지역에서부터 먼저 시작되었다.

우리나라도 남쪽지방에서 청동기시대부터 고상식 주거가 지어졌음이

감은사지 금당의 돌마루 구조와 목조건축에서의 우물마루 구조

확인되고 있다. 전 세계적으로 다양한 형식의 마루가 비교적 빠른시기부터 발전하여 왔지만 우리의 한옥에서는 독특한 형식을 만들었다. 우물마루가 그것이다. 우물마루는 장귀틀과 동귀틀로 우물형식의 틀을 짜고 그 안에 마루널(청판)을 채워 넣는 형식으로 우리의 독창성이 담겨있는 구조라 할 수 있다.

(2) 온돌

우리의 건축은 오랜 세월 동안 온돌을 고유의 주거난방수단으로 이용해 왔다. 온돌은 아궁이에서 장작이나 짚 등을 연소시켜, 바닥 전체를 따뜻하게 하는 복사난방 방식의 일종으로 축조 방식이 간단할 뿐만 아니라 우리나라에서는 축조 재료인 화강암 및 양질의 점토가 풍부하고 잡목 등 땔감의 채취도 용이하여 일반적인 난방 방식으로 사용되어 왔다. 아침, 저녁에 아궁이에 불을 지펴 구들을 데워두고 그 축열에 의해 일정 시간 지속적으로 사용하는 것이 일반적이다. 구들장 및 구들은 또한 습도를 조절하기도 하는데 구들의 진흙은 겨울에는 습기를 방출하고 여름에는 습기를 취한다. 또한 구들은 겨울에는 지열을, 여름에는 지중의 냉기를 얻게 되어 좌식 생활에 쾌적한 환경을 만든다. 특히 여름 장마철에는 군불을 넣어 지나친 습기를 옥외로 방출시킬 수 있다.

고려시대 이전 삼국시대 고구려나 백제의 유적에서 보이는 온돌은 실내부에 아궁이를 두고 이곳에서부터 한 줄 또는 두 줄의 고래가 벽을 따

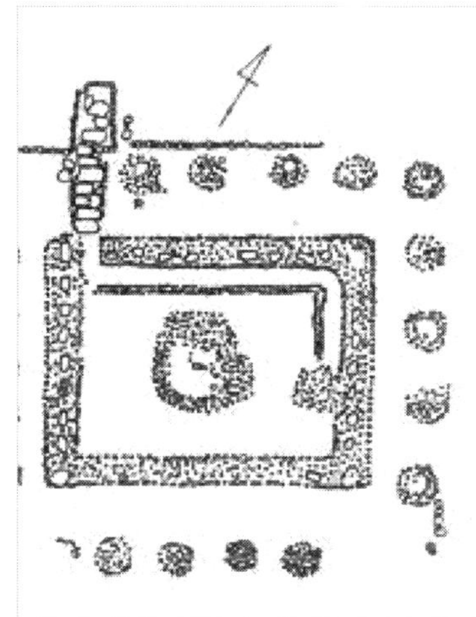

동대자유적 꺾임형구들(左)

고구려 고분 벽화의 부엌(右)

라 길게 이어져 실 외부로 나가 굴뚝으로 연결되는 형식이다. 집안(集眼)에 위치한 동대자(東臺子) 유적에서 보듯 방 전체가 아닌 실내의 일부를 덥히는 방식으로 '꺽임형 구들'로 표현될 수 있다. 이러한 '꺽임형 구들'이 아궁이를 실외에 두고 방 전체를 데우는 방식의 '방 전면온돌'로 발전한 것이 언제부터였는지 확실하지 않다. 다만 문헌상으로나 발굴된 유적을 근거로 고려시대 중기 이후인 12세기 경부터는 방 전면온돌로 발전하였던 것으로 추정된다. 이후 조선시대에 들어서 상류 지배층이었던 사대부들의 주택에는 방 전면온돌이 확산되어 널리 사용되기 시작하였던 것으로 여겨진다. 이처럼 방 전면온돌의 사용이 상류 지배층을 중심으로 확산된 것은 주택에서의 거주와 관련하여 난방을 위한 양질의 나무와 땔감을 확보해야 하는 상황에 근거한다.

고려시대 주택 안에서 온돌의 방식이 '방 전면온돌' 형식으로 발전하면서 나타났던 또 다른 변화는 실 외부에 아궁이가 놓이게 되면서 실내의 생활이 의자식에서 바닥에 앉는 좌식으로 변화하게 되었다는 것이다. 즉, 실내 일부에 꺽임형 구들이 놓여 있는 상태에서의 생활은 고구려의

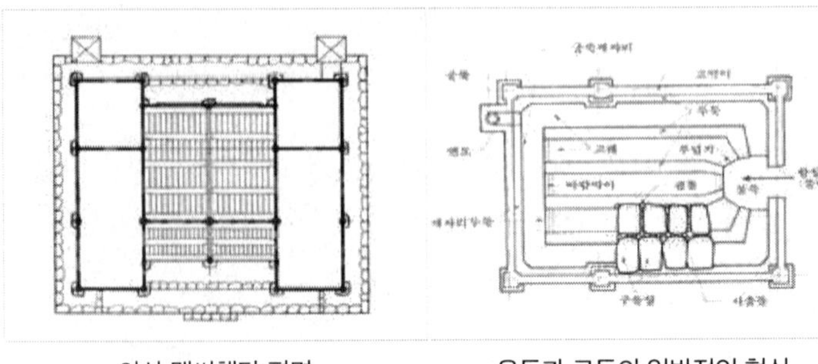

아산 맹씨행단 평면　　　온돌과 구들의 일반적인 형식

벽화고분 등을 통하여 볼 수 있듯이 평상이나 상을 놓고 의자에 앉아 생활하는 것이었다. 이는 고려도경의 저자가 기술하였듯이 중국에서의 생활풍속과 크게 다르지 않은 것이라 생각되며, 그에 따라 주택의 형식 역시 중국의 것과 유사하였을 것으로 생각된다.

그렇지만 방 전면온돌이 상류층인 사대부 주택에 시설되면서 이러한 생활양식에 변화가 왔고, 실내에서의 생활양식은 방바닥에 앉아 기거하는 것으로 바뀌게 되었다. 그리고 '실' 또는 '방'으로 들어가기 위해서는 신발을 벗어야 하므로 건물의 중앙에 위치하였던 '당'이 중간적 공간으로서 역할을 하게 되고, 이곳에 마루(대청)가 시설되기 시작하였던 것으로 생각된다. 온돌과 마루가 하나의 거주 공간에 시설되어 우리나라 주택의 가장 큰 특징을 만들게 된 것이다. 물론 이러한 과정에는 많은 시행착오가 뒤따랐을 것으로 생각되며, 더불어 마루를 구성하기 위한 기술적 진보가 함께 뒷받침되었기 때문에 가능한 것이라 판단된다.

3) 미시 기후 조절

목재를 주재료로 한 전통주택의 개구부는 여름철에 '들어열개'에 의해 공기 유입구와 배출구의 크기를 거의 동일하게 함으로써 쾌적한 실내기류를 일으키며 인체표면의 수분 증발에 의한 냉각효과를 증대시키고 있다. 겨울철에는 배출구 역할을 하는 개구부를 덧문이나 널문으로 폐쇄

대청마루 후면 창호와 중정마당과의 대류 & 관가정 중정과 대청

해인사 장경판전 전후 창호의 형식과 기류의 흐름

하여 후면부의 툇간과 함께 실내외 차가운 기류의 통과를 차단시키고 있다. 또한 전통건축은 그 공간의 개방성으로 인하여 맞통풍이 잘 이루어지는 구조를 가진다. 남북으로 개방되어 있는 마루 구조는 맞통풍을 이용하여 우수한 냉방효과를 유도한다. 여름철에 주로 부는 남동풍은 안채 및 사랑채 전면에 위치한 중문간 행랑채나 담에 의해 기류의 속도가 빨라짐으로써 대청에 기거하는 사람에게 쾌적감을 느끼도록 한다. 이와 같이 한국 전통주거의 외부공간을 구성하는 한 요소인 담은 시각적 요소뿐 아니라 통풍 효과면에서 매우 중요한 역할을 하였다. 또한 전통건축의 대부분은 남쪽을 전면으로 하는 나지막한 산등성이에 위치하고 있어 자연적으로 식목에 의한 장애물을 등진 위치에 있게 된다. 이러한 주택 배치는 겨울철 한랭한 북서 계절풍의 속도를 완만한 경사면과 식목에 의해 일차적으로 완화시키고, 후원 담장에 의해 다시 이차적으로 감소시키

게 해준다. 전통건축에서 우수한 자연환기시스템에는 부엌의 환기를 위한 까치구멍이 있고 까치구멍은 팔각지붕의 합각면에 나 있으며 부엌에서 더워진 공기를 배출한다.

4) 단열시스템

지붕은 일반적으로 서까래를 걸고 산자를 엮은 후 그 위에 진흙을 덮는다. 진흙을 덮고 난 후에는 새나 이엉의 마름을 잇거나 나무나 들로 만든 너와를 늘어놓거나 기와를 이어 지붕의 표피를 구성한다. 이렇게 지붕 구조에 진흙을 사용하는 것은 방수의 목적도 있었지만 단열의 효과를 증진시킬 수도 있었다고 생각된다. 특히, 초가지붕의 경우는 지붕 구조체의 열용량으로 인한 높은 일사차폐효과 및 보온효과를 기대할 수 있다. 이러한 열적 특성으로 여름철에는 뜨거운 태양복사열을 차단시켜 실

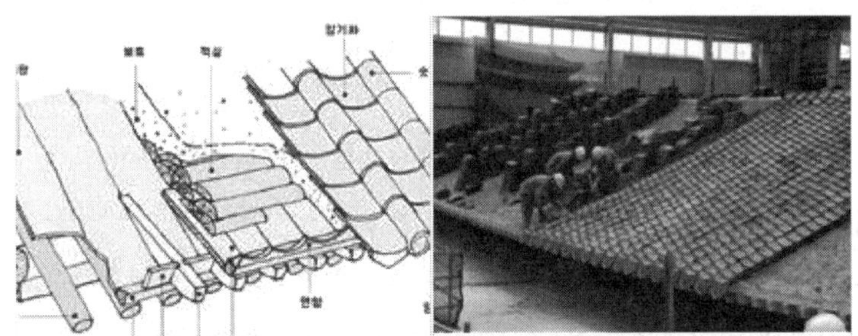

전통건축물 지붕 구조 및 숭례문 지붕잇기 공사

전통건축물 심벽구조의 외엮기(설외, 눌외)의 방식

온변동 폭을 적게 했고, 겨울철에는 열용량이 큰 볏짚과 흙벽으로 시간 지연효과에 의해 실온변동 폭을 적게 했다. 즉, 지붕에 닿는 강렬한 일사가 실내로 유입하는 것을 막는 데는 진흙이 가장 효과적이며 전통적인 수법인 증발냉각효과도 이용하였다. 증발냉각은 인체피부표면이 땀 흐름의 현상에 의해 방열해서 냉각이 얻어지는 경우와 같이 건축물의 젖은 표면에서 수분이 대기 중으로 증발함으로써 열이 손실되어 냉각되는 것이다. 이러한 단열시스템의 원리는 흙을 주재료로 하여 두껍게 만든 민가의 벽체구조에서도 쉽게 찾아볼 수 있다.

4. 지역적 특성을 반영한 한옥

지형과 위도의 차이에 따라 지역별 기후가 뚜렷하게 나타나기 때문에 기후를 고려한 주거 공간의 모습도 다를 수밖에 없다. 예를 들면 비가 많이 내리는 지역의 지붕 경사는 급한 반면, 건조한 지역의 지붕 경사는 완만하다. 추운 지역의 집들은 보편적으로 보온과 방풍을 위해 벽을 두껍게 하고 천정을 낮게 하여 온돌로 덥혀진 훈기가 오래 지속되도록 폐쇄적인 가옥구조가 특징으로 나타난다. 이에 반해 기온이 비교적 따뜻하고 비가 많은 남쪽지역에서는 통풍을 위한 개방적인 가옥구조가 중요한 요소로 나타난다. 기후와 관련하여 지방별 주택평면을 분류해보면 차이점은 더욱 두드러진다. 북부지방은 대륙성 기후의 영향으로 한서의 차가 커서 여름철 더위보다 겨울철의 추위가 훨씬 심하다. 그러므로 방한과 방온을 고려한 평면 형식으로 방의 배치가 두 줄로 배열되는 겹집구조를 가지게 되는데, 함경도 지방의 주택이 대표적이다. 그러나 남쪽지방은 여름이 길고 무더운 기후적 특성을 갖고 있으므로 여름을 시원하게 보내기 위한 장치로서 처마가 깊고 통풍이 잘 되는 마루 구조를 지닌 가옥구

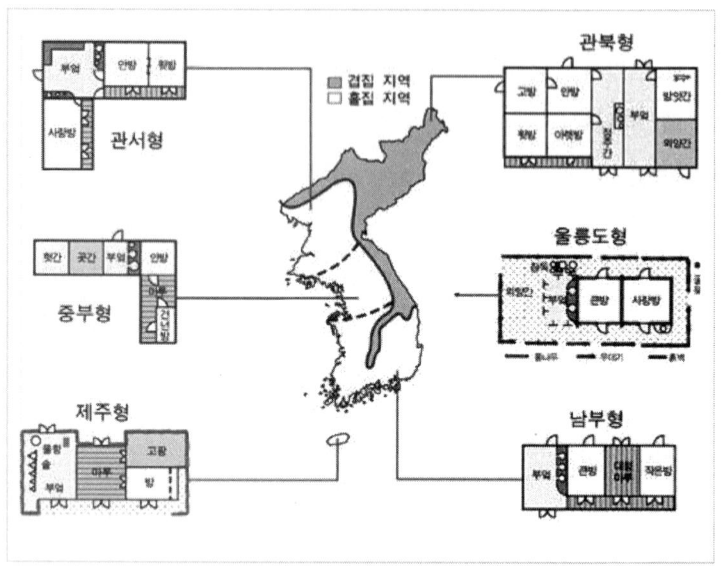

우리나라 전통주거의 지역별 분포와 평면형식

조가 발달하게 되었다.

또한 사람들의 활동이 비교적 마당에서 이루어질 수 있도록, 주거 공간을 여러 채의 건물로 분산시키는 방법이 발달하였다. 따라서 살림채의 규모가 비교적 작은 방들이 한 줄로 배열되어 통풍에 유리한 홑집구조가 발달되었다. 말하자면 온돌은 겨울이 길고 추운 북쪽지방에서 발달하여 점차 남쪽지방으로 전파된 반면, 마루는 여름이 길고 무더운 남쪽지방에서 발달하여 점차 북쪽지방으로 확산된 것으로 생각된다. 뿐만 아니라 눈이 많이 내리는 강원도와 울릉도(연간 월평균 강설량은 북부가 40~70mm, 중부가 40~100mm이며 남부는 추풍령과 목포 지역의 50mm를 제외하고는 20mm 정도이다.)의 주거형태를 조사해보면 울릉도의 귀틀집과 우데기에서 특수한 외벽 구성이 나타난다.

우리나라 민가의 유형은 크게 방의 배열에 따라 홑집형과 겹집형으로 분류할 수 있고 건물의 형태에 따라서는 一자형과 ㄱ자형, ㄷ자형, ㅁ자

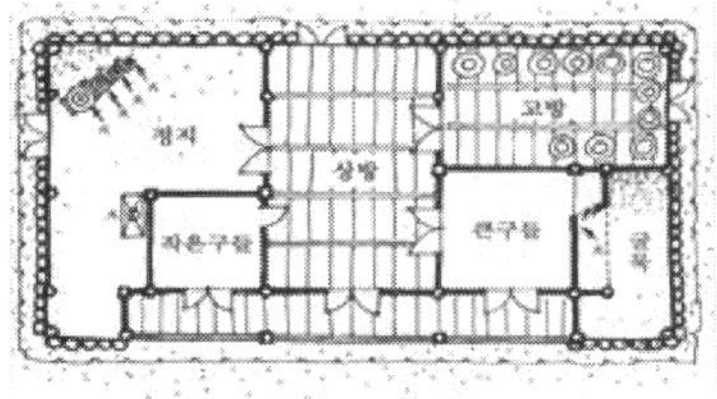

울릉도 민가의 우데기(위)와 제주도 민가의 평면형식(아래)

형으로 분류할 수 있다. 겹집형 민가는 온도가 비교적 낮은 지역의 평면형으로 함경도 지방에서 태백산맥 줄기를 따라 강원도 일부까지 분포되어 있으며, 홑집형의 一자형 건물은 온도가 높은 지역의 평면형으로 중남부 전역에 많이 분포하고 있다. 특히 양통집은 하나의 용마루 아래 방이 두 겹으로 배치된 것을 말하는데, 이는 주로 태백산맥을 중심으로 강원도 지방과 함경도 지방의 서해안 지역에서 나타나는 주택형태이다. 이러한 양통집은 침실 수와 건물면적에 비해 밀실한 평면 형태와 작은 표면적을 보여주고 있어 건물의 열손실 방지에 매우 유리하다.

ㄱ자형의 곱은자집은 중부지방의 주택밀집 지역에 건축된 전형적인 서민주택에서 ㄱ자형을 이루는 안채와 一자형을 이루는 사랑채가 대문간을 중심으로 ㄷ자형 평면 형태로 나타난다. 이런 ㄷ자형 평면을 가진 주택의 밀집배치는 여름철에는 근처 건물에 의해 그림자를 만들어 햇빛을 차단시켜 주고 겨울철에는 열용량이 큰 흙벽의 중첩으로 인해 열손실을 방지할 수 있는 우수한 건물 열시스템을 보여준다. 곱은자집의 평면구성을 살펴보면 주로 여름철에 사용하는 대청의향에 세심한 배려가 있으며 남향의 주택인 경우에는 주요 공간인 안방, 안대청, 사랑방, 사랑대청은 대부분 남북축을 형성하고 있어 일조 및 통풍에 유리하다.

남부지방의 겹집평면은 경상남북도와 전라남북도 지방에 분포된 것으로서 부엌 - 방 - 대청 - 방이 일자형으로 구성되어, 전술한 평안도 지

방형처럼 기본적으로 일자형이나 기후적 요인으로 대청이 첨가된 것이 특색이다. 이러한 평면구성 형태는 일종의 기후적 완충영역의 개념이 내포된 것이며 고온 다습한 남해안의 해양성 기후에 알맞게 발달한 평면이라 할 수 있다. 더욱이 제주도에만 나타나는 특색 있는 평면형으로 제주도 겹집이 있는데 이것은 중앙에 대청인 상방을 두고 좌우에 자녀들 방인 작은 구들과 부모의 방인 큰 구들을 두며, 큰 구들 북쪽에 고팡(식량이나 물건 따위를 간직해 보관하는 곳. 제주 지방의 방언이다)을 두어 물품을 보관한다. 이는 남부지방의 더운 기후를 고려하여 자연형 냉방을 위한 공간구성 형태라고 볼 수 있다.

5. 우리의 생활이 담겨있는 한옥

1) 건축의례

(1) 개토(開土), 토신제(土神祭)

개토는 토지신(土地神)에게 땅을 파헤치고 집을 짓게 되었으니 역사가 순조롭게 진행되도록 도와 달라고 지내는 제(祭)로서 건물이 완공될 때까지 무사고를 기원하며 집에 불(화재)이 나지 않고 잡귀가 들지 못하게 부정을 치기 위함이다. 지역에 따라 차이가 있으나 대체로 집터 가운데 흙을 적당히 모아두고 주위에 왼(左)새끼를 둘러치고 집터 네 귀퉁이에 술을 조금씩 뿌리기도 하고 제물의 일부를 땅에 묻어 토지신(土地神)에게 바치기도 한다.

"해가 진 뒤에 제물(酒, 果, 香, 燭, 胞)을 차리고 글귀를 지어 土地神에게 알린다. 제사가 끝나면 집터의 사방을 생땅이 나올 때까지 파며 땅속에서 나무뿌리, 뼈, 털 조각 등의 쓰레기가 나오면 반드시 잘 치워야 한다."(『산림경제』 복거편)

(2) 정초(定礎)

터다지기가 끝이 나면 지관(地官)이 정해 놓은 좌향에 따라 기둥을 세울 자리에 주춧돌을 놓게 된다. 이 작업을 '열초'라고도 부르는데 열초일에는 지관이 패철을 놓아 건물의 중심이 되는 주추의 정확한 위치를 알려주고 그 위에 열십자(+)로 기둥의 중심축이 될 자리를 표시해 놓는다. 주초를 놓는 작업은 주추의 배열로 기둥이 놓일 자리를 결정하고, 그 기초를 만든다는 건축적 의미와 함께 집안에 새로운 성주신의 잉태(孕胎)를 위해 어머니를 상징하는 땅(穴)에 아버지의 씨앗(生命)을 의미하는 주추를 박아 성주신을 잉태하게 한다는 상징적 의미로 볼 때, 정초 또는 열초의 공정은 성주신의 뿌리를 심는 의례적 과정과 함께 매우 중요한 작업이라 할 수 있다.

(3) 모탕고사(開工)

목수(木手)들이 공사(工事)를 시작하기 전에 지내는 제(祭)로서 만약 받아 둔 날에 개공제를 지낼 수 없을 때에는 둥근나무 두 개의 끝을 가위다리처럼 묶은 것 두 개를 세우고 그 위에 긴 나뭇가지를 걸쳐 놓는 것으로 대신 하기도 하고 허공(虛工)에다 "어느 날 누가 어느 시에 개공(開工) 하였오"라고 세 번 소리치는 것으로 대신하기도 한다.

"역사를 시작하는 날 제(祭)가 끝나면 목수들은 마름질한 들보 아래에(뿌리 부분) 톱, 자, 먹통, 먹칼 등을 늘어놓고 제례를 올린다. 그리고 붉은 종이에 '開工大吉'이라고 써서 들보머리에 붙이고 황색 종이에 '姜太公 在此'라는 글귀를 붉은 글씨로 써서 처음 손질할 나무에 걸어두고 집을 다 지을 때까지 더럽히지 아니한다. 이렇게 하면 잡귀가 붙지 못한다."(『산림경제』 복거조)

(4) 입주(立柱)

주초 위에 기둥을 세우는 작업을 입주라고 부른다. 입주 역시 지관으로부터 택일(擇日)을 하여 시행하는데 기둥을 세우는 과정을 열초 공정과 연결하여 볼 때, 열초를 통하여 수태(受胎)된 성주가 모태(母胎) 안에서 발육하여 뼈대를 갖추게 되는 과정으로서 정상적인 골격을 갖춘 성주를 출산하기 위해서는 기둥의 수직 세우기가 중요한 역할을 하게 된다.

즉, 입주는 기둥을 세우는 작업만을 하는 것이 아니라 기둥의 머리에서 보와 도리를 결합시켜 건물의 뼈대를 형성하는 작업이 포함되어 있기 때문에, 목수들은 이 날을 집 세우는 날이라고도 하는데 이는 입주 단계에서 집의 뼈대가 형성된다는 의미 때문일 것이다. 따라서 흔히 기둥이 기울면 집의 전체가 기울게 되고 집이 기울면 집안이 망하게 된다는 말을 하듯이 입주는 가세(家勢)나 가운(家運)을 유지하는 큰 의미를 담고 있기 때문에 대주와 목수는 기둥 세우기에 온 정성을 기울여야 할 것이다.

(5) 상량제(上樑祭)

집을 지키는 성주신이 좌정한다는 마루도리(종도리)를 올리는 의식으로 집을 짓는 과정 중에서 가장 엄숙하고 신성시하는 행사로서 상량대에는 못 등을 박지도 아니하고 사람이 앉거나 함부로 넘지도 않는다. 또한 가주(家主)는 이때까지 상가집이나 부정한 곳에 가지 않는다. 상량(上樑)에는 상량문이라 하여 집을 지은 연월일시(年月日時), 좌향, 축원문 등을 적고 큰 건물에는 신축이나 중창여부, 도편수, 중편수의 이름까지 적는다. 일반 건물에는 상량대에 먹으로 글을 써 아래에서 볼 수 있게 하고 공공건물 등에는 한지에 글을 써 종도리 장여에 구멍을 파서 넣고 도리를 얹으므로 도리를 해체하기 전에는 그 내용을 알 수 없도록 한다. 상량식을 할 때는 반드시 대주가 성조운(成造運)이 들었는지를 알아보아야 하며, 만약 대주가 성조운이 들지 않았으면 가족 중에 운이 맞는 사람을 대주로 삼아 택일하여 상량시(時)를 정하여 의식을 행한다. 대주와 상량 일시가 정해지면 대목(목수)은 정시에 상량을 할 수 있도록 기둥을 세우고 보와 도리를 얹은 후 대공을 세우고 마룻대를 미리 준비하여 의식에 차질이 없도록 한다. 의식이 시작되면 상량문(上樑文)이 쓰인 마룻대를 상량할 위치에 놓고 그 앞에 제상을 차린다.

제상에는 돼지머리 또는 명태와 밥, 흰시루떡, 과일(三色과일), 술, 돈 등의 제물(祭物)을 차려 놓고 향불을 피워 정해진 대주가 두 번씩 3회 절을 한다.(지방에 따라 세 번씩 절하는 곳도 있다.) 대주의 절이 끝나면 아들, 손자들도 차례대로 절을 올린 다음 부어 놓았던 술을 마룻대에 뿌리면서 자손대대로 무병장수하며 가정의 화목을 빈다. 절이 모두 끝나고 나면 돈과 광목, 명태, 실, 쌀(쌀은 종이봉지에 넣음)을 마룻대에 매어 상량을 한다. 이때 집주인과 행사에 모인 사람들이 집의 번영과 목수들의 노고를 치하하는 뜻으로 성의껏 돈을 놓는다. 걸린 돈이 적으면 목수들은 상량대가 무거워 못 올라온다며 장난을 치기도 한다. 상량을 마친 후 돈과 광목은 대목이 옷을 해 입도록 배려하며 명태는 잡일을 하는 사람들의 술안주로 쓰인다. 상량 때 집주인의 성주(집을 지키고 보호한다는 조상신)를 모셔다 대주가 새집을 지었으니 아무 탈없이 집을 잘 지켜 달라는 뜻으로 목수가 창호지를 접어서 기둥 머리에 흰 실타래로 묶어 놓기도 한다. 상량의식이 모두 끝나고 나면 대주는 마을 주민들을 초청하여 술과 음식을 나누어 먹게 한다.

(6) 입택(집들이)

새 집에 들어가거나 이사를 할 때에는 좋은 날을 받아야 한다. 집이 완공되면 향촉(香燭), 술(酒), 정수(淨水), 버드나무가지(柳枝), 푸성귀(靑菜一葉) 등을 마련하고 천지가신(天地家神)에게 제사를 올리면서 아래의 말을 세 번 읊고 두 번 절을 한다.

"천지의 음양신과 해와 달과 별님의 두루 살피심이여 상서로운 기운이 집안에 깃들기를 바라옵니다. 여러 신령에게 이르사 향불이 萬年 동안 꺼지지 않으며 집을 영원히 다스리어 악령이 들지 못하고 물이나 불이 침범하지 않게 하소서 門神이 집을 보호하여 잡귀를 물리치고 太乙에 命하사 家門을 지켜주고 술술이 풀어지게 하소서."

손 없는 날을 길일로 정하며 각 지방 풍습에 따라 약간씩 차이는 있으나 대체로 조왕솥(부엌에 있는 솥 중에서 주로 밥을 짓는 솥을 말하며, 조왕이란 부엌을 맡은 신을 말하며 부엌의 모든 길흉을 관장한다고 함)을 제일 먼저 가져간다. 이때 솥 안에 흰시루떡(백설기)을 만들어 넣고 옮기는 지방도 있고, 불씨가 담긴 화로를 넣어가는 지방도 있다. 짐이 새집에 도착하면 마당에 멍석을 깔고 조왕솥을 내려놓고 고사(절)를 지낸다. 입택 시간에 맞추어 솥을 부엌에 걸고 밥을 지어 조왕신께 고한 후 술과 음식을 마을 주민들에게 대접한다. 그리고 세간살이를 모두 집 안으로 들여놓게 되면 제일 먼저 조상을 모신다. 조상은 안방 북쪽 상인방 밑에 좌정시켜 놓은 후 음식을 차려놓고 새집으로 이사들었음을 알리며 가족들의 수복을 빌며, 다음으로 성주신과 잡신들에게도 집안의 안녕과 번성을 기원한다.

2) 가신신앙

가신신앙은 가택의 요소요소마다 신이 있어서 집안을 보살펴 주는 것이라 믿고, 이 신들에게 정기적인 의례를 올리는 것이다. 가신은 으뜸신이며 가옥신인 성주를 비롯해 조상, 삼신, 조왕, 터주, 업신, 철륭, 우물신, 칠성신, 우마신, 측신, 문신 등이 나름의 질서 체계를 유지하면서 존재하고 있다. 집안에 있는 신이어서 가신신앙을 가택신앙, 가정신앙, 집단신앙 등으로 일컫는다. 이들은 일정한 건물이나 공간에 거처하며, 일정한 역할을 가지고 있다. 이들의 역할은 가족과 가문으로서의 집을 보호하고 그들의 길흉화복을 관장한다고 믿기에 주기적으로 의례의 대상이 되어 왔다. 신들이 거처한다고 믿어지는 건물이 신전(神殿)이듯이 주택 또한 가택신들의 거처로서 신전의 의미를 가지고 있다.

(1) 성주신

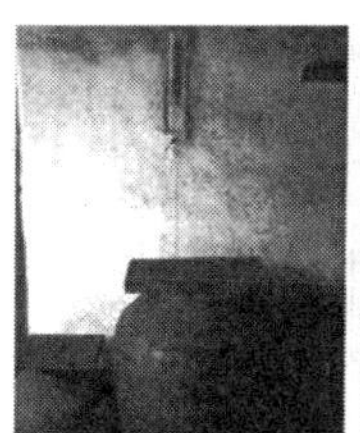

주는 집을 총괄하는 신(神)으로 가정의 안녕과 액운을 관장한다. 성주신앙은 경상도 지역에서 가장 보편적으로 나타나는 가신신앙의 한 형태이다. 성주받이는 집을 새로 짓거나 새로 마련하였을 '집을 지켜주는 신(神)'으로 성주신을 모시는 의례를 말한다. 이때 무당이나 점쟁이를 불러서 대청에 굿상을 차리고 오후 늦게 시작하여 밤이 새도록 굿을 하게 된다.

성주를 거는 자리는 성주대에 신이 내려 대가 가리키는 곳으로 하는데, 경상도에서는 대부분 대청에서 보아 안방 쪽의 벽기둥에 모신다. 이렇게 성주를 모신 집에서는 성주를 모신 날(성주 생일)이나 정월, 또는 시월 상달에 성주상을 차리고, 또 성주대접이라 하여 설날과 추석에 차례상과 함께 성주상을 차리기도 한다. 이때 집안의 평안, 농사의 풍년을 기원하며 가족의 무병장수 등을 빌게 된다.

(2) 조상신

조상들의 신으로서 후손들을 돌보아 주고 집안의 풍요를 지켜준다고 믿어지는 집안지킴이이다. 어떤 굿에서나 조상을 모시며 조상신은 조상, 삼신, 곡령신이 서로 중복되어 나타나는 경우가 많다. 조상신에 제석이나 세존이라는 말이 결부되는 것은 불교적 요소가 반영된 결과로 보인다. 조상신에는 풍년을 기원하는 농경신으로서의 속성 및 장손집에 모시는 조상숭배성, 술과 고기를 바치지 않는다는 불교적 속성이 결합되어 있다. 신체는 단지로 된 경우와, 별다른 신체가 없는 경우가 있다. 차례 때 조상상을 차려 제하고, 햇곡식이 나면 성주신과 함께 조상신에게도 천신한다. 굿을 할 때는 조상상을 따로 차려 제사를 지내고 별식이 나면 조상에게 바친 후 먹어야 한다. 조상신은 고래의 전통적인 조상숭배의 유습을 반영하고 있는 것으로 보인다. 전라도에서는 조상단지, 제석오가리라고 부르며 경상도에서는 조상단지, 세존단지, 시조단지, 조상할배 등의 이름이 보인다.

(3) 조왕신

조왕신은 부엌을 지키는 집안지킴이이다. 그 기원은 불을 다루는 데서 유래한 것으로 부엌은 불을 사용하는 장소이기 때문에 자연적으로 불을 숭배하게 되었던 것으로 생각된다. 즉, 불을 신성시하며 숭배하던 신

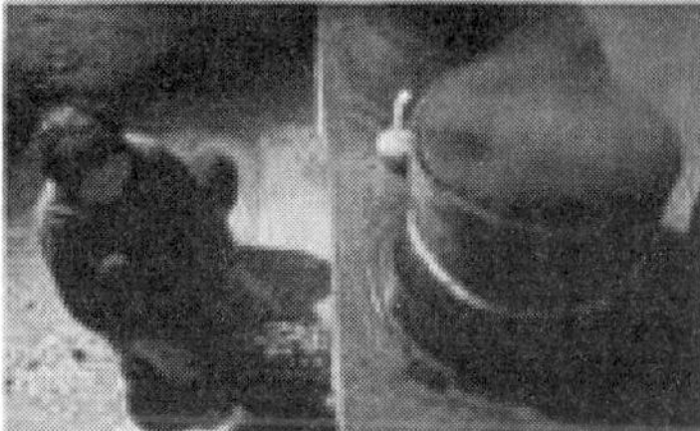

앙에서 유래된 것이라 할 수 있을 것이다.

조왕신에게 물을 바치는 것은 부엌에서 물과 불을 동시에 다루는 것에서 생긴 것이다. 부엌은 물과 불을 다루는 곳이고, 따라서 정화하는 힘도 있다고 믿어진다. 부엌을 관할하는 조왕신을 여신으로 간주하여 '조왕각씨' 또는 '조왕할망'이라 하지만 신격은 알 수 없다. 이 신이 집안을 보호하는 기능이 있다고도 하며, 조왕신에는 주부들이 부지런히 일함으로써 가족이 잘되고, 특히 집을 떠나 객지에 있는 가족을 수호한다는 신앙도 있다. 남부지방에는 부엌 부뚜막에 물을 담은 종지를 놓아 조왕신을 모시는 풍습이 있다. 이것을 '조왕보시기' 또는 '조왕중발'이라 한다. 강원도 화전민촌에서는 부뚜막에 불씨를 보호하는 곳을 만들어 두는데 이것은 '화투' 또는 '화티'라 부르며 여기에 불을 꺼뜨리지 않도록 하는 습관이 있다. 부엌의 벽에 백지를 붙여 조왕신을 모시는 지방도 있다.

(4) 터주신

집터를 지켜주고 집의 울타리 안을 주로 관장하는 지킴이로서 집의 뒤꼍이나 장독대 가까이에 터주를 모시는 터주가리를 만들어둔다. 짚가

리를 만들고 항아리에 쌀을 담아서 신체로 삼는다. 매년 햅쌀을 갈아 넣는데, 그냥 갈아 넣기도 하지만 무당을 불러 굿을 하면서 하기도 한다. 이 터주가리에는 매년 행하는 고사나 굿이 있을 때 모시는 것은 물론이지만 평소에도 간단한 치성을 드리는 경우도 있다. 터주가 관장하는 영역은 집이 안치되어 있는 터, 즉 울타리 안이 된다. 터주신의 영역은 집터를 말할 뿐이고 건물의 수호는 따로 성주가 관장한다. 그 이유는 집터의 운이 그 안에 살고 있는 사람에게 미치고 있다고 믿기 때문이다. 즉, 터줏대감은 인간의 재수, 특히 재물의 운수를 관장한다고 믿는다. 무당이 굿을 할 때 터줏대감이 모셔지는 거리가 있다. 이 거리에서 터주의 성격이 뚜렷이 드러난다. 일반적으로 잘 알려진 대감놀이는 터줏대감을 모시는 거리로, 무당이 시루를 이고 술을 마시면서 집안을 돌아다닌다. 이는 대감신이 자기의 관장영역을 돌아보는 것이라 한다.

(5) 측간신

측간을 관장하는 집안지킴이로 일명 '뒷간귀신', '변소각시' 등으로 불린다. 여성신으로 머리가 길며, 성격이 포악하고 노여움을 잘 타서 두려운 존재로 생각되었다. 변소에서 병을 얻거나 사고가 나는 것은 바로 이 신의 소행이라고 믿어지고 있다. 대개 측신은 신체를 모시지 않고 뒷간

천장에 헝겊 또는 백지 조각을 붙여 두거나 매달아 둔다. 또한, 아이들이 신발을 변소에 빠뜨렸거나 사람이 변소에 빠졌을 때 떡을 해놓고 메밥과 여러 음식을 장만하여 측신에게 빈다. 제주도 외의 지역에서 측신의 유래에 관한 자료는 거의 보이지 않고 '성주신 밑에서 형벌을 집행하는 신'이라고만 전한다. 측신에 대한 의례는 고사 때에 여러 가신들과 함께 행하여진다.

3부

한옥의 구조와 재료

1장 한옥 구조에 대한 이해

정연상

1. 서론

과거 선조 사람들은 오랜 시간을 통해 크고 작은 건축물을 지었고, 다양한 건축문화유산을 남겼고, 그리고 우리의 고유한 건축문화를 꽃피웠다. 이들 건축문화유산은 다양한 재료로 조영(造營)되었는데, 하나의 단일부재로 구성된 것이 아니라 크고 작은 여러 부재가 서로 결합한 유기체다. 이들 결합체는 다시 서로 결구하여 건물 전체를 완성한다. 그리고 이들 건축물은 자연과 주변 환경과의 대화를 통해 그 가치를 높인다. 따라서 오늘을 살고 있는 사람들은 선조들이 지은 한옥의 조영 과정과 만들어진 이후 변화 과정, 미래 모습에 대해 깊은 관심을 갖고 있다. 더 나아가 사람들은 새로운 한옥 조영을 통해 전통을 만들고, 건축문화를 만들고자 한다.

한옥의 조영은 자연과 주변 환경과 대화, 재료와 대화, 사람과의 대화를 하면서부터 시작된다. 자연과 대화는 건물이 들어설 자리의 성격을 이해하고 그 성깔에 맞는 자리를 만들어주는 것이다. 건물이 들어설 땅의 환경은 항상 날씨 좋은 날만 있는 것이 아니다. 천둥 번개가 치고, 홍수가 지고, 눈이 내리고, 온 천지가 얼어붙는 때도 변함없이 있어야 하기 때문에 자연과 주변 환경의 대화는 건축의 시작이다. 즉, 터는 좋을 때보다 안 좋을 때 터가 갖고 있는 실체를 드러낸다. 과거 선조들은 이런 점을 일찍이 알고서 긴 시간을 두고 다양한 시각에서 대화를 해왔다. 따라서 선조들이 지은 전통건축물 중에서 그 가치를 인정받아 남아 있는 건축문화유산을 제대로 이해하기 위해서 우리는 인내를 갖고 살펴볼 필요가 있다. 그래야 우리는 우리의 체형과 성격, 감각에 맞는 외투를 얻을 수 있다.

한옥을 구성하는 재료와 부재에는 재료에 대한 장인의 해석과 조영원리가 담겨 있으며, 건축물의 시공 과정 속에는 한국 사람들의 조형 의식과 미의식이 담겨 있다. 그리고 한옥은 그 시대를 살았던 사람들의 삶을 담고 있기 때문에 건축가뿐만 아니라 건축주의 가치관과 시대상을 대변한다. 그런 한옥은 시대적 상황 변화에 따라 자기 모습을 바꾸면서 사람들과 풍경과 주변 경관 및 환경을 품었다. 그러나 사람도 변하고, 풍경과 주변 경관도 바뀌고 있다. 무조건 너는 한옥 중에서 문화재이니까 변하면 안 되지 하는 것은 억측이다. 너는 무슨 가치가 있으니 그 가치를 어떠한 방식으로 유지 및 관리하는 것이 바람직하다 라고 설득하는 것이 옳은 방법일 것이다.

한옥의 조영은 터를 잡고 기둥을 세우고, 부재를 조립하는 것으로 끝나는 것이 아니라 여러 분야의 장인과 집주인이 긴밀한 상호협조를 통해 이루어진다. 한옥은 단순히 장인들의 기술만이 아니라 그들의 다양한 행위들이 녹아 있다. 그들의 대표적인 행위로는 모탕고사, 정초 및 입주식, 상량식, 입택 등의 건축의례가 있다. 특히 장인과 건축주는 건축의례를 통해 건축 조영이 갖는 의미와 가치를 뒤돌아보는 기회로 삼고, 건축 조영의 즐거움을 이웃과 나누는 작은 축제로 삼는다. 오늘과 같이 현대화 및 세분화된 건설현장에서도 건축주와 설계자, 시공자는 축소되기는 했지만 건축의례를 통하여 그들의 건축적 문화와 가치를 표현한다.

다양한 한옥은 현재도 지어지고 있고 한편에서 사라지고 있는데, 그 가치를 인정받은 다양한 한옥은 우리에게 많은 이야기를 걸고 있다. 이들 한옥은 현대건축물에 살고 있는 현대인들에게 단순히 재산적 가치를 넘어 다양한 의미와 가치로 다가가고 있으며, 정서적으로 피폐한 현대인에게 청량 음료수와 같은 역할을 하고 있다. 한옥이 지닌 무한 가치를 인식한 현대인들은 기존 가치를 활용한 다양한 접근과 시도를 하고 있으며, 조영 원리에 대한 관심이 점진적으로 늘고 있다. 그리고 사람들은 다양한 교육프로그램 및 고택체험프로그램을 통해 건축문화유산의 가치를 배우고 있다. 무엇보다 중요한 것은 무조건 우리 것이 좋은 것이야 보다 무엇이 좋은 것인지를 아는 것이 선행되어야 한다. 따라서 다양한 한옥의 공간구성 원리 및 특성, 유교적 질서 및 철학, 주생활문화, 자연관과 가치관 등을 탐구하기 이전에 이들을 지탱하고 품고 있는 한옥의 조영과정과 조영원리를 살펴보고, 그곳에 담긴 장인과 건축주의 건축적 가치관을 탐구하는 것이 바람직한 방법이라고 생각한다.

2. 한옥 평면 및 입면 구성

우리나라 선조들은 오랜 시간을 통해 크고 작은 건축물과 다양한 유형의 건축문화유산을 남겼고 고유한 건축문화를 꽃피웠다. 우리나라 전통건축물은 나무를 주재료로 사용하고 있으며, 이외에 흙과 돌 등을 사용하고 있다. 전통목조건축물은 기본적으로 기둥을 세우고 보를 거는 방식으로 짜였다. 그리고 전통목조건축물은 하나의 단일부재로 구성된 것이 아니라 크고 작은 여러 부재가 서로 결합하여 하나의 결합체를 이룬

그림 1. 전통목조건축물인 안동하회마을 심원정사 본체 전경

다. 이들 결합체는 서로 결구하여 건물의 구조 및 전체를 완성한다.

우리나라 전통건축의 조영은 근본적으로 자연과 땅에 대한 이해와 재료에 대한 이해, 다양한 평면 공간의 구성을 이해하면서부터 시작이다. 선택한 재료와 가공한 부재에는 재료 특성과 물성에 대한 장인의 이해가 담겨 있으며, 전통건축물의 구조와 결구에는 하중 흐름에 대한 장인의 해석이 담겨 있다. 그리고 우리나라 전통목조건축은 크고 작은 목부재를 짜 맞춤한 것으로 건축가의 목조건축 조형의식과 건축가의 미의식이 담겨 있다. 더 나아가 전통건축물은 그 시대를 살았던 사람들의 삶을 담고 있기 때문에 건축가뿐만 아니라 건축주의 가치관과 시대상을 잘 보여주고 있다.

우리나라 전통건축물은 단위 건물 한 채로만 구성된 것 외에 여러 채로 구성된 가옥부터 궁궐 건물에 이르기까지 다양하다. 단위 건물은 하나의 공간으로 구성된 경우와 두 개 이상의 공간으로 구성된 경우가 있다. 이들 목조건축물의 공간은 일반적으로 기둥을 세우고 벽체와 창

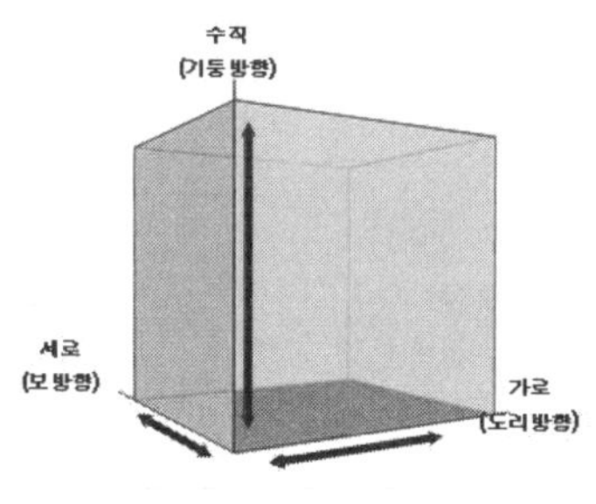

그림 2. 목조건축의 확장 전개의 세 방향

그림 3. 충북 진천 보탑사의 귀틀구조의 산신각(1998)

호 등을 꾸며 내·외부를 분리하거나 내부공간을 구획한다. 기둥과 기둥 사이를 칸이라 한다. 최소 단위 공간인 칸은 네 개의 기둥을 세워 사면을 구획한다. 그리고 전통목조건축물은 가로열의 칸수에 따라 내부공간이 홑 열로 구성된 경우도 있지만 두 겹 또는 세 겹으로 구성된 여러 칸의 건물도 있다. 이때 기둥은 수평부재 창방 또는 도리, 보가 연결하고 있다.

평면을 구획하고 있는 기둥, 기둥과 기둥 사이 주칸, 이들이 구성하고 있는 주열은 가로세로 방향으로, 더 나아가 수직 방향으로 그 수를 늘려 건물의 규모를 확장한다. 전통목조건축물은 세로 방향으로 주칸을 확장할 경우 건축물의 층고가 자연스럽게 높아지고, 대량재의 수량이 늘어난다. 따라서 전통목조건축물은 세로 방향 확장보다 가로 방향 확장이 수월하다. 가로방향은 일정한 간격으로 가구 켜를 배열하여 확장하고, 세로방향은 일정한 주칸을 중심으로 정면과 배면에 주칸을 늘여 확장한다.

기둥으로 구성된 전통건축물은 직사각형과 팔각형, 육각형, 호형 형태 등의 단위 건물부터 다각형의 건물에 이르기까지 다양하다. 가장 일반적인 형태는 직사각형이며, 이들 건물은 좌우 길이방향으로 터를 잡고 있다. 내부로의 진입은 일반적으로 측면보다 정면에서 하며, 이외에 건물의 배치를 돌려 측면 진입을 하는 경우도 있다. 정사각형, 육각형 또는 팔각형, 호형, 다각형의 평면 건물은 주로 누정건축에서 볼 수 있다. 특히 정사각형과 팔각형의 건물은 누정건축 외에 사찰의 탑 등과 같이 난위건물에서 그 예를 찾아볼 수 있다.

다양한 평면 형태의 우리나라 목조건축물은 구성 및 구조방식에 따라 여러 유형으로 나뉜다. 기둥 상부에 포작을 꾸민 목조건축물은 기본적으로 기단 부분, 몸체 부분, 포작 부분, 가구 부분, 지붕 부분으로 구성되어 있다. 우리나라 목조건축물의 골격은 크고 작은 목부재 간 짜 맞춤을 하고 있으며 시간의 경과에 따라 다양한 형태로 발전하고 있다. 특히 한국·중국·일본의 전통목조건축물은 기본적으로 구조 켜를 수직·수평방향으로 결구 또는 적층시켜 전체를 완성하고 있다.

3. 몸체 부분 : 기둥의 역할과 구성 방식

1) 내력식 벽체

우리나라 목조건축물의 몸체 부분은 목재와 흙을 이용하여 기둥과 토벽으로 구성된 것이 일반적이다. 몸체 부분은 기둥을 세워 상부 하중을 받는 가구식 벽체, 목재를 눕혀 벽체를 구성한 귀틀구조(井幹式)의 내식벽체, 목재를 사용하지 않고 흙벽돌만을 쌓아 상부 하중을 지면으로 전달하는 내력식 벽체 등이 있다.

가구식 벽체의 상부 하중은 기둥을 통하여 전달하는데, 내력식 벽체는 기둥과 같은 수직 부재가 아닌 흙벽돌 또는 수평 부재가 하중을 지면에 전달한다. 우리나라 고구려 고분 벽화 속 건물의 벽체는 내력식 벽체로 정면 또는 배면과 측면 수평 부재를 짜 맞춤하여 벽면을 구성하는데, 오늘날 통나무집과 같다.

내력식 벽체 구조의 목조건축물 몸체 부분은 구조적 안정을 유지하기

그림 4. 봉정사 극락전 전경

위해서 모서리 부분의 수평 부재 간 짜임새 있는 결구가 필요하다. 가로·세로 수평 부재는 기본적으로 반턱맞춤을 하는데, 반턱맞춤을 더 짜임새 있게 하기 위하여 연귀맞춤을 병행하여 45도 방향으로 물리도록 한다. 이와 같은 맞춤을 반턱연귀맞춤이라 한다. 반턱연귀맞춤은 단면 형태가 원형인 부재 간 결구 부분에서 흔히 볼 수 있다. 반턱연귀맞춤은 부재 간 짜임새가 반턱맞춤보다 마찰력이 발생할 수 있는 접촉 면적이 넓기 때문에 부재 간 결속력을 높이는 효과가 있다.

반턱맞춤은 상부 하중에 의한 압축력과 부재 간 마찰력으로 결속력을 유지하는 결구방법인데, 압축 하중이 작을 경우 반턱맞춤을 한 가로·세로의 수평 부재는 상·하 켜 간 결속력이 떨어지는 단점이 있다. 즉 반턱맞춤을 한 가로·세로 수평 부재는 상·하 수평 부재와 적층형식으로 서로 결구되어 있기 때문에 강한 횡하중이 작용할 경우 상·하 부재 간 결속력이 떨어져 전체 구조틀을 유지하는데 어려움이 있다.

귀틀 구조를 한 정간식 건물의 몸체 부분은 단순 반턱맞춤에서 정교한 결구방법을 개발하여 다양한 형태로 발전하여 오늘에 이르고 있다. 정간식 건물의 결구방법은 시대와 지역에 따라 차이가 있겠지만, 혈거 건축에서 지상 건축으로 전개 시 지면 위에 기둥을 세워 벽체를 구성한 가구식 벽체 이전 단계의 원초적인 맞춤과 이음의 결구방법을 갖고 있다.

2) 가구식 벽체

가구식 벽체구조의 건물은 기본적으로 가로축 도리방향의 수평 부재와 세로축 보방향의 수평 부재, 수직축 수직 부재로 이루어져 있다. 가구식 건물의 몸체 부분은 기둥을 세운 후, 기둥에 수평 부재를 짜 맞추어 벽체를 구성하는 것이 일반적이다. 이와 같은 벽체 구조의 목조건축물은 가로축과 세로축, 수직축의 3방향으로 크고 작은 목부재를 맞춤과 이음의 결구방법으로 건물의 규모를 확장한다. 가로축의 확장은 횡방향 부재 하인방, 중방, 창방, 도리 등을 이용하여 확장하고, 세로축은 종방향 부재 보와 내부 고주 등을 이용하여 확장한다. 수직축은 기둥을 이용하여 확장한다.

우리나라 전통목조건축물은 기본적으로 가구식으로 대량식과 천두식으로 크게 나뉜다. 대량식과 천두식 건물의 벽체는 기둥을 세워 수평 부재를 결합한 모습이 같지만, 수평 부재와 수직 부재의 결구방법이 다르다. 대량식은 기본적으로 기둥을 세우고 횡방향 목부재와 종방향 목부재를 위에서 아래로 짜 맞추는 방식이다. 천두식은 기둥이 도리를 직접 받치고, 수평 부재가 기둥을 관통하여 결합한 방식이다. 우리나라 목조건축의 가구는 대량식이 일반적인 가구방식이며, 이외에 천두식으로 짜 맞춤을 한 경우도 있다.

몸체 부분은 지붕 형태에 따라, 포작 형태에 따라 사용 부재와 결합형태가 다르다. 특히 맞배지붕과 팔작지붕의 경우는 확연한 차이가 있다. 맞배지붕의 경우 정칸의 가구와 좌·우측 박공면의 몸체 부분과 가구 부분의 구성이 같은 경우도 있지만 다른 경우도 많다. 맞배집의 좌·우측면은 대부분 고주를 세워 구성하기 때문에, 정면과 배면 몸체 부분의 구성이 측면의 몸체구조와 다르다. 맞배지붕 건물의 정면과 배면은 기둥 상부에 창방과 인방재가 결구하지만, 측면은 정면과 배면 우주 상부와 고주 몸에 장부 홈을 내어 수평 부재를 짜 맞추는 것이 일반적이다. 대량식 건물의 몸체 부분은 건물의 구성 방식에 따라 기둥의 맞춤과 이음방식의 차이가 있지만, 기본적으로 기둥 상부를 창방이 연결하고, 하부를 하인방이 연결한다. 따라서 맞배지붕이든 팔작지붕이든 평주와 우주 상부는 종방향 창방과 횡방향 창방이 연결하고 있다.

다포계 팔작지붕 건물은 정면·배면, 측면 기둥 위에 평방이 있지만, 다포계 맞배지붕 건물은 정면과 배면 기둥 상부와 측면 우주 일부분에 평방을 놓고 상부 하중을 받아 아래로 전한다. 평방은 기둥과 직접적으로는 짜 맞춤을 하지 않고 상부 하중을 기둥과 창방에 전달한다.

우리나라의 목조건축물은 지붕의 형태나 포작의 유형에 관계없이 정면과 배면 기둥은 창방과 인방재가 상·하를 잡아주고 있다. 평주와 맞춤을 한 창방과 인방은 기둥열의 변형을 잡아 주는 중요한 역할을 하며, 우주 상부에 맞춤을 한 창방은 건물의 모서리 부분 틀을 유지하는 데 중요한 역할을 한다. 목조건축물의 평주와 우주, 측면의 고주 및 평주 상부의 결구방법은 횡방향 하중으로 생기는 인장력에 영향을 받는 동시에 상부의 압축하중을 받으면서 전체 구조틀을 유지한다.

3) 기둥하부의 그랭이질 방법

그림 5. 자연석 주초 위 기둥 모습

목조건축물의 몸체 부분은 대부분 수평과 수직 구조재 및 수장재로 짜여 있는데, 주로 수직 구조재를 중심으로 수평 부재가 짜 맞춤하여 골격을 구성한다. 수직 구조재 기둥은 단일부재를 주로 사용하지만, 중층 건물은 기둥을 단층건물과 달리 단일부재를 이어 사용하거나 주초가 아닌 대들보나 기타 부재 위에 있다. 따라서 이런 측면에서 수직 부재의 결구방법은 기둥뿐만 아니라 동자주 및 대공 등과 같은 수직 부재들의 맞춤과 이음방식을 면밀히 살펴볼 필요가 있다.

전통목조건축물의 수직 구조재는 건물의 몸체 외곽을 구성하는 외곽 기둥(평주, 우주), 내부 가구를 받치고 있는 내진 고주가 있다. 그리고 이들 이외에는 보 위에 높이가 낮은 동자주와 대공 등이 있다. 동자주와 대공은 단일부재로서 상부의 하중을 아래로 전달하는 경우도 있지만, 작은 포부재로 구성된 포대공과 포동자가 상부의 하중을 아래로 전달하는 경우도 있다.

평주와 우주, 고주와 같은 수직 구조재는 주초 위에서 수평 부재와 짜 맞춤을 하여 기둥 하부의 구조적 안정을 취하지만, 대공 부분의 수직 부재는 다른 수평 부재 위에서 또 다른 수평 부재와 짜 맞춤을 하여 구조적 안정을 취한다. 그리고 대공은 작은 기둥과 같은 단일부재로 구성되지 않고 판재를 겹겹이 쌓아 올려 종도리를 받는 경우가 있는데, 이를 판대공이라 한다. 대공부분의 결구방법은 전·후·좌·우 방향의 외부 하중 변화에 민감하기 때문에 기둥과 함께 건물의 구조적 안정을 위하여 중요하다.

주초와 직접 면한 기둥은 평주와 우주, 고주가 있는데, 이들 기둥은 주초 위에 상부 하중을 직접 전달한다. 이들 기둥은 주초 상부 주좌면을 따라 그랭이질을 하여 놓는데, 기본적으로 다른 보강재를 사용하지 않고 상부 하중만으로 안정을 취한다. 주좌 면에 촉구멍을 파서, 주초와 기둥에 촉을 꽂아 촉맞춤을 한 경우도 있다. 이때 촉은 사각형이 일반적이다. 그러나 우리나라 목조건축물은 이와 같은 사례가 아직 발견되지 않고 있다. 이와 같이 주초 위에 기둥을 세우는 방법은 정확히 언제부터 시작되었는지 모르지만 원초적인 주거지 또는 기타 건물은 흙 속에 기둥을 박아 기둥을 세우는 방식과 구멍 아래에 납작한 돌을 놓고 기둥을 세우는 방식을 사용한 예들이 발굴조사를 통하여 확인되었다. 이전 시기의 상황을 고려하면 지상 위에 주초를 놓고 기둥을 세우는 방식은 대단한 건축 기술의 변화 중 하나다.

주초에 놓인 기둥의 밑 바닥면은 주좌면의 굴곡에 따라 밑뿌리를 깎아 주초에 밀착 고정한다. 주좌면에 밀착한 기둥 밑 부분은 가운데 부분을 5푼에서 1치 정도를 오목하게 파낸 후 그랭이질을 한다. 이와 같은 모습은 해체 수리 시 목조건축물의 기둥 밑뿌리를 보면 확인할 수 있다.

자연석 주초는 주좌면이 고르지 않기 때문에 기둥 밑부분을 오목하게 파냈지만, 주좌면이 고른 가공석 주초의 경우는 그랭이질 할 부분의 1치 정도를 남겨 두고 파낸 후 그랭이질을 한다. 요즘 기계로 가공한 주초는 주초의 윗면을 고르게 가공하기 때문에 그랭이질 할 면을 제외한 기둥 밑 부분을 평활하게 파내어 주초에 밀착시킨다. 그리고 기계 가공 주초는 기둥의 마찰력을 높이면서 좌·우 횡력에 의한 움직임을 막기 위하여 주좌면을 약간 볼록하게 가공하는 경우도 있다.

이와 같이 그랭이질을 하여 기둥을 주초에 밀착하는 시공방법은 상부의 하중을 받게 되면 그랭이질 한 끝부분이 뭉개지면서 주초에 밀착된다. 심한 경우에는 기둥 밑 일부분이 파손된 것처럼 보이는 경우도 있다. 특히 기둥 밑 부분은 외부에 노출되어 있기 때문에 빗물이 들이쳐 부식되는 경우가 많다. 부식된 부분은 제거한 후 별도 부재를 이용하여 동바리이음을 하는 경우도 있지만, 경미하게 끝부분이 훼손되었을 때는 쐐기를 박아 손실된 부분을 채우기도 한다. 쐐기를 기둥 밑에 박는 방식은 전통목조건축물을 해체 수리하면서 기존 기둥을 세울 때 그랭이질을 하면서 일부를 불가피하게 제거 할 수밖에 없기 때문에 기둥이 낮아지는 경우가 있다. 이때 이 방식은 기둥의 기존 높이를 유기할 수 있는 방식이며, 기둥이 한쪽으로 기울 경우 이를 바로 잡을 때 사용하는 방식이기도 하다.

4. 포작부분 : 포작의 유형 및 역할

포작 부분은 몸체 부분과 보위의 가구 부분을 연결하는 주요 구조체로서 처마의 하중과 가구의 하중을 몸체 부분에 전달한다. 포작은 건물의 구조역학적인 역할 이외에 의장적 역할을 하는 중요한 부분이다. 포작은 형태와 수법이 다양하기 때문에 형식을 분류하거나 계통을 명확히 세우기 어려운 점이 많다. 현존 하는 우리나라 목조건축물의 포작은 크게 주심포계열과 다포계열로 분류되며, 이외에 익공계열과 하앙계열 포작으로 세분한다. 주심포계는 기둥 위에만 포작을 구성한 형식이고, 다포계열은 기둥 상부뿐만 아니라 기둥과 기둥 사이에 포작을 구성한 형식이다. 포작은 2방향 부재가 맞춤과 이음을 하여 수직 방향으로 확장 전개 하며, 이외 우주 상부에서 3방향 부재가 결구하여 확장하는 경우도 있다.

포작은 기본적으로 주두, 소로, 첨차, 살미, 장혀 등의 단일부재의 결합체다. 소로는 하중 전달의 단순 지지점 역할을 하면서 상·하 부재의 수평 이동을 막는 역할을 한다. 그리고 보방향의 살미와 도리방향의 첨차는 작은 캔틸레버 보와 같은 역할을 한다. 포작은 횡하중에 의하여 포작의 맞춤과 이음부에 횡력과 인장력이 발생하며, 포작의 상·하 제공에는 상부 하중으로 압축력이 생긴다. 그러나 포작에 작용하는 주된 하중은 상부에서 아래로 전달하는 압축하중이다. 따라서 전달되는 하중을 고려하여 포부재의 맞춤과 이음을 보면, 포작은 적층식 방식과 결속식 방식으로 짜였다.

적층식 방식으로 짠 포작은 가로세로의 수평 부재가 맞춤을 한 상·하 제공을 단순히 쌓아 결구한 방식으로 제공 사이에 소로를 놓아 상·하 제공 간 짜임새를 유지한다. 우리나라 목조건축물의 상·하 제공 사이는 소로 또는 주두, 제주두 등을 놓고 밑에 촉을 박아 움직임을 막도록 한

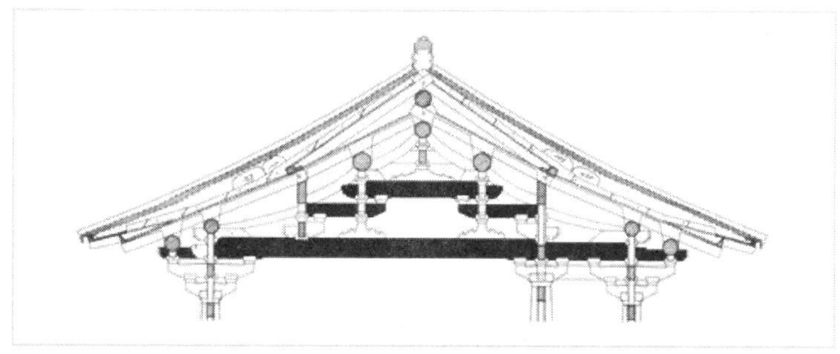

그림 6. 봉정사 극락전 내부 가구도

그림 7. 봉정사 대웅전 주상포작(좌)과 귀포작(우)의
가로·세로 및 대각의 3방향 포부재가 맞춤을 한 초제공 모습

다. 촉 사용은 외부 힘에 의하여 상·하 부재의 수평 움직임을 최소화하여 건립 당시 부재 간 결속력을 유지하기 위한 과거 건축가의 표현이다. 소로는 좌·우 운두를 이용하여 상부 가로·세로 수평 포부재의 밑을 잡아 상·하 제공간 짜임새를 유지한다.

결속식 방식의 포작은 단순히 부재를 중첩하여 쌓는 것이 아니라 상·하 부재를 적극적으로 맞춤과 이음을 한 결구방식이다. 결속식 방식은 기둥 상부에 포재가 맞춤을 하고, 짜 맞춤을 한 포부재가 다시 위 부재를 물면서 상부 하중을 받는다. 이와 같은 방식은 포작 전체보다 기둥머리 부분의 결구방식으로 주심포계 포작의 헛첨차와 익공계 초익공, 다포계 안초공 등으로 짜 맞춤을 한 포작에서 볼 수 있다. 결속식 방식은 적층식 방식보다 구조적 안정성이 상대적으로 높다. 이와 같은 결구는 단지 수직 하중만을 이용한 결구개념을 넘어 횡하중과 인장력을 고려한 방식이다.

5. 가구부분 : 보의 역할과 구성 방식

1) 보의 역할

우리나라 목조건축물의 가구는 기둥 위나 포작 위에 얹혀 내부공간을 꾸미기 위해 짠 부분을 말한다. 주요 가구재는 보(대량, 중량, 종량 등)와 도리, 대공 등이다. 또한 가구는 건물의 지붕 뼈대를 이루는 부분이며, 몸체 부분과 포작 부분 위에 있는 구조 켜로서 건물의 전체 형태를 결정하는 데 중요한 역할을 한다.

목조건축물의 가구는 보방향의 주칸 크기에 따라 가구를 구성하고 이를 바탕으로 가구 켜를 횡방향 주칸 수에 따라 일정한 간격으로 배열하여 전체 가구를 만든다. 또한 횡방향으로 나열한 가구 켜는 도리방향의 부재로 결구하여 가구 켜 간 결속력을 유지한다. 이런 모습은 지붕의 형태에 따라 다소 차이가 있다. 맞배지붕은 정칸의 가구 구성과 좌·우측 박공면의 가구 구성이 같은 흐름에 있다. 그러나 팔작지붕의 가구는 전·후 정칸의 가구와 좌·우측면의 직각방향으로 또 다른 가구를 구성하는 것이 맞배지붕과 다르다. 즉 팔작집의 가구는 정칸의 가구 켜에 직각방향으로 보(충량 등)를 걸어 측면 가구를 구성한다. 충량머리는 정칸 가구 켜처럼 포작과 짜 맞춤을 하고, 뒤초리는 정칸 가구 켜의 보 또는 고주와 짜 맞춤을 한다. 따라서 이들 가구재간 결구방법은 건물의 구조적 안정을 위해서 중요하다.

가구 켜를 횡방향(도리방향)으로 결구하는 부재는 도리, 장혀, 뜬창방

그림 8. 수덕사 대웅전 정칸 가구 켜를 구성하는 고주 2개와 대들보 및 퇴량 모습

그림 9. 경복궁 근정전 상층 대량과 포작 위 도리의 결구 모습

등이 있는데, 도리는 서까래를 통해 전달되는 지붕 하중을 모아서 보에 전달한다. 따라서 건물의 종방향(보방향) 부재로 짜인 가구 켜는 기본적으로 건물의 가구를 구성하는 기본 단위인데, 종방향 가구켜는 횡방향 부재를 짜 맞춤하여 가구의 전체 골격을 완성한다. 횡방향 부재 중 도리는 지붕의 하중을 모아 보 또는 포재에 전달하기 때문에 도리의 결구 부분은 하중 흐름의 절점으로 매우 중요하다.

가구 구성은 측면 주칸 칸수에 따라 차이가 있는데, 측면 주칸이 작을 경우 기구를 구성하는 부재 수와 크기가 작다. 측면 주칸이 클 경우 가구는 부재의 종류와 그 수가 많아지면서 규모도 커지기 때문에 내부에 고주를 세워 가구를 구성한다. 즉 주칸이 적을 건물은 보 하나로 가구를 구성하지만, 주칸이 클 경우는 고주를 세워 2개 이상의 보를 걸어 가구를 구성한다. 특히 보와 고주의 결구 부분은 수직하중과 수평하중의 흐름과 변화에 민감하게 반응한다. 그래서 이 부분에는 다양한 맞춤과 이음을 하고 기타 보강재로 부재 간 결속력을 지속적으로 유지하도록 한다. 대량식이든 천두식이든 목조건축물 가구 켜의 구조적 안정은 수직 구조재와 수평 구조재간 맞춤과 이음을 한 결구 부분의 안정도 매우 중요하다. 가구 켜 간 짜임새 있는 결구는 건물 전체 가구틀을 유지하는 데 큰 역할을 한다.

2) 보와 도리의 숭어턱 맞춤

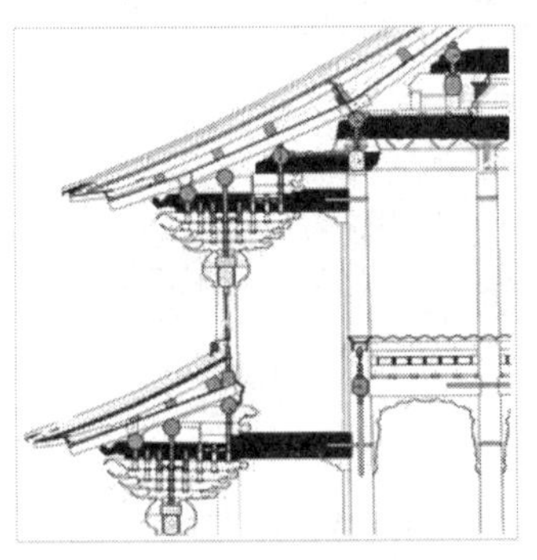

그림 10. 경복궁 근정전 가구 상세도

보와 도리의 숭어턱맞춤방식으로 결구한 건물은 능가사 대웅전이 있으며, 이후 궁궐 목조건물인 경복궁 근정전과 덕수궁 대한문, 경복궁 경회루와 근정전 회랑, 경복궁 집옥재 등이 있다. 이 결구방법은 현재 많은 전통 목조건축물에 참여하고 있는 장인들이 보편적으로 사용하고 있다.

숭어턱맞춤방식의 결구방법은 통장부맞춤 결구방법처럼 도리의 단면 모양대로 보목 장부 홈을 파지 않고, 보목 중심에 턱을 만들어 턱맞춤을 하도록 하는 방식인데, 이 턱을 숭어턱이라고 한다. 숭어턱의 폭은 건물에 따라 차이가 있지만, 수장재 단면 폭과 같거나 수장재 단면 폭보다 한

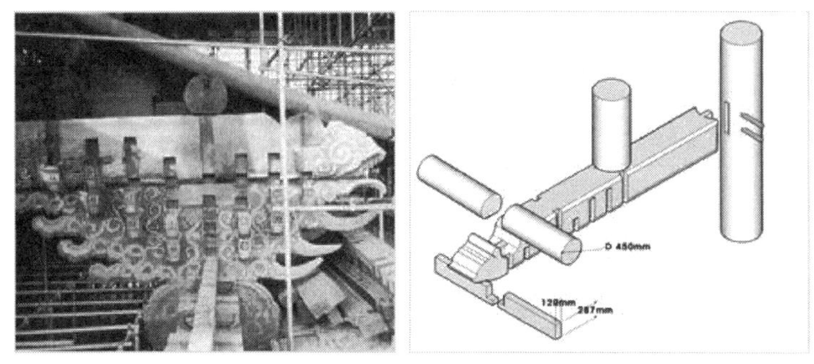

그림 11. 근정전 하층 퇴량과 도리의 맞춤

두 치 크다. 현재 해체 수리 한 건물을 보면, 도리와 보의 숭어턱맞춤방식으로 짜인 건물은 통장부맞춤방식의 건물보다 시기적으로 뒤늦게 나타난다. 숭어턱맞춤의 결구방법은 주심포계 건물보다 다포계 건물에서 일반적으로 사용하였다.

능가사 대웅전의 외목도리와 하중도리는 대량과 중량에 숭어턱맞춤을 하였고, 도리와 도리는 주먹장부이음을 하여 횡방향으로 결속하였다. 외목도리 받침장혀는 보목에 통장부맞춤을 하였다. 상중도리는 종량목에 숭어턱맞춤을 하지 않고 통장부맞춤을 하고 있지만 대웅전의 도리와 보 전체가 숭어턱맞춤방식의 결구방법으로 짜 맞춤을 하지 않았다. 따라서 능가사 대웅전을 짓던 때는 숭어턱맞춤방식이 점진적으로 나타나는 시점으로 본다. 숭어턱맞춤방식의 결구방법은 조선 후기 궁궐목조건물을 조영하면서 적극적으로 사용하였으며 포작의 유형과 무관하게 사용하였다.

경복궁 근정전의 하층 가구는 퇴량이 포작의 4제공 살미 위와 고주 몸에 걸쳐 있고, 퇴량 위에 상층 외진 평주가 있다. 지붕의 하중은 외목도리와 주심도리, 멍에창방이 모아서 아래로 전달하고 있다. 경복궁 근정전의 하층 퇴량은 외목도리와 직접 짜 맞춤을 하였고 주심도리가 퇴량

그림 12. 경복궁 근정전 상층 퇴량 모습

등 위에 있다. 퇴량 머리의 결구방법은 퇴량에 외목도리 받침장혀가 통장부맞춤을 한 후, 턱장부맞춤을 하였다. 이런 맞춤방법은 퇴량의 수직 하중을 이용하여 좌·우 외목도리 받침장혀에 압축하중을 가하여 움직이지 않도록 하는 방식이다. 받을장의 외목도리 받침장혀는 서로 이음을 하지 않고 보에 파놓은 장부 홈에 턱장부맞춤만을 하였다. 장혀의 턱장부맞춤은 퇴량의 좌·우에 통장부맞춤을 하는 것보다 접촉 면적이 넓고, 상부의 수직 하중을 많이 받아 결속력이 높지만 장혀와 장혀가 주먹장부이음을 하고 보를 받는 맞춤에 비해서 결속력이 약하다. 장혀와 장혀가 반턱주먹장부이음을 하고, 대량과 반턱맞춤을 할 경우 가공 조립을 위한 공력이 많이 든다. 따라서 근정전 하층 외목도리 받침장혀의 결구방식은 시공상 편의를 따른 것으로 판단된다.

근정전의 하층 외목도리는 퇴량에 통장부맞춤을 한 후, 퇴량목에 턱맞춤을 하여 숭어턱맞춤방식의 결구방법으로 짜 맞춤을 하였다. 이와 같은 숭어턱맞춤방식의 결구방법은 요즘 목수 간에서는 일반화되어 있지만 경복궁 근정전 이전 건물에는 흔한 방법이 아니다. 주심도리는 퇴량 등 위에서 나비장이음만을 하였다. 근정전 상층 가구는 퇴량과 대량, 종량이 상부의 도리와 짜 맞춤을 하였고, 종량 위 대공은 횡방향의 종도리와 종도리받침장혀, 뜬창방과 짜 맞춤을 하였다. 근정전 상층의 상·하 퇴량과 상퇴량 장보아지는 외목도리와 주심도리, 그리고 내목도리와 짜 맞춤을 하였다.

근정전의 상층 외목도리 부분의 결구방법은 하층 외목도리의 숭어턱

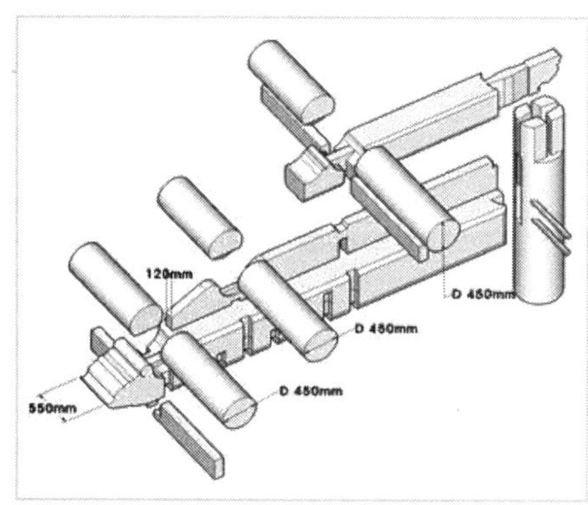

그림 13. 근정전 상층 퇴량과 장혀 결구 모습

그림 14. 경복궁 근정전 상층 퇴량(상·하퇴량)과
상퇴량 장보아지, 외목도리, 주심도리, 내목도

맞춤방식의 결구방법과 같으며, 대량 밑의 도리받침장혀와 통장혀, 첨차와 보의 맞춤방식도 하층 퇴량의 맞춤방식과 같다. 상·하퇴량 사이에 있는 수장 폭의 상퇴량 장보아지와 주심도리는 통장부맞춤을 한 후(통넣기), 상퇴량 장보아지 목에 턱맞춤을 하여 숭어턱맞춤방식의 결구하였다. 상퇴량과 내목도리의 결구방법 또한 외목도리 부분과 같은데, 단 도리받침장혀가 통장부맞춤을 한 점이 다르다. 상퇴량의 뒤초리는 평고주 상부에 맞춤을 하였는데, 평주 상부의 맞춤과 같이 평고주의 좌·우 뜬창방과 상퇴량 뒤초리가 사개맞춤을 하였다.

근정전 중도리는 상·하중도리로 나뉘는데, 하중도리 부분은 하중도리와 중도리받침장혀, 대량이 짜 맞춤을 하였는데, 장혀는 보와 통장부맞춤을 하였다. 하중도리는 대량과 통장부맞춤을 한 후, 대량목에 숭어턱맞춤을 하였고, 도리와 도리가 나비장이음을 하였다. 대량은 다른 보에 비하여 숭어턱 폭이 2배인 0.8척으로 전단력에 좀 더 강하도록 하였다. 이와 같이 숭어턱맞춤방식의 결구방법은 이후 중건 및 중창한 궁궐의 목조건축물에서 흔하게 볼 수 있다. 덕수궁 대한문의 숭어턱 폭은 경복궁 근정전보다 적지만 거의 같다.

상중도리 부분은 대량 위의 동자주 주두와 종량 받침재, 상중도리, 상중도리 받침장혀, 종량으로 짜였다. 상중도리 받침장혀와 보는 위 대량과 같이 통장부맞춤만을 하였으며, 상중도리와 종량의 결구방법 또한 하중도리의 결구방법처럼 숭어턱맞춤을 하였다. 이런 숭어턱맞춤은 이후 덕수궁 대한문뿐만 아니라 현재 장인들이 적극적으로 사용하고 있다. 보와 도리의 숭어턱맞춤방식의 결구방법은 통장부맞춤방식의 결구방법으로 짠 것보다 보목의 단면 면적, 특히 단면 춤을 키울 수 있기 때문에 전단력에 좀 더 강하다.

덕수궁 대한문은 대량이 내진 고주를 중심으로 전·후 포작 위에 걸쳐 짜 맞춤을 하였다. 대량 머리 부분은 주심도리와 외목도리, 그리고 내목도리가 횡방향으로 짜 맞춤을 하였다. 그리고 횡방향의 도리받침 장혀가 보목과 맞춤을 하였다. 대한문 외목도리는 대량머리에 통장부맞춤을 하고 120mm 대량목과 턱맞춤을 한 숭어턱맞춤방식으로 짜였다. 외목도리와 외목도리는 대량목 턱 위에서 맞댄이음을 한 후, 나비장이음을 하였다. 그리고 외목도리 받침장혀는 보머리에 통장부맞춤을 하였다. 주심도리 부분은 주심도리가 승두와 통장부맞춤을 하였고, 주심도리 받침장혀와

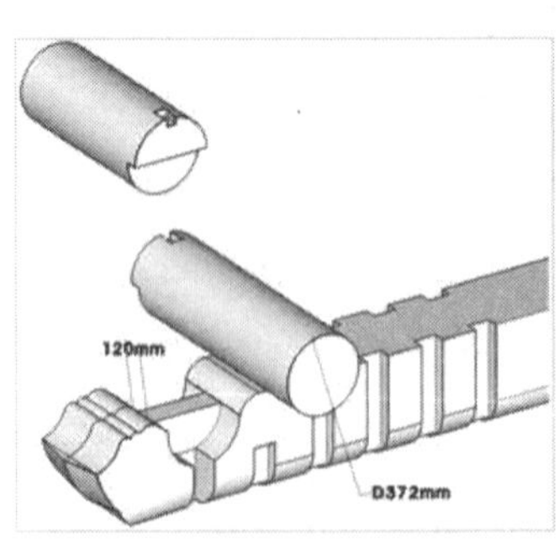

그림 15. 덕수궁 대한문 대량목과 외목도리의 맞춤과 이음

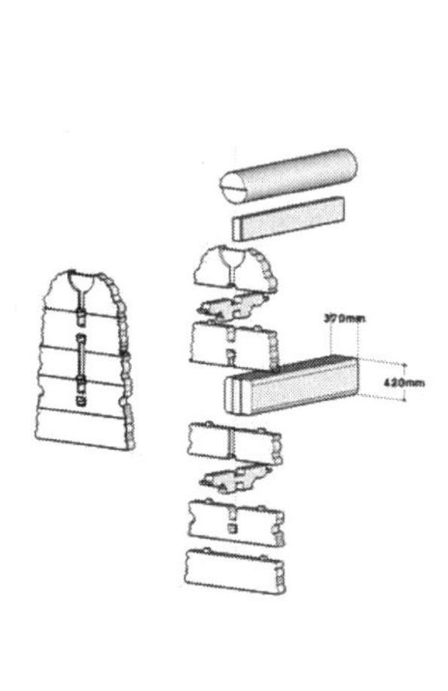

그림 16. 수궁 대한문 대공의
숭어턱맞춤의 결구 모습

그림 17. 봉정사 대웅전 추녀와
선자서까래

승두가 주먹장부맞춤을 하였고, 도리와 도리가 맞댄 후 나비장이음을 하였다. 내목도리도 숭어턱맞춤방식으로 짜 맞춤을 하였다.

중도리 부분은 동자주 위의 종량이 중도리와 중도리받침장혀와 짜 맞춤을 하였다. 중도리는 종량머리에 통장부맞춤을 한 후, 종량 목에 턱맞춤을 한 숭어턱맞춤방식의 결구방법으로 짜 맞춤을 했으며, 종도리와 종도리는 맞댄이음을 하였다. 중도리 도리받침장혀는 종량머리에 통장부맞춤만을 하였다. 이런 모습은 외목도리와 대량의 결구방법과 같다.

1800년대 이후 숭어턱맞춤방식의 결구방법은 포작이나 기둥 상부 보와 도리의 결구방법뿐만 아니라 대공 부분에도 숭어턱맞춤의 결구방법을 사용하였다. 특히 궁궐건축물은 이를 적극적으로 사용하였다. 경복궁 근정전의 종도리는 판대공과 숭어턱맞춤을 하였고, 종도리받침장혀는 판대공에 주먹장부맞춤을 하였다. 이와 같은 대공의 결구방법은 경복궁 근정전 외 근정전 주변 회랑과 경복궁 경회루, 그리고 경복궁 집옥재 협길당 등이 있다. 또한 근성선 이후에 지어진 덕수궁 대한문도 부재 수가 다를 뿐, 숭어턱맞춤과 주먹장부맞춤방식으로 결구하였다. 그리고 이와 같은 방법은 경복궁에 국한된 것이 아니라 경복궁 이외의 궁궐 목조건축물에서 흔히 볼 수 방법이다. 회랑의 대공과 종도리의 맞춤을 보면, 경복궁 근정전의 축소판이라는 것을 알 수 있다.

이상 살펴본 숭어턱맞춤방식의 결구방법은 궁궐을 중심으로 사용하던 것이 근현대를 거치면서 일반화되었다. 근래에 지은 대부분의 전통목조건물들은 이 결구방법을 보편적으로 사용하고 있다.

6. 지붕 부분 : 지붕 형태 및 역할과 구성 방식

1) 지붕의 역할

우리나라 전통목조건축물의 지붕은 형태상 맞배지붕, 팔작지붕, 우진각지붕, 모임지붕 등으로 나뉜다. 이들 지붕의 처마는 건물에 따라 차이가 있지만 기본적으로 기둥 바깥쪽으로 돌출한 기단 위 지붕 부분으로 서까래 또는 부연 등으로 짜여 있다. 처마는 구성 방식에 따라 겹처마, 홑처마로 나뉘는데, 홑처마는 일반적으로 서까래와 평고대로 구성하며, 겹처마는 서까래와 부연, 평고대로 구성한다. 이들 부재로 구성된 처마는 시각적으로나 의장적으로나 전통 목조건축물의 외관을 결정하는 데 중요한 역할을 한다. 또한 처마는 여름날 내리는 비나 겨울날 내리는 눈으로부터 건물의 몸체 부분을 보호하면서, 여름날 강렬한 태양 볕이 건물로 들어오는 것을 막는 역할도 한다. 처마는 구조적으로나 의장적으로 건물의 중요한 부분이기 때문에 구성 부재들이 어떻게 짜여 있는지에 대한 연구가 현재 진행 중이지만 아직 미흡한 것이 현실이다. 처마 부분은 다른 부분에 비하여 외부에 노출된 부분이 많은 곳으로 건물을 지은 이후 다른 부분에 비하여 잦은 보수 및 변형으로 원래 모습을 찾는 데 어려운 점이 많다.

처마는 홑처마와 겹처마로 나뉘는데, 홑처마는 모서리 기둥 상부 추녀에 긴 평고대를 걸고 평고대 아래에 처마서까래를 건 다음에, 개판 또는 산자를 깔고, 평고대 위에 연함을 놓고 적심과 보토를 깐 다음 기와를 이어 지붕을 완성한다. 겹처마는 홑처마 평고대 위에 부연을 걸고, 부연 위에 다시 평고대와 연함, 개판 또는 산자를 깔고, 적심과 보토를 깐 다음 기와를 이어 지붕을 완성한다. 이때 겹처마의 서까래 위 평고대는 초매기라고 하고, 부연 위 평고대는 이매기라 한다. 처마를 구성하는 부재들이 만들어내는 처마곡선은 건물의 외형을 결정하는 데 중요한 역할을 한다. 그래서 목수들은 평고대와 서까래를 걸어 처마곡선을 잡는 일을 '건물의 맥을 잡는다.'고 할 정도로 중요하게 여기고 있다.

추녀는 정면과 측면의 두 방향 처마가 만나는 모서리 부분에 경사지게 거는 대량재 중의 하나다. 추녀는 지붕의 형태에 따라 사용 유무가 결정되는데, 주로 팔작지붕, 우진각지붕, 모임지붕에 사용하지만 맞배지붕에 사용하지 않는다. 추녀 좌·우에는 처마처럼 서까래를 거는데, 추녀의 위치가 45도의 각도로 외부로 도출하기 때문에 추녀 좌·우 서까래 또한 부채 살처럼 펼쳐진 모양으로 건다. 이 부분의 서까래를 우리는 선자서까래라고 하는데, 세부적으로 선자서까래, 말굽서까래, 나란히 서까래로 나뉜다.

추녀 부분의 추녀와 선자서까래를 거는 방법은 건물을 짓는 기법에 따라 차이가 있지만, 기본적으로 추녀와 선자서까래 뒤초리를 밀착하고, 머리끝을 바깥쪽으로 갈수록 벌린다. 처마서까래 끝의 평고대 선은 추녀 쪽으로 갈수록 높아지면서 외부로 도출한다. 이때 추녀와 선자서까래로 사용할 목재는 휜나무로 곡을 잡기는 것이 유리하다. 처마 선이 휘어 올라간 선을 '앙곡'이라 하고, 외부로 도출하여 휘어 뻗은 선을 '안허리'라고 한다. 앙곡과 안허리의 정도에 따라 처마의 모양은 다르며, 더 나아가 건물 외관이 달라진다. 처마 곡선을 결정하고 잡는 것은 전통건물을 짓는 건축가인 대목장의 몫으로 대목장의 조영의식 및 미의식을 가늠할 수 있는 중요한 일이다.

추녀 부분은 정칸의 처마에 비하여 많은 하중이 실리기 때문에, 추녀의 뒤초리 결구방법은 건물의 처마와 추녀 부분의 구조 안정을 위해 중요하다. 중층 건물의 경우는 추녀 뒤초리가 상층 기둥과 짜 맞춤을 한다. 이와 달리 단층 건물의 경우는 내부 중도리 위에 맞춤 없이 놓거나 뒤초리를 보강하여 고정한다. 그리고 추녀 뒤초리의 구조적 안정을 갖지 못한 경우 추녀 머리부분의 밑에 활주를 세워 상부 하중을 받도록 하는 경우가 있다.

2) 추녀 부분의 구성 및 구조

전통건축물의 추녀는 정면과 배면, 좌·우측면 등 사면에 처마를 구성한 팔작지붕, 우진각지붕, 모임지붕 등의 서로 다른 두 방향 처마가 만나는 지점에 사용한 지붕의 구조재다. 그리고 추녀는 우주 위 또는 귀포작 위 왕찌맞춤을 한 도리 위에 대각으로 경사지게 건 휜 부재를 지칭한다. 처마는 홑처마와 겹처마로 나뉘는데, 홑처마는 추녀만을 걸고 추녀 좌·우에 선자 서까래를 걸어 추녀 부분을 구성한다. 겹처마는 처마서까래 위에 부연을 걸기 때문에 추녀 위에 부연과 같은 열에 사래를 걸어 추녀 부분을 구성한다. 그리고 사래는 서까래 위에 부연을 걸어 겹처마를 만드는 것처럼 추녀 위에 추녀와 같은 방향으로 건 부재를 말한다. 겹처마 건물은 초매기 평고대가 추녀 머리끝과 처마서까래 끝을 연결하듯이 추녀 위 사래와 부연 끝도 이매기 평고대가 연결한다.

추녀 부분은 추녀와 사래를 중심으로 평고대를 따라 좌·우에 선자서

그림 18. 부석사 무량수전 추녀 부분 모습 : 추녀, 사래, 선자서까래, 부연, 활주

까래와 부연을 건 부분을 말한다. 선자서까래는 처마서까래의 연장선인데, 처마서까래는 일정한 간격을 갖고 도리 위에 걸쳐 있지만 선자서까래는 추녀쪽으로 가면서 뒤초리가 밀착되고 머리끝이 외부로 벌어지게 건다. 또한 추녀 부분의 선자서까래는 대각 방향으로 건 추녀 쪽으로 갈수록 정칸의 처마서까래보다 길고 휜 나무를 걸어 추녀 부분을 구성한다. 따라서 추녀 부분의 추녀와 선자서까래는 처마서까래 부분의 처마서까래보다 지붕 면적이 넓어 부재에 실리는 하중이 많기 때문에 추녀 뒤초리 부분의 정교한 조립시공이 필요하다. 처마 및 추녀 부분은 시공 이후, 지붕의 하중 변화로 처짐과 같은 구조적 문제점이 발생할 때, 추녀 밑에 활주를 세워 구조적으로 보강을 하는 경우도 있다.

추녀와 선자서까래는 기본적으로 처마서까래처럼 주심도리와 중도리 위에 또는 내·외 및 주심도리와 중도리 위에 걸쳐 있는데, 건물의 규모나 포작의 구성에 따라 주심도리를 중심으로 외부에는 외목도리와 내

그림 19. 경북 청도 운문사 대웅보전 : 추녀, 외목도리, 주심도리, 내목도리, 중도리

부에는 내목도리와 중도리가 있다. 추녀는 힘의 균형을 이용하여 도리 위에 어떤 맞춤이나 이음을 하지 않고 추녀를 거는 경우 외에 구조적으로 안정을 위하여 뒤초리를 다양한 결구방법으로 짜 맞춤을 한 경우도 있다.

추녀 부분과 처마서까래 부분은 잦은 지붕 해체 수리 및 보수를 하기 때문에 건립 초기 모습이 자주 바뀌는 경우가 많다. 특히 지붕형태가 바뀐 건물은 추녀 부분과 서까래 부분의 초기 구성방법을 알아내는 데 어려움이 많다. 또한 추녀 부분을 구성하는 방식은 건물을 조영한 장인에 따라 일정하지 않아 일률적으로 분류하여 정리하는 데 어려운 점이 많다. 그러나 이 장은 해체 수리 시 정리한 자료를 바탕으로 추녀 부분의 결구방법을 살펴보며, 세부적으로 추녀를 중심으로 추녀 뒤초리 부분, 추녀 머리 부분, 추녀 몸체 부분으로 나누어 추녀와 결구한 부재들 간 결구방법을 살펴본다.

추녀 머리 : 추녀와 평고대, 추녀와 사래

추녀 몸체 : 추녀와 도리, 추녀와 갈모산방

추녀 뒤초리 : 추녀와 고주 등

7. 건축 의례

1) 모탕고사

과거 선조들은 전통건축물 터파기 전에 모탕고사를 한 후 공사를 시작했다. 모탕고사와 같은 행위는 건축물 조영에 참여하는 사람들 간 다짐과 믿음을 확인하고, 장비 등을 점검하고, 서로를 격려하는 행위의 '건축의례'라 한다. 우리나라 전통건축의례는 모탕고사, 개토(開土), 정초(定礎) 입주(立柱), 상량식(上梁式) 입택(入宅)·입주(入住) 등이 있으며, 이는 건축물이 자연의 대지 위에 태어나 사라질 때까지 겪어야 하는 '통과의례'다.

사람은 태어나 성장하고 죽음에 이르는 동안 그들의 사회적 약속과 풍습 및 생활문화에 근거해 여러 통과의례를 거친다. 건물도 지어지는 동안 통과의례를 거치는데, 그중 하나가 모탕고사다. 모탕고사는 건물에 사용할 재목을 준비하고 치목하면서 하늘의 신과 땅의 신에게 고하는 의식이다. 모탕고사는 건축 조영 초기에 행하는 건축의례이며, 이외에 터를 잡고 땅을 열기 전에 개토제(개토식)를 한다. 개토제는 모탕고사와 같이 하거나 이후에 하는 경우도 있지만 일반적으로 모탕고사가 개토제를 겸한다.

모탕고사는 건물의 중심이 되는 자리에 나무 하나를 세워 건물자리를 표시하면서 시작한다. 과거 선조들은 나무를 세워 놓은 자리에 치목한 기둥을 세운 후 기둥 중 우두머리인 상기둥으로 삼았다. 집주인과 목수는 상기둥 앞에 제물을 마련해 놓고 인근 주민들 초청한 후 제례를 시작한다. 일반적으로 상기둥은 건물 정면의 중심에 있는 기둥 또는 정사각형 평면의 중심 기둥을 말한다. 정사각형 목탑의 경우는 중앙의 심주(心柱) 자리에 기둥을 세워 상기둥으로 삼았다. 모탕고사의 절차나 형식은 정해진 것이 없지만 대부분 형편에 맞게 준비해 치른다. 모탕고사에 참여한 건축주와 사람들은 상기둥 앞에서 마음과 자세를 가다듬고 서로 화합하여 사고 없이 좋은 건물을 짓자는 결의를 다진다. 모탕고사와 개토제를 통해 집주인은 공사를 하면서 부딪쳐야 할 이웃 및 인근 사람들과 음식을 나누어 먹으면서 공사 내용을 설명하고 협조를 부탁한다. 그리고 집주인은 의례를 통해 공사가 무탈하게 진행되기를 기원한다. 사찰의 경우는 사찰 내 승려와 신도들이 모여 불사가 무사히 진행되기를 기원한다.

개토제는 말 그대로 땅을 여는 일로 건물의 터가 될 대지를 지켜온 신과 자연에게 감사의 표현인 동시에 이웃 사람들에게 일이 본격적으로 시작된 것을 알리는 의례다. 개토제는 현대 건축행위 중 기공식에 해당되며, 개토제를 하면서 터파기 공사를 시작한다. 한편에서는 목수와 석공이 나무를 치목하고 석물을 치석한다. 개토제의 절차 및 형식은 모탕고사처럼 정해진 것은 없지만 형편에 따라 정성껏 재물을 마련한 후 진행한다. 이때, 대지에 터를 잡고 있는 기존 나무를 제거하거나 기타 미물들에게 상해를 입힐 수밖에 없기 때문에 집주인과 장인들은 이들에게 경의를 표한다.

전통건축 조영 행위는 모탕고사 또는 개토제와 같은 통과의례를 한 후 본격적으로 진행된다. 이와 같은 건축의례는 오늘날 현대인들이 잊고 있는 건축문화유산이 지닌 콘텐츠다. 이 콘텐츠는 건축행위를 통해 건축주가 건축가와 이웃사람들과 자연과 소통하는 것이다. 건축행위자 간의 소통은 근본적으로 건축 참여자와 관계자에 대한 배려를 바탕에 두고 있다. 따라서 오늘날 건축의례를 불필요한 행사로 치부하는 것보다 이를 통해 과거 선조들은 무엇을 공유하고자 했는지를 알아보는 것이 바람직하다. 즉, 오늘을 살고 있는 우리는 우리나라 건축문화유산의 다양한 유·무형 가치를 발굴하고, 그 속에 숨어 있는 소중한 삶의 지혜를 찾아 배울 필요가 있다.

2) 상량식

전통목조건축은 단순히 목부재의 조립만으로 이루진 것이 아니라 여러 분야의 장인들이 참여하는 건축행위와 건축의례를 통해 진행된다. 특히 장인과 건축주는 건축의례를 통하여 전통건축 조영이 갖는 의미와 가치를 인식하고 뒤돌아보는 기회로 삼는다. 그리고 건축가는 건축의례와 조영활동을 통하여 그들의 건축적 가치관을 표현한다. 건축의례는 건축 조영에 참여하는 전문가외에 이웃 사람과 인척, 전통건축에 관심을 갖고 있는 사람들이 참여를 한다. 건축의례로는 모탕고사, 정초식, 입주식 등 있는데, 대표적인 의례는 상량식이다.

상량식은 건축물의 골격이 다 갖추어지면 건축가와 집주인, 이웃의 많은 사람들이 모여 치르는 건축의례로서 다른 의식보다 성대하게 치른다. 상량식은 건축가가 주관하고 장인들이 옆에서 거든다. 상량식을 하는 날은 건축물을 지으면서 수고한 건축주, 설계자, 시공자, 공사현장에서 허드렛일을 하던 사람에 이르기까지 조영에 참여한 관계자들의 노고를 치하하고 격려하는 날이다. 또한 상량식은 완성되어 가는 건축물의 모습을 외부 사람들에 첫선을 보이는 날이기도 하다.

상량식은 용마루에 걸을 상량대에 명문을 쓰고, 상량대 앞 제상 위에 제물을 차리면서 시작되며, 이때 상량대와 상량문이 상량식에서 중요한 역할을 한다. 상량대는 용마루 아래의 종도리를 받치고 있는 직사각형의 장혀라는 부재를 지칭하며, 밑면 또는 측면에 건축물의 건축 연혁 등을 알 수 있는 내용을 써 놓는다. 따라서 상량대 글귀는 대청에서 육안으로 확인이 가능하다. 상량문은 별도의 한지 위에 건물의 연혁 및 공사 경위 등을 기록해 놓은 것으로 장혀 윗면 홈 속에 넣어 봉하기 때문에 건물의 지붕을 해체해야만 확인이 가능하다. 살림집의 경우는 대부분 상량대를 걸어 의식을 끝내지만, 사찰이나 궁궐, 규모가 큰 반가는 별도로 상량문을 남겨 후손들에게 건축물의 연혁 등을 알 수 있도록 했다.

대부분 상량대의 글은 '龍'을 시작으로 '龜'자 끝나는데 주로 한자로 내용을 서술한다. 그리고 용자 다음에는 연호(年號)를 쓰는데, 민가에서는 당시 연호를 쓰며, 사찰에서는 불기(佛紀) 쓰면서 시작한다. 요즘에는 대부분 단기(檀紀)로 시작한다. 조선시대에는 대부분 중국 연호를, 일제강점기에는 일본 연호(大正, 昭和)를 사용했다. 특히 일본 연호를 쓴 일제강점기에 지어진 건물들의 상량대를 볼 때마다 나는 우리 슬픈 역사의 한 단면을 보는 같아 마음이 씁쓰름해지기도 한다. 간혹 답사를 다니다 대한제국의 연호인 광무(光武)라는 연호를 볼 때 나는 반가운 마음이 들면서 자존감을 느낀다.

프랑스에 전통한옥을 지으면서 상량식을 한 적이 있었다. 이때 같이 있었던 사람들은 상량대 글을 어떻게 써야 할지 고민에 빠진 적이 있었다. 당시 우리는 한자로 상량대 글을 쓰면 '외국인들이 이 집을 중국집으로 볼 것이다.'라고 생각하게 되었다. 그래서 답으로 우리는 한글로 상량대 글을 쓰기로 했다. 그리고 다음으로 집의 상량대 글은 누가 쓸 것인가에 대한 고민에 빠졌다. 기존의 상량대 글은 그 지역에서 글을 잘 쓰는 사람 또는 학덕이 높은 사람이 썼는데, 고민 끝에 우리는 집의 안주인이 쓰기로 결정했다. 이유는 항상 자손들이 대청에서 어머니가 쓴 글, 모국의 글을 보라는 뜻에서 시작했다. 자손들은 이렇게 되물었다. '이 집을 팔려면 어머니의 글을 팔던지, 지붕을 걷어 내고 상량대를 빼가야겠네요.' 했다. 그러면서 이런 말을 덧붙였다. '이 집은 어머니의 정신이 있는 곳으로 팔 수 없기 때문에 후손들이 영원히 아껴야겠네요.' 했다. 이런 이야기를 들은 프랑스사람은 한국 전통건축 행위에 감동을 했는지 상량식 때 흔쾌히 절을 한 적이 있었다.

목수 및 기타 장인은 상량식을 치른 이후, 그간 한 일을 점검하고 서로를 격려한 후 집을 꾸미는 일을 시작한다. 즉 장인들은 상량식 이후 서까래를 걸고, 기와를 올리고, 마루를 놓고, 창문을 달고, 벽을 꾸미고, 구들을 놓는 등의 일을 한다. 따라서 상량식 이후 목수를 비롯하여 석공, 와공, 금속공, 기타 장인들과 건축주는 힘을 모아 다음 고정을 준비한다.

상량식은 빠르게 변하는 오늘을 살고 있는 우리에게 많은 것을 시사한다. 상량식은 과거에 해왔던 겉치레 의식 중 하나가 아니라 옛것을 익히고 그것을 통해 새로운 문화를 만들어가는 것이다. 오늘을 살아가는 우리는 이와 같은 전통건축의 의례를 통해 선조들의 마음과 정신을 배우고, 다시 후손에게 새로운 정신문화를 만들어 전해야 한다.

2장 한옥의 구조와 특성

이왕기

1. 머리글

한옥은 거의 완벽한 조립식이다. 모든 부재가 조립으로 이루어지는 특징을 지니고 있다. 한옥의 구조적 특징을 이해하기 위하여 한옥의 조립과정을 먼저 이해해야 한다.

목수가 집을 지을라 치면 먼저 집에 대한 구상이 머리에서 정리되어야 한다. 목재는 어디서 구하고, 도와줄 장인과 인부는 어디서 데려오고, 숙소는 어디에 정할 것이며, 비용은 얼마나 들 것인가 등이다. 이러한 사전 준비를 얼마나 잘 하느냐에 따라 목수의 능력이 판가름 나게 된다. 그러기 때문에 목수는 일이 없을 때에도 어디에 무엇이 있고, 누가 일을 잘하고, 어느 산에 어떤 나무가 있는지를 살펴두어야 한다.

집 지을 준비가 끝나면 집을 놓을 자리를 살피고, 도판을 그린다. 집자리를 잡기 위해서는 주변 환경과 풍수를 보아야 하고, 풍수에 따라 집을 바르게 놓기 위하여 사용하는 것이 윤도판이다. 이 윤도판은 풍수가들은 물론이거니와 목수들도 지니고 다닌다. 대개 풍수가들은 판이 크고 윤도가 많은 것을 사용하지만 목수들은 작고 간단한 것을 주로 사용한다.

목수가 그리는 도판은 아주 간단하다. 널판에 기둥을 찍어 선을 이은 간단한 평면도뿐이다. 이 평면도에 기둥재의 크기, 도리재의 크기 정도만 적어놓을 뿐이다. 나머지는 모두 목수의 머릿속에 있다. 기록해 두지 않고 머리로 정리하는 능력은 정말로 대단하다. 그래서 이들을 도목수, 도편수, 대도목이라 부른다. 얼마나 능력이 우수한지 조선시대에는 "도편수는 정승감이다."라는 말까지도 있다. 실제로 큰 공사가 끝나면 명예직으로 '당상관'의 벼슬을 주기도 했다.

한옥 건립순서는 터잡기로부터 시작된다. 집터를 어떻게 잡느냐는 대단히 중요한 일이다. 지세와 수맥을 이해하고 풍수를 보아 집자리, 사당자리, 대문자리 등을 결정하게 된다. 풍수를 보고 좋은 집터를 잡는 것은 자신뿐만 아니라 세세손손 그 영향이 미친다고 보았기 때문에 신중하게 집터를 결정하는 것이다.

터잡기가 끝나면 본격적인 한옥짓는 일이 시작된다. 먼저 기단을 조성하는데 먼저 땅을 돋우고 지반을 다진 다음 초석을 놓는 방법과 먼저 초석을 놓은 다음 나중에 기단을 조성하는 두 가지 방법이 있다. 기단이 조성되었다고 해도 곧바로 기단석을 놓는 것은 아니다. 기단을 마감하는 기단석은 건물이 거의 지어지고 마감할 무렵 설치하게 된다. 기단석을 먼저 놓으면 공사기간 중 다칠 염려가 있기 때문이다. 그러나 기단석에 사용되는 석재는 공사 중 미리 마련해 두어야 한다.

기단이 조성되면 초석을 놓고 기둥을 세운다. 초석과 기둥부재는 이미 터잡기 하기 전에 준비해 두어야 한다. 도목수는 건물이 세워지는 순서를 잘 이해하고 때맞춰 부재와 자재가 사용될 수 있도록 준비해 두어야 한다. 기둥을 세우고 나면 대들보를 기둥머리에 장여와 함께 결구하고 그 위에 대공과 함께 종도리를 걸게 된다. 도리를 모두 걸면 그 위에 서까래를 걸친다. 서까래 위에 산자를 엮거나 개판을 깔고 적심을 놓은 다음 보토를 깐다. 이 적심과 보토를 이용하여 지붕곡선을 잡는다. 적심과 보토는 지붕곡선을 잡는데도 필요하지만 단열효과도 뛰어나다. 보토로 곡선을 잡은 다음 그 위에 기와를 올린다. 기와는 대게 3겹잇기로 한다. 기와공사는 와공이 맡아서 한다. 그 사이 니장은 벽을 만든다. 판벽은 판재를 이용하지만 심벽의 경우 뗄대와 중깃을 걸고 외를 엮어 양쪽에 흙을 바른다. 벽공사와 함께 온돌이 놓인다.

개판까지 깐 다음 목수는 내려와 마루깔기와 천장공사를 하게 된다. 인방걸기는 마루공사와 동시에 이루어지며 온돌공사가 끝나면 곧바로 창호 및 수장공사가 이루어진다. 단청공사는 마지막에 진행된다. 구체적인 공사순서는 [표 1]과 같다.

표 1. 전통한옥 시공순서

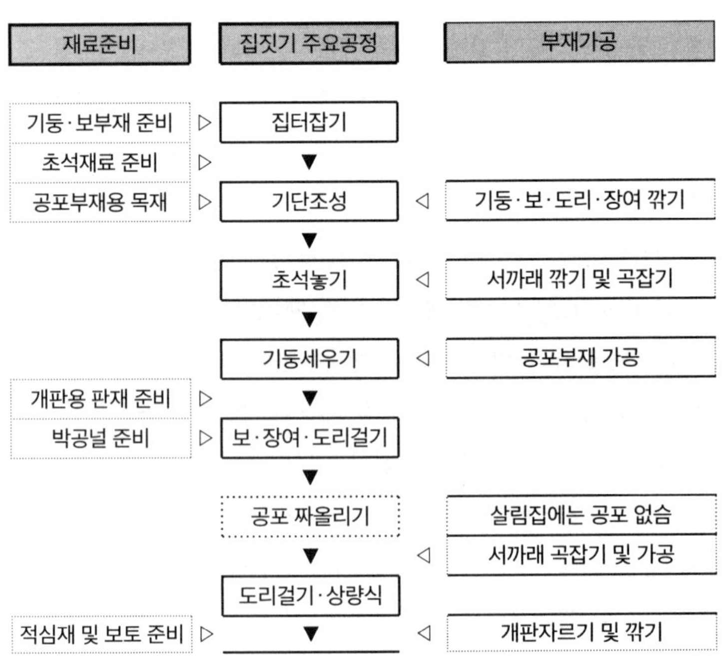

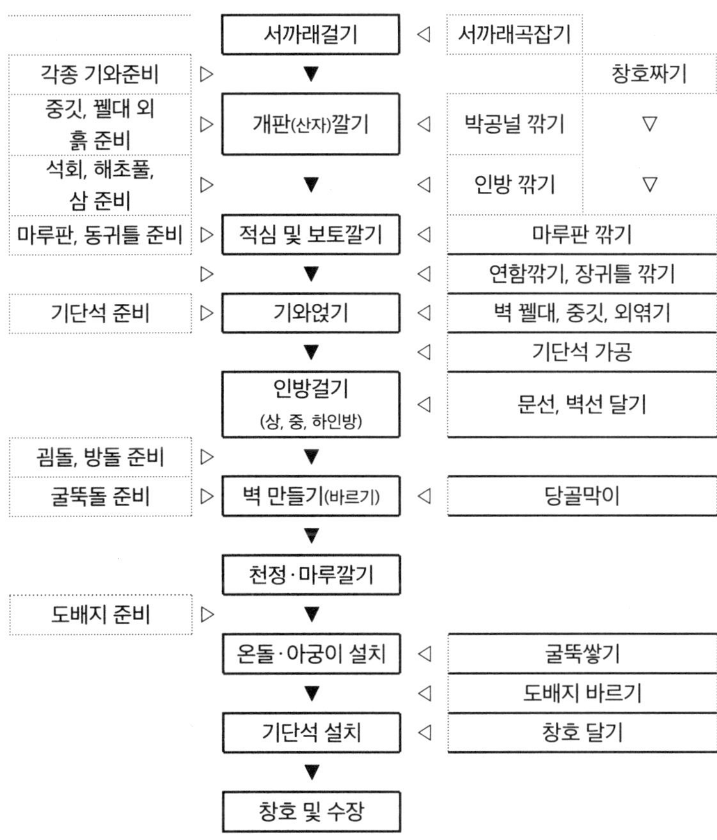

2. 한옥의 구조와 특성

1) 기단

기단은 건물을 세우는데 가장 밑바탕을 이루는 구조로서 돌이나, 흙, 벽돌 등으로 만든다. 지반을 일정한 높이로 돋우어 그 위에 건물을 세우면 빗물이 고이지 않고 해충이나 뱀과 같은 금수로부터 피해를 방지할 수도 있다.

집을 세우기 위해서는 어디든지 튼튼하게 앉아야 한다. 그래서 개발한 기술이 '판축기법'이다. 이것은 건물이 놓이는 초석 지하 부분을 단단하게 보강하는 기술로 이미 수천 수백 년 전부터 써오던 것이다. 즉 초석 하단을 넓게 파낸 다음 점토를 10~15센치 두께로 깔고 다지는 것을 반복하여 단단히 만드는 것이다. 이때 생석회나 자갈을 섞으면 바위같이 단단해 진다. 지진도 견딜 수 있을 뿐만 아니라 나무뿌리도 감히 침투할 수 없다.

지반을 튼튼하게 하기 위하여 흙, 자갈 등을 깔고 다지는데 사용하는 연장을 흔히 '달구'라고 한다. 돌로 만든 것을 '원달고', 나무로 만든 것을 '목달고' 또는 '몽둥달고'라 한다. 원달고는 돌을 절구통과 같이 허리를 잘록하게 다듬은 다음 그 허리에 동아줄을 몇 가닥 매어 여럿이서 이를 들었다 놓으면서 지반을 다진다. 목달고는 통나무에 양쪽 사방으로 나무 손잡이를 달아서 여러 사람이 이를 잡고 들었다 놓으며 지반을 다진다. 혼자 쓰는 조그만 달고를 '손달고'라 한다.

지반을 다질 때는 달고 손잡이를 잡고 여럿이 동시에 힘을 주면서 높이 들었다가 떨어뜨리면서 지반을 다지는데 이일을 '달고질' 또는 '달고방아'라고 한다. 목달고의 손잡이를 '달긋대'라 한다.

달고로 지반을 다지는 일은 이미 오래전부터 해오던 건축기법 중 하나이다. 선사시대 움집에서 바닥을 만들 때 점토와 모래를 섞어 고른 다음 다져서 평평하게 한다. 이때 다지기 위해 간단한 몽둥이를 사용한 것이 달고질의 시작이었다. 달고질은 성을 쌓거나 담을 만드는 데도 흔히 사용되었다.

달고질 할 때는 우선 집이 놓일 자리나 초석이 놓일 자리를 정하고 집의 규모에 따라 적당한 깊이로 파낸다. 파낸 자리에 다시 흙을 일정한 두께로 한 켜 깐 다음 달고로 다진 후 다시 한 켜를 깔고 다진다. 이렇게 달고질을 몇 차례 반복하여 일정한 높이가 되도록 지반을 만드는 것이다.

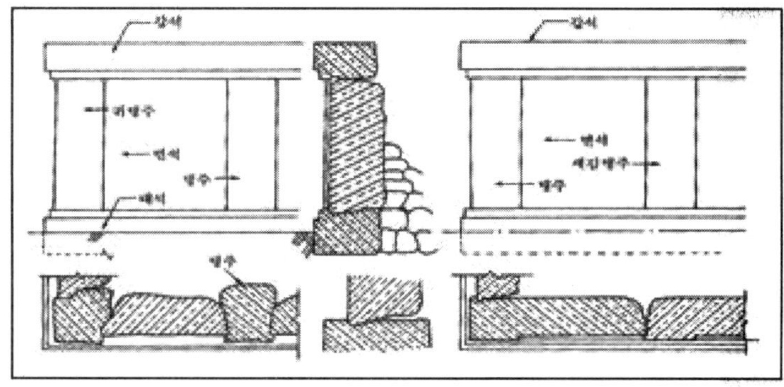

그림 1. 가공석 기단구조

이를 '지경다진다'고 한다.

부여 정림사 5층석탑 주위 지하를 조사해 본 결과 달고질 한 지반이 발견되었는데 크게 3개의 층으로 구분하여 달고질 한 흔적이 나왔다. 이와 같이 큰 석탑이 1500여 년을 손상 없이 견디어 왔다는 사실도 놀라운 것이지만, 이 탑의 지반에 돌을 전혀 쓰지 않고 흙만으로 달고질 해서 탑을 세웠다는 것은 더욱 경이로운 일이다. 건축적으로 우수한 기능을 발휘한 대표적인 사례를 보여준 것이라 하겠다.

달고질에는 또한 '탄축'과 '염축'이라는 특별한 기법이 사용되기도 하였다. 탄축은 짚이나 나무를 태운 재로 '잿물'을 만들어 달고 할 자리에 뿌리면서 달고질 하는 방식이고, 염축은 소금을 뿌려가며 달고질 하는 것이다. 간혹 숯을 섞어 넣는 경우도 있다. 이렇게 하면 나무뿌리나 해충이 침범하지 않아 건물이 오래갈 수 있다.

조선시대에는 달고질만 전문적으로 하는 달고패가 있었다. 그들은 약 11명 정도로 구성되며 좌우에 다섯 명씩 10명이 동아줄을 잡고 달고질을 하는데 이때 한 명은 작업 능률을 높이고 피로감을 덜기 위해 한쪽에서 장단에 맞춰 소리를 한다. 이 지경소리가 성주풀이의 한 대목으로 우리에게 지금도 전해지고 있다.

기단을 만들 때 그 폭은 주택의 경우 기둥 중심에서 3자~3자 반 정도로 한다. 그 폭은 처마내밀기 폭을 기준으로 이보다 조금 작게 만든다. 처마가 길 경우 기단의 폭도 길어진다.

지경다지기 등과 같은 기단조성은 건물을 세우기 전에 하지만 기단 주변에 돌을 세우거나 쌓는 기단석은 건물이 완성되기 직전 수장공사를 할 무렵에 설치한다. 가공석 기단의 경우 석재를 미리 가공해 두어야 하고 자연석 기단의 경우 재료를 준비해 두어야 한다. 자연석 초석을 흔히 '덤벙주초'라고 하며 이것을 사용할 목수가 주로 구한다.

■ 기단의 유형분류

가. 사용재료

① 자연기단 - 지반, 암반

② 가공기단

- 토축기단

- 성토기단

- 축석기단 - 자연석쌓기

- 가공석쌓기 - 층급쌓기

- 단면(單面)쌓기

- 성규형(成圭形)쌓기 : 위로 가면서 퇴물림 쌓기

- 전축(塼築)·와축(瓦築)기단

- 석(石). 전(塼)병용기단석, 전 병용 기단

- 가구(架構)기단 : 돌을 잘 가공하여 끼워 맞춘 듯이 만든 기단

- 기타 : 석재판석, 사괴석, 통나무 등

나. 기단의 형상

① 자연기단

- 지하 : 원시시대 움집에서 사용

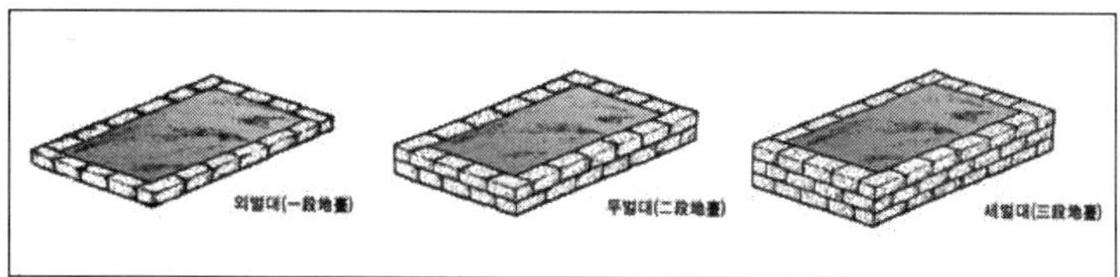

그림 2. 기단 형태구분

- 지상 : 지반 위에 만드는 기단

② 단층기단

- 육축(陸築)기단 : 지표면 위에 인위적으로 쌓아만든 기단
- 임수(臨水)기단 : 수면 위에 인위적으로 쌓아만든 기단

③ 다층기단

- 동설(同設)기단 : 기단의 여러 층을 같은 단위에 만든 것
- 별설(別設)기단 : 커다란 기단 위에 여러 건물을 세울 때 별도로 만든 기단

다. 만드는 형상

① 가공석

- 장대석쌓기(臥長臺式) : 장방형으로 긴 장대석을 뉘어서 쌓은 기단

② 장대석 기단

- 가구식 쌓기 : 기둥, 벽, 보와 같이 돌을 잘 가공하여 만든 기단
- 사다리형(雲梯式)쌓기 : 수구문, 성, 돌다리 등에 사용된 기단

③ 자연석

- 축담식쌓기 : 자연석과 잡석을 이용해 만든 기단
- 막돌바른층쌓기 : 막 생긴 자연석을 줄에 맞춰 쌓은 기단. 줄이 한 줄일 때는 외벌대, 두 줄이면 두벌대, 세벌대기단으로 부름
- 막돌허튼층쌓기 : 막 생긴 자연석을 줄에 맞추지 않고 크기에 맞춰 쌓은 기단

2) 초석(礎石)

지반을 잘 다지면 기단을 만들고 초석을 놓는다. '주춧돌', '기초'라고도 한다. 건축물의 기둥이나 토대 밑에 놓여 위에서 누르는 무게를 땅으로 전달하는 부재이다. 그러므로 초석은 장구한 세월에 침하되거나 파손 없이 지속되어야 한다. 그래서 대부분의 주춧돌은 단단한 돌로 만든다.

초석의 종류로는 다듬어 사용하는 가공초석과 자연석을 그대로 사용하는 덤벙주초로 구분해 볼 수 있다.

다듬어 사용하는 가공초석은 바닥 모양에 따라 방형, 원형, 팔각형이 있고, 기둥자리(柱座)가 있는 주좌초석(柱座礎石)과 주좌가 없는 무주좌초석으로 구분된다. 주좌는 기둥단면에 맞춰 방형, 육각형, 팔각형, 원형 등이 있다. 초석바닥과 기둥자리 모양이 같은 것과 서로 다른 것으로도 구분된다. 품격이 높은 건물에 사용되는 초석은 주좌와 바닥 주변에 곡선으로 쇠시리면을 두거나 연화문양으로 화려하게 다듬기도 한다. 초석의 높이를 아주 높게 만들어 사용하는 장초석도 있다. 장초석은 주로 다듬어 사용하게 되는데 단면모양에 따라 사각, 육각, 팔각, 원형초석으로 나누어진다. 초석을 다듬을 때는 정을 사용한다. 정의 종류에는 크게 자루가 달려 손메처럼 생긴 자루정과 자루 없이 통쇠로된 정으로 구분된다. 표면을 다듬는 데는 날망치, 정, 도드락망치 등을 사용하는데 도드락망치는 날의 수에 따라 24눈, 64눈, 100눈 등으로 구분하고 눈이 많을수록 정교하게 다듬을 수 있다. 초석을 가공할 때 주좌가 놓일 자리의 가장자리는 중심부 보다 약 2푼 정도 기울게 해야 혹시 습기가 침투하더라도 밖으로 내보낼 수 있다.

덤벙주초는 자연스럽게 생긴 울퉁불퉁한 돌을 초석으로 삼는 것이다. 이렇게 막 생긴 덤벙초석 위에 기둥을 세운다. 이때 사용되는 기법이 '그랭이질'이다. 선조들이 만들어낸 기가 막힌 기술이다. 그래질에는 '그래자'를 쓴다. 얇은 대나무로 마치 핀셋 같이 만들어 한쪽 가닥에는 칼질을

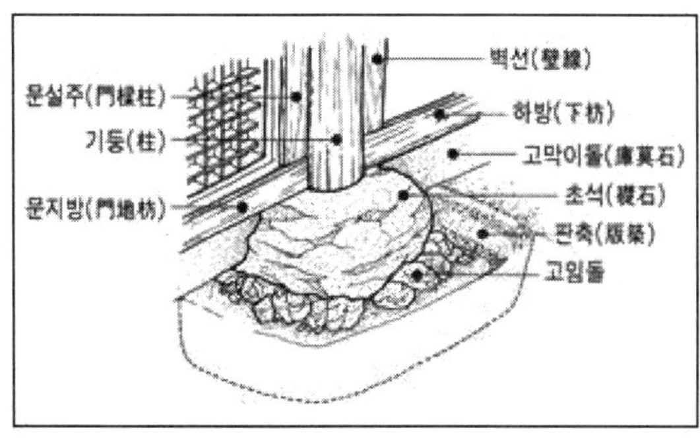

그림 3. 덤벙주초의 기본 구조

하여 먹물을 묻힌다. 초석 위에 기둥을 임시로 세운 다음 그래자의 한 가닥은 초석에, 먹을 묻힌 다른 가닥은 기둥 밑둥에 댄다. 그리고 초석에 밀착시킨 다음 기둥 둘레를 한 바퀴 돌면 초석의 모양대로 기둥에 그려지게 된다. 그려진 밑둥을 잘라내면 초석의 들쑥날쑥한 부분과 정확하게 밀착되는 것이다. 틈이 있으면 벌레나 습기가 스며들어 썩기 쉽다. 이를 방지하기 위하여 기둥뿌리 가운데를 조금 파내고 소금이나 백반을 넣어두기도 한다. 돌과 돌을 밀착시킬 때도 이 기술을 사용한다. 근래에는 그래자를 나름대로 새롭게 만들어 사용하기도 한다.

초석을 놓을 때는 초석 밑을 생땅이 나올 때까지 판 다음 석비레를 부으면서 다져 초석을 놓는 방법이 있고(立砂基礎), 판축으로 다진 다음 초석을 놓는 방법, 다진 다음 적심석 위에 초석을 놓는 방법 등 다양한 방법이 쓰여 졌다.

초석의 상면 높이는 기단표면에서 높이 약 1자 정도로 하는데 습기가 많은 곳에서는 이보다 더 높게 한다. 특히 지붕이 높거나 수면에는 높이가 3자 이상되는 장초석을 세우기도 한다.

초석을 놓을 때는 먼저 건물 주변에 규준틀을 설치하고 가로세로 기준선과 개략적인 수평을 맞춘 다음 이것에 맞추어 초석을 놓는다. 이때 기둥이 세워지는 상면을 가능한 한 수평이 되도록 놓고 움직이지 않도록 전후좌우에 굄돌로 단단히 고정시킨다.

그림 4. 덤벙주초 그림 5. 방형 무주좌 주초

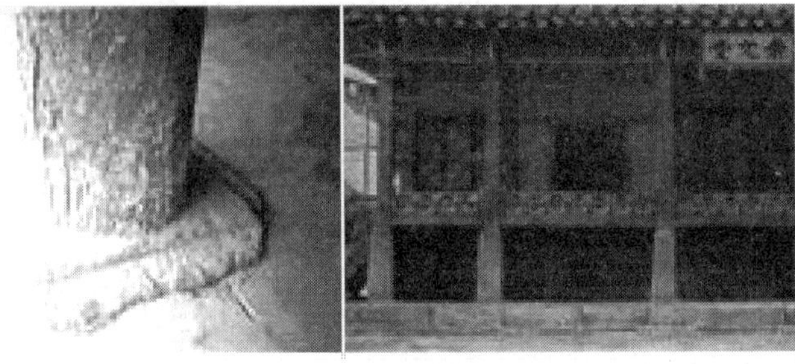

그림 6. 방형 '凸'형 초석 그림 7. 방형 장초석

그림 8. 원형 장초석 그림 9. 원형 '凸'형 초석

각종 초석 모양

■ **초석의 유형분류**

가. 위치에 따라

① 외진주초석

- 평주초석, 우주초석, 퇴주초석

② 내진주초석 - 고주초석

- 단주초석(斷柱礎石)

- 옥심주초석(屋心柱礎石)

나. 만드는 형상에 따라

① 자연석 - 암반초석, 덤벙초석(凹凸礎石), 막돌초석(그랭이질)

② 가공석

- 방형, 원형, 육각, 팔각, 장초석, 단초석 등 : 기타(사발모양초석, 거북모양 초석)

3) 기둥(柱, 楹)

기둥은 건축의 내부공간을 만들기 위해서 반드시 있어야 하는 구조요소이다. 기둥이 사용된 시기는 아주 오래전 인간이 동굴주거를 나와 움집은 만들 때부터라고 생각한다. 선사시대 움집을 만들기 시작하면서 기둥이 집을 지탱하는데 중요한 구조요소가 되었던 것이다.

기둥 간격은 건물의 칸수를 나타내는 기본모듈이 된다. 주택의 경우 일반적으로 사방 8자를 1칸으로 하는데 기둥 간격은 자연히 8자(약 2.4m)가 된다. 퇴칸을 둘 경우에는 반칸인 약 4자로 한다. 8자를 기본 모듈로 할 때 목재 사용상 가장 경제적인 구조가 된다.

궁궐이나 사찰, 향교, 서원 등에서는 건물의 규모에 따라 기둥 간격이 주택과 다르다. 이런 건물에서는 정면과 측면의 기둥 간격이 다른 경우가 많다. 정면의 경우 횡으로 도리(道里)가 걸리므로 최소한 주택의 8자 이상으로 하고 긴 경우에는 20자(약 6m)이상되는 경우도 있다.(경회루 6.16m, 경

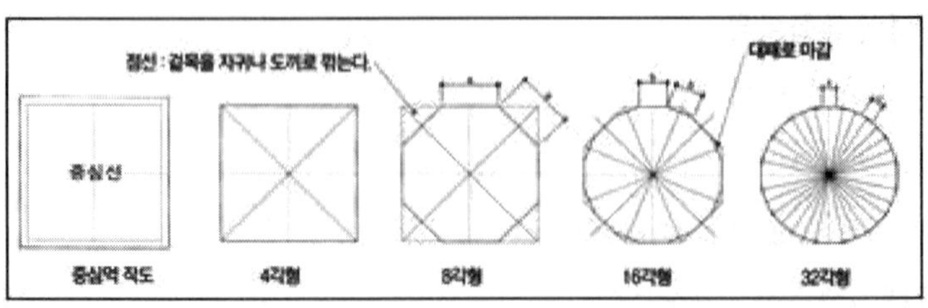

그림 10. 원주 치목 순서

복궁 근정전 6.86m) 측면의 기둥 간격은 보(樑)가 걸리므로 이보다 더 길어지기도 한다. 우리나라 현존하는 목조건물 중에서 기둥 간격이 가장 넓은 것은 경복궁 근정전 보간 거리로 약 35자(10.65m)이다.

기둥 만드는 기술에서 또한 가장 인지공학적 아름다움과 자연스러운 기술은 배흘림이다. 기둥을 만들 때 중간부분을 불룩하게 함으로써 아름다운 안정성을 보여준다. 배흘림은 아무렇게나 만드는 것이 아니라 기둥 높이에 따라 굵기가 달라진다. 그 굵기는 밑둥에서 1/3되는 부분이 가장 불룩해야 최고의 멋이다. 부석사 무량수전, 강릉 객사문 기둥에서 대표적인 사례를 볼 수 있다.

가장 자연스러운 기둥은 생긴 그대로의 원목을 이용한 기둥이다. 가공하지 않고 자란 그대로를 그 방위에 맞춰 세우는 기둥이다. 나무가 자란 방위를 다르게 세우면 틀어질 염려가 있기 때문이다. 밑둥이 굵어 안정된 모습이기도 하거니와 가공하지 않은 나무의 역학을 최대한 이용하려는 원리이다.

한편 기둥을 세우는 2가지 기법은 인간의 심리를 가장 잘 이용한 기술이다. 하나는 '귀솟음'이고 다른 하나는 '안쏠림'이다. '귀솟음'은 가운데 기둥보다 양쪽 귀퉁이 기둥 높이를 조금 높게 만드는 것이다. 우리나라 건축은 긴 장변이 정면이고 짧은 단변이 측면이 된다. 따라서 건물을 정면에서 보면 양쪽이 쳐져 보이는 것이 당연한 이치이다. 착시현상이라고

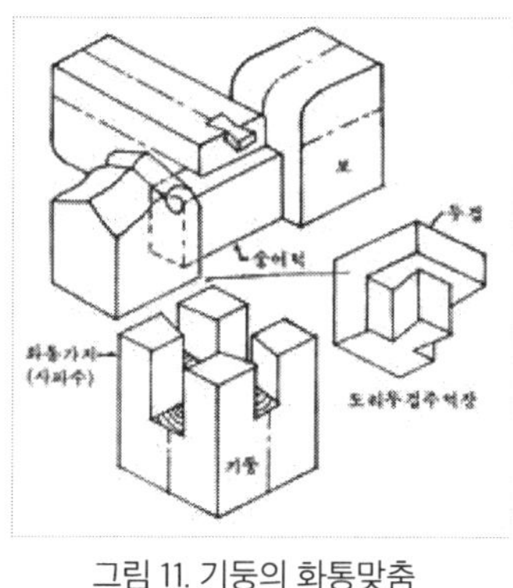

그림 11. 기둥의 화통맞춤

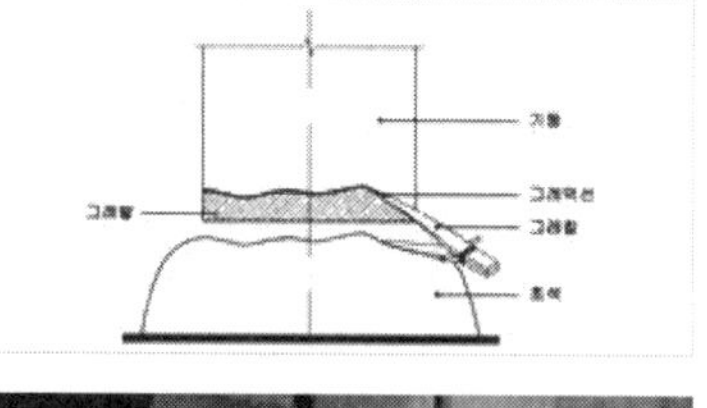

하는데 착시를 바르게 교정하기 위해서는 양쪽 귀기둥을 약간 솟게 만든다. 사람의 눈높이에서 건물을 볼 때 기둥을 수직으로 바로 세우면 기둥이 높아서 귀기둥 윗부분이 약간 벌어져 보이는 것도 착시현상이다. 이것을 바로 교정하기 위해 양쪽 귀기둥을 조금 안쪽으로 기울여 세우는 것을 '안쏠림'이라고 한다. 이 또한 인간의 착시를 교정하기 위한 선조들의 기술이다.

기둥을 다듬을 때는 먼저 방형 모기둥으로 깎은 다음 8각형으로 다듬고 그리고 나서 모를 다듬어 원형으로 만든다. 이때 사용하는 연장은 대패가 아니라 '자귀'다. 자귀는 도끼와 비슷하게 생긴 것인데 날이 도끼와 달리 자루에 직각 방향으로 달려 있다. 대패보다 훨씬 이전부터 쓰여지던 연장이다.

초석에 기둥을 단단히 밀착시키기 위하여 그랭이질을 하는데 잘려지는 그랭이발을 감안하여 기둥의 길이는 반드시 조금 여유 있게 두어야 한다.

기둥머리 부분에서는 장여, 보, 도리를 맞춰 끼우기 위하여 '十'자 모양의 화통가지를 파두어야 한다.

■ 기둥의 유형분류

가. 위치에 따라

① 외진주(外陣柱) - 평주, 우주, 퇴주(퇴평주, 퇴우주)

② 내진주 - 고주(평고주, 우고주), 단주(斷柱), 옥심주(屋心柱)

나. 모양에 따라

① 외형 - 원통형주(圓筒形柱) : 기둥의 굵기가 위아래 똑같은 모양

- 민흘림주 : 기둥의 아랫부분이 위보다 굵은 모양

- 배흘림주 : 기둥의 중간 배부분이 굵은 모양

② 단면 - 원주, 방주, 육각주, 팔각주(직립주, 배흘림주)

4) 도리(道里) · 보(樑)

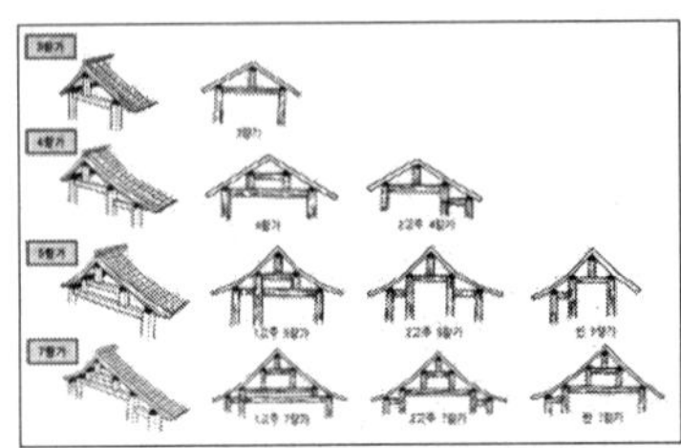

그림 12. 지붕틀 樑架 구조

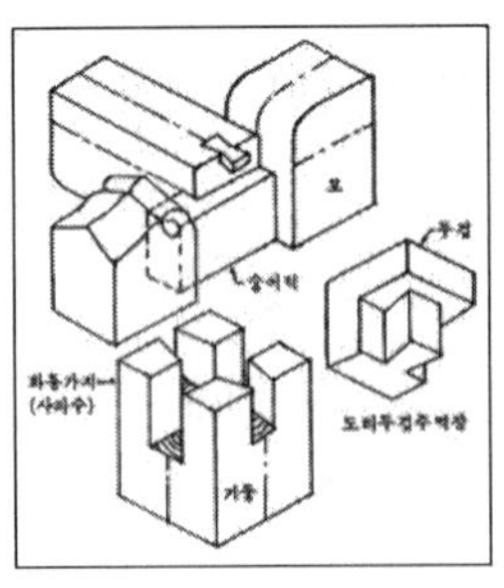

그림 13. 보와 기둥의 결구

기둥이 세워지면 기둥 상부에 보와 도리를 걸게 된다. 보는 정면에서 건물을 바라볼 때 전후방향(종방향)으로 걸치는 부재이고, 도리는 좌우방향(횡방향)으로 걸치는 부재이다. 우리나라 목조건축의 특성상 종방향은 길이가 어느 정도 제한될 수 있지만 횡방향은 한없이 길어질 수가 있다.

보(樑)는 기둥 바로 위에서 건물의 종방향으로 놓여지는 부재로 지붕의 무게를 받아주는 역할을 한다. 특히 대들보는 보이도록 노출되는 경우가 많아 구조적인 안정성과 더불어 장식적 효과도 나타낼 수 있어야 한다. 목수들의 집 짓는 솜씨를 가

름할 수 있는 부분이기도 하다. 집의 크기에 따라 보의 숫자도 달라진다. 3량집의 경우 보가 1개이지만 반5량집이나 5량집 이상이 되면 보가 2개 이상이 된다. 기둥 바로 위에 걸치는 것이 대들보(大樑)이고 대들보 위에 중보(中樑), 종보(宗樑)가 올라간다. 퇴칸에는 퇴량이 걸린다.

보의 크기는 곧 단면의 크기를 말한다. 보의 크기는 집에 비해 너무 작아서도 안 되고 너무 커서도 안 된다. 보의 너비가 기둥 너비보다 크면 기둥 면이 감추어져 모양새가 나지 않는다. 이때는 기둥에 끼워지는 보 부분을 숭어턱으로 굴려 깍아 기둥나비가 보 너비보다 조금 크게 보이도록 한다. 대들보의 단면은 대개 보폭 : 보춤을 3 : 4로 하고 보춤은 기둥 간격의 1/8~1/14 범위 내로 한다. 그러나 주택에서는 1/10~1/12의 범위로 한다. 예를 들어 주택의 경우 안대청에는 2칸 길이에 대들보를 올리게 되는데 보가 걸리는 기둥 간격은 16자(약 4.8m)가 된다. 이때 보의 춤은 16자의 1/10~1/12이므로 1.6자~1.3자 정도가 된다.

목조건물의 기본구조는 도리의 숫자로 설명되는데 3량집, 4량집, 반5량집, 5량집, 7량집, 9량집, 11량집 등으로 부른다. 도리는 위치에 따라 기본적으로 외진(外陣)기둥 위에 걸리는 주심도리, 주심도리 안팎에 걸리는 내목도리와 외목도리, 용마루 위치에 걸리는 종도리, 그리고 종도리와 주심도리 사이에 걸리는 중도리 등이 있다.

도리의 단면 모양에 따라 둥글게 만든 굴도리, 방형으로 만든 납도리, 그리고 흔히 쓰이는 것은 아니지만 8각형 도리도 있다. 굴도리는 납도리보다 만드는 공정이 많고, 상징적인 의미도 높아 고급스러운 건물에 흔히 사용한다. 같은 건물 내에서도 공간의 위계에 따라 굴도리와 납도리는 구분해 사용하기도 한다. 예를

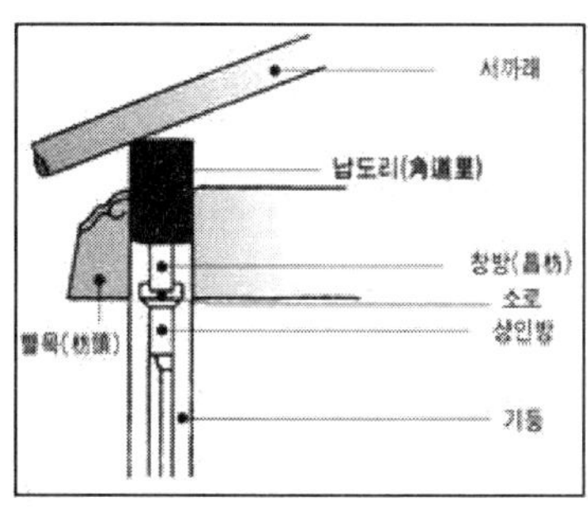

그림 14. 기둥 상부의 단면구조

들면 사당에는 굴도리를, 살림채에는 납도리를 쓴다. 솟을대문이 있는 행랑채의 경우 솟을대문에는 굴도리를, 나머지는 납도리를 쓰기도 한다.

보와 도리의 조립 순서는 기둥 상부에서 횡으로 장여를 먼저 걸고 그 위에 주두를 놓고 종방향으로 보를 끼운 다음 보의 직각방향인 횡방향으로 도리를 끼우게 된다. 도리가 끼워짐으로써 건물의 주요 뼈대가 완성된다.

5) 공포(栱包)

기둥 바로 위에 복잡하게 설치된 구조체로서 지붕을 받치고 있는 형상이다. 이것을 '공포'라고 한다. 얼핏 보면 마치 일부러 장식한 것처럼 보이기도 하지만, 가장 구조적이면서 장식성이 강한 건축구조이다. 면적이 넓은 지붕의 무게를 받아 기둥에 전달하는 매우 중요한 구조체이다. 동서양을 막론하고 모양은 다르지만 이런 구조체가 필수적으로 만들어진다. 특히 중국, 한국, 일본의 목조건축에서는 이 공포구조와 모양이 시대에 따라 변천되어 왔다.

이 공포는 위에서 누르는 지붕의 육중한 무게를 받아 기둥에 전달하기도 하지만 한편 처마를 밖으로 길게 내밀기 위하여 추녀와 서까래를 받쳐주는 중요한 구조체이기도 하다.

공포는 그 짜여진 모양을 보고 건축이 만들어진 시대를 짚어보기도 한다. 다시 말해 시대에 따라 공포가 짜여진 모양이 다르다는 것이다. 이것도 유행과 같이 시대에 따라 변화를 보여주고 있다.

복잡하게 보이는 공포이지만 단순한 구조로 시작되었다. 기둥과 보가 만나는 지점에 '목침'을 받쳐 보강한 것이 공포의 시작이다. 이 '목침'은 점차 발전하면서 구조적 합리성과 건물의 품위를 표현하게 되었다. 나중에는 장식성을 겸하는 구조로 발전하게 된다.

건물의 앞뒤 기둥 사이에는 대들보가 걸쳐지는데 이 대들보가 지붕

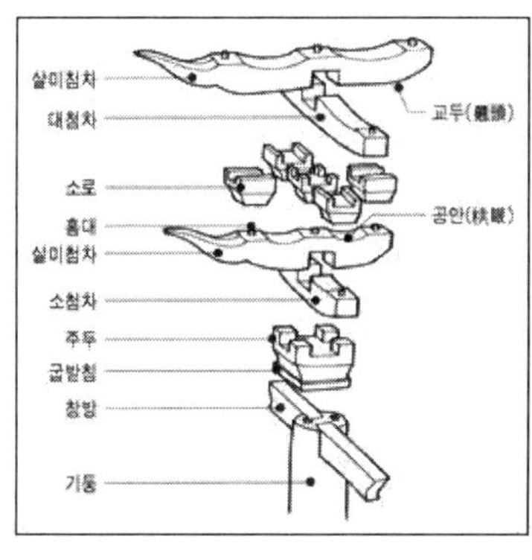

그림 15. 공포의 기본구조

의 무게를 모두 지탱하는 것 같지만 사실 공포가 대들보의 무게를 감소시켜주는 역할을 한다. 즉 공포가 지렛대 받침역할을 함으로써 처마의 무게로 인해 서까래 뒷부분이 들리게 되므로 대들보에 모든 무게가 실리지 않고 그 중 일부가 기둥에 전달되는 것이다. 따라서 대들보가 받는 무게를 경감시켜준다. 마치 널뛰기할 때 가운데 받쳐둔 둔덕과 같은 것으로 힘의 균형을 잡아주는 역할을 하는 것이다. 따라서 처마 길이가 어느 정도 길어야 지렛대 역할을 잘할 수 있다. 이는 무게균형뿐만 아니라 태양의 고도와 실내 채광량 등을 고려한 길이었던 것이다.

공포는 그 짜임새에 따라 '주심포', '다포' 그리고 '익공'으로 구분된다.

주심포(柱心包)는 공포가 기둥 위에만 짜여져 무게를 기둥에 직접 전달하도록 되어 있으며 우리나라에서 가장 오래된 공포 구조라 할 수 있다. 기둥 상부에서 짜여지기 시작하여 몸체와 지붕을 이어주는 구조로 보인다. 간결하면서도 단아한 느낌을 준다.

다포(多包)는 공포가 기둥 위 뿐만아니라 기둥과 기둥 사이에도 짜여져 있는 것으로써 주심포보다 화려하고 활동적이며 건물의 규모가 크다는 것이다. 주심포 구조보다 나중에 만들어진 것으로 주심포가 발전되어 나타난 구조라 할 수 있다. 주심포 보다 공포가 많아 다포라 부른다. 포가 많아지면 지붕의 무게를 골고루 나눌 수 있고 처마를 길게 빼는 데도 유리하다. 그렇지만 공포의 무게를 지탱하기 위해서는 기둥과 기둥 사이에 힘을 받을 수 있는 부재를 가로놓아야 하는데 주심포 구조에서는 볼 수 없는 '평방'이라는 굵은 부재가 하나 더 올려지게 된다. 이 때문에 다포는 몸체와 지붕이 서로 분리된 듯한 느낌을 준다.

익공(翼工)은 주심포와 다포가 점차 구조적 차원을 벗어나 화려한 장식으로 변화되면서 나타나게 되는 것인데 한편으로는 주심포식 구조와 한편으로는 다포식 구조를 함께 지니게 된다. 공포의 모습이 화려하면서 날렵하게 보인다. 마치 새의 날개처럼 생겼다 하여 익공이라 부른다.

아무리 복잡한 공포구조라 하더라도 반드시 절대로 못을 사용해서는 안 되며 반드시 촉을 이용한 맞춤이어야 한다. 팽창·수축으로 틀어지더라도 작은 부재끼리 서로 보완되기 때문에 빠지지 않고 일체가 되는 것이다.

6) 지붕

지붕이란 집의 덮개로서 벽과 기둥을 보호하는 필수적인 구조요소일 뿐만 아니라 나아가 자연환경으로부터 인간의 생활을 보호해 주는 것이기도 하다. 지붕은 자연환경, 재료의 선택, 문화의 차이에 따라 점차 독특하게 발전하여 왔으며 지붕을 통해 건축의 아름다운 모양을 추구하려고 애써 왔다.

지붕의 볼륨을 구성하는 가장 중요한 부재는 서까래와 추녀이다. 서까래는 긴 서까래(長椽)와 짧은 서까래(短椽)로 나누어진다. 장연은 지붕 끝으로 이어져 처마를 만들고 단연은 중심부에 높이 솟아 용마루를 형성한다. 작은 건물의 경우 하나의 서까래로 용마루에서 처마까지 덮을 수 있지만 조금 큰 건물에서는 장연과 단연을 쓴다. 이때 장연과 단연의 물매(기울기)를 달리하여 전체적인 조형과 지붕선을 만들게 된다. 장연의 물매는 단연보다 완만하게 하고 이 두 개의 서까래가 만나는 부분에는 적심재와 알매흙으로 채워 곡선을 만든다. 건물의 측면이 짧을 때는 단연의 물매를 조금 급하게 하고 측면이 길 때는 단연의 물매를 조금 완만하게 해야 건물의 상분과 하분의 비례가 아름답다.

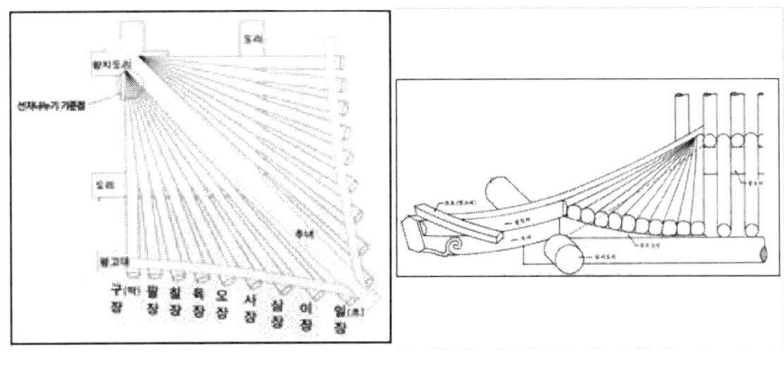

그림 16. 선자연 평면도　　　그림 17. 선자서까래와 추녀

장연을 걸때는 기둥을 중심으로 안팍의 길이가 균형을 이루어야 한다. 대개 처마의 길이만큼 안길이가 되어야 잘 맞는 균형이지만 이보다는 안쪽을 조금 길게 한다. 만약 바깥쪽이 길면 무게가 맞지 않아 지붕이 위로 들리는 경우가 생긴다. 안쪽을 조금 길게 하는 것은 추녀가 밖으로 많이 빠져 나오기 때문에 이 무게를 감안하여 장연의 안쪽을 조금 길게 해두는 것이다. 장연을 걸때는 주심도리에 고정시키기 위하여 서까래못을 하나씩 박아둔다. 서까래와 서까래의 간격은 약 1자 정도로 한다.

처마를 장식적으로 보이고, 길게 빼기 위하여 서까래 끝에 덧서까래(浮椽)를 달기도 한다. 주택에서는 부연을 하는 경우가 흔치 않지만 규모가 큰 사찰이나 궁궐건축에서는 부연을 다는 경우가 많다.

처마의 길이는 대개 초석 상단에서 앙각 60도 선에 처마끝이 닫도록 만든다. 중부지방 춘, 추분 정오를 기준으로 볼 때 이 정도 처마 길이면 햇빛이 마루 끝 부분에 닫게 된다. 따라서 햇빛이 동지 때는 마루 깊숙이 들고, 하지 때는 기단까지 가려 추운 날씨와 더운 날씨에 적응할 수 있게 된다. 햇빛의 고도를 기준으로 했기 때문에 기둥 높이가 높으면 처마 길이가 좀 더 길어진다. 이때 부연으로 길게 만드는데 아무리 길어도 부연은 천체 처마 길이의 1/3로 한정시킨다.

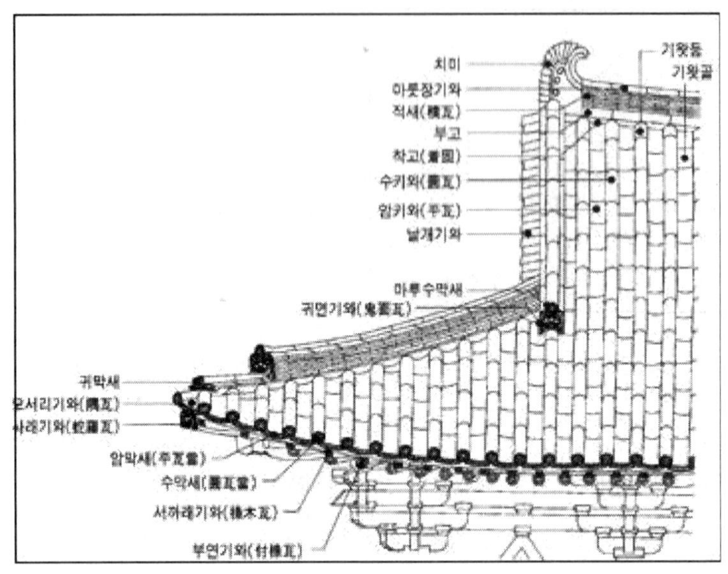

그림 18. 기와명칭

우리나라 목조건축에서 가장 아름다운 기술은 지붕이다. 지붕을 어떻게 만드느냐에 따라 건물의 모습이 달라지기 때문이다. 기본적인 지붕의 형태로는 3가지가 있다. 맞배, 우진각, 팔작이 그것이다. 맞배는 2개의 지붕면이 서로 면을 맞대고 '八'자모양을 하고 있는 것이고, 우진각은 사면으로 기와면이 나있는 것이다. 팔작은 우진각 위에 맞배를 올려놓은 듯한 모습인데 양 측면에 3각형의 합각부분이 있고 사방으로 기와골이 만들어진 형태이다.

지붕의 아름다운 기술은 용마루선, 추녀선, 처마 선을 가장 자연스럽게 만들어내는 것인데 착시현상을 고려한 인간의 심성을 최대로 이용하려는 의도가 숨어있는 것이다. 이 지붕선은 한국 건축의 성격을 결정하는 관건이 되기도 한다. 특히 처마 선이 모서리 부분에서 밖으로 빠지며 위로 치켜 올라가는 3차원적인 선은 중국이나 일본 장인들이 도저히 흉내낼 수 없는 우리만의 기술이다. 반면 중국과 일본의 지붕선은 밑에서

쳐다보기만 해도 간단히 흉내낼 수 있다.

처마 선이 만들어 내는 안허리와 추녀가 만들어 내는 앙곡은 추녀와 서까래를 미리 계획하지 않으면 안 된다. 이를 위하여 가장 먼저 정하는 것이 추녀의 휘어진 높이이다. 건물의 형태와 규모에 따라 다르지만 일단 추녀높이가 맞춰지면 각각 길이가 다른 서까래를 부채살처럼 끼워 안허리선을 만들어 간다. 한국 건축의 아름다움은 결국 이 선이 결정하게 된다. 끝나지 않고 이어질 듯하면서 무한한 공간을 감싸 안는 자연스런 지붕선은 대목이 익혀야 할 마지막 기술이다.

■ 지붕의 유형과 기와분류

가. 지붕

① 맞배지붕 : 지붕면 2개가 배를 맞댄 모습

② 우진각지붕 : 4면에 처마가 있는 지붕

③ 팔작지붕 : 우진각지붕 위에 맞배지붕을 겹쳐올린 모습

④ 모임지붕 : 사모지붕, 육모지붕, 팔모지붕(주로 정자에 많이 사용됨)

⑤ 丁자지붕 : 왕릉의 정자각에 많이 사용됨

⑥ 十자지붕 : 정자건물에 간혹 사용됨

⑦ 솟을지붕 : 향교나 반가 정문에 사용됨

⑧ 가섭지붕 : 맞배지붕 측면에 작은 눈썹지붕처럼 만든 것

⑨ 궁륭지붕 : 돔지붕으로 흔치 않음. 석굴암 천정

나. 기와

① 평기와 - 암기와, 숫기와

② 막새기와 - 암막새기와, 숫막새기와

③ 모서리기와

④ 서까래기와

⑤ 적세(堤瓦) - 용마루, 내림마루에 사용

⑥ 착고와(着固瓦) - 마루 밑에 기와골로 막는 것

⑦ 상식기와 - 치미, 귀면, 망와(望瓦 : 곱세기와), 서까래기와

7) 인방(引枋)

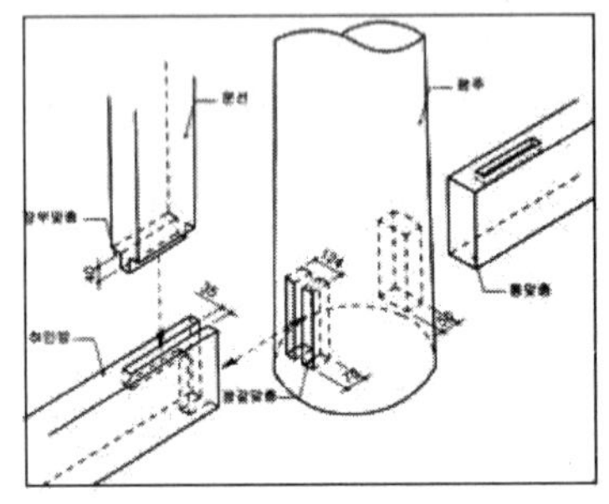

그림 19. 기둥과 인방의 결구

기둥과 기둥 사이를 가로질러 벽을 보강하거나 창호를 달기 위해 보강하는 부재이다. 기둥 상단에 끼우는 것을 상인방(상방), 중간에 끼우는 것을 중인방(중방), 하단부에 끼워지는 것을 하인방(하방)이라고 한다. 창이 없을 경우 인방이 중간에 설치되지만 창이 끼워지는 경우 창의 크기에 따라 위치가 달라진다. 이때 설치하는 창밑에 설치하는 인방을 창하인방이라고 한다. 인방, 벽선, 마루 등의 일을 '수장드리기'라고 한다.

인방재의 폭은 수장재 폭으로 하고 높이는 폭의 1.5~2배로 한다. 인방재는 미리 치목해 놓지 않고 기본구조가 형성되고 서까래 및 기와가 올려진 후에 기둥과 기둥사이를 재어 인방재를 치목하게 된다. 인방은 대개 건물의 기본골격이 조립되고 난 후 드리기를 하는데 상인방은 간혹 도리나 장여와 동시에 끼워지는 경우도 있다.

인방재와 기둥의 결구는 쌍갈(가름장)로 파내고 되맞춤으로 끼우기 때문에 인방재의 양 끝을 쌍갈맞춤(가름장)으로 치목한다. 쌍갈은 좌우의 길이가 다르다. 치목부를 보면 인방재의 폭이 수장폭인 3치일 때 쌍갈의 폭은 1치(약 30mm)로 하고, 되맞춤을 위해 쌍갈의 길이는 한쪽은 1치(약 30mm), 다른 한쪽은 2치(약 60mm)길이로 치목한 후 기둥과 되맞춤하고 나서 산지를 끼워 결구하면 된다.

인방재의 치목순서는 면다듬기 → 길이 재기 → 먹선 긋기 → 대패질하기 → 쌍갈 작도하기 → 쌍갈 따내기 → 맞추기로 진행한다.

8) 마루

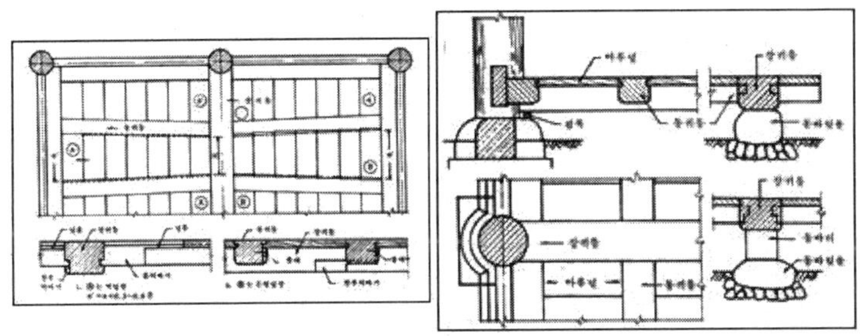

그림 20. 우물마루 구조

그림 21. 마루귀틀의 맞춤

인방재가 끼워지면 마루가 놓여지게 된다. 마루부재는 마루가 놓여질 때 치목하여 조립을 하게 된다. 마루의 구성부재는 동귀틀, 장귀틀, 벽귀틀, 마루널이 있다. 치목된 벽귀틀과 장귀틀을 먼저 끼우는데, 벽귀틀과 벽귀틀은 연귀맞춤으로 결구되고 동귀틀은 벽귀틀이나, 장귀틀에 되맞추고 들어올린 후 고임목을 끼워 고정한다. 귀틀을 기둥에 끼울 때는 목메를 이용하여 끼우고, 동귀틀을 벽귀틀이나 장귀틀에 끼울 때에는 배척을 이용하여 되맞추기를 하면 된다. 고임목은 짜투리 목재를 이용하여 자귀로 치목하여 고정한다.

동귀틀이 다 끼워지면 마루장을 놓게 되는데, 마루장은 귀틀이 놓여진 후 치목하게 된다. 치목된 마루장은 한 장씩 동귀틀의 마루장 홈에 끼운 후 목재를 대고 메로쳐서 단단히 밀어 넣는다. 마루장이 다 끼워지면 막장을 끼우게 되는데, 두 가지 방법이 사용되었다. 한 가지는 동귀틀 상부에 턱을 따내어 위에서 덮어 막장의 위치가 어디인지를 알 수 있는 '막덮장'과, 다른 한 가지는 동귀틀의 하부에 턱을 따내어 아래에서 마루장을 올려 끼운 후 턱에 솔대를 대고 고정하는 '은혈덮장'이다.

9) 천장(天障, 天井)

연등천장 우물천장

층급천장 보개천장

그림 22. 각종 천장 유형

건축 내부공간의 기둥 위 상부를 일컫는다.

건물의 구조를 감추거나 노출시키는 것에 관계없이 건물의 내부공간 상부를 통칭하는 말이다. 구조를 그대로 노출시킨 구조천장과 인위적으로 만든 의장천장으로 구분된다.

구조천장에는 연등천장, 고임천장, 귀접이천장으로 세분되는데 연등천장을 제외하고 고임천장과 귀접이천장은 목조건축에 잘 사용되지 않는 것이다.

연등천장은 서까래가 그대로 노출되어 보이도록 만든 것이다. 말하자면 구조재료를 감추지 않고 노출시키면서 그것을 의장의 요소로 사용하는 방법이다. 우리의 옛 장인들의 구조재를 의장재와 겸용하는 건축기법을 즐겨 사용했다. 기둥, 보, 도리, 서까래 등 구조적으로 중요한 역할을 하면서도 이것에 장식재를 덧붙이지 않고, 노출시킴으로서 의장적으로 아름답게 보이도록 만든 것이다. 그러기 위해서는 구조의 아름다움을 표현할 수 있도록 만들어야 하는 것이다. 수덕사 대웅전, 부석사 무량수전, 강릉 객사문 등 남아있는 고려시대 건축물에서 이러한 아름다움을 찾아볼 수 있다.

그러나 나중이 되면 여러 가지 장식판들이 구조재에 덧붙음으로 구조미보다는 점점 장식화되는 경향을 보이게 된다.

연등천장은 이와 같이 구조재를 장식재로 겸하는 천장인 것이다. 서까래와 서까래 사이에는 흙을 발라 마감하면 깨끗해진다.

고임천장과 귀접이천장은 목조건축보다는 석조건축에서 보이는 천장구조이다. 특히 고구려 석실분묘에서 이런 구조를 볼 수 있다. 고임천장은 석실을 만들 때 돌을 사방에서 서로 고이게 만드는 것이다. 돌을 맞출 때는 미리 맞춰지는 부분을 가공해 맞추는데 경사도와 돌의 무게가 서로 잘 맞아야 한다.

귀접이천장은 석실의 네 모서리에 판석을 사선으로 한 단을 놓고, 그 위에서 다시 네 모서리에 판석을 사선을 한 단을 올려 조금씩 내쌓기를 하여 마지막에 하나의 판석으로 천장을 덮는 것이다.

의장천장에는 우물천장, 보개천장, 빗천장, 층급천장이 있다.

우물천장은 천장에 반자를 우물 정(井)자 모양으로 짜맞춘 모양이다. 이렇게 만든 반자에는 건물의 쓰임새에 따라 여러 가지 문양을 그려 넣는다.

보개천장은 내부에 별도의 작은 천장을 만들어 두는 것이다. 예를 들면 궁전의 옥좌 위에 별도로 만든 지붕, 불상 위에 별도로 만든 지붕 등을 말한다. 만들 때는 천장 부분에 덧붙쳐 만드는 경우와 따로 만들어 보좌 위에 올려놓는 두 가지가 있다.

빗천장은 천장을 경사지게 만든 것을 말한다. 보가 낮은 건물의 경우 보를 감싸는 천장을 만들면 천장자체가 낮아지므로 가운데 부분은 높게 만들고 가장자리 부분은 경사로 만드는 경우가 있다.

층급천장은 천장을 2단 또는 3단으로 층이 만들어지는 것을 말한다. 가운데 부분을 높게 만들고 가장자리로 나오면서 낮게 만들면 빗천장이 되거나 층급천장이 되는 것이다.

■ 천장의 유형분류

가. 구조천장 - 연등천장, 고임천장, 귀접이천장

나. 의장천장 - 우물천장, 보개천장, 빗천장, 층급천장

10) 창호

창호는 또한 건축의 외부공간과 내부공간을 구분 짓는 필수적인 구성요소이다. 흔히 출입이 가능한가에 따라 문과 창으로 구분한다. 문과 창을 합하여 보통 창호라 부른다. 문과 창은 사람이 들고나고, 빛을 받아들이고, 바람을 소통하며, 온습도를 조절하여 생활을 쾌적하게 해 주는 역할을 한다.

우리의 옛 건축 창호는 두 가지 커다란 의미가 있다. 하나는 실용적인 목적이며 다른 하나는 상징성이다. 창호의 상징적 의미에는 보이지 않는 무형적인 것과 장식을 가하여 보이게 만든 것이 있다. 창호는 사람만 출입하는 것이 아니라 신(神)도 출입하는 것이다. 풍습에 제사를 지낼 때 반드시 문을 조금 열어 두었다가 제사가 끝난 다음 닫는 것은 조상신을 들

고나게 한다는 이유 때문이다. 문을 여닫는 데 있어서 특히 대문은 꼭 안쪽으로 열게 되어 있다. 이것은 집 밖으로 복이 나가는 것을 막기 위한 것이라 생각된다. 우리나라 전역에 퍼져있는 금기어 가운데 "마당 쓸 때 집안의 흙을 밖으로 쓸어버리면 복이 나간다."라는 말도 주거생활과 인간의 화복을 상징적으로 표현한 것이라 하겠다.

창호를 달 때 자연과 건축공간이 일체가 되려는 의도가 보이는 사례도 있다. 예를 들면 '들어열개'라는 것이 있다. 창호를 들어 열음으로써 자연을 내부로 끌어들이는 것, 창호지를 안쪽에서 발라 외부에서 보는 경관을 부드럽게 순화시키려는 것은 바로 자연의 형상을 손상치 않으려는 것이며 자연 그대로 받아드리려는 생각에서 비롯된 것이라 하겠다.

창호의 상하, 좌우에는 또한 여러 문양을 장식하게 된다. 여기서 장식된 문양으로는 연화(蓮花), 용, 새(鳥), 거북(龜) 등이다. 창호를 구성하고 있는 창살에도 여러 가지 문양이 새겨진다. 창살문양으로 '卍'자창, '貴'자창, 구갑창 등이 있다.

창살에는 꽃을 새겨 넣은 꽃살창이 있다. 상서로운 꽃을 문에 만들어 놓음으로써 아름답고 즐거운 마음을 나타냈던 것이다. 법당 창호에 꽃살창을 만든 것은 부처님께 헌화하는 의미가 담겨 있다.

이 밖에도 창호에 사용된 철물로서 귀면문고리, 자물쇠로서 용자물쇠, 물고기자물쇠, 거북자물쇠 등이 있는데 이것들은 한편 무병장수, 전염병퇴치, 부귀만복, 득남, 성공 등을 기원하는 의미가 담겨 있다.

■ 창호의 유형분류

가. 문(門, 扉)

① 기능에 따라

- 대문, 중문, 협문, 성문, 불발기문

② 만드는 모양에 따라

- 장판문

- 골판문

- 맹장지

- 분합문 : 분합, 3분합, 사분합

- 살문(창) : 띠살(세살), 교살(빗살), 소슬빗살, 用자살, 井자살, 亞자살, 卍귀자살, 구(龜)갑살, 꽃살, 소슬꽃살

③ 의미에 따라

- 일주문, 금강문, 천왕문, 홍살문, 외삼문

나. 창(窓, 窗)

① 기능

- 창으로만 사용하는 것, 창과 문으로 혼용하는 것

② 창살모양

- 띠살(세살), 교살(빗살), 소슬빗살, 用자살, 井자살, 亞자살, 卍귀자살, 구(龜)갑살, 꽃살, 소슬꽃살

3. 맺음말

한옥은 수천 년 동안 목조를 기본구조로 변천해오면서 지역의 기후와 풍토가 집짓는 기술, 법식, 그리고 형태에 영향을 끼쳐 가장 한국적인 건축조형을 만들어 내게 되었다. 한옥은 이러한 풍토에서 한국인의 정서와 감성이 축적되어온 조형이자 문화유산이다.

옛날 사람들은 자연과 더불어 공존하면서 집을 만들었다. 서양의 건축이 우리건축과 근본적으로 다른 요인 중 하나는 '자연현상을 어떻게 이해하는가'와 밀접한 관계를 지니고 있다. 건축 구조는 이러한 생각에 따라 발달하게 되었다. 자연현상을 극복하려는 생각, 하늘에 대한 끊임

없는 갈망이 서양 건축의 구조를 하늘로 솟게 만들었던 것이다. 높이 올리기 위해서는 건축이 조직적이어야 하고 빈틈이 없어야 한다. 그래서 서양건축은 수직적이고 직선적이다. 이런 건축은 자연 속에 자신을 드러내는 건축일 수밖에 없다. 반면 자연현상을 이해하고 받아들이려는 구조, 하늘에 대한 경외심은 건축물을 높이 세우지 않고 주변 경관과 어울리도록 요구하였던 것이다. 자연현상의 이치를 건축에 도입하게 되었고 건축에 여백이 많아지며 주변경관도 하나의 건축 구성 요소로 생각했다. 그래서 한옥은 확산적이고 곡선적이다. 한옥의 특징은 서양과 달리 건축 속의 자연이 된다. 집을 자연의 일부로 생각했던 것이다.

한옥은 부재를 옭아매어 구조적으로 안전하게 만들어 주는 특징을 지니고 있다. 이음과 맞춤기술의 발달은 재료의 특성, 도구의 발달에 따라 변천되어 왔지만 장인의 정서와 표현의지에 따라 서로 다르게 나타나기도 하였다. 무엇보다도 한옥의 특징은 건축물의 조형성을 어떻게 잘 표현해 줄 수 있는가도 중요한 요인이 되고 있다.

쇠를 많이 사용하지 않는 조건에서 어떻게 하면 건축물을 구조적으로 아름답게 만들 수 있을까를 깊이 고심하면서 구조적 결구방법을 고안해 왔던 것을 알 수 있다. 한옥의 구조와 특성이 점차 왜곡되거나 사라지고 있다. 요인 중 하나는 철재의 사용이다. 간편하고 강한 철재가 결구 기술을 좇아내고 있다.

한옥은 민족의 역사를 이해하는 가장 중요한 문화자산이다. 한옥에는 민족의 지혜와 민족 문화가 담겨져 있다. 지나온 역사를 보여주는 각종 문화유산을 우리가 소중하게 간직하면서 이러한 문화유산을 통해 민족의 영광과 교훈을 배우고 있다. 한옥은 이런 측면에서 보존되어야 하고, 다음 세대로 물려주어야 한다.

3장 한옥동향 및 한옥건축 재료의 이해

천국천

1. 한옥의 이해

1) 목조건축의 이해

(1) 목조건축이란?

- 구조재가 목재로 건축된 것을 말한다. (하중을 목재가 담당)

(2) 목조건축의 종류

- 경량목구조
- 기둥보구조 or 중목구조
- 통나무구조

※ 전통한식목구조는 '기둥보구조 및 중목구조'에 해당한다.

(3) 목조건축의 특징 및 장점

- 안전, 내구성, 경제성, 에너지 효율성 우수

- 쾌적성, 유지관리비 적다, 화재의 안전성(인명피해 최소화)

경량목구조

기둥보구조

중목구조

통나무구조

2) 한옥의 이해

(1) 한옥이란?

- 한옥 : 1907년(융희 2년) 정동길 주변을 기록한 약도에서 처음 쓰임.

1975년 삼성 큰사전에 등장, 1991년 국어대사전, 1993년 우리말 큰사전, 양옥에 대비되는 개념으로 '조선집, 한식집'의 동의어. 1970년대 중반 이후 한옥이 위축되면서 한국 전통건축물을 가리켜 '한옥' 통용

> 법적 정의(최초) : 기둥 및 보가 목구조 방식이고 한식지붕틀로 된 구조로서 한식기와, 볏짚, 목재, 흙 등 자연재료로 마감된 우리나라 전통양식이 반영된 건축물 및 그 부속 건축물. 〈2010.2.18.〉

(2) 한옥의 분류

- 문화재한옥
- 전통한옥(정통한옥)

- 신한옥(현대한옥, 생활한옥)
- 한옥건축양식(한스타일, 한옥풍, 한옥형)

문화재한옥

전통한옥(정통한옥)

신한옥(현대한옥)

한옥건축양식

(3) 한옥의 변화과정

- 한옥은 오랜 시간에 걸쳐 변화와 발전을 거듭해왔으며, 잊혀지고 버려졌다가 다시 돌아왔다.

> 19세기 궁궐주거건축을(연경당, 낙선재) 시작으로 양반가 주택들이 지어졌고 궁궐장인들이 지방의(강화성공회성당) 한옥건축에도 참여하기 시작했다.
> 20세기 초(조선후기) 근대한옥이 등장했으며 그 특징으로는 생활공간들이 실내로 편입되기 시작했고 근대화 과정에서 상업의 발달로 2층 한옥이 들어서기 시작했다.

1930년대에는 박길룡 선생이 설계한 최초의 개량한옥(민가다헌)이 탄생했다. 당시로서는 상당히 파격적으로 동·서양과 과거·현재가 공존하는 독특한 시도였다. 지금의 신한옥 탄생과 같았을 것이라 생각된다. 또한 이 시기에는 일제 식민지를 겪으면서 서양식, 중국식, 일본식 건축의 영향을 받으며 절충식 한옥들도 생겨났다. 이렇게 도시형한옥은 북촌과 인근지역으로 지속적으로 지어지고 해방 이후 1960년대 말까지 한옥단지는 대량으로 공급되었다가 전쟁과 새마을운동을 지나면서 점차 잊혀지기 시작했다.

1990년대 초 급격한 산업화, 부동산 시장의 성장과 더불어 북촌의 경우 한옥관련규제 완화 이후 한옥의 숫자는 급격히 감소하였다가

최근 21세기에 들어 한스타일, 한옥지원사업 등의 정책에 힘입어 한옥의 보존과 활용, 보급화를 위한 연구, 기술개발 등의 노력을 기울이기 시작했으며 그 결과 수많은 한옥들이 새로이 지어지고 있다.

- 이렇게 활성화, 현대화 되는 과정에서 부딪치는 한옥의 정책, 법제도 개선, 기술적 문제점 극복을 위한 노력들이 정부와 학자, 기술자들로 하여금 한옥은 또 다른 진화를 거듭하고 있다.

(4) 한옥에 숨은 과학[1]

- 자연환경 조절체계(배산임수) : 후원, 화계, 뒷동산, 연지, 개천 등
- 계절에 따른 빛의 유입양 조절(처마)

1 김도경, 한국문화유산정책연구소

- 채광과 위생(마당, 내부마감, 기단)
- 구들(온돌)과 마루
- 계절과 생활에 따른 가변적 공간구성(창호) : 분합문, 들어열개, 여러 겹의 창, 창호지
- 인체공학적 건축 : 실규모, 천장고, 좌식생활, 창호크기 등
- 자연재료의 사용(흙, 나무, 돌…)
- 지붕(맞배, 우진각, 팔작, 모임) : 선자서까래(구조적 취약부, 하중, 곡선)
- 기둥세우기와 착시현상의 교정(심벽구조) : 그랭이질, 굽만들기, 흘림기둥, 귀솟음과 안쏠림…

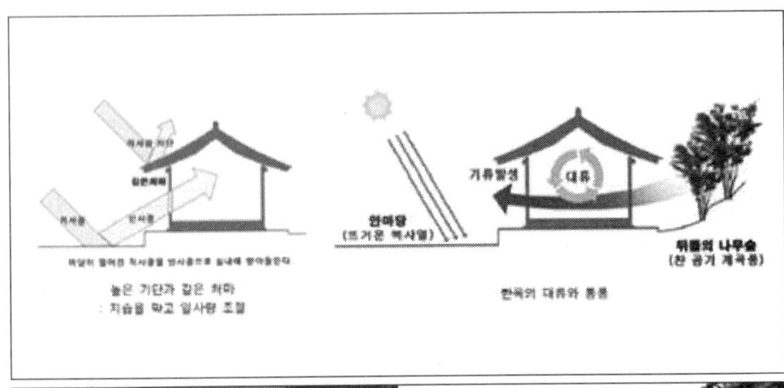

(5) 전통한옥의 문제점

- 전통방식으로 한옥을 짓는다면 1,200~1,500만 원/3.3㎡ 정도의 공사비가 소요되는데, 보편적인 현대주택의 건축비를 400~500만 원으로 본다면 240~375% 정도 비싸다.
- 전통한옥은 단열 및 환기횟수 등 성능 측정이 불가할 정도이며 습식공법으로 공기가 길고, 현장관리가 표준화되어 있지 않아 대중보급에 문제가 있다.

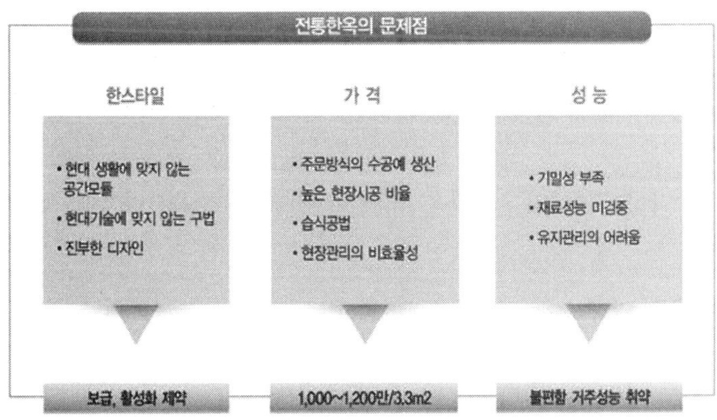

[출처 : 한옥기술개발연구단]

2. 현대한옥 동향

1) 현대한옥기술 어디까지 왔나?

(1) 신한옥의 탄생

• 개념 : 기존 한옥의 가치와 전통을 유지하고 계승 발전시키는 것을 목표로 하되, 이를 현대적으로 재해석, 재구성하여 건축성능의 향상 등을 반영하여 현재 삶의 양식을 적용

- 국정과제로 전통문화 창조적 계승발전, 2008 한스타일박람회를 통

해 한옥 활성화 기반이 마련됐다.

- 역사에서 머무는 한옥이 아닌, 사람이 지속적으로 거주 할 수 있도록 하기 위함이다.
- 주택정책 패러다임 전환 필요, 도시의 한계를 극복하고 삶의 질 향상을 위한 현대적 한옥이 모색되었다.

(2) 신한옥의 범위

- 목재 이외의 재료사용(자연재료 외)에 대한 제한이 필요한가?
- 지붕에 흙과 기와를 올려야 하는가?
- 한옥의 평면 및 입면에서 얻어지는 특징만 흉내 내면 한옥이라 할 수 있는가?
- 한옥 외형과 인테리어를 한옥스타일로 했다하여 한옥이라 할 수 있는가?

(3) 신한옥의 과제

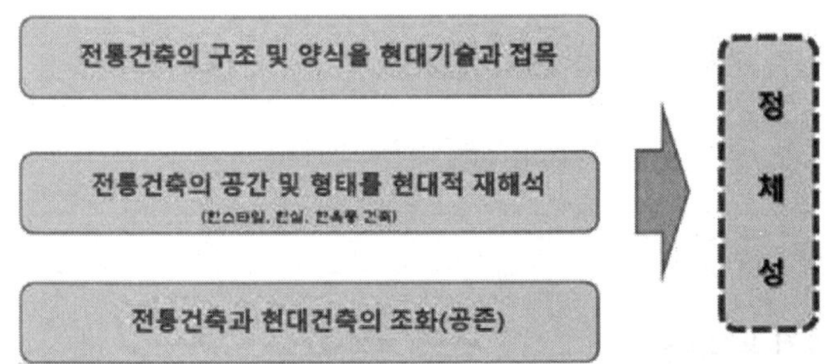

- 불편하지 않고, 춥지 않고, 비싸지 않아야 한다. (전통한옥의 단점 극복)
- 현대적으로 재해석 하되 비례, 재료, 색상 등은 전통을 유지하여야 한다.
- 한옥과 관련된 부속산업 발전 요구(설계표준화, 프리컷, 가공기술, 재료 등)

전통건축의 구조 및 양식을 현대기술과 접목

전통건축의 공간 및 형태를 현대적 재해석

전통건축과 현대건축의 조화(공존)

정체성

2) 신한옥 범위의 예

(1) 주택공사 한옥아파트(금성건축)

- 유형 : 현대적 재해석

(2) 금산주택(스튜디오 가온)

- 유형 : 현대적 재해석
- 모티브 : 도산서원 내 도산서당

(3) 가온재(이로재)

- 유형 : 현대적 재해석
- 모티브 : 처마선, 중정 등

(4) 절두산성당(이희태)

- 유형 : 현대적 재해석
- 모티브 : 전통 갓, 처마, 기둥 등

(5) 구)부여박물관(김수근)

- 유형 : 현대적 재해석
- 모티브 : 처마선, 전통문양, 기와사용

(6) 국립극장(이희태)

- 유형 : 현대적 재해석
- 모티브 : 툇마루 열주, 기둥 + 주두

(7) 세종문화회관(엄덕문)

- 유형 : 현대적 재해석
- 모티브 : 처마(서까래), 기둥(주심포, 배흘림)

(8) 공간사옥(김수근)

- 유형 : 전통과 현대건축의 조화

(9) 가회동성당(오퍼스)

- 유형 : 전통과 현대건축의 조화

(10) 천안박물관(이관영, 천국천)

- 유형 : 전통과 현대건축의 조화

(11) 고산 윤선도 전시관(김상식)

- 유형 : 현대기술과의 접목

(12) 춘천 라비에벨 컨트리클럽(김영택)

- 유형 : 현대기술과의 접목

(13) 인천 송도한옥마을(천국천)

- 유형 : 현대기술과의 접목

(14) 철골한옥

- 유형 : 현대기술과의 접목

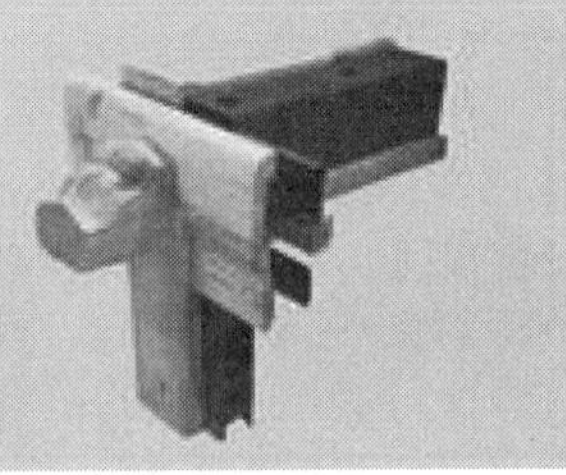
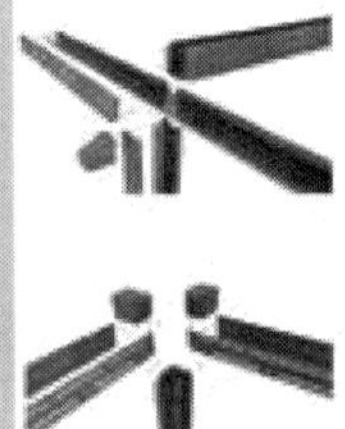

(15) 콘크리트한옥

- 유형 : 현대기술과의 접목

(16) 시공방법의 진화

- 공장제작, 현장조립

현장 조립순서 예시

3) 신한옥 과제에 대한 노력

- 현재 각 분야의 관심과 노력으로 상당부분 해결되고 있다.

(1) 부속산업 발전 예-1

- 프리컷(PRE-CUT)
- 프리컷의 장점
  · 규격화, 모듈화로 대량생산 가능
  · LOSS율 최소화
  · 장스팬 계획에 유리
  · 균질한 품질 유지
  · 공사기간 단축
  · 원가절감
  · 구조적 안전성 우수
- 프리컷의 발전방향
  · 규격화, 모듈화를 위해서 표준설계안 개발 시급
  · 위 장점을 최대한 이용하기 위해서는 '공학목재' 사용이 우선시 되어야 할 것이며, 더불어 단지형 개발이 필요

(2) 부속산업 발전 예-2

- 공학목재(구조용집성재)

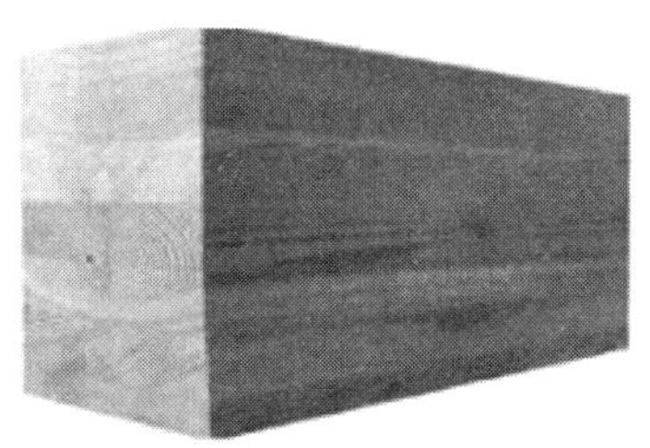

구조용집성재(Glulam)

구조용집성판(CLT)

- 공학목재 제조공정

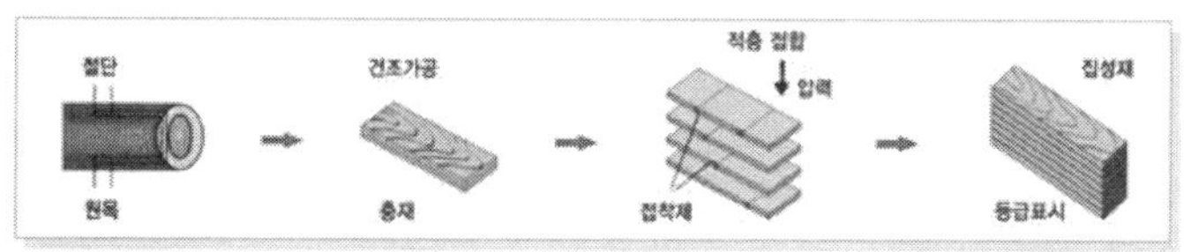

- 공학목재 장점

① 강도가 우수하다(일반목재의 1.5배)

② 변형이 적다(품질균일)

③ 부후나 충해가 없다(함수율 12% 유지)

④ 장수명 건축이 가능하다(공해, 재해에 강하다)

⑤ 시공, 해체가 용이하다(가볍고 치수정확)

형상 치수의 제한이 없다

- 통직의 평보 ~ 곡선을 나타내는 이지보 까지 다양한 형상의 부재 제조 가능
- 대규모 목조건축에서 필요한 장스판(10~50M) 부재 생산 가능

전통 목구조건축에도 이용된다.

- 일반목재 건축비에 비하여 약 30% 건축비 절감
- 일반목재에 비하여 강도성능 확보, 지붕의 곡선미 표현, 내력부재 사용

설계의 자유성

- 각 설계자의 창의나 다양한 응용으로 확대, 적용
- 부재의 폭은 최대 250mm, 보의 높이는 130mm~1,200m, 단일부재 100M

(3) 부속산업 발전 예-3

- 재료의 다양한 시도(벽체 접목 예)

ALC블럭벽

왕겨숯벽

경량목구조벽

패시브벽

(4) 국가R&D사업

- 국토교통부 한옥기술개발연구단(단장 : 김왕직)

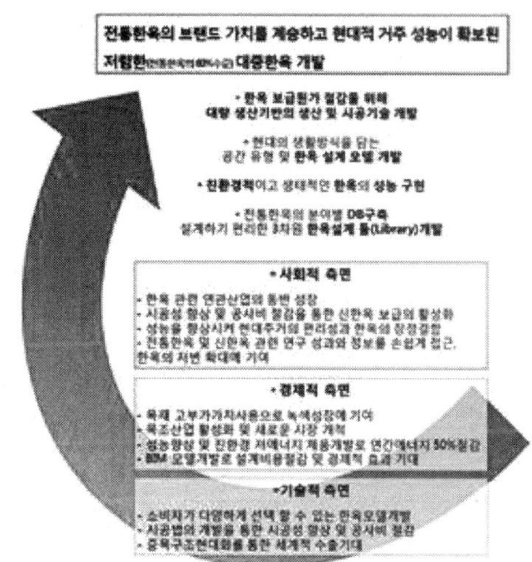

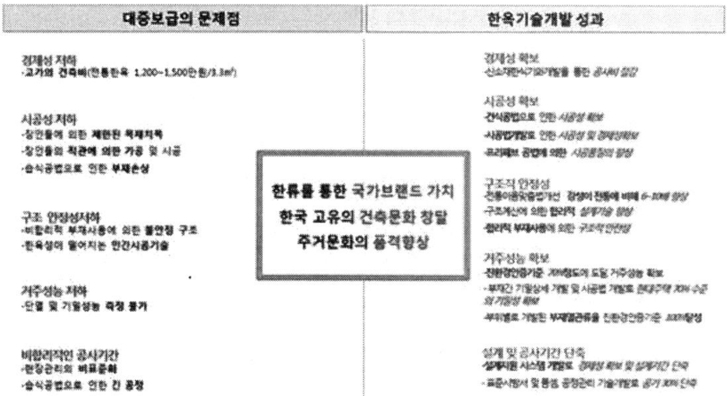

[출처 : 한옥기술개발연구단]

- 한옥기술개발 1단계 연구성과

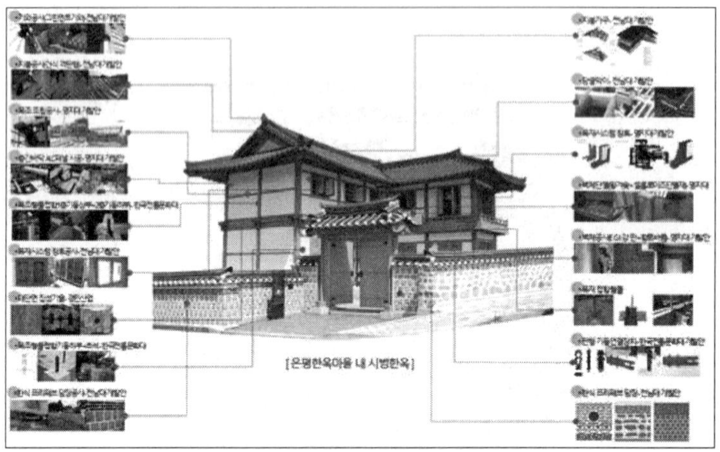

[출처 : 한옥기술개발연구단]

- 한옥기술개발 2단계 연구내용

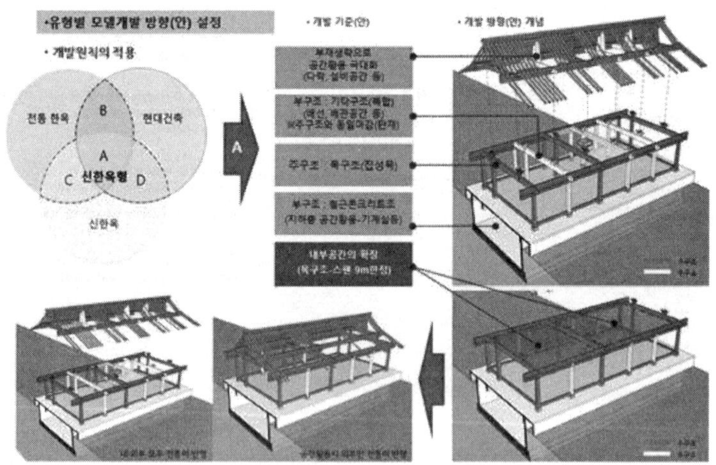

[출처 : 한옥기술개발연구단]

- 국토교통부 한옥 전문인력 양성사업(한옥설계/시공관리)
· 2011년부터 매년(6개월 과정) 교육을 통해 전문인력을 배출하고 있다.

(5) 한옥 관련법령 제정

• 「건축법 시행령」 제2조(정의) 제16호 〈2010.2.18.〉
16. "한옥"이란 기둥 및 보가 목구조방식이고 한식지붕틀로 된 구조로서 한식기와, 볏짚, 목재, 흙 등 자연재료로 마감된 우리나라 전통양식이 반영된 건축물 및 그 부속건축물을 말한다.

• 이후 개정 〈2016.1.19.〉
16. "한옥"이란 「한옥 등 건축자산법」 제2조 제2호에 따른 한옥을 말한다.

• 「한옥 등 건축자산법」 제2조(정의) 제2호 〈2015.6.4.〉
2. "한옥"이란 주요 구조가 기둥·보 및 한식지붕틀로 된 목구조로서 우리나라 전통양식이 반영된 건축물 및 그 부속건축물을 말한다.
3. "한옥건축양식"이란 한옥의 형태와 구조를 갖추거나 또는 이를 현대적인 재료와 기술을 사용하여 건축한 것을 말한다.

• 「한옥 등 건축자산법」 제5장 제27조 한옥 건축 등에 관한 기준 고시
※ 행정규칙 : 한옥 건축 기준
(국토교통부고시 제2015-977호, 2015. 12. 21. 제정)
(국토교통부고시 제2018-970호, 2018. 12. 28. 개정)
▶ 주요내용 : 한옥의 성능, 재료, 형태 등에 관한 사항

(6) 한옥 관련법령 연혁 및 내용

언제	법령명	내용
2000.06.27	건축법 시행령(제6조)	· 도로 폭 확보를 위한 건축선 후퇴 완화
2001.09.15	건축법 시행령(제119조)	· 면적 등의 산정방법 완화
2002.12.26	국토의 계획 및 이용에 관한 법률	· 지구단위계획구역 내 주차장 설치 완화

2007.12.20	주차장법 시행령(제6조)	· 전통한옥밀집지역 안 전통한옥의 부설 주차장 설치기준 완화
2009.07.16	건축법 시행령(제6조)	· 대지와 도로와의 관계 완화
2009.10.07	관광진흥법 시행령(제2조)	· 한옥 활성화를 위해 관광사업 종류인 '한옥체험업' 신설
2010.02.18	건축법 시행령(제2조) 건축법 시행령(제3조) 건축법 시행령(제6조)	· 한옥의 정의 신설 · 개축 및 대수선 기준 완화 · 기존 건축물 등에 대한 특례 적용
2011.07.01	국토의 계획 및 이용에 관한 법률	· 녹지지역, 보전관리지역, 생산관리지역, · 농림지역, 자연환경보전지역의 기존 한옥 · 건폐율 완화
2012.12.12	건축법 시행령(제81조)	· 한옥 보전. 진흥을 위하여 건축조례로 정하는 구역 맞벽건축 가능
2014.06.03	한옥 등 건축자산의 진흥에 관한 법률	· 한옥 건축 및 한옥마을 조성 지원 · 한옥에 대한 관계 법령 특례 · 한옥 설계 및 시공 전문인력 양성 지원 · 한옥 관련 산업 등 지원 육성 등
2015.06.04	한옥 등 건축자산의 진흥에 관한 법률 시행령(제19조)	· 한옥에 대한 관계 법령 특례 - 대수선의 범위 - 대지안의 공지 기준 - 일조 등의 확보를 위한 높이기준 - 건축면적 산정방법 - 건축물의 에너지 절약 설계기준
2017.12.01	건축법 시행령(제32조)	· 구조 안전의 확인(내진설계적용 대상) - 2층이상 200제곱 이상 건축물로 강화 (목구조 건축물은 3층 이상, 500제곱 이상)

2017.12. 부터 모든 주택 내진설계 의무(건축법시행령)
2019.10.29. 고시
소규모건축기준 중 "전통목구조"편 신설
행정예고〈2019.05.30.〉 / 개정고시〈2020.02.12.〉

건축물의 구조기준 등에 관한 규칙
규칙예고〈2019.11.07.〉 / 규칙시행〈2020.02.12.〉

4) 국내 한옥건축 동향

(1) 주거시설_은평한옥마을

(2) 숙박시설_한옥호텔(송도한옥호텔_경원재, 남산한옥호텔)

(3) 운동시설_클럽하우스(라비에벨CC, 스프링스CC, 타니CC, 경도CC 등)

(4) 공공업무시설_청사(도청사, 동청사 등)

5) 국내 목조건축 동향

(1) 영주 한그린 목조관(2019년 준공)

- 지상 5층, 연면적 4,552㎡, 높이 19.1m
- 2시간 내화인증 충족(12/50m이하) / (1시간 = 4층/20m이하)

(2) 수원 산림생명자원 연구동(2016년 준공)

- 지상 4층, 연면적 4,552㎡, 높이 18m
- 사용목재 495㎥ / 1시간 내화인증 충족

6) 해외 목조건축 동향

(1) 세계에서 가장 높은 목조건축물

- 현재까지 완공된 건물 중 세계에서 가장 높은 목조건축물은 2019년 3월 완공된 노르웨이의 '이에스토르네'이다.

- 18층, 높이 85.4m

- 2016년 까지는 캐나다 벤쿠버에 지어진 브리티시 컬럼비아대학(UBC)의 18층(53m)짜리 학생 기숙사가 가장 높은 목조건물이다. 현재 건축이 진행되고 있는 건물까지 포함한다면 오스트리아 빈에 지어지고 있는 24층, 높이 84m에 달하는 '호호 비엔나'가 가장 높은 건물이다.
- 건물 전체의 76%가 목재인 이 건물은 2020년 완공되었다.

- 이외 일본은 2040년 70층, 350m 발표하였고,
- 영국 런던은 80층, 300m 발표하였으며
- 미국 시카고는 80층을 계획 중이다.
- 기타 노르웨이, 네덜란드, 캐나다 등도 지속가능한 스마트 목조도시 조성을 발표한바 있다.

3. 한옥건축 재료의 이해

1) 기단

한옥의 특징 중 하나인 기단은 과거 움집과 고상가옥의 장단점을 바탕으로 난방(구들)의 발달을 가져왔으며, 반대로 기단의 발생은 구들을 발달시키는 역할을 하여왔다.

주요 기능과 역할로는 건물의 하중을 지반에 고루 전달해주는 기초로서의 역할, 방습과 통풍, 처마와 함께 일사량을 조절하는 등 이러한 기단의 역할은 건물이 쾌적한 환경이 유지될 수 있도록 하는 설비적인 측면에서 특히나 크다고 할 수 있다.

또한 한복에 고무신과 갓을 써야 선비로서의 모습이 완성되듯 한옥에서의 기단은 디자인적으로도 공간의 위계질서와 건물의 전체적인 비례를 결정하는 중요한 요소이기도 하다.

기단의 종류는 쌓는 재료와 방법에 따라 토축기단, 장대석기단, 자연석기단, 가구식기단, 혼합식기단 등으로 구분하며 쌓는 기법도 다양하다.

현대한옥에서 기단의 기능은 과거 기초로서의 역할보다는 의장적인 측면이 강하다. 콘크리트 기초로 구성되면서 건물몸체에 달아매는 방식으로 축조순서도 과거와 반대가 되어 어떠한 공정에도 현장여건에 따라 언제든 설치가 가능하게 되었다. 이에 따라 경제성과 시공성을 감안한 판석이나 타일시공방법 등 다양한 시공법이 생겨났으며 의장적으로도 큰 거부감이 없다.

기단상부 바닥면의 마감도 방전이나 강회다짐으로 해왔던 것이 유지관리나 시공성이 용이한 현대재료의 발달로 다양한 접목이 가능하게 되었다.

설계나 감리 시에는 기단내밀기와 처마내밀기(5치~1자), 지붕의 형태(박공)를 확인하여 낙수가 기단위로 떨어지지 않는지 검토하여야 하며,

필요시 빗물받이(홈통)를 설치하거나 기단상부의 구배를 충분히 주어 빗물로부터 목재를 보호하도록 하여야 한다.

- 전통방식 기단

가구식기단

자연석기단

장대석기단

- 현대기법 적용 예

현대기법 적용(판석 - 습식시공)

현대기법 적용(판석 - 건식시공)

자연석 타일시공

자연석 타일시공

2) 벽체

한옥의 활성화, 현대화를 위해서 그동안 수많은 포럼과 논문 등에서도 부속산업의 발전을 언급했었다.

앞서 한옥기술개발연구단의 1단계 및 2단계 연구성과를 이야기 하였다. 연구에 참여한 관련 전문가와 기업체, 장인들의 피나는 노력으로 많은 특허와 기술이 개발되었고 일부는 시제품화 되고 검증을 통해 실제 현장에서 시공되는 성과도 이루긴 하였지만 보급화 되기까지는 아직도 갈 길이 멀다.

그 이유로는 한옥시장이 작기도 하지만 수요자가 개발성과를 반영하려 해도 제품공급 기업들이 적극적으로 달려들지 못하고 있는 실정이다. 관련 기업 대부분이 중소기업들로서 실제 생산능력을 갖추거나 기업운영에 많은 어려움이 있어 이를 뒷받침해줄 재정적 지원과 제도개선 등이 필요하겠다.

또한 참여기업으로 연구에 참여하지는 않았지만 한옥에 대한 자부심과 열정으로 지역 한옥시장에서 꾸준히 연구하고 발전시켜온 소기업들과 장인들의 성과 또한 국책 연구성과 못지않게 훌륭한 기술들이 많이 있으나 그들을 위한 홍보의 장이나 기회부여가 없고, 설계와 시공과정에서 건축사의 직접참여, 관심과 이해부족으로 시공기술이 데이터베이스화 되지 못하여 널리 보급화 되는데 한계가 있어 너무나도 안타깝다.

정부의 국책과제 연구도 중요하지만 지역 곳곳에 숨어있는 민간 기술들에도 관심을 가지고 발굴 육성한다면 한옥의 활성화, 현대화에 더없이 많은 기여와 성과가 있으리라 생각한다. 그럼 부속산업 중 한옥에서 가장 넓은 부분을 차지하고 있는 벽체(외벽)구성 방법을 시공사례를 통해 살펴보고 설계 시 이를 응용하여 다양한 현대기술들을 접목해보자.

이때 주의해야 할 사항으로 한옥 벽체의 전통적 구조와 기법, 미적 특성을 유지하는 것이 중요하며 더불어 시공비를 절감하고 공기를 단축할 수 있는 기술이면 더욱 좋을 것이다.

- 벽체 및 벽체단열 예-1

외역기벽(심벽)-전통흙벽

패시브벽 - 고효율

왕겨숯벽 - 전통변형 + 친환경

경골벽(2x4공법)접목

ALC블록 - 시공성 + 친환경

황토블록벽 - 친환경

- 벽체 및 벽체단열 예-2

프리컷 - 공장제작

프리컷 - 공장제작(패널라이징공법)

비드법 압출법

그라스울 열반사/로이

수성연질폼

3) 지붕

기둥·보(가구식) 구조로 구성되는 한옥은 벽체와 창호가 입면을 구성하는 주요한 요소라면 한옥의 지붕(와가, 초가)은 한옥이냐, 아니냐를 결정할 만큼 아주 중요한 요소이며, 형태미와 품격을 좌우하는 큰 요소이다. (*여러 연구와 논문의 인식조사에서도 동일함) 건축법에서 규정하는 한옥의 정의에서도 '한식지붕틀'이란 단어가 있는 것도 그 때문이다.

지붕은 한옥의 구조에서 가장 많은 변화를 요구하는 부분이며, 시공법이 다양해 그 가능성이 높은 부분이기도 하다.

전통한옥의 경우 지역, 양식, 규모, 재료 등에 따라 지붕물매(곡)를 달리하는데 이 곡률의 차이를 누리개와 적심, 보토와 강회다짐 등을 채워 해결한 후 기와를 덮어 마감하였다. 한옥은 구조적인 특성상 지붕의 하중이 적절히 필요하나 그 사이를 무작정 가득 채우는 구조를 사용하면 무게가 지나치게 높아져 구조적 안정성에 문제가 발생할 수 있다. 이때 사용할 수 있는 방법이 헛집(虛家)이며 덧서까래(허가연虛家椽)의 사용이다. 덧서까래의 사용을 통해 지붕의 무게를 줄일 수 있으며, 서까래와 덧서까래 사이에 확보된 공간을 통하여 단열공간이나 설비공간을 확보할 수 있다. 이렇게 전통방식에서도 일반화되었던 덧서까래 방식을 현대적 기법을 적용하여 시공성과 경제성, 단열성과 기밀성 등을 개선할 수 있겠다.

이때 중요한 점으로 기둥과 보를 이루는 구조재의 특성(원목, 집성목)에 따라 지붕구조를 습식과 건식을 선택적으로 사용해야 함에 주의해야 한다. (*집성목의 선택은 철물접합을 수반한다는 전제)

현대한옥에서 지지붕구조가 습식이 좋으냐, 건식이 좋으냐에 대한 해답은 바로 목재의 결정에 있는 것이다.

구분해서 설명하자면,

▶육송(원목) + 건식지붕(경량화) = 특수한 건조방법 또는 접합부 보강을 하지 않으면 변형과 구조적 안정성 등에 취약하다. 그래서 육송을 사용할 경우에는 습식지붕을 취하여 적당한 하중을 싫어주는 것이 바람직하다.

▶집성목 + 건식지붕 = 품질기준(KS)에 적합하게 제조된 구조용집성재를 사용한다는 것은 구조성능 확보와 재료의 변형이 거의 없어 경량화된 지붕구조와 결합해도 하자의 우려가 적으며, 목구조의 한계인 대공간

구현에 효과적이다.

이 같은 장점에도 불구하고 실제 많은 현장에서 사용을 기피하는 이유는 집성목의 고단가와 건식지붕의 단점인 심미성(審美性)이 떨어지기 때문이다.

- 지붕구조 예

건식 - 덧서까래 습식 - 전통방식

건식 - 지붕단열

4) 창호-1

한옥은 창과 문의 구분을 규정 짓기 애매하여 통틀어 '창호' 또는 '창문'이라고 부르긴 하나 보통 개폐방향에 따라 창과 문을 구분하는데, 문(출입구)은 안으로 여는 안여닫이라 하고 창은 밖으로 밀어 여는 밖여닫이로 구분하면 쉽게 이해할 수 있겠다.

한옥건축의 완성은 창호에 있다 해도 과언이 아닐 것이다.

▶입면적으로 벽의 대부분을 차지하기 때문에 그 집의 얼굴과도 같으며 심미성을 높이는데 중요한 역할을 한다.(※ 벽이 창호이며, 창호가 벽인 것이다)

▶평면 및 공간적으로 내·외부공간과의 확장, 교감과 화합으로 서로 소통하게 하는 매개체 역할을 하며, 공간에 따라 무한한 변화의 다양함은 여러 가지 미적특성을 만들어 낸다.(※ 자경, 차경, 장경, 중첩, 관입 등 이러한 미적 요소들이 한옥만의 공간미학과 심미적 전략이라 할 수 있겠다.)

이렇게 창호가 아름답고 중요하다고 해서 생각 없이 모든 벽면에 창호를 설치하지 않았다. 수장재로 하여금 다양한 면의 분할을 통해 한국적인 단순미와 여백의 미 또한 놓치지 않았다.

창호의 분류는 개폐방법과 용도, 장소, 기능, 구조 등으로 분류한다.

창호공사의 시기는 기단부, 축부, 가구부, 지붕부(기와잇기 포함)가 완료된 후 목재들이 자기 자리를 잡아 건조수축과 변형이 최소화된(기건상태) 이후 수장을 들이면서 창호공사를 진행하는 것이 전통방식(도제)의 시공 순서라고 한다면, 현대한옥(신한옥)에 있어서는 건조목, 집성목의 사용이나 견고한 한식시스템창호의 개발 덕분에 변형과 하자발생 우려가 적어 벽체를 구성할 때 동시에 공사를 진행하기도 한다.

- 창호의 미적특성

자경(김동수가옥) 장경(김동수가옥)

차경(김동수가옥) 중첩(연경당)

5) 창호-2

앞서 창호-1에 이어서 전통 창호에 대한 각론은 해도해도 끝이 없어(종류, 용도, 창살, 창호지, 빛 관계, 채광과 환기, 온도와 습도, 방음과 단열, 철물 등) 이것으로 각설하고 본론으로 들어가 보자.

현대한옥 설계 시 창호의 계획방법에 있어

▶첫 번째로 기둥과 맞붙어 벽체를 이루는 수장재의 폭 결정에 대해 짚고 넘어가자. 수장재는 기둥 굵기에 따라 달라질 수 있고 내·외부 전체가 동일하다. 보통 장여의 폭과 같이 사용하며 일반적으로 2~4치로 쓰는 것이 전통한옥의 방법이라면, 현대한옥에서는 단열성능 확보를 위해 최소 3치~최대 5치까지 필요하며 이는 창호의 결정에 있어 깊은 관련이 있다.

이처럼 수장폭이 넓어진 덕택에 오히려 현대기술이 접목된 다양한 창호의 개발이 가능할 수 있었으리라 짐작해 본다.

▶두 번째로는 집 규모에 맞는 칸(모듈)을 결정하여 어색한 비례가 나오지 않도록 창호 구성을 염두하고, 내·외부 공간의 성격에 맞도록 설계를 하여야 한다. 필자의 경우 창호계획은 평면에서 위치와 개략적인 크기를 결정지은 후 입면계획 시 칸살이와 비례를 비교하며 실의 기능에 맞는 문얼굴을 만들고 이후 세부적인 형태를 결정짓는다.

외부로 난간이 붙는 누마루나 2층의 대청 발코니와 같은 조망이나 개방감이 필요한 공간으로 계획할 시에는 한옥구조상 난간을 길게 내밀 수 없기 때문에 창호나누기와 개폐방법에 주의하여 난간과 창호가 부딪혀 난감한 상황이 연출되지 않도록 하여야 한다. 이러한 때에는 처음부터 여닫이 보다는 미서기창으로 계획하는 것이 좋겠다.

한옥의 창호는 다양한 모양과 기능의 창살무늬로 인하여 디자인의 극치를 이룬다. 창살의 짜임새에 따라 위치나 용도별로 그 쓰임새를 구분해서 쓰는데 원칙은 아니지만 대게 띠살창, 용자창, 아자창, 완자창은 주로 주거건축에서 자주 볼 수 있으며, 화려한 꽃살창은 사찰건축, 분합문 상부에 고창을 둘 경우에는 교창이나 격자창을 쓰는 등, 무리하게 기교를 부릴 것이 아니라 한옥의 규모나 용도, 예산 등을 고려하여 단정하고 조화롭게 설계하는 것이 바람직하겠다.

- 창호공사 순서

① 수장폭의 결정 ② 문얼굴 만들기

④ 창호달기 완료 ③ 수장들이기 완료

6) 창호-3

앞서 창호-2에 이어 과거 창호지의 사용으로 불편했던 유지관리 문제는 재료의 개발과 함께 진화하고 있다.

예로 아크릴한지, 한지시트지, 복합섬유한지, 아크릴코팅한지, 부직포코팅한지 등이 있다. 또한 방범, 방음, 방수, 기밀과 단열을 위해 유리 사용은 일반화되었다. 예로 강화유리, 복층유리를 주로 사용해 왔지만 하중으로 인한 내구성 문제가 걸림돌이 되어 최근에는 폴리카보네이트 복층판과 같은 경량화 소재를 접목하는 사례까지 등장한다.

필자의 경우 전통방식을 최대한 고수하고자 하여 기본적으로 2중창 구성에 유리를 끼운 창호는 내부로 두고 목창을 외부로 하는 방식을 주로 사용한다. 내부에 덧창을 달아 3중창으로 구성할 경우에는 영창 및 사창을 사용한다. 그리고 시스템창호를 사용할 때에는 단창구성이 가능하므로 조망창에는 유리만을 프라이버시를 요하는 실에는 유리면에 한지를 붙이거나 덧창을 두기도 한다.

한옥 시공 시(한옥풍, 한옥형, 절충식한옥 제외 / 주거건축 기준) 창호공사의 공사비율을 분석해보면 대게 15% 내외로 형성되는데 이는 전체 공사비 중 목공사(목재 + 치목 + 조립) 다음으로 많은 비율을 차지하고 있을 정도로 미적, 기능적으로 아주 중요한 요소임에 틀림없다.

하지만 비싼 비용을 들여 공사를 하긴 했지만 시공이 잘 되었는지 잘못되었는지는 일반인은 당장 알아채기 어렵지만 조금만 공부하고 맞춤과 결구방식을 자세히 들여다보면 창호의 좋고 나쁨을 쉽게 구분할 수가 있다. 이처럼 장인정신이 결여되고 한옥이 산업화 되면서 기능공들의 양심과 실력에 따라 창호의 수준차가 크기 때문에 설계 시 맞춤방법이나 살의 형태 등에 대한 명확한 제시가 필요하며, 시공감리 시에도 꼼꼼히 체크하여야 건축주와의 마찰을 줄일 수 있을 것이다.

비단 창호공사 뿐이겠는가? 목공사를 비롯한 여타의 공정도 마찬가지다. 한옥만 생각하면 즐겁고 행복하다가도 이런 이야기가 가끔 들려오면 낯 뜨겁고 안타깝다.

- 전통창호와 창살의 종류

구성(여닫이 + 영창 및 갑창 + 두껍집)

창살의 종류

- 현대한옥 창호의 다양한 구성

3중창(유리여닫이 + 유리영창 + 창호지갑창)

3중창(창호지여닫이 + (방충망/사창) + 유리덧창)

2중창(아크릴한지여닫이 + 유리덧칭)

단창 및 2중창(시스템여닫이 + 아크릴한지갑창)

※ 사창의 기능을 담당하는 방충망창호는 미닫이 형태로 외부창호와 내부의 덧창 사이공간을 구성하기도 하며 롤방충망 형태로 삽입하기도 한다.

7) 바닥구성-1

한옥의 가장 큰 특징을 꼽는다면 바로 바닥의 구성이다. 난방을 위한 온돌과 냉방을 위한 마루가 균형 있게 결합된 구조를 갖추고 있다는 점은 중국, 일본과 달리 우리 한국만의 독특한 주거형식이다. 현대한옥의 진화와 다양성에 한 몫을 담당하고 있는 이층(다층)한옥이 다양하게 시도되고 있는 가운데 중요한 요소인 바닥(층)의 구성방법에 대해 알아보도록 하자.

본 장의 서두에서 "한옥의 변화과정"을 이야기 했듯이 20세기 초에 2층 한옥이 등장했다가 산업화에 밀려 잊혀져 왔던 것이 근대한옥을 시작으로 현대에는 도시가 요구하는 밀도 문제를 해결하고 현대인의 취향이 반영돼 이제는 주변에 심심찮게 등장하고 있으며, 또한 주거유형 뿐만 아니라 업무나 상업건축, 공공건축 등 복합용도의 한옥에 이르기까지 다양하게 시도되면서 본격적인 진화와 발전을 이루고 있다.

이렇게 다층한옥이 다양한 유형으로 탄생하기 시작하면서 자연스럽게 구조적인 문제와 더불어 난방, 방수, 방음 등을 해결할 다양한 현대적 기술이 접목되거나 개발되고 있다.

바닥구성-1에서는 설계 시 고려해야 할 사항에 대해 알아본 뒤 2에서는 적용기술 사례와 문제점에 대해 알아보도록 하자.

▶단층한옥 설계 시에는 전통과 현대적 기법 모두를 구현하는데 큰 어려움이 없으나 철근콘크리트 기초 및 지하층 구조물에 따른 기단부와 실내바닥의 구성방법과 난방방식(현대식구들, 판넬히팅)의 선택,

▶다층의 경우 층간바닥의 난방(판넬히팅)방법, 방수(물사용공간)와 방음(층간소음)처리, 입면디자인(층의구분, 눈썹지붕, 발코니, 난간)의 고려 등 미적뿐만 아니라 유지관리나 기술적인 측면에 많은 고민이 필요하다.

- 바닥(층)의 구성 예

덕수궁 석어당(2층)

예천권씨종택(2층, 중층, 다락)

경북성주 예산리 만산댁(2층)

진천 보탑사(3층)

은평한옥마을(2층, 다락, 발코니)

강화성당(중층)

8) 바닥구성-2

앞서 바닥구성-#1에 이어,

▶다층한옥의 구조적인 문제는 사실 크게 고민할 문제는 아니다. 이미 우리는 신라 때의 '황룡사 9층 목탑' 양식을 계승해 왔다고 볼 수 있으며, 문화재로 보존 관리되고 있는 궁궐, 사찰 등의 종교건축, 주거건축에서 보아오던 중층구조, 복층구조, 다락구조, 누각, 누마루, 정자의 구성방법처럼 다양한 형태로 남아있어 많은 참고사례가 되고 있다.

▶우리는 예부터 현재까지 온돌문화, 좌식문화에 따른 바닥난방은 필수라 여기고 있으며 한옥을 떠올리면 "당연히 온돌(구들)이지" 라는 생각을 하고 있을 것이다.

한옥의 2층바닥 난방과 물사용공간은 구조계산이 명확한 경우(집성재 사용)를 제외하고는 가급적 습식방법을 지양하고 목구조의 내구성과 안정성을 위해 건식으로 하는 것이 바람직하다.

현재 신한옥(다층한옥) 붐이 불면서 다소 우려스러운 점이 있다면 바로 본 주제와 같다. 현대한옥 설계나 시공을 계획하고 있다면 국토부 한옥 R&D사업 결과를 면밀히 검토해서 반영해야 하며, 목조건축에 대해 정확히 이해하고 갖가지 재료의 물성도 파악해야 한다.

시공자도 마찬가지다. 현대공법이나 일반목구조를 한옥에 접목 시 검증 없이 너도나도 어깨 너머로 배워 현장에 반영하는 사례가 비일비재하다. 예를 들자면 바닥판 구성 시 구조목 장선 사용 시 수종, 등급, 함수율, 규격, 간격, 철물사용 등을 무시한 설계나 시공을 해서는 아니 된다. 모르면 차라리 전통기법(마루구조)을 따르는 것이 현명할 것이다.

- 현대한옥 바닥(층)의 구성 및 난방방식 예

귀틀 + 마루널(전통기법)

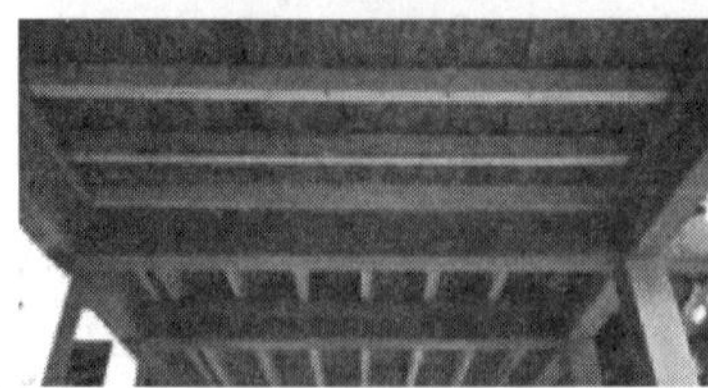

구조목장선+OSB합판

층보/평방+ALC패널(화경당)

난방방식 - 현대식구들

난방방식 - 습식온수온돌

난방방식 - 건식난방패널

문에 천공에 따른 단면손실이나 기밀과 단열성능 저하를 가져올 수 있으므로 주의해야 하며, 이를 체크할 감리시기를 놓치게 되면 공사이후 마감재로 가려져 볼 수 없게 돼 내심 불안할 수도 있겠다.

이처럼 한옥은 현대설비들과 동고동락 한지가 오래되지 않아 어색한 사이다.

다시 말해 한옥은 현대건축에 비해 일일이 신경 써줘야 하는 부분이 많으니 고민하고 또 고민해야 한다.

- 설비공사 예

매립형 인테리어

노출형 인테리어

전기설비 기계설비
노출사례(전기배선) 노출사례(설비배관)

10) 각종설비-2

근대한옥이 형성된 배경으로 생활환경의 개선, 도시화, 서양문물의 수용 등의 정치적, 사회적인 배경과, 건국이후의 유교이념 보급, 개화기 위생사상이 강조되면서 방이 기능별 공간으로 나뉘었고, 1920년대에는 생활환경과 결부해 주거환경 개선이 논의되었고, 1930년대 안방과 부엌이 기능적으로 연결되는 등의 주거의식이 변화하였다.

무엇보다도 서양인들이 정착하면서 공사관과 같은 개량한옥이 등장하고, 주택개발업자들에 의해 도시형 한옥이 공급되기 시작하였다. 외국인들이 자신들의 습관과 용도에 맞게 개조하고 업자들에 의해 한옥의 근대화는 이어졌지만 그래도 당시에는 여전히 불편했었다고 한다.

이후에도 문화주택, 영단주택, 광복 이후의 공영주택, 산업화와 새마을운동을 통해 위생설비와 입식화로 변화하는 등 주거문화는 계속해서 변화해 오늘날까지 이르렀다.

이렇게 긴 시간 발전하면서 한옥에도 영향을 받기는 했지만 당시 한옥은 주된 주거형식에서 밀려나 관심밖에 있었다가 2000년 초반부터 새롭게 부각되기 시작하면서 그 동안 발전해온 기술들이 지금의 신한옥에 접목되어 진화하고 있는 것이다.

한옥의 설계나 시공을 오래 접하다 보면 목구조와 지붕부의 구성은 이제 한옥건축에서 가장 쉬운 부분으로 와 닿을 즈음이 되면 또 다른 고민이 생기게 되었다.

집이 완성단계에 이를 때 쯤 인테리어와 현대적 설비들이 어떻게 잘 어우러지느냐가 숙제로 다가올 만큼 아주 중요한 공종임에 틀림없다. 처음의 시도는 다소 어색해 보일 수 있지만 누가 보아도 괜찮은 아이디어라고 생각되어 하나둘 사용하게 되어 많은 소비자들이 원하게 된다면 자연스럽게 산업화까지 이어질 수 있으니 우리가 과감하게 시도해볼 필요가 있겠다. 단, 전통에 기반을 둔 디자인인지, 기능과 디자인은 조화를 이루고 있는지는 각자 고민해 보자.

- 설비공사 예

냉난방설비 - EHP

냉난방설비 - 실외기 및 목재커버

냉난방 및 소방설비

환기 및 복사난방 설비

바닥난방 - 판넬히팅

위생설비 배관

- 기계설비 인테리어 예

욕실 설비 및 인테리어

주방 설비 및 인테리어

냉난방설비 비노출

냉난방설비 노출

주방설비 및 인테리어

11) 각종설비-3

앞서 각종설비의 시대적 변화과정과 현대한옥의 전통적인 공간 내 현대적 설비(위생 및 냉난방)들이 인테리어와 함께 자연스럽게 어우러질 수 있는지 시공사례를 통해 알아보았다면 이번에는 전기분야 설비계획의 사례에 대해 알아보도록 하자. 근래 현대건축 트랜드 중 하나를 꼽자면 노출 또는 빈티지(Vintage) 스타일의 복고풍 건축이다.

빈티지란 용어를 명사적 의미에서 전해져 네이버 지식백과에서는 이렇게 설명하고 있다. "획일화해 가는 현대사회에서 개성 있는 자아를 찾아 다른 이들과는 차별된 이미지를 옛것으로 재구성해 사람들에게 익숙함에서 편안함을 느끼게 하는 정서적 콘셉트다." 한마디로 말하면 '오래되어 가치가 있는 것' 혹은 '오래되어도 새로운 것'을 의미한다.

지금 우리가 다시 한옥을 찾는 이유도 같은 맥락일 것이다. 한옥의 매력은 부재의 노출을 통해 심미성과 평온함을 느끼게 해주는 것인데 현대적 설비들은 눈에 가시와 같은 존재일 수밖에 없지만 그렇다고 해서 포기할 수는 없는 일이다.

전기설비 중 조명의 예를 들어보자. 우리나라 최초 전기의 사용은 1887년 경복궁에서 시작됐으나 일반 국민들에게는 한참 이후에나 보급되었다. 과거 전기가 없던 한옥은 조명이라고 해봐야 촛불뿐이었을 것이다. 전통한옥은 실내에서의 빛은 그리 중요하지 않았으리라 본다. 외부 햇빛에 의한 내부에서의 느끼는 부분이 큰 매력이라 생각된다. 낮에 밝은 빛은 겹겹의 창호나 창호지를 투과해 실내로 유입되고 처마의 깊이로 일사량을 조절하는 등, 빛에 대한 한옥이 가지는 특징도 무수히 많다.

다시 돌아와 현대한옥의 조명은 조명기구 자체의 화려함 보다는 각 공간과의 어우러짐이 고려되어야 하겠다. 대청의 연등천정은 조명기구를 노출시키기 보다는 인테리어마감을 통해 매립되어진 간접조명을 사용하여 공간의 특징을 살리는 것이 좋을 것이며, 리모델링 등 불가피 노출시켜야 할 경우에는 애자를 활용한 노출전선에 은은한 빛을 내는 한지 등기구 등의 빈티지스타일로 연출하는 방법도 있다.

- 전기설비 인테리어 예

거실 - 인테리어&직접조명

거실 - 간접조명

침실 - 인테리어&간접조명

주방 - 인테리어&간접조명

전기설비 - 노출배선(애자)

홈네크워크, 콘센트, 조작반

- **부위별 배선공사 예**

벽체배선　　천정배선

천정배선 노출　　벽체배선 노출

바닥용 콘센트박스　　전기판넬 - 신발장매립(좌)/외부노출(우)

4부

현대한옥

1장 한옥현대화의 다양한 차원

이현수

1. 현대건축과 한옥

우리나라의 근대 건축가 중에서 전통건축을 현대적으로 재해석한 선구자의 한 사람으로 김수근을 뽑는 것에 반론을 펼칠 사람은 없을 것으로 안다. 김수근의 건축 작품으로는 마산성당, 경동교회, 공간사옥 등을 들 수 있다. 이들 건축물의 공통점은 벽돌의 사용이다. 벽돌은 구마 겐고의 입자 건축과 통한다. 벽돌 이외에 다른 공통점은 점진적 공간 접근성이다. 점진적 공간 접근성은 한 시점에서 목적지를 보여주지 않고 이동의 흐름에 따라 목적지를 서서히 보여주는 공간계획 기법이다.

경동 교회 출입구의 진입부를 직선으로 만들지 않고 휘어지게 만든 것이 점진적 공간 접근성의 좋은 예라고 할 수 있다. 공간을 한꺼번에 다 보여주지 않고 부분적으로 서서히 보여주면서 신비로움을 더하고, 동선을 자연스럽게 유도하며 전체를 보여주는 것이 우리 공간의 특징이다.

나무를 조립하여 건물을 만드는 것과 벽돌을 하나하나 쌓아올려 만드는 것은 입자 건축의 특징이다. 김수근은 우리 전통건축을 재해석하는 과정에서 벽돌의 조적을 추구했다. 김수근이 콘크리트가 아닌 벽돌을 사용한 이유는 무엇일까? 김수근은 한국의 전통성을 표현할 수 있는 재료로 벽돌을 생각했다. 그래서 마산성당의 주재료로 벽돌을, 경동교회나 공간사옥의 주재료도 벽돌을 선택했다. 벽돌은 마모되거나 파손되었을 경우, 그 부분만 교체하면 된다. 이에 비해 콘크리트는 문제가 생기면 통째로 교체해야 한다. 어떤 경우에는 건물 전체를 허물고 새로 지어야 할 때도 있다. 벽돌 건물은 작은 벽돌을 하나하나 쌓는 작업인 만큼 형태를 다양하게, 아기자기하게 만들 수가 있다. 그리고, 콘크리트보다 수명이 길다. 벽돌을 쌓으려면 인간의 땀과 노동을 필요로 한다. 인간 땀의 결과이기에 벽돌 건축에는 특유의 친인간적 냄새가 있다. 벽돌은 인간적이며, 콘크리트에 비하여 부드럽다.

사람의 마음은 건축 재료에 의해 많은 영향을 받는다. 부드러운 재료를 보면 사람들의 마음은 부드러워지며, 딱딱하고 차가운 재료를 보면 마음 또한 딱딱하고 차갑게 굳는다. 벽돌은 인간과 부드러운 관계를 만든다. 벽돌은 약해보이지만 콘크리트보다 강하다. 콘크리트는 강해 보이지만 벽돌보다 약하다. 왜냐하면 콘크리트 건축보다 벽돌건축이 수명이 길기 때문이다. 물론 이런 측면만 보고 벽돌건축을 만들 수는 없다. 하지만, 전통성을 고려하고 사람의 감성을 중시한다면 벽돌은 훌륭한 건축 재료가 된다. 김수근의 건축은 자연과 인간, 두 가지를 다 중시했다. 그래서인지 김수근의 건물에 들어가면 편하다는 느낌을 받는다. 그가 설계한 교회에 들어서면 신비로움과 경건함을 느낄 수 있다. 이처럼 김수근의 건축은 인간의 마음과 정신에 영향을 주는 건축이다.

우리 전통건축의 본질은 인간의 마음을 따뜻하게 하고 항상 정신이 살아있도록 도와주는 것이다. 그렇기에 우리는 김수근의 건축에 많은 감동을 받으며 그의 건축에 매료된다. 설원식은 김수근의 건축을 '인간을 소외시키지 않고 감싸주는 공간', '아늑하고 친근한 생활터전이라는 한국의 정신'으로 요약했다. 건축가 엄덕문은 세종문화회관을 통해 한국적 특징을 담아내고자 노력했다. 엄덕문은 "세종문화회관은 서울의 사랑방입니다. 구조는 한옥의 안채와 별채를 세우고 두 건물을 이어주는 회랑과 한 가운데 앞마당에서 뒤뜰로 연계되는 개념을 현대건축으로 풀어낸 것입니다. 광화문이라는 위치에 짓는 기념 건물로 현대감각과 우리 정서가 어울리는 배치와 건축이 되도록 하는 것입니다."라고 이야기했다. 세종문화회관의 외벽에는 완자무늬와 격자무늬의 장식이 있다. 대궐건축의 기둥과문, 창살무늬, 추녀선을 모티브로 한 건축요소가 있다.

이처럼 세종문화회관은 한국 전통건축의 개념을 현대화하는 과정에서 다양한 시도를 했다. 또 그 시대에 정치가들의 의견을 받아들일 수밖에 없었다. 사람마다 의견이 다르겠지만 세종문화회관에 대한 비평적 시각이 더 많은 것 같다. 그러나 건축에 가해진 비평적 시각을 전적으로 동의할 수는 없다. 세종문화회관에 대한 비평적 견해는 서양건축도 아니고 우리의 전통건축도 아닌 형태적, 표피적 문양적 차용 때문이 아닐까하는 생각을 해본다.

세종문화회관은 석조를 사용해서, 전통적인 목조건물의 느낌을 살린 건물로, 전통의 현대적 표현을 시도한 초창기 건물이다. 누구나 처음에는 어설플 수 있다. 목조의 형태를 석조에 표현하다보니 목조와는 다른 느낌이 날 수밖에 없다. 그러나 목조의 기둥재료를 석재로 바꾼 것은 혁신적인 작업이었다. 처음으로 그러한 작업을 시도했다는 점 하나만으로도 세종문화회관의 작업은 충분한 가치가있다. First Mover는 용기가 있는 사람이다. 세종문화회관의 건물을 자세히 살펴보면 곳곳에서 한국적 스타일을 볼 수 있다.

그것이 건축적 시각에서 우수하든 그렇지 못하든 전통건축의 현대화라는 관점에서 세종문화회관은 다시 한번 재조명할 충분한 가치가 있다. 우리 건축이 나아가야 할 방향을 설정하는데 좋은 참고자료이기 때문이다. 세종문화회관은 서울의 한복판에서 전 세계인에게 한국적 특징을 보여줄 뿐 아니라, 다양한 문화 콘텐츠로 사람들을 행복하게 한다는 점에 있어서도 아주 소중한 건축물이다. 세종문화회관 건물이 한국 전통건축의 우수성을 충분히 보여주지는 못한다 하더라도 우리 전통에 대한고민 없이 서양 건축의 복제품을 만드는 것보다는 훨씬 나을 것이다.

김기웅 건축가가 설계한 천안의 독립기념관도 세종문화회관처럼 처마를 현대적으로 재해석했고 배흘림기둥과 그 기둥에 놓인 공포를 현대화하여 구현한 건물이다. 건축전문가들은 독립기념관도 최악의 건물로 꼽는다. 왜 독립기념관을 가장 좋지 않은 건물로 평가하는 것일까? 건물 자체로만 봤을 때는 전통건축을 현대화하여 표현한 건축물이다.

어떻게 보면 독립기념관은 건물 자체의 실패라기보다는 배치의 실패라고도 볼 수 있다. 어린이가 이 건물의 주 사용자인데 어린이의 진입동선을 고려하지 않았다. 독립 기념관 건물로 들어가기 위해서는 1km정도를 걸어야 한다. 더군다나 그늘하나 없는 긴 거리를 걸어야 한다. 독립기념관은 전통건축의 현대화의 실패가 아니라 휴먼스케일을 고려하지 않았다는 면에서 실패이다. 친인간적인 건물이 아닌 것이다. 이것은 건축과 인간의 관계설정의 실패이다. 또한, 건물의 누수로 인해 많은 비판을 받았던 것 역시 다른 차원의 문제다. 이러한 점에서 독립기념관의 여러 문제점을 미래 건축의 반면교사로 삼아야 할 것이다.

좋기만 한 사람과 나쁘기만 한 사람이 없듯이 건물도 마찬가지다. 다만, 특정 관점에서 볼 때 좋은 점과 나쁜 점이 있을 뿐이다. 아이들의 진입동선이 길어 힘들다는 면만을 부각시킨다면 나쁘다고 할 수 있지만, 아이들의 인내심을 키워준다는 면에서 본다면 그 건물은 좋은 건물이 될 수도 있다. 건물은 사람에 따라서 또는, 관점에 따라서 좋고 나쁠 수가 있다. 그렇다고 이 이야기를 건물을 사용하기 편하게 짓지 말자는 의미로 받아들여서는 곤란하다. 전통의 본질적 관점에 충실한 건물을 짓자는 의미이다. 전통건축의 본질적 관점은 인간을 사랑하고 배려하는 마음이다.

승효상은 우리 건축의 전통성에 대해 이야기하는 몇 안 되는 건축가 중 한 사람이다. 승효상하면 가장 먼저 떠오르는 말이 있다. 그건 바로 비움의 건축이다. 비움의 건축을 표방하는 요소로서 그는 마당을 강조한다. 처음 이 말을 접했을 때 마당이 우리 건축에만 있는 것은 아니어서 다소 의아한 면이 있었다. 예를 들어 핀란드의 전통주택에도 마당이 있고 서양의 건축에도 중정으로 일컬어지는 마당이 있다. 이러한 점에서 동서양을 떠나 마당이라는 외부공간은 중요하다. 그렇기에 마당공간을 우리만 갖는 유일한 공간처럼 주장하는 것은 적절하지 않다고 생각한다.

마당공간은 우리 건축의 전유물이 아니다. 그래서 우리의 마당공간만을 극찬하는 것은 자아도취일지도 모른다. 우리의 마당이 우월하고 서양의 마당은 열등한 것인가. 우리 마당의 현주소를 냉정하게 생각해볼 필요가 있다. 우리 마당이 다른 나라의 마당과 어떻게 다른지를 명확히 알아야 한다. 우리 마당의 정겨운 풍경과 마당에서 일어나는 여러 가지 활동은 물론 서양의 마당과 다르다. 그러나 그것은 마당자체의 차이가 아닌 마당의 사용 행태가 다른 것이다. 비워놓고 용도를 지정하지 않고 다양한 행위가 마당에서 일어나게 한 것은 불확정성을 추구하는 우리 마당의 특징이다. 그러나 이것은 형태적인 것이 아니라 그 공간을 사용하는 콘텐츠의 차이이다. 크게 보면 마당은 하드웨어이다. 그 하드웨어를 다르게 하는 것이 콘텐츠이다. 이것은 마치 똑같은 악기라고 하더라도 연주자가 누구냐에 따라서 그 악기에서 나오는 음악이 다른 것과 같은 이치이다. 우리의 마당이 다른 나라의 마당과 다른 이유는 콘텐츠가 다르기 때문이다. 그 콘텐츠는 우리에게 맞는 콘텐츠다. 그러나 우리가 마당을 사용하는 방식이 우리에게 좋다고 해서 다른 나라 사람들조차 좋게 느낄 것이라고 생각하면 그것은 고정관념일 수도 있고, 더 나아가 오류일 수도 있다.

사람들은 자기가 좋으면 다른 사람도 좋아할 거라고 생각하는 경향이 있다. 사람들은 다 다르다. 나와 같은 생각을 하는 사람은 많지 않다. 나와 다른 생각을 하는 사람이 훨씬 더 많다. 그렇기에 마당의 문제를 한국 공간의 우수성의 관점으로만 보면 그것은 잘못된 접근이며 우리를 하나의 틀에 가둬놓는 시각이다. 사람마다 좋아하는 스타일이 다르듯이 공간을 받아들이는 방식도 다르고 공간에서 느끼는 감정과 공간을 사용하는 방법도 다르다. 그러나, 동서양을 떠나서 중요한 공통점은 마음의 집착과 중요하다고 생각하는 것을 버렸을 때 마음이 편해진다는 것이다. 우리 건축이 이러한 철학을 좀 더 적극적으로 담으려고 했다는 것은 높이 살 만한 것이다.

인생을 살아가는 중요한 가치로 비움의 철학을 생각하고 그것을 건물에 표현했다는 것이 우리 건축의 차별점이다. 전통건축인 한옥은 [비움]으로 [있음]을 표현하는 철학을 담고 있다. 보이는 것은 보이는 것이 아니고 있는 것은 있는 것이 아니다. 비움의 건축, 미니멀리즘의 건축, 단순함의 지혜를 담은 건축이 비움의 건축이다. 이를 핵심가치로 여기며 건축을 설계한 사람이 바로 승효상이다. 승효상의 건축은 비움의 건축이다.

마영범과 전시형, 김부곤 등은 실내 디자인 분야에서 우리의 전통성을 현대적으로 표현한 사람들이다. 이들이 다른 실내디자이너와 다른 점은 재료의 사용이다. 실내디자인에서 한국적 특징을 표현하는 것은 결코 만만한 작업이 아니다. 실내 공간의 특성상 3차원적 요소가 건축에 비해 상대적으로 미약하기 때문에 실내 디자인은 재료, 문양에 치우치는 경향이 많다. 그래서 실내디자이너는 3차원적 측면보다 2차원적 특성에 빠져버리는 경향이 있다.

전통문양을 표피적으로 차용하는 경우가 많아서 그 깊이가 낮다는 비판적 시각을 외면하기 어려우나 해결 방법이 없는 것도 아니다. 그중의 하나가 재료의 선택이다. 한국적 재료로 흔히들 한지를 손꼽는다. 오설록은 이와 같은 한지를 사용한 대표적인 건물이다. 오설록의 실내 공간은 백색의 한지가 많은 부분을 차지한다. 한국인의 DNA를 갖고 있는 사람은 누구나 한지에 대해 막연한 그리움을 갖는다. 전문가들은 한국적 공간에는 한지를 쓰고 싶어 한다. 그러나 일반인들은 한지를 선호하지 않는다. 그건 한지의 경우, 관리가 어렵고 건축성능이 떨어지기 때문이다. 한지의 장점은 소박한 느낌과 흰색이 주는 미감이다. 그리고 한지는 다른 나라에서 찾아보기 힘든 우리 고유의 재료이다. 그러나 옛날 방식의 한지를 현대건축에서 그대로 사용하기는 힘들다. 가격이 비싸고 관리가 어렵기 때문이다. 한지의 단점을 보완해서 나온 재료가 유리다. 유리는 시각적으로 내외부의 관계를 강화시킨다. 시각적인 면에서 보면 유리가 한지보다 강점을 지닌다. 그렇다면 전통 가옥에 한지 대신 유리를 사용해도 괜찮을까? 전통재료를 고수하여 화학안료 대신 전통안료를 사용함으로써 문제가 야기된 숭례문의 예에서도 명확하게 보듯이 전통적 방식을 고수한다는 것만이 능사는 아니다. 외국의 경우에도 복원사업을 할 때 옛날 재료만을 사용한다거나 옛날 방식의 시공방법을 그대로 사용하는 예는 극히 드물다.

전통은 유물이 아니다. 전통의 현대화는 전통의 답습이어서는 안 된다. 전통을 현대의 언어로 오늘을 사는 우리에게 맞게 풀어낼 수 있는 지혜가 필요하다. 이러한 관점에서 볼 때 경우에 따라서는 한지 대신 유리를 사용하는 것이 더 효율적이고 적절할 수가 있다. 재료의 현대적 적용에 대한 실례를 마영범의 오설록에서 찾아볼 수가 있다.

최근 민현준은 국립현대미술관의 서울 분관을 설계하면서 한국적 공간의 개념을 담으려고 했다. 그러나 건물자체에 한국적 공간을 담았다기보다는 주변의 전통건물과 연결시키려는 시도를 했다고 보는 것이 맞다. 미술관에 한국적 느낌이나 스타일을 직접적으로 표현하지는 않았지만 전통적 건물을 배경으로 적극 활용했다. 논리적 비약이 있을 수도 있겠지만 민현준의 미술관은 옛 전통건축과의 관계를 통해 한국성을 현대화했다. 자기 자신이 직접 나선 것이 아니라 주변을 활용해서 자신의 철학을 표현했다는 점에서 1차원적이지 않고 2, 3차원적이다. 서울 미술관은 배경이 되는 자연과의 조화를 넘어서 자연과 미술관이 합일되는 경지를 보여주었다.

서울 미술관은 전통적 배경을 활용한 전통과 현대의 만남을 보여주는 건축이다. 한국 건축의 특성은 바깥으로 드러나는 것이 아니라 내부로 숨는 것이다. 자기를 보이는 것이 아니라 감추는 것이다. 그러나 감추면 감출수록 드러남의 정도는 더욱 강해진다. 서울 미술관은 건축과 주변 환경과의 관계성을 생각하는 계기를 제공했다는 점에서 아주 흥미롭다. 물론 주변건물과의 관계성 외에도 마당 주위로 6개의 건물을 배치하여 마당의 개념을 강조했다. 한국 건축에서 마당이 차지하는 비중은 크다. 그러나 형태적 측면에서의 단순한 마당 공간의 구성은 그 의미가 약할 수밖에 없다. 사물자체는 의미를 갖지 않는다. 인간이 사물에 의미를 부여할 때 그 사물은 특별해진다. 이러한 논리로 마당도 그 자체만으로는 별 의미가 없다. 단지 사람이 마당에 의미를 부여할 때 그 마당 역시 특별해진다. 마당에 어떤 의미를 부여할 것이냐는 건축가의 몫이며 사용자의 역할이다.

조민석의 사우스케이프 아너스 클럽하우스의 건축적 이미지는 하나의 그림이며 예술이다. 또 원형의 지붕이 하늘을 더욱 부각시킨다. 땅을 상징하는 사각형과 하늘을 상징하는 원형을 전통건축의 공간구성 원리로 삼았다. 조민석의 건물은 하늘과 땅의 관계성을 효과적으로 연출한 공간이다. 여기에 더 나아가 한국의 처마를 현대적으로 재해석하여 표현함으로써 현대한옥의 관점에서도 그 의미가 크다. 그러나 많은 건물에서 그렇듯 이 건물도 기둥, 툇마루, 창살무늬처럼 처마라는 형태적 수준에 머물러 있다. 사람들이 한국성을 표현하는 수법으로 형태적 차용을 많이 한다.

건축가들은 형태에 몰입하려는 경향이 많다. 형태적 미감을 통해 사용자를 행복하게 만드는 장점이 있지만 왠지 모르게 형태에만 집중하는 것 같아 못내 아쉽다. 형태 자체에만 빠져들다 보면 그 형태에는 사람이 없을 수도 있다. 형태를 만들고 보니 사람이 행복해하더라 하는 측면보다는 사람을 행복하게 만들기 위해 형태를 결정하는 것이 보다 인간적이다. 구마 겐고도 건축에서 형태는 중요하지 않다고 말한다. 운이 좋다면 형태에 집중하더라도 사람들이 좋아하는 건물을 만들 수 있지만 잘못된 경우에는 많은 사람들을 불편하게 만든다.

이와 같은 실패는 유명 건축가들의 작품에서도 쉽게 찾을 수 있다. 사람을 고려하지 않고 조형적 형태에만 집착한 건축은, 건축 본래의 목적을 상실한 것 같아 그렇게 좋은 건물로 생각되지 않는다. 건물은 궁극적으로 인간을 위해 존재하여야 한다. 이것이 건축의 본질이다. 건축가를 위해서 건물이 존재하지 않음을 알아야 한다. 아름다운 형태보다 더 중요한 것은 건물의 기능이며, 그 건물에 건축가의 영혼이 깃들어 있어야 한다는 것이다. 결국 현대한옥도 형태차원의 재해석에만 머물러 있는 것은 문제가 있다. 형태 속에 내재되어 있는 본질에 충실하게 만드는 것이 중요하다. 건물의 형태는 즉각적인 소통의 효과를 만들지만 깊이가 없고 긴 시간의 연장선상에서 그렇게 바람직하지 않다.

마영범과 비슷한 작업을 하는 사람으로 최욱이 있다. 그러나 마영범과 다른 점은 최욱은 실내디자이너가 아니라 건축가라는 점이다. 그렇다면 마영범과 최욱이 어떤 점에서 비슷한 것일까. 그것은 바로 현대와 전통을 융합시키려는 노력을 한다는 점이다. 물론 최욱도 한국성을 표현하기 위하여 재료에 대한 관심은 많다. 그래서 기와, 서까래, 한지 등과 같은 느낌을 주기 위해 많은 노력을 한다. 최욱은 학고재, 두가헌 등의 한옥갤러리를 설계했다. 또 전통한옥과 현대적 감각을 융합시킨 현대카드 디자인도서관을 설계했다. 융합은 서로 이질적인 것이 만나 조화를 이루어야 하는 만큼 창의적 재능이 절실하다. 현대카드도서관에서 찾아볼 수 있는 융합은 현재와 과거의 융합이다. 이와 같이 이질적 만남이 주는 장점은 무엇인가. 그것은 바로 새로움이다. 우리가 이처럼 융합적 태도를 취하는 것은 새로운 자극을 주는 창의적 공간을 만들고 싶어 하기 때문이다.

역사는 어떻게 보면 융합의 역사이다. 이 세상 그 어떤 것도 절대적으로 새로운 것은 없으며 다른 것의 영향에서 자유로울 수 없다. 문화만 보더라도 서로 영향을 주고받으며 끊임없이 변화한다. 그것이 바로 전통이다. 현대카드 도서관에는 현대적인 것과 전통적인 것이 함께 있기 때문에 사람들은 그 공간에서 흥미로운 체험을 한다. 이런 체험이 가능하기 때문에, 그곳은 사람을 위한 공간이 된다. 현대한옥도 옛 사람을 위한 집이 아니다. 현대인이 살아야하는 집으로서 현재라는 시대성을 반영해야 한다. 집이 유물이 아닌 이상 현대인을 고려해야 한다. 현대인을 고려해야 한다는 것은 현대인이 살아가는 환경까지도 고려해야 함을 의미한다.

건축이 시대정신을 담아야 한다는 말은 건물에 시간성이 있어야 한다는 것과 동의어이다. 현재를 무시한 건물은 시대정신을 표현하지 않은 건물이어서 사용자가 쉽게 받아들이기 어렵다. 이러한 관점에서 막연하게 옛날 것만을 고집하는 것은 과거에 대한 집착일 뿐이다. 전통을 생각하며 다양한 시도를 펼치고 있는 구마 겐고의 사례에서도 알 수 있듯이 그는 재료로 목재만을 고집하지 않는다. 물론 그에게 목재는 중요하다. 그러나 겐고는 현대적 재료를 전통적으로 재해석하여 사용한다. 이러한 점에서 현대한옥에서 목재만을 고집하는 고정관념은 피해야 한다. 재료는 얼마든지 다양하게 사용할 수 있다. 목재를 사용하는 것이 중요한 것이 아니라 목재라는 물성적 본질을 생각하여 그 본질을 유지시키는 차원에서 재료의 선택을 하면 된다. 먼 옛날 목재를 사용했을 때는 당연히 콘크리트, 플라스틱이 없었다. 목재를 사용했던 이유는 어쩌면 목재 이외에 달리 사용할 재료가 없었기 때문일지 모른다. 하지만 요즘은 목재 이외에 사용할 수 있는 재료가 많다. 그만큼 현대사회는 다양한 선택이 가능한 사회이다. 이처럼 다양한 선택이 가능한데 어떤 특정 재료만을 고수한다는 것은 그 재료에 갇혀 창의적 생각을 못하는 것이다. 그러나 목재와 같은 전통적 재료가 우리의 향수를 자극하는 건 분명한 사실이다. 또 우리의 감성을 부드럽게 만든다. 과거로의 회귀는 우리의 본능이어서 목재는 우리를 기분 좋게 만든다. 여기서 이야기하고자 하는 주안점은 꼭 이것이 아니면 안 된다는 생각을 버리자는 것이다. 전통이 발전하기 위해서는 목재 대신 콘크리트, 콘크리트 대신 철재 등을 사용할 수도 있다고 마음의 문을 열어둘 필요가 있다.

우리의 시대에 활동하는 건축가와 실내디자이너의 예에서 보듯이 우리 건축을 만들어가려는 노력이 없는 것은 아니다. 그리고 우리 것을 점차 중요하게 인식하면서 한국적 공간을 만들려는 노력을 많이 하고 있다. 한국적 스타일 또는 한국적 건축철학에 기반을 둔 건물을 지어야 한다는 생각이 많아졌다는 건 무척 고무적인 일이다. 그러나 이러한 많은 시도들이 어떤 특정한 개념에 의해서 획일화되고 있는 것은 문제다. 전통에 대한 다양한 재해석에 관한 이론적 토양이 얕은 것도 문제다. 조금 더 창의적인 공간이 아닌 형태의 단순한 재현에만 치우친 전통건축은 고정관념에 갇혀 문화를 창의적인 방향으로 전개시키지 못한다. 피상적인 형태적 차용이나 문양의 표현만이 강조된 건물에서는 문화의 깊이감을 느낄 수가 없다.

한옥의 현대화는 조금 더 과감하고 혁신적인 시도를 통해 이루어야 한다. 세계적인 건축물로 발전하기위해서는 건축철학의 세계화가 있어야 한다. 그러나 모든 건물에서 혁신적인 시도를 할 수는 없다. 전통건축에 대한 현대적 재해석은 다양해야 한다. 그리고 그러한 다양함을 우리는 수용해야 한다. 현대적 재해석이 다양해야 함은 건물 안에서 사는 사람이 다양하기 때문이다. 다양성의 건축이 우리의 생활을 풍요롭게 만들 것이고 다양성을 통한 한국적 정체성의 확립은 우리 건축이 풀어야할 과제이다.

2. 한옥 현대화의 차원

건축가 승효상은 오래된 것은 아름답다고 이야기한다. 필자는 이 말에 전적으로 동의한다. 사람들은 과거로의 회귀본능을 갖고 있다. 영화 '어바웃 타임'에서 보듯 사람들은 과거로 돌아가 과거에 잘못 생각했던 것, 실수했던 것 등을 정정하고 싶어 한다. 그러나 우리의 인생은 단 한 번뿐이고 그렇기 때문에 인생이란 무대 위에서는 우리 모두가 아마추어이다. 하는 모든 일이 처음이다 보니 서투르다. 오래된 것은 시간성의 개념을 내포하고 있다. 우리는 과거로 되돌아갈 수 없다. 단지 상상 속에서만 가능하다. 오래 되었다는 것은 그 자체만으로도 가치가 있다. 더욱이 우리의 옛집인 전통한옥은 아름답기까지 하다. 그러나, 아무리 아름답다고 해도 예전의 전통한옥을 그대로 현재에 옮겨 놓을 수는 없으며, 설령 가능하다 해도, 그건 무의미하다.

우리 시대에 맞게 전통한옥을 재해석한다는 것은 창조 작업이다. 실제로 역사는 과거에 대한 재해석을 토대로 해서 끝없이 새롭게 만들어지는 창조 작업이다. 우리 인류는 이러한 작업을 끊임없이 지속해 왔고 인류가 존재하는 한 이 일들은 계속 일어날 것이다. 창조적 재해석이 없는 사회는 비전이 없는 죽은 사회이다. 적어도 전통한옥에 관한 이러한 비전을 아직 우리 사회가 충분히 가지지 못한 것이 무척 아쉽다. 이러한 아쉬움 때문에 전통건축의 재창조에 대한 요구가 더 증폭될 수밖에 없다.

옛것에 대한 재해석 작업은 창조적 작업이다. 창조적 작업은 특성상 쉽게 진행되지 않는다. 창조적 작업은 많은 고통과 땀을 수반하기 때문이다. 창조적 작업에는 작업자의 영혼이 실리게 마련이다. 영혼을 실린다는 건, 뜨거운 열정이 담겨 있다는 것이다.

한옥의 현대화는 단 시간 내에 이루어질 수도 없으며 쉽게 성취될 수도 없다. 제 시간이 돼야 이루어진다는 말이 있듯이 한옥의 현대화도 때가 되어야 가능하다. 그렇다고 아무런 노력 없이 가만히 시간만 보내면 된다는 말은 아니다. 노력의 시간이 필요하다는 말이다. 집은 인간을 위해서 존재한다. 인간을 위한 집을 만들기 위해서는 적어도 어떤 기준이 있어야 한다. 집은 어떠해야 하며, 어떤 집이 좋은 집이냐에 대해서는, 의견이 많다. 집에 대한 정의도 수천, 수백 가지가 될 것이다. 무한대의 정의가 있다. 그러나 무한대의 정의가 있다는 것은 특정 방향이 설정되지 않았음을 시사한다. 어차피 인생은 선택이다. 우리는 건축에 대한 무한대의 정의 중에 선택을 해야 한다. 이처럼 몇 가지만을 선택할 수밖에 없기 때문에 그것을 운명이라고 이야기하는 사람도 있다. 그러나 운명이든 아니든 우리는 선택을 하여야 한다. 그것이 우리에게 방향과 목적을 제시하기 때문이다.

건축은 사람을 위한 인공 환경이다. 자연 환경 역시 인공 환경처럼 사람을 둘러싸고는 있지만 자연환경은 사람이 만든 환경이 아니다. 그래서 자연환경에 대해서는 어떤 조작을 하기가 어렵다. 사람들이 자연을 정복한다는 말을 하지만 자연은 결코 정복되지 않는다. 자연은 묵묵히 자신의 일을 수행할 뿐이다. 사람들이 자연에 끼칠 수 있는 영향력은 미미하다. 자연은 너무나 광대하기 때문이다. 물에 조약돌을 던지면 파문이 일어나지만 파문은 곧바로 사라지고 자연은 원래의 모습을 되찾는다. 자연환경 속에서 살아갈 수밖에 없는 인간은 아무리 싫다고 해도 자연을 거부할 수 없다. 자연을 받아들이는 과정에서 생겨난 건축과 위대한 자연이 상호 조화를 이루는 관계가 미래 한옥의 원칙적 개념이다. 세상은 인간, 건축, 자연의 3가지 요소를 구성되어 있다. 이 3가지 요소 사이에는 인간과 건축, 인간과 자연, 건축과 자연 간의 관계가 존재한다.

이러한 관계를 염두에 두고 한옥의 미래 방향을 설정하는 것이 중요하다. 한옥의 미래 방향은 5차원의 개념으로 유형화가 가능하다. 1차원의 개념은 관계성을 설정하지 않고 건축, 그 자체만을 생각하는 차원이다. 2차원의 개념은 건축과 자연, 인간과 건축, 인간과 자연의 관계를 염두에 둔, 한옥의 현대화이다. 인간, 자연, 건축 등의 3가지 요소를 동시에 생각하여 종합적 현대화를 모색하는 것이 3차원의 개념이다. 4차원의 개념은 인간, 자연, 건축 외에 시간성을 추가한다. 5차원의 개념은 4차원의 4가지 요소 외에 역사, 철학, 문학 등과 같은 사상적, 사회적 인문환경을 반영한 상상력의 창의적 공간개념이다.

어떤 차원이 좋고, 어떤 것이 나쁘다고 단정적으로 이야기할 수는 없지만 차원이 높아질수록 좋을 가능성이 커진다. 1차원의 현대화 개념은 단순하며, 직설적이다. 솔직하다고 할 수도 있다. 이러한 특성 때문에 사람들과 소통이 원활하다. 그러나 직설적이어서 상상의 여지는 별로 없다. 이는 창조성을 거부했다는 말과 통한다.

1차원의 현대화는 아직도 많은 건축전문가에 의해 차용되는 방식이다. 왜냐하면 그 작업이 단순하고 소통이 쉽기 때문이다. 예를 들어 한지, 목재, 기와 등과 같은 재료를 그대로 답습하는 것은 1차원의 현대화 개념에 속한다. 또 처마의 지붕선, 툇마루, 마당 등과 같이 어떤 특정한 건축요소를 재현하는 방식도 1차원에 해당된다. 물론 다양한 전통문양을 차용하는 것도 1차원적 한옥 현대화의 표현방식이다. 이러한 정의에 따르면 처마의 모양을 따른 신(新)서울 시청사와 방패연에서 모티브를 얻은 상암 월드컵경기장은 1차원적 현대화이다. 이처럼 예전의 형태를 별다른 변형 없이 표현하기 때문에 사람들과의 소통이 쉽다. 이러한 1차원적 재현은 비단 우리나라에만 있는 일이 아니다.

세계적인 건축에서도 이러한 방법을 많이 사용한다. 한지의 재료적 물성에 몰입한 디자이너들이 많은 것도 이러한 이유 때문일 것이다. 한지의 자부심은 우리나라 고유의 재료라는 것에서 기인한다. 다른 나라에선 볼 수 없는 차별적 요소이기 때문에 우리는 한지를 막연한 동경심으로 대한다. 한지의 특성은 무엇보다도 부드러움에 있다. 부드러움은 인간 특성 중의 하나이다. 그래서 우리는 부드러움의 재료인 한지를 선호하는 지도 모른다. 1차원의 현대화가 단순하다고 해서 꼭 쉽다고 할 수는 없다. 지붕의 모습을 현대화하는 작업도 결코 만만한 작업은 아니기 때문이다.

엄덕문의 세종문화회관 석재 기둥과, 김중업의 프랑스대사관 지붕이 여기에 해당된다. 전통한옥의 형태를 재해석하여 현대에 맞는 모양으로 제안하는 방식이다. 그러나 형태 하나만을 고려해서 미래 현대한옥을 만들면 문제가 생긴다. 예를 들어 아파트의 다른 부분은 그대로 둔 채 지붕만 전통 지붕을 얹는다면 심한 부조화가 일어날 수밖에 없다. 결국 지붕을 만듦에 있어서 벽체와의 관계성을 생각해야 되고 재료와 재료의 관계성, 재료와 형태의 관계성 등을 생각해야 한다. 이 문제를 좀 더 확장해 생각한다면 목조부재의 접합문제까지 등장한다. 한옥의 현대화 과정에서 부재와 부재의 접합은 중요한 연구이슈이다.

옛날 부재의 형태를 변형하여 새로운 부재를 개발하는 것도 중요 과제이다. 여기에서 옛날 부재의 모양을 그대로 유지하자는 측면과 현대에 맞게 부재를 만들어야 한다는 상반된 주장이 있을 수 있다. 레고처럼 부재를 공장에서 만들어서 현장에서 조립하자는 의견도 여러 학자들이 제안하고 있다. 그러나 인간의 터치가 들어가지 않은 조립식 주택이 한옥의 멋을 해칠 것이라는 반론도 만만치가 않다. 1차원적 표현 수준에서조차 우리가 해결해야 할 과제가 많다. 건축의 요소 간의 관계를 생각하면서 비례를 생각하기도 하고 색채와의 조화도 생각하여야 된다. 1차원 수준의 현대화가 복잡하고 어렵긴 하나, 이러한 작업이 가시적, 표피적 수준에 머무르는 것이다.

이와 같은 1차원적 수준의 재현은 너무 객관적이고 직설적이어서 문화적 깊이감이 적다. 이런 수준의 표현을 좀 더 성숙시키기 위해서는, 인간과 건축, 인간과 자연 등의 관점에서 집을 바라보아야 한다. 인간과 자연 사이에 존재하는 것이 바로 건축이다. 건축은 안과 밖의 경계를 만들어 주는 역할을 한다. 외부와 내부의 영역을 구분시키는 것이다. 전통한옥은 본질적 특성상 안과 밖의 경계가 모호하다. 서양의 건축은 안과 밖의 경계가 강하다. 안과 밖의 강한 경계를 만들기 위하여 서양의 건축에서는 벽을 중시했다. 그래서 벽이 두껍다. 그러나 한국의 전통건축에서는 벽이 얇다. 어떤 경우에는 벽이라고 볼 수 없는 얇은 문이 벽의 역할을 대신한다. 심한 경우에는 대청마루, 누각이나 정자처럼 벽이 없는 건축도 있다.

2차원의 관계에서도 가장 중요한 관계가 자연과의 관계이다. 한국의 전통건축은 자연과의 일체화를 꾀했다. 담이라는 경계에 막히지 않고 실내 공간 깊숙이 바람이 들어오고 실내에서 바깥의 풍경을 직접 바라보게 했던 것이다. 그렇다면 요즘과 같은 현대에서 안과 밖의 경계를 모호하게 하는 것이 과연 좋은 것인가. 안과 밖의 모호성을 그대로 수용해야 할 것인가. 전통성을 구현한 공간사옥의 경우는 안과 밖의 경계를 강화시킨 벽돌을 사용했다. 서양의 건축적 특성을 받아들여 안과 밖을 명확하게 구분한 것이다. 그러나 내부에서 바깥의 풍경을 볼 수 있게 고안했다는 것은, 안과 밖의 모호한 경계를 추구하는 전통적 건축개념을 포기하지 않았음을 알 수 있다. 안에서 바깥을 바라볼 때 일어나는 건축적 체험이 중첩이다. 중첩은 다양한 켜에 의해서 일어난다. 그러나 대지가 좁은 공간사옥에서는 전통공간에서 나타나는 수평적 켜를 표현하기가 어렵다.

그래서 내부공간에 수직적 켜를 만들어서 90도 회전시킨 중첩적 켜를 내부공간에 구현시켰다. 이것이 켜에 대한 현대적 재해석인 것이다. 그래서 공간사옥의 구조를 보면 스플릿(Split)단면의 형태를 띠고 있다. 수평적 켜를 수직적 켜로 변화시키는 과정에서 차용된 건축요소가 바로 계단이다.

공간사옥에서 길의 개념을 반영한 것도 인간과 건축의 관계에 집중했음을 보여주는 증거이다. 한국의 전통건축은 어떤 특정시점에서 전체를 보여주지 않는 경향이 있다. 결국 어떤 것을 보려면 반드시 이동을 할 수밖에 없다. 이처럼 이동이 있는 건축을 흐름의 건축이라 한다. 김수근의 경동교회를 보더라도 교회로 향하는 진입로에서는 정문이 보이지 않는다. 길을 따라 올라가야 정문을 볼 수 있다. 이 때문에 전통건축 공간에서 길은 중요하다. 사람의 본질적 특성은 걷는 것이다. 걷는 체험을 만들어주는 게 전통건축이다. 걷는 과정에서 사람들은 다양한 경험을 한다. 그래서 김수근은 공간사옥에서조차 길의 개념을 도입했다. 건물 내에 있는 사람이 동선을 옮길 때마다 다양한 바깥풍경을 볼 수 있게 했다. 이것이 인간과 건축의 관계이다.

건축은 인간에게 다양한 체험을 제공할 수 있어야 한다. 우리나라의 마당이 서양건축에 중정과 다른 점은 비워져 있다는 것이다. 용도가 정해져 있지 않은 불확정성의 공간이다. 마당은 없음의 건축적 철학을 반영한다. 마당에 반사된 빛을 사람들은 지각한다. 마당에 반사된 빛에 의하여 인간과 마당은 관계맺음을 한다. 공간이 성공하기 위해서는 사람들에게 다양한 체험을 제공함으로써 관계맺음을 해야 한다.

2차원 수준의 건축적 계획은 형태에 집중한 건물보다는 인간에 대한 심리나 마음을 배려했다는 점에서 보다 더 발전된 모습이라고 간주할 수 있다. 많은 건축가들이 인간을 위한 건축을 한다고 착각하면서 형태에 많은 집착을 보이기 때문이다. 2차원 수준의 한옥의 현대화만 해도 요즘 현대건축에서조차 이루지 못하는 부분들이 상당히 많다. 건축의 본질이 인간에게 있음을 자기 자신도 모르게 망각할 때가 많다. 인간에 대한 생각은 모더니즘보다 포스트모더니즘이 더 가깝다. 포스트모더니즘적 사고는 감성적 사고다. 일본의 구마 겐고가 형태의 차원이 아닌 재료적 차원을 생각하는 것도 재료를 통한 감각적, 감성적 체험을 제공하려는 의도 때문이다.

2차원의 수준을 넘어서면 건축과 자연과 인간의 관계를 종합한 건축을 만들 수 있다. 건축과 자연과 인간을 모두 생각하며 만든 건축은 오히려 옛 건축물에서 찾기가 쉽다. 동양의 건축과 마찬가지로 서양의 건축도 그렇다. 그러나 도시화의 과정에서 자연이 점차 사라져 가고 있다. 예전에는 집을 짓게 되면 당연히 자연이 있었다. 그러나 요즘의 도시환경을 보면 건물의 숲에 둘러싸여 자연을 보기가 어렵다. 산을 보기가 어렵고 강을 보기가 어렵다. 자연을 보지 못하는 인간은 자신이 서 있는 좌표를 모른다. 자신이 처한 위치를 모른다는 것은 방향성을 잃었다는 것이다. 전통한옥은 이 모든 것을 다 갖추고 있다는 점에서 훌륭하다. 새것이 좋은 것이라는 생각은 항상 옳은 것은 아니다. 새것이 보다 발전된 모습이라고 착각일 때가 많다. 경제성의 논리에 의해 생산을 하다 보면 예전만 못한 것을 만들 수가 있다. 예전에는 사람의 손으로 작업하던 것을 기계로 생산하게 되면 그 질이 나빠질 수가 있다. 예를 들어 피아노의 건반만 해도 퇴보했다. 요즘 생산되는 건반에서는 묵직하게 건반을 치는 맛을 상상할 수가 없다. 그런 관점에서 보면 건물도 진화한 것이 아니라 퇴보했다.

예를 들어 석조건물이 겉모양만 돌처럼 보이게 하는 판석으로 바뀌었다. 목재도 통목재가 아닌 목재 판재로 건물을 화장하고 있다. 진짜처럼 보이게만 만든 허구의 건축이 판을 치고 있는 세상이다. 이러한 세상에는 엄밀하게 말해 진정성이 없다. 물론 도시에 자연을 끌어들인다는 게 쉽지는 않다. 그러나 최대한 자연을 끌어들이려는 노력을 게을리해서는 안 된다. 되도록 많이 빛과 접촉하고 신선한 바람과 물과 하늘을 볼 수 있는 환경을 만들어야 된다. 눈과 비를 느낄 수 있게 하는 것도 좋다. 도시라고 해서 자연을 느낄 수 없는 것은 아니다. 빗소리조차 우리의 메말랐던 감성을 어루만져 줄 수 있다. 도시환경이라 해서 자연과의 접촉을 못하는 건 아니다. 우리가 어떻게 생각하느냐에 따라서 방법은 얼마든지 있다. 이러한 긍정적 생각이 우리의 문화를 발전시키는 원동력이다.

건축, 자연, 인간의 세 가지 요소에 시간을 더해, 4차원의 재현을 이루게 되면 공간의 완결성은 더욱 더 높아진다. 시간이란 무엇인가. 시간은 과연 존재하는 것인가. 시간이 존재한다면 왜 그것을 우리는 못 잡는가. 여하튼 시간은 절대 우리 손에 잡히지 않는다. 그러나 우리는 시간을 잡고 싶어 한다. 시간을 잡으려고 사진을 찍어 사진 속에 시간을 가두기도 한다. 건축공간에서도 시간을 가둬놓고 싶어 한다. 그래서 건축에서도 시간성이 중요하다. 건물에서 하루 24시간의 변화를 느끼고 계절감을 느낄 수 있다면, 사람들을 행복하다. 여기에 더 나아가 몇백 년, 몇천 년의 세월을 느낄 수 있다면 행복감은 절정에 다다른다. 과거로의 회귀를 위한 형태, 재료, 옛 공간의 질서, 모두 다 시간과 관계가 있다. 옛 모습을 그대로 재현하려는 것도 시간과 연관되어 있다.

시간의 존재를 느끼게 하고 세월의 흐름을 알게 하는 것, 그러한 가운데 사색하게 만드는 것, 그런 사색을 통해서 어떻게 살아야 할지를 알게 하는 것, 어떤 집에 살지를 결정하는 것. 그 집에서 인간에 대한 사랑과 배려를 싹틔울 수 있는 곳. 이것이 4차원 공간의 집이며 미래 현대한옥의 조건이다.

5차원 공간의 현대한옥은 건축, 자연, 인간, 시간을 넘어서서 상상이 깃들어 있는 공간을 의미한다. 인간이 다른 생명체보다 위대한 건 상상력이 있기 때문이다. 인간의 상상력은 미래의 비전에 기반을 둔다. 미래의 비전은 인간답게 사는 것이다. 인간답게 살기 위해서는 집에 대한 다양한 상상이 필요하다. 결론적으로 말해 5차원 개념의 현대한옥은 영혼이 깃든 집이며 마음이 편한 집이다. 나 자신이 있는 집이다. 상상력이 담긴, 사상과 철학이 있는 5차원 공간의 집이다. 나 자신을 발견할 수 있는 집이다. 집이 크고 작고 간에 나를 발견할 수 있다는 게 중요하다. 나의 무늬가 있고 나의 결이 있는 집이 좋은 집이다.

전통한옥의 관점에서 보자면 한국적 무늬가 있는 집이다. 한옥은 안과 밖의 경계가 없는 집이며 바닥의 고저 차가 있는 집이며 영역성을 표현하는 집이다. 중심이 없는 집이며 풍경을 볼 수 있는 집이다. 일본의 건축가 후지모토 소우는 책 '건축이 태어나는 순간'에서 장소로서의 건축, 부자유함의 건축, 형태가 없는 건축, 사이의 건축, 부분의 건축을 설명했다. 특히 부분과 부분의 관계성을 강조하며 중심이 없는 건축을 주장했다. 목재의 집이며 툇마루와 대청이 있는 집이며 마당이 있는 집이다. 또 기와가 있는 집이다. 한옥은 지구상에서 하나밖에 없는 집이다. 사람과 사람의 관계를 존중하는 집이며 그 관계 속에서 사랑을 기반으로 사람을 배려하는 소통의 공간이다. 한옥은 오래된 미래이다. 우리 옛 한옥에는 이미 오래전부터 미래에 대한 비전이 스며들어 있었다. 오래되었지만 시간의 두께를 갖고 있어서 아름답다. 절망의 순간에 치유 받을 수 있는 희망의 집이 한옥이다. 희망은 살아있다는 증거이다. 우리의 아픈 마음을 치유해주는 집이야말로 진정한 의미에서의 미래한옥이다.

3. 현대한옥의 미래

미래를 예측한다는 말처럼 무책임한 말은 없다. 왜냐하면 거의 모든 미래예측이 틀렸기 때문이다. 그럼에도 불구하고 사람들은 미래를 예측

해야 한다. 미래를 예측한다는 건 목표를 설정했다는 말과 통하기 때문이다. 미래의 목표를 정하지 않았다는 것은 꿈을 갖고 있지 않다는 것이며 비전을 갖고 있지 않다는 것과 동일한 의미이다. 꿈을 갖고 있을 때 우리는 긍정적인 태도를 가지게 되며 열정을 갖고 살아가게 된다.

한국의 경우에는 전통을 현대적으로 재해석하여 계승 발전시켜야겠다는 강렬한 꿈을 그동안 갖지 못했다. 특히나 건축 분야에서는 그런 꿈을 거의 못 가졌던 것이 사실이다. 한일합방이라는 역사적 과정을 거치다보니 문화의 단절이 있었고, 자연스레 우리의 전통도 많이 사라졌다. 그에 더해 서구의 건축문화를 롤 모델로 삼다 보니 우리의 전통건축이 많이 사라질 수밖에 없었다. 우리의 전통건축문화를 폄하함과 동시에 전통을 계승, 발전시키려는 노력이 부족했던 것이다. 그러나 이제는 우리 건축에 대해 많은 관심을 가져야 할 때이다. 다소 늦은 감이 있지만 우리 건축을 찾아야 할 때이다. 한옥의 현대화를 위해서는 할 일이 너무나 많다. 그러나 그 많은 것들을 한꺼번에 다 할 수는 없다. 한옥의 현대화는 지속적인 관심을 갖고 꾸준히 이루어져야 한다.

어느 분야에서나 그렇듯 개념을 정립하는 것은 어렵다. 일반적인 경우, 개념을 정의하는 순간, 그 의미는 축소되고 제한적이 된다. 개념을 말로 정확하게 표현하는 것은 이론적으로 불가능할지도 모른다. 말로 정확하게 표현하기도 어렵고 정확하게 표현하려 할수록 말이 길어지기도 한다. 이런 관점에서 보면 현대한옥의 개념을 정립한다는 것 자체가 잘못된 발상일 수 있다. 그럼에도 불구하고 사람들에게 공감대를 형성하고 소통의 계기를 만들려면 개념에 대한 이야기가 반드시 필요하다. 현대한옥에서 전통재료를 쓸 것인가, 전통재료를 쓴다면 어느 범위에서 쓸 것인가에 내해서는 갑론을박이 많다. 숭례문의 예에서 보는 것처럼 국보이기 때문에 모든 부재를 전통재료로 써야 한다는 주장과 그럴 필요가 없다는 주장은 끝없는 논란의 대상이다. 건축법규에 따르면 신한옥은 주요 구조부가 목재로 된 집이다. 이처럼 주요 구조부가 목재로 된 주택이라고 기술한 것은 한옥의 현대화에 있어 상당한 문제를 던져준다. 전통 한옥을 현대화하고, 전통을 계승 발전시키려는 측면을 생각했다기보다는 과거 전통을 답습하려는 경향이 짙은 것이다. 이 말을 뒤집어보면 변하지 않고 특정 시점에 머무르고자 하는 경향을 내포하고 있다고 볼 수 있다. 세상에 변하지 않는 것은 아무것도 없다. 옛날과 똑같이 재현했다고 해도 엄밀한 의미에서 옛것과 똑같은 것은 아니다. 건물은 우리가 알든 모르든 끊임없이 변화한다. 예를 들면 건물에 채색된 색채는 변하고 있으면 건물에 사용된 부재도 여러 가지 풍화작용에 의해서 끊임없이 변화하고 있다. 이러한 시각에서 볼 때 언제나 똑같은 건축물은 없다. 그런데, 옛날로 돌아가자고 표현한다면 어느 시점에 맞춰서 돌아가자는 이야기인가. 실질적으로도 옛날과 똑같은 것을 재현해낼 방도는 없다. 단지 우리의 인식 속에서 옛날과 똑같은 것을 재현하고 있다고 착각할 뿐이다. 그 착각은 모든 것을 자신에게 유리한 방향으로, 달리 말하면 자신이 상처를 받지 않기 위해, 긍정적으로 인식하고자 하는 인간의 심리적 특성 때문이다. 이러한 점에서 옛 건축을 그대로 재현한다는 시도 자체가 모순된 일이다.

나아가 현대한옥은 현대인을 위한 것이어야 하며, 그래서 옛것에 무모한 집착은 더욱더 지양되어야 한다. 전통재료를 쓰느냐 현대재료를 쓰느냐 하는 점은 그렇게 중요한 문제는 아니다. 재료를 통하여 사용자에게 어떤 감성을 느끼게 되는가가 훨씬 더 중요하다. 전통재료의 문제와 마찬가지로 전통방식의 시공이냐 현대방식이냐의 선택도 그리 큰 문제는 아니다. 시공방법 자체에 집착하기보다는 본질과 경제성, 시공성 등 다양한 관점을 종합해 시공방법을 결정해야 한다. 어떠한 시공방법을 써야할지를 미리 답을 정해놓고 진행할 필요는 없다. 시공방법의 종류가 아니라 현대를 살아가는 사람과 어떠한 상호작용을 일으키게 할 것인가를 놓고 시공방법을 선택해야 한다.

재료의 선택방법도 시공방법의 선택과 유사한 문제를 갖는다. 국내재료를 사용해야 할지, 국외재료를 사용해야 할지를 놓고 사람들 사이에 논란이 많다. 국외재료가 훨씬 성능이 좋고 가격이 저렴하다면 국내재료만을 고집하는 것만이 옳은 것인가? 지역성의 측면에서 볼 때는 국내에서 생산되는 목재를 쓰는 것이 옳을 듯하다. 그러나 이것이 지나친 민족주의는 아닐까? 재료가 어디에서 왔느냐에 집착하기보다는 그 재료를 써서 만든 건물이 사용자와 어떤 관계를 만드는가가 더 중요하다고 생각한다. 그저 바깥으로 드러난, 보이는 것에만 빠져서, 생각을 고정된 프레임에 얽어매는 오류를 범하는 사람들이 많다. 전통형태를 고수할 것인가, 재해석된 형태를 활용할 것인가에 대해서도 사람마다 의견이 다르다.

이 문제도 전통형태를 그대로 사용하느냐 아니면 형태를 재해석하느냐 문제를 넘어 어떠한 가치를 사람들에게 주려고 하느냐에 대해 초점을 맞추어야 한다. 현대한옥의 미래는 그저 시각적인 형태의 차원과 표피적인 문제에 집착해서는 어두울 수밖에 없다. 형태의 차원을 벗어나 모든 건물은 인간을 위한 건축물로 존재해야 한다는 판단 기준을 갖고 현대한옥의 개념을 정립해야 한다. 현대한옥이 왜 존재하느냐, 현대한옥이 사람에게 무엇 때문에 좋은지 생각해 봐야 한다. 이러한 점에서 현대한옥은 반드시 주요 구조부가 목재일 필요도 없으며 전통재료와 전통시공방법을 고집할 필요도 없다. 물론 국외재료냐 국내재료냐를 따지는 것도 어떻게 자체가 쓸데없는 소모적인 논쟁이다. 현대한옥은 시대적 상황과 조건을 고려하여 가장 그 시대에 최적화된 형태로서 전통성의 본질을 내재하고 있는 집으로 발전시켜야 한다.

2장 현대한옥의 설계와 시공 실습

김준봉·김승직

1. 목적

양옥은 서양으로부터 온 집이다. 우리민족의 집은 원래 우리 집이다. 그래서 한옥은 우리집이고 우리의 공간이다. 따라서 그 안에는 우리 한민족의 역사와 숨결이 있고 한민족의 주거문화가 다양하게 깃들어 있다.

이제 한옥은 특별한 보존계획하에 있는 특정가옥, 예를 들어 문화재로 지정된 가옥 등을 제외하고는 농어촌 어느 곳에서도 찾아보기가 힘들다. 과거의 주(住)문화가 현대 주문화의 편리성에 밀려 더 이상 그 존재가치가 없어졌기 때문이다. 즉 근대화 과정에서 채택된 농어촌 주택들은 대부분 지역의 전통 주문화가 철저히 배제된 채 서구적 개념의 도시형으로 되어 있다.

이제 한옥을 단순히 옛 가옥, 또는 감정 가치로서의 인식에 머물지 않고 우리시대에 우리가 살집, 문화재로 보존하는 집이 아닌 이 시대의 서민들이 살아야 할 집으로 만들어져야 한다. 그리고 대한민국 어디에나 이를 지속가능한 체류형 관광자원으로 활용할 수 있는 방법을 모색하기 위한 작업의 일환이다. 이를 지속가능한 주거자원으로 활용할 수 있는 방법을 모색하기 위한 작업이다. 즉 의미 있는 과거의 주 문화 특성을 찾아내서 이를 자원화하는 것이다.

한옥은 오랜 세월 동안 우리 선조들이 우리의 삶에 맞게 여러 검증을 통해 완성해 놓은 정주 공간이다. 따라서 그 안에는 우리민족의 동질성이 있고 유·무형의 다양한 전통문화 요소가 깃들어 있다.

향후 지역의 사회구조와 정서에 맞는 주거 개발이 필요하다. 이때 의미 있는 전통주거의 개념과 설계 요소들이 거기에 도입된다면 한국주거, 즉 한옥의 새로운 가능성을 찾을 수 있을 것이다.

이상과 같은 상황에서 현대한옥과 온돌에 대한 연구목표는 '산업화 대중화를 위한 현대감각에 맞는 기능적인 한옥과 온돌개발'에 있다.

2. 한옥 설계의 주안점

전통한옥의 시공법은 일반인들이 이해하기 어려운 점이 많고 복잡하며, 실제로 시공하는 데 비용이 적지 않게 소요된다. 작금 한옥의 보급이 좀처럼 활성화되고 있지 못한 원인은, 한옥의 시공이 까다롭고 건축비가 많이 드는 데에 크게 기인한다. 본 시공메뉴얼의 작성은 바로 이와 같은 인식에서 출발하였다. 아래는 본 시공메뉴얼의 작성에 있어서, 그 밖에 유념할 사항을 몇 가지 추가하여 서술의 기본방침으로 삼은 내용이다.

가. 일반인들이 쉽게 이해할 수 있는 내용으로 전통한옥 시공노하우를 평이하게 체계적으로 서술한다.

나. 전통 목조건축의 기술자가 아닌 일반 목수의 손에 의해서도 어느 정도 시공이 가능하도록 시공노우하우의 일반화를 꾀한다.(현재 목수라 하

면 소목이나 거푸집목공으로 대표될 정도로 일반목수의 층이 엷어졌지만, 한옥을 널리 보급 하는 데는 일반목수의 양성 및 시공기술의 일반화가 관건이 된나는 점을 전제로 힘.)

다. 부재의 표준화 및 공장생산화는 설계도면의 개발과 시공메뉴얼의 작성만으로 빠른 시일 내에 이루어지는 것은 아니다. 그러나 표준화 및 공장생산화가 한옥 보급의 정점에 위치함에는 이견이 없을 것이다. 본 메뉴얼은 정점을 향한 기초를 다진다는 데 그 의의가 있다.

라. 한옥 건축비의 절감안을 현재의 생산여건하에서 최대한 모색해 본다. 일차적으로 전체 건축비에서 큰 부분을 차지하는 지붕공사가 대상이 된다.

마. 설계방향으로 전통한옥은 1차적으로 거주성에 있어 현대주택(단독, 아파트 등)과 차이가 난다. 따라서 한옥 고유의 외관과 구조를 유지한 채 현대 생활에 맞는 내부구조를 꾸미는 데는 한계가 있다. 특히 구조(기둥배열)에 어려움이 있다. 본 과제에서 추구하는 한옥은 경제적이면서 현실성이 있고 편리한 집이다. 그러한 집은 전남의 전통한옥과 전라남도라는 지역성이 그 배경이 된다.

다음은 지속가능한 '한옥'의 평면형 개발을 위한 구체적인 설계방향이다.

가. 전통한옥에서 툇마루는 입면 상으로나 기능적으로 중요한 공간이다. 그러나 본 설계에서는 본채의 실내 공간 확보를 고려하여 2칸만 설치한다. (정면 4칸 이상 규모)

나. 정면 주간 거리는 전통한옥보다 300~600mm 정도 넓은 2,700~3,300mm 정도로 한다. 전통한옥의 경우처럼 2,400~2,700mm 정도로 할 경우 특히 방(침실) 평면구성에 어려움이 따른다. 측면은 3,150~3,300mm이다. (C형 제외) 툇간은 1,200~1,350mm으로 한다.

다. 전통한옥에는 없는 현관을 정면 또는 측면에 설치하여 편리성을 최대로 추구한다.

라. 공사비, 본채 이용률 등을 고려하여 욕실, 다용도실, 보일러실 등은 가급적 본채 후의 처마밑을 이용한다. 이러한 실은 건물이 남향배치일 경우 후면에서 방한벽 역할을 한다.

마. 전통한옥에서와 같이 가급적 수납공간을 최대로 확보한다.

* 전퇴는 물론 좌·우의 측면퇴 설치도 고려하여 개발하여야 하지만, 가구 구성이 복잡해지고 공사비 증액이 뒤따르므로 본 과제에서는 일단 생략한다.

3. 조립

1) 일반사항

가. 부재의 조립 시 무리한 힘을 가하여 부재가 손상되지 않도록 한다.

나. 기존 부재의 재사용 시에는 철물, 수지처리 등으로 충분히 보강한다.

다. 수리 시 두 개의 부재를 연결·조합하여 재사용 시에는 한 개의 부재와 같은 강도를 지속적으로 유지할 수 있는 보강처리를 하여 사용한다.

라. 단일부재는 설계도서에 정한 바가 없는 경우에는 이음 및 맞춤을 하지 않는다.

마. 나무는 수직재인 경우 밑마구리를 아래로 보내고 끝마구리를 위로 하며, 수평재의 연결부위는 밑마구리와 끝마구리가 맞대지도록 한다.

바. 이음의 위치는 상·하부재가 한곳에 집중되지 않도록 한다.

사. 이음 및 맞춤은 편심하중을 받지 않도록 하며, 보 등 횡가재의 이음 및 맞춤은 응력이 작은 곳에서 한다.

2) 목구조 조립순서

양식별 조립순서

가. 각 공정의 조립순서는 해체의 역순으로 한다.

나. 조립순서는 건물 구조의 차이에 따라 변화될 수 있으며, 이 표는 일반적인 시공과정을 나타낸다.

〈양식별 조립순서〉

<table>
<tr><th>분 류</th><th>민도리</th><th>익공</th><th>다포</th></tr>
<tr><td>준비작업</td><td colspan="3">보양, 보관, 이동(목도 또는 거중기 등),
각종 규준틀 확인(초석 십자먹 놓기 및 초석 수평 높낮이 보기)</td></tr>
<tr><td>기둥조립</td><td colspan="3">기둥세우기(다림보기, 그레질) → 보아지 조립 →
창방걸기 → 기둥버팀대설치(다림보기)</td></tr>
<tr><td>연결부조립</td><td colspan="2">주두조립 → 소로조립</td><td>평방걸기 → 주두조립 → 두공조립</td></tr>
<tr><td>포조립</td><td>-</td><td>익공 조립</td><td>제공조립 → 첨차조립</td></tr>
<tr><td>지붕틀
조립</td><td colspan="2">대들보걸기 → 장여걸기 →
처마도리걸기 → 중도리걸기 →
종보걸기 → 대공세우기 →
종도리걸기(상량) → 추녀걸기
(합각, 우진각 지붕)</td><td>주심장여조립 → 대들보걸기 →
외목, 내목, 장여걸기 → 도리걸기 →
종보걸기 → 대공세우기 →
종도리장여걸기 → 종도리걸기
(상량)→추녀걸기(갈모산방)</td></tr>
<tr><td>서까래 조립</td><td colspan="3">평고대걸기 → 서까래·선자서까래걸기 →
서까래개판깔기(산자엮기 또는 개판깔기) → 부연평고대걸기 →
부연걸기, 부연개판깔기
(부연 위 개판깔기)(맞배지붕 → 목기연걸기 → 박공설치)</td></tr>
<tr><td></td><td colspan="3">동연걸기 → 집부사걸기 → 종심목걸기(배추꼬리) → 박공걸기 →
목기연걸기 → 목기연개판깔기 → 목누리개걸기 →
부연누리개걸기 → 지붕마루손질 → 기와잇기로 계속</td></tr>
</table>

3) 이음·맞춤

가. 이음과 맞춤은 건물내부에 감춰져 있어 외형상으로는 잘 나타나지 않으므로 일반적인 기법을 도시한다.

나. 이음과 맞춤은 수리시 기존 기법에 따르되, 기존 부재를 재사용하는 경우에는 구조안전성 검토를 하여 보강조치를 취한다.

(1) 이음

〈이음의 분류〉

No.	분류	이음의 종류	No.	분류	이음의 종류
1	일반	맞댄이음(평이음)	4	장부이음	맞장부이음
2		심이음	5		메뚜기장이음
3		은장(나비장)이음	6	촉이음	촉이음

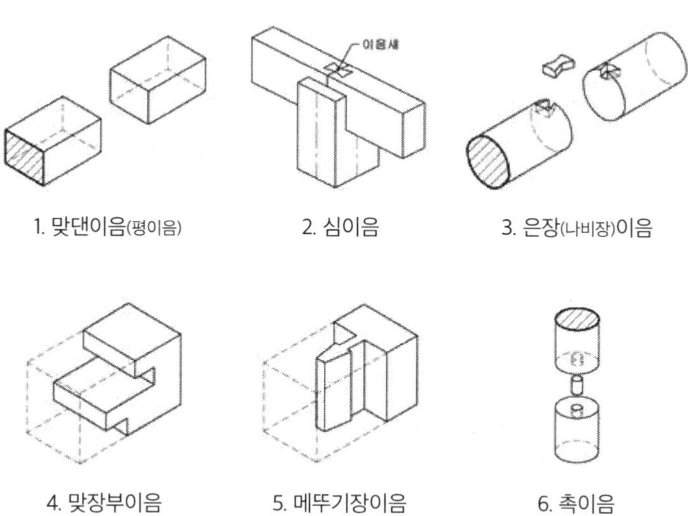

1. 맞댄이음(평이음) 2. 심이음 3. 은장(나비장)이음

4. 맞장부이음 5. 메뚜기장이음 6. 촉이음

(2) 맞춤

〈맞춤의분류〉

No.	분류	이음의 종류	No.	분류	이음의 종류
1	일반	갈퀴맞춤	19	장부맞춤	가로장부맞춤
2		곁쐐기	20		가름장장부맞춤
3		되맞춤	21		세로장부맞춤
4		쌍갈맞춤(가름장)	22		쌍장부맞춤
5		왕지맞춤	23		산지장부맞춤
6		통맞춤	24		지옥장부맞춤
7	사개맞춤	화통맞춤	25		턱솔장부맞춤
8		사개맞춤	26	주먹장맞춤	내림주먹장맞춤
9		주먹장사개맞춤	27		내외주먹장맞춤
10	안장맞춤	가름장맞춤	28		주먹장맞춤
11		안장맞춤	29		통넣고주먹장맞춤
12		흘림장부안장맞춤	30	촉맞춤	메뚜기장맞춤
13	연귀맞춤	반연귀맞춤	31		촉맞춤
14		삼방연귀맞춤	32	턱맞춤	6모3분턱
15		연귀귀불쪽맞춤	33		반턱맞춤
16		연귀귀불쪽끼움	34		빗턱맞춤
17		연귀산지맞춤	35		양걸침턱맞춤
18		온연귀(맞연귀)맞춤			

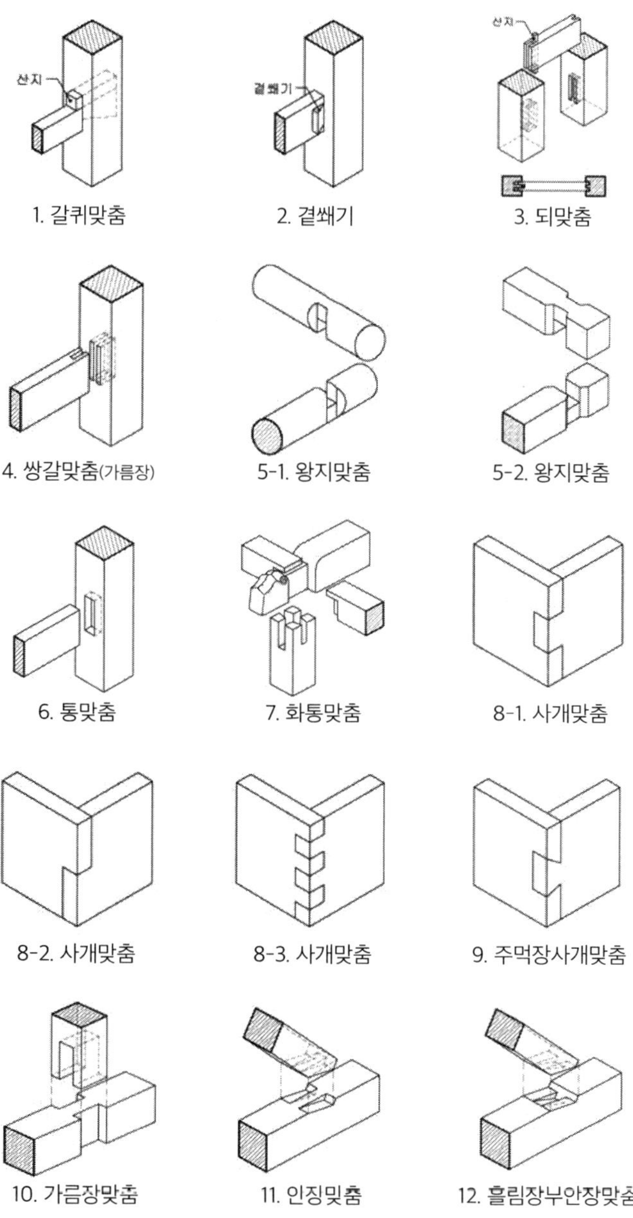

1. 갈퀴맞춤
2. 결쐐기
3. 되맞춤
4. 쌍갈맞춤(가름장)
5-1. 왕지맞춤
5-2. 왕지맞춤
6. 통맞춤
7. 화통맞춤
8-1. 사개맞춤
8-2. 사개맞춤
8-3. 사개맞춤
9. 주먹장사개맞춤
10. 가름장맞춤
11. 인징맞춤
12. 흘림장부안장맞춤

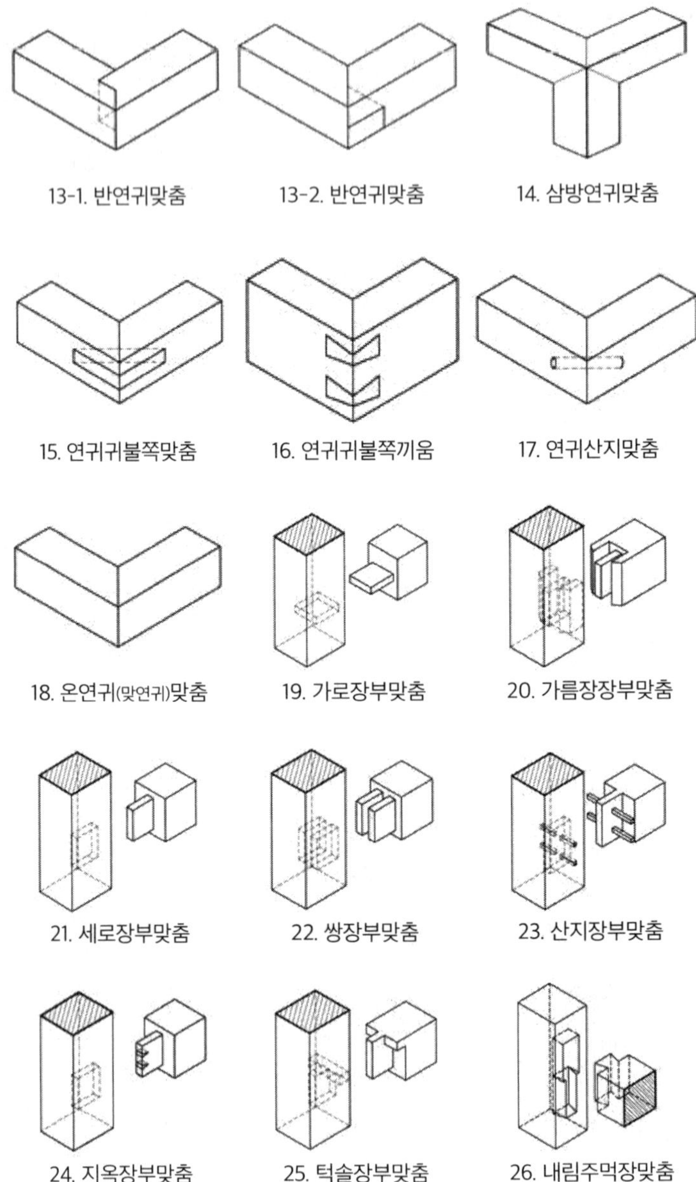

13-1. 반연귀맞춤　13-2. 반연귀맞춤　14. 삼방연귀맞춤

15. 연귀귀불쪽맞춤　16. 연귀귀불쪽끼움　17. 연귀산지맞춤

18. 온연귀(맞연귀)맞춤　19. 가로장부맞춤　20. 가름장장부맞춤

21. 세로장부맞춤　22. 쌍장부맞춤　23. 산지장부맞춤

24. 지옥장부맞춤　25. 턱솔장부맞춤　26. 내림주먹장맞춤

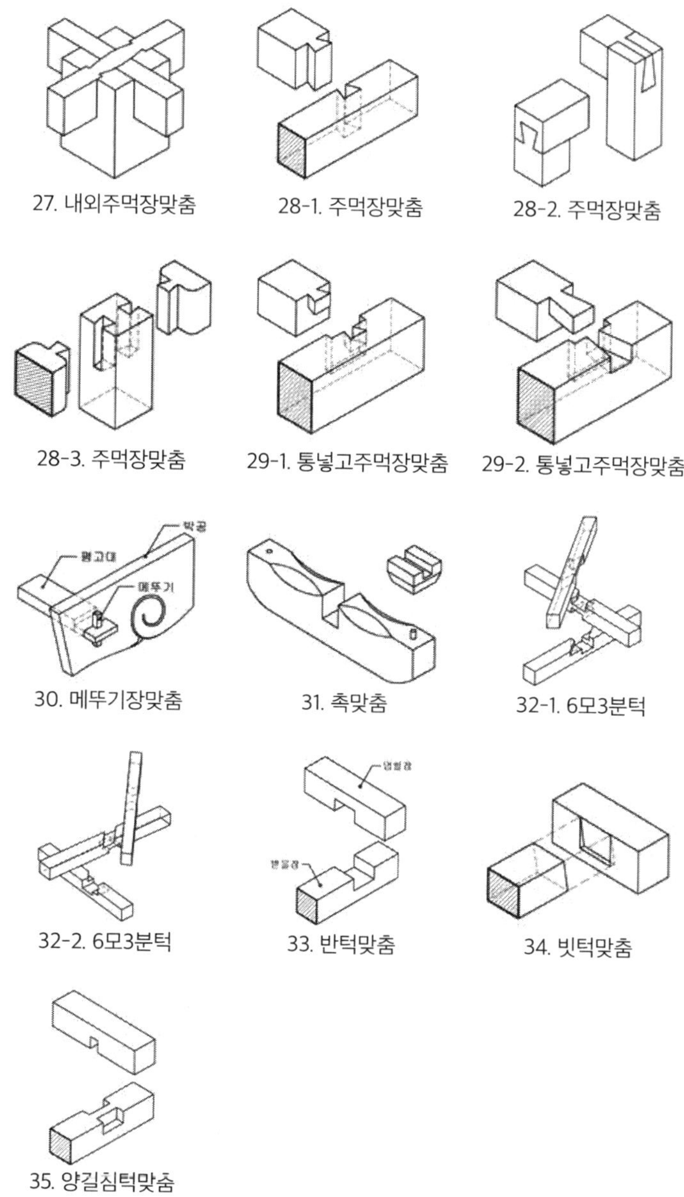

27. 내외주먹장맞춤
28-1. 주먹장맞춤
28-2. 주먹장맞춤
28-3. 주먹장맞춤
29-1. 통넣고주먹장맞춤
29-2. 통넣고주먹장맞춤
30. 메뚜기장맞춤
31. 촉맞춤
32-1. 6모3분턱
32-2. 6모3분턱
33. 반턱맞춤
34. 빗턱맞춤
35. 양길침턱맞춤

상기 이음과 맞춤의 그림과 설명은
'문화재수리표준시방서' 목공사 편에 수록된 내용임

3장 한옥의 과제와 미래

이성연

한국인의 정서와 정체성이 내포된 주거로서의 한옥은 현재 다양한 변신을 시도 중이다. 우리 문화의 가치는 자국민보다 외국인들의 눈에 금방 눈에 띄게 되는 법이다. 불편한 주거로 상당히 오랫동안 인식되어온 한옥이 한국에 사는 특정계층의 외국인들에게 매력적인 주거로 인식되고 있다. 아울러 소득수준의 증대로 우리 것에 대한 인식이 새롭게 변화하여 한옥은 최근 고급 주거로써의 변신을 거듭하고 있는 중이다. 가회동을 비롯한 한옥 집단지구의 집값은 희소성으로 인해 가치가 하루가 다르게 올라가고 있으며 정부 및 지자체의 지원 정책 등을 통해 리모델링 등을 적극 장려함으로써 낡은 한옥들이 새 단장을 하고 마을의 풍광을 변화시키고 있는 중이다.

수년 전 전라남도에서 불어온 한옥 건축의 붐이 전국적으로 한옥 건축 열풍을 일으켰지만 대형 건설사들이 관심을 가지고 들여다 볼 정도로 대중화시키기에는 아직 미흡한 편이다. 다행히도 그 영향은 지속되어 전국적으로 한옥이 꾸준히 지어지고 있고 기술 또한 하루가 다르게 진화하고 있는 것은 무척 고무적인 일이다. 아직은 영세한 수준이어서 크게 드러나지는 않지만 시간이 지날수록 한옥 건축물의 숫자는 늘어나고 있는 것은 확실하다. 한옥이 미래 주거의 대안이 되기 위해서는 아직 해결해야 할 난제들이 많지만 한옥분야에 종사하는 사람들의 헌신과 우리 문화에 대한 자긍심을 지닌 뜻있는 분들에 의해 조금씩 난제들이 해결되고 있다는 것은 참으로 다행스러운 일이 아닐 수 없다.

최근 들어 유능한 현대 건축가들의 참여로 다양한 형태의 한옥이 지어지면서 한옥에 대한 인식도 과거보다 한 단계 높아진 것은 분명하다. 새롭게 해석되고 디자인된 한옥주거에서 살아 본 사람들의 입소문으로 인해 그 동안 약점으로 여겨졌던 요소들이 해결되었음이 공론화되어 이제는 외풍이 심한 한옥이라는 치명적인 단점은 점차 고개를 숙여가고 있는 중이다. 물론 외풍도 공기 대류 차원으로 보면 건강에 도움이 되는 것은 확실하지만 사계절이 뚜렷한 한국에서의 겨울 보내기는 고통스러운 일이기에 가장 치명적인 약점인 것은 확실하다.

탁월한 현대 건축가의 도움으로 인해 한옥은 한 단계 Level-Up되고 있으며 그들의 지속적인 관심과 적극적인 참여는 일반인들의 한옥에 대한 인식을 새롭게 바꾸어 놓을 것이다. 일반 한옥 시공업체 또한 지속적인 기술개발로 단점들을 지속적으로 보완, 개선하고 있어 과거 전통한옥의 문제점들이 상당 부분 개선되고 있다는 것 또한 한옥 주거 발전에 큰 힘이 되고 있음은 주지하는 사실이다.

그럼에도 불구하고 아직도 한옥이 가야 할 길은 멀다. 아직은 공사비가 일반주거에 비해 비싸고 유지관리 또한 어렵다는 한계는 분명히 해결해야 할 과제이다. 아직도 설계도면 없이 평면도 하나만으로 도편수의 경험에 의지해 시공되고 있는 점은 분명 개선해야 할 사항이지만 당장 개선되기에는 조금 더 기다림의 시간이 필요해 보인다. 설계도면의 중요성은 아무리 강조해도 지나치지 않다는 것을 시공을 해본 사람이라면 아는 사실이지만 적은 설계비라도 아껴보려는 건축주의 마음의 벽을 넘기에는 아직은 이른 듯하다.

한옥은 우리 한국인의 정서와 정체성이 녹아 있는 주거이자 전통 문화의 보고이고 지혜의 산물이라고 할 수 있다. 전통의 계승에 대해서는 다양한 의견들이 있을 수 있지만 과거의 것을 그 모습 그대로 계승하기보다는 현재의 삶에 걸맞는 형태로 변화를 주되 좋은 전통 문화는 새로운 지혜와 기술로 한 단계 Up-Grade 시켜나가는 것이 참다운 전통의 계승 발전이 아닐까 싶다.

시간이 흐를수록 그리고 한옥의 보급이 확대되어가면서 자연스럽게 접목되어 질 수밖에 없는 기술개발과 새로운 설계, 공법, 재료의 개선 등이 이루어져 한옥 또한 시간과 더불어 눈부신 발전을 이룰 것이다. 지극히 자연스러운 일이면서도 한편으로는 전통의 보전, 계승 측면에서는 다소 걱정스러운 일이기도 하다. 하지만 역사를 되돌아보면 모든 것은 시간이 중첩되어 발전, 변화로 이어지기에 갑작스런 혼란은 없을 것으로 보여진다. 단지 온고지신, 법고창신이라는 옛말의 뜻을 새기고 선조들의 탁월한 지혜를 지속 계승 발전시켜 나간다면 우리 한옥도 모든 문제점을 극복하고 새로운 미래 주거의 대안으로 확고히 자리 잡을 수 있을 것이라고 생각해 본다.

1. 한옥의 과제들

1) 비싼 공사비

잘 알다시피 한옥은 목구조 건축물이다. 대부분 콘크리트로 이루어진 일반 주거 건축물과 공사비를 단순 비교하기에는 난감하다. 지금은 공사비를 최대한 낮추기 위해서 외국산 나무를 사용하고 많은 비용이 들어가는 지붕 또한 건식으로 공법을 변경하여 과거보다는 상당히 저렴해졌음은 주지의 사실이나 그래도 일반 주거 건축물보다는 비싸다는 것은 당분간 인정해야 할 것 같다. 그래도 목구조 건축물에서 느낄 수 있는 미려함과 따뜻함은 공사비의 비쌈을 조금은 이해해주는 요소로 작용하고 있음은 분명하다. 전문가들은 공사비를 줄일 수 있는 방법의 하나로 2~3층의 한옥을 제안한다. 한옥은 기둥 윗부분에 공사비가 많이 들어가기 때문에 2~3층으로 지으면 공간은 넓게 사용하면서 공사비는 많이 절약할 수 있기 때문이다. 아울러 표준화를 통한 대량생산으로 가격을 낮추고 다양한 재료의 적극적인 도입 또한 그 대안이 될 수 있을 것이다.

2) 설계 도서

아직도 평면도 달랑 하나만 가지고 도편수의 경험에 의존해 시공하고 있지만 제대로 된 한옥을 지으려면 제대로 된 도면을 가지고 시공해야 하자도 예방하고 건축주가 의도하는 한옥을 완성할 수 있다는 것을 인식해야 할 것이다. 건축주가 설계 과정에 참여하여 건축주의 의도가 담겨지고 상세한 디테일 도면이 추가되어야 공사비도 정확하게 산정, 추후 공사비 상승으로 인한 시공사와의 분쟁 등을 미연에 방지할 수 있다. 물론 정밀시공을 통하여 하자도 최소화할 수 있음은 분명한 사실이다. 좋은 건축물을 얻기 위해서 가장 먼저 해야 할 일은 탁월한 설계사를 만나야 하며 그를 통해 제대로 된 설계도면이 작성되어야 한다는 것을 다시금 강조하고 싶다.

3) 한옥관련 규정, 법규, 제도의 정비

과거보다는 관련 법규, 규정, 제도 등이 잘 정비 되었지만 아직도 미비한 점들이 한두 가지가 아니다. 화재에 취약한 목구조형식의 한옥은 건축법규를 적용할 경우 여러 가지 어려움이 따른다는 것은 주지의 사실이다. 특히 내신이 강화되어 이를 100% 건축법규 적용 시에 따르는 문제점 등은 아직도 풀어야 할 과제로 남아 있다. 특히 구조적인 해석 면에서 연구, 개발이 지속적으로 필요하고 새로운 구법의 발전과 적용 또한 이루어져야 할 것이다. 점차 한옥의 수요가 확대되고 시공되는 숫자가 늘어남에 따라 이에 걸맞는 관련 법규, 규정 등에 대한 정비는 빠르면 빠를수록 좋을 것이다.

4) 전통의 계승, 발전에 대한 논쟁

다양한 의견들이 있을 수 있으나 쉽게 이야기 하자면 전통한옥이 지닌 좋은 점은 지속 발전 및 계승하고 단점은 개선하고 발전 시켜 나가면 될 것이다. 다양한 건축가와 이용자들의 생각들이 반영되어 새로운 형태의 한옥을 창조하되 한옥 고유의 미적 아름다움은 계승, 발전시켜감에 있어 다양한 시도들을 하다 보면 형태, 평면, 디자인 등에 있어 무척 다양한 한옥들이 출현할 것이다.

지금도 한옥 주거뿐만 아니라 한옥 카페, 한옥 치과, 한옥 동사무소, 한옥 호텔 등 다양한 형태의 한옥 건축물의 등장으로 한옥을 바라보는 시선 또한 다양해진 것은 사실이다. 이러한 다양한 시도가 이루어짐으로써 한옥 건축물은 발전 속도를 배가 할 수 있을 것이라는 희망 섞인 기대를 해 본다. 과거의 한옥과 대비되어 다양한 형태의 개성 있는 한옥 건축물의 출현은 소비자들로 하여금 선택의 폭을 넓혀 주고 문화의 다양성이 확대되는 새로운 즐거움을 주지 않을까?

5) 기능 인력의 체계적 양성

기술이 발전되려면 해당 산업이 활성화되어야 하는 것이 가장 중요한 요소일 것이다. 해당 분야에 종사하는 기술인력의 체계적 양성 없이는 발전의 속도는 더딜 수밖에 없음은 분명하다. 한옥 산업의 확장성은 보이지만 확장 속도는 아직 미약하다고 볼 수 있다. 기술(능)인력의 양성 또한 시급하지만 아직 정부가 주도하기에는 산업 규모가 미약하여 대부분 민간 분야에 의존하고 있는 점은 점차 개선 되어야 하며 뜻있는 단체, 학회, 관련 분야 종사자 분들의 노력과 헌신이 요구된다. 정부 또한 우리 문화의 중요성을 인식하고 향후 올 미래를 대비하여 적극적으로 지원할 수 있는 전향적인 사고를 가져야 할 것이다.

6) 한옥에 대한 지속적이고 체계적인 연구와 교육

일부 국가기관, 대학 및 한옥학회 같은 민간 협회 주도로 나름 다양한 연구가 진행 중이나 일반 대중에게까지 확장, 전파되기까지는 분명히 한계가 있어 보인다. 산업의 한 축으로 자리잡고 있다고는 하지만 다른 산업에 비해 미약한 편이고 이를 평생의 업으로 삼으려는 사람들의 수가 상대적으로 매우 적은 편이서 대학 정규과정으로 도입하기에는 아직 조금 이른 편이라고 볼 수 있다. 전통 문화의 우수성을 찾으려는 노력과 외국인들의 한국적인 것에 대한 관심 등이 점차 커져가고 있는 이때 대학 교양학부 등에서 정규 과목으로 한옥에 대한 내용을 정식으로 채택, 우리 문화의 한 축으로서 그리고 인문학의 한 분야로서 교육을 유도한다면 홍보와 더불어 체계적인 연구와 교육이 서서히 자리 잡을 것이다.

과거 20여 년 전에 건축학부의 정규과목으로 교육을 하였던 한옥이 어느 순간 사라진 것은 대단히 안타까운 일이 아닐 수 없다. 70년 대 후반 대학시절 한옥에 대한 공부를 통해 한국 전통문화와 한국인의 정체성에 대해 묵직하게 생각해 보고 나 자신을 돌아봄으로써 우리의 현재 위치와 나아갈 방향을 잡는 데 큰 도움이 되었고 전국 각지의 문화유산과 유적지를 둘러 볼 때도 많은 도움이 되었기에 지금이라도 한옥과 한국 건축에 대한 커리큘럼이 대학 건축학부와 인문 교양학부 등에 개설되기를 간절히 소망해 본다. 우리 문화에 대한 확고한 지식 없이는 외국 문화를 받아들임에 있어 애매한 입장을 취할 수밖에 없다는 것을 다시 한번 강조하고 싶다.

7) DETAIL

"신의 손길은 디테일에 있다."는 말이 있다. 건축에 있어 디테일은 생명이다. 디테일이 부실한 건축물은 아무리 고급스러워도 천한 대접을 받는 것이 현실이다. 건축의 하자도 대부분 디테일을 소홀히 하고 마무리 손보기를 부실하게 처리할 경우 생기는 법이다. 한옥은 열린 공간 건축물이기에 자칫 디테일에 소홀할 수도 있지만 이를 소홀히 할 경우 한옥 산업의 발전은 요원하다. 많은 장점을 지닌 한옥이지만 시공 상태를 잘 관찰해보면 디테일이 아직도 많이 부족하다는 점은 주지의 사실이다. 어떤 경우에는 이 점이 한옥에 대한 불신 요소로 작용하기도 한다는 점에서 귓등으로 흘려보내서는 안 될 것이다.

한옥의 붐이 조금씩 조성되고 있는 중요한 시기에 한옥 산업에 종사하는 분들에게 이 점을 꼭 당부 드리고 싶다. 아울러 설계도면을 그릴 때에도 시공자의 편의성 증진뿐만 아니라 정밀시공을 위해서도 반드시 중요 부위에 대해서는 디테일 SHOP DWG이 필요함을 인식하고 준비해야 한다. 한옥의 문제점으로 알려져 있는 단열, 방음 문제 등도 결국 디테일에 달려 있기에 디테일 도면이 풍부할수록 정밀시공도 이에 비례한다는 것을 필히 명심해 주셨으면 한다.

2. 한옥의 미래와 가능성

1) 오래된 미래

한옥은 과거와 현재 그리고 미래가 공존하는 집이다. 오래된 미래라는 표현에 합당한 한국인의 주거로 정착되기까지는 아직도 갈 길이 멀어 보인다. 얼마 전까지만 해도 단종의 위기를 간신히 버텨 나가는 형편이었으나 2000년대 중, 후반 전라남도에서 당차게 불을 댕긴 천년 한옥 프로젝트로 인해 지금껏 그 명맥이 이어지고 있다고 해도 과언이 아니다. 아울러 대학시절 전국의 한국 건축문화 답사의 붐을 경험한 세대가 지금은 유능한 건축가로 변신하여 현대 건축에 한옥을 접목시키고 현대 건축뿐만 아니라 한옥 설계와 리모델링에도 적극 참여함으로써 한옥에 대한 인식을 변화시키고 있어 무척 고무적인 일이다. 더불어 탁월한 이야기꾼 유홍준 교수의 나의 문화 답사기 또한 큰 역할을 하였음은 부인할 수 없는 사실이다.

돌이켜보면 한국문화에 대해 제대로 교육을 받아보지 못한 대부분의 국민들은 개인적인 독서나 적극적인 관심을 가지고 스스로 찾아가며 공부한 사람들을 제외하고는 한국문화에 대해 체계적인 이해가 부족할 뿐만 아니라 제대로 된 설명 또한 할 수 있는 수준을 지니고 있다고 할 수 없을 것이다. 대부분의 제도권 교육이 입시 위주의 교육으로 변질되어 있기에 더더욱 우리 문화의 자긍심을 자세히 살펴볼 기회를 갖지 못했다는 것은 참으로 안타까운 일이다. 한국인으로써 한국의 정체성을 제대로 알기 위해서는 한국의 역사뿐만 아니라 문화 전반에 대한 지식이 필요한데 입시교육에 매몰된 우리 교육의 현실은 그럴 틈을 주지 않는다. 언제까지 우리는 이러한 상황을 되풀이할 것인지 묻지 않을 수 없다.

2) 한옥의 정체성과 발전 가능성

한옥은 우리 주거문화에 대한 정체성을 끊임없이 질문하고 한국인에게 맞는 주거를 고민하여 이를 설계에 반영, 현대 사회 구성의 한 축으로서의 역할을 분명히 함으로써 비로소 존재 가치가 부각되고 한국인들에게 사랑 받는 주거로 자리매김될 수 있을 것이다. 물론 한옥만이 한국인에게 가장 적합한 주거라고 단정 지어서는 안 될 것이다. 같은 한국인이라도 다양한 개성과 취향을 가지고 있고 급변하는 사회 발전 속에서는 한옥 또한 다양한 주거 형태의 한 분야라고 할 수 있을 것이기 때문이다. 한국인의 오랜 정체성과 과거 선조로부터 내려온 삶의 지혜 그리고 한국의 자연환경에 적합한 형태로 발전해 왔다는 점에서 장점은 크지만 한옥이 미래 주거의 대부분을 차지할 것이라고 단정 짓기에는 아직 이른 감이 있다고 할 수 있다.

단지 아쉬운 점은 앞에서 언급한 한옥의 과제들이 조금씩 개선되고 유능한 건축가들이 참여한 한옥들이 광범위하게 보급, 확산되어짐과 동시에 정부 정책으로 적극 지원하고 장려하여 새로운 바람을 일으켜야 함에도 아직은 미흡한 실정이라는 점이다. 그럼에도 불구하고 뜻있는 한옥 전문 시공업체와 학회 그리고 한옥에 많은 관심과 애정을 지닌 건축가와 연구기관들이 지속적으로 기술개발과 공법 개선 그리고 다양한 방식의 설계시도가 이루어지고 있어 점차 품격 높은 주거 공간으로 자리매김될 것이라는 것은 확실해 보인다.

최근 안동에 안동댐으로 인해 수몰 위기에 처한 한옥을 이축하여 안동시의 적극적인 협조와 지원으로 전통한옥을 내부 리모델링하여 고급 한옥 호텔로 운영하고 있는 '구름에 리조트'의 성공사례는 전통한옥도 리모델링을 통해 얼마든지 고급 주거로 변신 사용가능함을 보여 주고 있어 무척 고무적인 일이 아닐 수 없다. 기와지붕과 목구조형식의 한옥은 아무리 오래되어도 리모델링을 통해 예전의 명성을 찾을 수 있다는 사례는 기존 한옥에 사는 분들에게 무척 밝은 희망이 될 수도 있지만 한옥 신축에 종사하는 많은 분들과 일반인들에게도 무척 고무적인 일이다.

어느 정도 한옥의 보급이 가속화되고 한옥의 모듈(Module)화를 통한 대량생산 기법이 창안되어 궁극적으로는 한옥의 키트(KIT)화 산업으로 확장, 발전시켜 나갈 수 있다면 한옥의 발전 속도는 엄청 빠르게 진행될 수 있을 것이다. 물론 그에 걸맞는 디테일의 개선과 재료, 공법 등의 개발이 병행되어야 함은 무척 중요한 일이다. 다행히도 한옥 건축물이 공급되는 물량에 맞추어 기술과 공법도 개발, 개선이 이루어지고 있음은 무척 고무적인 일이기에 한옥의 미래는 무척 밝다고 할 수 있다.

최근 계동에 문을 연 한옥 카페 '어니언'이 유래 없는 인기를 끌고 있다고 한다. 특히 고객의 60% 정도가 외국인이라고 한다. 길게 늘어선 줄에 발길을 돌려 다른 곳을 찾고자 할 터인데도 전혀 개의치 않고 줄을 서서 차례를 기다리고 있는 모습은 요즘 보기 드문 풍경이다. 최고급 커피뿐만 아니라 한옥이 주는 독특한 공간 분위기와 맛있는 다양한 빵들을 함께 즐길 수 있어 아침부터 카페마니아들은 꼬리를 문, 긴 대기 줄을 기꺼이 감내한다고 한다.

최근 뜨고 있는 건축회사 지랩(Z-Lab)은 지난 해 누하동에 오래된 한옥을 리모델링 한 주거 공간으로 누와(NUWA)를 선보였는데 여행자 숙박공간으로 지난해 말 영국 잡지 모노클에까지 소개되어 공전의 히트를 기록중이라고 한다. 올 가을까지 예약이 꽉 차 있다고 하는 것을 보면 한국의 전통미와 공간이 세계인들에게도 통용될 수 있다는 점을 보는 것 같아 무척 고무적인 일이 아닐 수 없다. 최근에는 글로벌 건축·디자인 웹진(인터넷 잡지)인 『아키데일리』와 『디진』에서도 이를 다루었을 정도로 이미 유명세를 톡톡히 하고 있다고 한다.

한국이 좋아 한국을 찾는 외국인들이 점차 늘어나고 있으며 한국만의 독특한 카페 문화와 한국의 전통 공간(문화)를 경험하고 싶어하는 욕구와 절묘하게 맞아 떨어져 대박의 조짐을 보이고 있는 것을 보면서 한국의 전통 문화를 체험해 볼 수 있는 가장 기본적인 건축공간인 한옥은 얼마든지 매력적인 요소로 자리매김할 수밖에 없지 않을까 생각해 본다.

3) 한옥에 담긴 지혜

한옥은 조립식 목구조형식을 기반으로 하는 100% 자연 친화적인 건축물이다. 노출 형식으로 되어 있는 다양한 형태의 목구조에서 느낄 수 있는 심미적인 요소 외에도 자연 친화적인 재료를 사용하여 거주하는 사람들에게는 무척 따뜻한 느낌과 더불어 안정감, 차분한 느낌을 준다는 점에서 탁월하다고 할 수 있다. 제 수명을 다한 후 철거 시 거의 100% 가까이 쓰레기를 남기지 않고 고스란히 자연으로 돌려보낼 수 있다는 것 또한 지금의 상황에 비추어 볼 때 큰 장점이 아닐 수 없다. 이런 측면에서 한옥은 미래 주거의 한 부분을 당당히 차지할 수 있을 것이라고 감히 장담해 본다. 아울러 한옥은 조립식 주택이어서 얼마든지 옮겨 지을 수 있다는 점 또한 매우 큰 장점이라는 것을 인식 한다면 한옥에 대한 인식을 새롭게 하게 될 것이다.

한옥의 가장 큰 특징의 하나인 마당은 APT에 거주하는 사람들은 결코 경험할 수 없는 탁월한 공간이다. 집 안에서 사계절의 감각을 자연에서 느끼는 것과 똑같이 느끼며 산다는 것은 참으로 대단한 일이어서 한옥의 구성 요소 중 매우 중요한 부분이다. 적은 면적의 한옥도 마당이 있음으로써 확장성을 가지게 되어 결코 옹색한 느낌을 주지 않게 하는 마술을 부리는 공간이다.

그 외 텃밭의 용도뿐만 아니라 매일 밤하늘의 별과 달을 보면서 계절의 변화를 실시간으로 체험할 수 있는 그야말로 사는 맛을 느끼게 해준다. 그런 점에서 한옥 거주자의 만족도를 배가시켜주는 참으로 탁월한 공간이라고 할 수 있다. 우리나라의 보자기 문화를 고스란히 빼닮았다는 것도 재미있다. 펼치면 다양한 행위들을 할 수 있고 행위가 마무리되면 본래의 정적인 자연공간으로 돌아가는 비밀의 공간이다. 비 오는 날 낙숫물 떨어지는 소리는 슈베르트 자장가보다도 감미롭고 눈 오는 날 눈발의 운무를 바라보노라면 절로 황홀경에 빠지게 된다.

사계절이 뚜렷한 우리나라에서 가장 최적화된 집이 한옥이라면 한옥의 대표적인 특징은 '온돌과 마루'가 공존한다는 것이다. 여름과 겨울의 온도차가 거의 60~80도의 편차가 발생할 정도로 크기 때문에 여름과 겨울을 잘 보내야 하는 것은 매우 중요한 요소인 바 마루와 온돌은 자연 발생적인 요구이면서도 수많은 시행착오와 지혜가 결집된 문화의 보고라고 할 수 있을 것이다.

한국의 온돌 문화는 잘 살펴보면 공동체 의식을 형성하는 데 매우 중요한 요소였다. 겨울철 따뜻한 방에 온 가족이 옹기종기 모여 앉거나 누워 뒹굴면서 가족들 간 따뜻한 대화와 정을 나누면서 알게 모르게 공동체 정신을 쌓아 갈 수 있었으며 이는 가족이나 국가가 큰 위기에 처했을 때 큰 힘을 발휘할 수 있는 근간이 되었을 것이라고 생각한다.

현대에도 이런 문화적 유전자는 계승되어 일제강점기, 6.25 동란과 IMF 사태 등 험난한 시기에도 이를 극복해 내는 강한 원동력으로 작용하였다고 생각해 본다. 박명덕은 "온돌을 통한 접촉 본능은 정으로 이어지고 정은 한국인의 예술적 감각의 탁월성으로 이어졌다."고 주장한다. 아울러 이규태 전 논설위원 또한 우리나라 사람들의 정을 접촉본능으로 표현하였는데 일리가 있게 느껴진다. 온돌 속에 담긴 과학적 지혜와 생활양식을 통한 삶의 지혜는 한국인의 정서까지 지배해 왔다는 것을 생각해 보면 한옥은 한국인의 정체성을 잘 대변하고 있다고 할 수 있다.

더운 여름철을 잘 보내기 위해 고안된 마루는 여름철 지면의 습기를 막기 위해 지면에서 들어 올려 시공되었고 후원에 심은 나무 정원이 있는 공간과 전면 마당의 온도차를 이용한 통풍을 유도 여름철에도 시원한 바람을 맞으며 자연을 즐길 수 있는 공간으로 자리 잡았다. 아울러 각종 제사와 차례 등을 지내는 공간으로도 활용되어 신과 인간을 이어주는 매개 공간으로 인식되어 졌다는 점에서 탁월하다고 할 수 있다. 자연을 집으로 끌어들이는 공간으로서의 마루는 마당과 함께 자연을 실시간으로 느낄 수 있는 공간으로 한옥 외부공간의 핵심이라고 할 수 있을 것이다.

4) 한옥의 정신

한옥은 결국 자연과의 교감이 핵심이다. 현대의 주거와 확실한 차이점이자 우리 선조들의 삶의 지혜가 오롯이 녹아 있다고 할 수 있다. 한옥에 살면 자연과 교감하는 기회를 많이 갖게 될 수밖에 없다. 자연 속에 머물러 있으면 사실 다른 교육이 필요 없다. 한마디로 절로 인성교육이 된다는 사실이다. 자연 속에서 자란 아이들은 자연 속에서 삶의 모든 기본 지혜를 배울 수 있다. 어른 또한 다름 아니다. 한옥에 거주해 본 사람이면 누구나 확실하게 느낄 수 있는 것은 자연을 접하는 기회가 수시로 주어지기 때문에 저절로 마음의 휴식과 더불어 마음의 여유를 가지게 된다는 사실이다.

우리가 자연 속으로 여행을 떠나면 느끼게 되는 유사한 감정 상태를 가질 수 있기에 삶이 달라질 수밖에 없을 것이다. 힘든 일상의 삶에서 위로를 받을 수 있는 순간은 결국 자연 속에서 머물 때이다. 자연 속에서만이 사람은 최고의 힐링을 느끼게 될 수밖에 없지 않을까 싶다. 인간 역시 자연의 한 요소이기 때문이다. 창문을 여는 순간 보이는 자연, 툇마루에 걸터 앉아 편안한 마음으로 바라보는 자연, 여름철 대청마루에 앉아 시원한 바람을 맞으며 바라보는 자연 속에서 살다보면 무거워진 마음이 가벼워지는 순간을 맞는다.

가벼운 마음 상태로 전환되어야 우리는 비로소 참다운 쉼과 휴식을 가질 수 있다는 점에서 한옥은 단연 돋보이는 주거 공간이라고 할 수 있다. 자연과 교감하는 한옥은 한국인의 선비 정신의 핵심인 담백하면서도 기품있는 자세와 품격 그리고 조화로운 삶을 지향한다는 점에서 한옥의 정신은 결국 지극히 인간미 넘치고 인성이 함양된 사람의 지혜를 닮았다고 할 수 있지 않을까 싶다. 한옥에 담긴 공간 역시 한국인의 선비 정신과 맞닿아 있으며 한국인의 정 문화의 근간을 이루고 있다는 점은 한옥의 핵심이라고 할 수 있을 것이다.

5) 한옥과 전통문화

오랜 세월 우리의 지형, 기후, 생활 습관 등 우리의 정서에 가장 알맞은 형태로 발전해 온 한옥은 한국인의 정서를 가장 잘 대변하는 전통 문화의 한 축으로 볼 수 있다. 잘 알다시피 전통 문화를 소홀히 하면 어느 순간 우리 고유의 기질(정체성)마저 잃게 되는 우를 범할 수 있다는 점에서 전통 문화의 올바른 계승, 발전은 매우 중요하다. 특히 공간이 우리에게 주는 영향은 아주 크다는 것은 주지하는 사실이다. 거주하는 공간은 사람들의 성격과 기질 심지어는 습관까지도 변화시킬 수 있기에 대부분의 시간을 보내는 주거는 매우 중요한 공간이라고 할 수 있다.

누구나 알고 있지만 생활의 편의성에만 집착하는 현대인의 삶도 최근 조금씩 변화를 모색하는 중이다. APT 주거 공간에 익숙한 세대들도 조금씩 개성 있는 주거 공간을 찾아 단독주택으로 조금씩 회귀하는 경향이 일어나고 있다. 심지어 어느 TV 프로그램에서는 매주 집이라는 테마를 가지고 건축가를 대동 답사하고 돌아보며 새로운 주거에 사는 사람들의 모습을 보여주고 있는 데 의외로 시청률이 높다고 한다. 가족들의 생각과 요구 조건들을 잘 풀어 낸 주거 공간에 사는 사람들의 만족도는 생각 이상이라고 한다. 거주하는 사람들의 성격과 생활 습관을 완전히 바꿔 놓았고 특히 아이들에게는 집이 신나는 놀이공간으로 느껴지기에 충분한 공간적 요소들을 제공함으로써 게임중독에 빠진 요즘 아이들에게 그야말로 해방구 역할을 톡톡히 할 수도 있다는 새로운 사실도 알게 되었다.

한옥 전문가인 김영일 도편수는 "한옥에는 자연이 무언(無言)으로 가르치는 모든 것이 담겨 있다."고 하며 한옥에 살면 자기가 누구인지 알게 된다고 주장한다. 공간이 우리의 삶을 변화시키듯 한옥의 공간과 목구조, 그리고 건축 재료에서 느끼는 자연 친화적이면서도 미적 아름다움은 일반 주거에 비교해도 결코 뒤지지 않는다고 감히 말씀 드리고 싶다. 외국인들이 좋아하고 환호하는 한옥은 우리 것에 대한 배타적인 생각을 가진 분들까지도 생각을 바꾸게 만들고 있어 한옥의 대중화를 가속화시킬 수 있는 고무적인 상황이다.

대량 공급이 이루어지기까지는 발전 속도가 아직은 조금 더딜지는 몰라도 현재 일어나고 있는 한옥의 붐을 잘 활용하고 한옥의 다양한 장점들을 이용하여 다양한 유형의 건축물들을 확대 재생산 함과 동시에 한옥의 공간에 다양한 비즈니스를 접목시키고자 하는 신선한 생각들을 지닌 사람들이 점차 늘어나면서 한옥은 어느 순간 우리 생활 깊숙한 곳까지 들어와 우리의 삶과 습관 그리고 환경 보존에 큰 역할을 담당하지 않을까 하는 즐거운 상상에 빠져 본다.

한옥이 사라지면 한옥에 담긴 우리 고유의 문화와 정신도 사라진다고 한다. 한옥에 담긴 선조들의 지혜와 한국인 고유의 정서는 필히 계승되어야 할 중요한 문화유산임을 인식하는 세대가 많아질수록 한옥은 오래된 미래 문화유산으로 자리매김할 수 있을 것이다. "한 시대의 위대성은 어떤 방향을 향한 것이든 헌신의 능력이 있는 사람들의 비율에 달려있다."는 구본형 작가의 말은 한옥의 세계화를 위해서 뛰고 있는 모든 분들께 조금이나마 위로의 말이 되지 않을까 싶다.

4장 현대한옥 건축의 사례
- 청와대 본관과 춘추관 설계를 중심으로

이형재

1. 본관

- 배치 : 북악산을 배경으로 한 정남향 대칭기법
- 용도 : 본채는 1층에 영부인 및 대·소 집무실, 2층은 대통령 집무실

단층 우측은 식사를 곁들일 수 있는 대연회 겸 회의장, 좌측은 대 회의실 겸 연회장

- 외장 : 화강석 기단 및 화강석가공
- 처마 및 공포 : G.R.C 가공 다포양식
- 지붕 : 팔작지붕 위 청기와 삼겹이음

1) 계획 개요

본관의 신축은 전통과 현대를 조화시키는 데 많은 어려움이 있었다.

우리 전통건축은 가구의 비례감각이나 대청마루, 안방, 사랑방의 크기 등 모든 것이 좌식 생활에 맞도록 되어 있다.

경복궁의 근정전이나 창덕궁의 대조전 등 규모가 큰 건축물이 있기는

하지만 전통한식 건물의 방들은 대부분 9자 내지 12자를 근간으로 집이 지어졌다.

그러나 청와대의 본관 건물은 대소행사나 회의를 할 수 있어야 하고, 외빈접대 등 넓고 높은 공간을 필요로 하고 있다.

공사 관계자들은 우리 건축문화의 소박하고 다소곳한 전통양식이 현대적인 시각 또는 첨단 장비로써 최대한 빛을 발할 수 있는 방법을 찾아야 했다. 그 일환으로 소박한 비례의 민흘림기둥, 한지의 어스름한 빛, 단순함을 지닌 동시에 무늬와 화려함이 돋보이는 벽 등을 현대적인 감각과 비례로 구성하였다. 그와 함께 공포는 나무를 가공하여 다포식을 택했으며, 서까래, 부연, 개판은 G.R.C로 제작, 조립하여 불소수지 코팅을 하였다.

연건평 2,564평인 이 건물의 중앙부에는 월대를 포함한 2층의 한식 본채를 두고 그 좌우에는 단층한식의 별채를 배치하였다. 현관 앞에는 차량 출입을 위한 안마당이 있고, 그 밑에는 국빈 영접 때 의전행사를 할 수 있는 장방형의 잔디를 심은 앞마당 1,500평을 두어 시원스럽고 넉넉한 맛을 살렸다.

앞마당 주위에는 갈색의 컬러 아스팔트 포장도로를 설치하여 차분하고 고급스러운 분위기가 살아나도록 하였다.

구분	용도
1층	중앙홀, 대회의실, 대식당, 영부인접견실
2층	집무실, 접견실, 회의실, 소식당
중1층	창고, 음향실
중2층	창고
지하층	기계실, 전기실, 공조실
계	

본채 및 별채의 지붕은 최고 높이가 각 28.05m와 18.45m로 팔작 지붕 형태에 약 15만 장의 청기와를 덮었다. 오랜 시간이 지나도 동파되지 않으면서 본래의 색감을 유지할 수 있는 전통 청기와를 생산하는 데 관계자들의 각고의 노력이 있었다.

용마루 양끝에 설치한 용두는 용이 여의주를 물고 있어, 나라의 무궁한 발전을 상징한다. 청와대 지붕의 용두 높이는 1.3m이고 두 조각으로 되어 있으나 본관 용두는 2.8m의 것을 하나로 굽는 데 성공했다.

건물 외벽에 쓴 석재는 경기도 포천에서 생산하는 화강석을 거친정다듬으로 처리, 우리 맛을 느낄 수 있게 했다. 외벽의 창문에는 소슬빛꽃살무늬의 덧문을 설치하여 고궁의 창문 형태을 도입하였다.

건물 주위에는 퇴물림된 초계를 설치하여, 상단에 칡넝쿨을 늘어뜨렸으며, 안마당과 앞마당에는 한국 정원에 흔히 보이는 얕은 둔덕을 만들어 잔디를 심고 소나무, 주목, 느티나무, 은행나무, 단풍나무 등 우리나라 재래 수종을 심었다.

고나무 밑에는 큰 바위를 심어 우리 민족의 소박함을 표현하였으며, 현관입구 좌우에는 무궁화를 많이 심고 모과나무와 배롱나무를 심었다. 안마당 정원등은 국보인 쌍사자석등을 본떠 만들었으며, 가로등은 청사초롱의 느낌이 나도록 하였다.

2) 배치계획

(1) 자연 환경과의 조화

한국은 지질학상 노년기 지형으로 완만한 곡선의 산이 많고 대부분 작은 구릉이 기복을 이룬 형상이므로 건축물의 높거나 장대하면 조화를 이룰 수 없다. 따라서 인간과 주위 환경에 조화되도록 소박하게 짓는 것이 한국의 전통적인 건축문화이다.

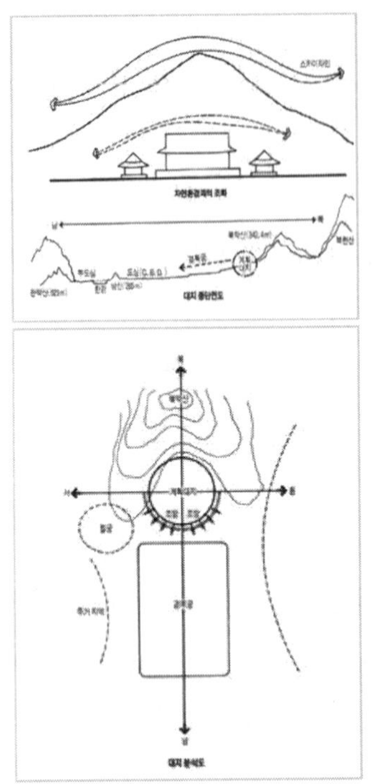

자연환경과의 조화

대지 종단면도

대지 분석도

그러나 청와대 주변은 북한산의 장대한 산세와 울창한 숲으로 둘러 쌓여 있으므로 그에 걸맞는 크기의 건물이 요구되었다.

본관 대지는 전면이 남쪽이 탁 트여 있어 경복궁과 서울의 도심부는 물론 남산과 관악산까지 바라보이는 반면, 북과 동, 서쪽으로는 북악산 줄기가 병풍처럼 둘러싸고 있어 겨울철의 찬 바람을 차단하고 수려한 경관을 제공하는 밝고 온화한 좋은 환경을 가지고 있다.

(2) 배치

본관 대지의 배치는 경복궁 후원으로서 역사적 배경이나 지리적 조건으로 볼 때 경복궁의 종축을 고려하지 않을 수 없다. 이 축은 구본관으로 연장되므로 근정전과 신무문을 잇는 축을 상정하고 그 연장 선상으로 남북축을 평행 이동시키면서 신축 건물 대지와 북악산의 정상을 남북으로 잇는 축선을 얻을 수 있다.

주축인 종축은 강한 위계성과 건물의 대칭적 질서에 대한 요구를 수렴하며, 동서의 횡축은 수평공간에 등가적 가치를 부여하고 경사 대지의 제약에 대응하는 건물의 횡적 확장에 대한 요구를 수렴하기 위한 것이다.

이에 따라 남쪽으로 경사 진 대지와 북악산에서 신무문에 이르는 연결 축을 고려하여 남북 방향으로 주축을 정하고, 남쪽에서의 정면성을 고려하여 동서의 부축을 설정하였다.

건물배치 형태는 조선적 전기 선비들이 공부하던 서원과 같이 중앙에 본체를 두고, 좌우에 별채를 설치하여 집무와 행사의 기능을 충족시킬

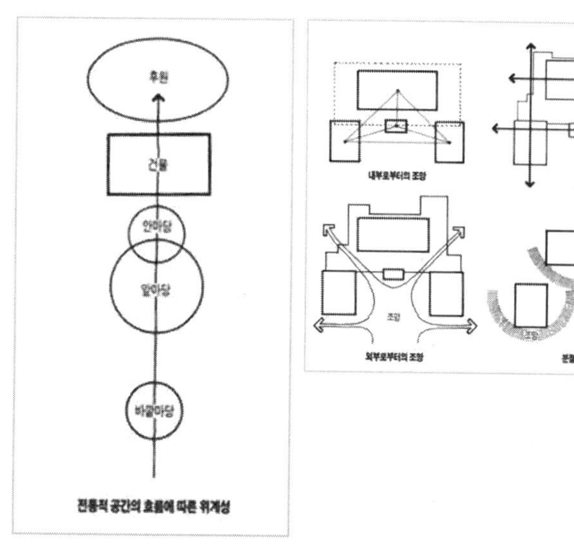

전통적 공간의 흐름에 따른 위계성

수 있도록 배치하였다.

① 본체

본관의 가장 핵심적인 건물인 본체를 축의 중심에 두고 좌우대칭으로 별채를 배치하여 공간의 영역을 구분하였다.

본채와 별채로 둘러싸인 공간은 전의적이고 반개방적인 공간으로 한국 전통건축에서 안마당의 의미를 담고 있다. 앞마당에는 사열대를 두어 의전행사에 필요한 공간으로 삼았다.

② 별채

전체적으로는 진입 공간으로 부터 건물까지의 출입 과정에서 공간의 변화와 깊이감을 느끼게 하였다. 즉 수평 이동과 함께 바닥은 점진적으로 상승하게 하고 기단의 높이로 수평적인 위계성을 부여하였다. 시각적으로 볼 때 별채는 본채보다 낮은 기단 위에 건축되어 내부공간으로 진입 할 때 상승감을 갖게 하였다.

③ 현관채

본채에 접속된 주 출입구로서 조형적인 기능과 규모가 큰 본채에서 오는 건물의 위압감을 완화시켜 주는 역할을 한다. 현관을 통과하는 축선상에는 전통적인 12개의 열주 공간을 두어 공간상의 완충 역할을 하게 하였다.

3) 평면구성

한국 건축의 특성은 기둥, 보, 도리, 서까래로 구성된 가구식 구조로, 벽돌로 쌓는 조적식 건축보다 안전도가 높다는 것이다. 벽면은 거의 문으로 설치하고 그 문을 열면 자연이 모두 사이에 들어오는 개방식 공간이며 문을 닫으면 방으로 분할된다.

전통건축물에서 나타나는 가장 뚜렷한 특징은 건물 한 채가 1실로 구성되어 기능이 건물별로 나누어져 있다는 점이다. 따라서 본관의 공간 성격은 전통 궁궐에서 나타나는 성격에 부합되게 재구성하면서, 경사진 지형의 특성을 수용하여 상승체계를 만들고 각각의 공간은 합리적인 기능을 수행하기 위하여 기능에 따른 독립성이 유지되게 계획하였다.

북악산의 수려한 산세는 울창한 숲과 함께 대지에 자연의 활력을 주고 있다. 이러한 주변의 수려한 자연 환경을 내부에서도 풍부하게 경험할 수 있게 각 방에는 외부로의 창호를 도입하고, 중식당에는 중정을 두어 자연 환경의 분위기를 받아들임으로써 자연과의 조화를 꾀하였다.

본관의 주요 기능은 대통령의 집무 공간이며, 그 밖에 의전상 업무상 필요한 방들은 그 위계에 따라 본채와 2동의 별채에 나누어 수용하였다.

1층은 로비를 중심에 두고, 전면 양쪽에는 별채로 연결되는 복도를 두어 대회의실과 대식당, 기타 업무 공간과 통하도록 하였다. 2층의 각 방은 홀을 중심으로 배치되어 홀을 통해 출입할 수 있다.

4) 단면형태

대지 뒤쪽 북악산 줄기의 지형에 순응하고 집무 공간인 본관의 위계를 표현하기 위해 전면에서부터 점층적으로 높아지는 측면 스카이라인이 요구되어 본채에 월대를 도입, 전체를 1층 상승시켜 공간의 위계성을 확보하였다. 대지의 종단면은 진입로에서부터 점차적으로 상승되도록

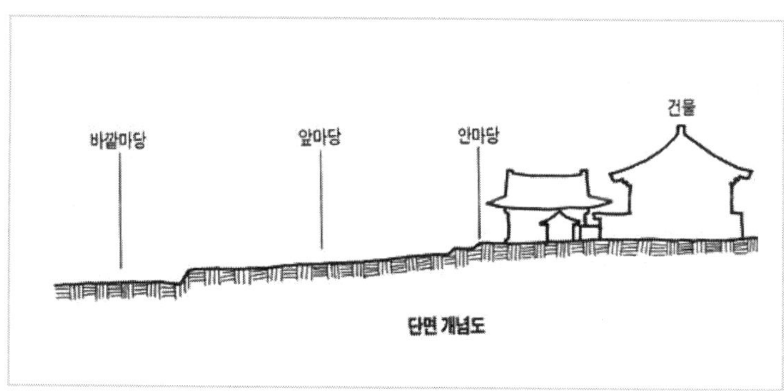

단면 개념도

정문을 들어서면 건물까지 8% 경사 진 도로가 루프형으로 구성되어 있으며 도로 안쪽의 의전행사를 할 수 있는 앞마당에 잔디를 심었다.

도로에서 보면 양쪽에 별채 2동은 1층이고, 중앙의 본채는 1층은 활대, 그 위에 2층을 올려 정문에서부터 북악산까지 상승하는 단면 형태로 건축하였다.

5) 입면계획

(1) 지붕

본채와 별채의 지붕은 팔작지붕으로 하여 지붕의 흐름을 부드럽게 연결함으로써 북악의 산세와 어울리는 스카이라인을 이루게 계획하였고, 그 크기와 높이에 차이를 두어 위계를 보여주었다.

이러한 팔작지붕은 고구려 벽화에 그려진 집에서는 나타나지 않는 것으로 보아 통일신라시대(7세기 후반)부터 생겨난 것으로 보이는데 한국 건

축에 있어 가장 격이 높은 것으로서, 왕궁의 정전이나 사찰의 불전에 많이 이용되었다.

용마루곡선 및 4귀의 후림과 조로는 우리나라의 자연 산세에서 느낄 수 있는 노년기 지형의 부드러운 곡선 형태를 표현하고자 한 것이며, 선자 서까래를 채택하여 서까래의 흐름이 동적으로 이어지게 했는데, 이는 한국인의 의식구조가 자연에서 연유된다는 것을 알려 준다.

본채와 별채의 지붕은 대와이고, 현관채는 중와로 3겹 잇기를 하였으며 액을 막아 준다는 상징적 장식물인 취두, 용두, 토수, 잡상 등을 건물의 크기에 맞게 디자인하여 장식하였다.

건물측면의 삼각형으로 형성된 합각면의 장식에 있어 본채는 통일 속의 변화를 도모할 수 있도록 풍판을 단순화시켜 집무 공간으로서 중후함을 느낄 수 있게 하였고, 별채와 현관채는 전벽돌로 빗완자무늬와 불로초무늬판으로 장식하였다.

(2) 처마와 공포

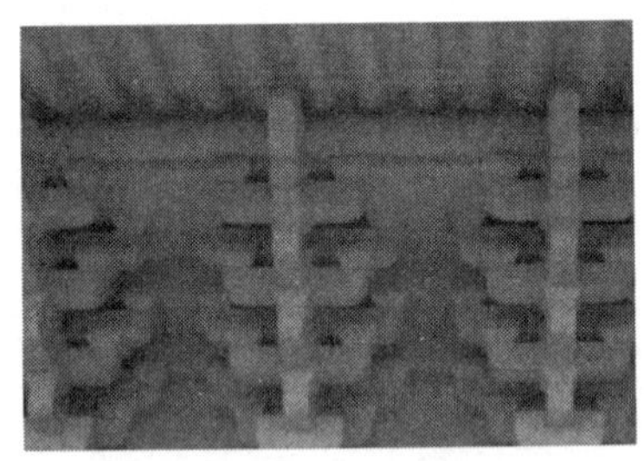

지붕과 별체를 연결하는 부분이 처마는 구조미와 장식성이 특히 눈에 잘 띄는 곳이다. 공포의 형식은 다포계 양식으로 전체 형태 및 지붕과의 조화를 고려했는데, 이것은 기둥 위에만 공포가 있어 간결한 맛을 가지는 주심포 양식과는 달리 평방 위에도 공포가 짜여지므로 장식적이고 화려하다. 이러한 다포계 양식은 주상과 주간에 공포가 여러 번 반복되므로 입면에서 공포가 하나의 띠를 형성하는 공포계로 나타나 지붕과 벽체를 이어 주는 보다 강한 매개체 역할을 한다.

우리 전통건축에서 공포란 주두, 소첨, 첨두, 촛가지 등이 짜여서 처마를 받치게 한 구조로, 이의 짜임이 증가하면 지붕이 전체적으로 높아 보이며 공포의 출목수가 증가하면 입면상 처마의 깊이와 높이의 증가로 이어지게 된다. 공포는 형태 제작의 용이성을 고려하여 국산 소나무로 계획하고 현관채는 이익공계의 공포를 쓰고 평방 위에 화반을 얹었다.

처마는 겹처마로 서까래, 부첨, 익판은 시공성과 우지 관리를 고려하여 G.R.C를 사용하였고 내민 길이는 본채 5.1m~6.3m, 별채 3.6~4.05m로 하였다.

(3) 외부 벽체와 기둥

한국의 전통건축에서 나타나는 심벽구조는 구조부의 초석, 기둥, 도리, 보 등의 가구재가 모두 노출되어 강한 구조미를 갖는데, 이번 청와대 신축시에는 국산 화강석을 사용하여 목조 가구미와 심벽 구조의 조형적인 특성을 비례 분석을 통해 현대적으로 재구성하였다.

전통건축에 있어서 기둥은 격식이 높은 건물일수록 각형보다 원형을 사용하는 것이 일반적이다. 둥근 것은 하늘의 상징하며 궁의 정전, 사찰의 불전 같은 공식 건물에 쓰인 경우가 많으므로 본관의 기둥은 모두 원형 주춧돌 위에 도드락다듬을 한 화강석 민흘림기둥으로 하였다. 민흘림기둥은 아래로 갈수록 점차 지름이 굵어지므로 역학적인 안정감을 시각적인 안정감으로 환원 시켜 준다.

(4) 창호

전통 한식 창호의 개념에 따라 외부와 내부공간의 흐름이 연결되도록 밖 여닫이로 처리하였다. 한국 건축의 아름다움은 문살이 큰 부분을 차지하고 있음을 볼 수 있는데 시대에 따라 띠살문, 사각자문, 꽃살문 등으로 다양하게 발달해 왔다.

본채는 사분각문과 고창 방식을 사용했는데 청동과 알캐스팅으로 전통 무늬인 소슬빗꽃살무늬를 단순화시켜 디자인하였다. 별체에는 본채와 같은 재료와 디자인의 두짝 여닫이문과 고창방식으로 통일감을 주었다.

(5) 기단 및 월대

기단은 건축물의 전하중을 지반에 전달하는 역학적인 구성 요소로, 위엄성 신성함 시각적 안정감을 주며 그 높이는 공간 속에서 강한 위계감을 부여하게 된다. 이에 따라 본체는 기단을 월대난간으로 구성하여 건물의 권위를 더욱 강조하였다.

본채의 기단부는 경복궁 근정전의 월대난간과 석축의 이미지를 살렸다. 월대는 시각적인 안정감을 표현하며, 돌 난간의 하엽동자는 단순화시켜 장식성을 높였다. 월대 벽은 화강석을 거친도드락다듬으로 마감하여 돌의 차가운 느낌을 완화시켜 주고 기둥은 월대를 받치는 추춧돌의 상징으로 사각민흘림기둥으로 하였다. 원기둥과 사각기둥의 복합적인 사용은 경복궁 경회루에서 볼 수 있는 기둥의 상징적 의미인 하늘과 땅을 표현한 것이다.

월대의 2층 바닥은 화강석을 버너 구이로 마감하여 전통적인 우물마루 패턴을 나타냈으며 별채의 기단 바닥 역시 화강석 잔다듬 우물마루 패턴으로, 벽석은 화강석 거친도드락다짐으로 하였다.

(6) 현관채

현관채는 처마, 도리나 창방, 보아지 등에 초새김하여 끝을 쇠서 모양으로 장식한 이익공의 구조이며 창방 위에는 꽃을 조각한 화반을 얹었다.

천장은 우물천장과 광천장 양식을 혼합하여 브론즈로 마감하였다. 계단의 중앙 안쪽에는 해태상을 설치하고 계단 소맷돌에는 삼태극과 구름무늬를 넣었다. 층계석 중앙 전면에는 당초무늬를 넣어 귀빈 통로임을 상징하였으며 차량 및 지체 장애자의 출입을 고려하여 양쪽에 경사로를 두었다.

(7) 단청계획

전통한식건물의 공포, 겹처마집은 단청을 하는 것이 관례이므로 단청에 대한 많은 검토를 하였다. 이 과정에서 고궁과 같은 원색 단청은 아니었더라도 색상을 변형하고 형태를 간소화하여 본관 건물 전체를 단청하는 것이 타당하다는 의견이 있었으나, 본채 별채는 무채색의 회색계열로 불소수지 도장을 하고, 현관채만 회색바탕에 간소화시킨 긋기 단청을 하였다.

단청은 원래 황, 청, 백, 적, 흑의 오방색을 기본으로 하고 그 색의 혼합에 의한 간색을 나타내게 된다. 오방색은 청룡, 백호, 현무, 주작의 사방신과 중앙을 상징한 것으로 본관에 들어가는 사람의 강녕을 지켜 주는 보호신을 상징한다.

(8) 실내장식

실내장식의 기본개념은 건물외부 형태와 조화를 이루도록 한국 전통양식에 최대한 접근하면서 현대적 감각을 살린 격조 높은 공간을 연출하는 데 역점을 두었다.

대외적으로 개방되는 주요 공간들은 한국의 역사성과 우월한 문화민

족으로서의 긍지를 느낄 수 있게, 실내장식은 물론 가구, 조명, 예술품 설치에 이르기까지 품격 있는 공간으로서 손색이 없도록 하였다.

1층 로비 양쪽에는 민흘림 형태의 목조기둥을 설치하여 대청마루의 시원한 느낌을 주었으며, 기둥 상부에는 우리 멋을 느낄 수 있도록 공포를 설치하였다.

벽에는 가구식 구조를 느낄 수 있게 기둥 형태를 도입하였으며, 상부에는 쪽소로를 설치하고 하부에는 머름을 두었다. 문짝에도 순수 한식무늬를 사용하였다.

벽지는 청자무늬, 국화무늬, 봉황무늬 등 우리 한복지에 즐겨 쓰여 온 무늬를 디자인하여 한식 분위기에 맞도록 했다.

조명은 각 방의 기능과 이미지에 맞도록 공보, 탑, 석등, 촛대, 갓, 난

초, 격자, 청사초롱 등을 형상화하여 샹들리에, 벽등을 만들어 달았다.

(9) 예술품

본관은 한식 형태의 건물이고, 기능상으로는 대통령이 집무하는 곳이므로 예술품은 우리의 문화를 표현할 수 있도록 설치하였다. 따라서 예로부터 사용되어 오던 궁중 유물이나 전통문화에서 소재를 찾았다.

1층 로비 좌우 측에는 문무를 표현하는 예술품을 배치하고 중앙계단에는 '금수강산'을, 2층 홀은 노태우 대통령의 '유엔연설문'과 '산수화' 등을 배치하여 한국인의 의지와 정서를 표현하는 공간으로 활용하였다.

또한 2층 홀 천장에는 왕실의 상징인 천문대를 한지에 실크프린트하여 천장지로 사용했으며, 각 실에는 기능과 용도에 맞는 예술품을 배치하였다.

(10) 기계설비

공조설비는 C.A.V 시스템에 의해 항온 항습이 되면서도 가능한 한 모든 방이 외기와 접해서 자연채광 및 환기가 되도록 했다. 전력 계통은 종합 수진실에서 본관 및 춘추관을 거쳐 관저까지 고압선로로 연결하였다. 또한 정전 시에도 즉시 대처할 수 있도록 무정전 전원장치와 발전설비를 갖추었다.

2. 춘추관

- 배치 : 청와대 경내 기준 동쪽 끝자락 기존 성곽을 외벽으로 활용 끌어들이면서 두 개 층 레벨을 활용한 자유스러운 기법
- 용도 : 1층에는 80여명 기자가 상주하는 내외신 기자실 및 브리핑룸, 2층은 대통령 기자회견 및 다목적용도
- 외장 : 화강석 가공
- 처마 및 공포 : G.R.C 가공 주심포 양식
- 지붕 : 맞배지붕 중심 사모정등 혼합형위 오지 혹기와 삼겹이음

1) 계획개요

춘추관의 신 축은 제6공화국의 자유 언론에 대한 의지의 표상이며, 정부의 정책 및 견해를 언론 매체를 통해 대내외에 발표, 전달 가는 장소로 대통령과 국민, 한국과 외국을 연결하는 가교가 된다. 따라서 전통성과 현대성을 총체적으로 수용하고 외국에 대한 한국 언론의 대표성을 시사하는 건축 양식의 표현이 요구되었다.

한국의 대표성이 내제된 주제를 조형화함에 있어서, 한국적 이미지를 담고 있는 전반적인 고건축 양식이 비례체계를 중심 도형으로 하였으며, 현대적인 기능과 구조, 마감재료와 방식, 공간구성 방식, 현대적 개념 등으로 노출시켜 이들 간의 상호 대립과 재구성에 의한 극적 조화를 이루

도록 하였다.

보도의 원활한 기능 수행을 위해 첨단 방송과 통신 설비 효율을 극대화하도록 하였으며 정부와 기자, 정부와 국민의 만남이 이루어지는 공간의 효용을 충족시켰다.

소요 공간으로서는 보도 공간인 다목적실 소회견실, 사무 공간인 사무실, 취재기자실과 관리 및 서비스 공간이 필요했다.

춘추관이란 건물명칭은 고려와 조선시대 때 정사 기록을 맡아 보던 관아인 '춘추관'과 '예문 춘추관'에서 비롯되었는데, 엄정한 자세로 역사를 기록한다는 의미가 오늘날의 자유 언론을 상징하여 선택되었다.

2) 배치계획

(1) 대지분석

춘추관 대지는 동십자각을 돌아 경복궁을 왼쪽으로 끼고 청와대로 진입하면서 처음 접하는 청와대 경계 부분의 급경사 진 협소한 곳으로, 주위 자연 환경과 경복궁의 돌담이 중요한 조형요소로 부각되므로 주변의 자연환경에 순응하고 지세에 조화될 수 있는 적절한 계획이 요구되었다.

(2) 배치

방향 기존도로 진입도로 등 다양한 층에 의한 공간의 분절과 적절한 위계 관계를 표현함과 함께 지세를 이용한 진출입과 내부 기능의 합리적인 배치를 하였다.

진입로와 같은 높이에 로비를 두고, 주변 도로와 지세에 따라 부속 공간을 배치하였다. 진입로와 같은 높이에 로비를 두고, 주변 도로와 지세에 따라 부속 공간을 배치했다. 그리고 대지의 높낮이를 이용하여 2층에는 춘추관의 주기능인 다목적실과 상징성이 강조된 귀빈 출입구를 계획,

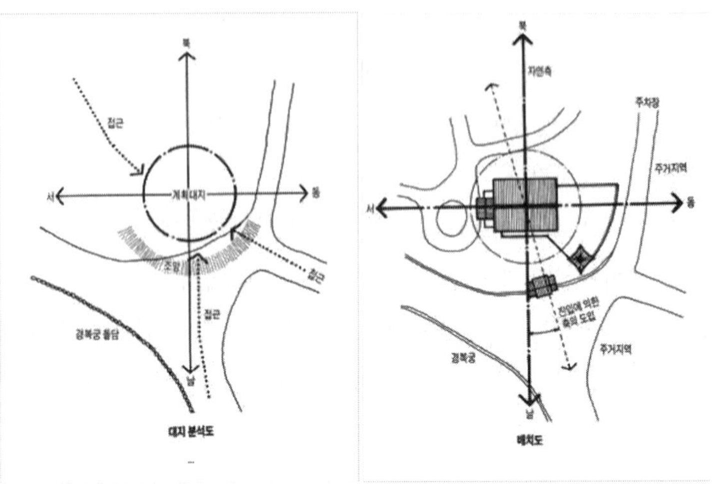

전체적으로 동선 위계에 따른 다양한 변화를 느낄 수 있으면서 지형의 변화에 따른 부담감을 덜 수 있도록 동선과 기능 배치를 하였다.

주된 공간인 다목적실을 중심축을 함으로써 오는 강한 질서감과 경직성을 덜기 위하여 대문을 진입 축선상에 배치하고 그 중심 위치에 로비 공간을 설정하였다. 부속실은 곡선 축을 따라 경사진 대지와 다양한 주변 환경에 조화되게 하여 여러 조형적인 표현과 내부 동선의 합리성을 기할 수 있게 하였다.

한식 형태의 다목적실 외부와 현대적 감각의 사무 공간 외부를 완충시킬 수 있도록 외벽의 결절점에 기각을 배치하였다.

대부분의 한국 고건축에서 단일 건물은 대칭적인 구성을 이루나, 진입 부분 시점에서는 정면과 측면을 동시에 시각적으로 경험하게 한다. 이러한 외부공간 개념을 적용, 출입문과 다목적실 건물의 축을 15° 정도 빗겨 배치하여 시각적으로 변화를 느끼게 하였다.

3) 평면구성

(1) 공간계획

전통적인 공간 체계를 적용하여 바깥마당에서 안마당으로 이어지는 전통건축의 공간 위계 질서가 외부공간구성에 의하여 친근감이 느껴지게 하였다.

(2) 단위 공간 계획

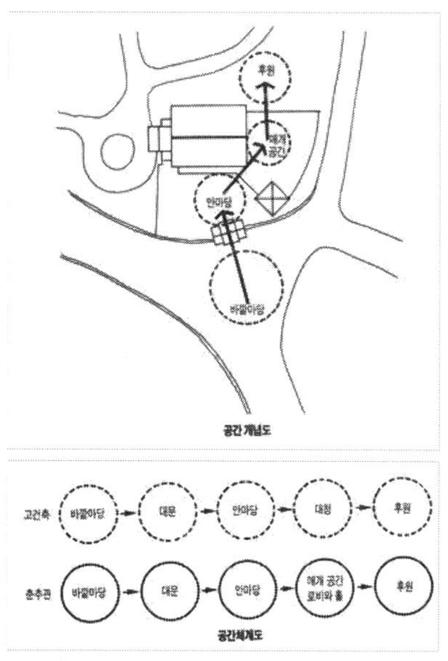

공간 개념도

공간체계도

다목적실은 춘추관의 핵심 공간이므로 어느 곳에서나 쉽게 접근할 수 있도록 하였으며 각 실에서의 동선도 단축시켰다. 또한 우리 대통령과 외국 국가 원수를 위한 출입구도 다목적실과 근접 배치하여 경내에서 바로 연결되게 하였다.

출입 기자들을 위한 관련 공간은 외부에서 출입이 가장 편리한 위치에 배치하고, 70여 명을 수용할 수 있는 소회견실과, 팩시밀리 복사기 등의 작업 시설, 기자 부스 등 송고 시설을 갖춘 기자 대기실을 1층에 배치하여 동선을 단축시켰다.

식당 등의 서비스 공간은 사무 공간과 분리시키되 접근이 용이하게 하고 외부와의 동선을 고려하여 배치하였다.

로비는 매개 공간의 역할을 하는 곳으로 다목적실, 소회견실 부분과 기자 활동 공간을 완충적으로 연결시켰으며 2층 홀은 다목적실 행사와 관련된 리셉션 홀로서의 기능을 병행하였다.

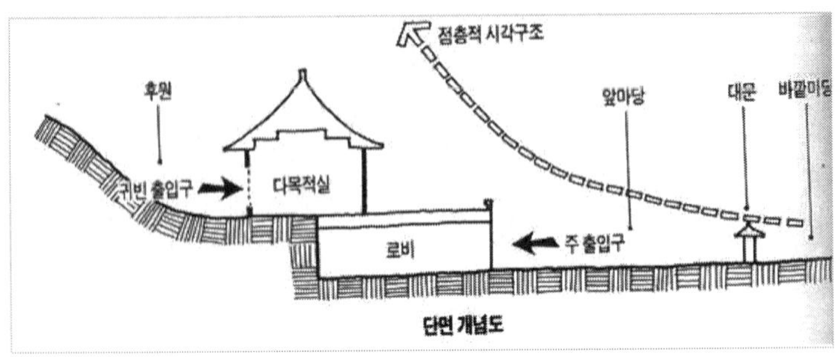

4) 단면형태

전체적으로 후면의 경사를 살려 점층적인 공간의 위계가 높이의 변화로 드러나게 하였고, 지형 차를 이용하여 1층에는 주 출입구를, 2층에는 경내에서 진입하는 귀빈 출입구를 두어 다목적실로 진입하게 하였다.

5) 입면계획

(1) 다목적실

다목적실 지붕에 흑색 토기와를 얹은 맞배지붕을 사용한 것은 본관 관저의 팔작지붕과 격을 달리하기 위함이다. 맞배지붕 형태로 지어진 건물 중 최고의 조형미를 지녔다는 수덕사 대웅전의 비례와 요소를 전반적으로 채택하였으며, 규모상 일치되지 않는 부분은 고건축의 대표적인 경우를 적용하였다. 따라서 정면 5칸, 측면 3칸 형식으로 지붕, 공포, 첨부, 기단, 월대부는 고전적인 입면 구성 비례 체계를 가진다.

월대부는 경복궁 근정전의 기단을 현대적인 감각으로 변형하여 설계하였다.

(2) 고각

성곽 이미지의 외벽 결절점에 위치하여 분절을 자연스럽게 연결해주는 동시에 건물의 조형물로 기능한다. 뛰어난 조형미를 담고 있는 동십자각의 형태를 현대적인 재료로 재현한 우아한 곡선의 네모지붕으로 된 고각은 춘추관 입구에 자리하여 보도관의 성격을 강하게 한다. 여기에 청와대의 소식을 멀리 넓게 전한다는 의미와 신문고의 이미지를 상징한 지름 2m, 길이 2m 30cm의 대형 북을 설치하였다.

지붕 꼭대기의 절병통은 광화문 비각의 비례를 참고하여 사각이 아닌 원형으로 하였고 귀공포, 화반, 쇠서 등은 단순하게 변형하여 G.R.C로 제작하였다. 동자기둥 및 난간은 누정의 계자난간을 참고하여 돌로 가공하였다.

(3) 대문

경내의 진입 도로축 위에 진입 방향과 일치되게 대문을 비치하고 솟을 삼문 형식을 취하여 출입문으로서의 상징성을 강조하였다. 문주와 문선은 돌로 가공하여 마감하였으며 귀공포, 화반 등은 G.R.C로 제작하였다.

(4) 원형외벽

형태는 수원성의 옹성 이미지 등을 단순화하였으며 돌의 질과 형태를 이용, 저층부는 화강석을 거친 혹두기로 마감하여 안정감을 주었다. 상부는 화강석 잔다듬으로 수평 줄눈을 강조한 무늬로서 마감하여 전체적인 안정감을 가질 수 있게 하였다.

㈜정림건축, 1989~1991

일부자료는 청와대 건설지에서 인용

5장 북한의 현대한옥 설계에 관한 소고

김준봉

1. 서론

1) 연구의 배경

한옥은 한민족의 전통적인 주거이다. 하지만 20세기 일제의 강점기와 '근대화와 산업화'라는 명분 아래 서서히 없어지고 불편하다는 인식 아래 서양식의 건물에 밀려나 단절된 이후 최근 역사적, 문화적, 친환경적 가치가 재조명되면서 한옥에 대한 관심이 날로 증가하고 있다. 전통은 불편해도 참아야 한다거나 전통은 과거의 것으로만 치부하는 관행으로 인하여 자연스럽게 전통에 대한 가치서술은 주관적인 것으로서 비과학적이고 하등한 것으로 취급되는 경우가 많아, 일반적으로 불편함을 싫어하는 보통사람들은 전통건축에 대해 멀리하게 만들었다. 이로 인하여 건축을 전공한 사람들에게조차 실생활과 밀착성이 낮은 한옥은 그 가구의 결구방법이라든지 결구된 각 부재의 명칭에 있어서 매우 낯설고 어렵게 느껴지는 것이 사실이다. 또한 그간 국가적 투자와 노력으로 인하여 전통한옥에 대한 많은 연구들로 괄목할 만한 성과가 있었으나 그중 현대적 용도의 한옥에 대한 계획 및 설계방법과 시공방법에 대한 연구는 아직 미숙한 단계로 진행 중이다. 이것은 한옥의 특성상 계획과 설계와 시공의 분야가 전문적으로 독립되지 못하고 장인과 특정가문을 중심을 전수되어 온 현실과 고등교육과 전문 교육면에서 전문설계자와 전문시공자를 체계적으로 양산하지 못한 교육의 부재가 가져온 결과이기도 하다. 그래서 어쩌면 한옥은 다시 현대건축에 비해 특별할 게 없는 과거의 공간으로 남게 될 수도 있고 일시적인 유행으로 다시 단절될 가능성도 배제 할 수 없다.

21세기는 문화가 경쟁하는 민족개성의 시대로 나아가고 있다. 건축에서도 분명 새로운 이 시대의 한옥 시대가 올 것이다. 그러므로 이 시대의 현대한옥이 어떠해야 하는지 생각해 봐야 하고 그러기 위해서는 과거 우리의 한옥이 어떠했고 어떻게 변화해 왔는지 알아야 함이 먼저 선행되어야 한다. 이를 바탕으로 한옥에 적합한 기법을 찾아내고 새롭게 진화시킬 수 있는 계획과 설계와 시공과 재료 공법에 대한 연구가 필요하다 생각한다. 이러한 바탕에서 본 연구는 북한의 20세기 후반에 지어진 대형 공공건물과 북한에서 발간된 전통건축서적인 『조선건축』을 참고로 하여 그간의 전통설계기법을 통해서 이 시대 한옥의 설계와 계획 방향을 유추해 보고자 한다.

2) 연구의 내용 및 목적

기존 한옥에 대한 시각이나 논의들을 살펴보면 첫째, 한옥을 복원이나 전승 또는 재현의 개념으로 보는 논의가 있고, 둘째, 한옥을 계승하여 시대에 맞게 발전, 개발하자는 논의가 있고, 셋째, 한옥의 구성 요소를 차용한 현대건축도 한옥이라는 논의로 전개되고 있다. 어떤 시각과 논의가 옳고 그른지의 여부, 전통성, 한국성으로 논하기보다는 세 가지 모두 한옥에 대한 관심으로 융화시켜야 하며 중요한 것은 한옥이 과거부터 현

재까지 진화해 왔다는 것이다.[1]

본 글은 1980년대 북한에서 출판된 『조선식건축물설계』라는 책의 내용을 토대로 한옥에 대한 관심을 가지고 있는 사람들에게 1차적으로 정보를 제공하는 데 그 목적이 있다. 이 책은 크게 지붕 부분과 몸체 부분으로 구성되어 있는데[2] 본 연구의 내용은 지붕 부분에 대한 내용을 중심으로 전개하고 일부는 차후의 연구로 남겨두기로 한다. 또한 책에서 제시한 글과 도판을 토대로 기술하고 일부 국내 연구서와 내용의 교점을 찾아 서술하였다. 북한 건축용어는 대부분 국내 건축용어로 대체하거나 병기하여 사용하였고 대체할 만한 용어가 없는 경우 그대로 사용하였다. 그리고 '조선식'이라는 단어는 정체성 등 민감한 단어로 여겨질 수 있지만 '조선시대'로 이해하였고 조선시대의 대표적 주거인 '한옥'이란 용어로 대체하여 사용하였다.[3]

이 책의 발간목적은 옛것을 정확히 보고 민족적 특성을 현대적 미감에 맞게 옳게 살려야만 시대적 요구에 맞게 우리건축예술을 끊임없이 발전시켜 나갈 수 있다는 견해로 출발하여 '전통건축물들을 깊이 연구하며

1 전봉희, 『현 단계 한옥 활성화의 제문제』 한옥 건축 산업화를 위한 기반구축 연구 2차 심포지엄, 2008의 연구에서 한옥의 존재 양상을 문화재 한옥, 현대의 전통한옥, 건축가에 의한 현대한옥, 한옥의 조형적 요소를 차용한 건축물, 현대 건축물 내의 한실, 온돌 난방 방식을 가진 집, 자연 친화적 건축으로 구분하고 범위를 계층화함으로써 한옥의 개념에 대한 혼란을 피하고 전통의 보전과 활성화의 목적을 함께 추구하는 전략적 유연성을 확보해야 한다고 기술하였다.

2 지붕 부분에서는 건물의 기본구조와 형식, 지붕유형, 팔작지붕을 중심으로 지붕단면설계, 지붕몸체설계, 박공설계, 지붕골조설계, 추녀보와 귀추녀보의 작도방법, 마루새의 작도방법, 골수채설계, 기와잇기설계, 모임지붕설계, 배집지붕설계로 구성되어 있고 몸체 부분은 기둥의 형태, 두공, 외벽구성, 이음부의 해결방법, 난간의 형식, 문살과 담장형식으로 구성되어 있다.

3 리화선, 『조선건축사(1)』, 과학백과사전종합출판사, 1989년도의 북한책에서 이조시대 건축의 특성에 대해 논할 때 '조선식○○'이라고 표기하고 있으며 '한옥'으로 대체한 이유는 이조시대의 살림집특성으로 현재 우리가 인식하고 있는 한옥의 일반적인 공간수법들이나 재료 등에 대해 자세히 논하고 있기 때문이다.

민족건축유산을 옳게 분석 평가하여 뒤떨어진 것은 개조하고 좋은 것은 살려 새롭고 특색 있는 우리식의 현대적인 건축물을 세우기 위함'[4]이라고 밝히고 있다. 그러니 남북의 문제를 떠나 일찍이 우리 전통건축에 관심을 기울여 현대적인 건축물에 다양하게 적용하기 위한 이 책은 그것이 비록 체제유지, 정치적 문제로 이용된 하나의 도구였다라고 폄하하기보다는 전통한옥의 설계방법 및 작도방법 등의 설계경험을 통해 신한옥의 건물을 창조하기 위한 하나의 결과라 생각되며 최근 한옥의 현대화를 추진하고 있는 우리의 현실에서 건축을 연구하는 학생들부터 연구자, 설계자에게 기초 자료가 될 수 있다고 판단된다. 또한 최근 정부나 지자체의 대형공공건물에 한옥을 도입하는 사업을 추진하고 있고 그로 인해 다양하게 양상의 전개가 있는 마당에 북한의 사례는 하나의 방법으로 평가받을 수 있을 것이다.

2. 한옥의 정의 및 용어정리

1) 한옥의 정의

(1) 학문적 정의

한옥은 언어학적으로 등장 시기가 그리 오래되지 않아[5] 자주 쉽게 쓰이는 용어임에도 불구하고 용어의 정의는 아직 정착되지 않았고 진행될

4 『조선식건물건축설계』, 공업출판사, 1987, p.1 요약

5 한옥이라는 단어가 정확히 언제 사용되었는지 알 수 없지만 융희2년(1907)에 작성된 〈가사(家舍)에 관한 조복(照覆)문서(文書)〉에 등장하는 용어로, 당시 돈의문에서 배제학당에 이르는 정동길 주변을 기록한 약도에 사용되었다고 보고되었다. 한옥을 살림집이란 개념으로 생각해보면 삼국시대부터 사용된 민가(民家)나 제택(第宅)이란 용어에서부터 주가(主家), 가사(家舍), 옥사(屋舍), 여염집(閭閻) 등의 상용어와 관계있다고 생각해 볼 수 있다.

여지가 남아있어 보인다. 그럼에도 사전이나 근래에 대표적으로 출간되고 연구된 한옥의 개념 정의를 종합하여 살펴보면 우리나라의 고유의 형식으로 지어진 건축물로 좁게는 살림집(주거), 넓게는 모든 전통건축(전통주거, 민가, 한국주택) 등으로 요약할 수 있다.[6] 그리고 최근의 사전적 정의는 목구조방식, 한식지붕 구조로 자연재료로 마감한 전통양식이 반영된 건축물로 그 특징은 온돌과 마루라 하고 있는데[7] 이것은 한옥의 개념을 구축법, 재료, 기능상의 분류에서 공간조직이라는 유형학적인 특성을 더하여 확대하고 있는 것으로 볼 수 있다.

<table>
<tr><th>저 자</th><th>내 용</th><th>서명/출판사</th><th>연 도</th></tr>
<tr><td>신기철 외</td><td rowspan="2">우리나라 고유의 형식으로 지은 집을
양식건물에 상대하여 부르는 말</td><td>삼성 새우리말 큰 사전</td><td>1975</td></tr>
<tr><td>국립국어연구원</td><td>표준국어대사전</td><td>1999</td></tr>
<tr><td rowspan="5">신영훈</td><td rowspan="3">한옥을 우리나라의 전통건축물
전체를 아우르는 단어</td><td>한옥과 그 역사(동이출판사)</td><td>1975</td></tr>
<tr><td>한옥의 조영(광우당)</td><td>1987</td></tr>
<tr><td>한옥의 향기(대원사)</td><td>2000</td></tr>
<tr><td>살림집을 근간으로 하여 그 밖의
모든 공공건축물이 포함되어 있어서,
이 땅위에 경영된 전시대의 모든 건축물</td><td>한국의 살림집(열화당)</td><td>1983</td></tr>
<tr><td>한옥은 넓은 의미로 원초 이래
이 땅에 지은 전형적인 건축물 모두를
말하고 좁은 의미로는 살림집을 가리킴</td><td>우리가 정말 알아야 할
우리한옥(현암사)</td><td>2000</td></tr>
<tr><td rowspan="3">김홍식</td><td>한옥이라는 용어가 지칭하는 범위는
전통주거건축에 한정해서 사용</td><td>경기도 한옥조사보고서</td><td>1978</td></tr>
<tr><td>한옥을 민가라는 용어로 사용</td><td>한국의 민가(한길사)</td><td>1992</td></tr>
<tr><td>한국의 전통건축물 전체를 포함한 경우
한국전통건축이라는 용어 사용</td><td>한국전통건축</td><td>2006</td></tr>
<tr><td rowspan="2">주남철</td><td rowspan="2">한옥이라는 용어 대신에
한국주택이라는 용어사용</td><td>한국주택건축(일지사)</td><td>1983</td></tr>
<tr><td>궁집(일지)</td><td>2003</td></tr>
<tr><td>김봉렬</td><td>한옥을 조선가옥을 의미하는 용어로 사용</td><td>조선 후기 한옥변천에 관한 연구</td><td>1982</td></tr>
</table>

표 1. Academic Definition of Hanok

6 『한옥의 정의와 개념정립』, 문화체육관광부(서울시립대 산학협력단), 2006 참조

7 방경식, 『부동산용어사전』, 부연사, 2011

(2) 제도적 정의

한옥을 제도적으로 지원하고 규제하기 위한 대상을 선별하고 규정하기 위한 것으로 최소한의 조건이며 공공적으로 인정받을 수 있는 정의라 할 수 있다. 한옥관련 건축법시행령 및 지방자치단체들의 조례법에 명시된 기준을 살펴보면 한옥기준요소의 키워드는 목구조, 한식기와, 전통양식, 자연재료 이상 4가지이며 그 정도에 있어 다소(多少)의 차이를 보이는 것으로 정리된다. 키워드의 포함정도는 한식기와가 모두 공통되게 나타나고 목구조, 전통양식, 자연재료 순으로 나타났다. (한식기와 〉 목구조 〉 전통양식 〉 자연재료)

법	내용
건축법시행령 개정안 제2조 15항	한옥이란 기둥 및 보가 목구조방식이고 한식지붕틀로 된 구조로서 한식기와 등 자연재료로 마감된 건축물 중 우리나라 전통양식이 반영된 건축물 및 그 부속시설을 말한다.
서울시 한옥지원 조례 제2조 1항	한옥이라 함은 주요구조부가 목조구조로써 한식기와를 사용한 건축물 중 고유의 전통미를 간직하고 있는 건축물과 그 부속시설을 말한다.
전라남도 한옥지원 제2조 1항	'전통도시 한옥'이라 함은 제3조 규정에 의한 지구단위계획에 적합한 건축물과 한식기와를 사용한 지붕과 목조기둥을 심벽으로 한 목구조의 전통양식을 유지하고 있는 건축물과 대문, 담장 등을 총체적으로 말한다.

표 2. Institutional Definition of Hanok

이상으로 학문적·제도적 한옥의 정의를 종합해보면 첫째, 온돌, 마루, 부엌, 마당 등의 공간조직을 바탕으로 한국의 전통적인 목구조방식으로 구축된 건축물이고 둘째, 한옥은 한식기와를 사용하고 나무, 흙, 돌, 종이 등의 자연적인 재료로 마감되고, 셋째, 한옥은 주거 공간(살림집) 및 모든 전통건축물을 아우르는 개념으로 이분법적인 개념이 아닌 유형학적인 개념으로 사용하는 것이 바람직하며,[8] 계속적인 개념의 확장이 이루어질 가능성이 농후하다.

2) 용어의 정리 및 범위의 확장

광범위한 한옥의 정의에 의해 한옥관련 용어들도 다양하게 나오고 있다. 기존연구[9]에 따르면 한옥을 아래의 [표 3]과 같이 그 양상을 다양하게 분류하고 있다. 본격적인 한옥의 범위로 문화재한옥, 정통한옥, 현대한옥으로 전통에의 충실성과 현대적 편의성의 정도에 따라 구분하고 있으며 한옥의 제한적 규정밖에 위치한 한옥풍 건축과 한류 건축을 한옥의 존재양상으로 볼 수 있다고 하며 한옥의 범위를 넓게 확장하고 있다. 한편 정책용어로 사용된 신한옥은 '한국의 전통적인 목구조방식과 외관을 기본으로 하되, 복합적인 구조방식과 혁신적인 시공방식, 성능향상된 재료 등으로 구축된 건물[10]로 일반적으로 정의할 수 있는데 이것은 한옥의 현대화 과정에서 모색될 수 있는 가능성을 전제로 한옥의 가치를 계승하되 기술과 재료면에서 자유도를 높여 다양한 건축적 실험을 포괄해야 할 일종의 개방된 정의라 할 수 있다.

현재의 이러한 분류에 따르면 철근·철골 콘크리트조로 지어진 한옥(이하 '콘크리트한옥'이라 명한다.)은 한옥풍 건축으로 분류될 수밖에 없는데 본 연구에서는 장기적으로 볼 때 이런 분류는 신한옥의 범주로 포함될 가능성이 높다고 판단된다. 아직 사회적, 학문적으로 정의에 대해 합의가 이루어지지 않았으며, 그 기준에 있어 판단의 근거가 애매하기 때문

8 『한옥의 정의와 개념정립』, 문화체육관광부(서울시립대 산학협력단), 2006 참조

9 대표적으로 전봉희, 『현 단계 한옥활성화의 제문제』, 한옥의 현대화와 미래, 건축도시공간연구소, 2008과 전봉희, 이강민, 『한옥의 정의와 범위』, 한옥정책 BRIEF NO. 2, 2011

10 『한옥 건축 기술기준 등 연구』, 국토해양부, 2009.

이다. 또한 현대에 필요한 대형공간의 창조를 위해서 전통목구조방식으로는 구현하기 힘든 비현실성의 문제도 직면해 있다.

1960년대 건축계에서 '전통성'에 대한 논란이 있었고 그 이후 이것은 '한국성'의 논의로 전이 되었는데 실제로 결론은 없었다. 지금의 한옥시대에서 다시 그 문제를 재현하고자 하는 것은 아니지만 콘크리트한옥에 대해서 논의할 필요가 있다. 건축은 기본적으로 새로운 재료와 구조에 의해 새로운 형태로 존재해 왔다. 한국도 예외가 아니었고 한국근대건축 태동시기에서 전통건축을 현대적 재료와 구조로 표현하려고 하는 시도가 있었다. 한 예로 1884년에 건설된 근대건축물인 번사창이 그러하다. 조선시대의 기기국 산하 기기창의 부속 건물로 근대무기의 개발 및 제조의 기능을 가진 건축물이다. 1984년 번사창의 해체보수공사 중 발견된 상량문의 일부를 살펴보면 "(중략) 칼, 창 등 정예한 무기를 제조·수선·보관하는 건물은 기예의 으뜸가는 수준으로 지어져야 한다."[11]고 하여 이것은 번사창이 당대 최고의 기술을 이용해 지어졌다는 것을 의미한다. 번사창은 벽돌식 벽체구조를 기본으로 지붕은 도리와 서까래의 전통목구조방식과 서양목구조양식인 왕대공트러스를 결합시켜 한옥 맞배지붕으로 지어졌다. 또한 번사창은 근대건축물이 대부분 일제의 강요나 서양인들의 목적을 위해 수동적으로 세워진 근대건축물과는 달리 서양의 기술이나 제도를 받아들이기 위해 직접 기술을 배워 새로운 문물을 개발해보려는 우리나라의 의지에서 나온 새로운 건축적 시도였다.

다른 예로는 잘 알려지지 않았지만 도편수로부터 한옥목조건축을 배운 목수출신의 건축가 조승원에 의해 1965년 세워진 현 서부수도사업소(구 서울여상 교사)사무실로 한국전통양식을 철근콘크리트를 이용해 표현한 건물이다. 한식팔작지붕을 올려 마감하고 완벽하진 않지만 지붕부에

11 『기기국 번사창 정밀실측조사보고서』, 종로구청, 2009.

서까래를 표현하고 층마다 계자난간을 둘러 근대건축에 전통한옥을 표현한 건물이다. 이러한 콘크리트한옥은 표현의 정도는 다르지만 현재까지도 박물관, 역사, 휴게소, 학교, 공공기관, 파출소, 주민회관, 공공화장실 등 꾸준히 건설되어 이용되었고 현재에도 규모상 가장 큰 경북도청이 건설 중이다. 건물의 종류와 쓰임새가 많음에도 불구하고 이러한 건물은 전통의 단순한 재현이라는 측면으로, 혹은 건축가보다는 일명 건설업자에 의해 지어지는 현실로 학술적으로 가치가 없는 것으로 제대로 평가받지 못하고 있다.

한편 최근 현대한옥 분류의 한 예로 '남산전통국악당'을 뽑을 수 있는데 이 건물은 지하를 철근콘트리트구조로 형성하여 대형프로그램을 담아내고 지상에 전통목구조로 전통한옥의 채들을 배치하여 전통한옥의 맛을 잘 살린 예로 평가 받고 있다. 최근 정부나 지자체의 지원을 받아 건설되고 있는 대부분의 신한옥의 범주에 들어가는 프로젝트들이 대부분 지하 + 지상으로 나누어 현대 + 전통을 조합해 내는 방식을 취하고 있는데 이것은 과거 '전통'에 대한 논란을 일으킨 현 국립민속박물관의 프로그램을 담아냈던 방법 수직구분방법과 크게 다르지 않다고 보여 진다. 대형의 프로그램을 요하는 공간을 기단부로 조성해 담고 그 위에 전통건물을 올린 국립민속박물관이나 지하에 대형프로그램을 담고 지상에 전통한옥을 올린 남산전통국악당의 방식이 그러하다. 그렇다면 이 세 종류의 건물을 한옥의 분류기준으로 분류해 보기로 한다. 첫째 번사창은 서울시 유형문화재로 등록된 건물이므로 문화재한옥의 범위이고 둘째 서부수도사업소는 콘크리트로 지어졌으니 한옥풍건축이고 셋째 남산전통국악당은 전통목구조와 콘크리트구조로 이루어진 복합적인 구조의 건물이므로 신한옥으로 분류할 수 있을 것이다. 그러나 이 분류의 방법에는 다소 무리가 있어 보인다. 이것은 앞에서도 밝혔지만 한옥의 분류 방법에 일부 애매함과 완성되지 못해 향후 개념의 확장이 이루어질 가능성이 있기 때문이다. 그러므로 본 연구에서는 콘크리트한옥의 분류를 현대한옥의 범위로 넣어 분류하고 진행하기로 한다.

3) 한옥의 기본구조와 형식

(1) 한옥의 지붕형식

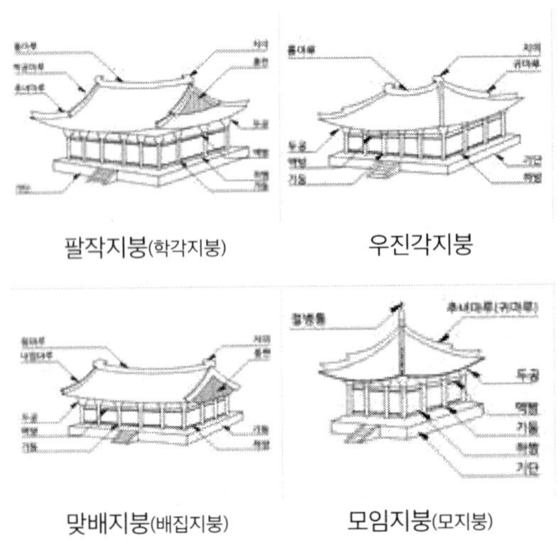

팔작지붕(학각지붕) 우진각지붕

맞배지붕(배집지붕) 모임지붕(모지붕)

그림 1. Types of Roof

한옥지붕의 종류는 크게 팔작(학각)지붕, 우진각지붕, 맞배(배집)지붕, 모지붕으로 분류할 수 있고 그 외에 학각겹지붕, 우진각겹지붕, 연결지붕과 정각건물에 적용되는 육모지붕, 팔모지붕 등도 있다. 지붕은 건물의 성격과 기능상 요구를 옳게 고려하고 여러 가지 형태들을 잘 배합하여 조화롭게 형성하여야 한다. 지붕형성에서는 평면의 굴곡변화와 함께

수평 및 수직 선위에서 변화를 주는 방법을 사용하는 것이 좋다.[12]

(2) 한옥의 너비와 길이의 비

유형	비
누정	1:1.12~1:2.1
문류	1:1.08~1:2.95
궁전	1:1.23~1:3
평균	1:1.08~1:3

표 3. Ration between Width and Length in Floor Plan

한옥의 건축형성에서 건물의 너비와 길이는 지붕의 높이와 길이에 관계되고 지붕의 높이는 건물몸체의 벽높이에 관계된다. 그러므로 박공의 크기와 지붕옆면의 크기, 건물의 옆면, 벽높이 등을 통일적으로 고려한 합리적인 비를 찾아야 한다. 건물의 너비가 좁고 길이가 길면 지붕의 높이가 낮아보이고 허리가 길어보이므로 건축적 효과가 낮아진다. 또한 건물의 너비가 넓고 벽높이가 낮으면 지붕이 너무 무거워 보인다. 그러므로 한옥의 건축형성에서는 평면비를 옳게 정하는 것이 매우 중요하며 일반적으로 [표 3]과 같이 건물의 너비와 길이의 평면비를 1:3이하로 되게 정하는 것이 합리적이다.[13] 비의 값이 커질수록 장방형에 가깝고 1에 가

12 『조선식건물건축설계』, 공업출판사, 1987, p.3 요약

13 앞의 책, p.6 요약. 책의 건물의 너비와 길이의 비는 국내에서는 구형비 또는 장단변비라고 한다. 「한국전통목조건축의 비례체계에 관한 연구」 2011, 조선대 박사논문, 성대철의 연구에 따르면 조사대상건물의 구형비는 1.00~3.94까지 나타나고 평균은 1.63으로 도출되었다. 구형비 3.94의 경우 여수 진남관의 1건의 값으로 특수한 경우로 제외하면 책에서 기술한 1:3의 값은 합리적인 값이라 할 수 있다. 문화재청에서 2006년 발간한 「영조규범조사보고서」에서도 비슷한 값으로 도출되고 있다.

까울수록 정방형에 가깝다.

(3) 한옥의 평면형식

한옥에서 일반형식으로 가장 많이 쓰이는 평면형식은 직사각형과 정사각형이다. 정각류의 건축에서는 보통 다각형 형식이 많이 쓰이는데 6각형, 8각형, 예각형, 둔각형 등이 적용되고 있다. 또한 특수한 평면형식으로는 ㄱ자형, ㄷ자형, T자형, 부채형 등이 있다.[14] 육각형은 북한의 약사전, 경복궁의 향원정과 창덕궁의 상량정, 존덕정이 있고, 팔각형은 경복궁의 팔우정과 환구단, 부채형은 창덕궁의 관람정[15]이 유일하다.

일반형식		다각형형식		특수형식		
정사각형	직사각형	육각형	팔각형	ㄱ자형	T자형	부채형
석운정*	인풍루*	약사전*	팔우정	연광정*	육승정*	관람정

표 4. Floor Plan Types (*Mark is Located in North Korea)

(4) 한옥에서 벽체높이와 지붕높이의 비

한옥은 벽체의 높이구간보다 지붕의 높이구간이 낮아야 한다. 벽체의

14 앞의 책, p.7 요약

15 관람정은 부채형의 합죽선(合竹扇) 평면 형태 때문에 귀틀, 하방, 난간, 인방과 도리 종도리도 휘어진 재목을 사용하였다. 지붕의 형태는 우진각지붕을 기본틀로 해서 약간 변형시킨 것이다. 우진각 지붕이 앞뒤로 갖고 있는 사다리꼴 대신 관람정은 앞면에서는 부채꼴을, 뒷면에서는 사각형을 취하였고 옆면에 삼각형은 평면형상에 맞게 뒤로 치우쳐 있어 독특한 형태를 취하고 있다.

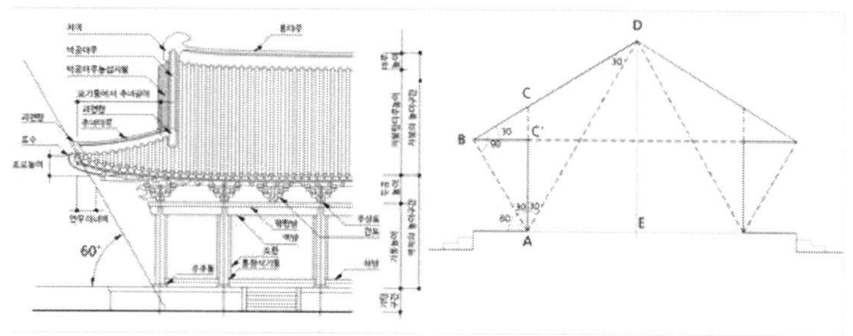

그림 2. Facade in Hanok　　그림 3. Sectional Balance Diagram

높이구간보다 지붕의 높이구간이 높으면 건물이 무거워 보인다. 그러므로 한옥을 설계할 때에는 벽체와 지붕의 높이구간을 알맞게 선정하여야 한다.[16] 그림에서 한옥은 크게 기간구간과 벽체의 높이구간, 지붕의 높이구간 세 부분으로 구성되어 있다. 이것은 전통건축물의 일반적인 구성구분방식이다.[17] 국내의 전통건축 비례에 관한 연구들에서 벽체의 높이구간과 지붕의 높이구간의 입면비는 대략 1:1를 기준으로 해서 많이 도출하고 있음을 확인 할 수 있다. 또한 이것은 비례적인 측면에서도 중요하지만 한옥가구의 구조적인 특성에서도 그 이유를 설명할 수 있다. 한옥은 주춧돌 위에 벽체 부분(기둥)이 뜬구조로 서 있기 때문에 무거운 지붕부의 하중이 벽체 부분을 안정되게 잡아주는 역할을 한다. 한옥에서 지붕이 전체 입면의 반 정도를 차지하게 되는 이유를 알 수 있다. 이처럼 세구간은 목조건축에서 하중전달이라는 구조적인 측면과 건축물 외관의 비례관계에 있어 중요한 부분이다.

16　『조선식건물건축설계』, 공업출판사, 1987, p.8

17　이것은 조선시대 서유구의 「임원경제십육지」 "섬용지" 제1권 건축지도 척도 부분에서 찾아볼 수 있다. 서유구는 중국 송대 심괄의 저서인 「몽계필담」에 남아있는 10세기 말엽의 건축장인 유호가 쓴 「목경」의 기록을 인용하면서 "무릇 가옥에는 三分이 있다."라고 소개하였다. 들보이상은 상분, 땅 이상은 중분, 계단은 하분인데 여기서의 상, 중, 하의 삼분은 실제로는 지붕부, 몸채부, 기단부를 지칭하는 것으로 건물은 세 부분으로 조성된다는 표현이다.

(5) 한옥의 단면균형도식

한옥은 처마높이, 처마돌출길이와 건물의 너비, 지붕의 높이가 서로 균형을 이루고 있어야 한다. 첫째, 기둥축과 처마끝의 관계는 기둥축의 밑점에서 처마끝점으로 그은선으로 기둥축선으로부터 30°정도의 각을 이룬다(∠BAC=30°).[18] 둘째, 처마 선과 지붕선의 관계는 처마 선과 지붕선 사이의 각은 30°정도이다(∠C'BD≈30°)[19]. 셋째, 기둥축과 용마루의 관계는 기둥축의 밑선에서 용마루절반길이에 있는 점까지 그은 선은 기둥축선과 각각 30°정도의 각을 이룬다(∠DAC'≈30°). 넷째 토방선은 처마 선보다 들어가 있어야 한다.[20] 다섯째, 지붕의 물매는 50~60%이다.[21] 이러한 도식화는 전통한옥의 보편적인 각 구간의 값으로 이해하면 크게 무리 없는 값들이다. 또한 한옥 처마의 적당한 높이는 집 안에 일조량을 늘려 위생을 유지하고, 겨울철 집 안을 따뜻하게 한다. 이는 여름과 겨울에 태양의 남중고도가 다른 것을 이용한 것으로 다른 나라보다 한옥에 특히 발달해 있다. 중국의 처마는 한옥보다 짧고, 일본의 처마는 길지만 비에 대한 고려에 치중한 반면 한옥은 비와 일조량 등을 모두 고려한 최적의 길이를 가지고 있다. 이는 처마와 주춧돌이 만드는 각도를 일정하게 유지하는

18 박언곤, 『韓國建築史 講論』, 文運堂, 1988, p.186, 김동현, 『한국목조건축의 기법』, 발언, 1993, p.242에 따르면 처마끝은 보통 기둥뿌리로부터 30도 내외에 있는 것이 많다고 하였다.

19 오현탁, 「전통건축의 지붕기울기 변화 요인에 관한 연구」, 서울대 석론, 1999, 연구에 의하면 전통건축의 지붕기울기는 최소 29.59°~37.71°의 값으로 나타났으며 평균값은 33.35°이다. 또한 시기, 지역, 지붕종류에 따라 지붕각이 상이하게 도출되었다.

20 토방은 마당에서 방이나 마루로 들어가기 전에 좀 높이 편평하게 다진 흙바닥으로 신발 벗는 부분이다. 공간적으로 비슷한 말로 퇴방, 툇마루로 볼 수 있다. 입식공간에서 좌식공간으로 변하는 지점으로 생각하면 중요한 부분이다. 보통 전통한옥의 기단을 처마끝에서 1자안으로 형성하는 것처럼 토방은 깊은 처마밑에 놓이므로 눈, 비를 피하기 좋은 공간으로 이해할 수 있겠다. 리화선, 『조선건축사(1)』 p.365 및 국어사전 참조

21 『조선식건물건축설계』, 공업출판사, 1987, p.9

방법으로 만들어진다.[22]

4) 한옥의 지붕유형[23]

한옥지붕의 유형은 크게 팔작지붕, 맞배지붕, 우진각지붕, 모임지붕으로 나눌 수 있다.

(1) 팔작지붕의 유형

팔작지붕의 유형은 크게 팔작지붕, 4면박공지붕, 중심겹박공지붕, 1면겹박공지붕, 꺽임형지붕으로 분류할 수 있으며 각각의 특징은 다음과 같다.

① 팔작지붕

일반적으로 제일 많이 쓰인다. 독립건물 또는 건물의 주지붕, 강조되어야 할 건물에 적용한다.

② 4면박공지붕

독립건물이나 정각건물, 여러 개의 지붕이 있을 때 4면에 효과를 주어야 할 건물에 적용한다. 이런 지붕을 설계할 때에는 조로와 안우리의 변곡점관계를 고려하여 처마끝의 높이를 다르게 정할 수 있다. 처마끝수준을 같게 하고 용마루의 수준도 같게 하려고 할 때에는 앙곡과 안허리의 변곡점 위치를 달리 정하여야 한다. 두 지붕의 너비를 조절하여 두 용마루 높이를 같게 하고 두 처마의 끝높이를 서로 다르게 할 수도 있으며 반대로 두 처마의 끝높이를 같게 하고 두 용마루 높이를 서로 다르게 처리하기도 한다. 또 4면박공지붕에서는 두 박공의 크기가 서로 다르다.

22 오현탁, 「전통건축의 지붕기울기 변화 요인에 관한 연구」, 서울대 석론, 1999

23 앞의 책, pp.9~19 내용발췌

③ 중심겹박공지붕

독립적인 건물, 문류건물 또는 여러 개 지붕으로 이루어진 건물들의 현관입구 부분에 적용한다. 중심지붕은 강조되는 조건과 처마끝의 변곡점관계로 겹지붕보다 크고 처마끝도 높아야 한다. 만약 두 지붕의 처마끝높이를 같게 하면 겹지붕이 너무 작아지므로 보통 중심지붕을 강조하기 위하여 처마를 올려 그것들의 높이를 다르게 한다.

④ 1면겹박공지붕

독립건물, 문류건물 또는 여러 개의 지붕으로 이루어진 건물의 현관입구 부분, 특히 평면조직상으로 요구되는 건물에 적용한다. 처마끝 높이들을 같게 하든가 다르게 처리할 수 있다. 두 처마의 높이를 다르게 하면 중심지붕의 용마루 위치와 외도리의 높이가 달라진다.

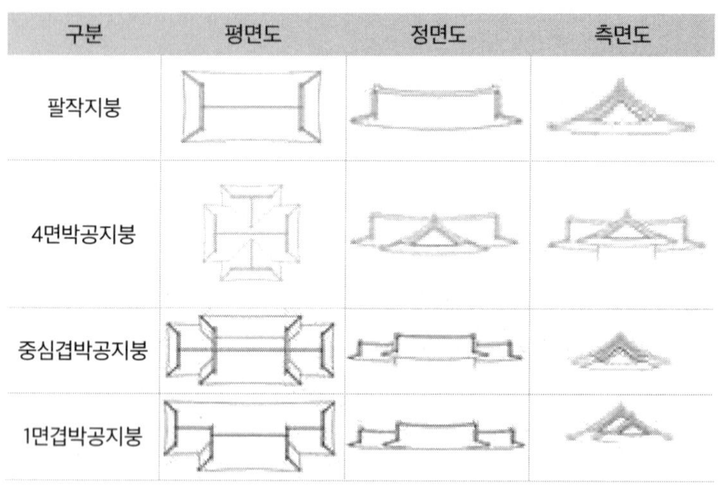

구분	평면도	정면도	측면도
팔작지붕			
4면박공지붕			
중심겹박공지붕			
1면겹박공지붕			

표 5. Types of Hipped - and - Gabled Roof

⑤ 꺽임형지붕

꺽임지붕을 편의상 표와 같이 꺽임1형지붕~꺽임12형지붕으로 분류하고 독립건물 또는 여러 개의 지붕으로 이루어진 건물에서 건축형성,

평면계획상 요구에 맞게 적절히 적용하여 조영 할 수 있다.

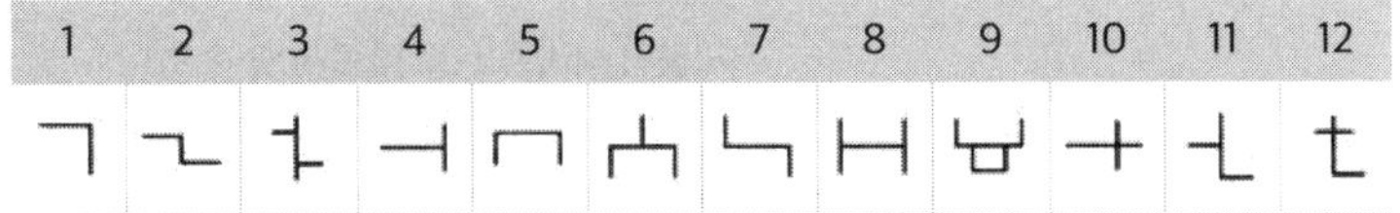

표 6. Bent Roofs

분류	평면도	정면도	측면도	비고
꺽임 1형				보편적으로 많이 사용하는 ㄱ자형지붕 지붕의 너비를 서로 다르게 할 수 있지만 그럴 경우 용마루의 높이가 달라짐. 처마끝의 높이는 서로 다르게 하기 힘들다.
꺽임 2형				지붕의 너비와 처마의 높이를 각각 다르게 정하든가 건물 중심부의 용마루들의 높이를 같게 처리할 수 있다. 이럴 경우 두 건물의 너비가 같아야 함.
꺽임 3형				두 지붕의 너비 또는 두 처마끝의 수준을 서로 다르게 정할 수 있고 용마루의 수준을 같게 할 수도 다르게 할 수도 있다.
꺽임 4형				보편적으로 많이 사용하는 지붕 처마 수준 또는 용마루 수준을 같게 할 수 있고 어느 한 지붕의 너비를 다르게 할 수도 있다. 덧박공을 설치하여 4개의 박공면으로도 구성할 수 있다.
꺽임 5형				보편적으로 많이 사용하는 지붕 기본지붕의 몸체길이가 길어지면 덧박공을 설치하거나 날개지붕의 박공을 앞뒷면에 설치할 수 있고 이럴 경우 건물의 너비를 동일하게 해야 하고 처마끝의 높이도 같아지게 하여야 한다.
꺽임 6형				두 지붕의 너비 혹은 두 처마끝 높이를 각각 다르게 하고 두 옆면지붕의 앞뒤로 박공을 설치할 수 있다.
꺽임 7형				지붕너비들을 서로 다르게 할 수도 있고 두 옆면 날개지붕에는 앞뒤에 박공을 설치할 수 있다. 처마높이는 같게 하여야 한다.

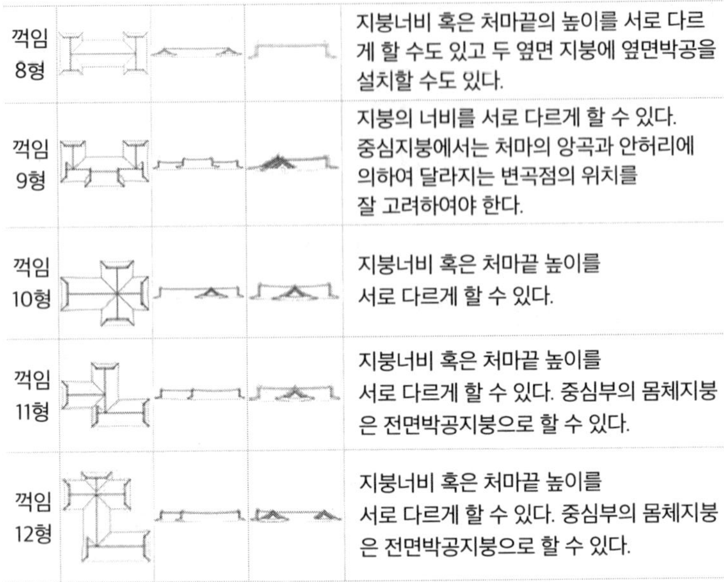

꺽임 8형	지붕너비 혹은 처마끝의 높이를 서로 다르게 할 수도 있고 두 옆면 지붕에 옆면박공을 설치할 수도 있다.
꺽임 9형	지붕의 너비를 서로 다르게 할 수 있다. 중심지붕에서는 처마의 앙곡과 안허리에 의하여 달라지는 변곡점의 위치를 잘 고려하여야 한다.
꺽임 10형	지붕너비 혹은 처마끝 높이를 서로 다르게 할 수 있다.
꺽임 11형	지붕너비 혹은 처마끝 높이를 서로 다르게 할 수 있다. 중심부의 몸체지붕은 전면박공지붕으로 할 수 있다.
꺽임 12형	지붕너비 혹은 처마끝 높이를 서로 다르게 할 수 있다. 중심부의 몸체지붕은 전면박공지붕으로 할 수 있다.

표 7. Shape of Bent Roofs

(2) 맞배지붕의 유형

맞배지붕의 유형은 크게 맞배지붕, 맞배겹지붕, 혼합지붕으로 분류할 수 있으며 각각의 특징은 다음과 같다.

① 맞배지붕

독립적인 문류건물과 여러 개의 지붕으로 이루어진 건물의 현관입구 부분 또는 건축형성상 요구에 따라 부차적인 건물에 팔작지붕과 혼합하여 적용한다.

② 맞배겹지붕

독립적인 문류건물과 여러 개의 지붕으로 이루어진 건물의 현관입구 부분에 적용한다. 중심부의 지붕과 두겹지붕의 처마높이는 달라야 하며 용마루의 높이도 같지 말아야 한다.

③ **혼합지붕**

팔작지붕과 맞배지붕을 배합한 혼합지붕은 독립적인 문류건물과 여러 개의 지붕으로 이루어진 건물의 현관입구 부분에 적용한다. 이런 지붕을 설계할 때에는 중심부에 있는 팔작지붕의 박공에 맞추어 두겹지붕의 크기, 처마높이차, 용마루 높이차를 선정하여야 한다.

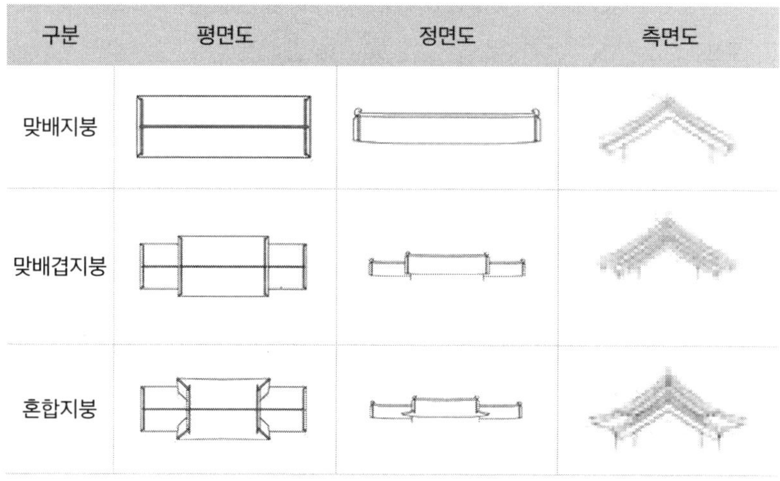

구분	평면도	정면도	측면도
맞배지붕			
맞배겹지붕			
혼합지붕			

표 8. Types of Hipped Roof

(3) 우진각지붕의 유형

우진각지붕의 유형은 크게 우진각지붕, 우진각겹지붕으로 분류할 수 있으며 각각의 특징은 다음과 같다.

① **우진각지붕**

독립적인 건물과 건축형성상 중요한 건물에 적용한다. 우진각지붕은 특수한 경우 외에는 적용하지 않는다.

② **우진각겹지붕**

우진각겹지붕은 독립적인 건물 또는 문류건물에 적용한다. 중심지붕과 두 옆면지붕의 처마끝높이, 용마루 높이가 서로 같지 말아야 하며 겹지붕의 처마돌출 끝이 중심부벽체보다 삐져나가지 않게 되어야 한다.

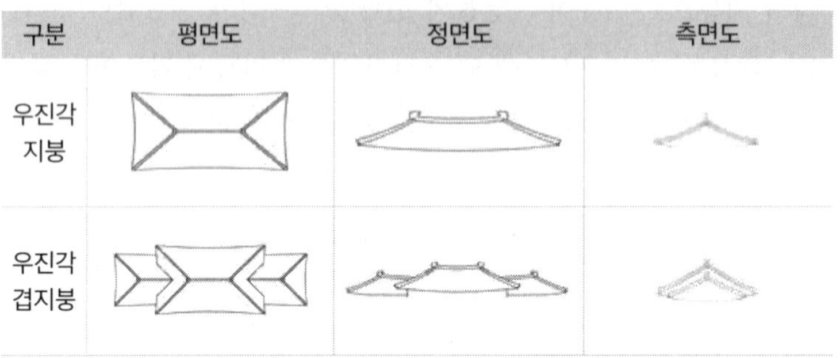

구분	평면도	정면도	측면도
우진각 지붕			
우진각 겹지붕			

표 9. Types of Hipped Roof

(4) 모임지붕의 유형

모임지붕은 독립적인 정각건물, 형성상 요구되는 여러 개의 지붕 가운데서 정각건물의 지붕에 적용한다. 이런 형의 지붕은 여러 개의 지붕으로 형성하는 경우에 그 중심부를 강조하기 위하여 적용할 수 있다.

구분	평면도	정면도	측면도
모임지붕			

표 10. Types of Pointed Roof

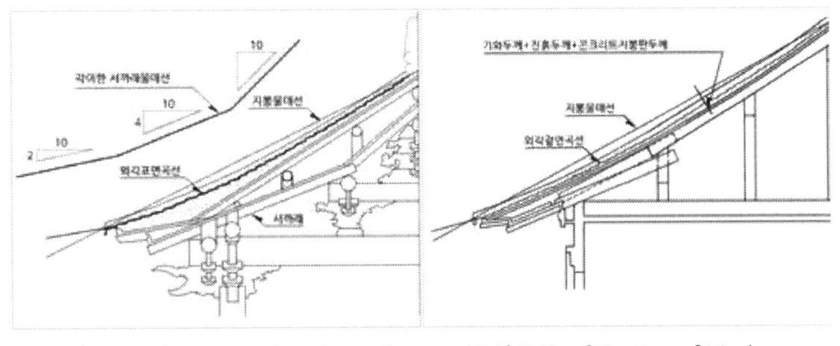

그림 4. Roof Section of Traditional Building

그림 5. Roof Section of Modern Building

3. 지붕단면의 설계

1) 전통건물과 현대건물의 지붕단면

전통한옥건물의 지붕은 목구조로 건설되어 대체로 크지 못하고 건물 내부에 천정이 없으며 지붕의 골조와 서까래들을 그대로 장식하여 드러나게 하였다. 서까래의 물매는 상이하게 하고 그 위에 산재를 놓았으며 지붕겉면의 곡선물매를 형성하기 위하여 먼저 서까래 위에 베개도리와 덧도리를 설치한 다음 덧서까래를 놓았다. 다음 산재를 펴고 흙이 너무 두터워질 곳에는 자귀밥으로 메우면서 흙을 펴는 방법으로 지붕의 외각표면곡선을 형성하여 기와이기를 하였다. 그러므로 전통한옥건물에는 많은 흙이 지붕 위에 올라갔다. 반면 현대건물은 지붕의 규모가 크고 형태도 다양하며 복잡하다. 그리고 대부분 천정이 있고 또한 철근콘크리트구조로 되어 전통건물과 같이 각이한 물매의 서까래 놓기, 내부 골조의 장식, 지붕의 외곽표면곡선을 만들기 위한 많은 흙도 필요 없게 되었다.[24]

여기서 전통한옥건물에서 많은 흙이 올라 간 이유를 생각해보면 첫째는 구조적인 이유에 있다. 지붕이 없다거나 가벼운 지붕으로 구성된다면

24 『조선식건물건축설계』, 공업출판사, 1987, p.34

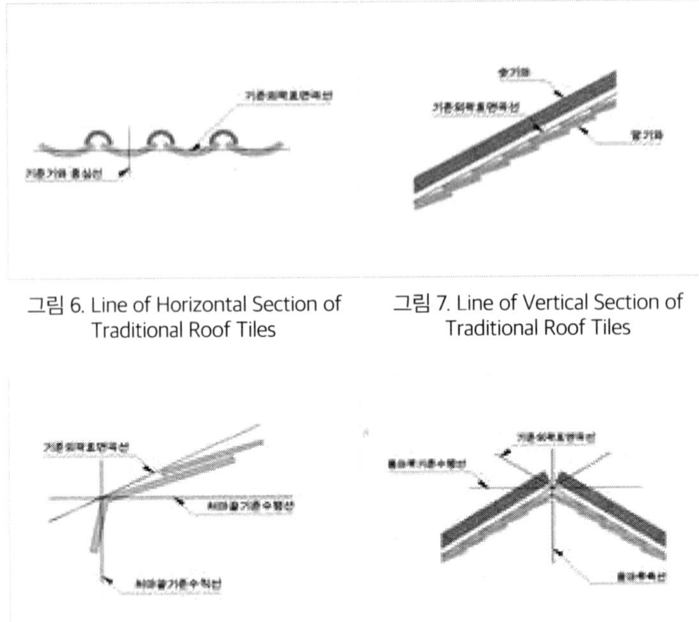

그림 6. Line of Horizontal Section of Traditional Roof Tiles

그림 7. Line of Vertical Section of Traditional Roof Tiles

그림 8. Line of Traditional Roof Tiles

그림 9. Line of Traditional the Ridge of a Roof

한옥은 가새구조가 없기 때문에 외부의 힘 압축과 인장력에 취약한 구조이다. 이것을 지붕의 무거운 구조로 안정화시키는 것이다. 둘째, 흙은 구하기 쉬운 재료이다. 셋째, 흙의 사용은 축열기능에 있다. 흙의 사용은 독일의 태양에너지를 이용한 패시브 하우스에서도 볼 수 있는 부분이다. 한옥의 검은색으로 된 기와는 태양열을 받아들이는 훌륭한 표피이고 그 열을 아래의 보토에 저장하여 밤이 되면 실내로 따뜻한 열을 전달하고 밤새 식은 지붕의 흙은 낮 동안 시원함을 전달하여 쾌적한 실내 환경을 조성한다. 넷째, 흙은 지붕의 곡선과 관련이 있다. 지붕의 곡선은 서까래나 평고대 등으로 기준을 만들지만 최종적으로 완성시키는 것은 흙이 만들어낸 기와선이다. 이에 대해 흙이 목조구조를 썩게 하고 과도중량으로 구조적으로 불안정하게 하고 공사비를 가중시킨다는 견해가 있어 지붕의 경량화를 추진하기 위한 연구들이 진행되고 있는데 오랜 기간동안 지속되어 왔던 방식에는 다 이유가 있고 쉽게 결론내릴 수 없는 일이다.

2) 지붕표면에서 기준선

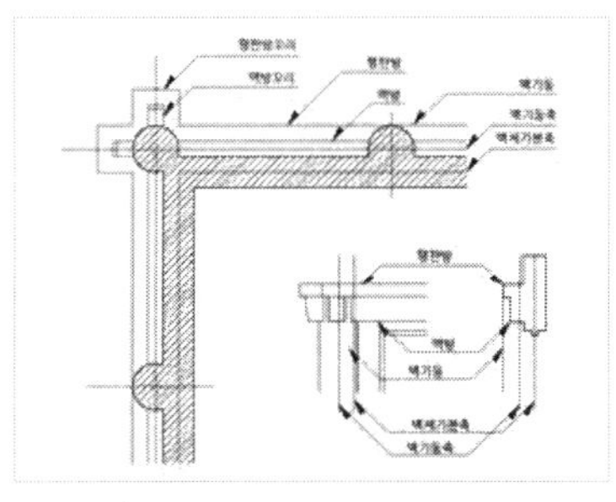

그림 10. Axis of Column and Wall

지붕표면에서는 기와윗면의 기준선을 그림7~10과 같이 정한다. 암기와의 가로 단면에서는 기와중심 부분의 제일 낮은 곳에 정한다. 지붕세로단면에서는 암기와기준선과 용마루기준선, 막새기와기준선을 기준으로 한다.

3) 바깥벽체축과 벽기둥축의 사이거리

지붕의 평면크기를 결정하려면 먼저 바깥벽체기본축과 벽기둥축의 사이거리를 정한 다음 처마의 돌출길이를 작도 혹은 계산하여야 한다. 현대건물은 바깥벽체로 각각의 실로 구성되므로 바깥면에 전통한옥의 목구조 결구방식을 표현하기 위하여 기둥과 벽체의 중심기준을 [그림 11]과 같은 기준으로 하는 것이 좋다. 이것은 외부입면에서 기둥과 창방(액방), 평방(평판방)의 결구된 모습을 표현하고 공포부의 입체적인 결구방식을 전통적 미감에 맞게 형성해주기 위한 설계방법이다. 이러한 방법의 실례로 벽체의 두께가 390mm 벽기둥의 직경이 600mm인 경우 각각의 기둥과 벽체의 중심선을 기준으로 형성하면 그림과 같이 벽체축과 기둥축사이의 거리는 295mm로 설계되며 전통적 미감을 얻을 수 있다. 반대로 기둥축과 벽체축을 일치시키거나 벽체외각표면을 중심선으로 하여 기둥축을 일치시키는 경우는 전통적 결구방식을 입체적으로 표현하기에 불리하고 표면적인 느낌으로 미감역시도 떨어진다.

그러나 벽체없이 개방된 정각건물과 같이 기둥으로만 된 건물설계에서는 기둥축만을 정한다.

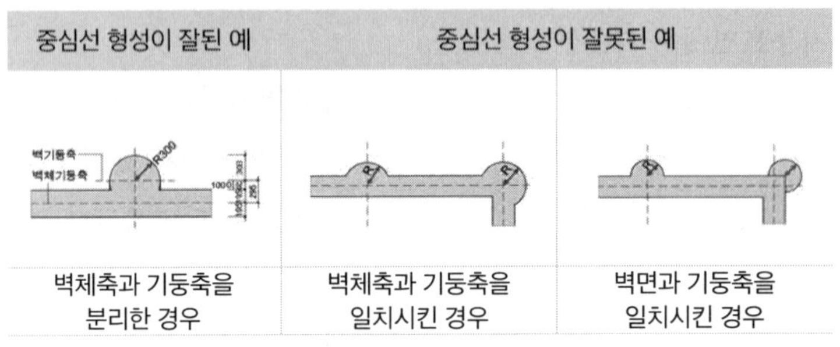

중심선 형성이 잘된 예	중심선 형성이 잘못된 예	
벽체축과 기둥축을 분리한 경우	벽체축과 기둥축을 일치시킨 경우	벽면과 기둥축을 일치시킨 경우

표 11. Drafting of Center Line

4) 처마돌출길이 작도방법

처마의 돌출길이는 단층과 다층인 경우로 구분해서 결정할 수 있다.

① 단층인 경우

처마돌출길이를 그림과 같은 작도도식에 의하여 작도 또는 계산하여 정한다. 처마의 높이는 입면도의 기둥바닥선에서부터 암막새기와의 꺽임점까지의 거리이다. 지붕물매선과 처마높이선과의 사귐점에서 지붕물매선으로부터 아래로 90° 돌아간 선과 바닥선이 사귀는 점을 찾아 수

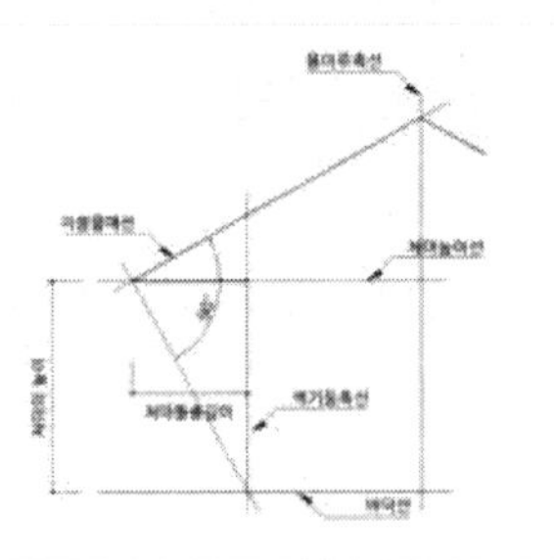

그림 11. Diagram for Single Story

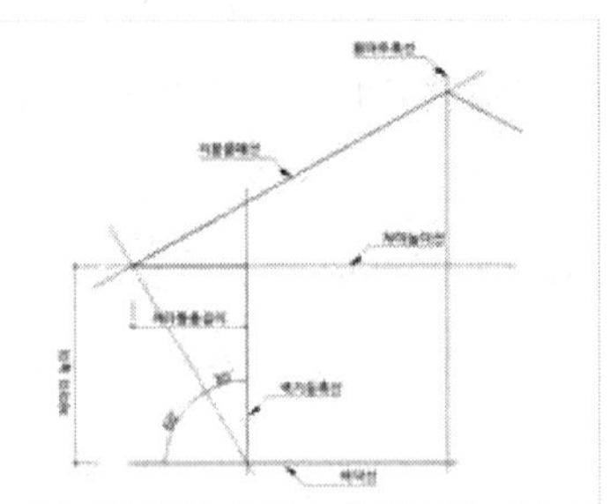

그림 12. Diagram For Multiple Story

직으로 올린 선이 벽기둥축선이다. 벽기둥축선과 지붕물매선, 처마높이선과의 사귐점사이의 수평거리는 처마의 돌출길이로 된다.

② 다층인 경우

처마돌출길이를 그림과 같은 작도도식에 의하여 작도 또는 계산하여 정한다. 벽기둥축선과 바닥선의 사귐점에서 바닥선으로부터 위로 60°를 돌려 그은 선과 처마높이선과의 사귐점으로부터 벽기둥축선사이의 수평거리가 처마의 돌출길이로 된다. 특수한 경우 다층건물에서 여러 지붕들 가운데서 주지붕과 같이 처마높이에 비해 지붕이 클 때에는 이 도식에 의하여 정한 처마의 돌출길이에 10~30% 정도 더 가산하여 처마의 돌출길이를 정하여야 한다.

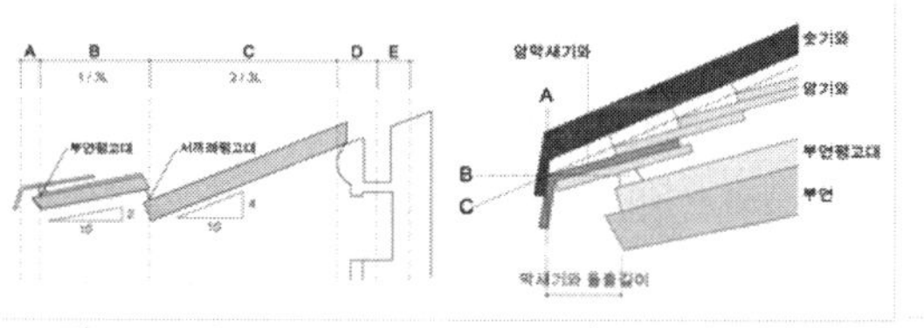

그림 13. Drafting of Rafter and Outer Rafter

그림 14. Drafting of Protruding Edge (Female) Roof tile

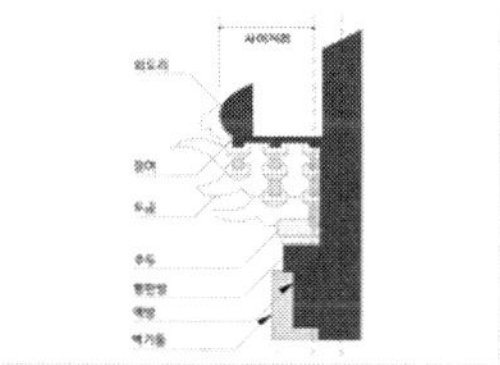

그림 15. Distance between Column Center and Outer Cross-beam

5) 서까래와 부연의 길이

처마의 돌출길이가 결정되면 벽기둥축으로부터 외도리(외목도리)까지의 거리와 암막새기와의 돌출길이를 결정하여야 한다. 그림에서 A는 암막새기와의 돌출길이로 부연평고대의 바깥면에서부터 암막새기와가 꺽이는 모서리 바깥면까지의 거리이다. B는 부연길이, C는 서까래길이로 일반적으로 서까래가 3/2, 부연이 3/1의 길이비로 한다. 처마를 형성하는데 공포의 형식에도 관련되지만 서까래와 부연의 길이 비례를 잘 정하는 것이 중요하다. 보통 서까래의 물매는 35~40%로 할 수 있는데 이때 부연의 물매는 17.5~20%로 서까래물매의 절반 정도로 하는 게 미감에 좋다. D는 벽기둥축과 외도리(외목도리)의 사이거리로 외목도리바깥면을 기준선으로 하고 두공의 형식에 따라 첨자들의 사이거리에 따라 길이가 가감된다. E는 주도리축과 벽기둥축의 사이거리이다.

6) 지붕의 물매결정

지붕의 물매는 40~60%까지 할 수 있다. 지붕의 물매는 학각지붕에서 박공눈섭지붕의 처마 선과 밀접히 연관되어 있음으로 박공형태를 잘 정하여야 한다. 지붕의 물매가 급하면 건물이 우아하고 엄하게 보이는데 궁궐건축이나 사찰건축에서 위계가 높은 정전이나 주불전에 적용하고 이때에는 지붕물매가 대체로 55~60% 정도 되게 한다. 지붕물매가 완만하면 건물이 온화하고 아늑하게 보이기 때문에 정각건물이나 살림집들에 적용한다. 완만한 지붕의 물매는 대체로 45~55% 정도로 정한다. 지붕물매가 40% 이하로 되면 지붕표면곡선에서 물매가 제일 완만한 구간에서는 기와의 물매가 거꾸로 되면서 빗물이 새게 되며 특히 선자연부분에서는 기와들이 역물매로 된다. 반대로 지붕물매가 너무 급하면 기와표면이 유약처리 되어 있음으로 기와가 아래로 미끄러져 내려가게 된다.[25]

7) 지붕의 표면곡선작도방법

지붕표면곡선은 그림과 같이 작도한다. A는 암막새기와가 꺽이는 바깥면의 모서리점 즉 처마의 돌출끝점이다. D는 용마루축선에서 지붕물매에 의한 마루 높이점이다. C는 지붕표면의 최대처짐점이고 F는 지붕의 최대 처짐 길이이다. L은 A점에서부터 D점까지 수평길이, 즉 지붕경간의 1/2길이로 용마루축선에서부터 바깥벽체축까지 길이와 바깥벽체축에서부터 벽기둥축까지 거리와 처마의 돌출길이를 합친 길이이다. H는 지붕높이이고 지붕물매선은 A점과 D점을 연결한 비탈직선이다. 지

25 『조선식건물건축설계』, 공업출판사, 1987, p.42

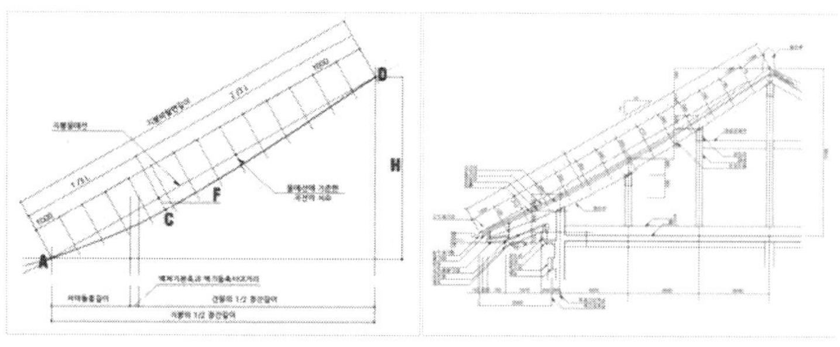

그림 16. Drafting of Roof

그림 17. Section of Modern Roof based on Traditional Roof Construction

붕표면곡선은 A점으로부터 C점을 지나 D점까지를 연결한 포물선이다. 지붕표면곡선의 최대처짐 F값은 지붕물매길이의 1/100~3/100으로 정한다. C점은 A점에서부터 지붕물매선 길이의 1/3인 지점에 있다. 지붕표면곡선은 그림과 같이 지붕물매선을 1m 단위로 나누고 나뉜 점에서 곡선까지의 처짐값을 실측하여 결정한다. 도리높이는 지붕표면곡선을 기준으로 하여 기와두께, 진흙과 지붕판두께 또한 덧서까래의 높이 등 아래로 내려오면서 계산하여 결정한다. 도리높이는 반드시 도리축선 위에서 계산하여야 한다. 지붕표면곡선에 의하여 용마루 부분과 중도리 부분, 외도리 부분의 높이를 결정하자면 국부적인 작도를 하여야 한다.

8) 지붕단면설계의 예

이상과 같이 전통목구조 방법을 바탕으로 건물의 경간 18,000mm, 처마의 돌출길이 3,000mm, 벽체의 기본축과 기둥사이의 거리 300mm, 지붕물래 55%, 중도리간격 3,000mm, 서까래 직경 200mm, 부연단면 120×170mm, 서까래평고대 높이 80mm, 부연평고대 높이 60mm, 덧서까래 난년 150×300mm, 지붕판의 두께60mm일 때 현대지붕의 단면도는 다름과 같다.

4. 지붕처마의 설계

1) 앙곡곡선높이와 안우리(안허리)곡선너비의 작도방법

한옥의 처마 선은 3차원적인 선으로 수직면에서 보이는 앙곡(조로)곡선의 들어올림과 수평면에서 보이는 안허리곡선의 휘어나가는 2차곡선이 합쳐져 만들어낸 선이다. 그래서 설계도면으로 쉽게 작도하기 어려운 곡선이고 작도법 역시 일반화되지 않아 대부분 도편수와 도문의 방법에 의해 만들어 진다. 처마 선은 처마모서리 부분의 귀서까래의 구법에서 비롯된 곡선이고 귀서까래는 건물 모서리 즉 추녀의 양쪽 옆면 부분에 쓰이는 서까래의 통칭으로 선자서까래, 말굽서까래, 평행귀서까래(나란히서까래) 등의 종류가 있다.[26] 추녀는 처마의 앙곡과 안허리곡의 정점을 이루는 부재이기 때문에 지붕곡에 맞는 형태를 취할 필요가 있다. 그러므로 곧은 부재보다는 곡에 맞게 휜 것이 이상적이라 할 수 있다.

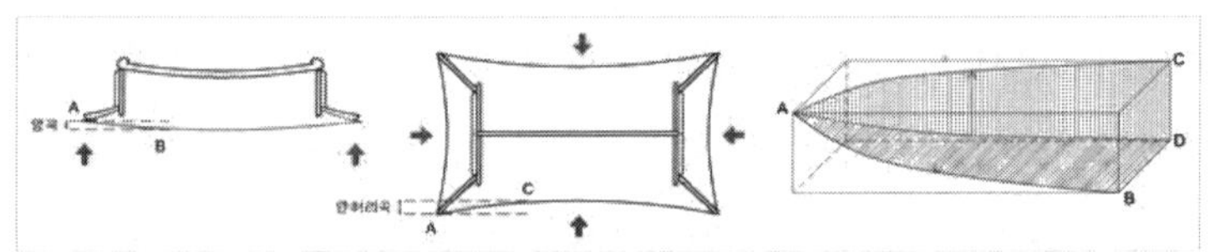

그림 18. Conceptual Drawing of Protruding Corner Line
A: Edge Point of Protruding Corner Eave, B: Knee Point of Raised Eave, C: Knee Point of Setback, D: 3-D Curvature Formed by Raised Eave and Eave's Setback

이처럼 한옥지붕에서는 처마끝의 곡선이 직선구간과 선자연구간으로 구분된다. 직선구간에서 선자연구간으로 변하는 변곡점은 그림과 같이 서까래의 각도가 변하는 곳에 있다. 이렇게 변곡점에서부터 추녀끝까지의 구간은 선자연구간으로 되며 중심 부분은 직선구간이 된다. 직선구

26 장기인, 『목조』, 보성각, 2005, 재판. p.304

간은 실제에 있어서는 직선이 아니며 지붕의 크기와 건물의 성격에 따라 처마끝 직선구간길이의 1/200~1/300 정도 되는 처진 곡선이다. 지붕의 곡선은 쉽게 수평면 위에서 본 곡선일 때에는 안허리곡선, 수직선 위에서 본 곡선일 때에는 앙곡곡선이라 한다. 일반적으로 지붕의 크기가 클수록 지붕크기에 비해 조로높이가 낮으며 반대로 지붕크기가 작을수록 지붕크기에 비해 조로높이가 높다. [그림 19]는 작도에 의해 앙곡곡선의 높이를 결정하는 방법으로 변곡점에서부터 추녀끝까지를 직선으로 연결한 각도가 10°일 때 그 높이를 조로높이로 정한다. 조로높이가 결정되면 다음은 안허리너비를 정해야 한다. 안허리너비는 일반적으로 앙곡높이를 기준으로 하여 [그림 20]과 같이 작도하든가 계산하여 결정한다.

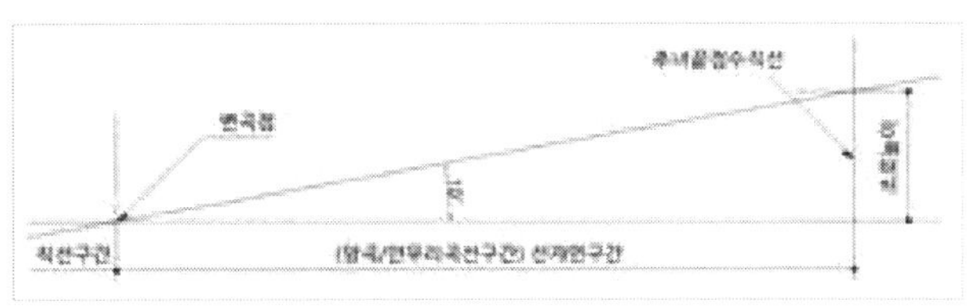

그림 19. 작도에 의해 조로높이를 결정하는 방법

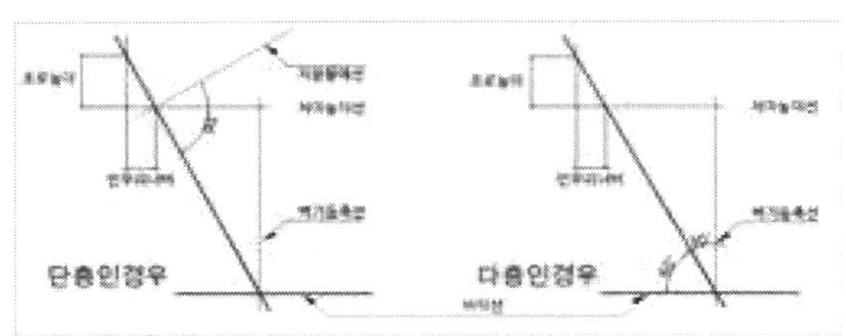

그림 20. 작도에 의해 안허리너비를 결정하는 방법

2) 처마끝 변곡점을 찾는 방법과 변곡점의 적용

처마끝 변곡점의 위치는 여러 가지 방법이 있지만 주로 두 가지로 경우가 있는데 하나는 변곡점의 위치가 중도리를 벗어나 서까래들의 초점

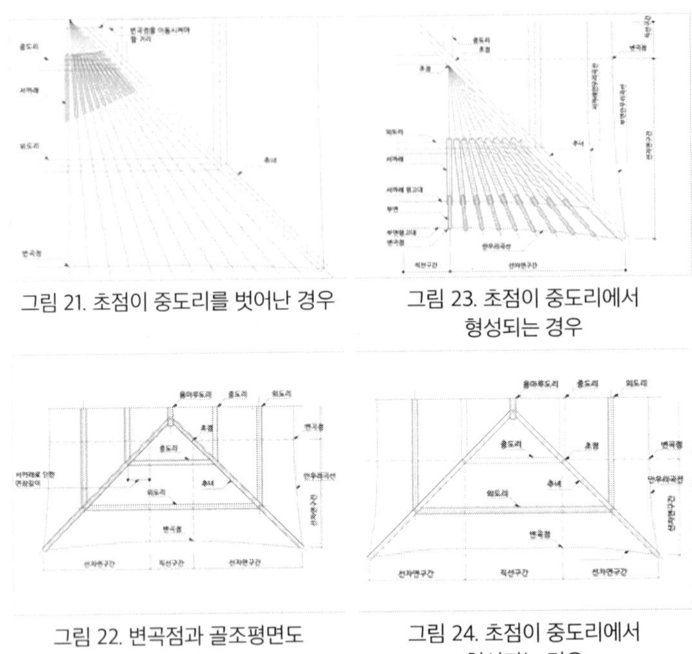

그림 21. 초점이 중도리를 벗어난 경우

그림 23. 초점이 중도리에서 형성되는 경우

그림 22. 변곡점과 골조평면도

그림 24. 초점이 중도리에서 형성되는 경우

이 형성되는 경우이고 다른 하나는 중도리에서 서까래들의 초점이 형성되는 경우이다.

책에선 [그림 21, 22]의 경우는 과거에 쓰였던 방법이고 [그림 23, 24]의 현재에 쓰이는 방법으로 기술하고 있는데 이것은 두 가지 모두 현재 우리나라의 도편수들이 주로 사용하는 선자서까래 작도 방법이다.[27] 두 가지 방법에서 차이점은 첫 번째의 경우 선자서까래의 개수가 13개로 구성되고 두 번째의 경우 10개로 형성되고 서까래의 길이 역시도 두 번째의 경우가 짧게 형성되어 재료의 경제적인 면과 지붕하중의 경량화와도 관련이 있는 것으로 판단된다.

27 김왕직, 「한옥 평연의 치목기법에 관한 연구」, 대한건축학회논문집, 제28권 6호, 2012

3) 안허리곡선의 작도방법

안허리곡선을 작도할 때에는 먼저 변곡점에서부터 추녀끝점까지 선자연구간의 길이를 정한 다음에 변곡점에서 안허리의 너비를 반경으로 하여 1/4원을 그리고 그것을 방사선방향으로 6등분한다. 이 6등분점들에서 선자연구간의 길이선에 평행선을 긋고 선자연구간을 6등분한 다음 등분점들에 번호를 붙인다. 이 6등분점들에서 가각 수직선을 긋고 같은 번호와 사귀는 점들을 그림과 같이 곡선으로 연결하면 안허리 곡선이 형성된다. 더 세밀한 곡선을 작도하려면 등분구간을 더 많이 정하면 된다.

4) 앙곡곡선의 작도방법

앙곡곡선을 작도할 때에는 먼저 그림과 같이 변곡점에서 앙곡높이를 반점으로 하는 1/4원을 그리고 그 반경을 수직으로 6등분한다. 다음 등분점들에 번호를 붙인다. 그리고 선자연 구간의 길이를 6등분하고 그점들에 번호를 붙인다. 등분된 점들에서 각각 수평·수직선을 그으면서 같은 번호선과 사귀는 점을 찾고 그 점들을 연결하면 앙곡곡선이 형성된다. 이렇게 작도한 앙곡곡선에 의해 형성된 추녀부를 더 날렵하고 부드럽게 하려면 등분점 3, 4, 5점의 구간값을 그림과 같이 수정해 작도해주면 된다.

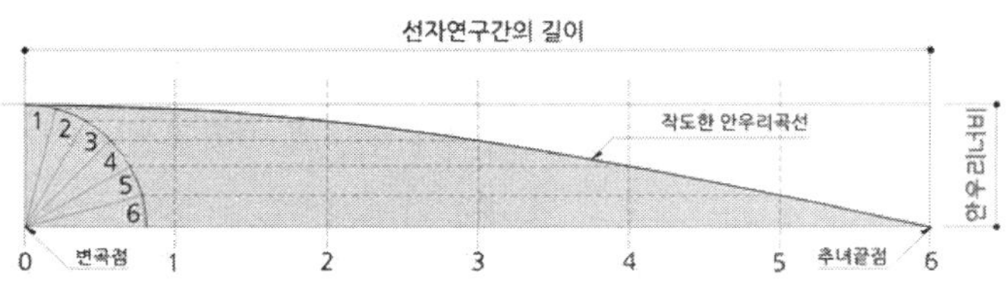

그림 25. 안우리곡선의 작도방법

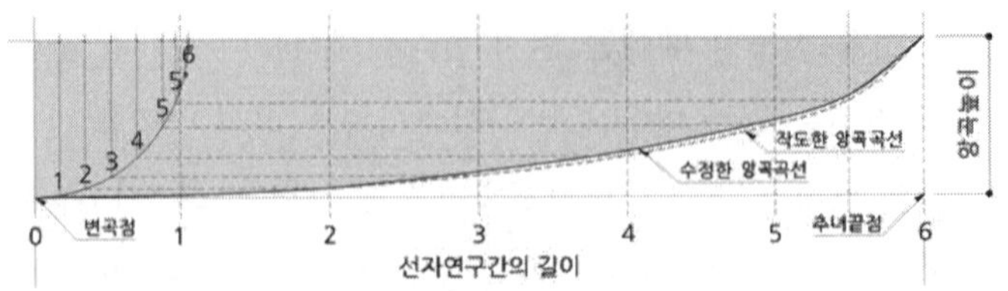

그림 26. 앙곡곡선의 작도방법

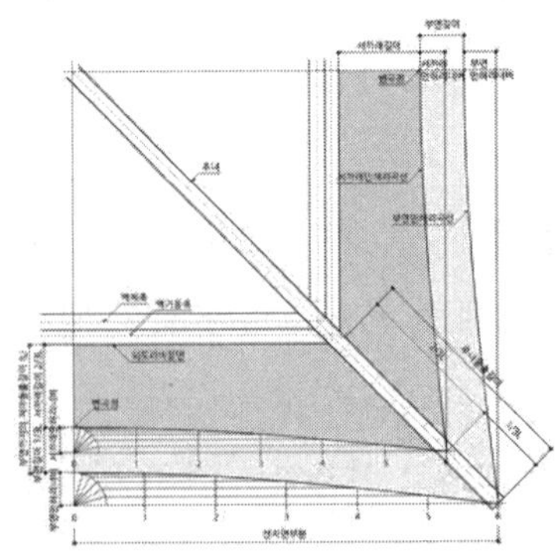

그림 27. 선자연부분의 서까래 및 부연 안허리곡선의 작도방법

부연과 서까래의 안허리 곡선과 조로곡선을 작도할 때에는 추녀부분에서 서까래와 부연의 길이를 결정해야 한다. 이 경우 추녀의 축선을 기준으로 하여 [그림 27]과 같이 안허리의 너비를 결정한다. 부연과 서까래의 안허리 곡선은 얻어진 안허리 너비를 부연과 서까래의 길이에 각각 더하여 작도하여야 한다. 그리고 서까래와 부연의 앙곡곡선은 서까래끝점과 부연끝점의 표고를 구하여 부연과 서까래의 조로곡선을 작도하여야 한다.

5) 선자연부분의 서까래와 부연의 배치방법

서까래와 부연은 그림과 같이 추녀 바깥면에서부터 시작하여 배치한다. 서까래와 부연을 배치할 때에는 먼저 초점을 찾아야 한다. 초점은 변곡점을 처마 선에 수직되는 방향으로 추녀까지 이동시킬 때 사귀는 점이다. 서까래와 부연은 부연안허리곡선을 기준으로 하여 배치한다. 먼저 추녀표면끝에서 직각인 선을 그은 다음 나눌 간격으로 점을 표시하고 그 점과 초점을 직선으로 연결한 선이 바로 첫 서까래와 부연의 축선으로 된다. 같은 방법으로 첫서까래와 부연안허리곡선이 사귀는 점에서 직각인 선을 긋고 나뉘어진 간격만한 점을 표시한 다음 그 점과 초점을 직선으로 연결시키면 그 선이 둘째 서까래와 부연의 축선이 된다. 도편수들의 용어에 의하면 추녀부터 시작되는 선자서까래의 첫 번째 것을 초장이라 하고 그다음 1, 2, 3, 4, 5, 6, 7, 8번… 그리고 변곡점의 마지막 선자서까래를 막장이라고 부른다. 이와 같은 방법으로 선자연구간의 서까래와 부연을 작도하여 배치한다.

6) 사례분석

2, 3, 4장의 전통한옥 설계방법을 통해 구현된 북한의 '신한옥'프로젝트를 살펴보면 1960년 평양대극장을 시작으로 1970년대 인민문화궁전, 국제친선전람관, 1980년대 인민대학습당이 그 대표적인 예로 들 수 있다.

분석대상은 규모 면에서나 대표성면에서 가장 화려한 인민대학습당을 분석해 본다.

건물명	건립시기	규모	구조	프로그램	지붕도	사진
평양 대극장	1960	지하1층 지상5층 연면적 29,000m^2	철근 콘크리트조	대강당 소강당		
인민 문화궁전	1972	지하1층 지상3층 연면적 53,000m^2	철근철골 콘크리트조	공연시설		
국제 친선 전람관	1978	지상6층 연면적 28,000m^2	철근 콘크리트조	전시장		
인민 대학습당	1982	지상10층 연면적 100,000m^2	철근 콘크리트조	종합사회 교육시설		

표 12. Examples of Concrete Hanoks in North Korea

인민대학습당 People's Grand Education Hall

위치 : 평양 김일성광장 앞
건물높이 : 65M
건물너비 : 최대길이기준139×168M(1:1.2)
연 면 적 : 약 100,000m^2
규모 : 10층
구조 : 철근콘크리트조
건설기간 : 1년 9개월

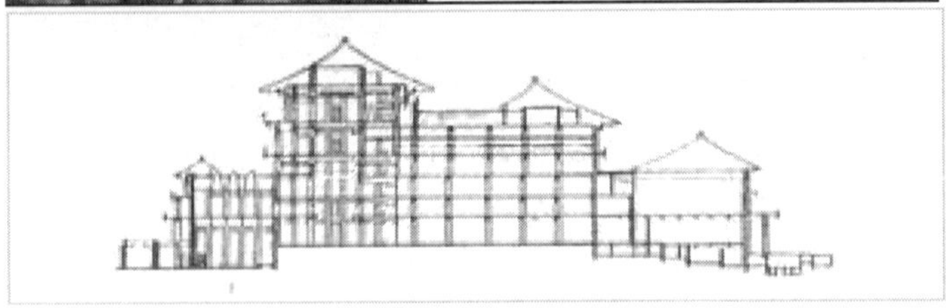

좌 : 지붕평면도 위 : 주단면도

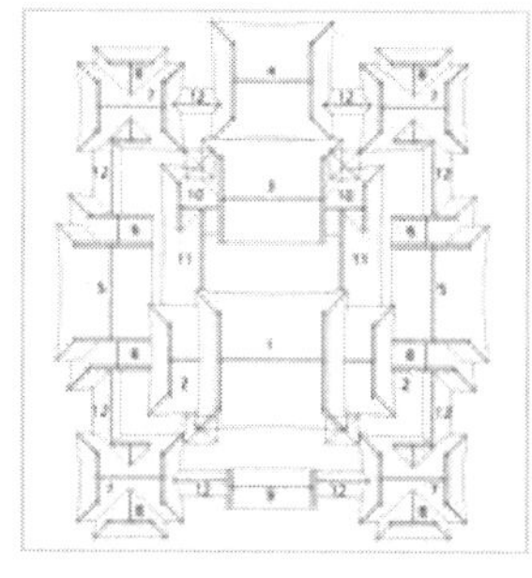

북한에 지어진 콘크리트한옥 중에 연면적 기준으로 가장 큰 규모의 건물이다. 평양대극장, 인민문화궁정, 국제친선전람관과 비슷하게 아래에 전통기단을 조성하고 그 위에 여러 개의 크고 작은 지붕들을 겹치고 맞물리는 방법으로 10개의 동을 하나로 연결하여 건축군을 형성하여 배치에 있어 궁전건축처럼 대칭성을 강조한 건물이다. 주현관위의 맞배지붕(9번)을 시작으로 건물의 네모서리에는 4면박공지붕(7, 8번)을 형성하고 회랑식 연결지붕(12번)을 이용해 4면을 연결시켰다. 양쪽 옆면에는 1면박공지붕(5, 6번)을 사용하고 중심부에는 크기가 다른 3개의 화려한 팔작지붕을 점점 높아지는 방식으로 형성하여 전체적으로 통일성과 중심성을 강조하였다. 또한 건물의 규모에서 나오는 무거움을 해소시키기 위해 낮은 곳에 배치된 건물들은 3포식으로, 그것들을 연결시키는 회랑식 건물들은 2익공식으로 처리하고 가장 높은 건물은 5포식으로 해결함으로써 높이 솟은 건물일수록 처마밑이 화려하면서 길게 돌출시켜 전통지붕선으로 가벼운 느낌으로 해결하였다. 또한 다양한 공간레벨을 이용하고 진입공간에 3층규모의 완충공간을 두고 4면 전면에 열주를 배치하였고 상층부의 공간일수록 오픈성을 강조시켜 난간을 설치하고 계좌난간을 둘러 마감하였다. 그 결과 다양한 입면과 전통지붕의 리듬감을 강조하였다. 인민대학습당에 쓰인 지붕의 크기 및 부재 등의 수치는 아래와 같다.

<table>
<tr><th rowspan="2">지붕 번호</th><th rowspan="2">지붕 너비</th><th colspan="2">부연부분</th><th colspan="2">서까래부분</th><th colspan="5">처마돌출길이</th><th colspan="5">부재단면 및 간격</th><th rowspan="2">지붕 물매</th><th rowspan="2">용마루 공시 높이</th></tr>
<tr><th>앙곡 높이</th><th>안우리 너비</th><th>앙곡 높이</th><th>안우리 너비</th><th colspan="2">기와</th><th>부연</th><th>서까래</th><th>바깥벽체축으로부터 외도리까지 거리</th><th>서까래 직경</th><th>서까래 간격</th><th>부연 단면</th><th>목지연 단면</th><th>목지연 간격</th></tr>
<tr><td rowspan="2">1</td><td rowspan="2">52,400</td><td rowspan="2">2,480</td><td rowspan="2">1,440</td><td rowspan="2">1,850</td><td rowspan="2">960</td><td colspan="5">6,700</td><td rowspan="2">350</td><td rowspan="2">800</td><td rowspan="2">240×280</td><td rowspan="2">180×210</td><td rowspan="2">800</td><td rowspan="2">55</td><td rowspan="2">480</td></tr>
<tr><td>180</td><td>350</td><td>1,520</td><td>3,050</td><td>1,600</td></tr>
<tr><td rowspan="2">2</td><td rowspan="2">19,280</td><td rowspan="2">1,630</td><td rowspan="2">980</td><td rowspan="2">1,140</td><td rowspan="2">660</td><td colspan="5">4,880</td><td rowspan="2">250</td><td rowspan="2">550</td><td rowspan="2">170×200</td><td rowspan="2">150×180</td><td rowspan="2">550</td><td rowspan="2">55</td><td rowspan="2">340</td></tr>
<tr><td>180</td><td>280</td><td>1,140</td><td>2,280</td><td>1,000</td></tr>
<tr><td rowspan="2">3</td><td rowspan="2">35,830</td><td rowspan="2">1,940</td><td rowspan="2">1,120</td><td rowspan="2">1,300</td><td rowspan="2">750</td><td colspan="5">5,830</td><td rowspan="2">300</td><td rowspan="2">660</td><td rowspan="2">200×240</td><td rowspan="2">150×180</td><td rowspan="2">660</td><td rowspan="2">55</td><td rowspan="2">410</td></tr>
<tr><td>180</td><td>300</td><td>1,350</td><td>2,700</td><td>1,400</td></tr>
<tr><td rowspan="2">4</td><td rowspan="2">39,560</td><td rowspan="2">1,900</td><td rowspan="2">1,100</td><td rowspan="2">1,270</td><td rowspan="2">730</td><td colspan="5">5,830</td><td rowspan="2">250</td><td rowspan="2">550</td><td rowspan="2">170×200</td><td rowspan="2">150×180</td><td rowspan="2">550</td><td rowspan="2">55</td><td rowspan="2">280</td></tr>
<tr><td>`80</td><td>180</td><td>1,240</td><td>2,480</td><td>1,200</td></tr>
<tr><td rowspan="2">5</td><td rowspan="2">30,580</td><td rowspan="2">1,900</td><td rowspan="2">1,100</td><td rowspan="2">1,270</td><td rowspan="2">730</td><td colspan="5">5,380</td><td rowspan="2">250</td><td rowspan="2">550</td><td rowspan="2">170×200</td><td rowspan="2">150×180</td><td rowspan="2">550</td><td rowspan="2">55</td><td rowspan="2">270</td></tr>
<tr><td>180</td><td>280</td><td>1,240</td><td>2,480</td><td>1,200</td></tr>
<tr><td rowspan="2">6</td><td rowspan="2">14,540</td><td rowspan="2">1,500</td><td rowspan="2">860</td><td rowspan="2">1,090</td><td rowspan="2">600</td><td colspan="5">4,940</td><td rowspan="2">250</td><td rowspan="2">550</td><td rowspan="2">170×200</td><td rowspan="2">120×140</td><td rowspan="2">550</td><td rowspan="2">55</td><td rowspan="2">260</td></tr>
<tr><td>180</td><td>280</td><td>1,200</td><td>2,380</td><td>900</td></tr>
<tr><td rowspan="2">7</td><td rowspan="2">27,960</td><td rowspan="2">1,360</td><td rowspan="2">780</td><td rowspan="2">870</td><td rowspan="2">530</td><td colspan="5">4,380</td><td rowspan="2">200</td><td rowspan="2">440</td><td rowspan="2">140×160</td><td rowspan="2">120×140</td><td rowspan="2">140</td><td rowspan="2">55</td><td rowspan="2">280</td></tr>
<tr><td>180</td><td>220</td><td>1,030</td><td>2,050</td><td>900</td></tr>
<tr><td rowspan="2">8</td><td rowspan="2">11,370</td><td rowspan="2">1,220</td><td rowspan="2">710</td><td rowspan="2">800</td><td rowspan="2">450</td><td colspan="5">4,170</td><td rowspan="2">200</td><td rowspan="2">440</td><td rowspan="2">140×160</td><td rowspan="2">120×140</td><td rowspan="2">440</td><td rowspan="2">55</td><td rowspan="2">230</td></tr>
<tr><td>180</td><td>220</td><td>1,023</td><td>2,047</td><td>700</td></tr>
<tr><td rowspan="2">9</td><td rowspan="2">18,620</td><td rowspan="2">150</td><td rowspan="2"></td><td rowspan="2">100</td><td rowspan="2"></td><td colspan="5">4,220</td><td rowspan="2">200</td><td rowspan="2">450</td><td rowspan="2">140×160</td><td rowspan="2">120×140</td><td rowspan="2">450</td><td rowspan="2">55</td><td rowspan="2">맞배</td></tr>
<tr><td>180</td><td>220</td><td>970</td><td>1,950</td><td>900</td></tr>
<tr><td rowspan="2">10</td><td rowspan="2">12,600</td><td rowspan="2">1,300</td><td rowspan="2">750</td><td rowspan="2">850</td><td rowspan="2">510</td><td colspan="5">4,220</td><td rowspan="2">200</td><td rowspan="2">450</td><td rowspan="2">140×160</td><td rowspan="2">120×140</td><td rowspan="2">450</td><td rowspan="2">55</td><td rowspan="2">250</td></tr>
<tr><td>180</td><td>220</td><td>970</td><td>1,950</td><td>900</td></tr>
<tr><td rowspan="2">11</td><td rowspan="2">10,800</td><td rowspan="2">1,300</td><td rowspan="2">750</td><td rowspan="2">850</td><td rowspan="2">510</td><td colspan="5">4,220</td><td rowspan="2">200</td><td rowspan="2">450</td><td rowspan="2">140×160</td><td rowspan="2">120×140</td><td rowspan="2">450</td><td rowspan="2">55</td><td rowspan="2">250</td></tr>
<tr><td>180</td><td>220</td><td>970</td><td>1,950</td><td>900</td></tr>
<tr><td rowspan="2">12</td><td rowspan="2">9,000</td><td rowspan="2"></td><td rowspan="2"></td><td rowspan="2"></td><td rowspan="2"></td><td colspan="5">3,000</td><td rowspan="2">200</td><td rowspan="2">440</td><td rowspan="2">140×160</td><td rowspan="2">120×140</td><td rowspan="2">440</td><td rowspan="2">55</td><td rowspan="2">연결지붕</td></tr>
<tr><td>180</td><td>190</td><td>643</td><td>1,287</td><td>700</td></tr>
</table>

표 13. Sizes and Design Features Applied in Roofs in People's Grand Education Hall

5. 결론

우리나라에 건설되었고 건설 중인 콘크리트나 철골구조의 한옥은 그간 전통건축장인들의 의견에 대한 수렴이나 학문적 검토 없이 현대건축 디자이너나 전통에서 보면 비주체 건설 세력들에 의해 이루어졌고 대부분 대형화된 현대건축기능에 맞추기 위하여 거대한 경사지붕형태로 대규모 건물 한두 동의 모습으로 구현되었고 그 디테일이나 구성 방식에 있어서도 전통을 수용할 만큼 섬세함과 다양성을 가지지 못해 디자인의 이단아 취급을 받거나 전통의 단순한 '재현'이나 '왜곡'이란 측면으로 평가절하되었다. 북한은 우리와 다르게 60년대부터 지금까지 약 50년동안 다작의 대규모 콘크리트한옥을 통해 많은 경험을 가지고 있는데 이것은 현대한옥의 토착화와 현대화를 위한 하나의 대안으로 가치 있는 결과물이라 생각한다. 본 연구에서 충분히 언급하지 못하고 대상 분석 및 연구의 완성도에서 부족한 점은 차후의 연구과제로 삼고 정리해 보면 다음과 같다.

첫째, 북한의 콘크리트한옥은 전통한옥의 기법들을 담고 있다. 기본적으로 전통건축의 충분한 검토를 통해 재료의 현대화를 이용하여 건설한 점이 현시대의 한옥의 기준에는 부족해 보이지만 이러한 부분은 전통의 디테일과 다양한 의장적 요소로 극복하고 있다. 2, 3, 4장에서 검토된 내용들을 기반으로 구축된 결과물로 볼 수 있다.

둘째, 전통재료의 사용은 부족하지만 현대건축재료를 통한 전통한옥의 공간수법을 다양하게 사용하고 있다. 기본적으로 한옥이 가지고 있는 채를 이용한 공간수법으로 각각의 건물들이 하나의 건축군을 형성해 내고, 다양한 지표레벨을 이용하여 한옥의 맛을 내고 있다.

셋째, 현대의 대형공공건물에 적합한 하나의 모델로 그 가치가 있다. 국내에도 한옥의 지원정책에 의해 규모있는 공공건축물들이 지어질 가능성이 높아지고 있고 현재 지어졌거나 진행중인 몇몇 프로젝트들이 있다. 전통목구조와 전통재료로만 구현되는 건축물에만 그 중심을 두면 현대한옥의 '기능성'과 '다양성'을 보장하지 못하고 같은 형식의 건물을 양산할 문제점도 무시할 수 없다.

종합해보면 북한의 콘크리트 한옥은 전통의 맥락적 연구를 통하여 현대건축 이념에 부합하는 재료의 사용, 기술의 활용, 건축형태, 공간구성을 통해 신한옥의 정체성을 새롭게 제시하는 하나의 과정으로 가치 있는 성과로 평가할 수 있으며 우리나라도 이러한 시도를 전통의 맥락을 잇는 관점에서 시도하고 접근해야 할 것이다. 전통에 정통한 많은 전통한옥 건축가들이 향후 현대한옥에 대한 계속적인 연구를 기대한다.

참고문헌

리화선, 『조선건축사(1)』, 과학백과사전종합출판사, 1989

리화선, 『조선건축사(2)』, 과학백과사전종합출판사, 1989

『조선식건물건축설계』, 공업출판사, 1987

장기인, 『목조』, 보성각, 2005

박언곤, 『韓國建築史 講論』, 文運堂, 1988

김동현, 『한국목조건축의 기법』, 발언, 1993

성대철, 「한국전통목조건축의 비례체계에 관한 연구」, 2011, 조선대 박사논문, 성대철

김준봉, 『중국 속 한국전통민가』, 청홍, 2006

김준봉 외1, 『온돌 그 찬란한 구들문화』, 청홍, 2007

전봉희, 『현 단계 한옥활성화의 제문제』, 한옥의 현대화와 미래, 건축도시공간연구소, 2008

金俊峰, 中國 朝鮮族民居, 2009, 中國民族出版社

이강민, 『한옥의 정의와 범위』, 한옥정책 BRIEF NO. 2, 2011

김종헌 외 1, 「철골조 한옥역사를 위한 디테일 개발 사례 연구」, 한국철도학회, 2003

김왕직, 「한옥 평연의 치목기법에 관한 연구」, 대한건축학회논문집, 제28권6호, 2012

『기기국 번사창 정밀실측조사보고서』, 종로구청, 2009

『한옥의 정의와 개념정립』, 문화체육관광부(서울시립대 산학협력단), 2006

『한옥 건축 기술기준 등 연구』, 국토해양부, 2009

오현탁, 「전통건축의 지붕기울기 변화 요인에 관한 연구」, 서울대 석사논문, 1999

문화재청 홈페이지

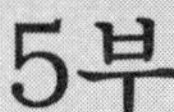

5부

흙건축과 온돌(구들)

1장　흙의 이해 - 흙건축 - 건강한 집

국제온돌학회 편집

1. 황토(黃土)

1) 개념

황토란 말은 보통 두 가지 의미로 이해하여야 하는 게 일반적인 견해인데 하나는 바람에 의해 운반되어 쌓인 황색의 광물질(Silt 또는 Loes)로 봄철에 중국의 고비사막에서 날아오는 황사가 토양에 쌓여 오랫동안 퇴적된 것이고 하나는 암석의 풍화작용에 의해 지표 근처에 만들어진 황색 내지 황갈색 토양을 일컫는 말로 황토(黃土)와 자토(紫土), 적토(赤土) 등으로 나누어진다.

2) 황토의 주 구성물질

황토는 주성분의 50% 이상이 석영, 장석 및 산화철, 점토광물

→ 황토의 색깔을 좌우하는 것은 산화철(FeO)

3) 성질 및 효능

이온교환 성질 : 노화방지나 다이어트를 위한 머드팩 또는 지장수로 이용되는데 쉽게 '이온교환'이란 말은 사람의 인체 내에 있던 유기성 노폐물이 머드나 지장수 속에(지올라이트 성분) 흡수되고 반대로 황토성분 내의 유익한 무기물질이 체내로 교환되어 들어오는 것을 말한다.

* 황토의 다공질(多空質) : 황토를 현미경으로 관찰해 보면 수많은 다공질

→ 여름철에는 습기를 머금는 보습작용과 건조한 겨울철에는 머금고 있던 습기를 방출하는 방습작용

→ 여름은 시원하고 겨울은 따뜻한 보냉과 보온작용, 악취제거, 방음작용 등이 뛰어난 것으로 알려져 있다.

* 중금속. 방사성물질 흡수와 분해작용

* 유효미생물의 산실 : 황토 속에는 1Spoon당 약 2억 마리의 미생물이 산다.(살아있는 생명체 덩어리)

이러한 미생물이 행하는 많은 역할 중에서 인체의 대사작용 과정에서 과산화지질이라는 독소가 발생하면 노화현상이 오는데 이때 양질의 황토(흙) 속에 몸을 넣고 있으면 흙의 강한 흡수력으로 체내 독소인 과산화지질이 중화 내지 희석되어 노화현상을 방지하는 작용을 하기도 하고(카탈라아제) 또한 프로테아제라고 하여 단백질 속의 질소가 무기화될 때 단백질을 아미노산으로 가수분해시키는 작용을 하여 동물성 폐기물의 단백질이 포함하고 있는 질소가 가수분해를 거쳐 아미노산으로 무기질화시키면서 흙 속의 정화와 분해에 탁월한 역할을 하기도 한다.

이 밖에도 황토 속에는 디페놀 옥시디아제(Diphenol Oxidase), 시카라아제(Saccharase) 등이 있어 인체에 여러 가지 유익한 작용을 해 준다.

점성(粘性)을 살펴보면 황토가 가지는 이 점성은 황토를 천연건축 자재로 활용하는 데 큰 역할을 하는 것이다. 그러나 크랙이 많이 가는 단점을 보완하는 획기적인 기술이 개발이 요청된다.

4) 분포도

황토는 강화도와 서남해안 일대를 비롯한 한반도의 전역에 분포하고 있는데(태백산맥 지역 제외) 특히 지리산 일대에 양질의 황토가 많은 것으로 알려지고 있다. 이는 토기의 원료가 되는 고령토가 지리산 주변의 하동이나 산청에 많이 매장되어 있는 것으로 보아 이런 고령토의 분포와 밀접한 관계가 있는 것으로 보여진다.

태백산맥 일대인 강원도와 경북 북부지역에는 황토가 거의 찾아볼 수가 없는데 이것은 태백산맥이 해저에서 융기된 지형인데서 연유할 것이다. 그러나 강릉, 동해, 삼척 등 동해안에 인접된 부근에서는 약간의 황토대가 있다고 알려져 있다.

2. 원적외선

1) 원적외선(遠赤外線)이란 무엇인가?

우리가 흔히 겨울철에 "햇볕이 따뜻하다."라고 했을 때 이는 적외선의 작용에 의한 것으로써 온열감을 의미하는 것이며, 또 "햇살이 따갑다."라고 했을 때 이것은 자외선의 작용에 의한 것이며 파장이 짧은 자외선이 우리 몸에 작용하여 피부를 손상시키는 역할을 했기 때문이다.

적외선을 좀 더 자세히 설명한다면 물체에 열이 가해지면 처음엔 온열감이 오다가 점차 뜨거워지면서 그 물체의 색깔이 암적색에서 푸른색으로 변하고 그 다음엔 흰색으로 변해 가는 것을 알 수가 있는데 이 현상을 우리는 Stefan-Boltzman의 법칙이라고 하며 어떤 물체의 온도가 상승하면 빛도 강해지며 파장은 짧아지는 이치를 밝힌 것이다.

우리 인체의 피부 표면온도 :

외기 온도 32°→ 29°, 외기 온도가 영상 7°→ 약 15° 정도,

→ 우리 몸은 외기 온도와의 차이가 10도 이상 되면 "춥다"라는 느낌을 갖는다.

Radio파 TV파 적외선 가시광선 자외선 X선
100~1,000m 1~10m 3μm ________ 0.2μm
파장 길어짐 ⟵⟶ 파장 짧아짐

종류별 파장의 길이

위의 그림에서 가시광선은 여름철에 소나기가 내린 후에 볼 수 있는 무지개나 뉴튼(Newton)의 프리즘을 통해 확인할 수 있는 빨, 주, 노, 초, 파, 남, 보라의 7가지 색깔을 의미하며 이 중 가시광선의 좌측 끝에 존재하는 빨강(赤)의 바깥에 존재하는 것을 적외선(赤外線, Infrared ray)이라 하고, 마찬가지로 가시광선의 우측 끝에 있는 보라색의 바깥에 존재하는 것을 자외선(紫外線, Ultraviolet rays)이라고 한다.

그런데 적외선은 빨강(赤) 쪽에 가까이 있는 근적외선(近赤外線)과 빨강(赤) 쪽에 멀리 있는 원적외선(遠赤外線)이 있는데 우리가 인체에 이롭다고 하는 것이 바로 이 원적외선인 것이다.

2) 왜 원적외선이 우리 몸에 좋은가?

절대온도로 0도 이상되는 열을 가진 모든 분자는 운동을 하고 이때 원적외선을 방사하는데 이때의 물질 즉, 분자가 진동하는 파장대와 빛이 진동하는 파장대가 서로 비슷할 때 공명현상(共鳴現狀)이 일어나게 되는데 이것을 '공진작용'이라고 한다.

그런데 우리 인체 분자의 파장대는 3μm정도 되고 바로 이 원적외선의 파장대가 인체분자의 파장대와 비슷한 3μm정도가 되어 서로 공진작용을 일으켜 피부 깊숙이 작용하게 되는 것이다.

3. 흙의 기능적 특성

1) 흙은 친환경성 재료이다

표 1. 각 재료에 따른 에너지 소비효율

	소성제품	시멘트	강재	알루미늄	합성수지 제품	흙
에너지 소비율 (kcal, kg)	900	1,160	7,400	73,072	22,000	5

다른 재료에 비해 제품을 생산하는데 소비되는 에너지가 적기에 흙을 사용한 2차 제품은 생산 시 에너지소비가 적으며 사용 후 폐기 처분할 때 Recycle, Reuse가 가능하여 일반적인 콘크리트에 비해 폐기물의 양이 적다. 예를 들어 교토의정서에 따르면 선진국은 2050년까지 철근소비를 현재사용량에서 90%, 알루미늄 85%, 시멘트 80%만큼 줄여야 한다. 흙은 이러한 현실에 대한 좋은 해결책이 될 수 있을 것이다.

2) 습도 조절 능력이 우수하다

표 2. 흙과 시멘트의 습도조절 능력 비교

	흙	시멘트
흡수량(g/㎠)	3.08	0.81
방출량(g/㎠)	2.33	0.42

콘크리트로 둘러싸인 현대건물은 자체적인 습도조절능력을 가지지 못하므로 에어컨디셔닝 장치 등으로 한 인위적인 조절만이 가능하다. 하지만 황토는 외부가 습하면 자체적으로 흡수하였다가 외부가 건조해지면 수분을 방출하는 특성이 있어 자체적인 습도조절능력이 있다. 황토는

시멘트에 비하여 수분의 흡방출능력이 3~4배에 달한다.

3) 항균성능이 우수하다

표 3. 각종 물질로 된 용기에 물을 넣은 후, 1일 경과시 대장균 정도

시험체	배양시험 기간별 곰팡이 생성			
	1주후	2주후	3주후	4주후
황토모르터	0	0	0	0
시멘트모르터	0	0	0	0

황토용기와 시중에서 비싼 값으로 거래되고 있는 바이오용기 콜라나 사이다병으로 쓰이는 PET병 그리고 비닐에 각각 물을 담아 둔 후 하루가 지나 물속의 용존 산소량과 대장균 마리 수를 확인하였다. 이 실험결과 황토 제품 속의 물이 용존 산소량이 많았으며 대장균 억제효과가 탁월함을 알 수 있다.

4) 항곰팡이 성능이 우수하다

표 4. 황토모르터의 시간경과에 따른 탈취율

경과시간(분)	Blank농도(ppm)	시료농도(ppm)	탈취율(%)
0	500	500	-
30	490	60	88
60	480	40	92
90	460	20	96
120	450	10	98

황토모르터는 곰팡이를 강력하게 억제하여 화학재료인 시멘트모르터에 뒤지지 않는 것은 시사하는 바 크다.

5) 탈취율이 높다

표 5. 황토모르터의 시간경과에 따른 탈취율

경과시간(분)	Blank농도(ppm)	시료농도(ppm)	탈취율(%)
0	500	500	-
30	490	60	88
60	480	40	92
90	460	20	96
120	450	10	98

표 5-1. 시멘트모르터의 시간경과에 따른 탈취율

경과시간(분)	Blank농도(ppm)	시료농도(ppm)	탈취율(%)
0	500	500	-
30	480	220	54
60	470	200	57
90	450	180	60
120	440	170	61

[표 5]에서 보는 바와 같이 100%에 가까운 탈취성능으로 인공탈취제가 아닌 자연적으로 탈취할 수 있음을 알 수 있다. 이러한 강력한 탈취력을 악취에 대한 쾌적한 실내환경을 창출할 수 있다.

6) 적조방지능력이 우수하다

표 6. 황토의 시간경과에 따른 적조제거율

경과시간(분)	적조 미생물 마리수(마리/ ℓ)	
	대조구	황토첨가구
0	400	440
10	340	80
30	360	40
60	300	40

우리의 청정해역을 훼손하는 적조는 심각한 사회문제이다. 황토는 적조를 일으키는 미생물을 제거하는 데 강력한 효능이 있어 적조방 지제로 사용 되고 있다.

7) 실온유지능력이 우수하다

표 7. 각 재료별 바닥 표면온도

	시멘트모르터 시스템의 바닥온도(℃)	황토모르터 시스템의 바닥 온도(℃)
난방 진행중	34.93	36.29
난방종료 30분	28.19	31.91
난방종료 1시간	25.93	27.40

황토는 방열효과에 의하여 난방시 바닥의 온도를 높여주고 축열성으로 난방 종료 후 시멘트모르터보다 높은 온도를 지속하게 된다. [표 7]에서 보듯 동일한 온도의 온수를 공급하여 난방을 하였을 때 시멘트모르터에 비하여 높은 온도를 유지한다.

난방 중에 황토모르터의 온도가 더 낮은 경우라 할지라도 난방 종료 후 연속난방시에는 약 4시간 후 간헐난방인 경우에는 약 2시간 40분 이후 온도역전이 발생하여 시멘트모르터보다 더 높은 온도를 오랫동안 유지하게 됩니다.

8) 방열효과가 우수하다.

표 8. 열화상 측정값

종류	열화상 측정(40℃ 기준)
황토모르터	39.6℃
시멘트모르터	34.2℃

황토는 같은 온도의 열이 공급되었을 때 시멘트모르터에 비하여 높은 방열온도를 나타낸다. 40℃의 열을 공급한 경우 시멘트모르터의 최고 방열온도는 34.2℃인데 비하여 황토모르터의 최고 방열온도는 39.6℃에 달하고 있다. 이러한 성능을 이용하면 에너지절감형 온돌시스템을 구현할 수 있다.

9) 원적외선방사량이 우수하다.

태양광선은 자외선 가시광선, 적외선으로 분류되는데 자외선은 살균 등의 화학적 작용을 주로 하며 가시광선은 우리가 인지할 수 있는 빛으로서 우리가 흔히 태양빛이라고 하면 이 광선을 말한다. 적외선은 생물의 생체작용과 관련있는 빛으로서 파장이 대략 0.78㎛~1000㎛의 파를 말하며 가시광선과 가까운 영역의 적외선을 근적외선 파장이 더 긴 쪽을 원적외선이라 하는데, 좀 더 세밀하게 말하면 학설에 따라 여러 분류 방법이 있으나 0.78㎛~3㎛ 정도를 근적외선 3㎛~6㎛ 정도를 중적외선 6㎛~15㎛ 정도를 원적외선으로 15㎛~1000㎛을 극적외선으로 분류하고 있다.

원적 외선방사효과에 대한 보고는 다음과 같이 분류정리 될 수 있다.

① 물의 분자운동을 활성화하여 인체의 세포운동을 촉진시킴으로써 활력을 증진시킨다.

② 공명 흡수작용에 의해 물질의 분자운동을 유발하여 신진대사를 촉

진한다.

③ 온열효과에 의해 모세혈관운동을 강화하여 혈액순환을 촉진한다.

우리나라에는 황토의 약리작용에 대하여 여러 가지 뛰어난 효과가 기록되어 있는데 이는 황토가원적외선을 많이 방사하기 때문이라고 알려져 있다. 원적외선이 인체에 미치는 영향과 그 효과는 본격적인 의학적 문제로 원적외선의 효과에 대한 인정 여부로 기존학계에서 첨예하게 대립되어 있다. 여기에서는 다만 황토가 시멘트에 비하여 원적외선방사량이 많다는 것을 확인하였는데 원적외선효과가 인정된다면 황토는 효율적인 재료라고 할 수 있다.

표 10. 건축재료에 따른 원적외선 방사율 및 열화상 측정치

종류	원적외선 방사율	열화상 측정(40℃ 기준)
황토모르터	0.93	39.6℃
시멘트모르터	0.86	34.2℃

2장　흙건축의 단열과 구들

황혜주

1. 서언

자연환경을 대상으로만 인식하고 이를 무분별하게 개발하여 오직 사람만의 안위와 안락을 도모해 온 인류는, 심각한 생존 파괴의 위협에 직면하게 되었다. 이러한 위협에 직면한 인류는 자연환경과 더불어 살아갈 수 있는 지혜를 탐구하면서 건축 분야에서도 인간만을 위한 건축이 아니라 자연환경과 더불어 살 수 있는 새로운 건축을 모색하게 되었다. 자원과 에너지를 생태학적 관점에서 활용하고, 폐기물을 줄여 환경에 대한 충격을 최소화하는 건강하고 쾌적한 조건을 갖춘 건축을 지향하기 시작한 것이다.

바람과 물, 에너지와 물질이 순환하여 지구환경 보존과 인간의 건강한 생활을 담보할 수 있는 미래형 주거로서 우리의 전통양식은 새로운 가능성을 보여주고 있다. 특히 바닥난방에 의존하는 우리의 생활양식은 전통구들에 대한 관심을 다시 불러 일으키고 있으며, 이러한 구들을 고찰하는 것은 의미있는 일이다.

이 글에서는 흙건축의 기본이해를 통하여, 흙의 특성을 환기시키고, 난방효율을 높여 에너지를 저감하는 기본 전제조건인 단열에 대하여 살펴본 후에, 이어서 간편구들의 개념과 구성을 고찰하여, 전통구들을 간편하게 놓을 수 있는 구들을 알아봄으로써 전통구들의 확산과 새로운 구들의 발전 가능성을 도모하고자 한다.

2. 흙건축의 기본이해

1) 흙건축 재료

흙이란 암석이 풍화되어 생긴 것으로서, 점토분, 실트, 모래, 자갈로 구성되어 있다. 흙은 이 구성 요소의 다소에 따라서 점토질 토양, 모래질 토양 등 여러 성질을 지닌 흙이 된다. 점토분은 입자가 2㎛이하의 것으로서 흙의 특성을 좌우하는 것이고(지장수라고 하는 것은 흙 중에서 이 점토분의 성질을 이용한 것이다.) 실트는 2㎛에서 0.074mm 정도의 입자이며 모래는 0.074mm에서 5mm 정도까지의 입자이고 그 이상은 자갈이다. 실트와 모래, 자갈은 그 성질이 거의 같으며 다만 입자크기로 인하여 그 특성이 다르게 된다. 콘크리트 골재로서는 흙 중에서 점토분과 실트를 제외한 모래와 자갈만을 사용하게 된다.

흙건축에서 좋은 흙이란 주위에 가까이 있고 구하기 쉬운 흙이 가장 좋은 흙이라고 할 수 있겠는데, 이는 신토불이와도 무관하지 않을뿐더러 흙집을 지었을 때 주변 여건과의 조화되는 점과 수송비 등 경제적 측면을 고려할 때 더욱 그러하다. 따라서 어떠한 흙이라도 균열이 가지 않고 튼튼한 집을 지을 수 있도록 하는 기술이 필요하며, 이러한 기술은 흙의 구성 요소들의 입자를 조절하는 최밀충전(Optimum Micro-Filler Effect)원리에 의한다.[표 1]

가능한 시멘트를 섞지 말고, 화학수지를 쓰지 않아야 하며, 아울러 흙은 굽지 않았을 때 흙이며, 일단 구으면 흙의 많은 특성을 잃어버리므로 굽지 않고 사용하는 것이 바람직하다. 좋은 흙재료란, 흙집에 사용된 후에 폐기되었을 때 다시 그 흙에 배추를 심어 재배할 수 있도록 하는 것이 가장 좋은 흙집재료라고 생각된다.

흙은 오래전부터 사용하여 온 전통적인 소재[1]인데다가 주위에서 흔하여 구하기 쉬운 재료이며 값도 싸서 새롭게 주목받고 있는 재료이다. 또한 사용하고 난 다음에 폐기물을 남기지 않고 자연으로 순환되며, 동식물의 생육에 좋은 영향을 미치고, 자재를 생산하기 위한 원에너지가 극히 낮은 재료이다. 선진국은 2050년까지 철근 소비를 현재 사용량에서 90%, 알루미늄 85%, 시멘트 80% 만큼 줄이려 하는데, 흙이 아니면 어떻게 해결할 수 있겠는가?[2]

표 1. 최밀충전의 기본개념

	입자배열	인력
	단일 크기의 입자들로 채워진 배열. 입자사이의 공극이 크다.	공극이 많다는 것은 입자 사이의 간극이 멀다는 것을 의미. 뉴튼법칙에 의한 인력이 작다.
	다양한 크기의 입자로 채워진 배열. 입자 사이의 공극이 작다.	공극이 적다는 것은 입자사이의 간극이 가깝다는 것을 의미. 뉴튼법칙에 의한 인력이 크다.

1 "흙건축은 일만 년의 역사를 갖고 있다. 인류가 건설한 최초로 도시는 바로 흙을 이용한 것이었다." 퐁피두 센터(Jean dethier)와의 인터뷰

2 CRATerre 부소장 Hugo Houben 인터뷰(2003. 4. 30. KBS 수요기획 세계의 흙집)

2) 흙건축 공법

표 2. 주요 흙건축 공법의 분류 (진하게 표시한 것이 흙건축 5대 공법임)

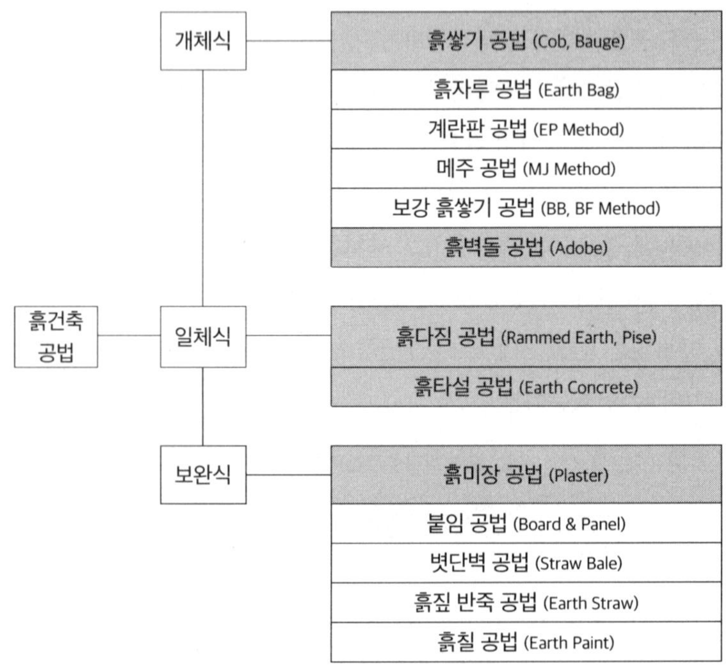

흙건축의 공법은 사용재료별로 분류하는 방법, 구조내력에 따라 분류하는 방법, 역사적 전개에 따라 분류하는 방법, 구축방법에 따라 분류하는 방법이 있다. 사용재료에 따라 재래식(저강도식)과 고강도식으로 나뉘고, 구조내력에 따라 내력벽식, 비내력벽식으로 나누며, 역사적 전개에 따라 흙쌓기, 흙벽돌, 흙다짐, 흙타설 그리고 흙미장으로 변화되어 왔고, 구축방법에 따라 개체식, 일체식, 보완식으로 나뉘는데, 현재 가장 일반적으로 통용되는 것은 구축방법에 따라 분류하는 것이다.

개체식은 흙을 일정한 크기의 단위개체로 만들어 쌓는 방식이고, 일체식은 벽체를 일체로 만드는 방식이며, 보완식은 다른 벽체나 틀에 바르거나 붙이는 방식이다. 각 방식의 대표격인 흙쌓기, 흙벽돌, 흙다짐, 흙타설, 흙미장을 흙건축 5대 공법이라고 한다. 이러한 공법들은 흙건축 공법의 가장 기본적인 것이며, 이를 응용한 여러 가지 공법이 나올 수 있으며, 단독으로 쓰이거나 혹은 두 가지 이상 병용 사용하여, 여러 가지 다양한 공법으로 재구성될 수 있다. 이러한 흙건축 공법을 정리하면 다음 [표 2]와 같다.

3. 흙건축과 단열

에너지 저감을 위한 여러 방안들 중에 생태적인 특징을 강조한 단열 방안들은 이중심벽, 단열흙블럭, 단열흙다짐, 이중외피 등이 있는데, 여기서는 이중심벽과 단열흙블럭을 중심으로 살펴본다.

1) 이중심벽

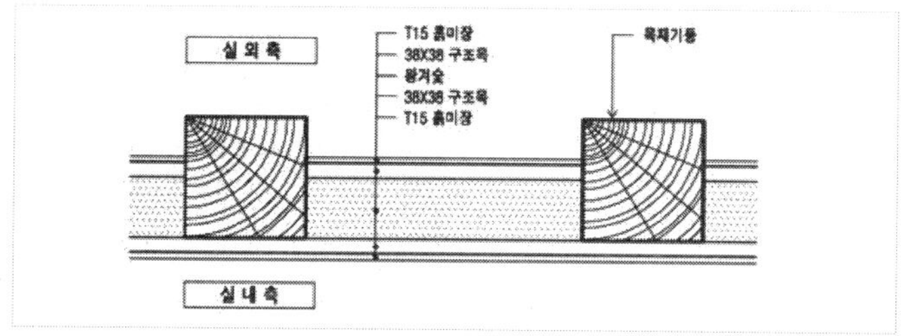

이중심벽은 기존 심벽을 보완하여 고안되었는데, 전통건축의 심벽을 이중으로 설치하고 그 가운데 부분에 단열재를 채워 만든다. 심벽은 대나무로 외를 엮기도 하고 각목을 붙일 수도 있고, 여기에 흙을 붙이고 흙미장 마감을 하여 완성한다. 단열재로는 자연재료인 훈탄이나 왕겨를 가장 많이 사용하며 경우에 따라 펄라이트나 다른 단열재를 사용할 수도

있다. 기둥·보 구조와 이중심벽은 기존흙벽의 단열성을 증가시켜 단열에 취약한 한옥이나 재래식흙집의 단점을 보완할 수 있는 대안이 될 수 있을 것이다. 기둥은 한옥의 경우 목재기중을 사용하지만, 흙집에서는 흙기둥으로 한다. 이중심벽은 아래 그림처럼 기둥 사이에 두 겹으로 벽체를 설치하여 흙이 기둥을 덮게 됨으로써, 흙과 나무의 팽창계수 차이로 인한 균열을 막을 수 있게 되는 장점이 있을 뿐 아니라 왕겨숯을 넣는 두께를 조절하여 각 지방에 맞는 건축법의 단열규정을 지킬 수 있다.

2) 단열흙블럭

이 단열방식은 단열흙블럭을 이중으로 쌓고, 그 사이 공간에 훈탄이나 왕겨같은 자연단열재료를 채워서 단열성능이 높은 벽체를 구성하는 것이다. 기존의 벽돌 이중쌓기와 유사한 개념이지만 기존벽돌이 가지는 단열성이 취약한 부분을 단열흙블럭(열전도율 0.1W/mK내외)을 사용하여 개선한 점이 특징이다. 단열흙블럭은 속기둥 방식과 외부기둥 방식으로 활용한다.

표 3. 단열흙블럭 개념과 사례

속기둥 방식 개념(외부에 단열흙블럭, 속에 흙기둥 설치)

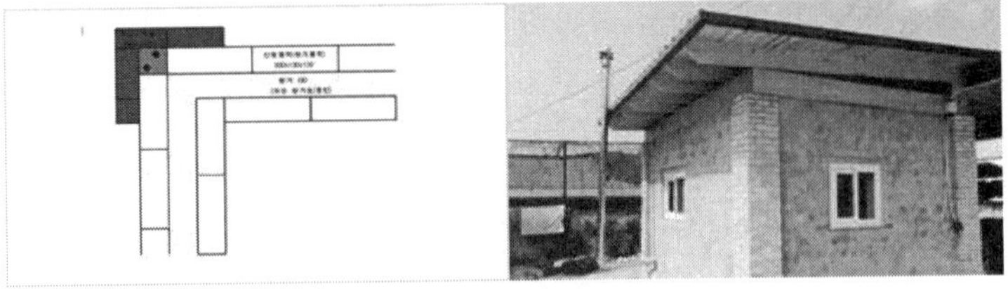

외부기둥방식 개념(외부에 벽돌기둥, 내부에 단열흙블럭 설치)

4. 흙건축과 구들

바닥난방에 의존하는 우리의 생활양식은 전통구들에 대한 관심을 다시 불러일으키고 있는데, 흙의 열적 특성을 잘 살린 것이 구들이다. 아궁이에서 불을 지펴 열기를 보내 방바닥에 깔린 돌을 데우는 축열식 난방으로서 복사와 전도, 대류의 열전달의 3요소를 모두 갖춘 독특한 난방기술이다. 아궁이로부터 만들어진 불의 열기로 방바닥 아래의 고래를 따라 열이 이동하면서 바닥 및 구들장 돌과 흙에 열이 저장되고 이것이 서서히 방열되면서 실내 온도를 따뜻하게 할 뿐 아니라 쾌적한 실내 환경을 유지시킨다. 불의 열기뿐만 아니라 인류가 오랫동안 불필요하게 여겼던 연기도 난방의 핵심으로 활용하는 생활과학으로서, 인류역사와 첨단과학을 통틀어 가장 합리적인 난방기술이라고 할 수 있다.

그러나 이러한 구들은 여러 가지 장점에도 불구하고 시공하기가 어렵고, 상당한 바닥높이를 확보해야 하는 어려움이 있다. 이러한 난점을 해결하여 간편하게 구들을 놓을 수 있는 간편구들과 신구들은 시공상의 용이성으로 인해 한옥이나 일반 주택에서 다양한 적용이 가능하다. 간편구들과 신구들은 강제 순환식 팬을 이용한 구들로서, 기본적인 구조는 전통구들의 연소 - 채난 - 배연의 구조를 따르고 있으며, 전통구들의 열전달 원리 및 열효율을 활용하여 비용과 시공성을 개선한 구들이라고 할 수 있으며, 강제식 순환방식으로 연기의 실내유입이 적어서 실내에 벽난로와 결합한 형태로 시공이 가능하다.

전통구들은 아궁이부터 방바닥까지가 900mm 정도로 두꺼운 반면 간편구들과 신구들은 바닥두께를 150~300mm로 최소화할 수 있다. 재료를 구하기 쉽고, 비숙련자도 비교적 쉽게 시공 가능하며, 강제 순환식 팬을 활용하여 열기순환을 원활하게 할뿐만 아니라 초기 발생된 연기의 배출을 도움을 준다. 강제 순환식 팬은 속도조절기를 부착하여, 불을 때는 초기에는 빠른 속도로 돌리고, 어느 정도 불이 타면 속도를 느리게 하여 열기를 보존할 수 있다. 개량구들이 아니라 간편구들이나 신구들이라고 한 것은, 개량이란 좋지 않은 것을 좋게 고치는 것인데, 전통구들이 가장 좋은 것이므로 고친다는 데 주안점을 둔 게 아니라, 좋은 줄 알지만 여건이 허락하지 않아 어쩔 수 없을 때, 간편하게 한다는 의미이다.

[표 4]는 고래 설치 기본방식인데, 이러한 방식을 다양하게 결합하여 고래를 설치한다. 열이 들어가는 쪽은 병렬식으로 하고, 나가는 쪽은 직렬로 하되 많은 굴곡을 주어 열이 쉽게 빠져나가지 못하게 하는 것이 좋다. 신구들을 설치할 때, 고래 높이는 벽돌 1~2장 내외를 쌓아서 75~150mm 정도로 하며, 간격은 150~250mm 내외로 하면 좋다. [표 5]는 간편구들, [표 6]은 신구들의 설치모습이다.

표 4. 고래 설치 기본방식

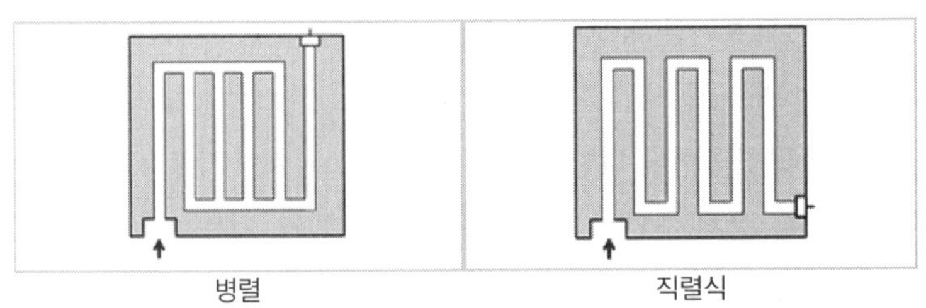

병렬 직렬식

표 5. 간편구들의 설치

① 단열재(펄라이트) 깔기 및 고정용 와이어메쉬 설치

② 고래관 조립 (φ125mm)

③ 고래관 설치

④ 흙 메우기(고래 형성 및 고래관 고정)

⑤ 와이어 메쉬 깔기
(열전도 향상, 균열방지)

⑥ 흙 메우기 및 바닥미장

표 6. 신구들의 설치

① 자갈과 흙으로 바닥 되메우기

② 구들벽돌을 놓기 위해 바닥에 간격표시

③ 신구들 벽돌놓기

④ 판석(500x500x50mm) 덮기

⑤ 판석위에 와이어메쉬깔기
(균열방지 및 열전달향상)

⑥ 바닥 미장으로 마무리

5. 결어

이 글에서는 흙건축의 기본이해를 통하여, 흙의 특성을 환기시키고, 난방효율을 높여 에너지를 저감하는 기본 전제조건인 단열에 대하여 살펴본 후에, 이어서 간편구들의 개념과 구성을 고찰하여, 전통구들을 간편하게 놓을 수 있는 구들을 알아보았다.

좋은 흙재료란 시멘트를 섞지 말고, 화학수지를 쓰지 않아야 하며, 불에 굽지 않고 사용하는 것이 바람직하다. 화학수지가 들어간 것은 라이터나 불을 대보면 그으름과 함께 플라스틱 타는 냄새가 나며, 시멘트가 들어간 것은 물을 뿌려보았을 때 시멘트 냄새가 나므로 쉽게 구별할 수 있다. 좋은 흙재료란, 흙집에 사용된 후에 폐기되었을 때 다시 그 흙에 배추를 심어 재배할 수 있도록 하는 것이 가장 좋은 흙집재료라고 생각된다.

흙건축공법은 각 방식의 대표격인 흙쌓기, 흙벽돌, 흙다짐, 흙타설, 흙미장 등 흙건축 5대 공법이 있는데, 이러한 공법들은 흙건축 공법의 가장 기본적인 것이며, 이를 응용한 여러 가지 공법이 나올 수 있으며, 단독으로 쓰이거나 혹은 두 가지 이상 병용 사용하여, 여러 가지 다양한 공법으로 재구성될 수 있다.

단열문제는 그 자체로도 중요하지만 구들과 결부되어 그 중요성이 아주 크다. 에너지 저감을 위한 여러 방안들 중에 생태적인 특징을 강조한 단열 방안들은 이중심벽, 단열흙블럭, 단열흙다짐, 이중외피 등이 있는데, 가장 실용적인 방안으로 이중심벽과 단열흙블럭을 들 수 있으며 이는 구들과 함께 같이 시공되는 것이 좋다.

간편구들과 신구들은 시공상의 용이성으로 인해 한옥이나 일반 주택에서 다양한 적용이 가능하다. 기본적인 구조는 전통구들의 연소 - 채난 - 배연의 구조를 따르고 있으며, 강제식 순환방식으로 연기의 실내유입이 적어서 실내에 벽난로와 결합한 형태로 시공이 가능하다. 여기서 개량구들이 아니라 간편구들이나 신구들이라고 한 것은, 개량이란 좋지 않은 것을 좋게 고치는 것인데, 전통구들이 가장 좋은 것이므로 고친다는데 주안점을 둔 게 아니라, 좋은 줄 알지만 여건이 허락하지 않아 어쩔수 없을 때, 간편하게 한다는 의미이다. 당연히 전통구들을 설치해야 하겠지만 그렇지 못할 경우, 현대주거 여건에 맞추어 이러한 간편구들을 활용하면, 거실에 벽난로를 설치하고 안방에 구들을 연결한다든지 하여, 다양한 난방효과를 거둘 수 있을 것으로 생각된다. 이러한 시도가 구들의 저변 확대에 도움을 주어 전통구들의 확산과 새로운 구들의 발전으로 이어지기를 기대한다.

참고문헌

황혜주,『흙건축』, 도서출판 CIR, 2016

김순웅·조민철 역,『건축 흙에 매혹되다』, 효형출판, 2012

황혜주 외,『흙집 제대로 짓기』, 도서출판 CIR, 2014

한국흙건축학교, 흙건축 워크샵 워크북, 2013.8

한국흙건축연구회,「한국흙건축연구회지」, 2015.2

3장 전통온돌(구들)의 개요

리신호 · 김준봉

1. 머리말

구들 난방은 아궁이에 열을 주어 바닥 아래의 공간(고래)을 따라 열이 이동하면서 바닥에 열에너지를 저장하고, 이 저장된 에너지가 서서히 방열하면서 실내를 따뜻하게 유지한다. 이는 복사와 전도, 대류의 열전달 3요소를 모두 갖는 독특한 방법으로서, 현대에도 우리 민족만의 독자적이며 독창적인 가장 뛰어난 난방법이다.

기술선진국인 미국, 독일, 프랑스, 일본 등의 나라에서는 건축물의 난방은 물론 첨단기술제품 생산을 위한 항온 항습 공장에 바닥난방을 도입하고, 종합병원의 물리치료실, 축사, 고속도로와 비행장 등에 바닥난방 기술을 개발하여 이용해 오고 있다.

요즘에는 이들의 바닥난방 기술과 제품이 우리나라 시장을 잠식하고 세계 바닥난방을 먼저 점령하고 있으며 기술개발 경쟁이 치열하다. 에너지 부존 자원이 거의 없는 우리는 닥쳐올 에너지 위기에 대비하고, 공해를 줄이면서, 우리 것을 되찾기 위해서라도 구들 난방방법을 이해하는 것이 필요하다.

2. 구들의 구조

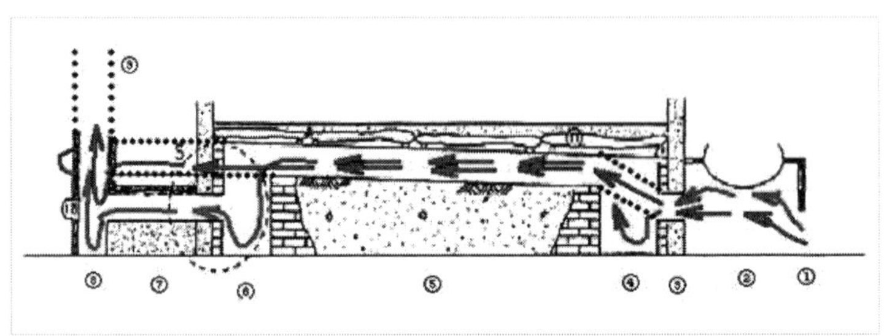

그림 1. 구들의 단면도와 열 흐름도

구들은 아침, 저녁 밥 짓는 불을 이용하여 열기를 고래로 내류시켜 구들장을 가열하고 저장시켜서 불을 지피우지 아니하는 시간에도 저장된 열을 방바닥에서 방열하게 하여 난방하는 방법으로 고체 저장식이다. 구들의 구조는 열이 아궁이, 아궁이후렁이, 부넘기, 구들개자리, 고래, 고래개자리, 내굴길, 굴뚝 등의 여러 단계를 통과하도록 구성되어 있는데 집안에서 발생된 열이 구들 속에 오랫동안 머물러 있도록 구성하여 열에너지의 옥내체류시간을 크게 하여 에너지가 절약되도록 되어 있다.

이러한 직화고래구들은 지역과 놓는 사람에 따라 여러 가지 형태와 구조로 발전하여 왔다. 바닥 밑에 돌과 진흙 등으로 구들장을 고여 고래를 만들고 아궁이에서 열기(연기)를 고래로 넣어서 바닥을 구성한 구들장과 흙바닥 등에 저장시킨 후 연기를 굴뚝으로 배출하는 구조로서 바닥면에 저장된 열을 방열하여 난방하는 방법을 구들이라고 포괄적으로 정의할 수 있다.

구체적으로 구들 구조의 각 부에 대하여 설명하면 다음과 같다.

① 아궁이 : 구들에 소요되는 연료 및 공기의 공급구이며 아궁이후렁이에 접하여 있다.

② 아궁이후렁이 : 연료를 연소시키는 곳으로 내벽이 유선형으로 되고 아궁이를 통하여 투입되는 연료와 공기를 연소시켜 열을 발생시키고 발생된 열을 부넘기(불넘기)로 보낸다.

③ 부넘기 : 아궁이후렁이에서 발생된 고열을 받아 '벤츄리효과'로 구들개자리로 유입시킨다. 구들개자리와 아궁이후렁이의 온도차에 의한 기압차로 부넘기에서의 유입속도를 자연 조절한다.

④ 부뚜막 : 아궁이, 아궁이후렁이, 솥자리 등으로 조합·형성된 부분이다.

⑤ 구들개자리 : 부넘기로부터 빠른 속도로 유입되는 열기의 속도를 급격히 줄이면서 열기를 구들고래로 균등히 공급한다.

⑥ 영화석 : 영화석은 구들개자리에서 각각의 고래로 유입되는 열기의 속도와 양을 조절한다.

⑦ 구들고래 : 구들개자리에서 공급되는 열기를 각각의 구들고래가 도입하여 고래개자리로 보낸다.

⑧ 역풍장 : 구들고래에서 유출되는 열기의 속도와 양을 조절하고 굴뚝을 통해 갑자기 들어오는 역풍을 차단하는 기능도 한다.

⑨ 고래개자리 : 구들고래에서 유입된 열기는 고래개자리에서 합쳐지면서 각 고래의 유입량과 속도를 자연 조절한다.

⑩ 내굴길(煙道) : 고래개자리의 연기를 굴뚝으로 통하게 하여주고, 아궁이에서부터 고래개자리까지의 열기의 흐름을 조절한다.

⑪ 굴뚝개자리 : 굴뚝을 통해 배출되는 연기의 속도를 조절하여 굴뚝으로 보낸다. 굴뚝으로 들어오는 찬 공기를 막아주고 빗물이 내굴길로 들어가는 것도 막아준다.

⑫ 굴뚝 : 굴뚝개자리에 있는 연기를 외기로 배출한다.

⑬ 굴뚝갓(연가) : 굴뚝의 위 끝에 씌운 갓으로 굴뚝 속으로 눈, 비가 들어가는 것을 막아주며, 하늬바람(회오리바람의 반대적 현상으로 하늘에서 땅으로 내리 부는 바람)을 차단하여 구들의 역풍을 완화시킨다.

구들은 방과 아궁이, 구들개자리, 고래의 형태 등에 따라 다음과 같이 여러 가지로 분류된다.

1) 방과 아궁이의 기능에 따른 분류(그림 3 참조)

· 한방 한아궁이 구들 : 덜 추운 남부지방에 많다.

· 한아궁이 여러방 구들 : 추운 방에 많다.

· 겹집 구들 : 아주 추운 북부지방의 겹집(쌍통집)에 많은데 한아궁이 여러방 구들이 겹쳐져 있는 형태이다.

2) 아궁이 위치에 의한 분류

· 집 안에 아궁이가 있는 구들

· 집 밖에 아궁이가 있는 구들

3) 아궁이 형태에 따른 구들

· 함실구들 : 부넘기와 구들개자리가 없고 함실에서 직접 열을 공급하는 것으로 숯불을 함실에 넣는다.

· 부뚜막구들 : 부뚜막에서 열을 공급하므로 구들개자리와 부넘기가 있고, 부뚜막에 솥을 거는 경우가 많다.

4) 구들개자리에 의한 분류

· 구들개자리가 없는 구들 : 남부지방에서 작은 방의 한방 한 아궁이 구들에 많다.

· 구들개자리가 있는 구들 : 남부지방에서 큰 방인 안방과 북부지방에 많다.

5) 고래의 형태에 의한 분류(그림 4 참조)

살림집의 배치 구조에 의해 결정되는 아궁이와 굴뚝의 위치, 방 크기, 기후 조건, 기술자 취향 등에 고래의 형태가 달라진다.

· 허튼고래구들

· 곧은고래구들

· 대각선고래구들

· 굽은고래구들

· 부채고래구들

· 줄고래구들

· 되돈고래구들

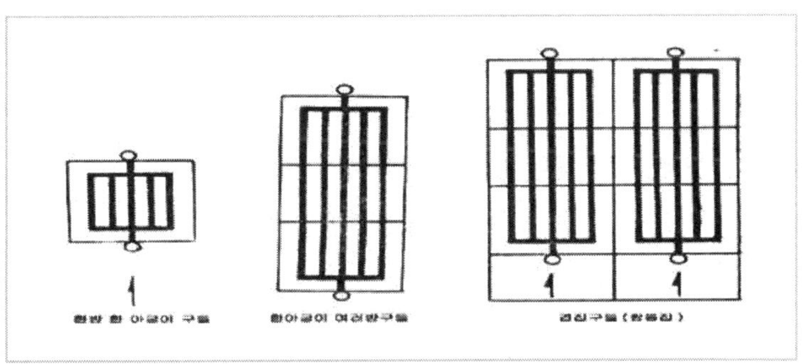

그림 2. 방과 아궁이의 기능에 따른 구들

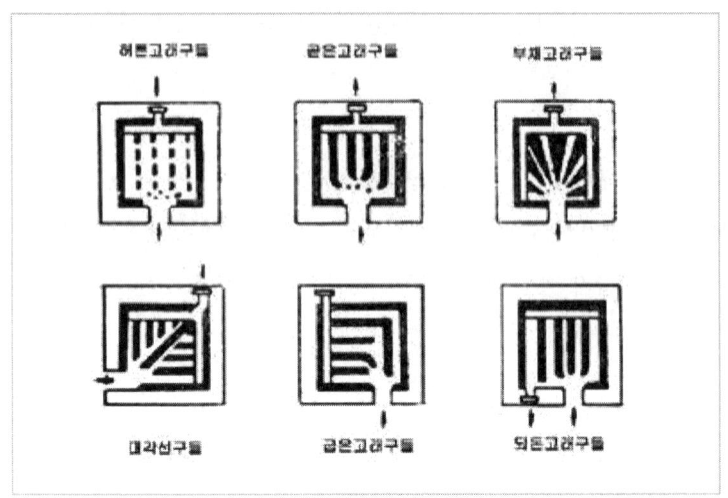

그림 3. 고래의 형태에 따른 구들

열에너지에 관한 효과는 여러 가지 제약 조건과 환경에 따라 다르므로 정확하게 측정하고 평가한다는 것은 거의 불가능하다. 많은 조건과 환경이 여러 가지 변수이며 절대적으로 시간 개념이 포함된다. 특히, 열에너지는 물질이 아니며, 이것이 물질에 작용하였을 때 나타나는 현상이므로 기체, 액체, 고체 등에 대하여 나타나는 현상은 크게 차이가 있다.

구들에서 열은 1차로 기체인 공기에 전달되고, 2차는 고체(진흙, 구들장 등)에, 3차에서는 다시 실내 공기에 열이 전달되므로, 난방 효과는 열전달 과정의 속도와 시간에 의하여 좌우되며 이는 외기 온도에도 크게 영향을 받는다. 아주 추운 지역은 외기 온도가 통상 -10℃ 내외이고 가장 낮은 경우는 -35℃ ~ -40℃까지 하강하는 지역도 있다. 외기 온도가 -40℃일 경우 아궁이에서 불의 최고 온도가 약 800℃라고 하면 온도차 △T는 무려 840℃가 된다. 이와 같은 △T를 아궁이, 구들개자리, 구들고래, 고래개자리, 굴뚝, 굴뚝개자리, 굴뚝 등을 통과하는 과정과 구들고래, 구들장, 실내공기, 벽 또는 지붕을 통하여 외기로 방열되는 과정이 잘 조화되어야, 즉 열에너지가 구들에 체류하는 시간이 길어지도록 각 부가 만들어졌을 때 가장 난방 효과가 커진다.

구들방에서의 생활환경은 실온의 설정이 중요한 요소이며, 이에 관한 연구로 현규환(大原信治. 만주의과대학) 씨의 연구실험에 의하면, 앉아있을 때 구들방의 표면온도는 28℃, 실온 15℃, 의자에 앉아있을 때 각각 24℃, 18℃, 누워있을 때는 각각 26℃, 10℃일 때가 쾌적한 온도라고 하였다. 우리나라에서 발표된 자료를 보면 바닥표면온도는 30~36℃, 실온의 쾌적범위는 15~29℃의 범위이다.

아궁이가 벽난로처럼 실내에 있을 경우, 실내에서 연료를 연소시키므로 실내 공기의 산소 밀도가 적어지고 연기의 배출 불량으로 실내 공기를 오염시켜 위생 문제가 제기된다. 열에너지를 공급하기 위해서는 많은 연료(목재)가 필요하므로 산림의 훼손을 초래하게 되어 환경을 파괴할 수 있다. 이러한 문제를 해결하기 위해 아궁이가 있는 곳과 구들방을 막아서 공간 분리를 하였고, 농업부산물과 간벌 목재를 활용하여 산림 훼손을 막았다.

3. 구들방의 효능

우리는 구들방에 신체를 최대한 접촉하기 위해서 좌식 생활이 주된 생활이 되고, 난방시설이 방 안에 없으므로 산소가 충분하여 방 안이 쾌적해지고 방을 여러 가지 기능으로 이용하는 문화가 정착된 것이다. 이 좌식 생활은 여유가 있는 생활을 유지하면서 끈기를 배우는 문화를 탄생시키게 되었고, 따뜻한 아랫목이 윗사람의 자리가 됨으로서 생활 속에서 위아래를 아는 예의바른 문화를 창출하게 된 것이다. 또 아랫목은 온 가족이 모여 앉아 집안의 화목을 다지는 필수공간이기도 하다. 구들방에서 이불을 펴고 개는 것은 생활의 청결함과 정갈함을 제공하는 것이고 낮에는 저장된 열을 방공간에 넓게 퍼지게 함으로써 생활의 편의를 제공하도록 한 것이다. 구들방은 땅의 습기를 적당히 받아가며 열을 방열하므로 방바닥은 따습고 실내 온도와 습도는 적당히 유지된다.

구들방에 앉았을 때는, 둔부, 허벅다리 등 혈액순환이 잘 되지 아니하는 신체의 하체부위가 직접적인 전도열을 받아 따끈따끈해지고 혈액순환을 촉진시킨다. 누우면, 신체의 혈액순환이 잘 되지 아니하는 배면(등)이 구들에 밀착되어 직접적인 전도열로 따뜻해진다. 이불을 덮으면, 구들에서 방열된 열이 이불 속에 가두어져서 이불 속은 마치 열 주머니 같게 되어 온몸이 따뜻해지며 모세혈관이 팽창되므로 혈액순환이 잘 되어 땀까지 나오게 되어 매일 자면서 목욕하는 효과가 있게 된다. 따라서, 피로에서 오는 몸살, 감기 등의 웬만한 병은 구들방에 누워 땀을 내면 거뜬해지고, 신경통, 관절염, 냉, 소화불량 등의 병을 치유하는데 큰 효과가 있다고 알려져 온다.

현재 우리의 생활은 아랫목도 없고 방바닥이나 실내공간이나 온도가 거의 같이 유지되면서 입식생활문화로 바뀌어 있다. 윗자리가 없어진 생활문화는 아래위를 모르는 사람으로 만들게 되었고, 금방금방 이동이 가능한 입식생활문화는 기다리지 못하는 조급한 심성으로 바뀌게 되었다. 아랫목에 발을 묻고 오손도순 지내던 가족문화의 흔적은 사라지게 된 실정이다. 항상 이불을 깔아 놓는 침대문화는 진드기 등의 서식처를 제공하게 되어 새로운 질병을 유발하게 되었고, 건조하고 위가 따뜻한 실내환경은 감기에 걸리기 쉬운 상태를 제공하게 된 것이다. 지금 세상을 살아가는 데는 수많은 종류의 정신적 긴장을 받게 되고, 농사를 하는 것은 육체적 노동이 많으므로 이러한 정신적, 육체적 긴장과 피로를 매일매일 적절히 풀어 주어야 건강을 유지할 수 있다.

4. 온수구들

황해도 은율 재령에는 온천에서 솟아나오는 뜨거운 물을 구들고래 속을 통과하게 하여 고래를 통과할 때 구들장을 온수와 수증기로 난방하는, 이른바 온수구들이라는 것이 60~70년 전까지 있었던 것으로 알고 있다. 널리 알려지지는 아니하였다 할지라도 온천지역에는 이와 유사한 더러 있었을 것으로 믿어진다. 온수구들은 온천이 발굴된 후의 일이므로 그리 오래된 것이라고 하기는 어려우며, 대략 19세기 이후의 일로 여겨진다.

이와 같은 온수구들의 경우 일본의 이와데현에도 있다고 알고 있다. 온수구들에 관한 기록을 접할 기회가 없었고 확인되지 못하였으므로 상세한 구조는 알 수 없으나 이는 엄밀한 의미에서 구들이라고 하기는 어려우나 로마의 Hypokauste와 상통하며 폐기되는 열에너지의 재활용면에서 연구 검토할 가치가 충분히 있고 또 우리나라의 온천지역에서 이 기술을 개발하여 지역적으로 수용하는 것은 에너지절약과 환경차원에서도 바람직하다.

지금 우리가 많이 사용하고 다음에 설명되는 온수순환바닥난방과는 구별되어야 한다. 건축관련 법규, 에너지이용 합리화 법규 등에는 온수온돌, 구들온돌이라는 단어가 있다. 이들은 온수순환 바닥난방 방식을 얘기하는데 온수온돌에 관하여 충분히 연구 검토하지 않고 잘못 사용한 경우이다.

5. 연탄구들과 연탄보일러

인구가 급속히 증가하여 연료인 나무가 너무 많이 소비되어 농업부산물을 사용한다고 하여도 산림을 황폐화시키게 되었다. 해방 직후부터 토탄, 코크스 등으로 일부 연료가 대체되었으나 6.25동란으로 토탄, 조개탄 등을 연료로 사용하다가 무연탄으로 19공탄 연탄이 개발되면서 구들의 구조 및 기능이 변질되기 시작하였다. 함실구들에 상응하는 레일식 연탄구들과 부뚜막을 갖는 두꺼비집식 부뚜막 연탄구들(그림 5 참조)이 개발되었다.

구들의 아궁이후렁이 대신 토관으로 19공탄용 연탄화덕을 만들어 설치하고, 화덕 밑부분에 공기를 공급할 수 있도록 토관이나 깡통으로 만든 공기공급관을 설치하고, 화덕 윗부분에 두꺼비집을 씌우고(취사할 때는 벗긴다.) 토관이나 깡통으로 만든 두세 개의 연통을 설치하여 연탄을 연소시켜 나오는 열기가 구들고래로 내류할 수 있도록 한 구조가 부뚜막 연탄구들이다. 레일식 연탄구들은 부뚜막 없이 함실에 상응하는 부분에 레일이 달린 연탄화덕을 직접 밀어 넣어 난방하는 방식이다.

연탄구들은 가장 중요한 구들개자리와 아궁이, 부넘기가 없어져 연기의 흐름이 불합리하게 되어 가스누출로 실내공기를 오염시키고 급기야는 가스중독으로 오랜 세월 많고 귀중한 생명을 잃게 되었다. 굴뚝 끝에 가스배출기를 달고 유독가스를 강제 배출시켜 다소나마 중독사고를 줄일 수 있었으나 근본적으로 해결하지 못하였다. 그래서 국가적 사업으로 구들 난방방법 연구를 진행하던 중 미국의 건축가 라이트가 고안한 온수순환바닥난방을 도입하여 온수관이 고래의 기능을 대신하게 되었다. 따라서 구들에 대한 연구는 중단되게 되었고 구들은 구조와 기능이 완전히 말살되게 되었다.

6. 온수순환바닥난방

온수온돌, 온수보일러로 불리는 온수순환바닥난방은 화석연료를 보일러에서 연소시켜 물을 가열하여 배관을 통하여 방바닥 구조재에 열을 전달하고 방열하여 실내공기를 가열하는 방법으로, 보일러 가동시간에 따라 순간 간헐적 난방 방식과 항온지속적 난방 방식으로 나눌 수가 있다. 난방 연료 또는 열원에 따라 연탄보일러, 가스보일러, 기름보일러, 전기보일러 등으로 나눌 수가 있다. 또한 바닥의 방열재 또는 제어방식 등에 따라서 각 회사별 또는 설계에 따라서 많은 종류로 분류될 수 있다.

처음에는 열원이 연탄보일러에 의해 제공되었는데 24시간 연속 연소되는 항온지속적 난방 방식으로, 구들의 핵심기술인 저장 기능이 없어지고 열기를 계속적으로 공급함으로써 열에너지의 실내체류시간을 단축시켜 열에너지가 많이 낭비되고 밤에도 연탄을 계속 갈아야 하는 불편과 연탄재의 처리 등 많은 문제를 제기하였다. 그래도 1960년대 초에는 방바닥에 3/4인치 강철관을 약 20㎝로 배관하고 자갈 또는 모르터로 피복하여 온수를 순환시켜 바닥을 가열·저장시켜서 전 계절 항온난방을 하였다. 누수와 동파, 보일러의 짧은 수명 등으로 쾌적한 주거환경이었다고 할 수 없었으나 연탄가스 중독사고를 줄이는 등 이 방법을 오랫동안 사용하였다. 생활 여건의 향상으로 연탄보일러는 기름보일러 또는 가스보일러로 대체되고 실온을 자동으로 조절하는 장치의 부착과 강철관이 동파이프로, 또 합성수지호스 등으로 대체되어 현재에 이르고 있다.

근래에는 심야전기를 이용하는 심야전기보일러가 등장하였는데 열원이 공급되지 않는 시간대인 낮에는 심야전기로 데워진 물을 사용해야하므로 14시간의 난방 부하에 충분히 대응할 수 있는 용량의 온수통이 필요하고 설치 장소도 넓어야 한다. 물은 우수한 비열에도 불구하고 100도 이상에서 상변환하므로 저장 이용 온도 범위가 85도 이하로 제한되고,

내압 용기와 포장 용기의 내구성, 물의 열 저장과 방열 시간 등의 문제점이 있다. 또 난방효율 문제로 급탕으로는 사용할 수가 없어 주방과 욕실에 필요한 급탕설비는 따로 해야 한다. 시공비는 기름보일러의 2배 정도인 반면, 유지비는 1/3에서 1/4 수준이므로 경제성이 있다. 특히 사용하는 온수 배선을 그대로 활용할 수 있으므로 보일러만 난방온수통으로 교체하면 된다.

초기에는 바닥구조를 단열재(스티로폼 50mm)와 자갈 또는 모르터 속에 배관하고 모르터 마감(30mm)을 하여 바닥 단면의 높이가 200mm~250mm이었으나 고층 건물이 많아지면서 점차 바닥층 높이가 줄어들게 되어 현재는 120mm~150mm의 높이로 저장층이 감소되게 된 것이다. 저장층 두께가 얇아져서 보일러를 가동시켰을 경우에는 실온이 급속히 상승되고 작동을 중단하면 급속히 실온이 하강된다. 즉 가열과 냉각을 반복하는 순간 간헐적 난방을 하고 있는 실정으로 난방을 하는 아침저녁으로 2~3시간은 덥고 나머지 시간은 서늘한 상태이다. 그리고 온수순환과 환수 등의 여러 단계에서 실제 난방장소에 이용되지 않는 열손실이 발생하고, 누수, 연소가스 배출로 인한 환경 오염, 화석연료 사용에 따른 고가의 난방비, 내구년한이 짧은 보일러와 배관으로 인한 과다한 관리유지비 등이 있다.

좌식 생활에서 방바닥은 체온보다 1~2℃ 높은 37~38℃, 실온은 18~20℃ 정도가 가장 쾌적하다. 실온을 18~20℃로 설정하여 자동 제어하면 바닥은 27~29℃로 냉한 상태가 되어 춥게 느껴지므로 바닥을 37~38℃로 하려고 하면 실온제어 온도를 28~29℃로 올려야 하므로 실내가 너무 덥고 답답해진다. 그래서 실온을 23~25℃로 설정하여 자동 제어하면 실내는 따뜻하면서 약간 답답함을 느끼나 바닥은 상대적으로 냉한 상태가 되어 좌식 생활에는 적합하지 못하다. 의자와 침대를 사용하는 입식 생활이 자연스럽게 맞아 떨어진 형국이다. 덥게 느껴지도록 실온을 높게 하는 것은 실내 공기 중의 산소 빌도가 낮게 되어 건강에 좋지 않은 영향을 미친다. 이는 적도지역과 혹한지역에 사는 사람의 평균수명이 잘 말해준다.

배관 부분은 따뜻하고 관과 관 사이는 냉하여 경우에 따라서는 신경통, 류머티즘, 냉 등 병의 원인이 될 수 있다. 아궁이에 나무가 타면서 나오는 열기와 원적외선 등은 부인병과 감기 등의 예방에 큰 효과를 발휘하였는데 온수순환바닥난방 방식은 이를 기대할 수 없다. 집터나 묘지도 물이 나는 곳이나 아래로 물이 흐르는 곳을 잡지 않는다. 즉 수맥의 영향을 얘기하지 않더라도 온수가 끊임없이 방바닥 밑에서 흐르는 것은 생각해 볼 문제로 여겨진다.

7. 전기바닥난방

간헐식 전기바닥난방(업체에서 일반적으로 '전기온돌'이라고 부른다.) 방법은 시공이 간편한 점은 있으나 전기 요금은 고가이면서도 누진율이 적용되므로 난방비가 많이 든다. 간헐식 난방 방법은 발생된 열에너지를 바닥 속에 오랫동안 가두어 두지 못하는 비저장식이므로 실내 온도가 변화고 에너지가 실내에 머무는 시간이 짧아 에너지도 절약되지 못한다.

기존 여러 형태의 난방 방법과 간헐식 전기바닥난방 방법으로는 에너지가 효율적으로 이용되기는 어려우므로 에너지의 절약을 위하여 에너지를 난방 장소에 저장하는 방법을 개발하게 되었다. 이것은 바닥에 많은 열에너지를 저장하여 가두었다가 느린 속도로 방열함으로써 열에너지의 옥내체류시간을 길게 하는 것인데 바로 구들의 핵심 기술이다.

1) 전기온돌

전기온돌 난방법은 열원인 발열선(Heating Cable)을 콘크리트 또는 자갈 속에 매몰하고 하부와 상부에 스티로폼 또는 후포 등의 단열재로 감싸고 콘크리트 또는 자갈에 저장하는 방법이다. 발열선은 전자파가 발생하지 않는 시즈히터(Sheath Heater)를 주로 사용한다.

온도감지차단장치의 고장으로 발열선에 밀착되어 있는 콘크리트 또는 자갈이 높은 온도로 상승하였을 때 상부와 하부에 들어 있는 스티로폼 또는 후포 등의 석유화학제품 계열인 단열재가 가열되고 변형 또는 연소되어 유독가스를 서서히 방출하여 건강과 생명을 서서히 해칠 우려가 있다.

따라서 시공할 때 하부와 상부에 가연성 물질인 스티로폼, 후포 등을 사용하지 않는 것이 좋다. 땅과 직접 접하는 경우에는 습기가 올라오는 것을 방지할 수 있는 석회를 충분히 섞어 다지거나 숯을 바숴서 깔아주면 된다. 상부는 저장량도 많게 하고 방열도 서서히 할 수 있도록 고래 형태의 밀폐공간을 두는 것이 바람직하다. 자갈을 저장재로 이용하는 것은 저장량을 증대하는 효과 면에서 바람직하나 작업 중에 발열 장치를 파손시킬 염려가 있고, 건물의 하중을 증가시키므로 고층건물 등에는 수용되기 어렵다.

시공비는 기름보일러의 2배 정도인 반면, 유지비는 1/4 수준이므로 경제적이다.

2) 전기고래구들

전기고래구들은 전통적인 직화(直火) 고래구들을 그대로 응용한 것으로서 아궁이와 굴뚝을 막고 고래에 히터를 넣어서 저장하는 구조이다. 열원을 나무 등의 자연 연료에서 전기로 바꾸어서 적용한 것으로 구조가 간단하다. 전기고래구들은 구들장에 필요한 열에너지를 저장하는 지속

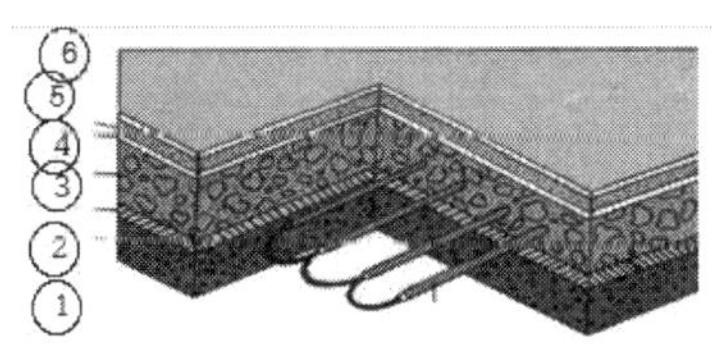

적 난방 방법이므로 실온을 온도제어상치 없이 일정하게 사언적으로 유시시켜 준다. 전기고래구들은 난방 장소에서 발열하여 에너지의 운반과 이동이 없으므로 연소 열손실과 이동 열손실이 없다.

기름보일러를 사용하는 온수순환바닥난방 방법보다 시공비는 2.5배에서 3배 정도 되는 반면, 유지비는 1/4에서 1/5 수준이고 내구년한은 4배 이상이다.

해당번호	명 칭	재 질	규 격
1	바닥	콘크리트, 흙	
2	단열층	아이소핑크 또는 스티로폼 + 후포	30mm ~ 50mm
3	저장층	석분 또는 자갈	80mm 이상
4	발열층	시즈히터	스테인리스파이프
5	보온층	아이소핑크, 후포	10mm
6	미장층	시멘트모르터	25mm ~ 30mm

전기온돌의 구조도

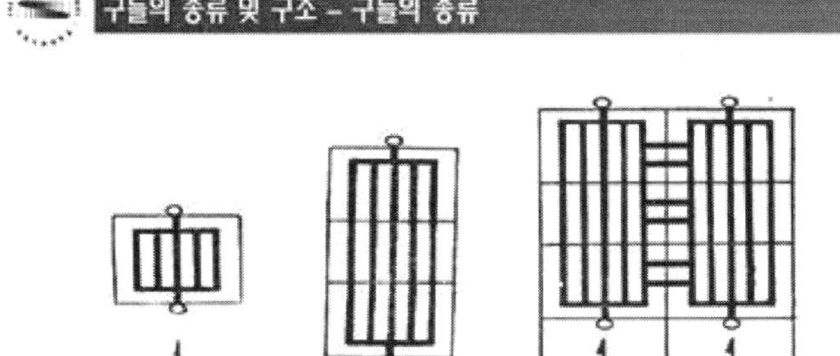

<방과 아궁이에 따른 구들>

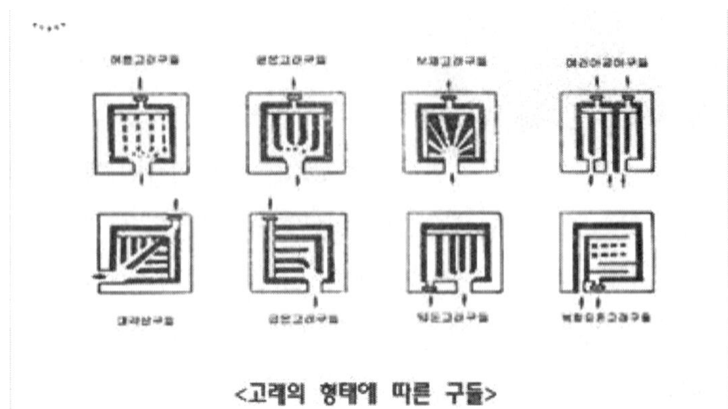

<고래의 형태에 따른 구들>

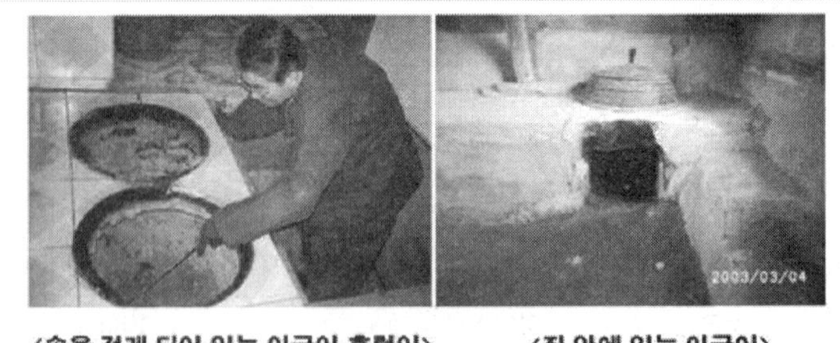

<솥을 걸게 되어 있는 아궁이 후렁이> <집 안에 있는 아궁이>

<집 밖에 있는 아궁이(함실)>

<집과 떨어진 항아리 구새>

<구들개자리가 없는 부넹기>

<정지와 부뚜막>

<불맞이 돌의 위치>

<고래와 고래뚝>

<고래 끝에 있는 고래개자리>

<벽에 있는 구새>

<나무 구새(연변 재중동포 살림집>

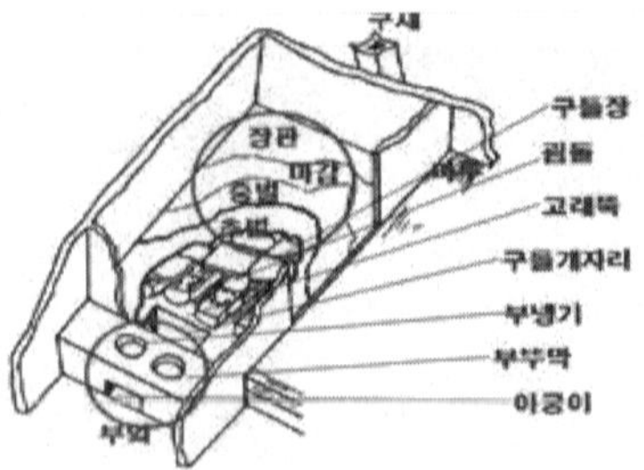

<전통구들방의 절개도>

<콘크리트 판 구들장 놓기>

<적벽돌 고래뚝 위에 판석 구들장 놓기>

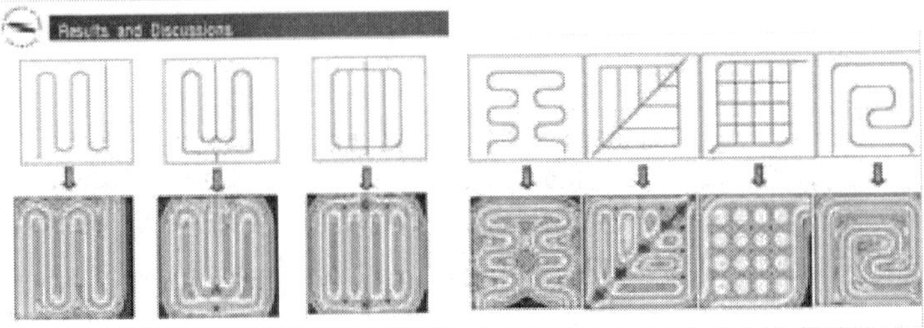

4장 한옥구들시공기술의 발달과 향후전망

김준봉

1. 머리말

최근 들어 한옥의 수요가 급격히 증가하고 있으며 한옥에 대한 관심 또한 높아지고 있다. 한옥이 중국이나 일본의 전통주택과의 확실한 차이점은 바닥난방시설인 구들 시설의 설치 유무이다. 그럼에도 불구하고 구들에 대한 연구는 상대적으로 미흡한 상태이다. 국토교통부와 문화재청 등 비롯한 국가기관에서도 한옥의 대중화와 표준화, 국제화 등을 목표로 많은 시간과 재정을 쏟아붓고 있지만 아직까지 이러다 할 한옥구들기술에 대한 연구나 성과가 대중에게 영향을 미치기는 아직 미흡한 상태이다. 더욱이 온돌과 구들에 대한 용어정의나 기술자에 대한 호칭 등에서도 아직은 정리되어 있지 않은 상태라 할 수 있다.

따라서 본 원고에서는 먼저 용어를 정의하고 과거의 온돌과 현재의 온돌을 구분하여 정리한다. 그리고 온돌 - 구들이 단지 흙과 돌을 다루는 기술을 중심으로 과거의 전통온돌에서 현대적 바닥난방 장치로서의 설비기술과 전기기술 축열이나 단열원리의 기초가 요구된다. 또한 한옥과 온돌은 주거의 장소로서 건강건축에 대한 총체적인 항목이 요구된다.

인간의 주거환경 중 온열환경을 개선하기 위한 방법으로 공기조화 난방, 라디에이터 난방, 그리고 온돌난방 세 가지 방법이 대표적이다. 열의 기본 성능인 대류 전도 복사의 특징을 이용하여 실내의 기온을 쾌적하게 유지하여 준다. 서양은 주로 공기조화 방법과 라디에이터를 이용한 방법이 발달을 하여 왔고 한국은 바닥을 따뜻하게 하는 바닥복사난방인 온돌 시스템이다. 공기를 먼저 데우는 공기난방방법에 비하여 바닥온돌난방은 바닥을 먼저 데우는 방법으로 피부접촉난방이 특징이다. 그리고 바닥을 따뜻하게 함으로 실내에서 탈화를 유도하여 신발에 의한 외부 먼지 등의 유입을 차단하여 보건위생에 있어 우월한 환경을 유지하여 주는 장점이 있다. 또한 바닥을 뜨겁게 함으로써 실내 온도를 공기 난방에 비하여 낮게 유지하여도 실내 쾌적한 온열환경을 유지하여, 라디에이터나 공기조화난방에 비하여 발열부분의 온도를 상대적으로 낮게 유지하는 저온난방 방식으로 외부와 내부의 온도 차를 줄일 수 있어 에너지 절약에도 기여하는 효과가 있다.

구들이라 불리는 이러한 전통온돌은 구들, 장갱(長坑), 화갱(火坑), 난돌(煖堗), 연돌(烟堗) 등과 같이 다양한 이름으로 불리다가, 19세기 이후 온돌(溫突)이라는 이름으로 정착되었으나,[1] 주택의 근대화와 서구화의 경향으로 인해 그동안 한반도 각 지역을 중심으로 점진적으로 변화 발전해오던 온돌 문화가 단절의 위기에 놓인 적도 있었다. 온돌은 한국인의 전통주거인 한옥에서는 마루와 함께 필수적인 요소이며 사회적 지위나 지역적 차이를 불문하고 모든 한국인들이 공통적으로 향유하는 주거문화이다.[2]

1 주남철, 『온돌의 역사, 건축과 환경』, 1990, pp.47~53

2 강재철, 「온돌문화전통의 지속과 병용에 관한 시론」, 비교민속학 제41집, 비교민속학회, 2010, pp.191~218

또한 온돌은 적은 에너지원으로 많은 식구들이 추운 겨울을 이겨내고 건강을 지속시켜온 한국의 좌식 평상(坐式平床)문화에 적합한, 한국 고유의 난방방법이기도 하다.[3] 즉 르꼬르뷰지에와 우리 한옥의 천정 높이에 관련된 모듈러 치수를 비교하면 방과 거실로 한옥은 나누어 생각할 수 있고 방은 좌식 생활에 접합하게 그 높이가 낮다.(표1 참조)

스케일 비교표

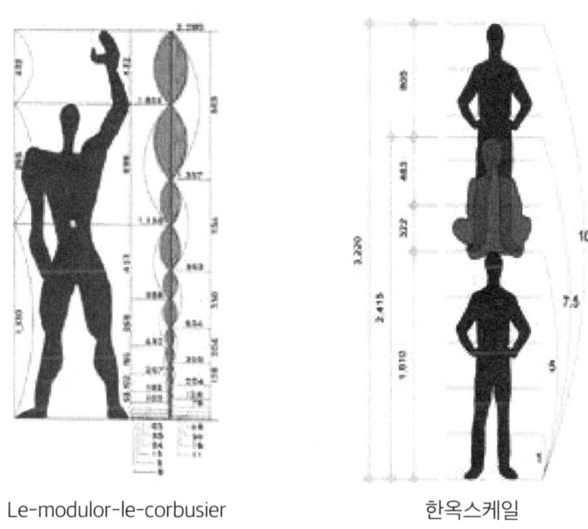

표 1. 한옥과 양옥의 천정고에 대한 비교

일반적으로 온돌은 바닥에 불을 때서 구들장을 데워 난방을 하는 방법으로 알려져 있지만, 역사적으로 보면 지역에 따라 만드는 방식과 구조 형태에 따라 여러 종류의 온돌이 존재하여 문화의 다양성을 보여준다. 이러한 온돌은 공동체의 반복생활로 말미암아 일체감과 동질성을 부

3 국제온돌학회, 「온돌기술 문화유산등록 방안마련을 위한 연구」, 2014, P.9, 국토교통부(연구책임자 김준봉).

여해준 주거양식으로 독특한 한민족의 문화가 형성되어 왔다. 이러한 온돌 난방은 대한민국은 주거에 있어서는 거의 100% 온 국민이 사용하고 있고, 역사적으로도 구석기 시대 이후 현대 아파트 생활에 이르기까지 줄곧 그 온돌난방 방법을 발달시키면서 사용하고 있어 그 기술이 가장 발달하고 보편적이라 할 수 있다. 그럼에도 불구하고 국제온돌기술표준이 한국이 주도적으로 취급하기보다는 유럽과 서구중심으로 진행되는 안타까운 현실을 목도하고 있다. 이에 본 원고는 구들의 용어정의와 기원, 구조와 특성 등을 전반적으로 살펴보고 현대한옥구들시공기술과 향후 전망 과제에 대하여 기술하겠다.

2. 몸말

1) 구들의 개요

(1) 용어의 정의

먼저 온돌을 논하려면 온돌의 확실한 정의가 필요한데 바로 그 정의는 '방 바닥을 따뜻하게 데워 난방하는 시설'을 말한다.[4] 사전적 의미로 '구들'은 '방바닥에 골을 내어 불을 때게 하는 장치' 또는 '고래를 켜고 구들장을 덮고 흙을 발라 방바닥을 만들고 불을 때어 덮게 한 장치' 등으로 설명되는 순우리말인데 주로 우리 전통방식의 구들 고래와 구들장을 가진 직화(直火) 방식의 난방 방법을 의미한다고 볼 수 있다. 이와는 비슷하지만 온돌은 단순히 '방바닥 밑으로 불기운을 넣어 방을 덥게 하는 장치'로 실내의 바닥을 데우는 난방 방식을 통칭하는 의미로 쓰이고 있다. 중

4 사전에는 온돌은 '화기(火氣)가 방 밑을 통과하여 방을 덥히는 장치. 우리나라 및 중국 동북부에서 발달하였다.'고 기록하고 있다.

국의 경우는 온돌(溫突)이라는 용어는 현재 사용하고 있지 않다. 과거의 온돌과 현대의 온돌을 구별하여 따로 부르고 있는데, 과거의 전통온돌은 '炕, Kang' 또는 훠캉(火炕)이라 부르고 현대식 온수온돌이나 전기온돌은 '地暖 Dinuan, 地熱 Dile'이라 부른다. 이는 온돌의 전통과 역사의 단절을 의미할 수 있고, 과거 전통온돌과 현대 온수, 온돌의 중간적 형태인 연탄형 온수 보일러[5] 등을 표현하기 어렵기 때문에 과거의 온돌과 현대의 온돌을 맥락적으로 보아 통으로 해석하는 것이 타당하다. 일본 역시 온돌의 음을 그대로 따와서 'オンドル(온도루)'라고 하거나 '유까단(上煖)' 또는 '유까단보(上煖房)'라고 칭하고 영어와 프랑스어 등의 언어권은 'Ondol' 또는 'Hypercaust' 혹은 'Korean Floor Heating System'이라고 쓰고 있다.[6]

우리민족이 온돌의 종주국임을 알리고자 한다면 우리가 지금 쓰고 있는 온돌(溫突)이라는 용어를 현재보다 훨씬 많이 그리고 널리 쓰게 하는 것이 우리의 온돌의 우수성을 알리는 좋은 계기가 될 것이다. 따라서 '구들'이라는 용어만을 고집하기보다는 이미 외국에 'ONDOL'로 알려져 있기도 하거니와 대영백과사전에도 '온돌(溫突, ONDOL)'로 나와 있으므로 온돌로 쓰는 것이 큰 무리가 없다. 우리의 한영사전에 '온돌'은 'ONDOL'로 표기하면서 '구들'은 'Korean Hypocaust'로 표기하는 곳이 많은 것도 이런 이유에서이다. '하이퍼코스트'는 서양 로마시대에 바닥난방 형태로, 그것도 로마시대에만 공중목욕탕용으로 주로 사용되었던 것으로 우리 구들과 비슷한 바닥난방 구조이다. 바닥에 수로(水路) 형태로 뜨거운 물을 흘려 보내거나 힘실형 아궁이에서 바닥을 데웠던 시설인데, 우리의 전통구들처럼 축열이나 취사 겸용 등의 다양한 구조도 없다. 이런 '하이

5 우리나라에서는 전통과 현대온돌의 중각적 형태인 소위 새마을 보이라형 연탄구들(온돌)이 있다.

6 김준봉·옥종호, 「온돌과 구들의 용어 정의와 그 유래에 관한 연구」, 건축역사연구 제23권 2호, 2014.04, pp.108~115

퍼코스트'를 구들의 정의어로 하고 있으니 안타까운 현실이다. 따라서 영어표기로 '온돌'은 'Ondol'로, '구들'은 'Gudeul'로 표기가 되어야 하고 중국어로는 '溫突'로 쓰는 것이 가장 타당하다.

이러한 온돌은 가열방식이나 열전달매체의 종류에 따라 여러 가지로 될 수 있다. 즉 전기나 불 등으로 직접 가열하는 방식이 있고 기름보일러나 가스보일러를 이용하여 열매체인 물이나 공기 등을 가열하여 방바닥으로 보내는 간접방식이 있다. 또한 연료를 사용하는 방식이 다를 수 있는데 나무를 때든 석탄을 때든, 혹은 전기, 물, 가스 등 무엇으로 하든지간에 방바닥을 따뜻하게 한다면 모름지기 온돌로 봐야 한다. 이렇게 온돌을 정의하면 기존의 유적과 문헌을 분석하는 방향이 새롭게 설정될 수 있다.

(2) 용어의 기원

구들이 문헌으로 등장하기는 1489년 간행된 『구급간이방언해(救急簡易方諺解)』에 처음 등장[7]하지만 아주 오랫동안 한민족에게 쓰여 왔슴이 틀림없다. '온돌(溫突)'이라는 말이 처음 나온 것은 『조선 왕조 실록』과 『구황촬요(救荒撮要)』[8] 등의 기록에 등장한다. 즉 '구들'은 순우리말로 온돌이란 말이 있기 훨씬 전부터 쓰여 왔으며 온돌의 순우리말은 구들이다. 중국에서는 이 온돌이 당시 생소한 사항으로 그들에게는 사용한 적이 없었기에 「구당서」에서는 '長坑(Zhang Keng)'[9]으로 표현하고 있다. 그러나 '長坑'이라

7 구들이라는 단어는 이미 오래전부터 사용된 순우리말이지만 한글이 창제되면서 비로소 글자로 기록되었다.

8 『구황촬요(救荒撮要)』는 흉년을 당했을 때 이에 대처하는 방법을 적은 책으로 필사본 1권 1책. 1554년(명종 9) 승지(承旨) 이택(李擇)의 건의에 따라 왕명으로 편찬하였다. 세종이 지은 『구황벽곡방(救荒辟穀方)』 속에서 요긴한 것을 가려뽑아 한글로 번역하였다.

9 장갱 長坑(cháng kēng) - 쪽구들 혹은 온돌의 원시형으로 중국에서 캉(炕, 구들, Kang)이란 단어가 생기기 전에 사용되었다.

는 용어는 현대 중국어에서는 온돌이라는 뜻으로는 쓰이지 않는 단어이다. 지금은 '炕(Kang)'이라고 한다. 그 이후 고려시대의 문헌에는 火炕, 溫房, 煖堗 등으로 사용되었으며, 조선시대에는 坑, 堗, 煖堗 등으로 표현되고 있다.[10] 이와 같이 온돌은 구들이라는 말을 번역한 한자에서 출발하였지만 중국과는 관련이 없는 우리말이다.[11]

구들의 어원을 민속학자인 손진태는 그의 저서인『온돌예찬』에서 '구운 돌'에서 발전하였다고 보았다. 하지만 필자는 초기 원시 구들은 흙을 '굴'처럼 파서 만든 구조였기 때문에 '골, 굴 → 구울 → 구들'로 발전되었거나 '들 혹은 들판'이라는 순수 우리말이 '굽다'라는 말과 결합한 '구은 들 → 구 - 들' 로 되었다고 볼 수 있는데 이는 구들이 돌과의 관련성보다는 흙과 관련이 훨씬 더 많고, 평평한 들 혹은 골이나 굴 등과 더 관련성이 많기 때문이다. 그래서 전통온돌인 구들을 만드는 이를 토수(土手, 온돌편수)라 한 것도 구들 - 온돌이 굳이 돌과의 관련성보다는 흙과의 관련성이 깊기 때문이다. 또한 온돌의 돌(突)자를 온석(溫石)이나 열석(熱石), 난석(暖石) 등으로 부르지 않는 것도 온돌이 돌과의 연관성측면에서 보면 '구운 돌'에서 유래한 것이 아니라는 것을 반증한다. 만약 구들이 돌과 관련이 많았다면 뜨거운 돌이라는 뜻의 단어로 표기했을 것이기 때문이다. 그래서 중국 고대의 문서를 보면 그냥 바닥에 불을 피워 땅바닥을 따뜻하게 하는 시설로 적지(炙地, zhì dì)라 불리는 원시초기의 온돌형태가 있고[12], 화지(火地, huǒ dì)라 하여 땅을 파서 연기와 불기운이 지나가도록 하여

10 최덕경,「온돌의 구조 및 보급과 생활문화에 끼친 영향」, 농업사연구 제7권 2호, 농업사학회, 2008.12, p.34

11 온돌(溫突)이란 단어는『세종실록』,『성종실록』,『구황촬요』등에서 처음 출현되나 그 쓰임이 언제부터 였는지는 정확히 알 수 없다. 다만 우리말을 가져가 일본에서 쓰고 있고 영어로도 Ondol로 쓰고 중국은 전통온돌은 炕, 火炕으로 현대온돌은 地暖, 地熱 등으로 따로 쓰고 있다.

12 張馭寰, 吉林民居, 中國建築工業出版社, 1985, p.10; 華陽, 東北地區古代火炕初探, 北方文物, 2004-1,

땅바닥을 데우는 원시 초기의 쪽구들을 찾을 수 있는데 토상(土床: 흙 위의 침상)이라고 표현하여 따뜻한 흙으로 마감이 되어 있는 방을 주로 묘사하고 있다.[13]

그리고 실제로 구들을 만들어 보면 뜨거운 흙 위에서는 잘 수 있어도 뜨거운 돌 위에서는 자기 어렵다. 왜냐하면 비중이 큰 돌이나 쇠는 발열성과 전도성이 너무 좋아 뜨거워서 데이게 되어 그 위에서 잘 수가 없기 때문이다. 그래서 구들은 '돌'이 아니고 '흙'이 더 중요한 요소이다. 결국 '구들'은 손진태의 주장처럼 '구은 돌'에서 나왔다기보다는 바닥을 파서 만든다는 의미의 '굴'이나 '구운 들'에서 유래되었다고 보는 것이 더 타당하다.

다시 말해 온돌을 한자로 따뜻하다는 뜻의 온(溫)과 돌출하거나 발산한다는 뜻의 돌(突)자를 쓰고, 열석(熱石)으로 쓰지 않는 것은 이미 따뜻한 복사난방의 의미를 담기 위한 단어조합으로 이해해 볼 수 있다는 것이다. 이미 오래전부터 우리민족은 온돌의 의미를 단순히 돌(바닥)을 뜨겁게 하는 데 그치지 않고 바닥복사 난방과 축열(畜熱)의 의미가 함유되게끔 용어를 사용해 온 것이다. 즉 우리가 지금 쓰는 '온돌'과 '구들' 용어는 서로 같은 의미에서 출발하였다고 볼 수 있다. 따라서 '구들'이라는 용어는 과거 전통온돌 방식의 난방 방법을 의미하는 것으로 정의하고 온돌의 경우는 과거와 현재를 통틀어 바닥을 데우는 난방 방식을 통칭하는 것으로 쓰는 것이 옳다.

p. 42; 柏忱, 火炕小考, 黑龍江文物叢刊, 1984-1, p. 98

13 온돌 - 초기에는 돌 堗, 埃, 突로 쓰이다가 이조 성종 때 溫突이란 글이 처음 출현, 중국어 - 坑, 長坑, 炕, 火炕, 地暖, 地熱, 土炕, 热炕, 영어 - Ondol, Panel Heating 등으로 쓰임

2) 구들의 특성과 구조

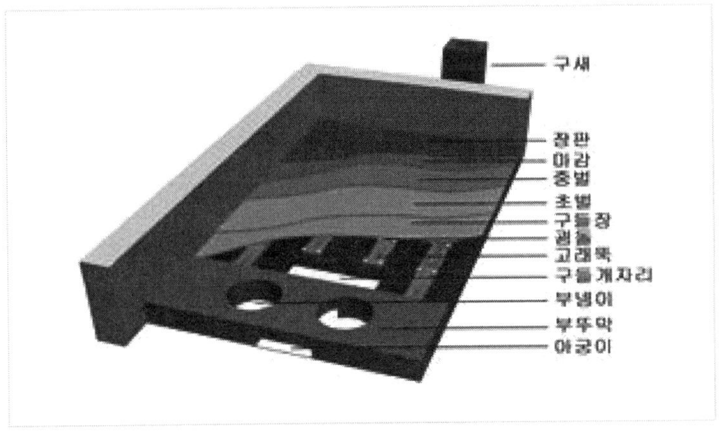

그림 1. 전통구들의 개념도

(1) 구들의 특성

한옥의 구조 자체가 구들을 보호하기 위한 것이라 할 수 있으며, 구들은 사람을 따뜻하게 해주는 합리적 구조로 되어 있다. 장마철의 습기는 구들 아래의 진흙이 흡수했다가 건조하면 방출해 방의 습도를 조절해 준다. 땅에서 올라오는 습기는 구들 고래가 막아주고 겨울에는 지열을 고래가 저장해 주는 것이다. 전통 구들은 불을 지피지 않은 시간에도 축열된 열을 방바닥에서 방열시켜 난방을 하는 방법으로 고체축열식에 속한다. 또한 자재는 물리·화학적으로 안전한 자연 광물질이고 마모되어 못 쓰게 되는 법이 거의 없어 영구적이다.

구들은 건강하고 쾌적한 주거환경을 추구하는 과학적 난방 설비이며, 동서양 의학에서 공히 인정되는 두한족열(頭寒足熱)의 건강 조건과 습기로 인한 문제를 해결하는 습도조절 기능 및 통풍과 먼지 등의 문제를 한꺼번에 처리하는 과학 구조물이다. 대기오염과 관계되는 환경문제를 보아도 연소된 연기와 열기운이 그대로 배출되는 소각로와는 달리 고래개자리과 굴뚝개자리 등을 통한 분진의 내부처리 기능 등이 있는 구들은 이미 환경친화적인 과학이 적용된 시스템이라고 할 수 있다. 열역학적 측면을 보아도 구들의 구조와 재료 등의 특성상 가장 낮은 열손실 계수를 가지고 있으며 현재 많이 쓰이고 있는 온수 파이프 난방 시스템보다도 훨씬 적은 에너지를 소비한다. 또한 지속적으로 쾌적한 온도를 유지하기 위해 쓰이는 단위 면적당 에너지 소비량도 매우 낮다.

구들은 온돌을 지칭하는 말로써 우리 민족의 독특한 난방 방식에서 발전된 것으로 저녁에 한번 불을 때서 달구어진 온돌이 방 전체를 고루고루 오랜 시간 따뜻하게 유지시키는 역할을 하며 온돌과 황토 흙이 어울려 열효율을 극대화시켜서 사용한다. 구들은 아침, 저녁 밥 짓는 불을 이용하여 열기를 고래로 대류시켜 구들장을 가열하고 저장시켜 불을 피우지 아니하는 시간에도 저장된 열을 밤새 방바닥에서 방열하게 하여 난방법이다. 구들의 구조는 열이 아궁이, 아궁이후렁이, 부넘기, 구들개자리, 고래, 고래개자리, 내굴길, 굴뚝, 구새 등의 여러 단계를 통과하도록 구성되어 있는데 집 안에서 발생된 열이 구들 속에 오랫동안 머물러 있도록 구성하여 열에너지의 옥내체류시간을 크게 하여 에너지가 절약된다. 즉 온돌은 복사와 전도, 대류의 열전달 3요소를 모두 갖는 독특하고도 과학적인 난방법이다.

그러나 일제 강점기인 근대화시기에 지어진 집들은 도시형한옥 혹은 생활한옥 현대한옥인데 소위 신한옥이라 하는데 당대에 가장 앞서고 진보된 기술을 끌어들이면서 주거환경을 적극적으로 바꾸어나가면 전통을 이어나갔다고 볼 수 있다. 과거 전통적인 한옥과 구들은 외형적인 아름다움에 비하여 현대인이 실재로 살아가기에는 여러 가지 불편한 구조를 가지고 있다. 최근 들어 국가적으로 신한옥을 널리 보급하기 위해 여러

연구를 하고 있지만 온돌에 대한 연구는 상대적으로 미흡하다.[14]

(2) 구들의 구조 및 종류

온돌은 자연적 조건 및 그 지방의 생활양식에 따라 그 구조상 차이가 있고, 특히 수천 년 동안 단지 자기들의 경험과 어깨너머로 배운 것에 의해서만 축조되어 왔기 때문에 다종다양하나 그 기본의 구조는 대동소이하다. 현재 한반도와 만주지역에서 사용되고 있는 온돌의 구조를 참고로 하여 분류해 보면 불을 때는 곳인 아궁이와 불기를 보내고 저장하는 곳인 방바닥에 해당하는 곳인 함실 고래 개자리, 마지막으로 식은 연기를 내보내는 굴뚝(연도)[15]과 구새[16]가 있다. 전통구들을 해체하다 보면 그 종류와 형태는 실로 무궁무진하다. 구들은 그 지역의 특성에 따라 그 재료와 형태가 다른데 이는 기술자의 능력과 사용자의 요구조건 그리고 자연재료의 구비상태 등에서 여러 가지 형태가 등장하는 것은 당연하다. 구들의 종류는 크게 용도별, 재료별, 형태별, 지역별, 구조별 등으로 나뉠 수 있는데, 용도별로는 취사용, 난방용, 외부형, 내부형, 복합형, 특수형

14 최근 온돌에 대해 대표적인 논저로는 김남응, 『문헌과 유적으로 본 구들이야기 온돌이야기』, 단국대학교 출판부, 2004: 김준봉·리신호, 『온돌 그 찬란한 구들문화』, 청홍, 2006, 송기호, 『한국고대의 온돌 - 북옥저, 고구려, 발해 - 』, 서울대학교출판부, 2007: 최덕경, 「온돌의 구조 및 보급과 생활문화에 끼친 영향」, 농업사연구 제7권 2호, 농업사학회, 2008.12.을 들 수가 있다. 김남응의 특징은 한반도 전역의 온돌유적과, 그간의 온돌관련 문헌사료를 번역제공하고 있으며, 송기호는 주로 한반도 북부인 중국 동북지역와 북옥저지방에서 출토된 구들유적을 도면과 함께 분석하고 정리하였다. 최덕경은 앞의 두 자료와 김동훈, 「조선민족의 온돌문화」, 비교민속학, 21집 등을 종합하여 온돌의 발생과 보급 생활문화에 끼친 영향을 폭넓게 고찰하였다. 하지만 세 논문 모두 현재까지 남아서 사용되고 있는 현재의 온돌과의 연관성에 의한 해석에 있어서는 온돌 자체의 기술적 한계로 미흡한 실정이다.

15 연도 혹은 굴뚝은 굴둑이 어원으로 원래 고래개자리에서 굴뚝개자리에 이르는 수평으로 식은 연기를 보내는 둑 - 통로를 의미한다.

16 구새는 주로 한반도 북부지역에서 쓰는 말로 굴뚝을 의미한다.

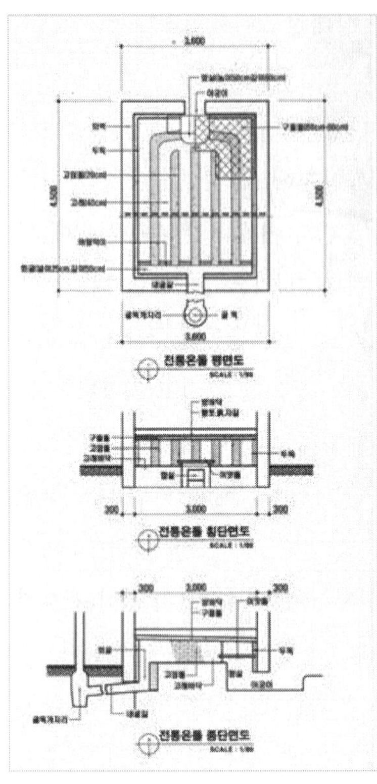

그림 2. 난방전용구들의 기본도

등이 있고, 형태별로는 구들고래의 형상에 따라 줄고래(일자고래), 부채(살)고래, 선재고래, 되돈고래, 원형고래, 허튼고래(흐튼고래), 막고래, 혼용고래, 특수고래 등이 있다.

구조별로는 쪽구들형, 통구들형, 부뚜막형, 함실형, 난로형 등이 있다. 지역별로는 한반도를 기준으로 해서 남부지역, 중부지역, 북부지역, 만주지역 등 지역별로 나눌 수 있다. 재료별로는 기와고래, 벽돌고래, 흙고래, 막돌고래 등이 있다. 또한 한 방만을 데우는 한방고래와 한 아궁이로 두 방을 데우는 방법인 두방내고래 여러 방고래 혹은 격구들 등이 있고 들경고래는 제주도에서만 사용되는 특이한 형태의 고래이다. 북부의 것은 앞이마가 길고 뒷이마가 없으며 불주머니가 크고 솥의 촛점이 높아 취사시간이 길고 연료의 소비가 많은 반면 가장 추운지방 난방에 유리한 발달된 온돌의 형식을 보여주고 있다. 또한 남부지방은 앞이마와 뒷이마의 차이 외에도, 취사겸용의 온돌이 차지하는 비율을 보더라도 북부지방보다는 남부지방이 현저히 난방에 신경을 쓰지 않았으며 그 구조가 북부의 것보다 단순화되어 있는 것을 알 수 있고, 이러한 점은 제주도의 막고래 형태의 들경고래에서 잘 나타나고 있다. 공통점은 축조재료가 같고 사용연료는 모두 그 주변지역에서 쉽게 구할 수 있는 재료를 사용한다는 점이다. 이것은 우리나라가 산악국이며 농경국이어서 연료의 채취가 용이하고, 전국에 흙과 돌, 양질의 온돌 축조재료가 산재해 있었기 때문이다. 결론적으로 그 목적을 취사 혹은 난방으로 구별하는 것이 온돌의 핵심 요소다. 그리고 지금의 만주지역에서 사용되고 있는 중국의 구들은 캉이라고 불리는데 흔히 우리의 온통 구들과 비교하여 걸터앉는 형태의 쪽구들이라고 부른다.[17]

3) 한옥구들시공기술과 향후 과제

(1) 한옥구들시공기술

전통온돌인 한옥구들은 방바닥 아래에 있는 공간인 고래를 따라 열이 이동하면서 방바닥에 열에너지를 저장하고, 방열하면서 실내를 따뜻하게 한다. 현대의 온돌은 바닥난방을 하지만 고래가 없어지고, 열을 저장하는 기능은 많이 줄어들었다. 온돌의 열원은 나무, 석탄, 기름, 전기 등을 사용하는데, 나무와 석탄은 오랫동안 사용되고 있고, 기름과 전기는 근대화와 더불어 편리하게 사용되고 있다. 솎아낸 나무가 남아도는 농촌에서도 나무 보일러를 사용하는 온수온돌이 있긴 하지만, 전통온돌인 구들이 없어 사용하지 못하고 있다. 온돌의 방바닥은 콘크리트 재료로 마감하는 것이 가장 보편적이고, 나무 강화 마루를 사용하기도 한다. 전통온돌인 구들로 된 방은 흙바닥으로 되어 있어 피부질환 등 질병의 예방과 치료 효과가 있다. 따라서 편리하고 청정 열원인 전기와 폐기물로 처

17 쪽구들은 炕(kang), 火炕 - 입식형으로 만들어 방의 일부 바닥을 따뜻하게 하는 시설이고, 통구들은 전면온돌로 - 전체방바닥을 따뜻하게 하는 시설이다. 부분 온돌은 방의 일부를 따뜻하게 하는 시설로 - 입식형이 걸터앉는 좌식형일 경우라고 할 수 있다. 그리고 화장(火墻, huǒqiáng)은 벽체로 불기운이 지나가게하여 방을 따뜻하게하는 시설인데 - 벽난로의 원형이라 할 수 있다. 張馭寰, 吉林民居, 中國建築工業出版社, 1985, p.10; 景愛龍, 東北的火炕, 學習與探索, 1980-4

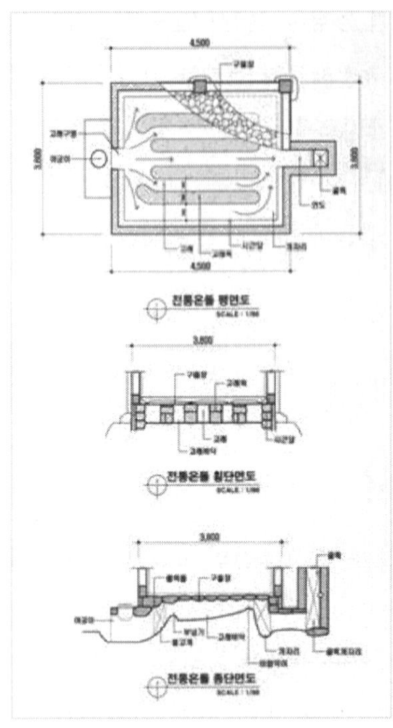

그림 3. 취사겸용구들의 기본도

리되는 나무를 동시에 사용하는 온돌을 활용하는 방안이 현대의 전기를 열원으로 한 구들이라 하겠다. 그리고 2007년에는 온돌 파이프와 관련한 4건이 국제표준으로 제정되었고 2008년 3월에는 한국이 제안한 7건의 온돌 관련 신규 국제표준안이 국제표준기구 기술위원회(ISO/TC) 회원국 투표에서 과반수 찬성을 얻어 국제표준안으로 채택되었다. 그 표준안은 △온돌시스템 설계 기준 △온돌바닥 두께와 넓이 등에 따른 난방 용량 △온돌의 설치 운용 등 유지관리지침 등이다. 그리고 이에 앞서 지난해에는 한국이 제안한 온돌파이프 관련 기준 4건이 국제표준으로 제정됐었다. 이러한 온돌의 우수성에도 불구하고 전통온돌의 수요 축소와 전수 기술자의 사망 등과 같은 다양한 문제점들로 인해 국가 지원이 없이는 전승이 불가능한 경우가 나타나게 되어 지속가능한 전승을 위해 국가적 정책 지원이 필요하게 되었다.

현재 서유럽에서는 신축 주택의 절반이 온수온돌방식을 채택하고 있고, 미국에서도 온돌시장이 매년 20% 이상 성장하고 있다. 이는 우리나라 온돌시스템을 개선하고 효율을 높이기 위한 그 동안의 노력들이 최근 국내·외적으로 그 성과를 보이고 있음을 나타내고, 국내의 경우는 온돌시스템의 설치를 표준화하기 위한 제도적 측면의 개선이 진행되었으며 국외에서는 한국식 온돌시스템이 국제표준안으로 채택되는 쾌거를 이루었다고 볼 수 있으니 아직까지도 온돌난방 중에서 온수순환방식이 아닌 여러 가지 기준들이 우리가 알고 있는 온돌난방 개념인 피부접촉을 통한 전통온돌난방 방식의 특징에 근거하기보다는 서구의 난방 방식인 단순히 공기를 데우는 방식에 기준을 두고 있다는 것은 한편으로는 안타까운 현실이라 하겠다.

(2) 현대구들시공기술

① 전기고래구들 난방

전통온돌인 구들(그림 1~3. 참조)에서 아궁이와 굴뚝을 막고 고래에 전기 시즈히터(Sheath Heater)를 넣어서 열에너지를 공급하는 것이 전기고래구들 난방법이다. 열원을 전기로 바꾸어서 적용한 것으로 구조가 간단하다. 전기고래구들은 구들장에 필요한 열에너지를 저장하는 지속적 난방 방법이므로 실온을 온도제어장치 없이 일정하게 자연적으로 유지시켜 준다. 전기고래구들은 난방 장소에서 발열하여 에너지의 운반과 이동이 없으므로 연소 열손실과 이동 열손실이 없다. 전통온돌의 장점을 살리면서 아궁이에 자연 재료를 때지 않고 전기를 이용하는데 심야전기 등을 이용하도록 개발되었다.(그림 4. 참조)

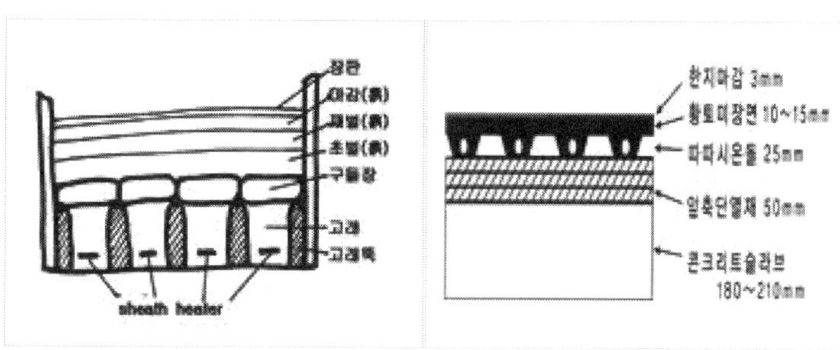

그림 4. 전기고래구들난방 개념도　　그림 5. 온수패널고래온돌시공단면도

② 온수패널고래온돌

엠보싱금속판 - 일명 따따시온돌 - 을 이용한 온수패널고래온돌 난방은 최근 난방법의 주류인 온수온돌의 배관을 하고 고래를 만들어 흙바닥과 고래에 열을 저장하고 방렬하여 쓸 수 있게 개발되었다. 이 난방법은 구들과 온수온돌을 현대적인 감각과 기능성을 찾아서 다시 만든 것으로, 열효율을 높여서 연료비를 절감하고 오래도록 따뜻하며, 층간 소음도 줄일 수 있는 등 여러 가지 기능을 가지고 있다. (그림 5. 참조)

『금속판온수온돌의시공방법』

① 콘크리트 슬라브를 180~250mm 정도로 시공한다. ② 콘크리트 슬라브 바닥을 위에 단열 및 흡음을 위하여 30~60mm 정도의 단열재를 깐다. ③ 순동이나 아연도금판을 단열재 위에 겹쳐서 깔고 고정한다. ④ 온수관을 순동판의 홈에 맞추어 설치하고 고정한다. ⑤ 마감면을 공기층 블록보다 10~20mm 정도 높게 황토로 미장을 한다. ⑥ 황토건조 후 마감면 위에 장판, 마루를 깐다.

③ 축열식 심야전기 온돌난방

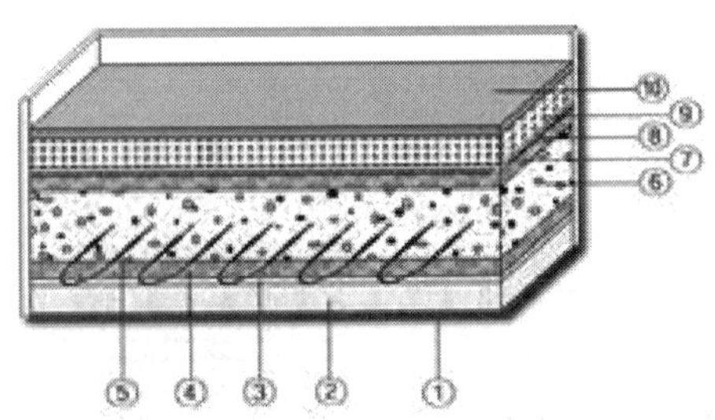

① PE필름방습층 ② 단열재 ③ 반사층 ④ 하부보온층 ⑤ 발열히터
⑥ 축열자갈층 ⑦ 상부보온층 ⑧ 균열방지메쉬층 ⑨ 미장마감층 ⑩ 표면바닥마감재

그림 6. 축열식 온돌난방 개념도

바닥면에 자갈, 단열재등의 축열재를 일정 두께로 적층하여 축열층을 설치하고 그 속에 매설형 발열 장치를 매입하여 가장 저렴하게 공급되는 시간대의 경제 전기를 공급받아 공급시간 동안 열을 생산, 저장하여 두고 24시간 자열 및 방열 시키는 온돌 방식이다. 24시간 방바닥 온도를 30~40℃로 일정하게 유지하므로 시간대별 온도 분포가 균일하고, 축열량을 조절하여 방열량을 적절하게 조절할 수 있어 효율적이고 사용에 편리하다. 축열방식으로 지역 특성에 따라 운영되고 가장 저렴하게 공급되는 시간대의 전기를 선택하여 사용하므로, 일반 전기료보다 싼 전력을 이용하므로 경제적이다. (그림 6. 참조)

전기고래구들과 온수패널고래온돌 난방법은 구들과 현대 온돌의 장점을 살린 것으로 주요한 효과는 다음과 같다.

① 고래 공간의 소음 흡수로 층간 소음을 80% 정도를 감소시킨다. ② 온돌 층의 하중을 줄여 준다. (온돌 층 무게가 150~200kg/평으로 습식 대비 70% 정도 감소) ③ 수맥에서 발생하는 수맥파를 차단시켜 각종 현대병 발생을 예방하고 치료에 도움을 줄 수 있다. ④ 방바닥 전체 바닥면에서 뜨거워진 온도로 흙에서 자연히 원적외선이 방사되어 아토피 등의 피부 질환과 관절염, 류머티즘 질병 등에 효과를 기대할 수 있다. ⑤ 방바닥에서 열에너지가 방열되면서 위로 전달되는 방 안 공기 흐름의 복합적인 작용으로 전통구들의 효과와 비슷하다.[18]

고유가(高油價) 시대를 맞이한 지금, 난방 형태에 따른 난방비용을 비교하면, 화석연료인 석유를 사용하는 기름보일러에 의한 온수온돌 난방에 비해 전기를 이용하는 전기온돌과 전기고래온돌 난방은 평균 1/4정도의 난방비용이면 훨씬 따뜻하게 겨울을 날 수 있다. 그리고 온수패널고래온

18 리신호·김준봉, 「열원을 전기로 한 전통온돌(구들)활용방안연구」, 국제온돌학회논문집 제8권, 2009.

돌은 온수온돌의 편리성과 고래온돌의 특성을 고루 갖춘 경제적인 난방법이다. 구들방을 설치하면서 고래에 시즈히터를 넣고 아궁이와 굴뚝을 막는 장치를 설비하면, 불을 직접 땔 수도 있고 심야전기를 넣을 수도 있으므로 겸용으로 사용할 수 있다. 구들방에 시즈히터 겸용설비는 전기와 화석연료가 끊어져도 자연재료로 난방할 수 있어, 재난에 대비할 수 있고, 경제, 건강, 환경 등에서 유리하다. 따라서, 살림집을 고치거나 새로 지을 때, 자연재료(농업부산물, 간벌 목재 등)로 불을 때는 구들방을 하나 정도를 놓으면서 전기고래구들 기능을 겸용 설비하는 것이 바람직하다.[19] 전통온돌에서 유추하여 보듯이 불을 때는 곳인 보일러 및 발열체 부분과 열을 저장 전달하는 구들장과 고래를 형성하듯이 온수 파이프 와 단열시공부분 바닥 구조체 등과 최종적으로 열을 발산하는 장판 부분인 온돌바닥시스템 및 구성부품의 전방산업(합성수지, 목재 등)이며, 후방산업으로는 여러 건설업체, 실내마감재 업체 등이 해당된다.

4) 향후 과제

(1) 온돌표준화와 온돌문화유산등록

온돌의 국제화 및 세계화를 위해서는 온돌(구들)의 구조, 유형, 재료, 공법에 사용되는 우리말 용어를 표준화하여 온돌의 보급과 학술연구에 있어 혼란을 줄이고 정확한 의사소통에 공헌한다. 그리고 우리말 온돌 용어를 영어와 중국어 표준 표기법을 개발하여 온돌의 국제화에 다가서야 한다. 그 구체적인 사업 내용은 ① 온돌 용어 표준화 사업 → 우리말 용어의 표준화(통일화) ② 온돌 용어 외국어 표기 표준화 사업 → 온돌 용

19 리신호, 「농촌주택의 실태조사를 통한 개선방안 연구」, 한국농공학회지, 36(3), 1994, pp.135~143

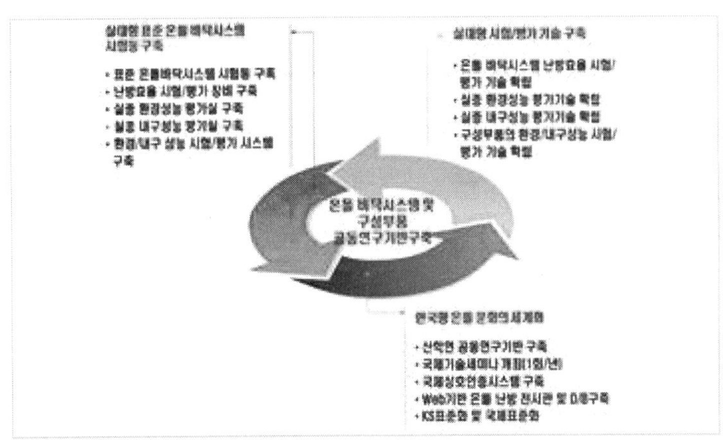

그림 7. 한국형온돌의 표준화와 현대화

어의 영문, 중문 표준 표기법 개발 ③ 온돌 용어 사전 편찬 사업 → 온돌 용어를 간략하게 설명한 사전 편찬(한국어, 영어, 중국어) 등의 사업이 필요하다.[20]

또한 이러한 온돌난방 시스템에 대한 인증은 온돌을 사용할 때 느끼는 쾌적함의 기준, 온돌바닥의 두께와 넓이 등에 따른 난방용량, 온돌 시스템의 설계기준, 온돌에 사용되는 에너지의 성능, 온돌의 설치·운용 등 유지관리지침 및 건강성, 문화전통성 등에 관하여 바닥난방시스템의 구성부품의 제품 적합성과 시험요건과 시공품질 적합성, 제조 및 시공시의 품질경영시스템에 관하여 그 품질 보증 요구(Quality Assurance Requirements)를 수립하여 우리 온돌의 전통의 지속가능 특성을 계승하고 고객의 요구조건을 만족하는 고품질의 온돌 시스템을 창조하고 발전시켜야 한다.(그림 7. 참조) 그리고 우리의 전통온돌을 세계무형유산에 등재하는 작업이 필요한데 이는 온돌 종주국의 위상을 확립하고 원천기술을

20 유우상, 「온돌용어의 표준화와 국제화에 대한 연구」, 국제온돌학회 춘계세미나, 2008.

보유하는 것을 세계만방에 공표하는 일이 시급하다. 그리하여 국가브랜드 위상 때문에 독일 핀란드 일본 등에 비해 양질의 우수한 경쟁력 있는 각종 온돌관련 제품임에도 불구하고, 상대적으로 저평가되고 있는 한국의 보일러 제품을 비롯한 토종 온돌제품들의 브랜드가치를 높여야 할 것이다.

(2) 온돌공사전문건설화와 현대건축으로서의 현대한옥온돌시방서 구축

국내의 제도적 진보와 국제적 성취에 비하여 온돌시스템 시공방식에 관한 우리나라 규정은 극히 열악한 상태이다. 현재 우리나라 '건축법'에서는 온돌공사의 인부를 '벽과 바닥을 바르는 미장공'으로 분류하고 있으며, '건축공사표준시방서'의 온돌공사 일반사항의 적용범위에서는 "온돌공사에 사용되는 조적재 및 그 공법은 도면 또는 공사시방에 정한 바가 없을 때에는 벽돌공사, 블록공사 및 돌공사에 따르고 미장재 및 그 공법은 미장공사에 따른다."라고 명시되어 있다. 또한 '시설 공사별 하자담보 책임기간'에서는 온돌공사를 잡공사로 분류하고 있다.

표 1. 건축공사표준시방서 상 온돌공사 재료 및 시공규정 세부내용

<table>
<tr><th colspan="2">재료 영역</th><th colspan="2">시공 영역</th></tr>
<tr><th>구분</th><th>세부규정사항</th><th>구분</th><th>세부사항</th></tr>
<tr><td>벽돌, 블록 및
석재기타</td><td>점토벽돌,
콘크리트벽돌, 석재
속빈 콘크리트블록,
파벽돌 기준</td><td rowspan="3">고래
켜기</td><td rowspan="3">방고래 종별
고래켜기 준비
고막이, 개자리
두둑쌓기, 불목</td></tr>
<tr><td>조적용
모르터</td><td>시멘트 모르터 배합비
회사벽 배합,
강회반죽 및 기타 배합비</td></tr>
<tr><td>바름재</td><td>시멘트, 소석회, 생석회,
해초풀 등</td></tr>
<tr><td>구들장</td><td>화강석, 점판암,
콘크리트판,
함실장의 두께,
A종, B종, C종,
구들장의 두께,
A종, B종, C종,
이맛돌의 길이,
A종, B종, C종,
붓돌의 길이,
A종, B종, C종</td><td>구들
놓기</td><td>구들장 놓기,
고임돌 및 사춤돌
바탕 진흙 바르기,
구들말리기,
바름 마무리</td></tr>
<tr><td>고임돌·
사춤돌</td><td>돌의 크기 등</td><td rowspan="2">불아궁부뚜
막</td><td rowspan="2">불아궁, 함실아궁,
구멍탄아궁,
부뚜막, 보양및 청소</td></tr>
<tr><td>불아궁철물,
구멍탄 아궁
철물</td><td>불아궁, 재아궁 및
Roaster 철물
구멍탄 아궁 철물</td></tr>
<tr><td>굴뚝재료</td><td>오지토관
또는 시멘트관</td><td>굴뚝</td><td>굴뚝기초 및 굴뚝대
연도, 벽붙임 굴뚝
간이 독립굴뚝
굴뚝과의 접속부</td></tr>
</table>

2014년에 문화재청에서는 온돌공사표준시방서를 대대적으로 수정하여 새로 작성하고 전물 기술자도 문화재보수기능자 부문에 온돌공을 추가하는 등 문화재보수 관련분야에서는 현저히 개선되고 있으나 일반 건축물부문을 포함하는 '건축공사표준시방서'의 온돌공사 부분을 살펴보면 [표 1]에서 보는 바와 같이 다양한 재료와 전문적인 시공법을 포함하고 있으나, 그 내용이 전통온돌인 구들장과 고래를 가진 전통방식에 국한되어 있어 현재 대다수를 점유하는 아파트나 주택난방과는 별로 관련성을 갖기 어렵고, 더군다나 아직까지 전문건설공사의 한 영역으로조차 온돌공사가 별도로 자리를 잡지 못하고 조적공사나 미장공사의 공법이 준용되는 기타공사, 경우에 따라 잡공사로 분류되는 현실은 공사품질이나 하자보수 등의 문제가 있다. 또한 80년대 이후부터 현재까지 우리나라 전통온돌방식은 습식 바닥판 온돌시스템과 조립식·건식화 바닥판 온돌시스템, 그리고 최근에는 전기 전자온돌형태와 뜬 바닥 층간소음감소형과 공기순환겸용 온돌 등으로 진화되고 있다. 이러한 공법과 내용의 변환에 따라 온돌공사에는 위 시방서에서 살펴본 건축 분야 이외에 온수공급을 위한 보일러 시설, 배관연결부위의 누수를 방지하기 위한 전문설비요소기술 등이 포함되었으며 최근에는 공동주택 층간소음을 방지하기 위한 완충재까지 포함되어 그야말로 현장품질관리가 어렵고 하자가 많은 복합공종으로 발전하게 되었으나 아직까지도 경우에 따라서는 설비업체가, 경우에 따라서는 조적 또는 미장업체가 마구잡이로 시공하고 있는 상황이다. 이러한 문제점의 해결방법으로 복합공종을 관장하는 시방서를 개발하는 방안도 있겠지만 보다 바람직한 방안은 온돌공사를 전문공사업으로 발전시켜 [그림 8]에서 보는 바와 같이 발주자로부터 직접 공사를 수주받거나 일반건설업체로부터 하도급을 받아 일괄적으로 책임

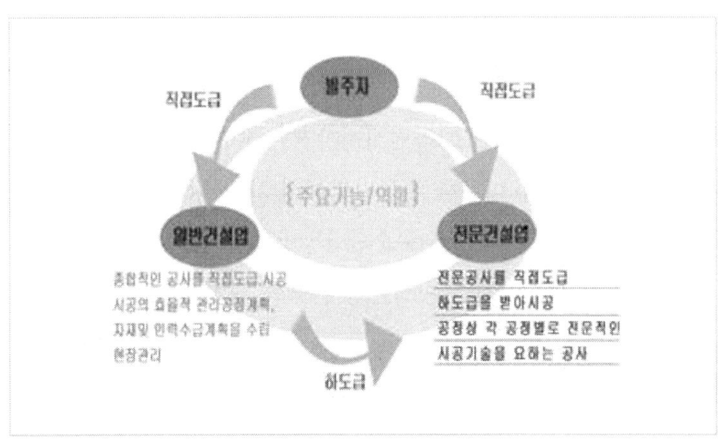

그림 8. 온돌공사의 전문건설업화

시공하는 체제로 제도를 개선하는 것이라 할 것이다.[21]

온돌공사가 전문건설업화하게 된다면 건축, 설비, 전기 등이 한 업종에 포함된다는 측면에서 현 전문건설업 중 하나인 시설관리업과 유사한 성격을 가질 것이라고 판단된다. 이와 같이 전문건설업화하게 되면 온돌공사를 전문적으로 수행하는 업체들이 증가하고 이들 업체들이 책임감을 가지고 지속적으로 공사를 수주 시공함으로써 동일 업역 안에서 시공기술이 축적되며 보다 선진적인 기술개발이 가능하게 될 것이다. 더불어 시장원리에 따라 적정한 공사비 수준이 정립됨에 따라 저가수주, 덤핑수주를 방지할 수 있고 그에 따라 부실시공방지, 하자발생방지 등의 괄목할 만한 성과가 있을 것으로 기대된다.

그리고 난방 열원인 보일러와 매개전도체인 온수배관 혹은 전기발열체, 그리고 미장이나 돌마감, 혹은 온돌마루 등의 최종마감재 모두는 서

21 김준봉·옥종호, 「가정용보일러 역사를 통한 온돌시스템 공사수행체계 개선에 대한 연구」, 국제온돌학논문집 제8권, 2009.

로 깊은 상관관계를 가지고 있다. 이와 같이 보일러와 배관미장 그리고 온돌마루나 장판 등 깊은 상관관계를 가진 각종 공종들을 하나로 묶어 온돌공사를 전문건설분야로 독립시켜야지만 30여 년간이나 답보상태인 우리의 온수파이프를 이용한 온돌난방에서 보다 발전한 보일러와 배관 자재의 개발을 통한 미래형 온수순환난방방법과 전기 전자온돌 등 온돌의 종주국의 위상을 지켜주는 첨단형 온돌의 개발을 담보할 수 있을 것이다.

(3) 다양한 현대온돌기술의 개발

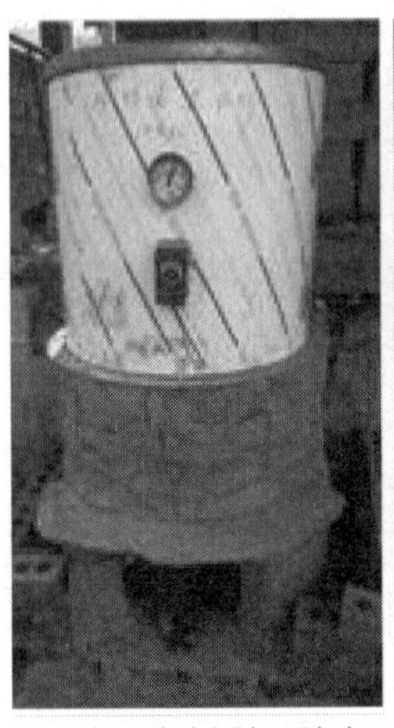

그림 9. 가마솥형 보일러

그림 10. 벽난로겸용 온돌

공동주택 층간 소음 규제에 따른 이중바닥 혹은 뜬 바닥 공법이 필연적으로 제기되고 있는 바 전통온돌인 구들구조를 이용한 좀 더 발전적인 온돌난방 방법이 개발되는 것이 요구되고 있다. 전통구들고래에서 착안한 최근 개발된 뜬바닥을 통과하여 외기를 유입시키는 열교환 온수·온돌시스템은 좋은 개발사례이다.

그리고 서양의 벽난로기능을 차용한 벽난로형구들방 역시 현대한옥에서 마루 부분을 거실화하여 동절기에도 사용가능하게 만드는 방안이 된다. 또한 전통구들에서 사용되는 가마솥 대신에 가마솥보일러를 이용하여 직화난방과 간접온수난방형태를 취하는 복합난방법도 선보이고 있다.

단순히 하드웨어만을 바꾸는 것이 아니고 날로 늘어가는 오토캠핑장에 노천구들 캠프장을 만들거나 전원주택의 한켠에 황토구들건강찜질방을 마련하여 민박형 펜션이나 사랑방을 꾸미는 것도 생각해 볼 사안이다. 또한 [그림11]처럼 현대에는 다양한 구들을 선보일 수 있다.

그림 11. 기타 여러 현대 구들

종류	특징	형태
혼용고래 구들1	줄고래와 허튼고래 혼용. 가쪽의 열기 흐름을 돕기 위해 줄고래가 사용되며 가운데 허튼고래를 사용해 열기를 분산시킨다.	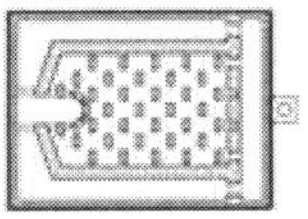
혼용고래 구들2	줄고래와 허튼고래 혼용. 특히 긴 긴방에 유용하다. 열기가 식으며 모여드는 특징이있는데 끝에 줄고래 끝에 허튼 고래를 놓음으로 다시 분산시킨다.	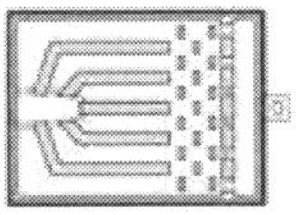
원형허튼 고래구들	원형방에 줄과 허튼 고래 혼용. 열기를 가쪽으로 잘 흐르기 하기 위해 줄고래를 사용하며 중간에는 헌튼 고래로 분산시킨다.	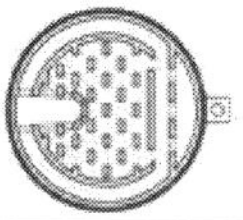
갈비고래 구들	열기를 지속적으로 방가 쪽으로 보낸다.	
굴절고래 구들	고래 벽이 굴절되있어 열기가 고래개자리까지 가는 거리를 연장시킨다.	
이중고래 구들	문재남 특허 구들 : 초기에 열기가 위층 고래에 흐른 후 식은 열기가 아래층 고래 속에 흐른 후 굴뚝으로 나간다. 아래층이 긴 내굴길이며 비교적 따듯한 보온층을 형성한다.	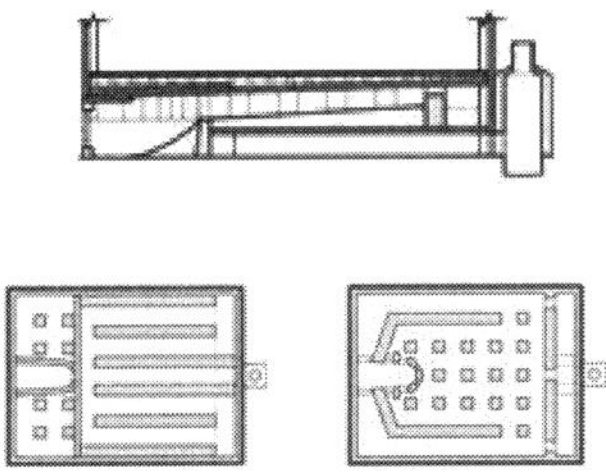

3. 맺음말

온돌은 구들이고 구들은 온돌이다. 방바닥을 따뜻하게 하는 난방법은 재료나 방법이 달라도 모두 온돌이다. 불을 때는 아궁이나 보일러설비 그리고 열을 저장하고 전달하는 고래 구들장이나 온수관 전열선이나 발열판 마지막으로 열을 발산하는 장판이나 널마루 온돌마루 모두가 온돌이고 구들이다. 이 세 부분이 모두 통합관리되는 온돌시공기술이 필요하며 이렇게 될 때 한옥구들시공기술의 현대화 산업화가 기대된다. 과거 전통온돌인 구들이 이제는 현대적으로 발전되고 변화되었다.

전원주택이나 농촌은 생산 휴식활동과 주거활동이 동시에 이루어지는 관계로 주거 공간인 방에서도 생산활동이 많이 이루어진다. 구들방은 이러한 생산활동에 적합한 공간을 제공한다. 전통주거의 공동작업공간 역할을 하는 방들이 구들로 되어 있어 군불을 누구나 때면서 거름으로 이용되는 재도 얻고, 농가 소득을 올리는 부업을 하여 왔다. 생산활동에는 구들방의 연료로 활용할 수 있는 농업부산물이 적당히 나오고, 인근 산에서 간벌할 수 있는 나무가 적당히 널려 있다. 생산활동을 하면서 나오는 나무, 풀 등 농업부산물은 소각하는 농가가 75% 정도이고, 나머지는 그냥 방치하고 있어 농촌 경관과 환경을 해치고 있다. 소각하는 경우, 난방연료로 사용하는 경우는 구들방이 있는 살림집으로서 조사농가의 15% 정도이고 나머지는 그냥 태워 버리고 있다.[22] 농업부산물은 방 하나 정도는 충분히 난방을 할 수 있는 양이 나온다. 한옥의 구들이 지속가능한 친환경 건강건축을 화두로 새롭게 등장하고 있다. 또한 서양의 벽난로의 장점을 이용한 난로형구들이 현대 전원주택에서는 각광받고 있다.

22 리신호, 「농촌주택의 실태조사를 통한 개선방안 연구」, 한국농공학회지, 36(3), 1994, pp.135~143

진정한 전통을 이어가기 위해서는 지금 이 시대의 현실에서 살아 숨쉬는 전통을 만들어야 하는데 그러기 위해서는 현대적 기술도 필요하고 미래를 위한 연구도 필요하다. 특히 전문가집단은 현재를 사는 소비자의 삶과 상호 작용과 커뮤니케이션이 필요하다. 특히 지역과 역사성을 결코 선불리 단일화 표준화할 수 없기에 현실 속에서 전통을 이끌어갈 수 있는 기술과 관리가 요구된다. 결국 구들시공기술의 다양성을 발굴하고 유지하면서 현대온돌의 새로운 창조와 보급이 이루어져야 한다.

이제 국가적으로 전통온돌 문화재 수리기능자 부분에서 전통온돌수리기능자자격이 시행되었기에 후속적으로 일반건축물부분의 현대구들(온돌)기술자와 기능자의 기준이 조속히 마련되야 한다. 그리고 기술적으로 시방서와 도면의 표준화가 시급하며 현대에 맞는 성능기준과 시설기준이 조속히 마련되도록 관계부처의 노력이 아울러 필요하다.

참고문헌

김준봉·리신호·오홍식 공저, 『온돌 그 찬란한 구들문화』, 청홍, 2006

(재) 한국건자재시험 연구원, 온돌난방시스템 국제화 추세에 대응한 구성부품의 고기능성확보 공동연구기반구축 사업소개, 국제온돌학회 논문집 제8권, 2009

김준봉·옥종호, 「온돌과 구들의 용어 정의와 그 유래에 관한 연구」, 건축역사연구 제23권 2호, 2014. 04.

김준봉·오홍식, 「전통온돌의 시공표준화에 관한 연구」, 국제온돌학회 논문집 제9권 2010년

김준봉·최찬환, 「바닥온돌 난방시설의 법적 기준 연구」, 국제온돌학회 논문집 제10권, 2011년

국제온돌학회, 「온돌기술 문화유산등록 방안마련을 위한 연구」, 국토교통부(연구책임자 김준봉), 2014

김준봉, 『东北亚地区各民族温突(炕, 地暖)文化比较研究』 A Study on the Ondol Culture Comparison with Several Peoples in the North-East Asia, 중국 중앙민족대학 민족학 박사학위논문, 2010

김준봉·문재남·김정태 공저, 『온돌문화 구들 만들기』, 청홍, 2012

리신호, 「농촌주택의 실태조사를 통한 개선방안 연구」, 한국농공학회지, 36(3), 1994

유우상, 「온돌용어의 표준화와 국제화에 대한 연구」, 국제온돌학회 춘계세미나, 2008

주남철, 『온돌의 역사』, 건축과 환경, 1990

문재남·김준봉, 「전통구들 구래의 종류및 특성에 관한 연구」, 국제온돌학회 논문집 제13호, 2014

김준봉 외, 『온돌과 구들문화』, 어문학사, 2014

5장 온돌(구들)기술의 특성과 신한옥 적용

김준봉 · 천득염

1. 서론[1]

1) 연구의 배경 및 목적

최근 들어 한국의 전통가옥인 한옥에 대한 한국인들의 관심이 높아지고 있으며 현대한옥, 즉 신한옥의 수요가 증가하고 있는 추세이다. 한옥과 온돌(혹은 구들)은 한국인의 민족적 정체성을 보여주며 건강한 주거환경을 제공하는 요체이다. 특히 한국인의 전통적인 주거인 한옥과 중국이나 일본의 전통주택의 확실한 차이점은 바로 바닥난방시설인 온돌의 설치 유무이다. 즉 온돌이 있어야 한옥인 것이다.

그럼에도 불구하고 온돌에 대한 연구는 상대적으로 아주 부족하다. 국토교통부와 문화재청 등을 비롯한 국가기관에서도 한옥의 대중화와 표준화, 국제화 등을 목표로 많은 노력을 하고 있지만 아직까지 한옥 온돌기술에 대한 연구나 실용적인 성과가 대중에게 영향을 미치기는 미흡

1 pISSN 2288-968X, eISSN 2288-9698 http://dx.doi.org/10.12813/kieae.2014.14.1.031

한 상태이다. 더욱이 온돌에 대한 용어나 역사, 규격과 시공방법, 품셈, 관련 기술자에 대한 자격기준 등도 정리되어 있지 않은 상태이다.

최근 온돌과 관련한 대표적인 논저를 보면 김동훈(1994), 김남응(2004), 김준봉(2006), 송기호(2007), 최덕경(2008), 김준봉(2014) 등을 들 수가 있다. 김동훈은 민속문화적 관점의 연구이고, 김남응의 특징은 한반도 전역의 온돌유적과 그간의 온돌관련 문헌사료를 번역제공하고 있으며, 송기호는 주로 한반도 북부인 중국동북지역과 북옥저지방에서 출토된 구들유적을 도면과 함께 분석하고 정리하였다. 최덕경은 앞의 자료들을 종합하여 온돌의 발생과 보급, 생활문화에 끼친 영향을 폭넓게 고찰하였다. 김준봉과 리신호는 온돌의 기술적 문화적 역사적 포괄적 연구를 하였다. 하지만 김준봉을 제외한 네 연구는 현재까지 남아서 사용되고 있는 온돌과의 연관성에 의한 해석에 있어서는 온돌 자체의 기술적 한계가 있다고 생각된다.

일반적으로 온돌은 바닥에 불을 때서 구들장을 데워 난방을 하는 방법으로 알려져 있지만, 역사적으로 보면 지역에 따라 만드는 방식과 구조 형태에 따라 여러 종류의 온돌이 존재하여 주거난방 방식의 다양성을 보여준다. 이러한 온돌은 한민족의 오랜 세월 동안 영위한 생활로 인하여 일체감과 동질성을 부여해준 주거양식으로 독특한 한민족의 문화로 형성되어 왔다. 역사적으로도 신석기 시대 이후 현대 아파트 생활에 이르기까지 전통적인 온돌난방 방법을 시대적 상황에 적합하게 발달시키면서 사용하고 있으니 가장 오래되고 보편적이라 할 수 있다. 그럼에도 불구하고 국제온돌기술표준이 한국이 주도적으로 취급하기보다는 유럽과 서구중심으로 진행되고 있어 안타까운 현실이다. 특히 온돌의 현대적 적용이라는 실질적 대안에 대한 노력이 부족하다 하겠다.

따라서 본 논문에서는 온돌의 현대화와 대중화에 대한 구체적 대안 제공을 목표로 하고 있다. 이를 위해서는 먼저 온돌관련 용어의 개념을 정리하고 온돌의 구조와 축조기술의 특성을 고찰하고자 한다. 이어서 전통온돌을 현대 주거형식에 적용 가능한 시공방법에 대한 내안을 제안하고자 한다. 결국 이러한 연구는 온돌이 단지 흙과 돌을 다루어 난방을 하는 기술에 국한되지 않고 과거의 전통온돌에서 현대적 바닥난방 장치로서 기계설비와 전기기술, 축열(蓄熱)이나 단열의 기초적 원리가 요구되기 때문에 이에 대한 고찰도 함께 수행하고자 한다. 이러한 연구의 결과는 민족적 정체성을 지닌 온돌 주거난방의 성격을 밝힘과 아울러 전통한옥에 있어 온돌난방의 우수성을 규명하는 의미를 지닌다 할 것이다. 또한 전통주거 난방의 현대화를 시도하여 향후 여러 나라에 현대적인 난방방법을 제안하는 의미 있는 연구가 될 것으로 기대한다.

2. 온돌의 특성과 구조생태환경의 개념과 이론

1) 전통온돌과 현대온돌의 개념

온돌(溫突, Ondol)이란 '방 바닥을 따뜻하게 데워 난방하는 시설'을 말한다. 『표준국어대사전』에 따르면, 온돌은 "화기(火氣)가 방밑을 통과하여 방을 덥히는 장치. 우리나라 및 중국 동북부에서 발달하였다."라고 한다. 일반적으로 온돌과 구들은 사전적으로 동의어이지만 일반인들이 사용할 때 구들은 전통적인 방식으로 직접 아궁이에 불을 때는 방식을 의미하고 온돌은 전통적인 방식과 더불어 현대적으로 바닥을 따뜻하게 하는 방법을 포괄하여 지칭하는 경향이 있다. '구들'은 순우리말로 언제부터 사용되었는지는 확실치 않으나 구들이 처음 만들어졌을 때로 가정한다면 아주 오래전에 사용되었다고 볼 수 있고 '온돌'이라는 용어는 『세종실록(世宗実録)』, 『성종실록(成宗実録)』, 『구황촬요(救荒撮要)』 등에서 출현하여 조선시대에 비로소 한자어로 표기되기 시작하였다고 추정할 수 있다.

온돌과 같은 뜻을 지니며 순수 우리말인 '구들', 김남응은 "방바닥에 고래를 만들어 불을 지피는 장치" 또는 "고래를 내고 구들장을 얹고 그 위에 흙을 발라 방바닥을 구성하여 불을 때어 따뜻하게 한 시설" 등으로 설명된다. 여기에서 고래란 온돌방의 구들장 아래로 나 있는 통로를 가리키는 단어이다. 아궁이로부터 들어오는 불과 연기가 고래를 통해 지나간다. 또한 구들이란 "추운 겨울을 지내기 위해 고래를 만들고 그 위에 구들장을 덮어 아궁이로부터 발생한 뜨거운 열을 구들장에 저장했다가 천천히 복사열을 내뿜어 방바닥과 방이 따뜻해지도록 제작된 난방구조"라 하였다. 즉 구들은 주로 우리의 전통난방 방식의 고래와 구들장을 가진 직화방식(直火方式)의 난방 방식을 의미한다. 민속학자인 손진태에 의하면 '구운 돌'에서 생겨난 이름이 구들로 추정되고 있다. 한편 김남응은 "구들은 우리의 옛날 집에서 바닥난방 시설을 말하거나 그런 난방 방식으로 된 방 바닥이나 방을 통틀어 지칭하는 말이다."라고 하였다. 또한 구들과 온돌은 같은 의미이나 구들이라는 말이 더 어울린다 하였다.

『삼국유사』에서는 구들을 의미한 한자는 '돌(堗)' 자를 쓰기도 했다. 『星湖僿說』에서도 '돌(堗)'을 쓰지만 다른 문헌에서는 '埃', '突'을 쓴다.

이처럼 구들과 비슷한 온돌이란 단어는 '방바닥 아래로 뜨거운 불기운을 넣어 방을 따뜻하게 하는 시설'로 실내의 바닥을 덥히는 난방 방식을 통칭하는 의미로 쓰이고 있다. 결국 구들과 온돌은 같은 의미이지만 오랜 세월 동안 다양한 의미를 지닌 온돌이 구들을 포괄하는 의미라고 하겠다. 특히 옛 구들을 온돌이라 해도 어색하지 않지만 현대적 온돌을 구들이라고 하면 어감이 어색하다. 이는 구들의 전통 단절을 의미할 수 있고, 전통온돌과 현대 온수온돌의 중간적 형태인 연탄형 온수 보일러 등을 표현하기 어렵기 때문에 과거의 온돌과 현대의 온돌을 맥락적으로 이해하기 위해서는 포괄적으로 해석하는 것이 적절하다고 생각된다. 즉 온돌은 실내의 난방 방식을 지칭하는 광의적인 의미라 할 수 있고 구들은 방바닥을 따뜻하게 하는 장치라는 의미를 지닌다 하겠다. 이렇게 보면 온돌과 구들은 약간의 차이가 있음을 알 수 있지만 구태여 구별하여 쓸 필요는 없겠다.

이러한 온돌은 가열방식이나 열전달매체의 종류에 따라 여러 가지로 될 수 있다. 즉 현대에는 전기나 불 등으로 직접 가열하는 방식이 있고 기름보일러나 가스보일러를 이용하여 열매체인 물이나 공기 등을 가열하여 방바닥으로 보내는 간접방식이 있다. 또한 연료를 사용하는 방식이 다를 수 있는데 나무, 석탄, 전기, 물, 가스 등 다양하여 결국 방바닥을 따뜻하게 한다면 모름지기 광의적인 의미에서 '온돌'이라 하여야 할 것이다. 구태여 구분한다면 전통온돌과 현대식 온돌로 나누어 구분하는 것도 무방하다. 이렇게 해야만 전통온돌에서 변화하고 파생된 현대식 온돌로 맥락이 이어지고 한민족의 주거난방이라는 정체성이 확립되기 때문이다.

2) 온돌의 특성

온돌은 한민족이 오랜 세월 동안 살아오면서 자연환경에 적응하고 체득한 주생활공간의 원리를 잘 반영한 한민족 고유의 주거난방 방식이다. 즉 온돌에는 한민족과 한옥에 적합한 나름의 특성과 구조를 지니고 있다.

온돌은 한옥의 구조에서 사람과 거주 공간을 쾌적하고 따뜻하며 건강하게 해주는 합리적인 구조로 되어 있다. 따뜻한 온돌은 사람의 신체와 피부에 직접적으로 닿아 몸의 체온을 올려주고 구들의 복사열은 가장 쾌적한 난방시스템으로 생활하기에 적합한 공간으로 만들어 준다. 즉 온돌은 건강하고 쾌적한 주거환경을 실현하는 과학적 난방 방식이다. 동서양 의학에서 공히 인정되는 두한족열(頭寒足熱), 즉 머리는 따뜻하게 발은 차게 한다는 조건과 습도조절 기능 및 공기 소통과 미세먼지 등의 문제를 해결하는 과학적인 구조이다.

또한 한옥의 구조가 그렇듯이 온돌의 재료는 흙과 돌로 이루어져서 신체적으로 안전한 자연물질이고 닳아져 못 쓰게 되지 않는 영구적인 물질이다. 이렇게 온돌처럼 자연 친화적인 재료로 만들어진 난방 방식은 없다.

온돌은 불을 지피지 않은 시간에도 축열된 열을 구들장 위인 방바닥에서 방열시켜 난방을 하는 방법으로 고체 축열식에 해당한다. 한번 불을 지피면 며칠이나 열기가 지속되는 난방 방식은 온돌이 유일하다. 즉, 구들은 아침, 저녁 밥 짓는 불을 이용하여 열기를 고래로 대류시켜 구들장을 가열하고 저장시켜 불을 피우지 아니하는 시간에도 축열된 열을 밤새 방바닥에서 방열하게 하는 고유한 고체 축열식 난방법이다.

특히 땅으로부터 오는 습기는 방바닥 아래 공간인 고래가 차단해주고 겨울에는 어느 정도의 지열을 고래의 공간에 저장해 주는 것이다. 특히 장마철의 습기는 온돌 아래의 진흙이 흡수했다가 건조하면 방출해 방의 습도를 조절해 준다.

또한 대기오염 문제를 보아도 연기와 열 기운, 분진 등이 배출되는 소각로와는 달리 '구들개자리', '고래개자리'와 '굴뚝개자리' 등을 통한 열분배와 분진의 순차적인 내부처리 기능 등이 있어 온돌은 예부터 아주 환경 친화적인 구조라고 할 수 있다.

열역학적 측면에서도 구들의 구조와 재료 특성상 가장 낮은 열손실을 보이며 현재 많이 쓰이고 있는 온수 파이프 난방구조보다도 더 적은 에너지가 소비된다. 이는 황토를 주로 사용하여 열을 저장하고 발산시키기 때문에 지속적으로 쾌적한 온도를 유지하기 위해 쓰이는 단위 면적당 에너지 소비량이 다른 재료로 한 난방보다 현저히 낮다. 또한 온돌은 저녁에 한번 불을 때서 달구어진 온돌이 방 전체를 고루고루 오랜 시간 동안 따뜻하게 유지시키는 역할을 하며 구들과 황토 흙이 어울려 열효율을 극

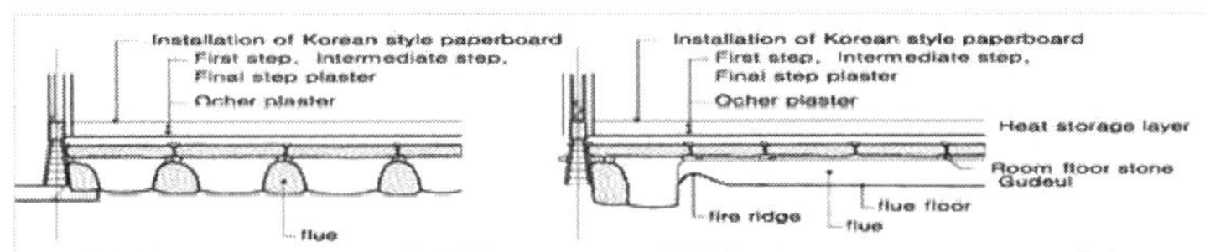

그림 1. Concept Drawings of Traditional Ondol

대화 시켜준다.

무엇보다도 온돌의 구조는 열이 아궁이, 아궁이 후렁이, 부넘기, 구들개자리, 고래, 고래개자리, 내굴길, 굴둑, 구새 등의 여러 단계를 통과하도록 되어 있어 발생된 열이 구들 속에 오랫동안 머물러 있기 때문에 열에너지의 건물 안 체류시간을 크게 하여 더욱 보온적이며 에너지가 절약된다. 즉 온돌은 전도와 대류, 복사의 열전달 3요소를 모두 갖는 과학적이고 독특한 난방 방식이다. '굴둑'의 의미는 '굴로 현성된 둑'이라는 의미로 최근에 주로 사용하던 연기가 수직으로 올라가는 기존의 굴뚝과는 다르다. 이 '굴둑'은 고래개자리에서 굴뚝개자리로 연기가 수평으로 밖으로 나가는 부분으로 현재는 '연도(煙道)'라고 흔히 쓴다. 우리가 쓰는 용어인 '굴뚝'은 과거 '구새'라고 불렀다. 따라서 본 논문에서는 구새(굴뚝)와 굴둑(연도)을 구분해서 사용한다. '구새'라는 용어는 주로 한반도 북쪽에서 쓰이고 있고 한반도 중남부 지역에서 현재는 흔히 '굴뚝'이라고 부른다.

더욱이 한옥의 구조와 온돌은 상호 보완하고 보호하기에 적절한 체계를 갖추었다. 초석과 기둥, 고막이 등의 한옥구조체가 온돌을 튼실하게 하고 온돌에서 발생한 온도와 제습기능이 목구조인 한옥을 보호해주고 있어 상보적이다.

3) 온돌의 구조 및 종류

온돌은 자연 조건 및 생활양식에 따라 온돌의 종류나 구조상 차이가 있고 다양하다. 특히 정형적인 방법이 없이 수천 년 동안의 경험과 품앗이 공사를 하여온 까닭에 어깨너머로 배운 방법에 의해서 축조되어 왔기 때문에 더욱 그러하다. 그러나 아궁이와 고래가 있는 기본적인 구조는 대동소이하다.

현재 한반도와 만주지역에서 사용되고 있는 온돌의 구조를 분류해 보면 불을 때는 곳인 아궁이와 불기를 보내고 저장하는 방바닥에 해당하는 곳인 함실 고래 개자리, 마지막으로 열기가 식은 연기를 내보내는 굴둑(연도)과 구새(굴뚝)가 있다. 연도 혹은 굴뚝은 굴둑이 어원으로 원래 고래 개자리에서 굴뚝개자리에 이르는 수평으로 식은 연기를 보내는 둑 - 통로를 의미한다. 구새는 주로 한반도 북부지역에서 쓰는 말로 굴뚝을 의미한다.

아무튼 구들은 지역적 특성에 따라 재료와 형태가 다른데 이는 기술자의 능력과 사용자의 요구조건 그리고 자연재료의 구비 상태 등에서 여러 가지 형태가 나타나는 것이다.

구들의 종류는 크게 용도별, 형태별, 재료별, 구조별, 지역별, 난방구획별 등으로 나뉠 수 있다.

- 용도별 : 용도에 따라 취사겸용, 난방전용, 외부형, 내부형, 복합형, 특수형 등이 있다.
- 형태별 : 구들고래의 형상에 따라 줄고래(일자고래), 부채(살)고래, 선재고래, 되돈고래, 원형고래, 허튼고래(흐튼고래), 막고래, 혼용고래, 특수고래 등이 있다.
- 재료별 : 사용된 재료에 따라 기와고래, 벽돌고래, 흙고래, 막돌고래 등이 있다.
- 구조별 : 구축된 구조에 따라 쪽(부분) 구들형, 통구들형, 부뚜막형, 함실형, 난로형 등이 있다.
- 지역별 : 한반도를 기준으로 해서 지역에 따라 남부지역, 중부지역, 북부지역, 만주지역 등으로 나눌 수 있다.

북부지역의 온돌은 아궁이 바닥과 방바닥의 높이 차이가 가장 크다. 따라서 아궁이 후렁이 부분인 함실이 깊기 때문에 아궁이의 (앞)이맛돌이 길고 뒷 이맛돌이 없으며 불 수머니(함실)가 크고 솥이 높이 걸려있어 취사시간이 길고 연료를 한번에 많이 넣을 수 있다. 따라서 연료의 소비가 많은 반면 가장 혹한지역의 난방에 적합하게 발달된 형식을 보여주고 있으며 구새(굴뚝)가 높다.

남부지방의 온돌은 아궁이과 고래의 높이 차이가 북부지역보다는 낮아 연기의 역류를 효과적으로 방지하기 위하여 앞 이맛돌과 뒷 이맛돌이 모두 존재한다. [그림 2]의 취사겸용의 온돌이 차지하는 비율과 구조를 보면 북부지방보다는 남부지방이 현저히 난방보다는 취사에 집중하였기 때문에 그 구조가 북부의 것보다 아궁이 바닥과 가마솥바닥이 높지 않고, 구들내부가 단면적으로 구들개자리가 거의 없이 단순화되어 있는 것을 알 수 있다. 그리고 남부지방의 온돌을 구새가 낮은 특징이 있다. 이러한 점은 제주도의 막고래 형태의 들경고래에서 잘 나타나고 있다.

난방구획별은 한 방만을 데우는 '한방고래'와 한 아궁이로 두 방을 데우는 방법인 '두방고래', 여러 방을 데우는 '여러방고래' 혹은 '격구들' 등이 있고 '들경고래'는 제주도에서만 사용되는 일정한 줄고래나 허튼고래가 없는 '막고래'로 특이한 형태의 고래이다.

한편 온돌에 나타난 공통점은 축조재료가 같고 사용연료는 모두 그 주변지역에서 쉽게 구할 수 있는 재료를 사용한다는 점이다. 이는 우리나라가 산악국이며 농경국가이어서 연료의 채취가 용이하고, 전국에 흙과 돌, 양질의 온돌 축조재료가 산재해 있기 때문이다. 그 목적을 취사 또는 난방, 혹은 이들을 겸하고 있는 구조로 구별하는 것이 온돌의 구조를 이해하는 핵심 요소이라 하겠다.

3. 신한옥 난방 방식의 대안적 고찰

1) 신한옥 난방시설의 대안

현대주택의 주거환경 중 온열환경을 개선하기 위한 방법으로 공기조화 난방, 라디에이터 난방, 그리고 바닥난방인 온돌 등 세 가지 방법이 대표적이다. 이들은 열의 기본 성능인 대류, 전도, 복사의 특징을 이용하여 실내의 기온을 쾌적하게 유지하여 준다. 서양은 주로 공기조화와 라디에이터를 이용한 방법이 발달하여 왔고 한민족은 바닥을 따뜻하게 하는 바닥 복사난방인 온돌을 오랜 세월 동안 사용하여 왔다. 공기를 먼저 데우는 공기 난방방법에 비하여 온돌은 흙과 돌로 된 바닥을 먼저 데우는 방법으로 피부를 접촉하는 난방이 특징이다. 특히 외부에서 불을 지펴 바닥을 따뜻하게 함으로 실내에서는 전혀 연기나 먼지 등을 유발하지 않을 뿐만 아니라 신발에 의한 오물이나 외부 먼지 등의 유입을 차단하여 위생적으로도 깨끗한 환경을 유지하여 주는 장점이 있다. 또한 바닥을 뜨겁게 함으로써 실내 온도를 공기 난방에 비하여 낮게 유지하여도 실내가 쾌적한 온열환경을 유지하며, 라디에이터나 공기조화난방에 비하여 발열부분의 온도를 상대적으로 낮게 유지하는 저온 난방 방식으로 외부와 내부의 온도 차를 줄일 수 있어 에너지 절약에도 기여하는 효과가 있다. 더욱이 취사를 위하여 불을 때고 그 열을 이용하여 난방을 하니 이중 효과를 낼 수 있다는 장점이 있다.

우리나라는 근대화를 거치는 동안 급격한 사회변화와 기술의 발전을 이루었다. 이와 더불어 전통적인 한옥이 급속히 사라지고 일본식 주택이나 서양식 주거양식이 도입되었고 해방 이후 현대화가 촉진되면서 공동주택이 전 국토에 자리하게 되었다.

이러한 상황에서 80년대 이후부터 현재까지 전통적인 온돌방식은 습식 바닥판 온돌 구조를 비롯하여 조립식으로 된 건식화 바닥판 온돌, 그리

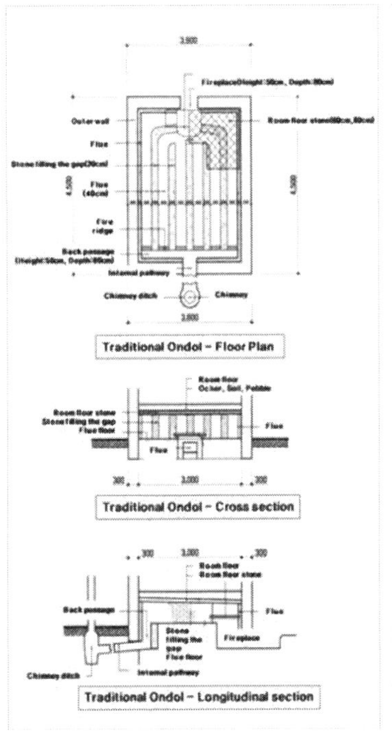

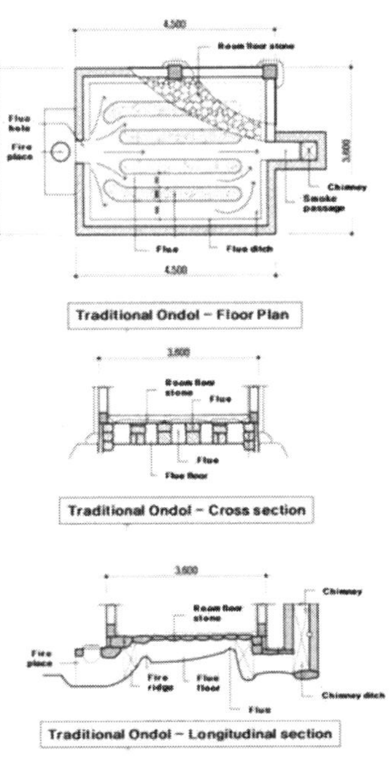

그림 2. Basic Drawings of Ondol Heating System

그림 3. Basic Drawings of Gudeul for Heating & Cooking

고 근자에는 전기, 혹은 전자온돌과 뜬 바닥으로 층간소음을 감소시키는 형식과 공기순환겸용 온돌 등으로 발전되고 있다.

특히 최근에 들어와 공동주택의 층간 소음 규제를 위한 이중바닥 혹은 뜬 바닥 공법이 제안되고 있어 전통온돌인 온돌(구들)구조를 이용한 발전적인 온돌난방 방법의 개발이 요구되고 있다. 전통 구들고래에서 착안한 최근 건설기술연구원에서 개발된 뜬 바닥을 통과하여 외기를 유입시키는 열교환 온수온돌시스템은 좋은 개발사례이다.

또한 서양 벽난로 기능을 차용한 벽난로형 구들방 역시 현대한옥에서 마루부분을 거실화하여 동절기에도 사용가능하게 만드는 방안이 된다.

또한 전통구들에서 사용되는 가마솥 대신에 가마솥형보일러를 개발하여 직화난방과 간접 온수난방형식을 동시에 취하는 전통온돌과 보일러형을 동시에 사용하는 복합난방법도 국제온돌학회와 유명성구들연구소에서 개발하여 선보이고 있다.

더욱이 단순히 온돌의 하드웨어만을 새롭게 바꾸는 것이 아니고 날로 늘어가는 현대적 삶에 적응가능한 시설도 고려해볼만 하다. 즉 오토캠핑장에 노천구들 캠프장을 만들거나 전원주택의 한 편에 황토구들 건강찜질방을 마련하여 민박형 펜션이나 사랑방을 꾸미는 것도 생각해 볼 대안이다.

현대온돌의 방바닥은 콘크리트 재료로 마감하는 것이 가장 보편적이고, 나무 강화마루를 사용하기도 한다. 전통온돌로 된 방은 흙바닥으로 되어 있어 습도의 조절능력이 탁월하여 피부와 호흡기 질환 등 질병의 예방과 치료 효과가 있다. 또한 불을 때는 불편함이 다소 있더라도 이를 즐기는 취향이 현대인들이 있어 이 방법이 나름 유지되고 있는 실정이다. 따라서 본고에서는 [표 1]처럼 현대건축에 적용 가능한 다양한 전통온돌(구들)을 제안한다.

표 1. Various examples of modern Gudeul

Kinds	Characteristic	Shape
Mixed Gorae-Gudeul 1	Straight Gorae and Twist Gorae Twist are used together. Straight Gorae is partially used to induce a flow of heat to the sides of the room, which is concentrated in the center of the room, while Twist Gorae is used to disperse the heat in the middle	
Mixed Gorae-Gudeul 2	Straight Gorae and Twist Gorae Twist are used together, especially in long rooms. It is characterized by heat collection and cooling. Straight Gorae Install Twist Gorae at the end to re-emit the heat.	
Circles of disordered form Gorae-Gudeul	Straight Gorae and Twist Gorae are used together in a circular room. Use Straight Gora to allow heat to flow well to both sides of the room and to distribute the heat by installing Twist Gorae in the middle.	
Rib shape Gorae-Gudeul	It is a good way to send heat continuously to the edge of the room.	
Refraction shape Gorae-Gudeul	It is a two-line Straight Gorae structure. The wall is refracted and the heat is extended to Gorae-gaejari. It is a way of solving its shortcomings.	
Double shape Gorae-Gudeul : Moon Jae Nam's patent	After the warm heat flows upstairs, the cold heat flows downstairs to the chimney. The lower layer is a long internal cave-like path and forms a relatively warm warming layer. It has both the advantages of Straight Gorae and Twist Gorae are used together in a circular room. Use Straight Gora to allow heat to and maintains heat for a long time in a way that forms a floor structure in two layers.	

2) 근, 현대식 온돌(시공기술)의 예

70년대 이후부터 현재까지 우리나라 현대 온돌방식은 다양한 형식으로 변모하였다. 이러한 현대 온돌은 바닥난방을 하지만 기존 전통온돌에서 사용하는 직접가열방식을 사용하지 않고 온수를 이용하는 간접가열방식으로 온수관이 생기면서 고래가 없어지고, 열을 저장하는 기능은 많이 줄어들었다. 그리고 전통온돌과 유사한 현대식 바닥 온돌난방의 열원은 나무, 석탄, 기름, 전기 등을 사용하는데, 오랫동안 사용하였던 나무와 석탄은 다소 불편하고, 기름과 전기는 근대화와 더불어 편리하게 사용되고 있다. 간벌한 나무가 남아도는 농촌에서도 나무 보일러를 사용하는 온수바닥난방이 있긴 하지만, 역시 보일러를 이용한 간접난방으로 직화방식의 전통온돌을 사용하는 경우는 드물다.

현대온돌은 처음 일명 엑셀파이프를 이용한 습식 바닥판 온돌시스템에서부터, 패널형으로 온수관을 미리 만들어 건식으로 시공하는 조립식·건식화 바닥판 온돌시스템, 그리고 최근에는 초기 전기열선에서 출발한 전기장판 형태에서부터 박판형 발열필름이나 섬유질형 면상발열체를 이용한 전기 혹은 전자온돌 형태로 발전하였다. 이뿐만 아니라 온수온돌파이프에 열선을 삽입하여 난방하는 비순환형 온수온돌이 있고, 최근에서 아파트 층간소음에 대한 규제가 법적으로 확정된 후에는 층간소음을 억제하는 건식형 뜬 바닥 온돌패널이 있다. 이러한 새로운 전통구들형 뜬 바닥 온돌은 층간소음 감소목적으로 생성된 바닥 공간(전통고래부분)을 이용하여 발생한 열을 효과적으로 사용하는 공기순환겸용 바닥온수온돌 등으로 진화되고 있다. 그 외에 전통온돌의 장점을 현대적으로 이용한 구들은 다음과 같다.

(1) 전기 고래온돌 난방

전통온돌인 구들 [그림 1, 2, 3]에서 아궁이와 굴뚝을 막고 고래에 전

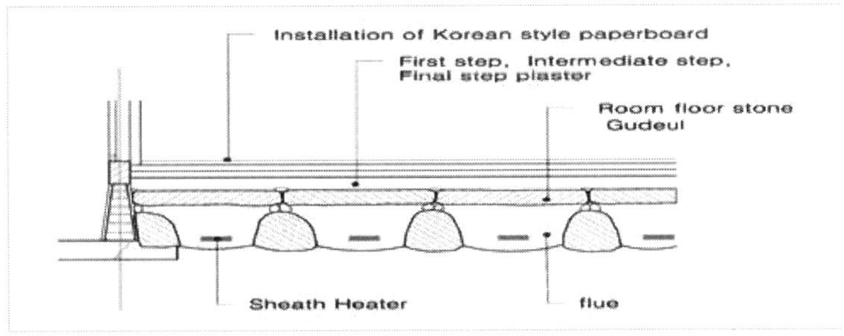

그림 4. Concept Drawings of Electric Gorae-Gudeul Heating System

기 시즈히터(Sheath Heater)를 넣어서 열에너지를 공급하는 것이 전기고래온돌(구들) 난방법이다. 열원을 전기로 바꾸어서 적용한 것이기 때문에 구조가 간단하다.

전기고래온돌 난방은구들장에 필요한 열에너지를 저장하는 지속적 난방법이므로 실온을 온도제어장치 없이 일정하게 자연스럽게 유지시켜 준다. 전기고래온돌은 난방 장소에서 발열하여 에너지의 운반과 이동이 없으므로 연소 열손실과 이동 열손실이 없다. 전통온돌의 장점을 살리면서 아궁이에 자연 재료를 때지 않고 전기를 이용하는데 심야전기 등을 이용하도록 개발 되었다.[그림 4] 다만 현재에는 심야전력을 이용하는 장점이 없기 때문에 열효율과 전기요금 등에 대한 고려가 있어야 할 것이다.

(2) 온수패널 고래온돌

엠보싱금속판(일명 따따시온돌)을 이용한 온수패널(고래)온돌 난방은 최근 난방법의 주류인 온수온돌의 파이프 배관을 하고 고래를 만들어 흙바닥과 고래에 열을 저장하고 방렬하여 쓸 수 있게 개발된 것이다. 이 난방법은 구들과 온수온돌을 현대적인 감각과 기능성을 찾아서 다시 만든 것으로, 열효율을 높여서 연료비를 절감하고 오래도록 따뜻하며, 층간 소음도 줄일 수 있는 등 여러 가지 기능과 장점을 지니고 있다.[그림 5, 6]

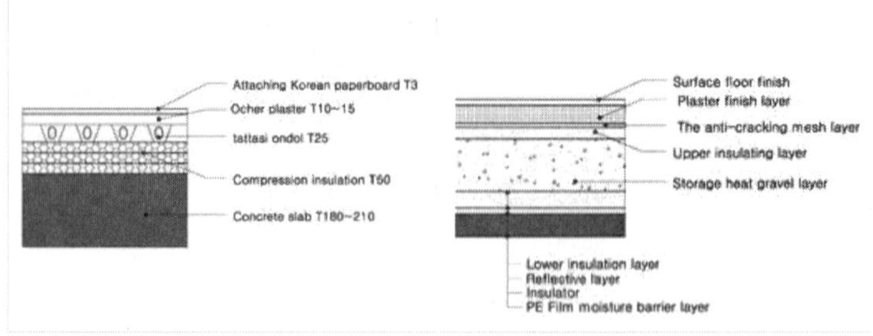

그림 5. Concept Drawings of Hot water Heating Panel Ondol System

그림 6. Concept Drawings of Storage Heat- Ondol Heating System

이 금속판 온수온돌의 시공방법은 다음과 같다.

① 콘크리트 슬라브(Slab)를 180~250mm 정도로 시공한다. ② 콘크리트 슬라브 바닥을 위에 단열 및 흡음을 위하여 30~60mm 정도의 단열재를 깐다. ③ 순동이나 아연도금판을 단열재 위에 겹쳐서 깔고 고정한다. ④ 온수관을 순동판의 홈에 맞추어 설치하고 고정한다. ⑤ 마감면을 공기층 블록보다 10~20mm 정도 높게 황토로 미장을 한다. ⑥ 황토건조 후 마감면 위에 장판, 마루를 깐다.

(3) 축열식 전기 온돌난방

바닥면에 자갈, 단열재 등의 축열재를 유사한 두께로 쌓아 축열층을 시설하고 그 속에 발열 장치를 매입하여 저렴하게 제공되는 시간대의 경제적인 전기를 이용하여 저렴한 전기이용시간 동안 열을 생산, 축열하고 24시간 자열 및 방열 시키는 방식이다. 24시간 방바닥 온도를 30~40℃정도로 유지됨으로 시간대별 온도가 균일하고, 축열량과 방열량을 적절하게 조절할 수 있어 편리하고 경제적이다.

축열방식으로는 지역 특성에 따라 운영되고 가장 저렴하게 공급되는 시간대의 전기를 선택하여 사용하므로, 일반 전기료보다 싼 전력을 이용하기 때문에 경제적이고 이용에 편리하다.

(4) 겹난방

겹난방이란 기존의 전통적인 온돌 위에 간편한 현대식 바닥난방 방식을 상하로 설치하는 방식을 말한다. 즉 저렴하며 편리한 열원인 전기와 기름을 이용한 보일러난방 방식을 울창한 산림에서 간벌한 나무를 동시에 사용하는 전통적 온돌방식을 겹쳐서 사용하는 방안이 대안으로 제기될 수 있다. 즉 온돌을 보다 두껍게 하여 하부는 구들을 놓고 그 상부는 전기 에너지를 이용한 필름이나 보일러를 통한 온수파이프를 사용하는 방안이다. 이를 본고에서는 겹난방이라 하였다. 이러한 겹난방은 최근 황토방이나 주말주택, 펜션형 주택 등에서 급속이 확산되고 있는데 이러한 겹난방을 할 때에는 현대적으로 설치한 비닐파이프의 과열에 의한 파손과 방바닥주변의 전기배관 등이 열기에 손상되지 않도록 조치해야하며 온수와 전기배관공간으로 방바닥의 연기 등 유독가스의 유입에 세심한 주의를 기울여야 한다.

3) 현대식 온돌의 장점과 효과

전기고래온돌(구들)과 온수패널 고래온돌, 축열식 심야전기 온돌난방은 온돌의 장점과 편의성을 살린 것으로 주요한 효과는 다음과 같다.

고래 공간의 소음 흡수로 층간 소음 감소하며, 온돌 층 무게가 150~200kg/평으로 습식 대비 70% 정도 감소한다. 방바닥에서 열에너지가 방열되면서 위로 전달되는 방 안 공기 흐름의 복합적인 작용으로 전통구들의 효과와 비슷하다.

방바닥을 뜨겁게 난방함으로 실내 온도를 비교적 낮게하여도 쾌적감을 주는 형태의 난방법으로 실내온돌을 낮추어 실내외 기온차를 줄임으로서 난방부하를 줄이는 에너지절약적 효과가 있다. 입식생활의 거실환경보다는 침실의 경우가 온돌난방이 더 유리하다.

보건의학적으로 두한족열(頭寒足熱)의 상태를 만들어 온돌은 발이 닿은 바닥의 온도는 뜨겁고 머리 위의 공기는 상대적으로 바닥보다 낮아서 건강한 거주환경을 만들어준다.

또한 한국적 상황에서 난방 형태에 따른 난방비용 효과를 비교하면, 화석연료인 석유를 사용하는 기름보일러에 의한 온수온돌 난방에 비해 전기를 이용하는 축열식 전기온돌과 전기고래온돌 난방은 평균 1/4정도의 난방비용이면 더 따뜻하게 겨울을 날 수 있다.

4. 신한옥의 온돌난방에 대한 과제

1) 난방시설의 규격화

그간 온돌과 관련한 국제기준이 미흡하였던 차에 2007년에는 온돌 파이프 관련 4건이 국제적인 표준으로 제정되었고 2008년 3월에는 한국 제안 7건의 온돌 관련 국제표준안이 국제표준기구 기술위원회 회원국 투표에서 국제표준안으로 채택되었다. 그 내용은 다음과 같다. 공통 규격인 "복사냉난방시스템의 설계, 시공 및 운영을 위한 표준"의 부분별 규격 7건(Part 1 : 정의, 기호, 쾌적 기준, Part 2 : 냉난방 용량, Part 3 : 설계 및 치수화, Part 4 : 동적해석, Part5 : 설치 및 커미셔닝, Part 6 : 운영 및 유지관리, Part7 : 전기 복사 난방) 그 표준안은 온돌시스템의 설계 기준, 온돌바닥 두께와 넓이 등에 따른 난방 용량, 온돌의 설치 운용 등 유지관리지침 등이다. 그리고 2015년에는 우리가 제안한 온돌파이프와 관련한 기준 4건이 국제표준으로 제정되었다. 이러한 온돌의 우수성에도 불구하고 전통온돌의 수요 축소와 전수 기술자의 단절 등과 같은 다양한 문제점들로 인해 공적 지원 대책 없이는 전승이 불가능할 것으로 짐작되기 때문에 지속가능한 전승을 위해 국가적 정책이나 재정적 지원이 필요하다 생각된다.

현재 서유럽에서도 신축된 주택 절반이 온수온돌 난방 방식을 채택하고 있고, 미국에서도 유사한 방식이 매년 높은 성장률을 보인다. 이는 한국의 온돌난방시스템을 개량하고 효율을 높이기 위한 그간의 노력들이 성과를 보이고 있음을 나타내 주고 있다. 국내의 경우는 온돌난방구조의 설치를 표준화하기 위한 제도개선이 이루어지고 있으며 외국에서는 한국식 온돌난방구조가 국제표준안으로 채택되는 결과를 이루었다고 볼 수 있다. 그러나 아직까지도 여러 가지 기준들이 온수순환방식, 즉 온돌난방의 장점이라고 하는 접촉을 통한 전통온돌 난방 방식의 특징에 기인하기보다는 서양의 난방 방식인 따뜻한 공기를 이용하는 방법에 준거를 두고 있다는 점이 현실이다.

2) 온돌(용어)표준화와 온돌문화유산등록

온돌의 국제화 및 세계화를 위해서는 온돌의 구조, 재료, 공법에 사용되는 한국어를 표준화하여 온돌 용어의 보급과 학술연구에 있어 정확한 의사소통이 이루어져야 한다. 또한 우리말 온돌 용어를 영어와 중국어 표준 표기법을 개발하여 온돌의 국제화에 다가서야 한다.

그 구체적인 사업 내용은 온돌 국어용어 표준화 사업과 온돌 외국어 용어 표기 표준화 사업, 온돌 용어 사전 편찬 사업 등이 필요하다.

또한 이러한 온돌난방 시스템에 대한 인증은 온돌 사용시에 느끼는 쾌적함, 온돌바닥 두께와 넓이 등에 따른 난방용량, 온돌 구조 설계기준, 사용 에너지의 성능, 온돌 설치·운용 등 유지관리 방안 및 건강, 문화적 전통성 등에 관하여 바닥난방시스템의 구성부품의 제품 적합성과 시험요건과 시공품질 적합성, 제조 및 시공시의 품질경영시스템에 관하여 그 품질 보증 요구를 수립하여 우리 온돌의 지속가능한 특성을 계승하고 고객의 요구조건을 만족하는 고품질의 온돌 시스템을 개발하고 발전시켜야 한다.

뿐만 아니라 온돌문화의 우수성을 널리 알리고 한민족의 민족적 정체성과 자긍심을 제고하기 위하여 우리의 전통온돌을 세계무형유산에 등재하는 작업이 필요하다. 이는 온돌 종주국의 위상을 확립하고 원천기술을 보유하는 것을 세계만방에 공표하는 일이기 때문에 더욱 시급하다. 그리하여 국가브랜드 위상 때문에 독일, 핀란드, 일본 등에 비하여 양질의 온돌관련제품임에도 불구하고, 상대적으로 저평가되고 있는 한국의 보일러 제품(전통적인 제품을 포함)을 경쟁력 있는 제품으로 브랜드가치를 높여야 할 것이다.

3) 온돌공사 전문건설화와 현대한옥 온돌 시방서 구축

온돌에 대한 국내의 제도적 장치와 국제적 성취에 비하여 온돌시스템 시공방법에 대한 한국의 규정은 극히 부족한 상태이다. 현재 우리나라 '건축법'에서는 온돌공사의 인부를 '벽과 바닥을 바르는 미장공'으로 분류하고 있으며, '건축공사 표준시방서'의 온돌공사 일반사항의 적용범위에서는 '온돌공사에 사용되는 조적재 및 그 공법은 도면 또는 공사시방에 정한 바가 없을 때에는 벽돌공사, 블록공사 및 석조공사에 따르고 미장 마감재 및 그에 따른 시공법은 미장공사에 따른다'라고 명시되어 있다. 또한 '시설 공사별 하자담보책임기간'에서는 온돌공사를 잡공사로 분류하고 있다. 2014년에 문화재청에서는 온돌공사표준시방서를 대대적으로 수정하여 새로 작성하고 전물 기술자도 문화재보수기능자부문에 온돌공을 추가하는 등 문화재보수 관련분야에서는 현저히 개선되고 있다.

한편 일반 건축물부문을 포함하는 '건축공사 표준시방서'의 온돌공사 부분을 살펴보면 [표 2]에서 보는 바와 같이 다양한 재료와 전문적인 시공법을 포함하고 있으나, 그 내용이 전통온돌인 구들장과 고래를 가진 전통방식에 국한되어 있어 현재 대다수를 점유하는 아파트나 주택난방과는 별로 관련성을 갖기 어렵다.

더군다나 아직까지 전문건설공사의 한 영역으로조차 온돌공사가 별도로 자리를 잡지 못하고 조적공사나 미상공사의 공법이 준용되는 기타 공사, 경우에 따라 잡공사로 분류되는 현실은 공사품질이나 하자보수 등의 문제가 있다. 또한 80년대 이후부터 현재까시 우리나라 전통온돌방식은 습식 바닥판 온돌시스템과 조립식·건식화 바닥판 온돌시스템, 그리고 최근에는 전기, 전자온돌 형태와 뜬 바닥 층간소음 감소형과 공기순환겸용 온돌 등으로 진화되고 있다.

표 2. Standard Specification of Building Construction - Details of Ondol Construction Materials and Construction Regulations

Material area		Wonstruction area,	
Division	Detailed Regulations	Division	Detailed Regulations
Brick, Block, Stone others	Clay brick, Concrete brick, Stone, Hollow concrete block, Broken brick	Installation of Gorae	Preparing to Install the Gorae(고래, Flue) Gomagi(고막이). Gaejali(개자리, Ditch), Dudug(두둑) Building, Bulmok(불목)
Brick adhesive mortar	Cement mortar mixing ratio, White cement paste, Lime & other paste		
Plaster material	Cement, Slaked lime, Quicklime, Seaweed glue(Paste) and others		
Gudeul-Stone plate	Thickness of granite, Clay-slate, Sheet concrete, Hamsil-plate - A, B, C types Thickness of Gudeul-Stone plate - A, B, C types Length of key stone - A, B, C types Length of But-Stone - A, B, C types	Installation of Gudeul	Gudeul-Stone plate material installation Support & Filling stone, Put mud on the wall, Dry the Gudeul, Topcoat
Supporting stone	Size of stone etc.	Fireplace (불아궁)	Fireplace, hamsil(함실) place, Coal with holes place, Buttumak(부뚜막), Recreation of the surface & cleaning
Fireplace(불아궁) - Iron product Coal with holes (구멍탄) - Iron product	Iron product, Ashes product, Roaster ironware, Iron product ironware		
Chimney material	Earthen Ware Pipe or Cement pipe	Chimney	Chimney Foundation, Chimney Flue Duct, Wall Chimney, Portable Isolated Chimney, Chimney Connection

이러한 공법과 내용의 변환에 따라 온돌공사에는 위 시방서에서 살펴본 건축 분야 이외에 온수공급을 위한 보일러 시설, 배관연결부위의 누수를 막기 위한 전문설비기술 등이 포함되었으며 근래에는 공동주택에서 발생하는 층간소음을 방지하기 위한 충격완화재까지 포함되어 현장에서 품질관리가 쉽지 않고 하자가 많이 생기는 공종으로 발전하게 되었으나 아직까지도 경우에 따라서는 설비업체가, 경우에 따라서는 조적 또는 미장업체가 마구잡이로 시공하고 있는 상황이다.

이러한 문제점의 해결방법으로 복합공종을 관장하는 시방서를 개발하는 방안도 있겠지만 보다 바람직한 방안은 온돌공사를 전문공사업으로 발전시켜 발주자로부터 직접 공사를 수주 받거나 일반건설업체로부터 하도급을 받아 일괄적으로 책임 시공하는 체제로 제도를 개선하는 것이라 할 것이다.

이와 같이 전문건설업화하게 되면 온돌공사를 전문적으로 수행하는 업체들이 증가하고 이들 업체들이 책임감을 가지고 지속적으로 공사를 수주 시공함으로써 동일 업역(業域) 안에서 시공기술이 쌓이게 되며 앞선 기술개발이 용이하게 될 것이다. 더욱이 시장원리에 따라 적정한 공사비 수준이 정립됨에 따라 저가수주, 덤핑수주를 방지할 수 있고 그에 따라 부실시공방지, 하자발생방지 등의 성과가 있을 것으로 기대된다.

특히 보일러와 매개전도체인 온수배관 혹은 전기발열체, 배관미장이나 돌 마감, 그리고 온돌마루나 장판 등의 최종마감재 등은 깊은 상관관계를 가진 공종들이기 때문에 이들 각각의 공종들을 하나로 묶어 일련의 온돌공사를 전문건설분야로 독립시켜야 할 것이다. 이렇게 함으로써 30여 년간이나 답보상태인 한국의 온수파이프를 이용한 온돌난방에서 보다 발전한 보일러와 배관자재의 개발을 통한 미래형 온수순환 난방방법과 전기 전자온돌 등 온돌 종주국의 위상을 보여주는 첨단형 온돌개발을 담보할 수 있을 것이고, 이를 통한 경제적 기대효과 또한 대단히 클 것이라 기대된다.

4) 농촌생활에 적합한 온돌방식 개발

근자에 귀농이나 전원생활을 향유하려는 경향이 뚜렷이 나타나고 있다. 전원주택이나 농촌은 생산활동과 휴식, 주거생활이 동시에 이루어지는 관계로 주거 공간인 방에서도 생산과 휴식 활동이 많이 이루어진다. 구들방은 이러한 생산과 휴식활동에 적합한 공간을 제공한다. 전통주거의 공동작업공간 역할을 하는 방들이 구들로 되어 있어 군불을 누구나 때면서 거름으로 이용되는 재도 얻고, 농가 소득을 올리는 부업을 하여 왔다. 생산활동에는 구들방의 연료로 활용할 수 있는 농업부산물이 적당히 나오고, 인근 산에서 간벌하는 나무를 충분히 취득할 수 있다. 생산활동을 하면서 나오는 나무, 풀 등 농업부산물은 소각하는 농가가 75% 정도이고, 나머지는 그냥 방치하고 있어 농촌 경관과 환경을 해치고 있다. 난방연료로 사용하는 경우는 구들방이 있는 살림집으로서 조사농가의 15% 정도이고 나머지는 그냥 태워 버리고 있다.

농업부산물은 방 하나 정도는 충분히 난방을 할 수 있는 양이 나온다. 한옥의 구들이 지속가능한 친환경 건강건축을 화두로 새롭게 등장하고 있다. 또한 서양의 벽난로의 장점을 이용한 난로형구들이 현대 전원주택에서는 각광받고 있다. 따라서 전원생활이나 농촌생활에 적합한 온돌방식을 개선하거나 새롭게 개발하여야 한다.

5. 결론

온돌은 한민족의 정체성을 보여주는 귀한 민족적 자산이다. 온돌용어에 있어 온돌과 구들은 동의어이다. 온돌이 문헌에서 나타나기는 1489

년 간행된『구급간이방언해(救急簡易方諺解)』에 처음 등장하지만 구들은 그 이전에 이미 오랫동안 한민족에게 쓰여 왔던 것이라 짐작된다. '온돌(溫突)'이라는 말이 처음 나온 것은『조선왕조실록』의『세종실록』과『성종실록』,『구황촬요(救荒撮要)』등이다.

다만 방바닥을 따뜻하게 하는 난방법은 재료나 방법이 달라도 모두 온돌이라고 할 수 있다. 현대에 있어서 불을 때는 아궁이나 보일러설비 그리고 열을 저장하고 전달하는 고래 구들장이나 온수관, 전열선이나 발열판, 열을 발산하는 장판이나 널마루 온돌마루 모두를 포함한 이들을 광의적 의미로 현대식 온돌(구들)이나 온돌시설이라고 할 수 있다.

한민족의 과거 전통온돌인 구들이 이제는 현대적으로 발전되고 가고 있고 이를 통한 세계화의 변화가 이루어지고 있다. 이러한 부분들이 모두 통합 관리되는 온돌시공기술이 필요하며 이렇게 될 때 한옥구들시공기술의 현대화가 이루어지고 경제적 이윤을 창출하는 산업화가 기대된다.

80년대부터 현재에 이르기까지 우리나라 전통적인 온돌방식은 물을 사용하여 시공하는 바닥판 온돌난방시스템과 조립하여 구축된 건식바닥판 온돌난방시스템, 또한 최근에는 전기, 전자온돌 형태와 뜬 바닥 층간소음 감소형과 공기순환겸용 온돌 등으로 진화되고 있다. 이들은 구체적으로 전기 고래온돌 난방, 온수패널 고래온돌, 축열식 전기 온돌난방, 겹난방 등으로 실현되고 있다.

진정한 전통온돌을 이어가기 위해서는 현대적 생활에 적합한 온돌을 만들어야 한다. 이를 위해서는 현대적 기술의 응용과 새로운 서구적 주거에 적합한 바닥난방방법에 대한 연구가 필요하다. 또한 농촌의 생산활동에서 발생한 재료와 산림 간벌재에 적합한 난방 방식도 필요하다.

이제 국가적으로 전통온돌 문화재 수리기능자 부분에서 전통온돌수리기능자자격이 시행되었기에 후속적으로 일반건축물부분의 현대구들(온돌)기술자와 기능자의 기준이 조속히 마련되어야 한다.

기술적으로 온돌 시공 시방서와 도면의 표준화가 시급하며 현대에 맞는 성능기준과 시설기준이 조속히 마련되어야 한다. 또한 온돌공사의 일위대가나 표준품셈 역시 제공되어야 한다. 이러한 문제의 해결을 위해서는 복잡한 여러 종류의 공사를 포괄하는 시방서를 작성하는 방안도 있겠지만 온돌공사를 전문 공사업으로 인정하여 발주자로부터 직접 온돌공사를 수주 받거나 일반건설업체에서 규정에 따라 하도급을 받아 일괄적으로 책임 시공하는 체제로 제도개선을 할 필요가 있다.

특히 온돌의 지역과 역사성을 무시하고 섣불리 단일화, 표준화할 수 없기 때문에 현실 속에서 전통을 이끌어갈 수 있는 기술과 관리가 요구된다. 결국 구들시공기술의 다양성을 발굴하고 유지하면서 현대온돌 기법의 새로운 개발과 보급이 이루어져야 한다.

참고문헌

1 김동훈,「조선민족의 온돌문화」, 비교민속학 11집, 1994. (Jin Dong Xun, The Ondol Culture of the Korean People, Asian Comparative Folklore Society, Vol.11 No.-, 1994)

2 김준봉,「『东北亚地区各民族温突（炕, 地暖）文化比较研究』A Study on the Ondol Culture Comparison with Several Peoples in the North-East Asia」, 중국 중앙민족대학 민족학 박사학위논문, 2010

3 김준봉·옥종호,「가정용보일러 역사를 통한 온돌시스템 공사수행체계 개선에 대한 연구」, 국제온돌학회논문집 제8권, 2009

4 김준봉·오홍식,「전통온돌의 시공표준화에 관한 연구」, 국제온돌학회 논문집 제9권, 2010

5 김준봉·최찬환,「바닥온돌 난방시설의 법적 기준 연구」, 국제온돌학회 논문집 제10권, 2011

6 김준봉·옥종호,「온돌과 구들의 용어 정의와 그 유래에 관한 연구」, 건축역사연구 제23권 2호, 2014 // (Kim, June Bong, Ok, Jong HoA, Study on the Definition of Term and Origin of Ondol and Gudeul, Journal of Architectural History, Vol.23 No.2, 2014)

7 리신호,「촌주택의 실태조사를 통한 개선방안 연구, 한국농공학회지」, 36(3), 1994

8 리신호·오무영,「흙집의 온습도 변화가 주거환경에 미치는 영향 연구」, 충북대학교지역개발연구, 제6집, 1995

9 문재남·김준봉,「전통구들 고래의 종류 및 특성에 관한 연구」, 국제온돌학회 논문집 제13호, 2014

10 송승영 외,「축소모형실험을 통한 흙집의 동계 열환경 및 에너지 성능평가」, 대한건축학회논문집 계획계 23권 9호, 2007.9

11 유우상,「온돌용어의 표준화와 국제화에 대한 연구」, 국제온돌학회 춘계세미나, 2008

12 (재)한국건자재시험 연구원,「온돌난방시스템 국제화 추세에 대응한 구성부품의 고기능성 확보 공동연구기반구축 사업소개」, 국제온돌학회 논문집 제8권, 2009

13 주남철,「온돌의 역사적 고찰」, 대한기계설비건설협회, Vol.3, 1990

14 최덕경,「온돌의 구조 및 보급과 생활문화에 끼친 영향」, 농업사연구제7권 2호, 농업사학

회, 2008. (Duk Kyung Choi, Spread and Structure of Ondol(溫突) and Influence in Koreans' Life culture, Korean Agricultural History Association, Vol.7 No.2, 2008)

15 국제온돌학회, 「온돌기술 문화유산등록 방안마련을 위한 연구」, 국토교통부(연구책임자 김준봉), 2014

16 김남응, 「문헌과 유적으로 본 구들이야기 온돌이야기」, 단국대학교 출판부, 2004

17 김준봉·리신호·오홍식, 「온돌 그 찬란한 구들문화」, 청홍, 2006

18 김준봉·문재남·김정태, 「온돌문화 구들 만들기」, 청홍, 2012

19 김준봉·천득염 외, 「온돌과 구들문화」, 어문학사, 2014

20 송기호, 「한국고대의 온돌 - 북옥저, 고구려, 발해」, 서울대학교출판부, 2007

21 http://www.kats.go.kr/mobile/content.do?cmsid=482&skin=/mobile/&mode=view&page=87&cid=12611, 기술표준원, 한국 온돌, 세계가 애용한다, 지식경제부 보도자료, 2008년 3월 14일자.

부록

세미나, 포럼

(사)한국현대한옥학회 2018 한옥세미나

장소 : SETEC (학여울역 전시장) 시간 : 2018. 6. 3

발표 목차

1) 이관직, BS디자인 건축사사무소 대표, 고려대학교 겸임교수

= 한옥 건축설계의 실례 첨부

2) 김기주, 한국기술교육대학교 교수

= 조선시대 양반주택을 통해 본 전통한옥에서의 생활

3) 이현수, 연세대학교 교수, CAADRIA 회장

= 전통한옥의 색채를 적용한 해변 마을 색채계획 실례

4) 천의영, 경기대학교 교수

= 현대한옥, 새로운 한옥 등장 막은 '사농공상 유전자' 그리드를 파괴하라

5) 이형재, 카돌릭관동대학교 교수

= 청와대 - 콘크리트 한옥

6) 김남효, 숭실대학교 교수

= 전통의 현대적 적용 - 중국, 일본, 한국

(Traditional - Contemporary Adaptation, China, Japan, Korea)

7) 박재원, 도편수, 하루한옥(주) 대표

= 한옥 내진건축 공법과 제품 소개

8) 박수훈, 한밭대학교 교수

= 한옥과 전통건축의 구축기법을 응용한 주택설계 표준화 모듈

(A Normative Modular Designing Based on Hanok Building Framing Skills)

9) 김준봉, 심양건축대학교 교수, 문화재수리기능자/건축사/공학, 법학 박사

= 김기웅 가옥의 해체복원을 통한 전통온돌의 현대적 재현

10) 신규철, 계명대학교 교수

= 현대한옥의 발전을 위한 국내 연구현황 및 해외 사례조사

정기답사

(사)한국현대한옥학회 봄 정기답사안내

답사 장소 : 전남 함평

(함평 주포한옥마을, 함평향교, 한옥내진구조공장,
함평이재혁가옥, 함평 고막천석교 등을 답사)

회원여러분 안녕하세요?

유난히도 추웠던 겨울을 지나고 이제 따뜻한 봄이 왔습니다. 남녘에서는 벌써 꽃소식이 전해오네요. 그래서 일찍 피는 꽃도 볼 겸 금번 봄 답사 겸 정기이사회를 지난번 이사회 때 공고한 일정대로 전남함평 일원 전통한옥 답사와 돌머리해변 관광 일몰 감상, 한옥마을 답사로 정했습니다.

- 상세일정 -

3월 31일(토) 정오

- 선발대는 낮 열두 시 1913 광주송정역에서 점심식사를 합니다. 본대는 오후 1시에 광주 송정역을 출발 - 셔틀버스로 예가한옥펜션으로 이동

오후 3시부터 함평 주포한옥마을 견학(최고의 한옥마을로 50세대중 40세대 입주 상태)

오후 6시 돌머리해변 관광 절경 - 일몰 감상 - 월간한옥과 함께 특집으로 구성됩니다.

오후 7시 저녁파티 겸 특강 - 바비큐, 곡차 등등

오후 8시 30분 토의 - 원초한옥 (이현수명예회장, 천의영교수 특강 외)

오후 11시 취침 숙박 - 고택 한옥 구들장 방 - 구들방에 불때기

4월 1일 7시 ~ 9시

조찬회의(주제 : 전반기 행사 한옥세미나, 후반기 행사 제6회 현대한옥 공모전)

오전 10시 함평 한옥문화재 답사

오전 11시 한옥 내진설계 기술 견학 - 하루한옥 목포공장

오후 1시 점심 - 목포

예가펜션 내 고택소개

165년된 고택, 청도김씨 고택 소개

예가펜션에 있는 청도김씨 고택은, 본래 고창지역에 있던 것을, 하루한옥의 박재원도편수(하루한옥대표, 학회이사)가 2007년 원형 보존 해체 후, 현재의 자리에 이전, 재 복원한 건축물이다. 본 건축물엔 165년 전 건립 당시의 특별한 스토리가 담겨 있고, 사용된 목재 또한 예사로운 것이 아니어서, 현 소유주 박재원도편수가 문화재적 가치를 두고 구입, 이전하여 복원시킨 것이다. 해체하면서 일일이 번호를 매겼다가, 순서대로 원형을 살려 복원하였다. 복원 건축물의 특수성을 인정받아, 당시 전남도지사로부터 표창도 받은 바 있다. 본 건축물에 사용된 목재는, 1852년 당시 철종 임금이 하사한 것으로 전해진다. 바로 우리나라 최고 소나무로 꼽히는 금강송이다.

철종 임금으로부터 목재를 하사받게 된 재밌는 사연을 소개해보면, 최초 건축주인 김도일 감찰사는, 청렴결백하기로 소문이 자자했으며, 고종 때 종2품 벼슬에도 올랐던 선비였다고 한다. 그가 전라도 감찰사로 부임해서 일할 때였는데, 그가 민생을 돕는 일에만 치심하며, 자신은 낡은 초가집도 면하지 못하고 있다는 소문이 임금님 귀에게까지 미쳤던가 보다. 그 소식을 들은 철종 임금이 감동하여, 감찰사의 지위와 명예에 걸맞는 집을 지으라며, 금강송의 주산지인 경북 춘양에서 금강송 목재를 열두 마차에 실어 보내줬다고 한다.

그러나 김도일선비는 그 목재로 바로 집을 짓지 않았다.

오히려 목재를 받아서, 가까운 서해 구시포 바다에 3년간 담가두었다. 그리고는 건져내어 다시 3년을 건조시켜 이 집을 지었다고 한다. 이러한 긴 공정과정을 통해, 나무는 갈라짐이 없고 재질을 강화되어 반영구적 수명을 지니게 된다. 이러한 재미나는 스토리와 특수한 공정방식을 담은 목재였기에 그 유려함과 견고함이 출중하며 가히 기념할 만하다 하겠다.

예가로 이전 복원된 지금에도, 청도김씨 고택의 마루 밑동에서는 염분이 배어나온다.

함평 주포한옥마을, '정원이 있는 한옥마을'로 거듭난다.

함평군농업기술센터, '정원이 있는 한옥마을 만들기' 주민참여 간담회 개최 (이형주 : jeremy28@naver.com)

함평 주포한옥마을 전경(사진=함평군 제공)

[환경과조경 이형주 기자] 함평군에 있는 주포한옥마을이 '정원이 있는 한옥마을'로 거듭날 전망이다. 함평군농업기술센터는 지난 20일 주포한옥마을회관에서 '정원이 있는 한옥마을 만들기' 주민참여 간담회를 열었다고 23일 밝혔다. 군 농업기술센터는 '집주인이 꿈꾸는 테마정원 만들기', '주민주도형 특색 있는 한옥마을' 등 주민의견을 적극적으로 수렴하는 방식을 통해 전국에서 가장 특별한 마을을 만들기로 방향을 결정했다. 전라남도 함평군(군수 안병호)은 지난 10일 함평읍 주포한옥마을에서 마을회관 개관식을 개최했다.

한편, 주포한옥마을은 지난 2011년부터 2013년까지 3년간 사업비 71억원을 들여 마을기반을 조성하고 2014년 분양을 시작해 지난 2017년 8월 전 세대를 분양했다. 총 50채 중 44채가 완공되거나 건축 중에 있으며, 빼어난 경관, 우수한 입주여건, 다양한 개발호재 등 삼박자를 고루 갖춰 인구유입과 지역경제활성화에 기여하는 최고의 명품 한옥마을이 될 것으로 기대감을 모으고 있다.

* 함평 주포한옥마을의 특징

위치 : 함평군의 서쪽, 서해안 고속도로 함평 인터체인지에서 5분 거리에 있으며, 마을 앞마당에는 푸른 서해바다 풍경과 갯벌이 교차하며 펼쳐지는 진풍경이 연출된다.

이 풍광이 멋진 자태의 한옥촌과 어우러지며 한폭의 그림이 된다. 이 경관을 즐기려는 관광객들이 주말이면 몰려들어 붐비는데, 이 덕에 입주민 절반 정도가 민박 또는 한옥펜션을 운영하며 노후의 짭짤한 소득을 얻고 있다. 더불어 돌머리 해변 등 인근의 관광지와 먹거리도 풍부하여, 한옥체험지 선호도로는 전주 한옥마을을 웃돈다는 평을 받고 있다.

본 한옥마을은 함평군에서 국비와 지방비로 개발, 지가 평당 48만 원에 개인에게 분양되었다. 건설사는 한옥의 기본품질을 보장받기 원하는 주민들이 모여 자치회를 구성하고, 입찰 제안과 투표를 통해 직접 선정하였는데, 삼일건설(대표 송장열)과 세원종합건설(현 하루한옥, 대표 박재원)이 선정되어 시공을 주도하였다. 현재는 45세대가 입주를 마친 상태이다.

- 경제적 효과

많은 지자체에서 한옥마을, 행복마을 등을 기획하고 추진하고 있으나, 분양률이 낮아 지지부진하는 곳도 많은 것이 실정이다. 그러나 함평 주포한옥마을은 도시민 유치와 이웃 지역민 유입으로 성공리에 분양을 마쳤고, 더불어 함평지역 경제에도 적잖은 기여를 하고 있는 상황이다. 현재의 입주민 중, 대다수가 수도권에서 귀촌하여 자리잡은 주민들이고, 일부는 광주, 목포 등의 인근지역에서 이주해 오기도 하였다. 특히나 이곳은 해변 관광형 한옥체험 마을로 널리 알려지면서, 여름철에 더 많은 관광객이 몰리고 있다. 이로 인한 지역경제 발전과 주민 활성화가 더욱 커져 갈 것으로 기대된다.

- 함평 한옥마을 건축물의 특징

1. 단열한옥

본 한옥마을의 건축 특성은, 겨울철에도 춥지 않은 단열한옥이라는 점이다.

본 단지의 건설업체인 세원건설(현, 하루한옥)은 “연료비 30% 절감의 단열한옥 건설”이라는 슬로건을 내걸고 건축에 임하였다. 곧 특수 재질인 친환경 화이트폼을 지붕과 벽체, 바닥면에 사용하는, 패시브식 한옥 건축 시공법을 적용시킨 것이다. 이로써 한옥 건축 역사상 전례없는 우풍없는 따뜻한 한옥을 지어냈다는 호평을 받고 있다.

이 공법으로 시공된 가옥에 입주한 주민들의 만족도는 매우 크다. 그래서 연료비가 절감되는 따뜻한 한옥의 기적을 이웃들에게 전하며 부러움을 사고 있다. 방문 고객들의 사용 후의 호평 또한 높다.

한편, 시공당시, 화이트폼 사용 장면을 보며, 우려를 표했던 이웃주민들이 현재는 자신들의 집에도 시공해 주기를 요청하고 있는 실정이다. 화이트 폼은 인체에 무해한 친환경소재이며 그 보온력이 매우 뛰어나다는 것이 입증되고 있기 때문이다.

2. 저비용으로 고급한옥을 실현

함평 주포한옥마을의 평당 건축비는 700~800만 원 정도이다. 비교적 저비용으로 건축된 것이다. 그러함에도 외관이 미려하고 내부사용 재료들이 거의 친환경 황토나 편백목재로 구성되어 있다. 이와 비슷한 자재가 사용된 서울지역의 은평한옥마을 같은 곳의 건축비가 평당 1천만 원이 넘는 것과 대비된다.

주포한옥마을의 가옥이 이정도 비용으로 시공 가능했던 이유는, 초기 선정된 두 개 건설회사 모두, 지역 업체라는 이점이 있었다. 주요건축 재료인 목재를 자체 공장에서 직접 가공해 사용했기 때문에 가능했던 일이다. 또한 향후 한옥건설 붐을 염두에 둔, 한옥 모델 개념의 투자마인드로, 건설사의 이윤을 최소화하는 희생을 치렀기에 가능했던 일이다. (주포한옥마을 시공 동영상 https://youtu.be/4lrY8wGnAaI)

주포지구 한옥전원마을 억새밸리존

* 주포지구 한옥전원마을 억새밸리존 소개

함평군에서 주포한옥마을 일대에 억새, 국화 등 다양한 꽃으로 조성한 곳으로 특히 핑크뮬리 명소 중 한 곳이기도 하다. 주포한옥마을은 도시민 유치, 민박 활용 등을 통한 지역경제 활성화를 도모하기 위해 서해바다의 풍광이 수려한 돌머리해수욕장 인근에 조성되었으며, 주포한옥마을에서 본 돌머리해수욕장의 낙조는 아름답다고 할 수 있다.

* 주포한옥마을에서 본 돌머리해수욕장의 낙조

* 핑크뮬리

핑크뮬리(Pink muhly)의 학명은 뮬렌베르기아 카필라리스이며, 라틴어로 '모발 같은'이란 뜻을 지닌 서양 억새이다. 분홍 억새, 분홍쥐꼬리새, 헤어리온뮬리 등 다양한 이름으로 불리며, 보라색 퍼플뮬리도 있다. 솜털처럼 부드러워 바람이 불 때 몽환적인 분위기를 연출하고 개화 시기는 9~11월 초로 10월이 가장 절정이다.

* 억새

* 주포지구 한옥전원마을 억새밸리존 풍경 : 예상외로 규모가 작았지만 핑크뮬리를 포함한 다양한 억새와 국화를 볼 수 있다.

참고자료

시도유형문화재 제113호 함평향교(咸平鄕校)

함평향교(명륜당) 전남 함평군 대동면 대동길 45 (향교리)

향교는 훌륭한 유학자를 제사하고 지방민의 유학교육과 교화를 위하여 나라에서 지은 교육기관이다. 지어진 연대는 확실히 알 수 없으나 정유재란(1597)으로 불타 없어진 것을 선조 32년(1599)에 초가집으로 다시 지었으나 위치가 좋지 않다고 해서 인조 3년(1625)에 현 위치로 옮겼다. 일반적으로 향교의 건물배치는 평지일 경우 제사공간이 배움의 공간 앞에 오는 전묘후학의 형식을 따르며, 경사지일 경우 배움의 공간이 앞에 오는 전학후묘의 형식을 따르고 있다. 이곳은 흔치 않은 예로 전묘후학의 형식을 따르고 있다. 조선시대에는 국가로부터 토지·노비·책 등을 지급받아 학생들을 가르쳤으나, 갑오개혁(1894) 이후에는 교육적 기능은 없어지고 봄·가을에 제사만 지낸다.

함평향교(대성전)

보물 제1372호 함평 고막천 석교 (咸平 古幕川 石橋)

함평 고막천석교 전남 함평군 학교면 고막리 629번지

이 석교는 함평군과 나주시 경계 사이를 흐르는 고막천을 가로지르는 다리이다. 고려 원종 14년(1273) 무안 법천사의 도승 고막대사가 도술로 이 다리를 놓았다는 전설이 있다. 총 길이 20m, 폭 3.5m, 높이 2.5m로서 5개의 교각 위에 우물마루 형식의 상판을 결구한 널다리로서 동쪽으로는 돌로 쌓은 석축도로가 7~8m 연결되고 다시 물살을 가르기 위해 세운 최근의 콘크리트 다리가 이어지고 있다. 고막천 석교는 널다리이면서도 목조가구의 결구수법인 주두의 가구법을 택한 것이 특징이다. 다리의 상판은 우물마루 형식을 간직하고 있는데, 이는 당시 목조건축과의 관련성을 잘 보여주고 있다고 할 수 있다. 특히 서측 가장자리 1경간은 수리시에 우물마루를 널마루로 깔아 다양한 상판형식을 보여주고 있다. 다리기초는 하상의 뻘에 생나무말뚝을 전 구간에 걸쳐 촘촘히 박고, 이 위에 규격이 큰 장방형의 절석을 정교하게 깔아 급류에도 휩쓸려 나가지 않도록 하여, 지금까지 홍수에도 견뎌온 가장 튼튼한 교량기초 구조를 보이고 있다. 수중 지하 바닥은 지반보강을 위해 나무말뚝을 촘촘히 박아 이를 지지대로 하였으며, 그 주위에 잡석을 일정 두께로 깔아 바닥이 급류에 휩쓸려 나가는 것을 사전에 방지한 공법을 택하였다. 서기 1390~1495년에 조성된 것으로 추정되는 고막천 석교는 널다리형식으로 원래의 위치에 원형을 간직하고 남아있는 가장 오래된 우리나라 유일의 다리로서 보기 드문 공법을 사용했으며, 석교가 지닌 교량사적 중요성을 지닌 귀중한 자료이다.

서측교대디딤석

천석교 교각과 상판

문화재자료 제150호 함평이규행가옥 (咸平李圭行家屋)

함평이규행가옥 전남 함평군 나산면 초포리 657-2번지

전남 함평군 나산면에 자리잡은 이 가옥은 정유재란 때 순절한 이충인(1526~1597)이 지었다고 한다. 지은 시기는 정확하게 알 수 없지만, 안채 건물에서 발견한 기록으로 미루어 17~18세기에 지은 것으로 보인다. 원래 문간채, 행랑채, 사랑채 등을 고루 갖춘 짜임새 있는 양반집이었다고 하나 지금은 모두 없어지고 안채만 남아 있다. 안채는 앞면 7칸 규모의 一자형 평면구조를 이룬다. 기둥은 앞면과 오른쪽 부분에만 둥근기둥을 세우고, 그 외 나머지는 사각기둥을 세웠다. 집을 지으면서 심었다고 전하는 커다란 동백나무와 모과나무 한 그루가 현재 집 주위에 남아 있다. 이 가옥은 300여 년 가까이 된 옛집이지만 기둥과 기와 등의 상태가 양호한 편이다.

문화재자료 제250호 함평이재혁가옥 (咸平李載爀家屋)

전남 함평군 함평읍 남일길 83-4 (함평리)

이재혁 가옥은 정성을 들여 잘 지어진 사랑채로 외부재료나 형식으로 보아 근대적 성격을 띤 주거건축이다. 현재 안채는 없어지고 외부공간인 정원과 더불어 사랑채와 문간채만 남아 있다. 상량문에 의한 사랑채의 건립 연대는 1917년으로 확인되었다. 외부재료를 근대적 재료인 유리창으로 마감한 것이 흠이지만, 전통한옥이 근대화되어 가는 과정에서 나타나는 과도기 단계의 가옥으로서 학술적인 가치가 있고, ㄱ자형 사랑채 건립은 이 지역에서 매우 보기 드문 예이다. 그리고 백범 김구선생 은거(1898년경)와 관련한 장소로서의 의미도 있는 곳이다. 이 가옥은 함평이씨 이동범(李東範, 1869~1940)이 20세기 초반경에 건립한 것으로 전한다. 이동범의 아들인 이재혁(李載爀, 1893~1992)이 대를 이어 거주하였는데 이 시기에 일부가 헐리고 현재는 사랑채와 문간채만이 남아 있다. 사랑채 뒤편에 있던 안채는 원래 7칸 겹집이었다고 하는데, 1946년경에, 사랑채 동쪽편에 세워졌던 육모정은 1984년경에 각각 헐렸다고 한다. 안채는 김구의 은거와 관련해 보면 19세기 후반에 건립한 것으로 보인다. 현재 남아 있는 사랑채는 상량(上樑) 장혀에 「정사이월이십오일개기이십팔일안초동일입주(丁巳二月二十五日開基二十八日安礎同日立柱)」라 기록되어 있어 1917년에 지어졌음을 알 수 있고, 문간채는 「세재기사사월이십삼일개기안초동월이십오일무인미시입주상량자좌(歲在己巳四月二十三日開基安礎同月二十五日戊寅未時立柱上樑子坐)」라고 상량(上樑) 장혀에 기록되어 있어 1929년에 건립되었음을 알 수 있다. 본 가옥은 현재 문간채와 사랑채만으로 구성되어 있다. 마을 입구의 골목길 우측에 남향으로 자리하고 있는 문간채를 들어서면 각종 수목과 화초들로 가꾸어진 사랑뜰이 나타나고 그 안쪽에

사랑채

ㄱ자형의 사랑채가 자리하고 있다. 본 가옥에서 특히 주목되어지는 것은 사랑채 우측의 넓은 터에 연못을 파고 그 중앙에 정자를 건립한 것인데 현재는 아쉽게도 건물은 없어지고 자연석 바른층 쌓기한 기단만이 이전되어 6각형으로 남아 있다. 사랑채는 ㄱ자형 집이다. 평면구성은 후퇴(後退)를 포함한 2칸 대청을 중심으로 좌측으로는 부엌을 배치하였으며 꺾어진 부분은 우측으로 앞쪽에 1칸 다락을 드리면서 2개의 방을 배열하였다. 가로 칸 전퇴(前退)부분에는 툇마루를 설치하였으며 대청과 부엌 뒷면, 그리고 꺾어진 부분의 앞쪽에는 각각 쪽마루를 시설하였다. 구조로는 화강암 장대석으로 바른층 쌓기한 기단 위에 다듬은 방형(方形) 초석을 놓고 그 위에 19.5cm각(角)의 방주(方柱)를 세웠으며 가구(架構)는 2고주(高柱) 5량가(樑架)이나 대청 중앙부분만은 1고주(高柱) 5량가(樑架)로 되어 있다. 도리(道里)는 모두 장혀(長舌)로 받혀진 납도리를 사용하였으며 대청 중앙부분의 종량(宗樑) 위에는 원형(圓形)의 마루대공을, 그리고 방 부분의 대량(大樑) 위로는 사다리꼴형에 대공을 놓아 종도리(宗道里)를 받게 했다. 창호(窓戶)는 대청 전면(前面)에 4짝의 미닫이 유리문을 달았으며 각 방에는 아자살의 미닫이문을 달고 덧문으로 쌍여닫이 띠살문을 설치, 지붕은 한와를 얹힌 합각지붕이며 처마는 겹처마로 되어 있다. 문간채는 정면 3칸, 측면 1칸의 팔작집이다. 중앙 칸에는 쌍여닫이의 판장문(板長門)을 달아 본 가옥의 출입문으로 이용하였으며 좌측 1칸은 방으로, 그리고 우측 1칸은 광으로 꾸며 사용하였다. 구조형식은 기단(基壇) 형성없이 다듬은 방형(方形) 초석 위에 방주(方柱)를 세운 3량가(樑架)의 민도리집 구조로 되어 있다. 본 건물에서는 정자살과 빗살무늬가 복합적으로 구성되어 방 뒷벽의 창이 특히 눈에 띤다. 김구

가 숨어 지냈던 육모정은 1925~1926년에 현재 국도 23호선(당시 2등도로)가 개설되면서 도로에 편입되었다. 이동범은 도로가 개설되기 1년 전인 1924년에 도로에 편입되는 육모정을 철거 매각하고, 사랑채 옆에 육모정 연못의 돌을 옮겨 새로이 연못를 마련하고 연못 안에 육모정 크기와 똑같은 육각형 몸체에 기와를 얹은 정자를 지어 '연정'이라 이름하였으나 지금은 육모 기단만 남아 있다.

기행문

현대한옥학회 춘계정기답사

안녕하세요. 저는 ㈜젊은 한옥 신입사원 송설이라고 합니다. 지난 4월 12, 13일 저희가 현대한옥학회 춘계정기답사를 다녀왔습니다. 강릉오죽헌 외 영동지역의 역사적인 한옥과 새롭게 만들어진 한옥마을, 근대 건축물들을 소개해드리려 합니다.

아침 일찍 대표님과 함께 대전에서 차를 타고 강릉까지 갔는데요. 강원도 평창쯤 도착하니 4월의 눈을 볼 수 있었습니다. 마치 다른 세상에 온 것 같은 기분이었어요. 알고 봤더니 2~3일 전에 눈이 내렸다 합니다.

오후 2시경 KTX 강릉역 2번 출구 앞에서 만나 관광버스를 타고 답사를 시작했습니다. 가장 먼저 답사한 곳은 바로 오죽헌 이라는 곳이었는데요. 오죽헌은 1505년 형조참판을 지낸 최응현의 집이었습니다. 최응현은 이 집을 둘째 사위 이사온에게, 이사온은 외동딸 용인 이씨에게 물려주었습니다. 용인 이씨는 서울 사람 신명화와 혼인하였지만 어머니(강릉 최씨)의 병간호를 위해 강릉에 머물렀는데 그때 사임당을 낳았습니다.

사랑채, 안채

오죽헌

몽룡실

문성사

사임당 역시 서울 사람 이원수와 혼인하였으나 홀로 계신 친정어머니(용인 이씨)를 모시기 위해 강릉에서 지내다가 율곡을 낳았습니다. 외할머니 용인 이씨로부터 상속받은 집 주위에 검은 대나무가 많은 것을 보고 권처균이 자신의 호를 오죽헌이라 지었는데 그것이 집 이름이 되었습니다.

오죽헌은 조선 중종 때 건축되어 한국 주택 건축 중에서 가장 오래된 건물에 속하며 4면을 굵은 댓돌로 한층 높이고 그 위에 자연석의 초석을 배치하여 네모기둥을 세웠습니다.

기둥 머리에 배치된 공포는 주택 건축에서 보기 드문 이익공형식이며 그 세부 수법으로 보아 가장 오래된 익공집건축으로 추측됩니다. 그러나 쇠서의 곡선에는 굴곡이 남아 있고, 첨차의 형태는 말기적인 주심포집과 공통되는 특징을 지녀 주심포집에서 익공집으로의 변천과정을 보여주는 중요한 구조입니다.

위 사진에서 보면 들어가는 문이 두개가 있는데 오른쪽 문은 새로 만들어진 문이라고 합니다.

경내에는 오죽헌·문성사·어제각·율곡기념관·안채·사랑채가 있으며, 그 옆에 시립박물관이 있습니다. 이 중 오죽헌을 제외한 건물들은 복원 된 건물들이며 오죽헌 몽룡실에서 사임당이 율곡선생을 낳았다고 합니다.

다음은 오죽헌 바로 옆에 위치하고 있는 강릉 오죽한옥마을을 갔습니다. 에너지절약형 실험한옥으로 지어진 건물들도 보였으며 담장엔 수납을 할 수 있게 해 놓아 인상 깊었습니다. 오죽한옥마을은 한옥 숙박으로 운영된다고 합니다.

다음은 선교장을 갔습니다. 선교장은 효령대군의 11대손인 가선대부

무경 이내번이 1703년에 건립한 조선 후기의 전형적인 상류주택으로 안채·열회당·행랑채·동별당·서별당·활래정 외 부속 건물로 이루어져 있습니다. 10대에 걸쳐 300여 년이 지난 현재까지 그 후손들이 거주하며 원형을 잘 보존하고 있어 조선시대 사대부가의 명성과 전통을 이어가고 있습니다. 1965년 국가지정문화재로 지정되었으며, 20세기 한국 최고의 전통가옥으로 선정된 바 있습니다.

선교장은 어마어마한 규모의 집으로 부와 덕을 모두 갖춘 집이었습니다. 이 집에 찾아오는 손님들을 문전박대하는 것이 아니라 숙식제공을 모두 무료로 해줬다고 하는데요. 300명 정도의 이용객들이 있었다고 하며 아직까지 후손들이 살고 있다고 합니다.

두 번째 줄 마지막 사진은 독특한 차양이 눈에 띕니다. 이는 러시아(소련)가 이 집에 선물해 준 차양이라고

해운정

합니다. 두 번째 줄 왼쪽 사진의 초가집은 주인이 지내던 집이라고 합니다. 가장 높은 곳에 위치하고 있으며 누마루에 서서 아래를 바라보면 전체가 보입니다.

다음은 해운정을 답사하였습니다. 해운정은 조선 중종 25년 강원도 관찰사를 지낸 어촌 심언광이 건립한 별당양식의 정자입니다. 예전에는 정자 앞까지 경포 호수가 있었으나 지금은 정자 앞에 작은 연못만 있습니다. 정면 3칸, 옆면 2칸의 단층 팔작지붕으로, 3단 축대 위에 세웠으며 소박한 모양을 하고 있으나 내부는 비교적 세련된 조각으로 장식되었습니다. 천장은 합각 밑에만 우물천장을 만들었는데 천장은 연꽃 조각과 대들보 위의 도리를 받는 대공 등이 정교합니다. 대청에는 4분합의 띠살문을 달아 전부 개방할 수 있도록 했으며, 그 위에는 빛받이 창인 교창을 달았습니다.

해운정에는 명나라 사신 공용경이 쓴 경호어촌 현판과 시가 있으며, 부사 오희맹이 쓴 해운소정, 송시열이 쓴 해운정 현판, 율곡 이이, 박관우, 송규렴, 한정유 등 여러 명사의 시문이 걸려 있습니다.

다음 장소는 신응수대목장의 한옥제재소를 다녀왔습니다. 제재소 공개를 잘 안하신다고 하시는데 이형재 교수님의 화려한 인맥으로 제재소

견학을 할 수 있게 되었습니다. 아쉽게도 대목장님은 뵙지 못 했지만 대목장의 자녀분을 뵙고 설명을 들었으며 작업장과 작업도구 전시장을 둘러볼 수 있는 좋은 경험이 되었습니다.

한옥제재소 견학 후 동해로 넘어가는 길에 산불피해 지역을 직접 눈으로 봤으며 학회 답사 장소였던 망상한옥마을 또한 피해를 입어 견학하지 못한 안타까움이 있습니다.

동해시에 도착하여 횟집에서 저녁식사와 담소를 나누며 즐거운 시간을 보냈습니다. 식사를 하며 즐기는 담소가 편안한 분위기를 만들어주어 대화를 많이 나눌 수 있는 시간이 되었습니다. 식사 후 묵호등대마을 야경을 보러 출발을 했습니다. 걸어 올라가도 되지만 차를 타고 올라가는 길도 있습니다. 산책 겸 걸어가 보는 것도 추천합니다.

등대마을 산책 후 숙소로 돌아가는 길에 카페에 들려 커피를 마시는 분들 편의점에 들려 한잔하시는 분들로 나눠졌으며 글쓴이는 편의점으로 향하여 컵라면의 참맛을 깨달으며 짧은 시간을 끝맺고 숙소로 돌아와 2차로 만담시간을 보냈습니다.

원으로 둘러앉아 진지한 이야기 속에서 웃음꽃을 피워가며 중요한 시간을 보냈습니다. 글쓴이는 회원 중 가장 어린나이였는데 살면서 뵙기

어려운 분들과 술 한 잔 기울이며 많은 질문들을 할 수 있는 시간이었습니다. 대부분의 분들이 교수님이셨고 청와대를 건축하신 분, 도편수, 온돌회사 대표님, 한옥회사 대표님 등 많은 분들과 함께 질의응답 시간을 보냈습니다. 저의 철없는 질문에도 진지하게 대답해주셨으며 함께 고민해주시는 모습에 영광이었습니다. 쉽게 경험할 수 없는 시간들을 가질 수 있도록 도와주신 신규철 교수님과 젊은한옥 대표님께 정말 감사합니다.

우리가 투숙하던 호텔은 지하에 해수사우나를 투숙객에게 무료로 제공하고 있으며 호텔방에서 바라보는 전경은 답답한 도시인의 마음을 뻥 뚫어주는 숙소였습니다. 조식을 오전 8시에 했으며 주문진 횟집이라는 곳에서 먹은 황태국은 해장에 아주 끝내주는 식사였습니다. 식사를 마치

고 어제 들렸던 묵호등대마을 다시 방문하여 등대에 올라갔으며 등대마을은 아기자기한 카페들이 즐비해 있어 어디를 가나 좋은 풍경과 따뜻한 차 한 잔으로 여유로운 시간을 보내기 좋은 곳입니다.

다음은 근대문화유산인 부곡수원지를 답사하였습니다. 부곡수원지는 1940년대에 만들어져 묵호읍 주민들의 식수를 책임졌던 곳입니다.

원수를 제공하는 취수댐과 수중보를 비롯하여 착수정, 침전지, 기계실 및 여과지, 염소 투입실(밸브실), 정수지 및 배수지를 통하여 각 가정으로 보내는 수리계통을 당시의 모습 그대로 보여주고 있다는 점에서, 침전지, 정수지 및 배수지를 비롯한 거대한 콘크리트 지하 매설물의 축조기술, 상수시설의 배관계통 및 방식, 송수 모터 펌프 등 각종 기기의 보급 등으로 말미암아 지역의 기술 발전사에 커다란 영향을 미쳤다는 점에

서, 그리고 현재 일부 유구가 남아 있는 취수댐이 하천 정비로 인하여 변형된 것 이외는 대부분 양호하게 남아 있어 활용가능성이 높다는 점에서 매우 가치 있는 지역의 근대문화유산이라고 할 수 있습니다.

다음은 동부사택을 방문하였습니다. 1937년에 지어진 단층 목조 건축물로 공장장의 공관으로 쓰였던 주택 1동, 간부직원을 위한 주택 2동, 그리고 독신자 등을 위한 기숙사 형식의 건물 4동으로 구성된 근대기 민간회사의 근로자 사택입니다.

이 건축물은 일제 강점하 산업발전 과정 중의 건축형태로 집합적인 배치 특성과 기혼자·미혼자를 구분한 주거형식을 보여주며 보존상태가 양호하며 내부 복도형 서양식에 온돌을 사용한 한·양·일 절충식 양식으로 한국 근대기 근로자 주거사의 중요한 자료가 되며 보존가치가 높습니다.

마지막 답사지는 삼척 죽서루입니다. 죽서루에 들리기 전 앞 벤치에 앉아 이형재 교수님께서 챙겨주신 김밥으로 점심을 해결했습니다.

죽서루는 고려 명종 때의 문인 김극기가 쓴 죽서루 시가 남아 있는 것으로 보아 12세기 후반에는 이미 존재하였다는 것을 알 수 있습니다. 그 후 1403년 당시 삼척 부사 김효손이 고쳐지었는데 절벽 위 자연 암반을 기초로 나머지 여덟 개의 기둥은 돌로 만든 기초 위에 세웠으므로 17개의 기둥 길이가 각각 다릅니다. 상층은 20개의 기둥으로 7칸을 형성하고 있으며 자연주의 전통건축의 아름다움을 보여주는 진수로 관동제일루

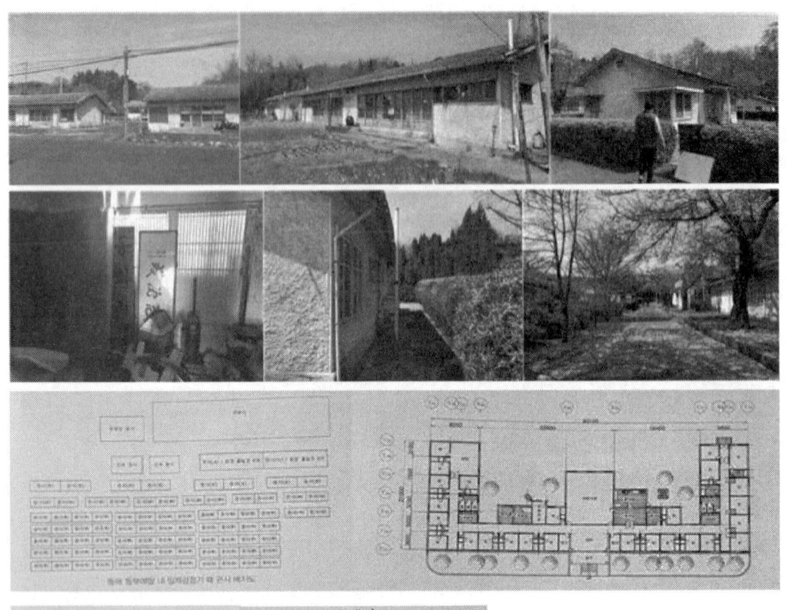

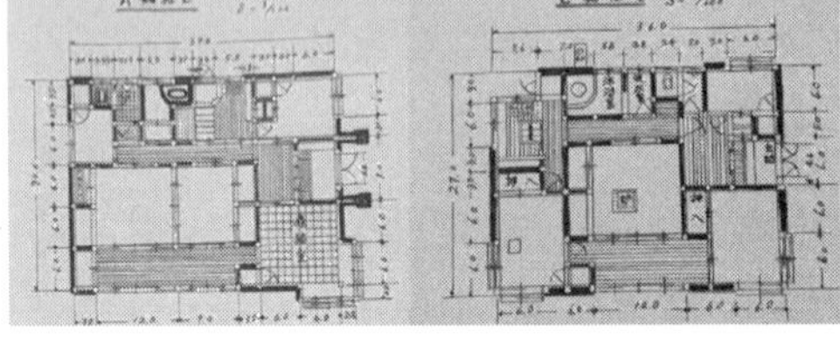

라 할 수 있습니다. 현재는 정면 7칸, 측면 2칸 규모로 지붕은 겹처마 팔작지붕이지만 원래는 5칸이었을 것으로 추정되고 있습니다. 원래 건물인 가운데의 5칸 내부는 기둥이 없는 통간이고, 후에 증축된 것으로 보이는 양측 칸의 기둥 배열은 원래의 양식에 구애받지 않고 서로 다르게 배치되어 있습니다. 마루는 우물마루이며 천장은 연등천장인데, 좌측 툇간 일부는 우물천장으로 하였습니다.

누각에 걸린 글씨 중 제일계정은 1662년 부사 허목이 쓴 것이고 '관동제일루'는 1711년 부사 이성조가 썼으며, '해선유희

지소'는 1837년 부사 이규헌이 쓴 것입니다. 이 밖에 숙종, 정조, 율곡 이이 선생 등 많은 명사들의 시가 걸려 있습니다.

이렇게 조금은 빡빡한 스케줄에도 불구하고 힘든 내색 없이 건축물들과 우리의 역사를 배워가는 시간들을 즐기는 모습이 인상적이었던 답사 시간이었습니다. 처음 뵙는 분들이었지만 친절하시고 인정 많은 모습에 감동을 받는 순간이었으며 한옥에 대한 애정 많은 분들과 함께하는 인상적인 시간들이었습니다.

현대한옥학회 정기답사는 현대한옥학회 사무실 유윤숙 간사님께 참여 신청을 할 수 있으며 젊은 사람들의 참여가 우리 문화재를 우리 힘으로 지키고 배워갈 수 있는 좋은 기회라고 생각합니다.

이 기행문을 읽은 모든 젊은이 들이 편안하게 참여하여 저와 같은 좋은 순간들을 경험하시길 바랍니다. 이로써 기행문들 마치겠습니다. 감사합니다.

현대한옥 설계도면

by 서석철

이 도면은 건축주와의 회의록,설계의도, 설계도면, 시공과정을 담은 현장사진 등
최대한 전 과정을 담아 보고자 한 것이며, 다수의 건축가들도 참여한 작품이다.
현대건축의 재료와 한옥의 특성을 최대한 접목한 것으로 하나의 지표가 되고자 한다.

회 의 록

PROJECT	은평한옥마을 조성사업 0-0-00				
일 시	2015. 06. 13.(금) 18:00~		작 성 자	0 0 0	
장 소	건축사사무소000 회의실		회 의 차 수	2차	
참 석 자	이름	서명	이름	서명	이름	서명
	건축주 부부		B 0 0		D 0 0	
	A 0 0		C 0 0		E 0 0	

회 의 내 용

은평한옥마을 내 0-0-00 실시설계를 위한 건축주 2번째 만남

<건축주 의견>

1.대문위치(그림) : 1번 : 프라이버시 침해하므로 높은담장을 설치했으면 함.

5번 : 주도로에서 너무 멀리 위치함.

4번 : 선호

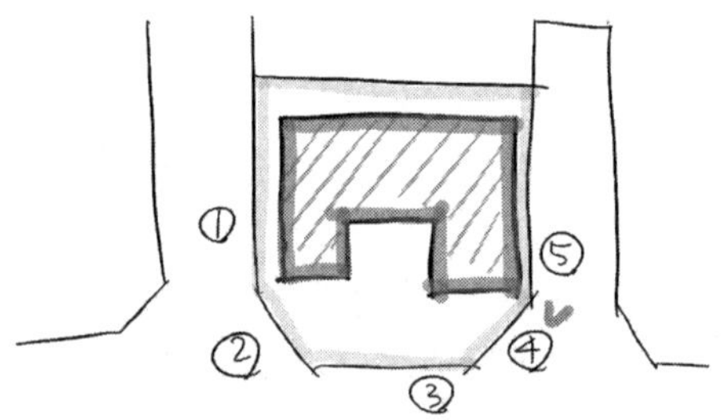

2.1차 만남에서 9가지 평면 유형중 자녀들과 의논한 결과 U형 선호 :이유

㉠앞마당과 중정에서 작은 정원 꾸밀 수 있으므로.

㉡북향에 위치한 마당은 저녁에 가족들과의 휴식과 문화의 공간으로 활용가능성 있음(예 : 가족들과 영화보기).

몇 년 후 카페로 용도 변경 할 경우 야외 테라스로 활용가능성 있음

㉢U형 평면에서 수정하고픈 공간

-1층대청의 대공간 구조 : 겨울에 난방비 절감필요. 2층을 테라스로 사용하고 싶음

3.지하 갤러리 공간

㉠GL에서 올라오게 설계했으면 좋겠다

㉡지하계단은 옥외계단으로 설계하여 지하공간에 일조를 확보하고 싶음

㉢필요조건 : 습기차단. 2400X2400규모의 사무실필요. 남.녀화장실 분리

4.1층 구성 공간 : 안방.드레스룸. 공용화장실1. 보일러실. 다용도실.세탁실.거실 과 주방 넓게.

5.2층 구성 공간 : 자녀방3(2800X3500), 화장실1

6.수납공간은 가구가 아닌 붙박이장으로 대체하고 싶음. 많은 수납공간이 있었음함. 특히 드레스룸 과 주방용품을 한곳에 모아둘 수 있는 공간이 있었음 함.

7.건물의 형태 : ㉠단순하면서도 디자인이 된 건물을 갖고 싶음.

㉡재테크 가능한 구조 및 형태을 원함

㉢부지는 작지만 일반적인 형태보다는 개성있는 형태였음 함.

8.개략적인 예정공정 설명과 의견제시 - 건축비에 대한 걱정

<다음일정>

-06.17 금요일 0-0-00 건축가 미팅 예정

-06.26 금요일 0-0-00 00차 건축주 미팅 예정

건축주+건축가 최종안

1.풍수고찰

1)백두대간 > 한북정맥 > 북한산

2.배치기법

2)배산임수, 사신사, 군자남면, 전저(1층)후고(2층)

3.기의흐름

3)동문과 대청의 축 : 기의 유입과 바람길

4)음양조화와 순환 : 양의공간(동적, 대청1단 높음),

음의공간(정적, 안방등은 1단 낮음.

4.공간의 가변성

5)지하층 : 갤러리 사용

-사무실과 남여화장실, 썬큰설치로 채광, 일조, 접근성, 습도조절, 작품보호.

-서측주차장의 소음을 지하 썬큰계단과 지상계단실을 서측 배치로 차단하고 사각적으로도 사적공간을 보호 한다.

6)지상1층 : 주거계획과 한옥카페 (대청4.8X3.6, 침실3.6X3.6, 주방4.8X3.6)

-22평정도의 공간에 대청, 주방식당, 침실, 화장실, 계단, 통로, 현관을 배치하고 대청과 주방식당, 계단은 낮은 가구로 구분하여 단일공간으로 확보하여 시각적인 넓은 공간을 연출하여 한옥의 멋을 추구 한다.

앞마당은 담장과 조경으로 작지만 아침햇살 듬북받는 프라이빗한 공간이다.

-한옥카페운영을 대비하여 2층에 안방,드레스룸, 부부화장실, 가족화장실, 침실을 두고 대청천정은 서까래가 보이는 전통적인 연등천정이며 동쪽으로는 들어 열개문을 설치하여 북한산을 바라보는 경관과 앞마당은 기단과 같은 높이로 조성하여 한옥카페의 연장공간을 연출하였고 처마끝 풍경소리와 커피향을 즐긴다.

-외부계단을 설치하여 지하갤러리와 연계하여 상호고객동선을 유연하게 유도하므로서 풍부한 볼거리와 먹거리을 제공하여 경제적 효율성 고려 한다.

또한, 1층의 침실은 개스트룸으로도 활용 가능하며, 화장실,간이주방설치시 증축 가능{2.6평(실시)<2.95평(법정)}하다.

7)지상2층 : 사적공간, 조망권확보(안방+드레스룸+화장실6.0X3.6, 침실3.6X3.6)
-안방,드레스룸,부부화장실,가족화장실,침실만 배치하여 사적인 공간을 두며 퇴칸 (배란다)을 이용하여 통로기능과 조망공간을 배치 한다.

5.시공성

8)흙막이시설 활용 : 지하층 갤러리 공간으로서 4M정도의 가설 흙막이시설이 필요하다.
형틀대용으로 지하옹벽과 합벽처리하고 H-beam만 제거하며, 되메우기 없이 시공가능하여 시공적 효율성 증대가능 하다.

9)육송사용 : 목구조의 주재료는 육송으로 원목형태로 가공하여 자연스러운 한옥 연출이 필요하고, 11월달 벌목, 겨울건조, 치목, 훈증, 콩땜등으로 1000년 한옥 구현코져 한다.

10)단열과 창호 : 벽체단열은 친환경단열재, 창호는 여닫이 2중문으로 22mm 로이 복층유리+한지로 시공한다.

11)지붕공사 : 1층 대청지붕과 2층 지붕은 팔작지붕으로 시공하고 층간지붕은 외지붕 으로 한옥의 멋을 연출한다.

6.최종안 : T형으로 결론

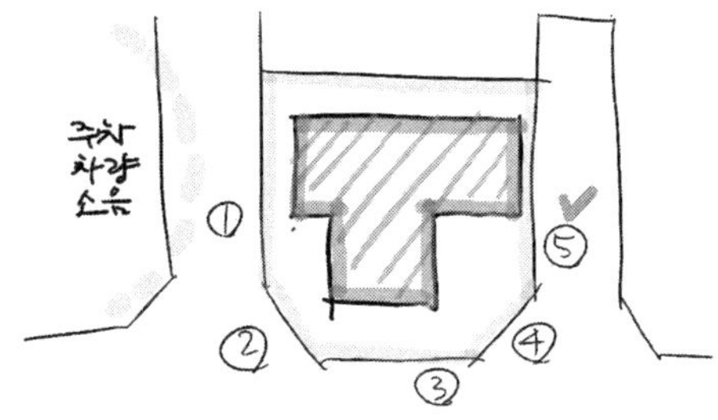

■ 설계개요

대 지 위 치	서울특별시 은평구 진관동 0-0-00		
지 역 지 구	제1종 전용주거지역, 지구단위계획구역, 한옥지정구역(단독형)		
대 지 면 적	163.50M^2		
용 도	단독주택		
구 조	목구조, 철근콘크리트조		
층 수	지하1층, 지상2층		
건 축 면 적	면적 산출표 참조		69.18M^2
연 면 적	각층 바닥층 합계		213.30M^2
건 폐 율	70.08 / 163.50 X 100	50%(법정)	42.86%
용 적 률	지하1층, 지상2층	100%(법정)	69.47%

	구 분	용 도	면 적
바 닥 면 적	지1층	근린생활시설(소매점)	100.62M^2
	1층	단독주택	69.48M^2
	2층		44.10M^2
	합계		213.30M^2

주 차	해당없음
정 화 조	기존 오수관로 연결
조 경	해당없음
도 로 현 황	대지에 접한 폭 : 남측 6m / 서측 4m / 동측 4m 길이21m 막다른도로
	대지에 접한 길이 : 58m
최 고 높 이	최고높이 9.44M

NOTE

면적 산출도

지하 1층		
①	(11.4 X 7.2)	82.08㎡
②	CAD 면적	17.94㎡
③	(0.75 X 0.80)	0.60㎡
계		100.62㎡

연면적 : 100.62 + 69.48 + 44.10 = 213.30㎡
용적면적 : 69.48 + 44.10 = 113.58㎡

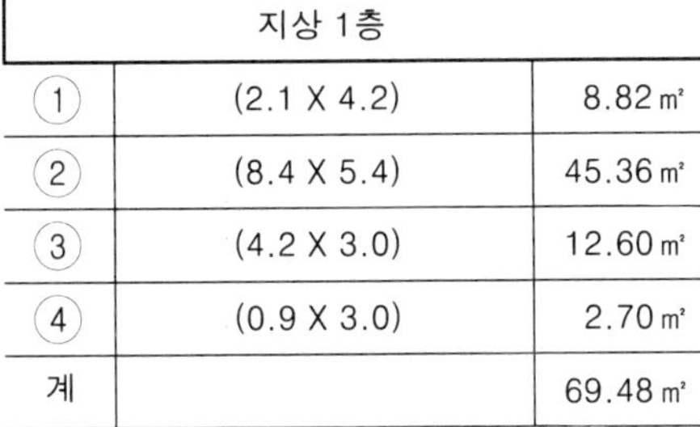

지상 1층		
①	(2.1 X 4.2)	8.82㎡
②	(8.4 X 5.4)	45.36㎡
③	(4.2 X 3.0)	12.60㎡
④	(0.9 X 3.0)	2.70㎡
계		69.48㎡

지상 2층		
①	(10.5 X 4.2)	44.10㎡
계		44.10㎡

건축면적		
①	(2.1 X 4.2)	8.82㎡
②	(8.4 X 5.4)	45.36㎡
③	(4.2 X 3.0)	12.60㎡
④	(0.9 X 3.0)	2.70㎡
⑤	(0.75 X 0.80)	0.60㎡
계		70.08㎡

지하층 바닥면적

1층 바닥면적

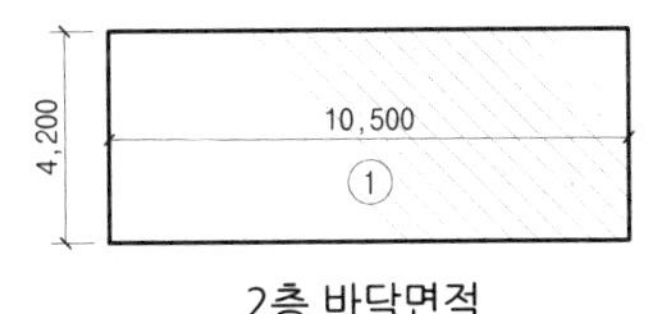

2층 바닥면적

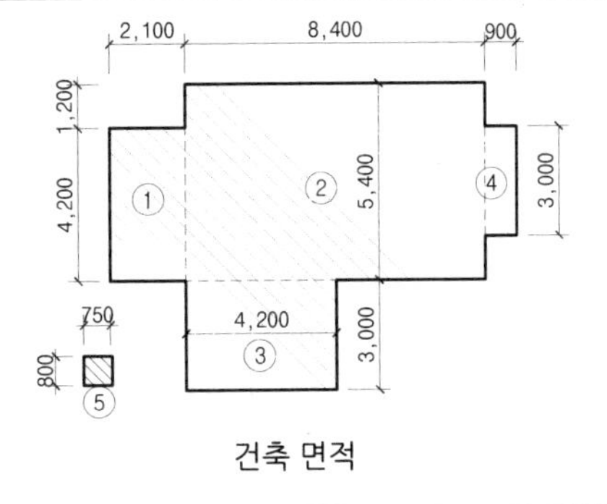

건축 면적

■ 위치도 및 현장사진

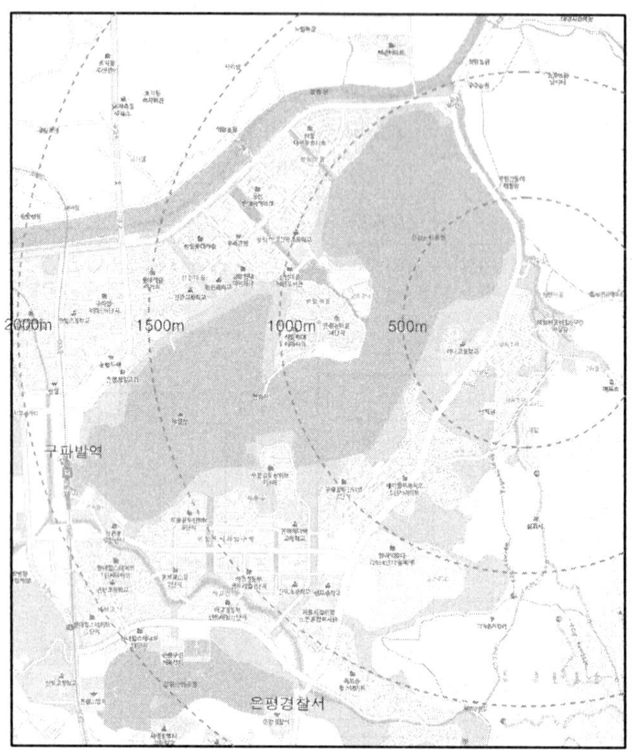

■ 현장사진

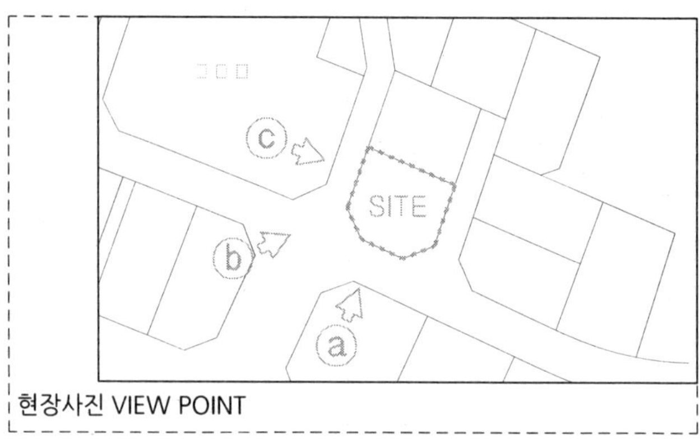

현장사진 ⓐ

현장사진 ⓑ

현장사진 ⓒ

■ 건물배치도 S=1/300

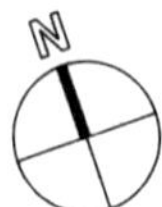

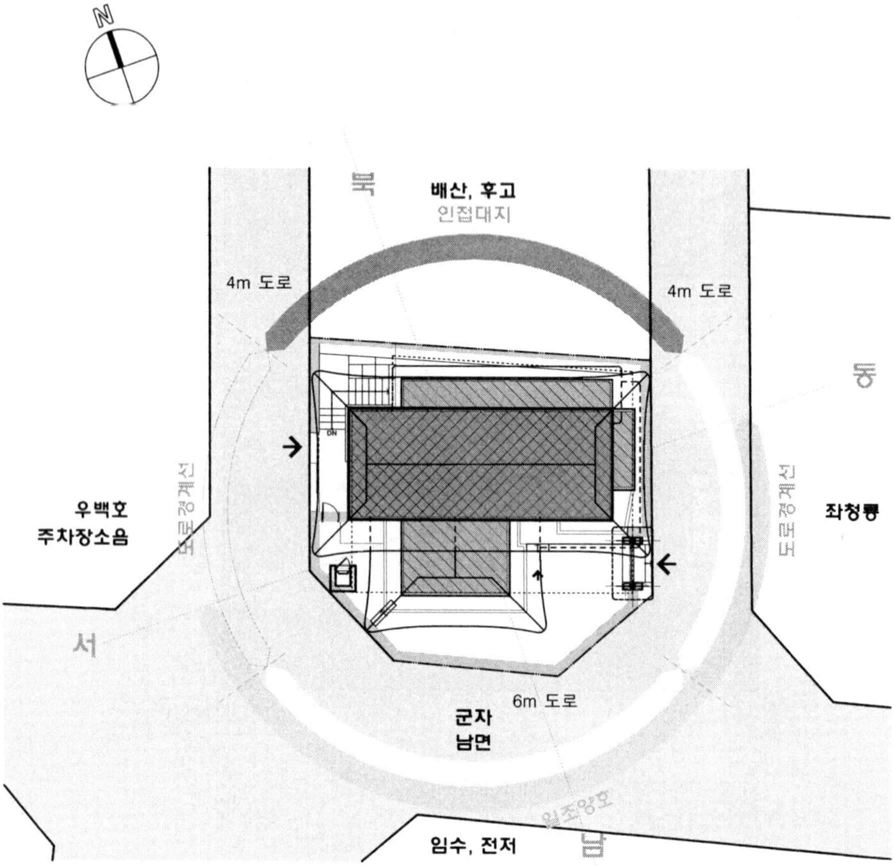
N
북
배산, 후고
인접대지
4m 도로
4m 도로
동
도로경계선
좌청룡
우백호
주차장소음
도로경계선
DN
서
6m 도로
군자
남면
임조양호
임수, 전저
남

*모듈
2,100 x 3,000

2,100
1,200
3,000
2,100
900
1,200

❑ 범 례

지하1층

지상1층

지상2층

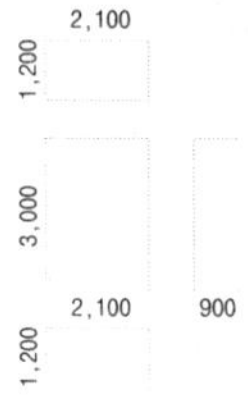

■ 대지 종횡단면도 S=1/300

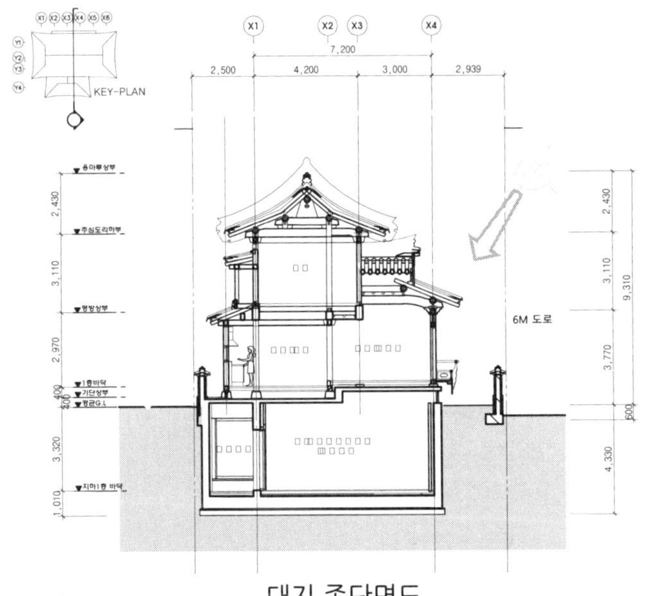

대지 종단면도

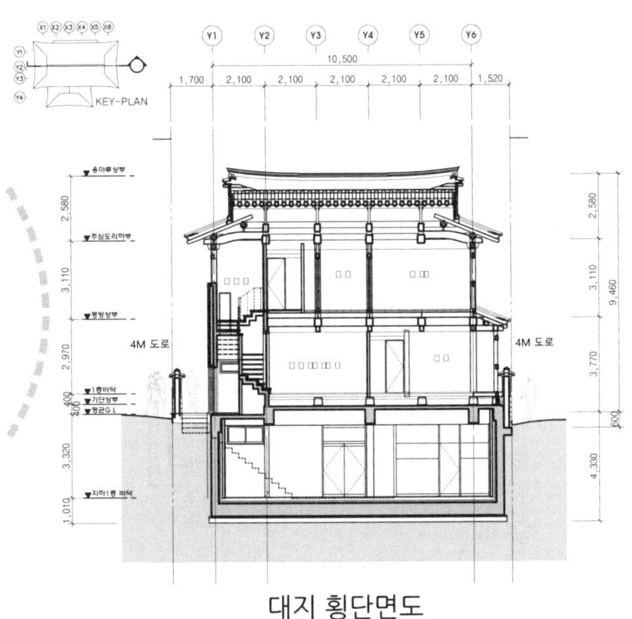

대지 횡단면도

■ 우오수 계획도 (S=1/200)

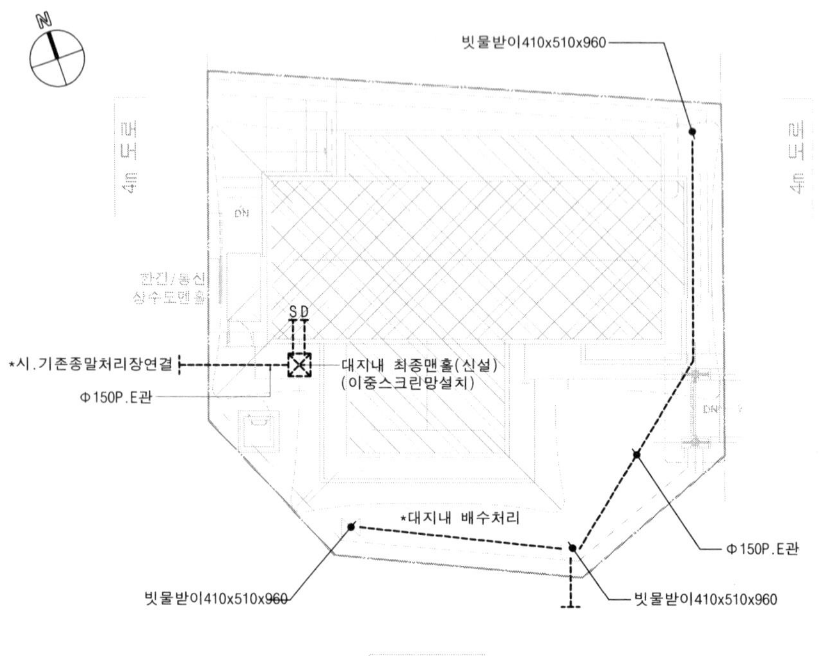

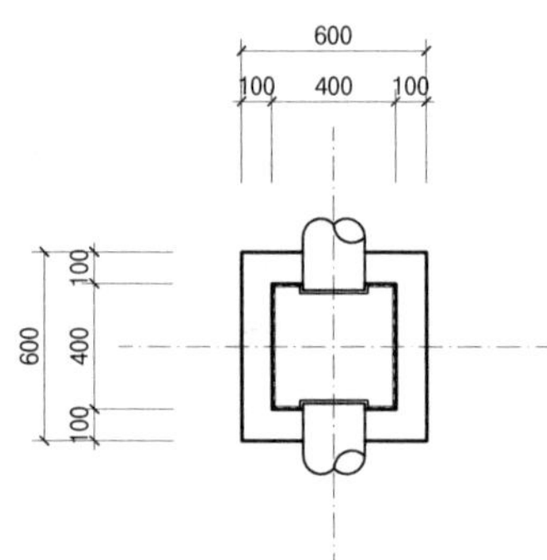

■ 배수 계통도 (S=1/200)

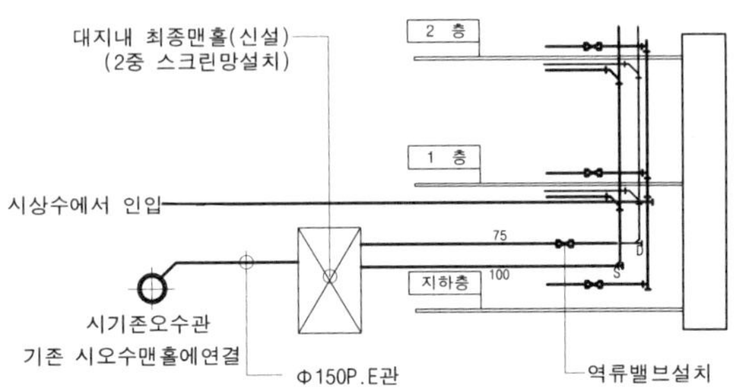

▣ 주 기 사 항

1. 최종맨홀이나,오수집수정 주위에서 빗물이 흘러 들어가지 않도록 지면보다 약간 높게시공
2. 우,오수관의 연결부위는 틈이 새지 않도록 밀실하게 시공
3. 배관은 PE관으로,맨홀은 콘크리트로 ,맨홀뚜껑은 주철제품으로 시공하여 열고확인 할 수 있도록 시공
4. 욕실,주방,발코니에서 발생되는 모든 하수는 반드시 단지내 오수맨홀로 유입시공
5. 지하층이 있는 건물은 신축,증축 모두펌핑모터 설치 및 역류방지용 체크밸브를 반드시 설치하시기바라며,
6. 시공중 바닥 인조석 물갈기 및 건축폐자재가 우,오수맨홀로 유입되어 하수관로가 막혀 피해가 발생시에는 원인자에게 변상조치
7. 배수설비 준공시에 배수설비 설치 전,중,후 사진첨부
8. 최종 오수맨홀 이중스크린막 설치 할것
9. 착공전 원인자부담금 납부할 것
10. 공공하수 관거 접합 시공시 상하수도면허업체에서 시공할것
11. 천공기계를 사용할것
12. 도로굴착 및 천공시 담당자 입회후 시공
13. 착공시 기존맨홀 위치 상이할 경우 변경 신고할것.

■ 재료 마감표

외부계단(단차)

층별	실 명	바 닥		걸레받이	
		마 감	상세NO.	마 감	높이
지층	전시장	방수,배수판/무근콘크리트/T70단열재 무근콘크리트 기계미장/투명 에폭시코팅	F1	지정페인트	80
	사무실				
	외부계단(단차)	방수/붙임모르타르/전벽돌깔기	F2	전벽돌	-
	외부계단(평지)	무근콘크리트/붙임모르타르/전벽돌깔기	F2A	전벽돌	-
1층	쪽마루	동귀틀/T45청판/오일스테인3회		-	-
	대청(거실)	THK100 단열재/경량기포콘크리트/난방배관 /THK50 모르타르/강화마루	F3A	육송판넬	80
	안방	THK300 단열재/경량기포콘크리트/난방배관 /THK50 모르타르/한식장판지(비닐장판)	F3	한식장판지	60
	식당/주방				
	욕실/화장실	THK300 단열재/경량기포콘크리트/액체방수 /붙임모르타르/THK9 논슬립 자기질타일	F4	도기질타일	-
	세탁실/보일러실				
	현관	THK200 단열재/경량기포콘크리트/액체방수 /붙임모르타르/THK9 논슬립 자기질타일	F4A	육송판넬	80
	계단실	콘크리트구체/하지목상/THK30디딤판/무광락카	F5		
2층	방2 방3	THK30 단열재/경량기포콘크리트/난방배관 /THK50모르타르/한식장판지(비닐장판)	F6	한식장판지	60
	욕실/화장실	액체방수/붙임모르타르/THK9논슬립 자기질타일	F7	도기질타일	-
	계단실	콘크리트구체/하지목상/THK30디딤판/무광락카	F5	육송판넬	80
	복도	THK30 단열재/경량기포콘크리트/난방배관 /THK50 모르타르/강화마루	F6A		
외부 마감	지붕	전통기와을 사용하며 크기는 중와2.5겹/개판위에'가등급'단열재/담장 소와잇기			
	목재부위	모든 목재는 가공후에 훈증 처리			
		노출되는 목재는 오일스테인3회			
	벽체	회벽 : 외부면 벽체는 단열후 /내수합판/매쉬/스터코 회벽처리			
		계단실아트월 벽체 : 전벽돌 (문양쌓기)			
공 동 주 기		1.시공자는 실내재료마감표에서 지시한 마감재(재질, 특성, 두께 등)와 구조체와의 관계를 마감재 시공 전 정확히 파악하여 감독관 또는 감리원의 승인을 득한 후 시공할 것.			

벽		천 장	
마 감	상세NO.	마 감	상세NO.
블럭/하지철물/THK12.5내수합판 2겹 지정페인트	W5	콘크리트 면정리/지정페인트 각파이프50x100+지정페인트(조명그리드@900)	C1
화단 : 방수/붙임모르타르/전벽돌(0.5B)쌓기 (두겁 : 전벽돌 세워쌓기)	W6	-	-
토압벽 : 방수/THK30모르타르 뿜칠 (두겁 : 전벽돌 세워쌓기)	W7	-	-
외벽 : THK12합판/THK12.5석고보드/벽지	 W4	연등천정/오일스테인3회	-
내벽 : THK9.5석고보드2겹(단열재내장)/벽지 외벽 : THK12합판/THK12.5석고보드/벽지	W1 W3 W2	목재천장틀(ㅁ-30x30각재) THK9.5석고보드/천정지마감	C2
0.5B시멘트벽돌/액체방수(H:1200,H:1800) 도기질타일	W4	크립바 - 경량철골천정틀/PVC천정재마감	C3
		목재천장틀(ㅁ-30x30각재) THK9.5석고보드/천정지마감	C2
내벽 : THK9.5석고보드2겹(단열재내장)/벽지 외벽 : THK12합판/THK12.5석고보드/벽지	W1,2		
T9.5석고보드 2겹/벽지마감	W3	연등천정/오일스테인3회	-
내벽 : THK9.5석고보드2겹(단열재내장)/벽지 외벽 : THK12합판/THK12.5석고보드/벽지	W1,2	목재천장틀(ㅁ-30x30각재) THK9.5석고보드/천정지마감	C2
0.5B시멘트벽돌/액체방수(H:1200,H:1800) 도기질타일	W4	크립바 - 경량철골천정틀/PVC천정재마감	C3
내벽 : THK9.5석고보드2겹/벽지 외벽 : THK12합판/THK12.5석고보드/벽지	W3,2	연등천정/오일스테인3회	-
내벽 : THK9.5석고보드2겹(단열재내장)/벽지 외벽 : THK12합판/THK12.5석고보드/벽지	W1,2		

외부마감	뒷마당/기단/통로	바닥: 액체방수/붙임모르타르/전벽돌 / 벽 : 통석(200*200*1050) 화강석버너구이
	지하외벽	콘크리트위 아스팔트 프라이머위 PE 필름처리 (합벽부분제외)
	마당-1,2	지반 다짐/ THK300 마사토 깔기
	계단입구-1,2	지반 다짐/THK100 무근콘크리트/와이어메쉬/전벽돌깔기
	담장	1.0B 조적벽체/THK80화강석-(H:600 하부), 와편타일(H:800 상부)

2.인테리어부분 시공 시 구조 검토 및 레벨 확인 후 시공할 것.

3.실의 내부 기둥은 특별한 표기가 없을 시 벽마감과 동일하게 한다.

4.인테리어부분은 인테리어도면의 재료마감을 우선 적용할것.

■ 표준마감 상세도 01 (S=1/8)

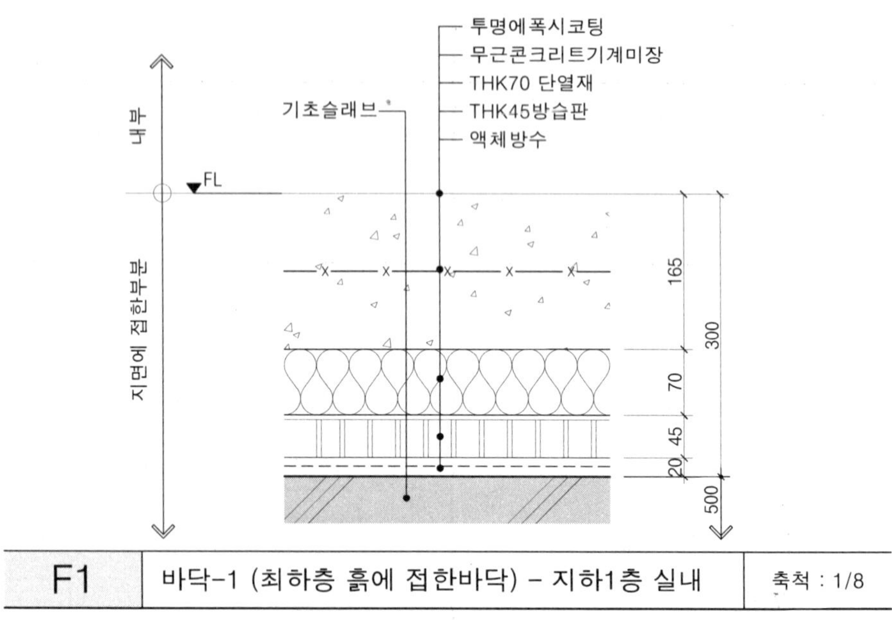

F1	바닥-1 (최하층 흙에 접한바닥) – 지하1층 실내	축척 : 1/8

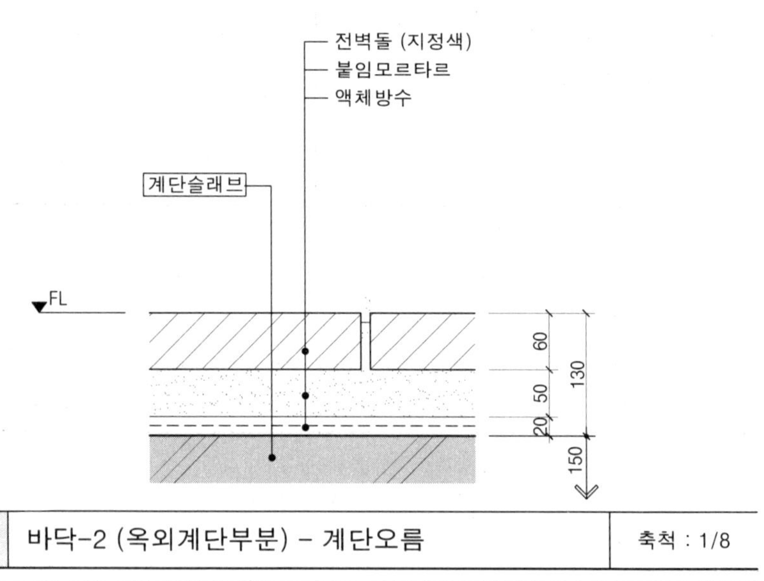

F2	바닥-2 (옥외계단부분) – 계단오름	축척 : 1/8

■ 표준마감표 02 (S=1/8)

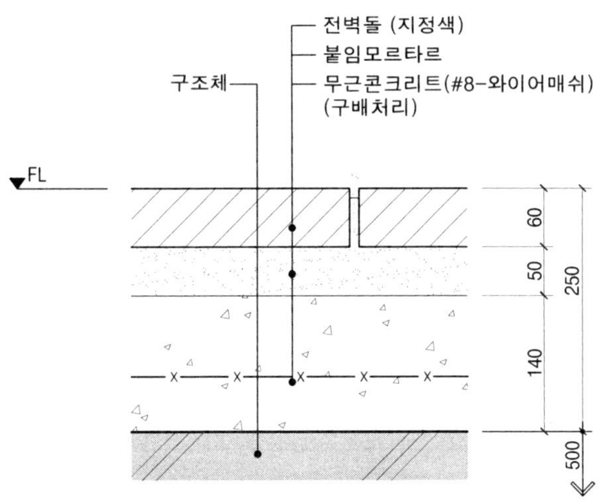

F2a	바닥-2A (옥외계단 평지부분) - 계단입구-1 ,2	축척 : 1/8

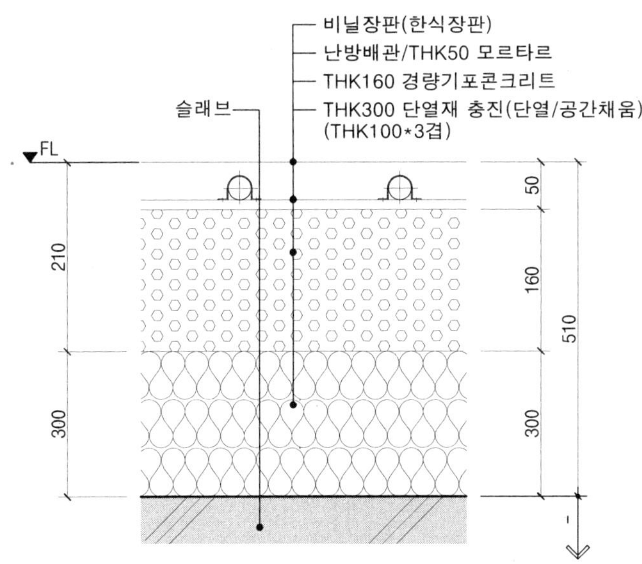

F3	바닥-3 (1층 난방적용부분-외기간접)-안방/거실/주방

■ 표준마감표 03 (S=1/8)

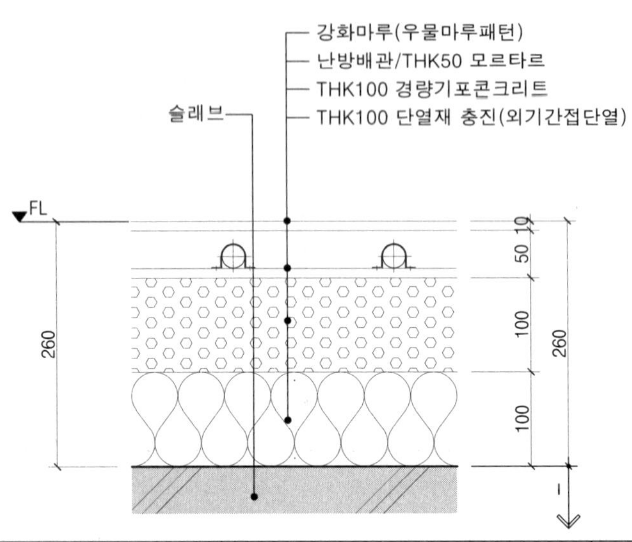

F3a	바닥-3A (1층 난방적용부분 - 외기간접) - 대청	축척 : 1/8

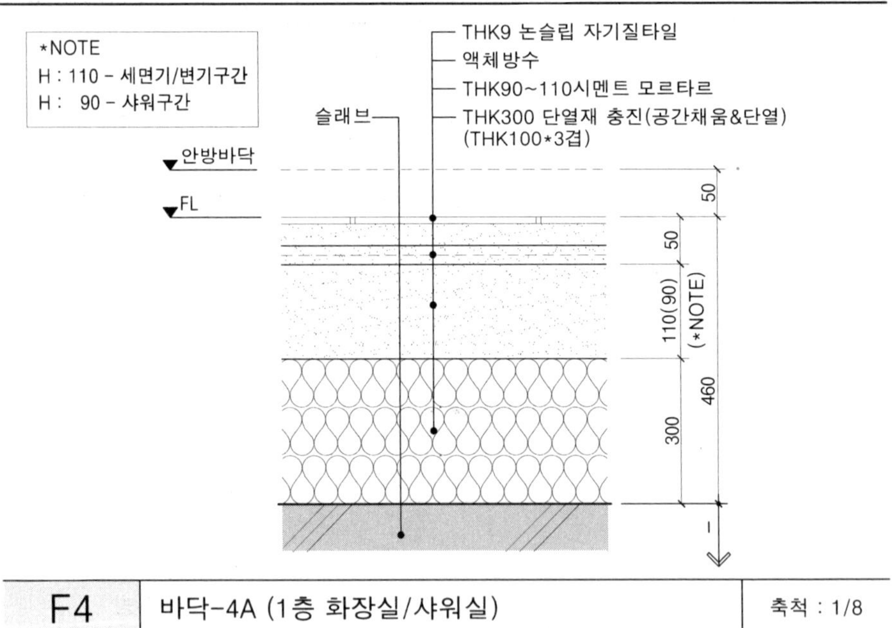

F4	바닥-4A (1층 화장실/샤워실)	축척 : 1/8

■ 표준마감표 04 (S=1/8)

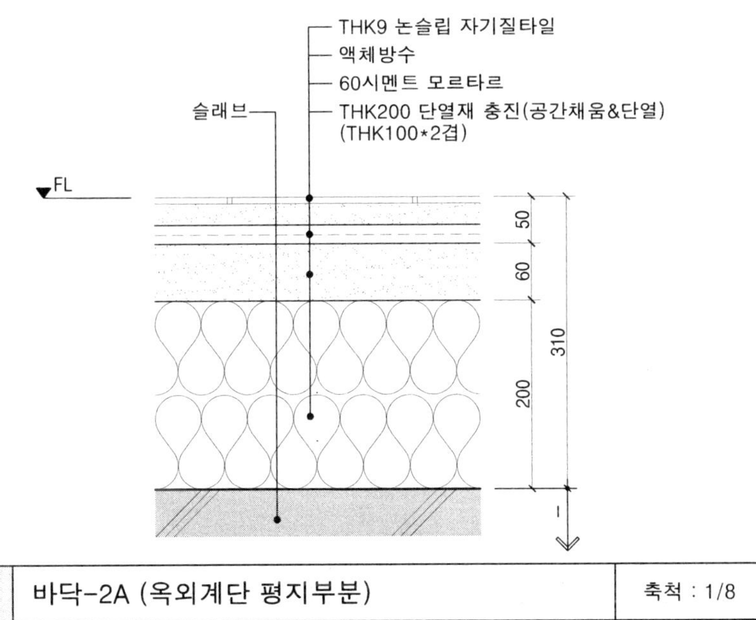

F4a	바닥-2A (옥외계단 평지부분)	축척 : 1/8

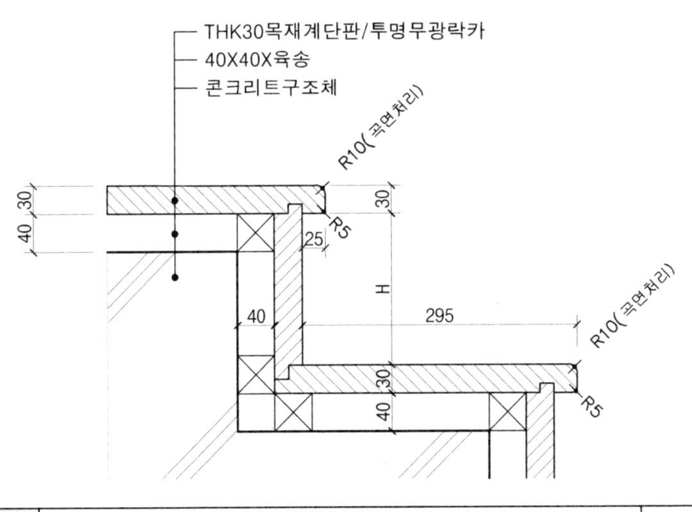

F5	바닥-5 (2층오름계단)	축척 : 1/8

■ 표준마감표 05 (S=1/8)

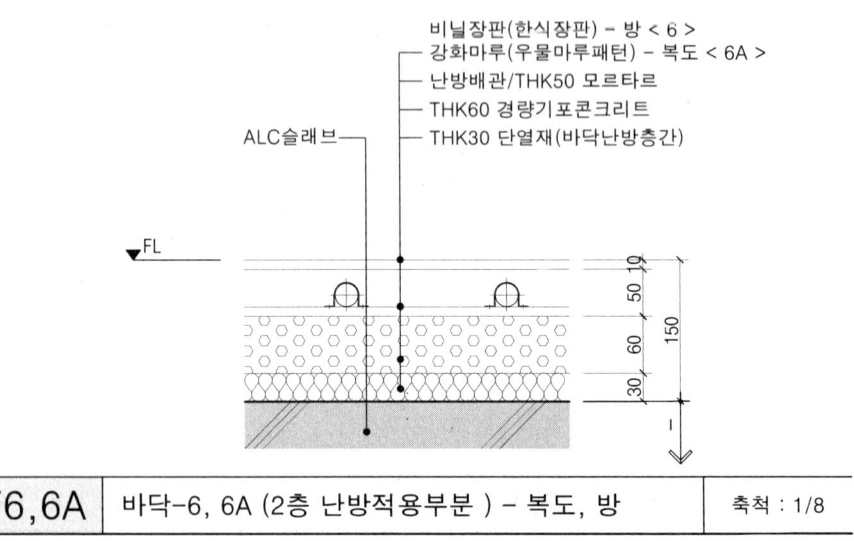

F6,6A	바닥-6, 6A (2층 난방적용부분) - 복도, 방	축척 : 1/8

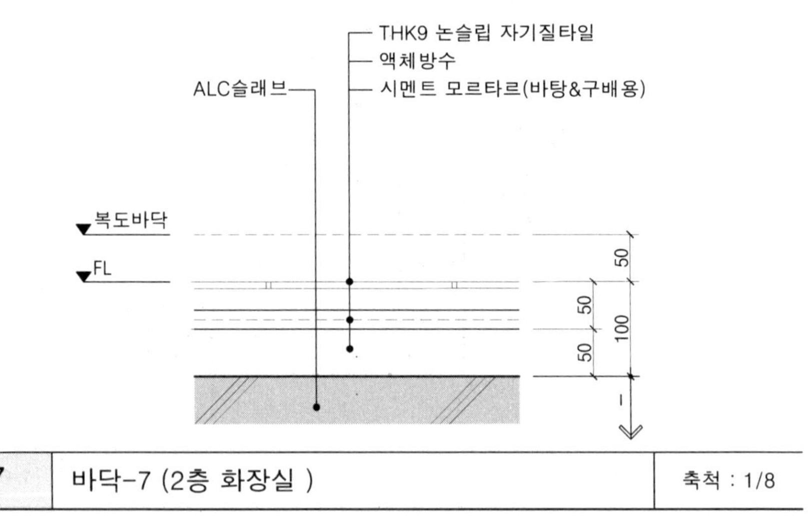

F7	바닥-7 (2층 화장실)	축척 : 1/8

■ 표준마감표 06 (S=1/8)

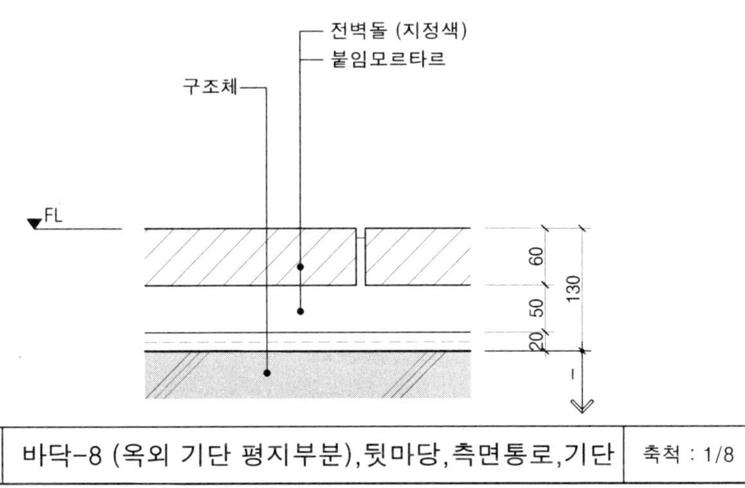

F8	바닥-8 (옥외 기단 평지부분),뒷마당,측면통로,기단	축척 : 1/8

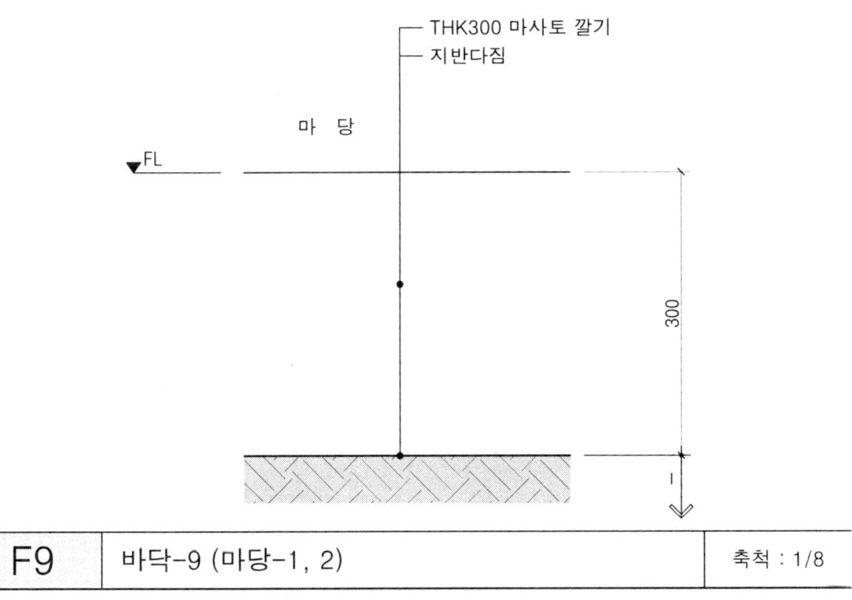

F9	바닥-9 (마당-1, 2)	축척 : 1/8

■ 표준마감표 07 (S=1/8)

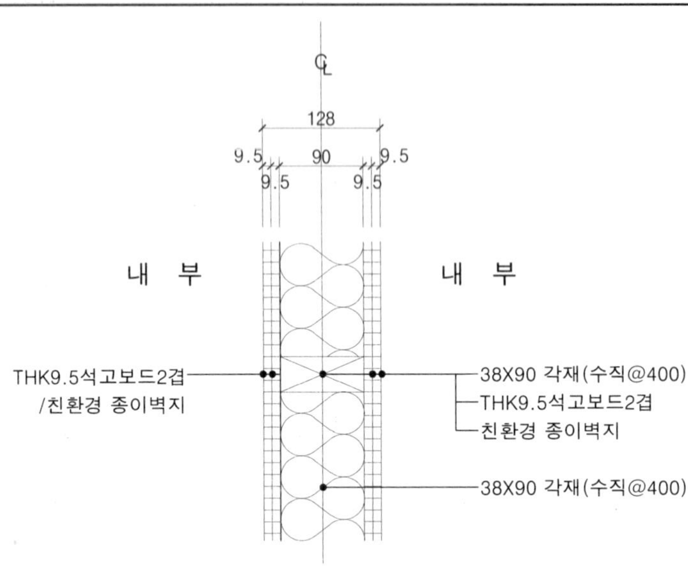

W1	벽체-1 (내부 + 내부 일반벽체)	축척 : 1/8

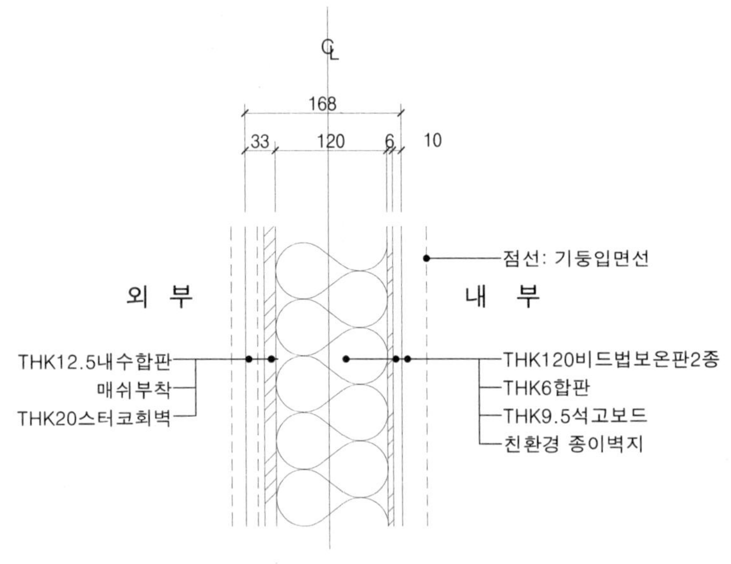

W2	벽체-2 (내부 + 내부 일반벽체)	축척 : 1/8

■ 표준마감표 08 (S=1/8)

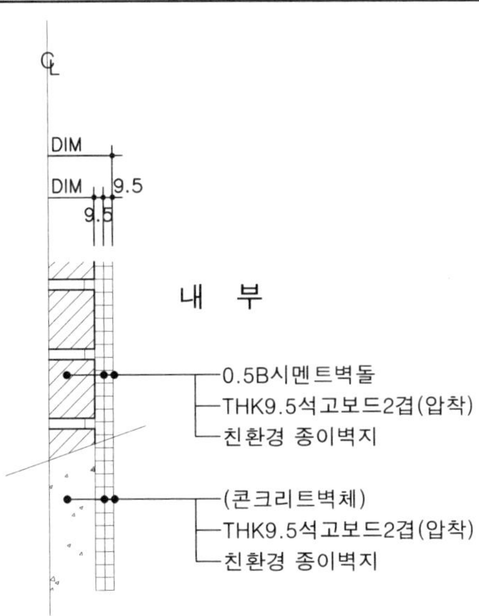

W3	벽체-3 (조적벽체 및 콘크리트벽체 + 건식벽체)	축척 : 1/8

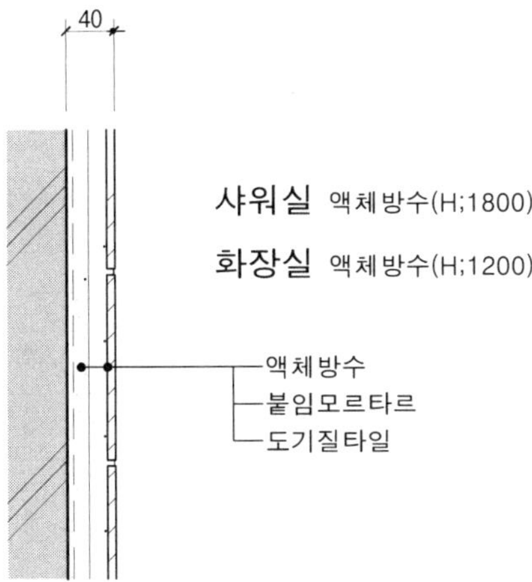

W4	벽체-4 (조적벽체 및 콘크리트벽체 + 타일)	축척 : 1/8

■ 표준마감표 09 (S=1/8)

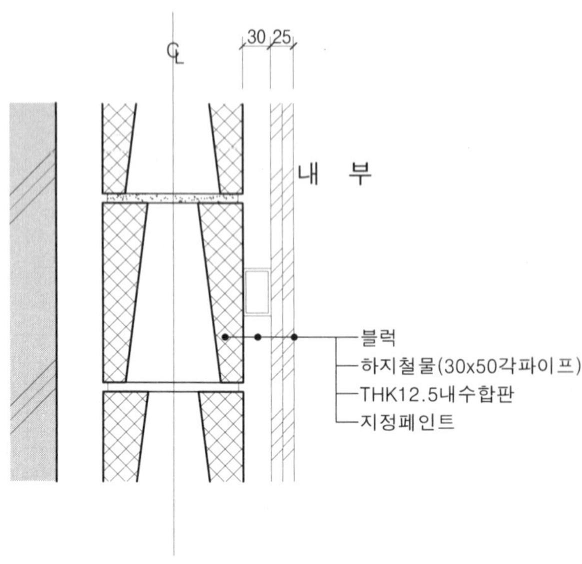

W5	벽체-5 (지하층벽체 , 방습벽체)	축척 : 1/8

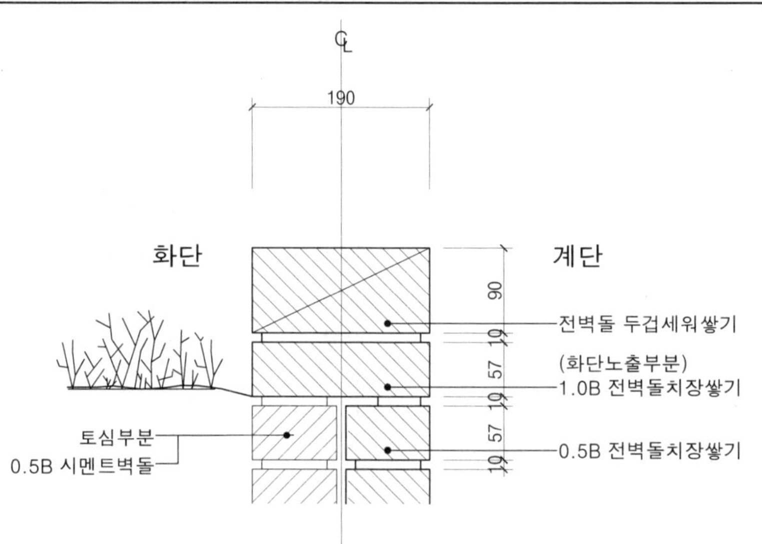

W6	벽체-6 (계단실 화단벽체)	축척 : 1/8

■ 표준마감표 10 (S=1/8)

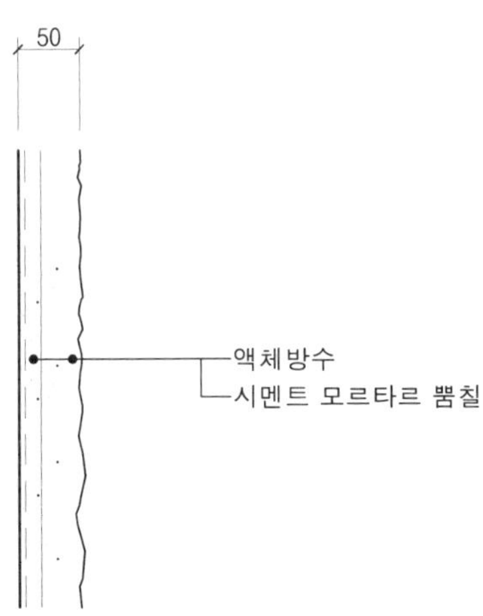

W7	벽체-7 (토압벽체-옥외계단)	축척 : 1/8

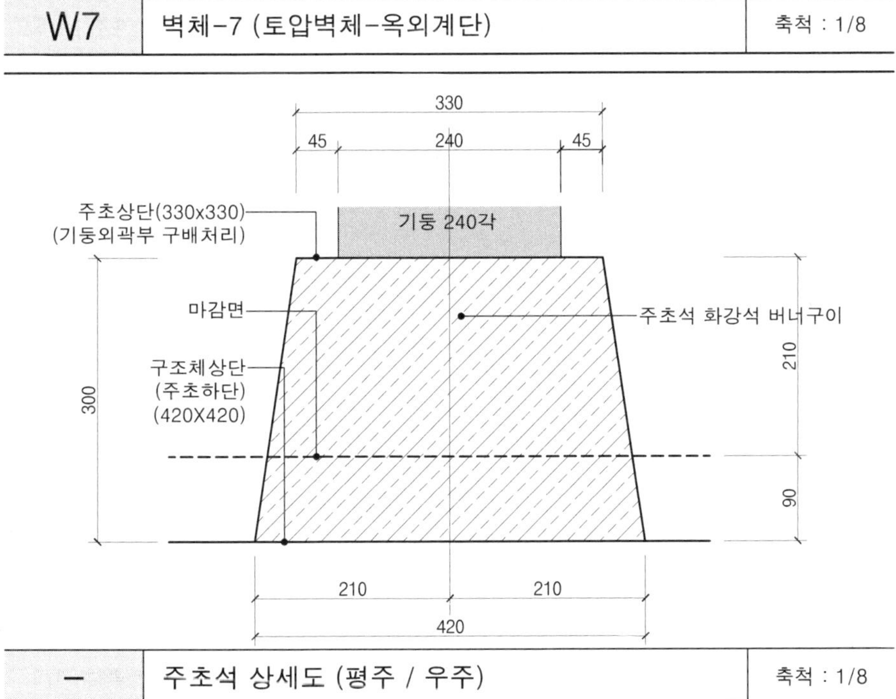

–	주초석 상세도 (평주 / 우주)	축척 : 1/8

■ 표준마감표 11 (S=1/8)

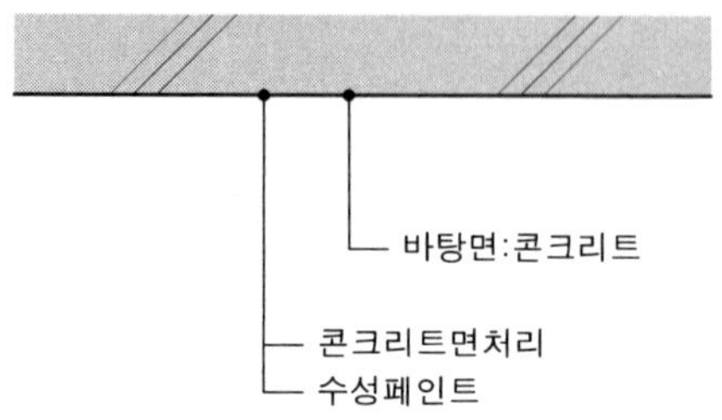

C1	천장-1 (지하층 노출천장)	축척 : 1/8

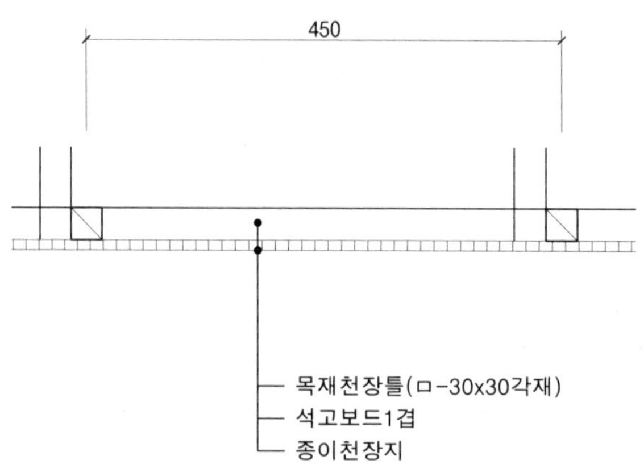

C2	천장-2 (일반실 천장)	축척 : 1/8

■ 표준마감표 12 (S=1/8)

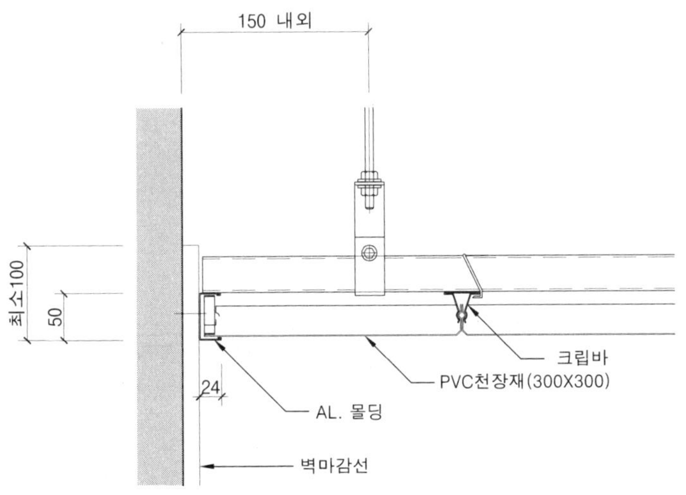

C3	천장-3 (화장실,샤워실)	축척 : 1/8

		축척 : 1/8

■ 지하 1층 평면도 (S=1/200)

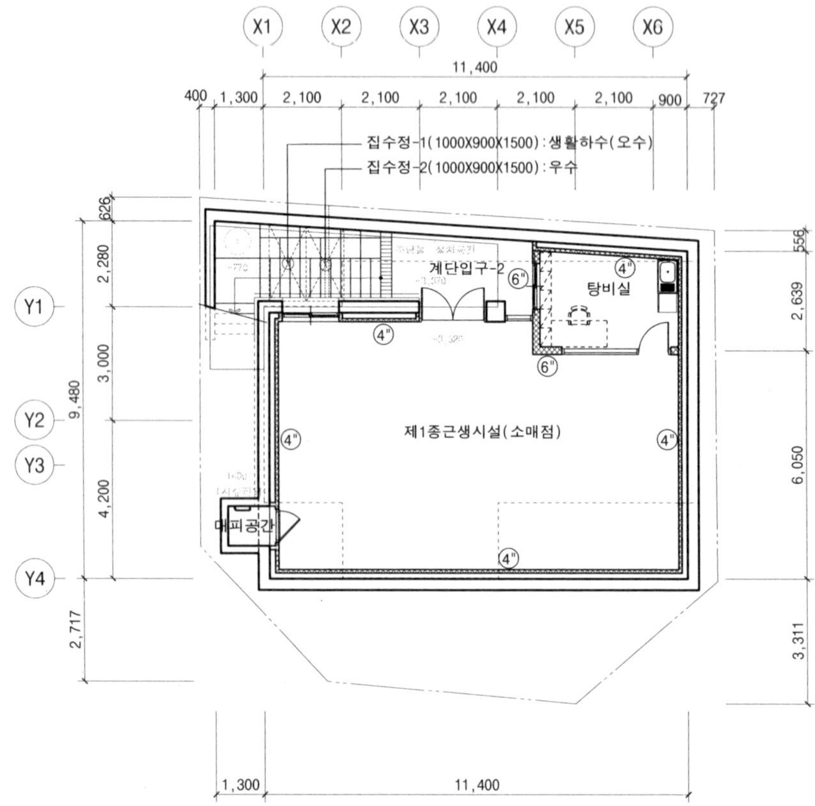

■ 1층 평면도 (S=1/200)

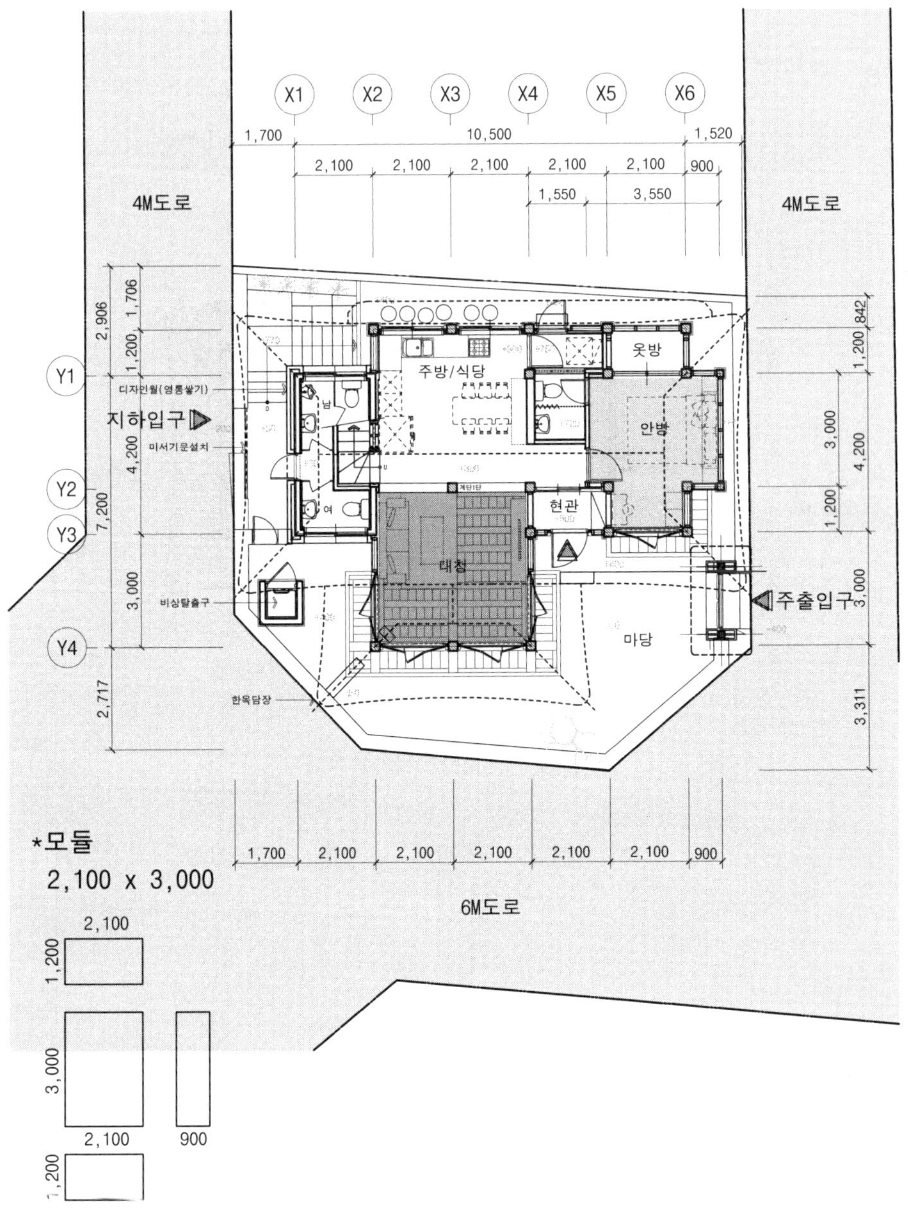
X1
X2
X3
X4
X5
X6
1,700
10,500
1,520
2,100
2,100
2,100
2,100
2,100
900
1,550
3,550
4M도로
4M도로
Y1
Y2
Y3
Y4
2,906
1,706
1,200
4,200
7,200
3,000
2,717
842
1,200
3,000
4,200
1,200
3,000
3,311
디자인월(영롱쌓기)
지하입구
미서기문설치
비상탈출구
한옥담장
주방/식당
옷방
안방
현관
대청
마당
주출입구
남
여
1,700
2,100
2,100
2,100
2,100
2,100
900
6M도로
*모듈
2,100 x 3,000
2,100
1,200
3,000
2,100
900
1,200

■ 2층 평면도 (S=1/200)

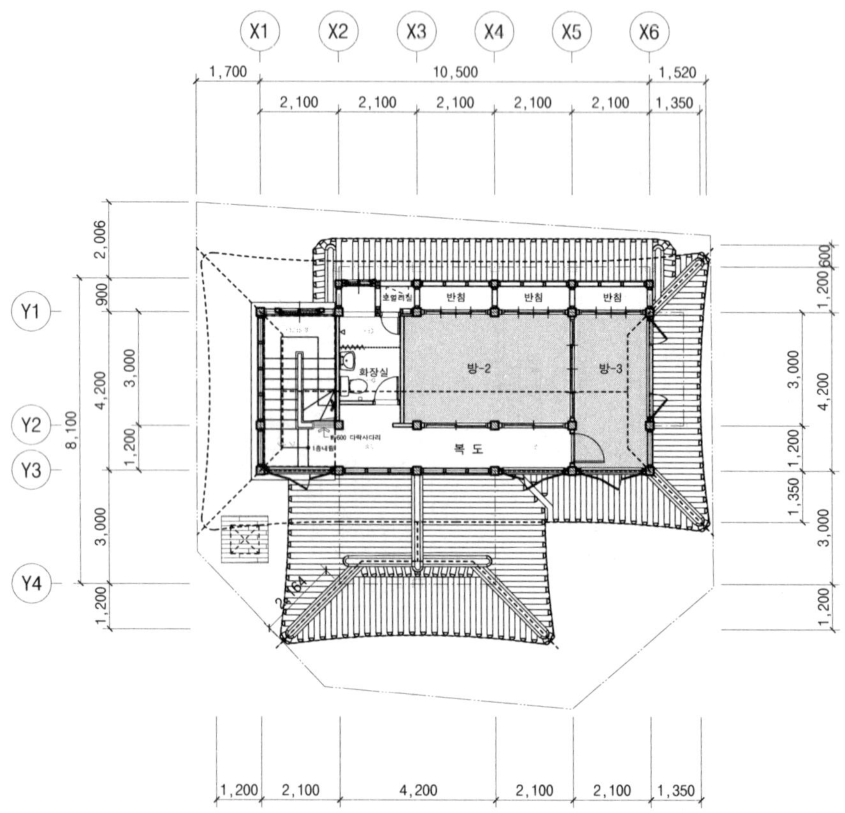

X1
X2
X3
X4
X5
X6
Y1
Y2
Y3
Y4
1,700
10,500
1,520
2,100
1,350
2,006
900
4,200
3,000
1,200
8,100
600
1,350
보일러실
반침
방-2
방-3
화장실
복 도
1,200
4,200

■ 지붕층 평면도 (S=1/200)

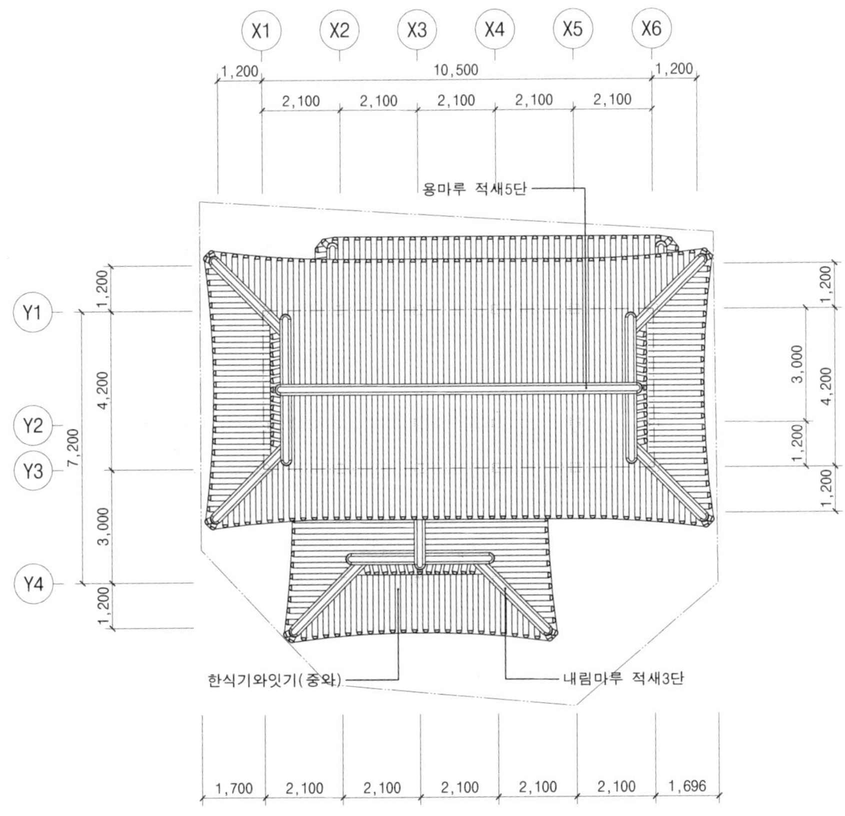

■ 1층 앙시도 (S=1/200)

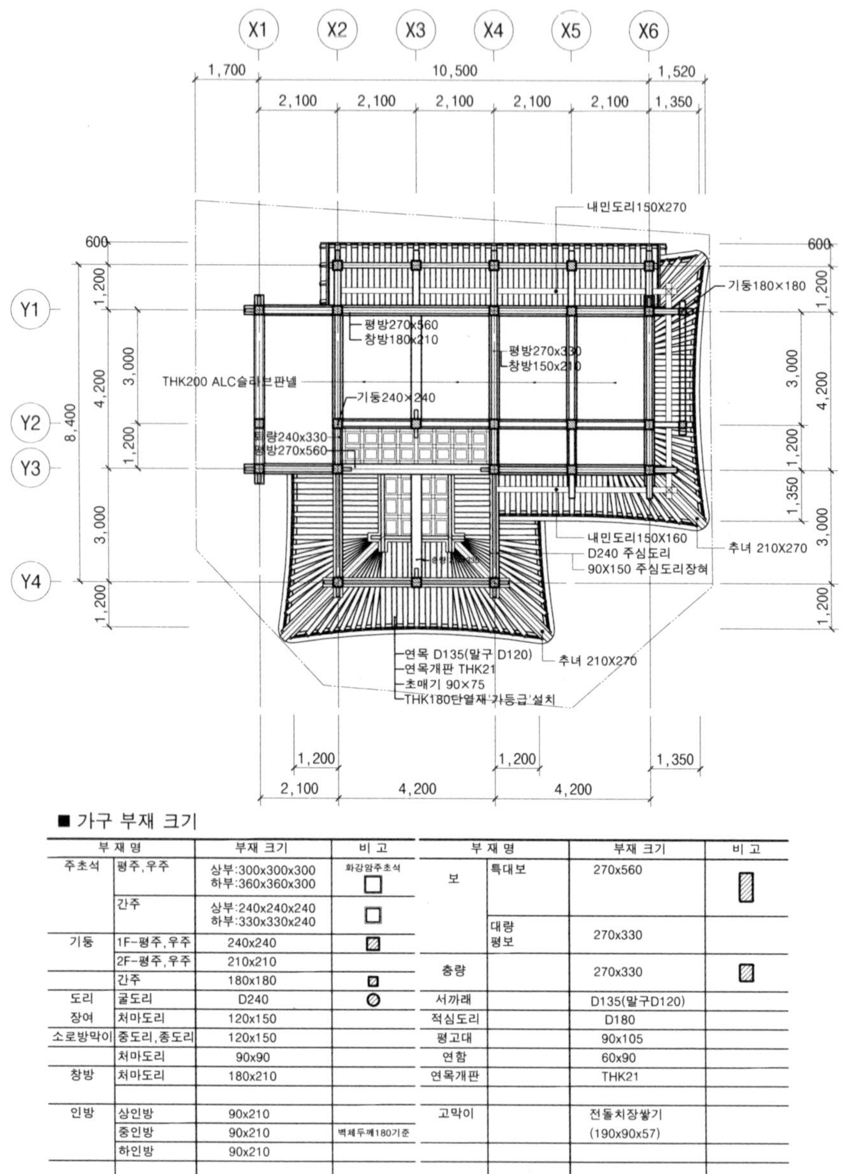

■ 가구 부재 크기

부재명		부재 크기	비고
주초석	평주,우주	상부:300x300x300 하부:360x360x300	화강암주초석
	간주	상부:240x240x240 하부:330x330x240	
기둥	1F-평주,우주	240x240	
	2F-평주,우주	210x210	
	간주	180x180	
도리	굴도리	D240	
장여	처마도리	120x150	
소로방막이	중도리,종도리	120x150	
	처마도리	90x90	
창방	처마도리	180x210	
인방	상인방	90x210	
	중인방	90x210	벽체두께180기준
	하인방	90x210	

부재명		부재 크기	비고
보	특대보	270x560	
	대량 평보	270x330	
충량		270x330	
서까래		D135(말구D120)	
적심도리		D180	
평고대		90x105	
연함		60x90	
연목개판		THK21	
고막이		전돌치장쌓기 (190x90x57)	

■ 2층 앙시도 (S=1/200)

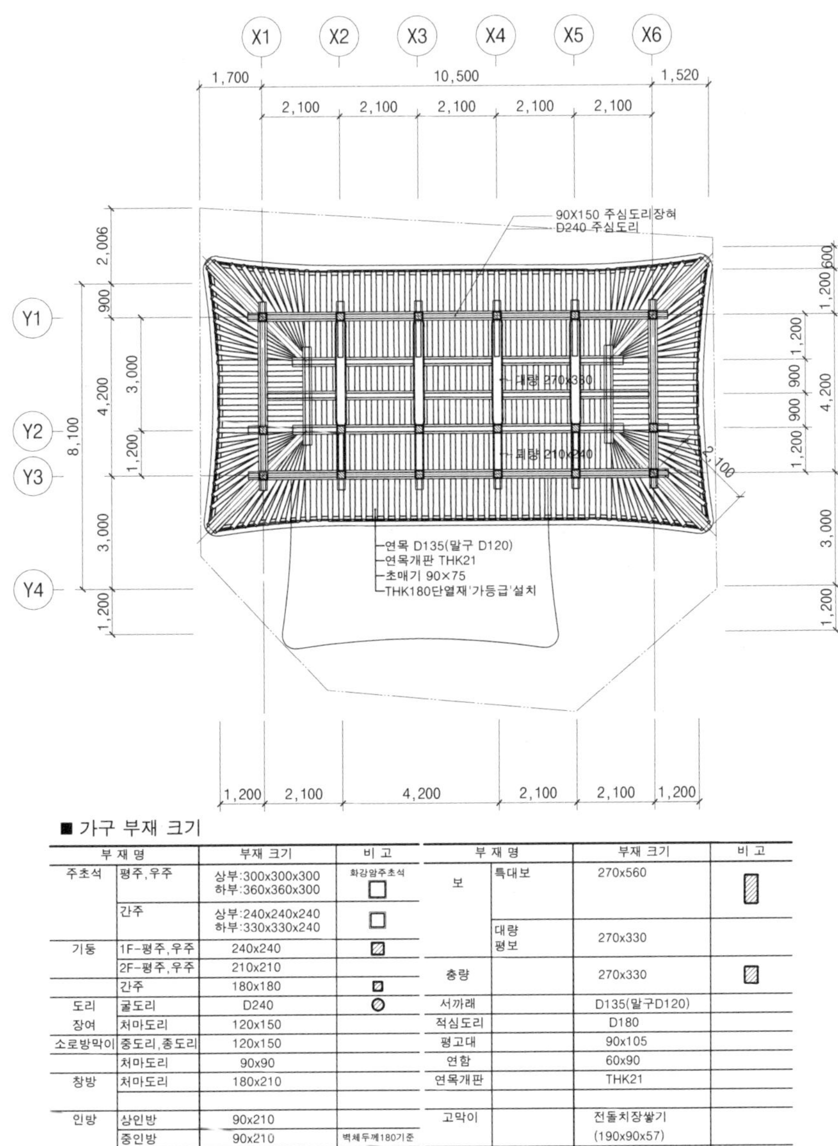

■ 가구 부재 크기

부재명		부재 크기	비고
주초석	평주,우주	상부:300x300x300 하부:360x360x300	화강암주초석
	간주	상부:240x240x240 하부:330x330x240	
기둥	1F-평주,우주	240x240	
	2F-평주,우주	210x210	
	간주	180x180	
도리	굴도리	D240	
장여	처마도리	120x150	
소로방막이	중도리,종도리	120x150	
	처마도리	90x90	
창방	처마도리	180x210	
인방	상인방	90x210	
	중인방	90x210	벽체두께180기준
	하인방	90x210	

부재명		부재 크기	비고
보	특대보	270x560	
	대량 평보	270x330	
충량		270x330	
서까래		D135(말구D120)	
적심도리		D180	
평고대		90x105	
연함		60x90	
연목개판		THK21	
고막이		전돌치장쌓기 (190x90x57)	

■ 정면 입면도 (S=1/150)

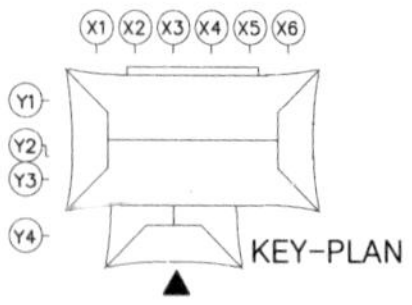
X1 X2 X3 X4 X5 X6
Y1
Y2
Y3
Y4
KEY-PLAN

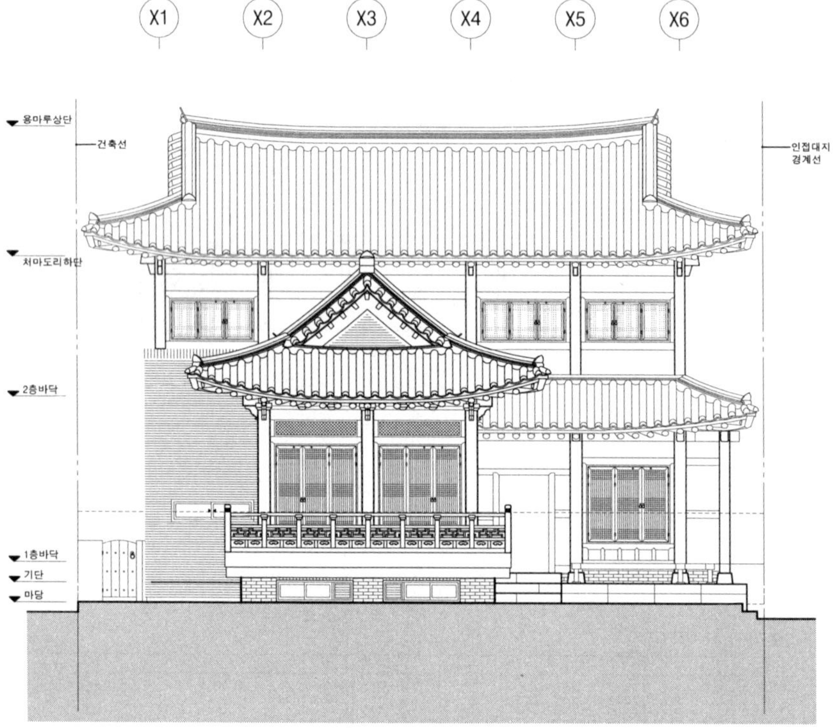
X1
X2
X3
X4
X5
X6
용마루상단
건축선
인접대지
경계선
처마도리하단
2층바닥
1층바닥
기단
마당

■ 좌측 입면도 (S=1/150)

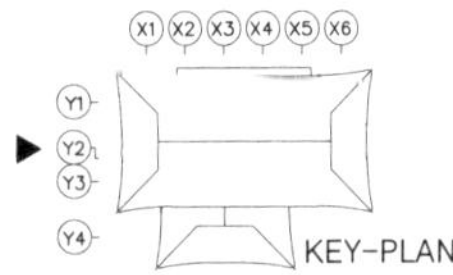

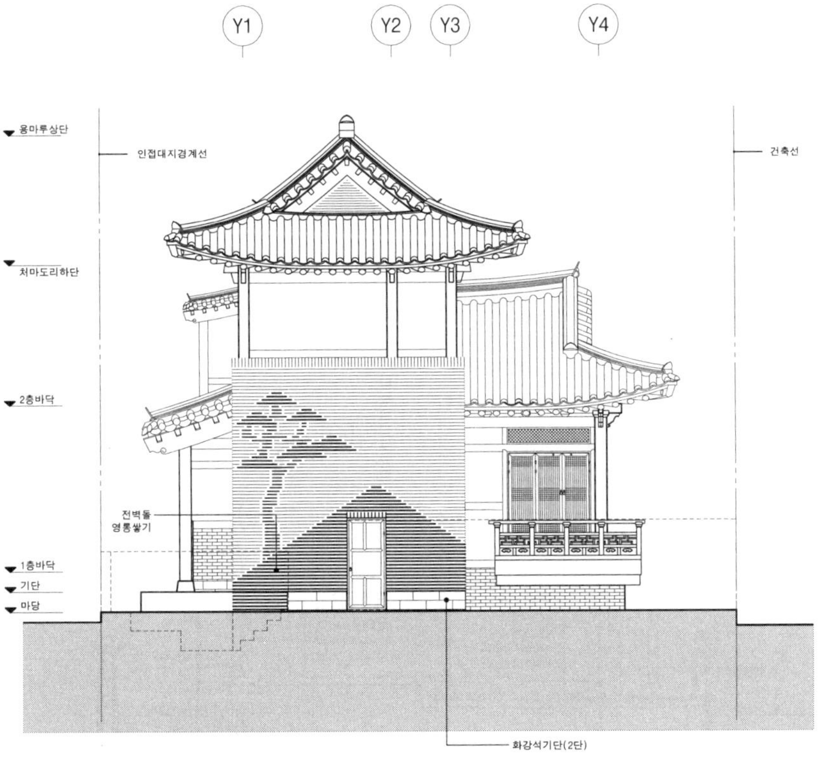

X1
X2
X3
X4
X5
X6
Y1
Y2
Y3
Y4
KEY-PLAN

Y1
Y2
Y3
Y4
용마루상단
인접대지경계선
건축선
처마도리하단
2층바닥
전벽돌
영롱쌓기
1층바닥
기단
마당
화강석기단(2단)

■ 범 례

TYPE		쌓기방식		설치 위치	비 고
A		일반쌓기			막힌줄눈
B		돌출쌓기 1/3토막		나뭇잎, 산	
C		돌출쌓기 반토막		줄기	
D		세워쌓기		창호상부	

■ 종 주단면도 (S=1/150)

*외부마감

지붕	전통기와을 사용하며 크기는 중와 / 개판위에 '가등급' 단열재 시공
목재부위	모든 목재는 가공후에 훈증 처리 / 마감목재는 오일스테인 3회
벽체	회벽 : 모든 벽체는 단열후 양면회벽 처리
기단	통석으로 화강석버너구이 처리
지하외벽	콘크리트위 아스팔트 프라이머위 PE필름 처리

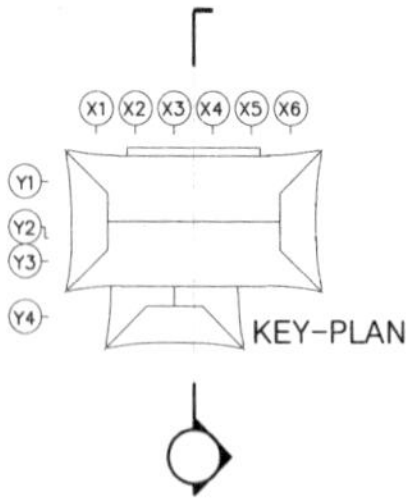

X1 X2 X3 X4 X5 X6
Y1 Y2 Y3 Y4
KEY-PLAN

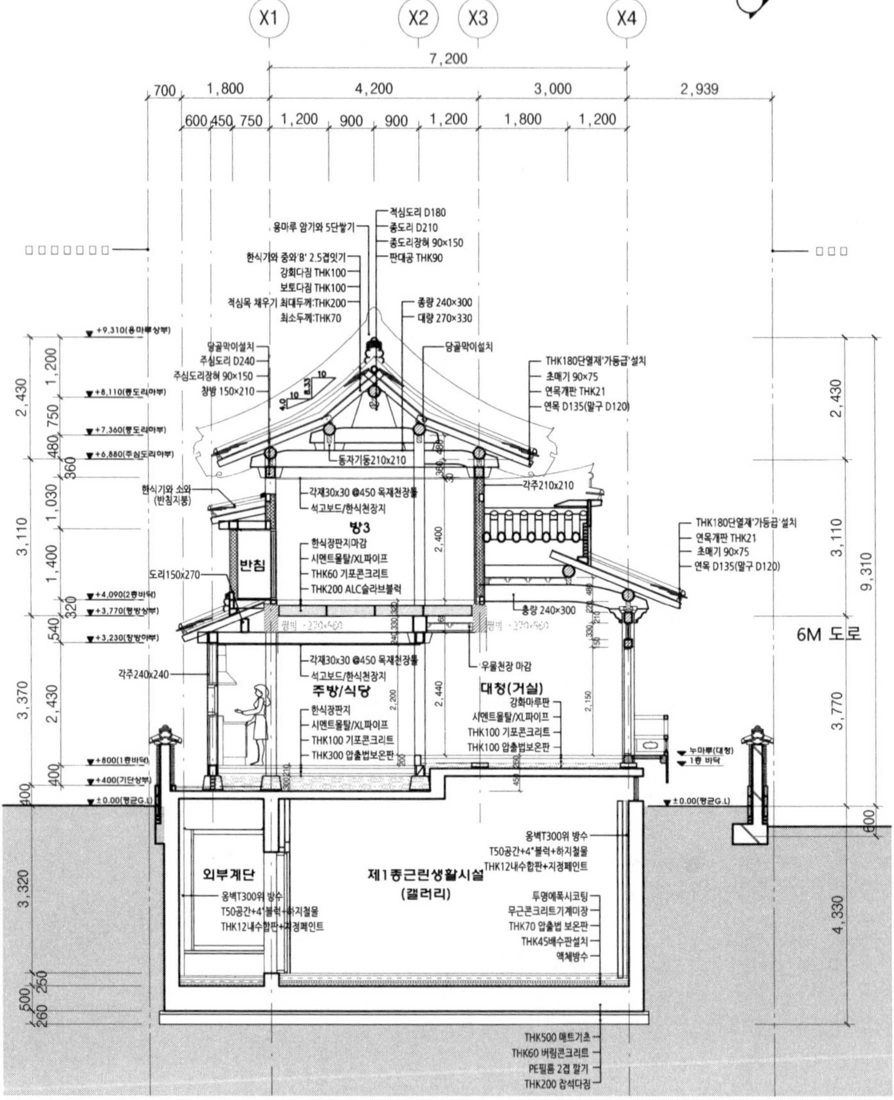

X1 X2 X3 X4

7,200
700 1,800 4,200 3,000 2,939
600 450 750 1,200 900 900 1,200 1,800 1,200

적심도리 D180
용마루 암기와 5단쌓기
종도리 D210
종도리장혀 90×150
판대공 THK90
한식기와 중와'B' 2.5겹잇기
강회다짐 THK100
보토다짐 THK100
적심목 채우기 최대두께:THK200
최소두께:THK70
종량 240×300
대량 270×330
당골막이설치
주심도리 D240
주심도리장혀 90×150
창방 150×210
당골막이설치
THK180단열재'가등급'설치
초매기 90×75
연목개판 THK21
연목 D135(말구 D120)
동자기둥210x210
각주210x210
한식기와 소와
(반침지붕)
각재30x30 @450 목재천장틀
석고보드/한식천장지
방3
한식장판지마감
시멘트몰탈/XL파이프
THK60 기포콘크리트
THK200 ALC슬라브블럭
반침
도리150x270
THK180단열재'가등급'설치
연목개판 THK21
초매기 90×75
연목 D135(말구 D120)
충량 240×300
각주240x240
각재30x30 @450 목재천장틀
석고보드/한식천장지
주방/식당
한식장판지
시멘트몰탈/XL파이프
THK100 기포콘크리트
THK300 압출법보온판
우물천장 마감
대청(거실)
강화마루판
시멘트몰탈/XL파이프
THK100 기포콘크리트
THK100 압출법보온판
6M 도로

▼+9,310(용마루상부)
▼+8,110(종도리하부)
▼+7,360(중도리하부)
▼+6,880(주심도리하부)
▼+4,090(2층바닥)
▼+3,770(평방상부)
▼+3,230(창방하부)
▼+800(1층바닥)
▼+400(기단상부)
▼±0.00(평균G.L)
▼누마루(대청)
▼1층 바닥
▼±0.00(평균G.L)

2,430 1,200 750 480 360 1,030 3,110 1,400 320 540 3,370 2,430 400 400 3,320 500 250 260
2,430 3,110 9,310 3,770 800 4,330

외부계단
옹벽T300위 방수
T50공간+4"블럭+하지철물
THK12내수합판+지정페인트
제1종근린생활시설
(갤러리)
옹벽T300위 방수
T50공간+4"블럭+하지철물
THK12내수합판+지정페인트
투명에폭시코팅
무근콘크리트기계미장
THK70 압출법 보온판
THK45배수판설치
액체방수
THK500 매트기초
THK60 버림콘크리트
PE필름 2겹 깔기
THK200 잡석다짐

■ 횡 주단면도 (S=1/150)

*외부마감

지붕	전통기와을 사용하며 크기는 중와 / 개판위에 '가등급' 단열재 시공
목재부위	모든 목재는 가공후에 훈증 처리 / 마감목재는 오일스테인 3회
벽체	회벽 : 모든 벽체는 단열후 양면회벽 처리
기단	통석으로 화강석버너구이 처리
지하외벽	콘크리트위 아스팔트 프라이머위 PE필름 처리

X1
X2
X3
X4
X5
X6
Y1
Y2
Y3
Y4
KEY-PLAN

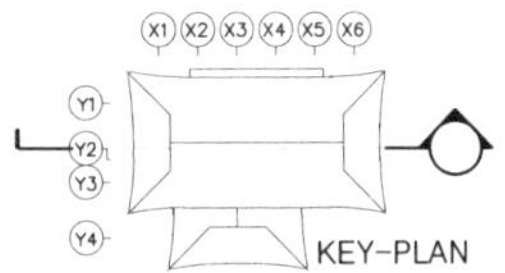

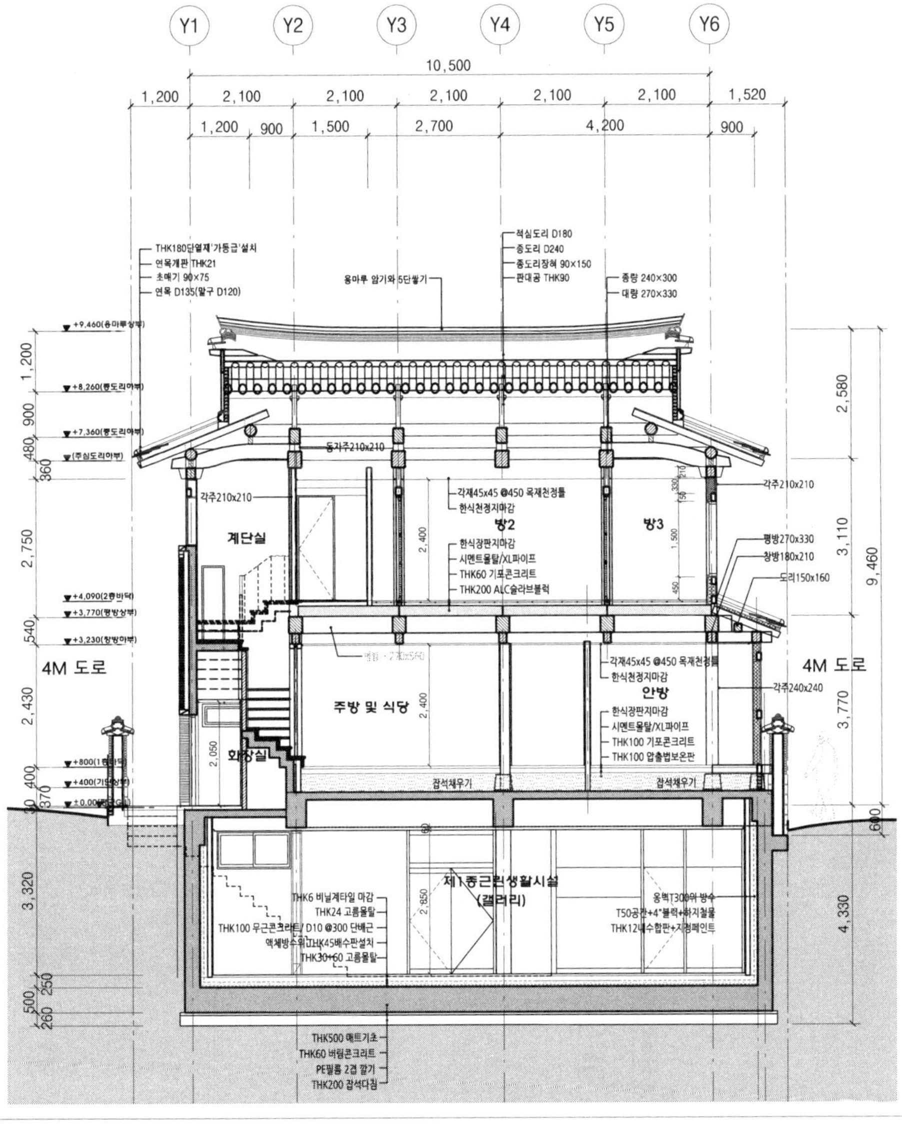

Y1
Y2
Y3
Y4
Y5
Y6
10,500
1,200
2,100
2,100
2,100
2,100
2,100
1,520
1,200
900
1,500
2,700
4,200
900
THK180단열재'가등급'설치
연목개판 THK21
초매기 90×75
연목 D135(말구 D120)
용마루 암기와 5단쌓기
적심도리 D180
종도리 D240
종도리장혀 90×150
판대공 THK90
종량 240×300
대량 270×330
+9,460(용마루상부)
+8,260(종도리하부)
+7,360(중도리하부)
(주심도리하부)
+4,090(2층바닥)
+3,770(평방상부)
+3,230(창방하부)
+800(1층바닥)
+400(기단상부)
±0.00
1,200
900
480
360
2,750
540
2,430
400
370
3,320
250
500
260
동자주210x210
각주210x210
각재45x45 @450 목재천정틀
한식천정지마감
방2
방3
계단실
한식장판지마감
시멘트몰탈/XL파이프
THK60 기포콘크리트
THK200 ALC슬라브블럭
각주210x210
평방270x330
창방180x210
도리150x160
2,580
3,110
9,460
3,770
4,330
600
4M 도로
4M 도로
각재45x45 @450 목재천정틀
한식천정지마감
안방
주방 및 식당
각주240x240
한식장판지마감
시멘트몰탈/XL파이프
THK100 기포콘크리트
THK100 압출법보온판
화장실
2,400
2,400
2,050
잡석채우기
잡석채우기
제1종근린생활시설
(갤러리)
2,850
THK6 비닐계타일 마감
THK24 고름몰탈
THK100 무근콘크리트 / D10 @300 단배근
액체방수위 THK45배수판설치
THK30+60 고름몰탈
옹벽T300위 방수
T50공간+4"블럭+하지철물
THK12내수합판+지정페인트
THK500 매트기초
THK60 버림콘크리트
PE필름 2겹 깔기
THK200 잡석다짐

■ 외벽 단면상세도 -01 (S=1/50)

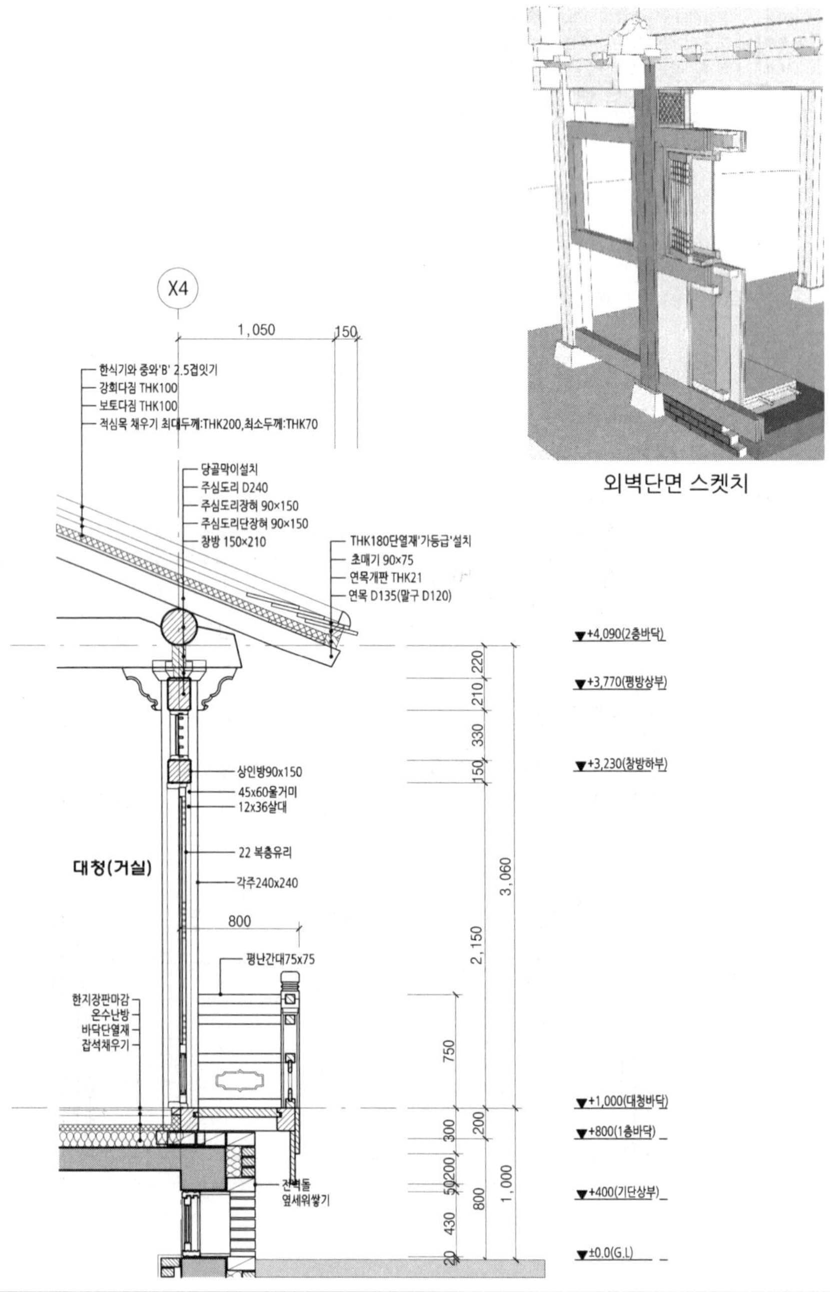

■ 외벽 단면상세도-02 (S=1/50)

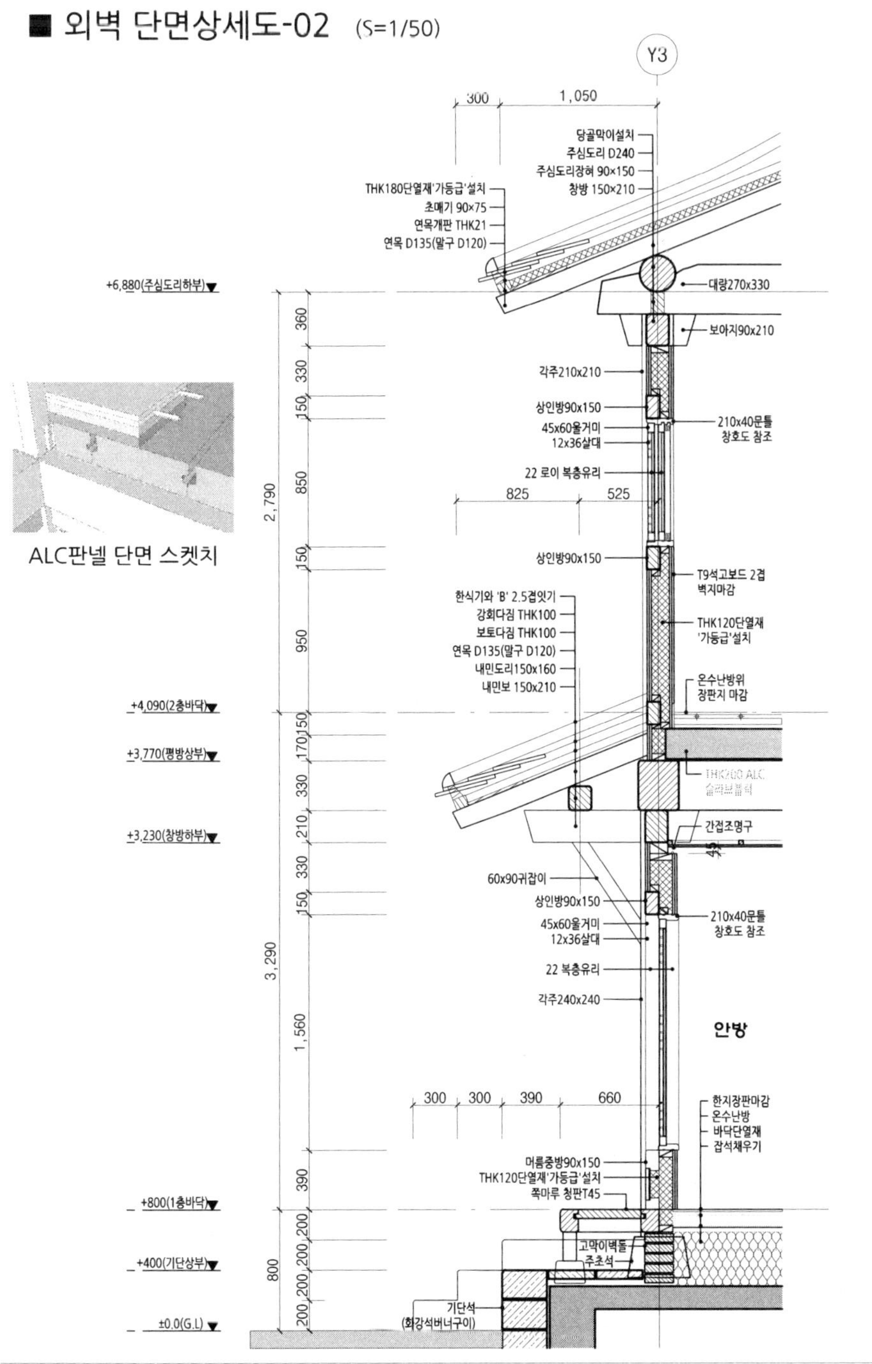

■ 지하층 진입계단 상세도 (S=1/50)

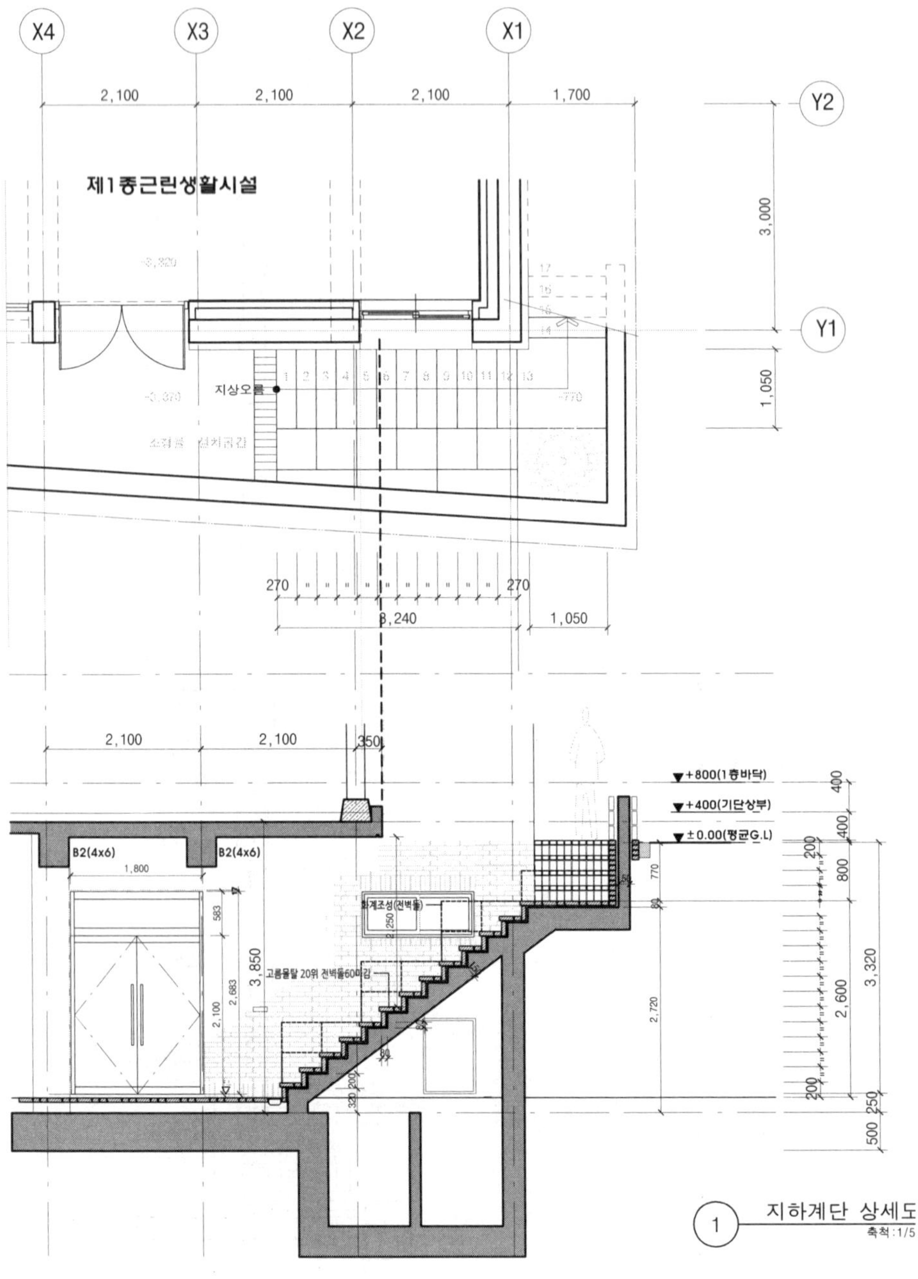

1 지하계단 상세도
축척 : 1/5

■ 담장 및 대문 상세도 (S=1/100)

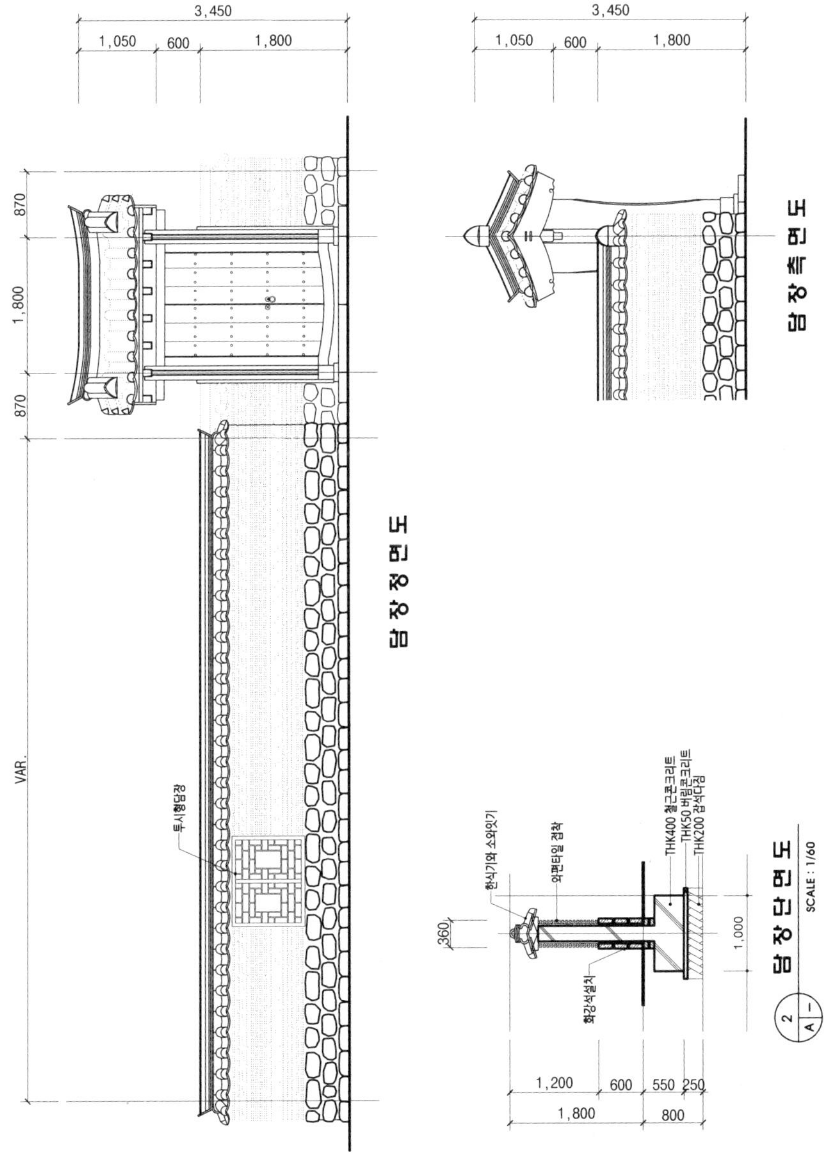

■ 창호 리스트

층별	부 호	실 명	크 기	수 량	마 감	비 고
창호 입면 일람표 01	1 AD	지하층 주현관	1,800 x 2,850	1	50X100 AL 바 / 불소수지도장 부속철물 일식 문-T12 투명강화유리	
	2 AD	지하층 탕비실	3,000 x 2,000	1		
	1 FSD	대피공간	900 x 2,000	1	갑종방화문 / 단열기준 준수	
	1 PW, 3 PW	계단/대청하부	1,500 x 490	3	시스템창호일식 복층유리 T22	
	2 PW	지하층 탕비실	1,200 x 490	1		
	4 PW	주방	1,680 x 600	1		
창호 입면 일람표 02	5 PW	외부 화장실	1,200 x 450	1	시스템창호일식 복층유리 T22	
	6 PW	2층 화장실	720 x 600	1		
	7 PW	계단실 북측	450 x 1,200	1		
	1-1 WW, 1-2 WW	1층 대청 동서측	1,680 x 1,690	각1	시스템창호일식 (문고리 2조, 돌쩌귀 9조, 꽂이쇠 3개소) 복층유리 T22	
	2 WW	1층 안방	1,680 x 1,560	1		
	3-1 WW, 3-2 WW	2층 복도	1,710 x 850	각1		
창호 입면 일람표 03	5-1 WW, 5-2 WW	2층 방3 동측	2,610 x 1,500	각1	상 동 창호지 마감	
	6-1 WW	2층 방2,3 반침	1,710 x 1,400	1	제작자 일식(압축단열재,2중판) 평판위 오일스테인 마감	
	1-1 WD, 1-2 WD	1층 안방 남측	1,680 x 2,150	각1	시스템창호(문고리2조,돌쩌귀9조 꽂이쇠 3개소),복층유리 T22	
	10 WD	2층 방2,3 복도	1,680 x 1,950	2	제작자일식 창호지 마감	
	11 WD	2층 방2 수납장	2,610 x 1,950	2		
	8 PW	1층 보일러실 고창	880 x 400	1	시스템창호일식 복층유리 T22	
창호 입면 일람표 04	2 WD	1층 주현관 외부	1,000 x 1,950	1	제작자 일식(압축단열재,2중판) 평판위 오일스테인 마감	
	3 WD	1층 주현관 내부	1,850 x 1,950	1	제작자일식 8mm 강화유리	
	4 WD	안방,주방,2층방3	900 x 1,950	3	제작자 일식(압축단열재,2중판) 평판위 오일스테인 마감	
	5 WD	1층안방,2층화장실	700 x 1,950	2		
	5-1 WD	2층 보일러실	540 x 1,400	1		
	6 WD	보일러실 외부	800 x 1,950	1		
	7 WD	1층 안방반침	1,840 x 1,950	1		
	8 WD	1층 외부화장실	700 x 1,800	1		
	9 WD	1층 계단실 내부	1,030 x 1,950	1		

■ 지하층 창호평면도 (S=1/200)

A.319

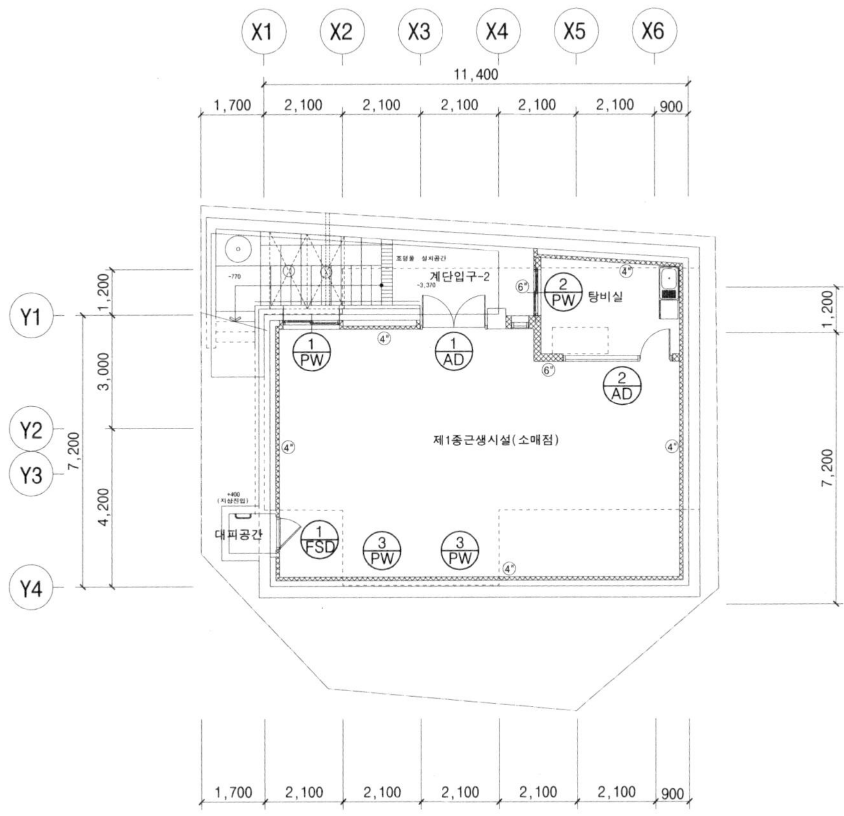

■ 1층 창호평면도 (S=1/200)

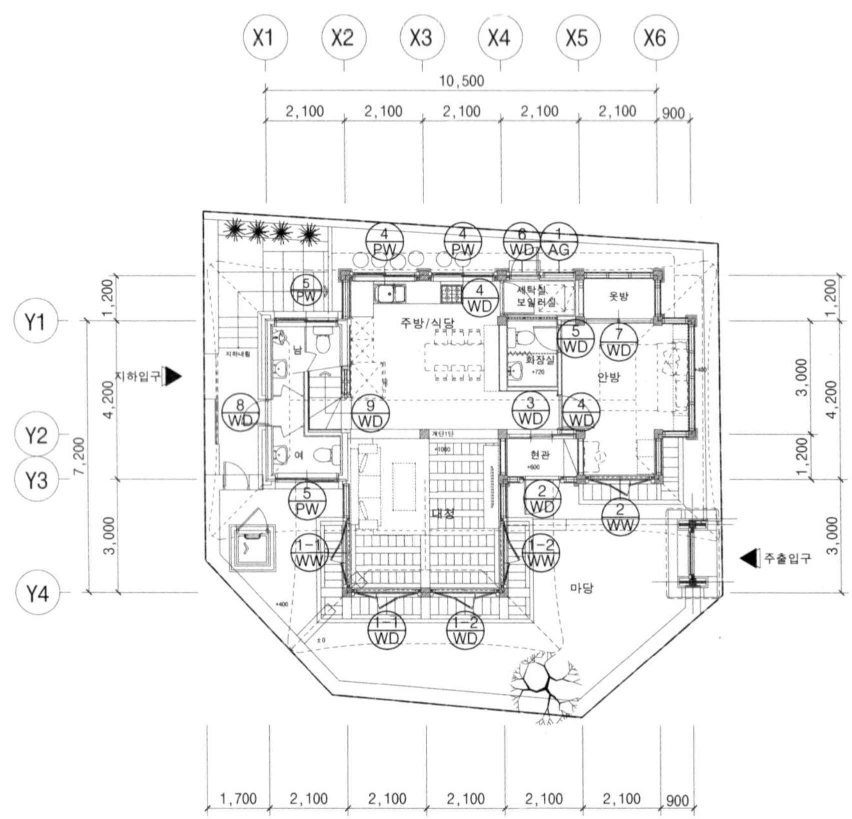

■ 2층 창호평면도 (S=1/200)

A.320

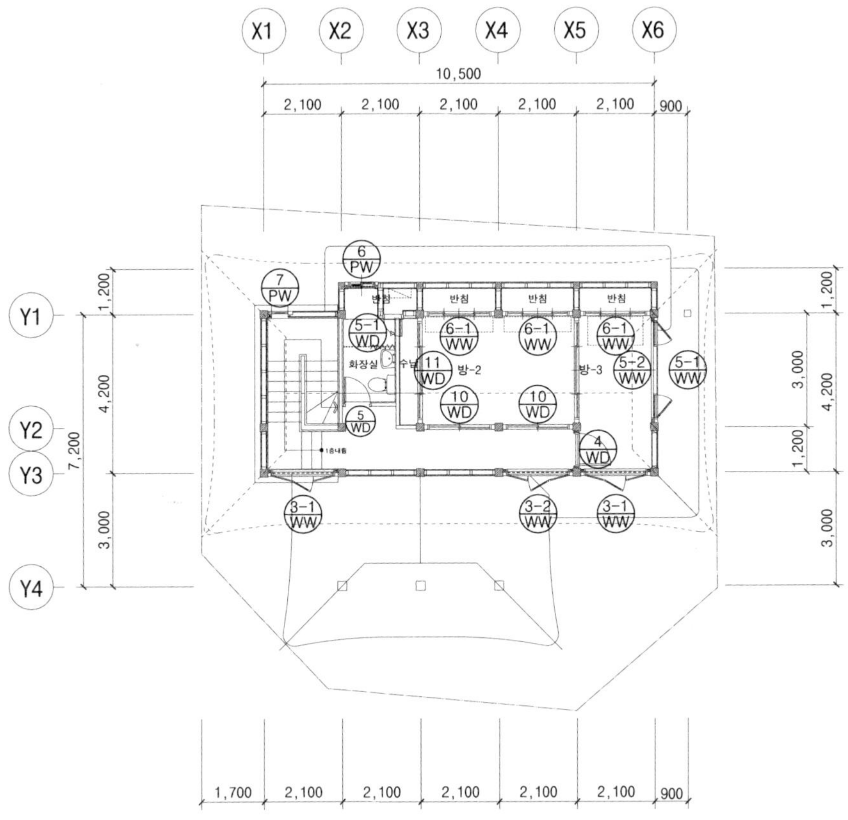

■ 창호 입면 및 일람표-1 (S=1/80)

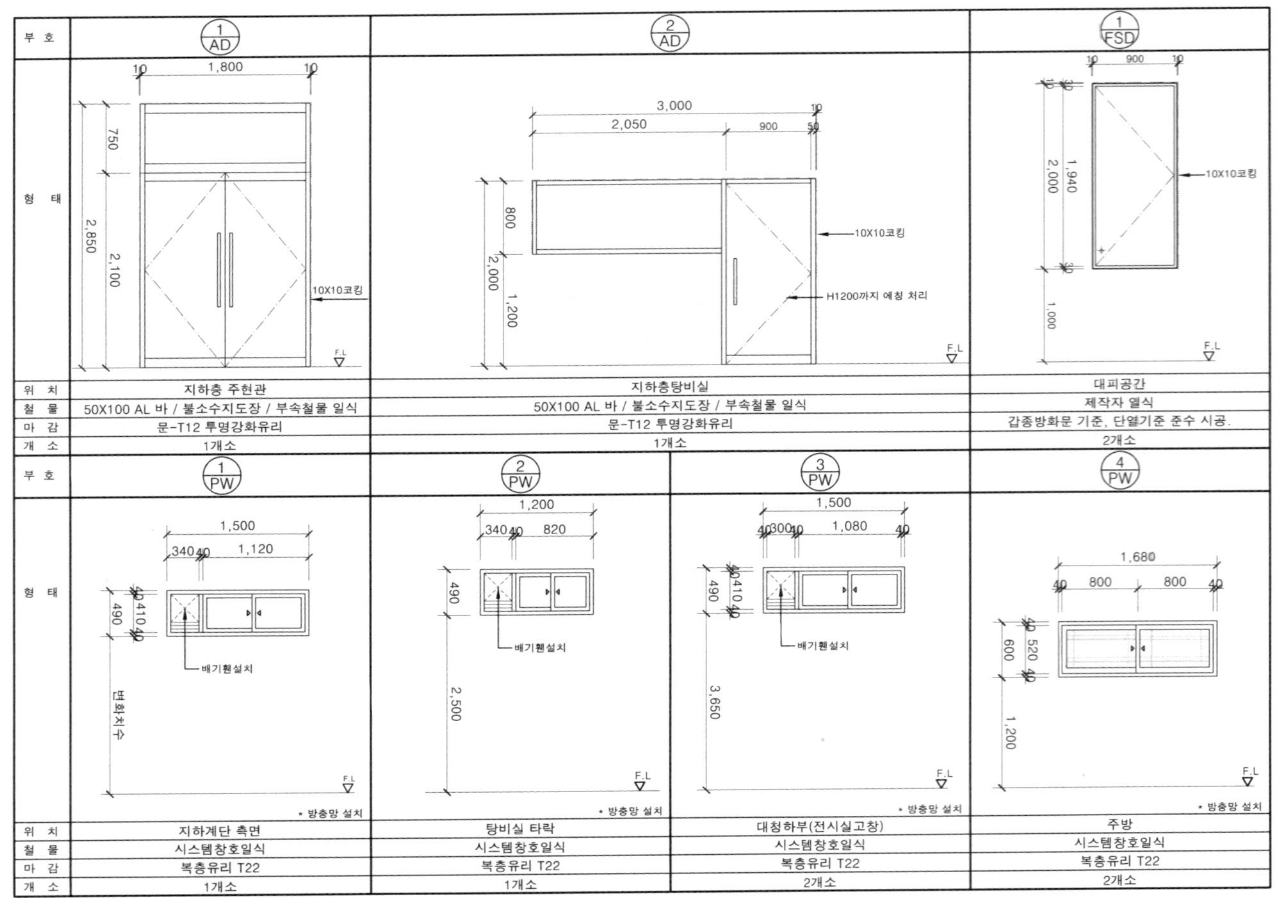

부호	형태	위치	철물	마감	개소
1/AD		지하층 주현관	50X100 AL 바 / 불소수지도장 / 부속철물 일식	문-T12 투명강화유리	1개소
2/AD		지하층탕비실	50X100 AL 바 / 불소수지도장 / 부속철물 일식	문-T12 투명강화유리	1개소
1/FSD		대피공간	제작자 열식	갑종방화문 기준, 단열기준 준수 시공.	2개소
1/PW		지하계단 측면	시스템창호일식	복층유리 T22	1개소
2/PW		탕비실 타락	시스템창호일식	복층유리 T22	1개소
3/PW		대청하부(전시실고창)	시스템창호일식	복층유리 T22	2개소
4/PW		주방	시스템창호일식	복층유리 T22	2개소

■ 창호 입면 및 일람표-2 (S=1/80)

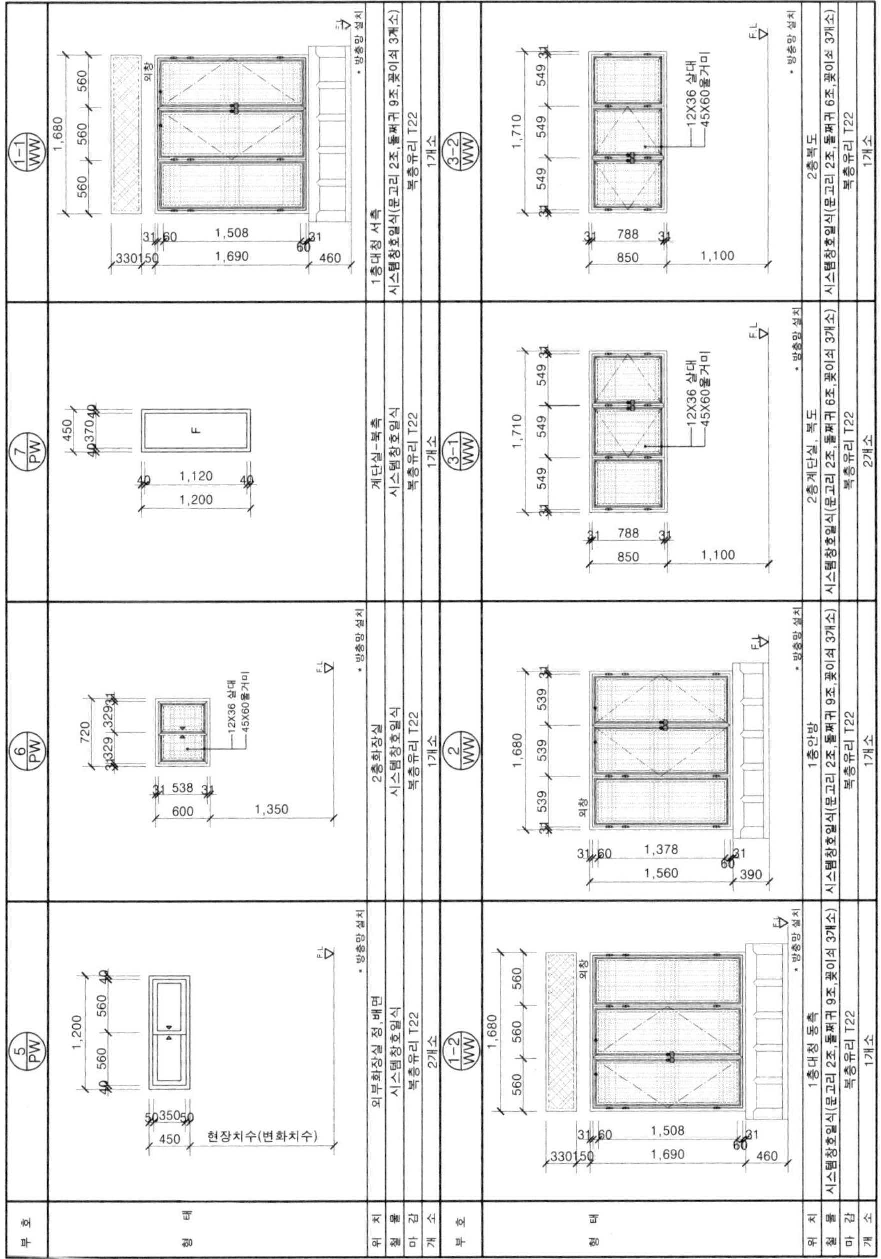

부호	위치	철물	마감	개소
5/PW	외부화장실 전,배면	시스템창호일식	복층유리 T22	2개소
6/PW	2층화장실	시스템창호일식	복층유리 T22	1개소
7/PW	계단실-북측	시스템창호일식	복층유리 T22	1개소
1-1/WW	1층대청 서측	시스템창호일식(문고리 2조,돌쩌귀 9조,꽂이쇠 3개소)	복층유리 T22	1개소
1-2/WW	1층대청 동측	시스템창호일식(문고리 2조,돌쩌귀 9조,꽂이쇠 3개소)	복층유리 T22	1개소
2/WW	1층안방	시스템창호일식(문고리 2조,돌쩌귀 9조,꽂이쇠 3개소)	복층유리 T22	1개소
3-1/WW	2층계단실, 복도	시스템창호일식(문고리 2조,돌쩌귀 6조,꽂이쇠 3개소)	복층유리 T22	2개소
3-2/WW	2층복도	시스템창호일식(문고리 2조,돌쩌귀 6조,꽂이쇠 3개소)	복층유리 T22	1개소

■ 창호 입면 및 일람표-3 (S=1/80)

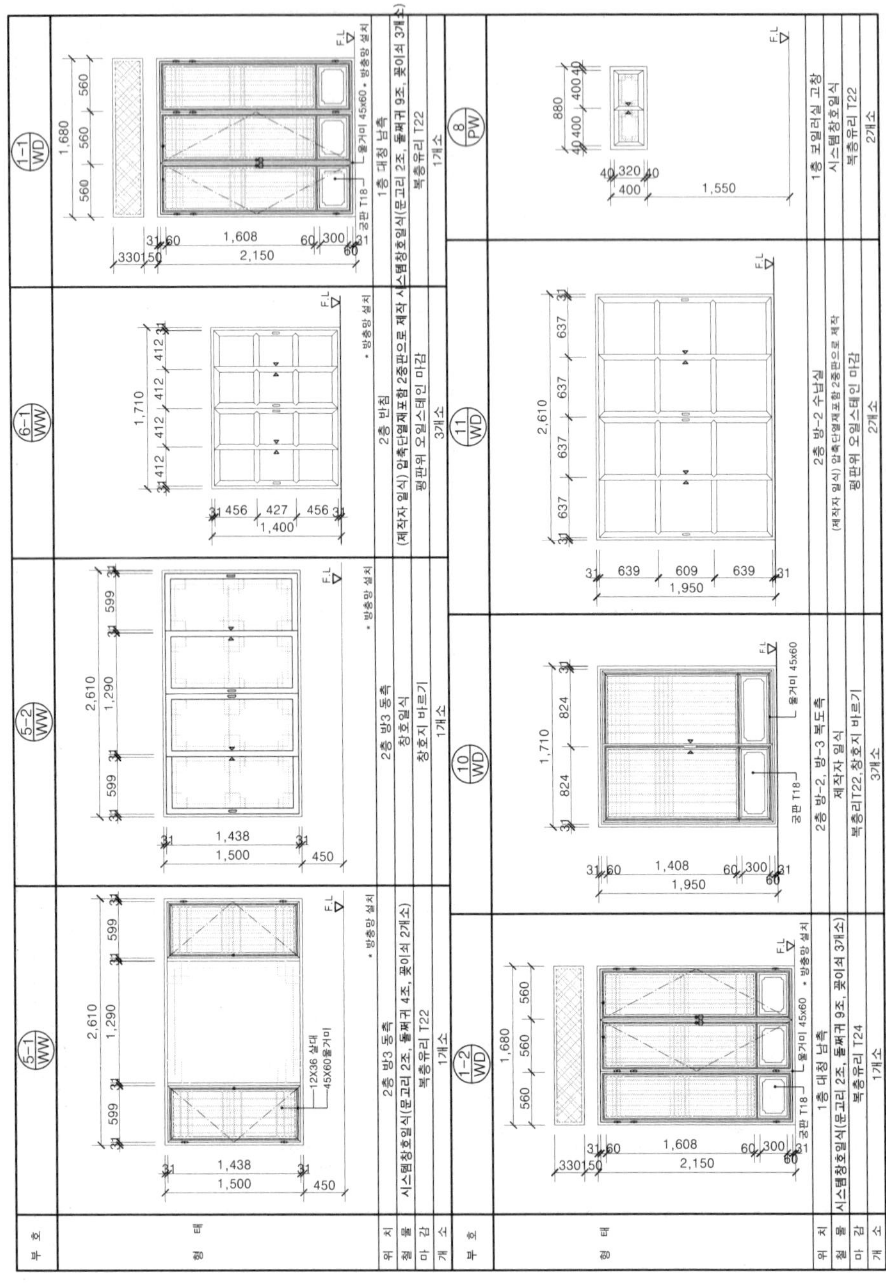

■ 창호 입면 및 일람표-4 (S=1/80)

부호	2 WD	3 WD	4 WD	5 WD	5-1 WD
형태					
위치	1층 주현관 외부	1층 주현관 내부	안방,주방측 보일러실, 2층 방2	1층 안방화장실 / 2층화장실	2층 보일러실
철물	(제작자 일식) 압축단열재포함 2중판으로 제작	제작자 일식	(제작자 일식) 압축단열재포함 2중판으로 제작	(제작자 일식) 압축단열재포함 2중판으로 제작	
마감	평판위 오일스테인 마감	8mm 강화유리	평판위 오일스테인 마감	평판위 오일스테인 마감	
개소	1개소	1개소	3개소	1개소	

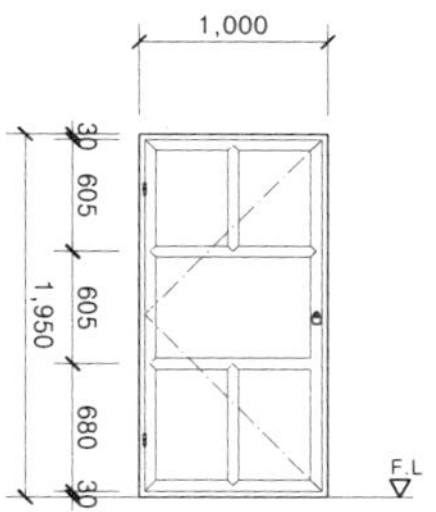

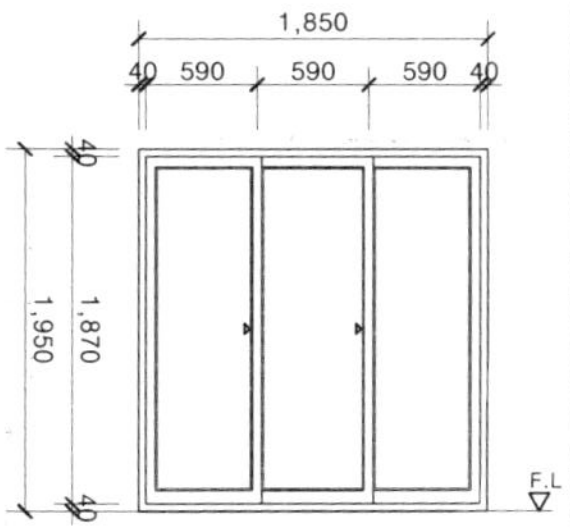

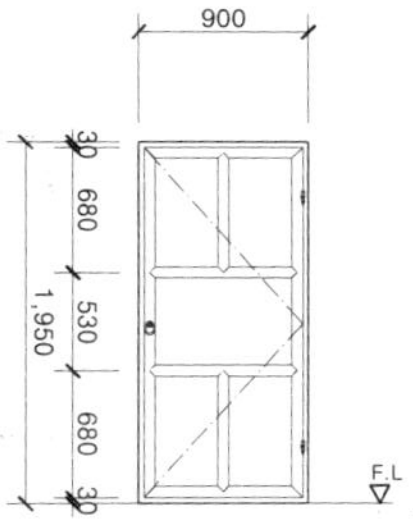

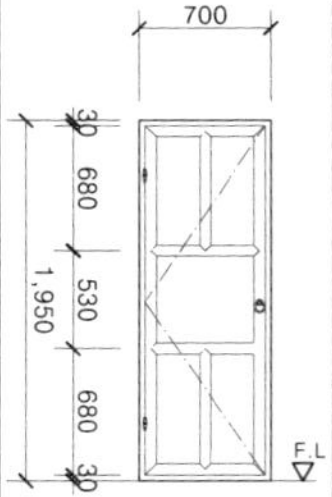

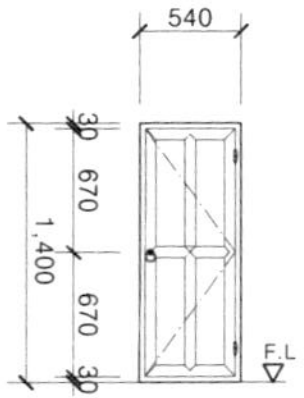

부호	6 WD	7 WD	8 WD	9 WD
형태				
위치	보일러실 외부	1층 안방반침	1층 외부화장실	1층 계단실 내부
철물	(제작자 일식) 압축단열재포함 2중판으로 제작	(제작자 일식) 압축단열재포함 2중판으로 제작	(제작자 일식) 압축단열재포함 2중판으로 제작	(제작자 일식) 압축단열재포함 2중판으로 제작
마감	평판위 오일스테인 마감	평판위 오일스테인 마감	평판위 오일스테인 마감	평판위 오일스테인 마감
개소	1개소	1개소	1개소	1개소

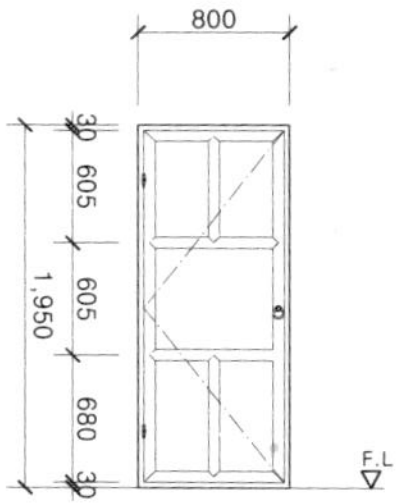

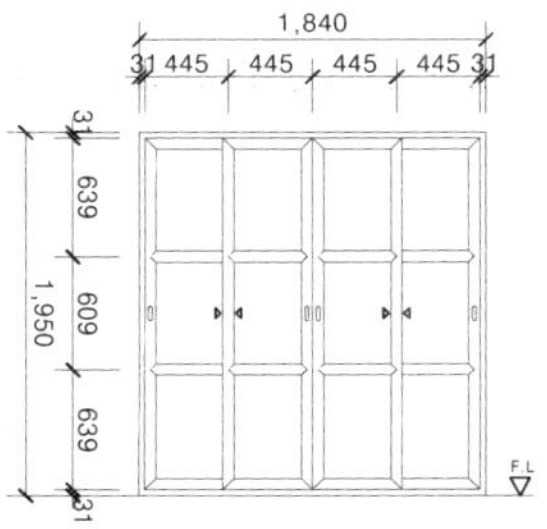

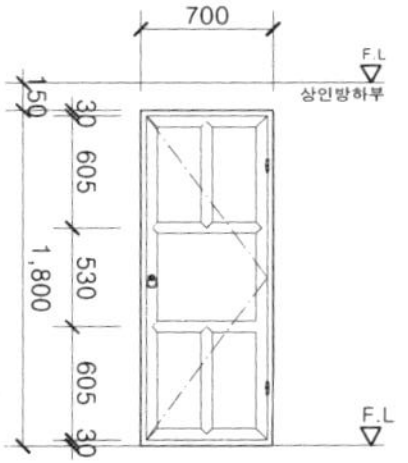

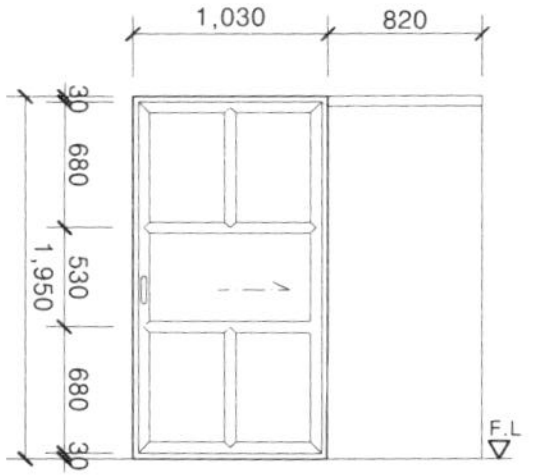

■ 단열 계획도-01 (S=1/200)

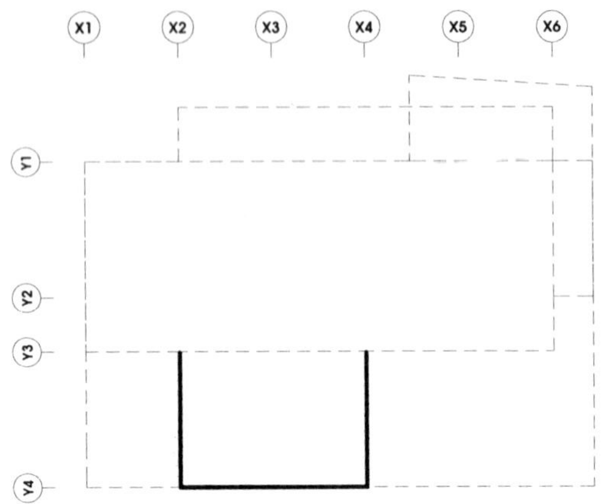

지하1층 상부 단열 계획도

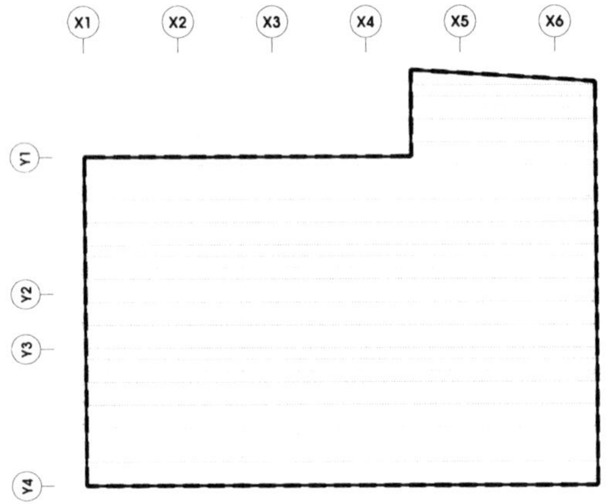

지하1층 단열 계획도

▣ 단열, 흡음 범례표-01

구 분	범 례	위 치	재 료 명
단열	▬▬▬	외장	THK 120 비드법 보온판
			거실외벽 / 외기직접 / "가"등급
	▬ ▬ ▬	외장	THK 80 비드법 보온판
			거실외벽 / 외기간접 / "가"등급
	▭	천장	THK180 비드법 보온판
			최상층 / 외기직접 / "가"등급

■ 단열 계획도-02 (S=1/200)

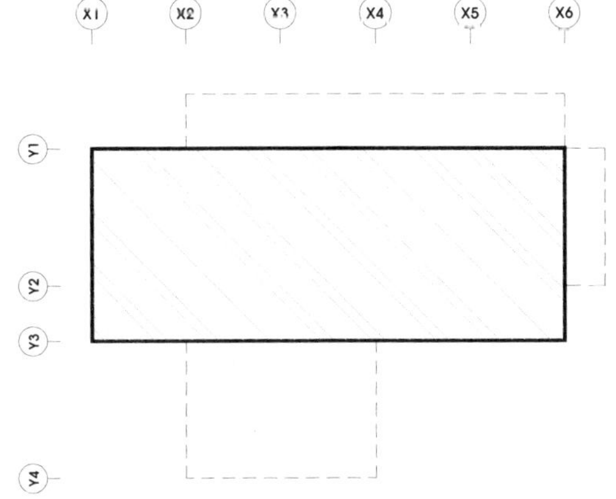

지상2층 단열 계획도

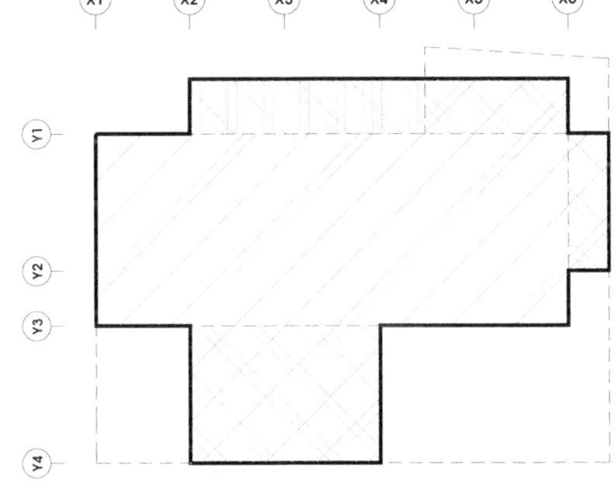

지상1층 단열 계획도

▣ 단열, 흡음 범례표-02

구 분	범 례	위 치	재 료 명
단열		슬래브 하부	THK85 비드법 보온판
			최하층 / 외기간접 / 바닥난방 0 / "가"등급
		슬래브 하부	THK140 비드법 보온판
			최하층 / 외기직접 / 바닥난방 0 / "가"등급
		슬래브 하부	THK70 비드법 보온판
			최하층 / 외기간접 / 바닥난방 X / "가"등급

■ 기초바닥 구조도 (S=1/200)

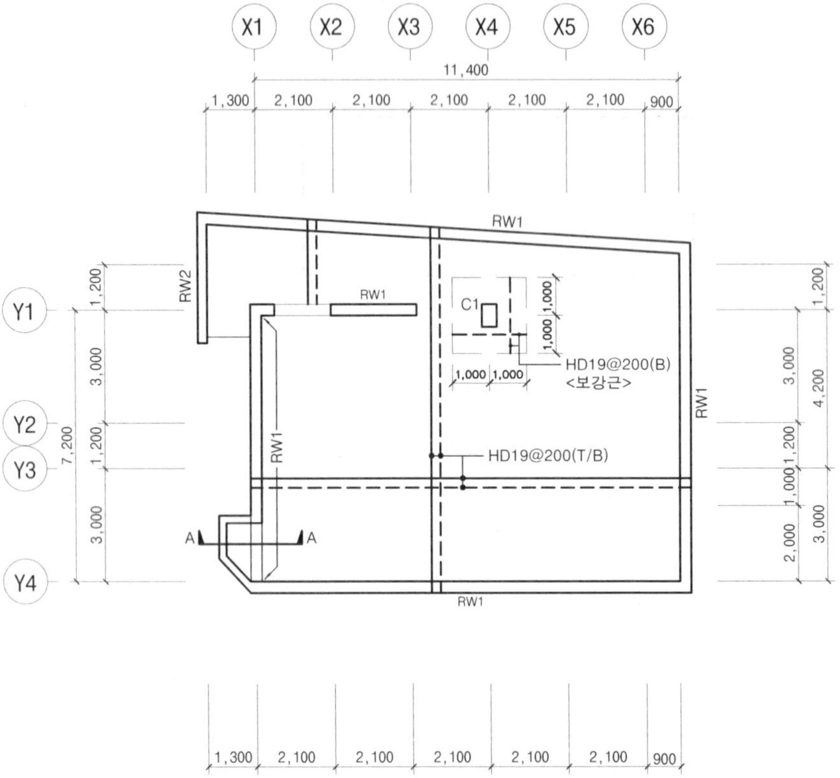

X1 X2 X3 X4 X5 X6

11,400

1,300 2,100 2,100 2,100 2,100 2,100 900

Y1 Y2 Y3 Y4

1,200 3,000 1,200 3,000 7,200

1,200 3,000 4,200 1,200 1,000 2,000 3,000

RW1 RW2 C1

HD19@200(B)
<보강근>

HD19@200(T/B)

A A

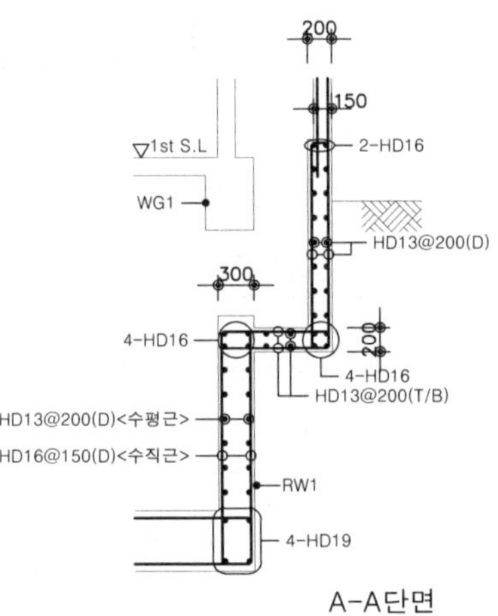

A-A단면

NOTE

1. fck = 21MPa
2. fy = 400MPa
3. fe ≥ 200kN/m2(가정)
4. 기초 두께 = 500mm
5. 기초 내민 길이 = 없음.
6. 지하수위 : G.L-1.0m(가정)

■ 1층바닥 구조도 (S=1/200)

A-A 단면　　B-B 단면　　C-C 단면

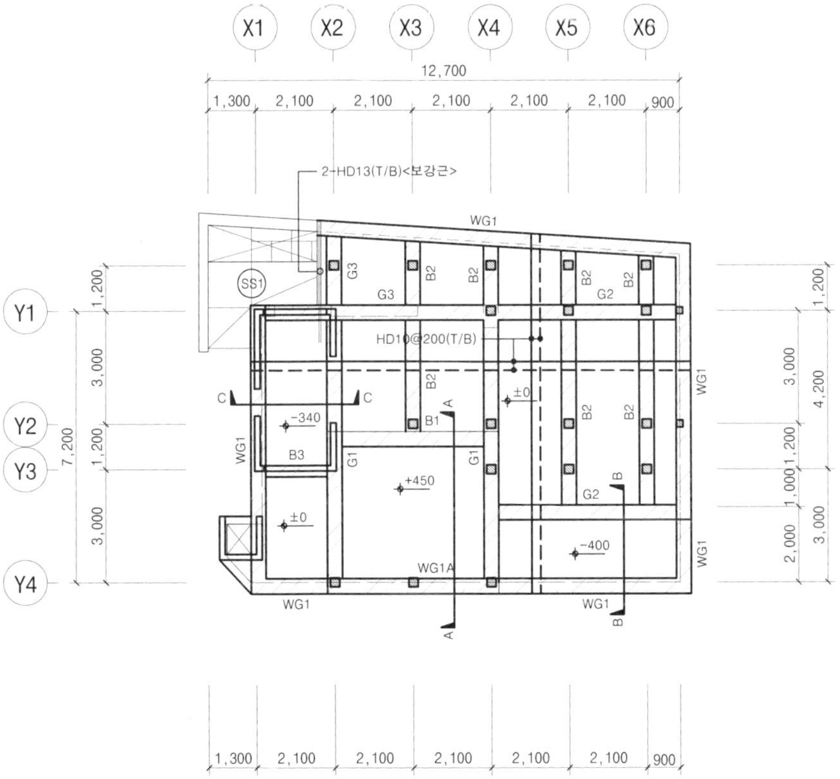

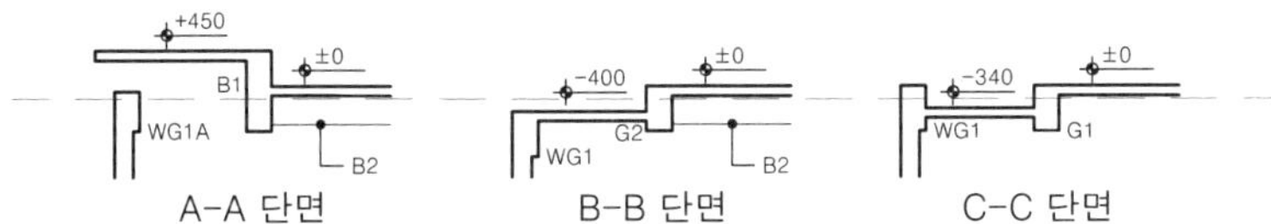

NOTE

1. fck = 21MPa
2. fy = 400MPa
3. SLAB THK = 150mm
4. 무표기 WALL = ALL W1

■ 2층바닥 구조도 (S=1/200)

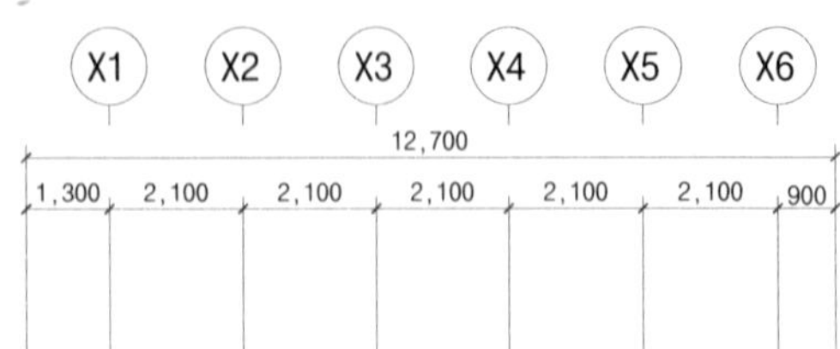

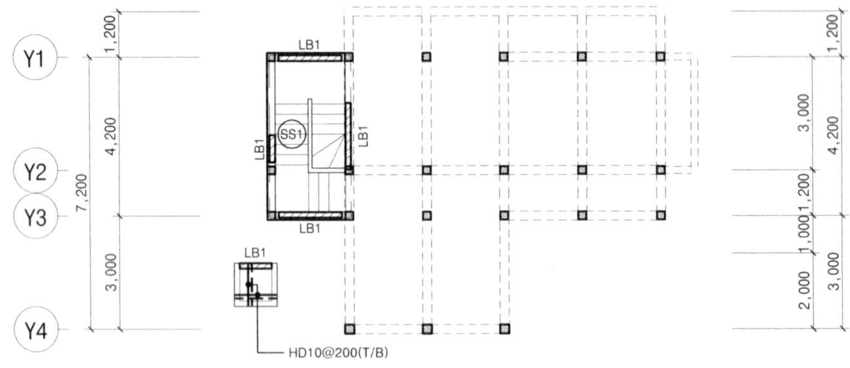

NOTE

1. fck = 21MPa
2. fy = 400MPa
3. SLAB THK = 150mm

■ 각종 배근도 (S=1/200)

▣ 보 일람표

부 호	G1	G2	G3
형태/크기	400 1,150 ALL X : 6-HD13 7-HD19 HD10@200 7-HD19 S.L.+450 S.L.±0 1,150 450 700 정착길이 1000 이상 400 700 ALL	400 700 ALL	400 700 ALL
상 부 근	7-HD19	7-HD19	4-HD19
하 부 근	7-HD19	7-HD19	4-HD19
늑 근	HD10@200	3-HD10@150	HD10@200

부 호	B1	B2	B3	WG1	WG1A	LB1
형태/크기	400 1,150 ALL X : 6-HD13	400 600 ALL	300 600 ALL	400 700 ALL	400 1,150 ALL X : 6-HD13	150 건축치수 ALL
상 부 근	7-HD19	5-HD19	4-HD19	4-HD19	4-HD19	4-HD16
하 부 근	7-HD19	5-HD19	4-HD19	4-HD19	4-HD19	4-HD16
늑 근	HD10@150	HD10@200	HD10@200	HD10@200	HD10@200	HD10@150

▣ 기둥 일람표

부 호	B1
형태/크기	400 600
주 근	14-HD19
HOOP(중앙)	HD10@250

▣ 옹벽 일람표

부 호	RW1	RW2	W1	
형태/크기	300 ALL	250 ALL	150 ALL	
수 직 근	HD16@150(D)	HD13@150(D)	HD10@200(D)	
수 평 근	HD13@200(D)	HD13@200(D)	HD10@200(D)	

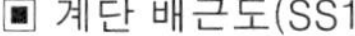

▣ 계단 배근도(SS1)

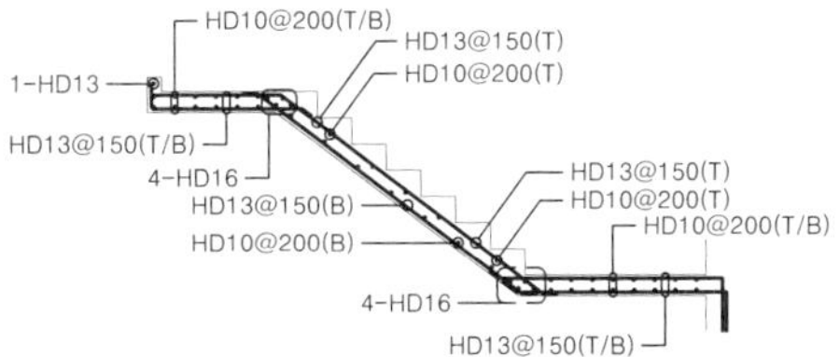

SLAB THK = 150mm

■ 1층 초석 구조도 (S=1/120)

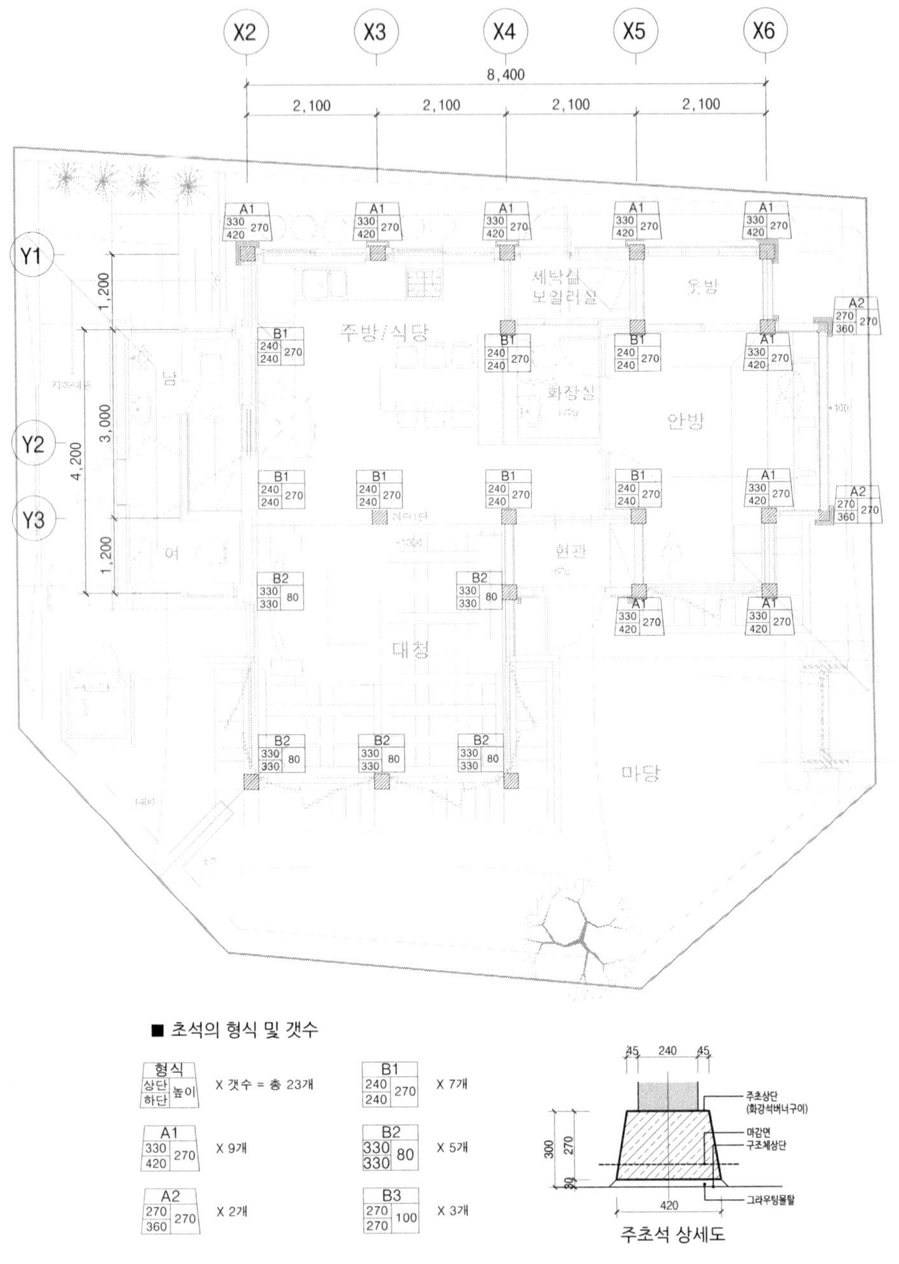

■ 2층 ALC판넬 구조도 (S=1/120)

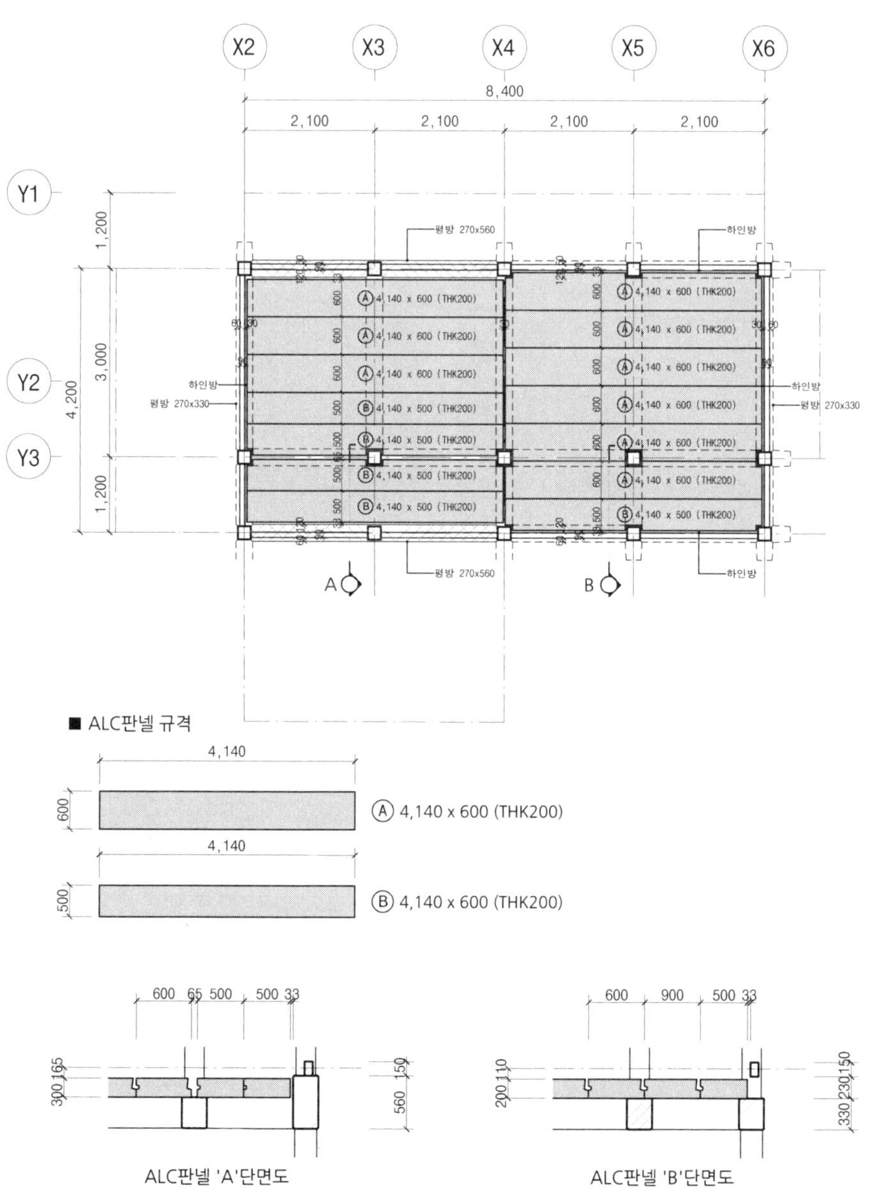

■ 시공사진01-터파기+흙막이+지하층 철근콘크리트공사

터파기

THK200 잡석깔기

PE필름 2겹 깔기

THK60 버림콘크리트 치기

기초배근후 콘크리트 타설

동절기 보양

지하층 외단열 및 거푸집공사

아일랜드 공법을 이용한 지하층 외벽타설

■ 시공사진02-1층 철근콘크리트공사

1층바닥 거푸집시공

1층바닥 콘크리트 타설

외부비계 시공

분진망 설치

통신멘홀 시공

우수멘홀 시공

치목된 목재 반입

기둥+퇴량 가조립

■ 시공사진03-1층 목구조공사

주초석 수평잡기

기둥 그랭이잡기

그랭이질후 기둥 세우기

주방부분 기둥과 창방 맞춤

대청 기둥과 창방 맞춤

평보 달구질

2층 평보위 ALC판넬 200 시공

2층 기둥과 대들보+창방 맞춤

■ 시공사진04-2층 목구조공사

2층 바닥 ALC판넬 시공

ALC판넬 D10(fy = 400MPa) 철근매립후 몰탈사춤

철근콘크리트 계단옹벽+기둥210x210 연결

철근콘크리트 계단옹벽+목구조

주방 외쪽지붕 목구조

계단기둥210x210 콘크리트옹벽연결

1층 안빙지붕 치미도리 결구

1층 대청(거실) 처마도리+갈모산방

■ 시공사진05-지붕공사

1층 대청(거실) 연등천정+선자서까래

1층 복도 천정 ALC판넬하부 목재천정틀 설치

2층 팔작지붕+1고주 5량

평고대 처마선(안곡+조로)

2층 반침 구조틀

기둥 사개맞춤+장혀

반침 기둥+도리 맞춤

2층 반침 기둥 받침목

■ 시공사진06- 상량식+기와공사

상량식 : 상차림

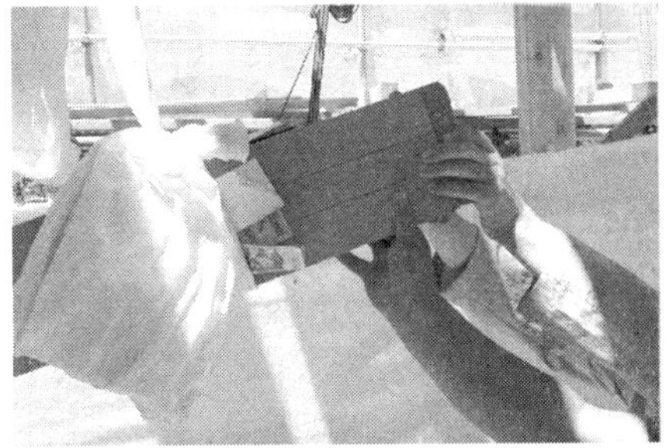
상량식 : 종도리장혀 올리기

상량식 : 종도리장혀 올리기

상량식 : 종도리장혀 평고대 설치

보토 : 진흙+마사토

보토 : 진흙+마사토

2층 팔작지붕+1고주 5량+처마도리

개판위 단열재+적심쌓기

■ 시공사진07-기와공사

보토위 기와잇기

숫기와 잇기

2층 팔작지붕+도리

2층 팔작지붕+박공널

2층 팔작지붕+보토위 기와잇기

2층 팔작지붕+기와잇기 완료

1층 대청(거실)지붕 연암+개판+보토위 기와잇기

1층 대청(거실) 처마도리+갈모산방

■ 시공사진08-외부+담장공사

계단실 외벽 영롱쌓기

계단실 외벽 영롱쌓기 완료

동측 : 기본골조 및 기와공사 완료

서측 : 전벽돌 영롱쌓기 완료

담장 + 주변 잔디식재 시공

지하층 진입계단

주출입 대문

마당 조성공사 완료

■ 시공사진09-지하층 내부공사

지하층 배수판 시공

지하층 배수판위 무근콘크리트 시공

블럭벽+방수보드+도장공사

관리실마감

천정매입형 냉난방 시설

관리실 창호

지하층 진입통로

지하층 비상탈출구

■ 시공사진10-1층 내부공사

1층 배수설비 배관

1층 전기설비 배관

1층 방화벽+용지판

1층 주방내부 벽체

1층 대청(거실) 바닥난방 배관

1층 주방+통로 바닥난방 배관

1층 대청(거실) 쪽마루 청판

1층 대청(거실) 평난간

■ 시공사진11-2층 내부공사

2층 지붕 : 1고주 5량+연등천정

2층 복도 연등천정+선자서까래

2층 계단실 상부 다락(사다리)+고미반자

2층 계단실 고미반자 상부 다락내부

2층 반침부분 목구조

2층 반침부분 벽체설치

2층 바닥난방 바탕작업

2층 바닥난방 마감작업

■ 시공사진12-1층지붕+계단+창호 내부공사

계단실 철근콘크리트구조

계단실 마감

2층 지붕 선자서까래+평고대

2층 지붕서까래+평고대+연암

1층 안방 처마용 귀잡이60x90

1층 대청(거실)문 : 시스템창호 일식+22복층유리

지하층 창호 : 시스템창호+22복층유리

창호 샘플

김준봉 심양건축대학교 교수, 문화재수리기능자(온돌), 현대한옥학회 회장, 국제온돌학회 회장, 공학박사, 법학박사, 건축사

남해경 전북대학교 건축공학과·한옥건축학과 교수, 한옥건축기술인력양성사업단 단장

김기주 한국기술교육대학교 건축공학부 교수, 현대한옥학회 부회장

천득염 전남대학교 건축학부 석좌교수, 한국학호남진흥원 원장

이왕기 목원대학교 건축학부 명예교수, 사비도성연구단 단장, 건축도구박물관 관장

정연상 국립안동대학교 건축공학과 교수, 한국전통목구조연구소 소장

천국천 (주)한인종합건축사사무소 대표, 건축사, 현대한옥학회 부회장

이현수 연세대학교 실내건축학과 교수, CAADRIA 회장, 현대한옥학회 명예회장

김승직 (주)에스제이우드 대표, 문화재 대목수, 현대한옥학회 이사

이성연 (주)전인CM 부사장, 건축시공기술사, 현대한옥학회 부회장

이형재 가톨릭관동대학교 건축학부 교수

황혜주 국립목포대학교 건축학과 교수, 한국흙건축연구회 대표, 유네스코 흙건축 석좌교수

리신호 충북대학교 농대 지역건설공학과 교수

서석철 (주)건축사사무소 家시촌 대표, 건축사, 시인

현대한옥 개론

초판 1쇄 발행일 2022년 10월 31일

지은이 김준봉 외
펴낸이 박영희
편집 문혜수
디자인 최소영, 어진이
마케팅 김유미
인쇄·제본 제삼인쇄
펴낸곳 도서출판 어문학사
서울특별시 도봉구 해등로 357 나너울카운티 1층
대표전화 : 02-998-0094/편집부1: 02-998-2267, 편집부2: 02-998-2269
홈페이지 : www.amhbook.com
트위터 : @with_amhbook
페이스북 : www.facebook.com/amhbook
블로그 : 네이버 http://blog.naver.com/amhbook
다음 http://blog.daum.net/amhbook
e-mail: am@amhbook.com
등록 : 2004년 7월 26일 제2009-2호

ISBN 979-11-6905-005-0(93380)
정가 36,000원